全 世 界 无 产 者 ， 联 合 起 来 ！

列 宁 全 集

第二版增订版

第四十三卷

1922年3月—1923年1月

中共中央　马克思　恩格斯　著作编译局编译
　　　　　列　宁　斯大林

人民出版社

《列宁全集》第二版是根据中国共产党中央委员会的决定，由中共中央马克思恩格斯列宁斯大林著作编译局编译的。

凡　　例

1. 正文和附录中的文献分别按写作或发表时间编排。在个别情况下，为了保持一部著作或一组文献的完整性和有机联系，编排顺序则作变通处理。

2. 每篇文献标题下括号内的写作或发表日期是编者加的。文献本身在开头已注明日期的，标题下不另列日期。

3. 1918 年 2 月 14 日以前俄国通用俄历，这以后改用公历。两种历法所标日期，在 1900 年 2 月以前相差 12 天（如俄历为 1日，公历为 13 日），从 1900 年 3 月起相差 13 天。编者加的日期，公历和俄历并用时，俄历在前，公历在后。

4. 目录中凡标有星花＊的标题，都是编者加的。

5. 在引文中尖括号〈　〉内的文字和标点符号是列宁加的。

6. 未说明是编者加的脚注为列宁的原注。

7.《人名索引》、《文献索引》条目按汉语拼音字母顺序排列。在《人名索引》条头括号内用黑体字排的是真姓名；在《文献索引》中，带方括号〔　〕的作者名、篇名、日期、地点等等，是编者加的。

目　　录

最后的书信和文章

(1922年12月—1923年3月)

附 录

插　图

前　　言

本卷收载列宁在 1922 年 3 月 6 日至 1923 年 3 月 2 日期间的著作。

1922 年列宁的健康状况日益恶化。5 月不幸中风，经过数月疗养，有所好转，年底再次中风，不得不停止工作。列宁在同疾病的顽强斗争中仍时刻关注党和国家的前途和命运。在病重期间，他还以惊人的毅力，口授了给党代表大会的信和五篇重要著作，为俄国和国际无产阶级留下了最后的理论遗产。

在本卷收载的《论苏维埃共和国所处的国际和国内形势》、《俄共（布）第十一次代表大会文献》、在共产国际第四次代表大会上的报告《俄国革命的五年和世界革命的前途》、《在莫斯科苏维埃全会上的讲话》以及《答〈曼彻斯特卫报〉记者阿·兰塞姆问》等文献中，列宁总结了新经济政策第一年的实践，肯定了所取得的初步成就，论证了新经济政策的必要性和正确性，并提出进一步贯彻执行的具体任务和要求。

实行新经济政策的第一个年头仍然是在饥荒和经济困难的条件下度过的。与往年不同的是，战火已经停息，第一次有可能整年把力量真正用在社会主义建设的主要任务上。实践表明，新经济政策对于克服困难、扭转局面已经收到明显的成效。列宁在共产国际第四次代表大会上的报告中谈到一年多来的成就时首先指出，在金融体系方面，"真正重要的是稳定卢布的问题"，"这一任务具有决定意义"（见本卷第283页）。新经济政策开始的这一年，货币贬值的速度已经减慢。1921年7—9月出现了卢布第一次暂时稳定期，1922年5—8月又有第二次稳定期。列宁满意地指出："我们在这里取得了决定性的成就，就是说我们开始朝着稳定卢布的方向推动经济，这对于商业，对于自由的商品流转，对于农民和广大小生产者有极其重大的意义。"（见本卷第284页）在发展生产和改善人民生活方面成就也很显著。新经济政策大大提高了农民生产积极性，农业生产得到了发展，农民战胜了饥荒，上交了粮食税，生活开始好转。轻工业生产已经普遍恢复并有所增长，工人生活状况也得到改善。工人和农民的不满情绪基本上平息了。至于重工业，虽然总的情况还很严重，但国家已积累了一些资金，可以把有限的资金用来发展重工业。列宁认为，这一年来的实际工作已经证明，国家能够经营商业，能够保持农业和工业的巩固阵地并向前发展。

　　列宁认为，实行新经济政策是对建设社会主义经济的真正途径的探索，必须善于冷静地总结经验教训。他在向党的第十一次代表大会作的中央委员会政治报告中总结了一年来执行新经济政策的三点教训：（1）用新经济政策来检验是否实现了与农民经济的结合。列宁指出："新经济政策的全部意义就在于而且仅仅在于：找到了我们花很大力量所建立的新经济同农民经济的结合。"（见本卷第78页）一年来的实践表明只是开始寻求而还没有真正实现这种结合。列宁深信，只要我们用全部力量去克服薄弱环节，我们一定能够完成这个任务。（2）通过国营企业同资本主义企业的竞赛来检验共产党人的经营管理水平。列宁说："这一年来我们十分明显地证明,我们不会经营。"(见本卷第83页)如果不能在最近一年内证明我们会经营,那苏维埃政权就无法生存下去。列宁要求共产党人从头学起,努力提高经营管理能力。(3)如何利用国家资本主义。列宁论述了资本主义制度下的国家资本主义和无产阶级专政条件下的国家资本主义的根本区别,指出,对后一种国家资本主义,任何理论、任何著作都没有探讨过,连马克思也没有对此写下只言片语,因此,必须根据实践经验来对待这个问题。列宁强调指出:"问题的关键在于我们要懂得,这是一种我们可以而且应当容许其存在、我们可以而且应当将之纳入一定范围的资本主义,因为这种资本主义是广大农民和私人资本所需要的,而私人资本做买卖应能满足农民的需要。必须让资本主义经济和资本主义流转能够像通常那样运行,因为这是人民所需要的,少了它就不能生活。"(见本卷第88页)我们应当充分运用无产阶级掌握的政治权力和经济手段,合理地利用和限制国家资本主义,使之为社会主义服务,无产阶级在这方面也应当从头学起。他还强调做好商业工作是当前全部工作的关键。

列宁在向党的第十一次代表大会的政治报告中进一步论述了他在《论苏维埃共和国所处的国际和国内形势》的报告中提出的"停止退却"问题,要求代表大会正式宣布"退却已经结束"。他在后来一些文献中一再阐述"停止退却"的问题。列宁指出,所谓停止退却,并不意味着新经济政策的结束;退却所要达到的目的已经达到了,这决不是说我们已经学会了经商,已经打好了社会主义经济的基础,只是让步的限度已经定了,不再后退。列宁《在莫斯科苏维埃会会上的讲话》中指出:**"新经济政策仍然是当前主要的、迫切的、囊括一切的口号。"**(见本卷第305页)列宁认为,停止退却之后党和政府应该把工作重心放在考查用人是否得当并检查决议和指令的实际执行情况上。他强调说："**考查人和检查实际执行情况**——现在全部工作、全部政策的关键就在于此，全在于此，仅在于此。"（见本卷第 15 页）列宁多次指出，俄国无产阶级既有政权，又有各种资源，所缺乏的就是文化，就是经营管理的本领。"**新经济政策**在经济上和政治上都充分保证我们有可能建立社会主义经济的基础。问题'只'在于无产阶级及其先锋队的文化力量。"（见本卷第 67 页）突出的矛盾是大多数做负责工作的共产党员文化低，不会管理。虽然他们是忠诚的革命者，但不会做生意，甚至还不知道自己不懂得这一行。列宁认为，执政的共产党人能不能领导好经济工作，这是同私人资本主义竞赛的一场考试，是俄国市场和国际市场举行的一场严峻的考试。能不能考及格，这决定着新经济政策的命运，也决定着苏维埃政权的命运。列宁告诫全党"要不怕进行自我教育，自我改造，要不怕公开承认自己素养不够，本领不大"（见本卷第 137 页）；"观察事物要清醒一些，扔掉华而不实的东西，脱去华丽的共产主义外衣，老老实实地学着做些平凡的工作，这样我们就能战胜私人资本家"（见本卷第 95 页）。

列宁还高度关注改善党政机关工作、健全领导工作制度、改进工作作风和方法等问题。他在党的第十一次代表大会的政治报告、《就党的第十一次代表大会政治报告提纲给维·米·莫洛托夫并转俄共（布）中央全会的信》、《在第九届全俄中央执行委员会第四次常会上的讲话》以及《给全俄工会第五次代表大会的信》、《致全俄苏维埃工作人员工会第五次代表大会主席团》等文献中，论述了党政机关工作的问题。他认为，"必须十分明确地划分党（及其中央）和苏维埃政权的职责；提高苏维埃工作人员和苏维埃机关的责任心和独立负责精神,党的任务则是对所有国家机关的工作进行总的领导,不是像目前那样进行过分频繁的、不正常的、往往是琐碎的干预。"(见本卷第 68 页)列宁指出:改善国家机关是个老问题,也永远是个新问题,多年的精简没有解决机构的臃肿,反而大大膨胀了;大多数人钻在公文堆里,这"往往使我们生气勃勃的事业断送在文牍的汪洋大海里"(见本卷第 252 页)。他提出,"当前最主要的迫切任务,也是最近几年最重要的任务,就是通过缩减苏维埃机关、改善组织、消灭拖拉作风和官僚主义、减少非生产开支,来不断地精简机关和减少其费用。"(见本卷第 307 页)他在《关于副主席(人民委员会和劳动国防委员会副主席)工作的决定》和《关于人民委员会副主席和主席的工作制度的建议》两文中对副主席的工作性质、今后任务和具体要求作了详尽的规定。列宁规定副主席的基本工作是检查法令、法律和决定的执行情况,缩减机关编制,简化办文制度,反对官僚主义和拖拉作风;要求各副主席将大约十分之九的精力用于经济系统各人民委员部;每个副主席应负责建立一两个模范部门或机关,带动其他单位;各副主席应当深入基层作调查研究,每周不得少于两小时,等等。

本卷收载的《论战斗唯物主义的意义》一文表明列宁关心党的理论建设。这篇文章是为党的理论刊物《在马克思主义旗帜下》杂志撰写的指导性文章。列宁在文中指明了党在哲学战线的工作方向,提出了马克思主义哲学家的任务,强调共产党人应该始终不渝地捍卫马克思主义哲学,同各种唯心主义思潮作不调和的斗争;应该积极宣传无神论,帮助人民群众摆脱愚昧无知。列宁要求共产党员在捍卫唯物主义和马克思主义的斗争中同没有加入共产党的彻底的唯物主义者结成联盟。列宁还论述了马克思主义哲学同自然科学的密切关系,要求马克思主义哲学家研究自然科学领域最新的革命所提出的种种问题,同自然科学家结成联盟,"不解决这个任务,战斗唯物主义决不可能是战斗的,也决不可能是唯物主义"(见本卷第28页)。列宁同时指出,任何自然科学,任何唯物主义,如果没有坚实的哲学论据,就无法抵御资产阶级思想的侵袭,因此,"自然科学家就应该做一个现代唯物主义者,做一个以马克思为代表的唯物主义的自觉拥护者,也就是说,应当做一个辩证唯物主义者。"(见本卷第29页)

　　列宁重视执政党的队伍建设。他在《关于接收新党员的条件》这三封信中针对俄共(布)党员的现状指出,要真正成为无产阶级执政党的党员,就必须接受极其严格的考验,提高政治思想水平。为此,他建议延长新党员的预备期,并拟定具体的考察条例,以保证预备期真正起到作用而不致流于形式;同时,要制定切实可行的办法,使党组织能将那些不符合标准的党员及时清除出去。《就惩处犯罪的共产党员问题给俄共(布)中央政治局的信》这一文献体现了列宁从严治党的观点。他要求法庭对于犯罪的共产党员的惩处必须严于非党员;要求将那些试图对法庭"施加影响"以"减轻"犯罪的共产党员罪责的人一律开除出党;要求对那些对包庇行为负有责任的领导人员进行严肃的批评和处分。

　　本卷收有关于对外贸易垄断问题的文件和书信,如《就对外贸易垄断问题给约·维·斯大林并转俄共(布)中央委员的信》、《关于对外贸易垄断》等,表明了列宁坚决维护对外贸易垄断的立场。由于实行新经济政策,扩大同资本主义国家的经济联系,俄共(布)和苏维埃的领导人员中在十月革命以来实行的对外贸易垄断的必要性的问题上出现了意见分歧。格·雅·索柯里尼柯夫、尼·

伊·布哈林、格·列·皮达可夫反对对外贸易垄断。斯大林、格·叶·季诺维也夫、列·波·加米涅夫主张放宽对外贸易垄断。列宁特别强调对外贸易垄断的重要性,认为只有坚持对外贸易垄断,才能保证苏维埃国家的经济独立,保证本国工业的恢复和发展。党的第十一次代表大会的有关决议重申维护对外贸易垄断,但是不同意见的争论没有停止。由于列宁坚持原则并做了细致的工作,12月18日中央全会一致通过决议,确认"加强对外贸易垄断的绝对必要性"。

本卷中的一些文献,如《致国家计划委员会所属租让委员会主席》、《就同德国公司财团的合同问题给约·维·斯大林并转俄共(布)中央政治局的信》以及《关于同莱·厄克特的租让谈判》等等,表明列宁极其重视同资本主义国家和企业的租让谈判问题,既力争利用外国资金和技术,又坚持互利的原则,坚决拒绝损害苏维埃俄国根本利益的条件。

列宁还关心国家的法制建设。5月15日和16日列宁两次给德·伊·库尔斯基的信反映了他对制定刑法典的重视。1922年5月15日全俄中央执行委员会第三次常会审议《检察机关的监督条例》,多数与会者主张地方检察机关受中央机关和省执行委员会的"双重"领导。列宁在《论"双重"领导和法制》一信中对这种意见提出尖锐批评,认为它不仅在原则上是错误的,而且反映了地方官僚和地方影响的利益和偏见。列宁强调法制应当是统一的,不受地方的任何干扰。他指出:"毫无疑问,我们是生活在无法纪的海洋里,地方影响对于建立法制和文明即使不是最严重的障碍,也是最严重的障碍之一。"(见本卷第200页)地方检察机关应当只受中央机关领导,有权从是否合乎法制的观点对地方政权的决定和决议提出异议。这样才能使检察机关排除地方和私人的干预,从而有可能同各种违法行为和官僚主义进行有效的斗争。

本卷所收的《对共产国际执行委员会给出席三个国际的代表会议的共产国际代表团的指示草稿的意见》、在党的第十一次代表大会上提出的《对〈关于俄共(布)驻共产国际代表团工作报告的决议草案〉的补充意见》、《我们付的代价太大了》、《对共产国际执行委员会关于三个国际的代表会议的决议草案的意见》以及在共产国际第四次代表大会上的报告等文献,主要论述了国际工人运动和共产主义运动中的策略问题。列宁指出,各国共产党的主要任务是把工人大多数、劳动者大多数争取到自己方面来,争取群众的重要手段是统一战线策略,共产党人必须在不放弃基本原则的前提下在策略上采取灵活的态度,学会使用一切斗争形式和手段。

苏维埃俄国的对外政策是列宁关注的重要问题。在《论苏维埃共和国所处的国际和国内形势》中,在党的第十一次代表大会的政治报告、3月14日给契切林的信、《对苏维埃代表团在热那亚会议上的声明草案的修改意见》以及《关于热那亚会议问题的函电》等文献中,列宁对参加热那亚会议的苏俄代表团的任务作了明确规定,对代表团的活动进行了具体指导。列宁强调苏维埃代表团的"实际目的是:扩大贸易,为最广泛最顺利地发展贸易创造条件"(见本卷第74页)。他同时指出,支持资产阶级阵营中那些希望和平并与苏维埃俄国建立经济关系的和平主义者仍然是自己的义务,这有助于分化敌人。他说:"是同醉心于用武力解决问题的资产阶级阵营的代表打交道,还是同倾心于和平主义(哪怕是最糟糕的、从共产主义观点看来是不值一驳的和平主义)的资产阶级阵营的代表打交道,这对我们当然是有区别的。"(见本卷第74页)列宁认为,社会主义国家能够而且应当与资本主义国家达成某些协议,可以在互惠原则下作出让步,但是,绝不能接受屈辱性条件。苏维埃代表团根据列宁的指示,拒绝了帝国主义列强的无理要求,维护了主权独立,同时又利用了帝国主义营垒中的矛盾,在拉帕洛签订了苏德条约,突破了帝国主义国家的反苏维埃俄国的统一战线。列宁在《对我国出席海牙会议代表团的任务的意见》中,要求参加海牙国际和平大会的苏俄代表团阐明无产阶级对帝国主义战争的态度和反战活动的可行办法。在《答〈观察家报〉和〈曼彻斯特卫报〉记者 M.法尔布曼问》一文他强调必须满足近东国家进步的民族愿望。他说:"我们的经验使我们坚信,只有对各个民族的利益极其关心,才能消除冲突的根源,才能消除互不信任,才能消除对某种阴谋的担心,才能建立语言不同的人们,特别是工人农民的互相信任,没有这种信任,无论各族人民之间的和平关系,或者现代文明中一切珍贵事物的比较顺利的发展,都是绝对不可能的。"(见本卷第 243 页)他强调在反对战争、捍卫和平的问题上"尽可能少来一些空泛的声明、庄严的诺言、华丽的口号,而尽可能多来一些最简单最明确又能真正导致和平——且不说彻底消灭战争危险——的决定和措施"(见本卷第 244 页)。

　　本卷最后一部分是列宁在 1922 年 12 月—1923 年 3 月病重期间口授的三封信和五篇文章。列宁在这些文献中总结了俄国建设社会主义的经验,对关系到党和国家前途和命运的一系列重大问题提出了许多精辟见解。

　　《给代表大会的信》反映了列宁对党在思想上和组织上的统一的高度关注,阐述了他对加强中央委员会思想作风建设和组织建设的战略思考。列宁认为党的统一的最重要条件是党的领导机关——中央委员会的团结和稳定。为此,他建议对党内制度实行改革,吸收工人和劳动农民党员担任中央委员,增加中央委员人数,以便减少个人的、偶然的因素对中央委员会的决策可能产生的消极影响,使中央委员会在相互协调、抵制分裂方面具有更大的稳定性;同时要充分发挥工人和劳动农民出身的共产党员的监督作用,积极推进机关工作的革新和改善。为了保障党的领导核心的团结,列宁评述了党中央的主要成员特别是斯大林的个人特性,希望党中央的高层领导永远十分谨慎地使用人民赋予的权力,坚持民主作风,增进思想修养,善于团结同志。列宁认为,中央委员会在任何情况下都必须始终贯彻民主集中制和集体领导的原则,这对于保证党的统一和政策的正确性具有决定性的意义。

在《关于赋予国家计划委员会以立法职能》这封信中,列宁建议扩大国家计划委员会的职权,使它的决定不被通常的苏维埃审议程序推翻。他认为,国家计划委员会正在全面发展成为专家委员会,这个机关的领导者应当是有科学修养的人,还应当具有吸收人才的卓越能力和丰富经验。

在《关于民族或"自治化"问题》这封信中,列宁反对抽象地提民族主义问题,强调"必须把压迫民族的民族主义和被压迫民族的民族主义,大民族的民族主义和小民族的民族主义区别开来"(见本卷第356页)。他要求以完全平等、互相尊重、友好互助和合作的原则来处理各族人民的关系,反对大俄罗斯沙文主义,强调要极其细心地对待以前遭受民族压迫的各族人民的民族感情。列宁还就如何巩固苏维埃社会主义共和国联盟提出了指导性意见。

《日记摘录》反映了列宁对教育事业的重视。列宁指出,为了建设社会主义,必须高度重视国民教育工作,努力提高国民的文化素质。一方面,要使国家预算首先满足初级国民教育的需要;另一方面,应该把教师的地位提到在资产阶级社会从来没有、也不可能有的高度。列宁还提出加强城乡文化联系的任务,要求城市在农村的思想建设和文化建设中发挥积极的作用。

《论合作社》一文提出了把小农逐步引向社会主义的合作社计划。列宁批评了在实行新经济政策时忽视合作社的作用,对发展合作社的深远意义重视不够、估计不足的倾向,论述了合作社的性质和通过合作社来建设社会主义的思路。他认为,在工人阶级掌握国家政权和生产资料的前提下,在工人和农民结成牢固联盟的形势下,苏维埃政权完全有必要也完全有可能通过合作社来建设社会主义;在这种情况下,合作社的发展也就等于社会主义的发展。列宁深刻地指出,我们不得不承认我们对社会主义的整个看法根本改变了。"这种根本的改变表现在:从前我们是把重心放在而且也应该放在政治斗争、革命、夺取政权等等方面,而现在重心改变了,转到和平的'文化'组织工作上去了。"(见本卷第 371 页)为此我们需要认清并完成两个划时代的主要任务:一是改造我们从旧时代接收过来的国家机关,二是在农民中进行文化工作,这种文化工作,就其经济目的来说,就是合作化。列宁认为,社会主义不仅要求具有新的经济制度和政治制度,而且要求具有高度发达的文化和科学;只有不断提高人民的文化水平,继承全人类积累的文化财富,同时着力推进社会主义的文化变革,我们的国家才能成为完全社会主义的国家。

在《论我国革命》一文中,列宁总结了俄国社会主义革命和建设的经验,驳斥了孟什维克和第二国际代表人物借口俄国缺乏实行社会主义的客观经济前提来否定俄国革命的论调,运用马克思主义的革命辩证法论证了俄国进行社会主义革命和建设的必要性和可能性。他指出:"世界历史发展的一般规律,不仅丝毫不排斥个别发展阶段在发展的形式或顺序上表现出特殊性,反而是以此为前提的。"(见本卷第374页)俄国革命的道路不同于西欧各国,"在东方那些人口无比众多、社会情况无比复杂的国家里,今后的革命无疑会比俄国革命带有更多的特殊性"(见本卷第376页)。这种特殊性是符合世界历史发展的总的路线的。建设社会主义的确需要一定的经济、文化发展水平,但俄国由于自身的历史条件,可以首先用革命手段取得达到这个一定水平的前提,然后在工农政权和苏维埃制度的基础上提高生产力和文化水平。

在《我们怎样改组工农检查院》一文中,列宁提出了改组工农检查院的计划,建议把它同中央监察委员会结合起来。列宁认为,中央监察委员会要适当扩大,要有一定数量的中央监察委员出席政治局会议,他们"应该形成一个紧密的集体,这个集体应该'不顾情面',应该注意不让任何人的威信,不管是总书记,还是某个其他中央委员的威信,来妨碍他们提出质询,检查文件,以至做到绝对了解情况并使各项事务严格按照规定办事"(见本卷第381页)。中央监察委员会应派出委员参加工农检查院的领导工作。工农检查院的人员要精干,应当都是经过专门考查,十分可靠,懂得科学管理,具有现代素养的人才。这样就会大大提高工农检查院的威信和工作质量。

在《宁肯少些,但要好些》一文中,列宁论述了苏维埃国家机关的改革问题。列宁认为,苏维埃俄国为了推进社会主义事业,必须认真进行国家机关的改革,提高国家机关的质量,应集中具有真正现代素质的人才。但是现在可以用来建立名副其实的社会主义国家机关的人才太少,因此国家机关的整顿不能急于求成,"我们应该遵守一条准则:宁可数量少些,但要质量高些"(见本卷第384页)。为了提高国家机关工作人员的文化素质,列宁提出:"第一是学习,第二是学习,第三还是学习,然后是检查,使我们学到的东西真正深入血肉,真正地完全地成为生活的组成部分,而不是学而不用,或只会讲些时髦的词句(毋庸讳言,这种现象在我们这里是特别常见的)。"(同上)列宁要求工农检查院作为改善国家机关的工具应当改造成真正的模范机关。

　　在《列宁全集》第2版中,本卷文献比第1版相应时期所收的文献增加57篇。其中有:《致国家计划委员会所属租让委员会主席》、《就苏维埃代表团在热那亚会议上的策略问题给格·瓦·契切林的信》、《对共产国际执行委员会给出席三个国际的代表会议的共产国际代表团的指示草稿的意见》、《就惩处犯罪的共产党员问题给俄共(布)中央政治局的信》、《给尼·彼·哥尔布诺夫的便条并附关于合作社问题的意见》、《对苏维埃代表团在热那亚会议上的声明草案的修改意见》、在俄共(布)第十一次代表大会上《对〈关于俄共(布)驻共产国际代表团工作报告的决议草案〉的补充意见》、《俄共(布)中央全会关于书记处工作安排的决定草案》、《就三个国际的柏林代表会议问题向俄共(布)中央政治局提出的建议》、《对共产国际执行委员会关于三个国际的代表会议的决议草案的意见》、《对〈纽约先驱报〉记者的谈话》、《关于热那亚会议问题的函电》、《俄共(布)中央政治局关于出版格·瓦·普列汉诺夫文集的决定》、《给约·维·斯大林的便条并附俄共(布)中央政治局关于对外贸易垄断问题的决定草案》、《对俄罗斯联邦刑法典实施法草案的补充和给德·伊·库尔斯基的信》、《就裁减红军问题给俄共

（布）中央书记处的信》、《就全俄中央执行委员会的组成问题给约·维·斯大林并转俄共（布）中央政治局的信》、《关于同莱·厄克特的租让谈判》、《关于成立苏维埃共和国联盟》、《就同德国公司财团的合同问题给约·维·斯大林并转俄共（布）中央政治局的信》、《致彼尔姆省执行委员会主席》、《致全俄中央执行委员会主席团》、《就裁减军队问题提交俄共（布）中央政治局的建议》、《致北美俄国侨民》、《关于削减海军舰只修建计划》、《关于人民委员会和劳动国防委员会副主席分工的建议》、《关于人民委员会副主席和主席的工作制度的建议》、《就人民委员会和劳动国防委员会副主席的分工问题给列·波·加米涅夫、阿·伊·李可夫、亚·德·瞿鲁巴的信》等等。

《附录》中所收的18篇文献，除《在共产国际第四次代表大会上的报告〈俄国革命的五年和世界革命的前途〉的提纲》中的第1个提纲曾收入《列宁全集》第1版第36卷外，都是新增加的。

在本增订版中，本卷比《列宁全集》第2版相应时期的文献新增3篇。

弗·伊·列宁

（1922 年）

论苏维埃共和国所处的
国际和国内形势

在全俄五金工人代表大会共产党党团会议上的讲话[1]

(1922 年 3 月 6 日)

(热烈鼓掌)同志们！请允许我稍微打乱一下你们的正常议程，今天不谈你们党团会议和代表大会议程上的问题，而是就一些主要的政治任务谈一点我的结论和看法。向虽然不是某某国家机关的正式代表、但事实上担负着国家很大一部分工作的人们作报告，在我们这里已经习以为常了。你们都知道，在我们大多数国家机关中，真正做实际工作的是工人阶级的一些代表，其中当然也包括走在前列的五金工人。

因此我认为，在这里打乱一下你们正常的议程，主要不谈工会和党的问题，而谈谈政治问题，谈谈我们所处的国际和国内形势问题，未必是不恰当的。因为在我看来，无论在我们的国际形势中或在我们的国内形势中，都有某种类似政策转变的情况，这要求每一个党员，当然也要求每一个觉悟工人特别注意，以便充分理解这种政策转变，正确地领会它，并把它贯彻到自己的工作中去，即贯彻到苏维埃的、党的、工会的以及其他各项工作中去。

同志们，你们当然都知道，热那亚问题[2]在我们这里仍然占据国际政治问题的首位。但我已经不那么坚信它继续占据首位是理所当然的,因为我们说到"热那亚",指的就是大家早已知道的预定在意大利热那亚举行的会议,这一会议差不多已筹备就绪,可惜目前还处在一种不确定的状态中,谁也不知道(我很担心连热那亚会议的发起人和组织者自己也不知道)会议是很有可能召开,还是几乎没有可能召开。但不管怎样,我们应该心里明白并且向所有关心工农共和国命运的人说明,我们在这方面的立场,即在热那亚会议问题上的立场一开始就是十分坚定的,现在仍然是坚定的。至于有人不仅缺乏坚定精神,甚至缺乏实现自己意图的最起码的决心和能力,那不是我们的过错。我们一开始就声明,**我们欢迎热那亚会议并准备出席这次会议**;我们十分清楚而且毫不隐瞒,我们准备以商人的身份出席会议,因为我们绝对必须同资本主义国家(只要它们还没有完全垮台)进行贸易,我们到那里去,是为了最恰当、最有利地商定政治上合适的贸易条件,仅此而已。当然,这对那些由政府拟定了热那亚会议的初步计划并推动召开这一会议的各资本主义国家,决不是什么秘密。这些国家十分清楚,我们同各资本主义国家的通商条约已愈来愈多,具体的贸易合同的数量在日益增加;正在详细商谈由俄国和外国合办的,即由各国和我国各个工业部门用各种形式联营的商业企业项目,现在已经非常多了。因此,在热那亚将要讨论的主要议题的实际基础,资本主义国家是很清楚的。如果说在这种基础上还有一大堆各式各样的政治方面的话题、设想、计划等上层建筑的话,那必须了解,这不过是一种上层建筑,往往是人为地建造起来的,是那些可以从中得益的人想出来建造的。

苏维埃政权存在四年多来,我们自然已经取得相当的实际经验(而不单是在理论上相当清楚),所以能够恰当地评价资产阶级国家的代表先生们熟练运用老一套资产阶级外交伎俩所玩弄的外交把戏。我们很清楚这套把戏的基础是什么，我们知道它的实质就是要做生意。**资产阶级国家需要同俄国做生意**，因为它们知道，没有这种那种形式的经济联系，它们还会像以前那样继续垮下去；尽管它们取得了极其辉煌的胜利，尽管它们在全世界的报纸和电讯中无休止地吹嘘，但是它们的经济还是在衰败；它们取得辉煌胜利已经三年多了，可是它们连最简单的任务（不是建设新的，只是恢复旧的）也对付不了，还在这样一个问题上转来转去：怎么能使三个、四个或五个国家凑在一起（瞧，连这个数目也显得太大，要达成协议非常困难），组成一个能够做生意的联合体。

我知道，共产党人要学会经商确实需要时间，谁想学会经商，在头几年总会犯一些严重的错误，但是历史会宽恕他们的，因为这是一件新事情。这需要使脑子灵活一些，还要彻底抛弃共产党人的，或者确切些说，俄国人的奥勃洛摩夫习气³和其他许多习气。但是，资产阶级国家的代表要重新学习做生意，那是很奇怪的，因为他们已经做了几百年的生意，他们的全部社会生活都是建立在生意上的。这对我们来说倒并不那么奇怪。我们早就说过，早就知道，对帝国主义战争他们没有我们估计得正确。他们在估计这场战争时目光短浅，因此他们在取得巨大胜利之后过了三年，还是找不到摆脱困境的出路。

我们共产党人说过，我们对战争估计得深刻一些、正确一些，战争带来的矛盾和灾难的影响比资本主义国家所预料的要广泛得多。我们在从旁观察资产阶级战胜国时曾经说过，它们会不止一次地回想起我们的预言和我们对战争及其后果的估计的。它们遇到三四棵松树就迷路了，这种情况我们并不觉得奇怪。同时我们也说过,只要资本主义国家还照样存在,我们就必须同它们做生意。我们准备以商人的身份去同它们谈判,这一点我们能够办到,我们同资本主义列强的通商条约的数目日益增多证明了这一点,合同的数目也证明了这一点。合同在签订之前,我们还不能公布。资本家商人找上门来说:"在我们完全谈妥之前,这应该是我们两者之间的秘密",——当然,从做生意的观点来看,这是不能拒绝的。可是我们知道拟议中的合同有多少,光这些合同的清单就有好几页,其中有数十项同实力雄厚的财团具体讨论过的实际可行的建议。当然,关于这一点,将聚会热那亚的资产阶级列强的代表先生们知道得并不比我们差,因为不管怎样,这些国家的政府当然同本国的资本主义公司保持着联系。它们毕竟还没有乱到连这点也不知道的地步。

我们从国外的电讯中经常看到这样的消息,说他们对热那亚将发生什么还心中无数,他们还在想什么新花样,要对俄国提出新条件,以此震惊世界。如果是这样,那我就要正告他们(我希望能在热那亚亲自告诉劳合-乔治):先生们,你们这一套震惊不了什么人。你们是商人,很会做生意。我们才学习做生意,做得很不好。但是,我们有几十几百个合同和合同草案,由此可以看出,我们怎么做生意,我们正在签订或将要签订些什么合同,条件是什么。我们在报上看到各种旨在吓唬人的消息说,有人硬要我们接受什么考验,我们总是安然一笑置之。威胁,我们已经见得多了,而且要比商人说了不能还价的最后价格就打算把门砰然关上的威胁厉害得多。我们看到过几乎控制着整个世界的协约国的大炮的威胁。**这些威胁未曾把我们吓倒。欧洲的外交家先生们,这一点请你们不要忘记。**

我们决不是谋求维持自己在外交上的威信和声望，这对资产阶级国家是非常重要的。我们甚至决不会正式谈这一点。但是，我们没有忘记这一点。我们任何一个工人、任何一个农民都没有忘记，不可能忘记，也永远不会忘记：他们为了捍卫工农政权，反对支持武装干涉的所有强大国家的同盟而打过仗，我们掌握着这些国家几年来同高尔察克、邓尼金签订的一大批条约。这些条约已经公布，我们知道这些条约，全世界也知道这些条约。为什么还要捉迷藏，把事情说成我们仿佛都成了健忘的伊万⁴呢？每个农民和每个工人都知道，他们同这些强国打过仗，而且并没有被打败。资产阶级国家的代表先生们，要是你们愿意寻开心，不惜浪费你们的纸张（你们的纸张太多了，超过了需要）和笔墨，愿意滥用你们的电报线路和电台向全世界宣布："我们要考验考验俄国"，那我们倒要看看，究竟是谁考验谁。我们已经受过考验，而且不是言词、贸易、卢布的考验，而是棍棒的考验。我们以严重的、流血的、痛苦的创伤为代价赢得了人们的赞誉，不是我们自己，而是敌人也不得不说我们："一个挨过打的抵得上两个没有挨过打的。"

在军事方面我们赢得了这种赞誉。可惜在商业方面，我们共产党人挨的打还少，但是我希望在最近的将来会弥补这个缺陷，而且会取得同样的成功。

我刚才说，期望在热那亚亲自同劳合-乔治谈谈这些问题，告诉他**不要用这些无聊手段来吓唬我们**，因为这只会使吓唬人的人丧失威信。我希望我的病不至于妨碍我这样做，我的病已经好几个月使我不能直接参与政务，完全不允许我执行我所担任的苏维埃职务。我有根据期望过几个星期又能直接工作。**但是，我不相信它们三四个国家过几个星期能把问题谈妥，尽管它们曾通告全**

世界,说它们业已谈妥。我甚至敢断定,世界上没有一个人会相信这一点,甚至它们自己也不知道这一点,因为支配全世界的各战胜国在开了许多次会以后(它们开了无数会议,甚至欧洲资产阶级报刊也在嘲笑这一点),又在戛纳开了会,但是,它们仍然说不清楚它们究竟要什么。**5**

因此,从实际任务而不从变化多端的外交把戏来看,托洛茨基同志对局势的判断是最正确的。有一条消息说,热那亚已筹备就绪,一切都已谈妥,已就热那亚会议取得完全一致的意见,只因有一个资产阶级政府不稳定(这些资产阶级政府不知为什么都可疑地不稳定起来了),会议不得不暂时延期**6**,托洛茨基在得悉这一消息的第二天就发布命令说:"让每一个红军战士都认清国际形势;我们深知,它们有一个稳定的集团,总想再试一试武装干涉,我们要时刻戒备,要让每一个红军战士都知道,外交把戏是怎么回事,历来解决一切阶级冲突的武力又是怎么回事。"

让每一个红军战士都知道这套把戏是怎么回事,武力又是怎么回事,那时我们再瞧吧! 不管资本主义在所有资本主义国家怎样衰败,许多不无势力的政党还可能试试这个玩意。既然这些政府不稳定到连一次会议都不能按期召开,那谁知道这些政府会落入谁的手里呢。我们知道,它们那里有一些有势力的想打仗的政党、有势力的人士和经济巨头,这一点我们很清楚,对于经济协定基础的真正实质,我们也相当了解。我们受过千辛万苦,知道新的战争会给我们带来什么样的灾难和痛苦,但是我们说,我们**能再一次承受住,你们要试就试试看吧!** 托洛茨基同志没有从变化多端的外交把戏上去考虑,而是发布一道坚决的命令,他得出结论说,要向每个红军战士重新说明国际形势,说明热那亚会议由于意大利内阁不稳定而延期举行，这正意味着有战争的危险。**我们要使我们的每个红军战士都了解这一点。**这一点我们是容易做到的，因为现在在俄国已经很难找到一个家庭、一个红军战士是不知道这一点的，他们不仅从报纸、通告或命令中知道这一点，而且从自己的家乡知道这一点，他们在家乡看到残废的人，看到熬过这场战争的家庭，看到歉收、折磨人的饥荒和破产，看到极端的贫困，他们懂得这一切都是由什么引起的。他们并没有读过孟什维克和社会革命党人在巴黎的出版物，也不认为这一切的原因在于布尔什维克品质恶劣。现在在他们身上未必能够找到一种比抗击情绪（姑且这样说）更为强烈的情绪了，他们要抗击那些曾把战争强加于我们，曾支持高尔察克、邓尼金来攻打我们的人。在这一方面，我们用不着成立新的鼓动宣传委员会。

关于热那亚会议的问题，**必须把事情的本质同资产阶级在报上散布的谣言严格地区别开来；**资产阶级以为这些谣言是可怕的炸弹，然而它吓不倒我们，因为这些东西我们已经看得多了，有时甚至不值一笑。试图强迫我们接受战败国条件的言论都是无稽之谈，不值得答复。**我们是作为商人去建立关系的，我们知道，你应给我们什么，我们应给你什么，什么是你的合理利润甚至超额利润。**不管三四个战胜国组成什么样的格局，我们还是接到了很多建议，我们的合同数目正在增多，而且还会继续增多；这次会议延期只会使你们受到损失，因为你们向自己人证明你们自己也不知道要什么，证明你们患着所谓意志病。这种病就在于不理解我们比你们看得深刻的经济和政治。自从我们提出这种看法以来，已经快10年了，可是这以后的全部破坏和崩溃，各资产阶级国家还是看不清楚。

我们已经清楚地看到我们这里形成的局势,我们可以十分坚定地说,**我们已经可以停止而且正在停止我们所开始的退却。够了**。我们非常清楚地看到并且毫不隐瞒,新经济政策是一种退却,我们走得比我们能够控制的远了一些,但斗争的逻辑就是这样。凡是记得1917年10月情况的或当时政治上还不成熟而后来了解到1917年情况的人,都知道当时布尔什维克曾向资产阶级提出过多少妥协的建议。那时布尔什维克说:"先生们,你们的事业正在垮下去,我们将要执掌政权并保持下去。你们是否愿意考虑一下,像乡下人所说的不吵不闹地了结此事呢?"我们知道不仅吵过闹过,而且有过孟什维克和社会革命党人所发动和支持的暴动的尝试。他们以前说过:"我们就是立即把政权交给苏维埃也行。"前两天我在一份巴黎出的杂志上读到一篇克伦斯基反驳切尔诺夫的文章(那上面这类货色多得很);克伦斯基说:难道是我们把持着政权不放吗?我早在民主会议时期就声明过,如果有人出来组织清一色的政府,那么无需任何动荡,就可以把政权交给新政府。[7]

我们没有放弃过单独掌握政权。这一点我们早在1917年6月就声明过。[①] 1917年10月我们在苏维埃代表大会上实现了这一点。在苏维埃代表大会上布尔什维克占了多数。当时克伦斯基求救于士官生,跑去找克拉斯诺夫,想调集军队进攻彼得格勒。我们稍稍揍了他们一下,他们现在就抱怨说:"你们这伙恶棍、强盗、刽子手!"我们回答说:"怨你们自己吧,朋友们! 不要以为俄国的工人农民已经忘记了你们的行径! 是你们在10月份用最残酷的形式向我们挑战的,为了回答这个挑战,我们才实行恐怖,而且是

---

① 见本版全集第30卷第240页。——编者注

三倍的恐怖，**如果还有必要的话，如果你们还要再试一下的话，我们还要实行**。"恐怖是必要的，没有一个工人，没有一个农民会对此有怀疑；除了歇斯底里的知识分子，谁也不会怀疑。

在经济空前困难的条件下，我们不得不同实力百倍于我们的敌人作战。很明显，在这种情况下，我们在采取非常共产主义措施方面走得太远了，超越了需要的范围；我们不得不这样做。我们的敌人以为他们会置我们于死地，他们不是在口头上说说，而是打算在行动上迫使我们屈服。他们说："我们不作任何让步。"我们回答说："如果你们以为，我们不敢采取极端共产主义措施，那就错了。"我们敢采取，我们这样做了，我们胜利了。现在我们说，我们保持不住这些阵地，我们在退却，因为我们获得的战果足以守住必要的阵地。以孟什维克和社会革命党人为首的所有白卫分子都兴高采烈地说："啊哈！你们退却了！"我们说：你们兴高采烈吧，你们以此自我安慰吧。只要我们的敌人不采取实际行动，而是在自我安慰，这对我们是有利的。欢庆吧，你们用幻想安慰自己，这样就会使我们处于更有利的地位。我们占领了广阔的阵地，如果在1917年到1921年这段时期，我们没有为自己占领这些阵地，那么无论在地理上或经济上、政治上，我们都没有退却的余地。我们联合农民保持了政权，如果你们不同意战前向你们提出的条件，那到了战后你们会得到更坏的条件。这一点已经明白地载入了1917年至1921年的外交史、经济史和政治史，这决不是吹牛。这不过是确认一下、提醒一下罢了。如果资本家先生们在1917年10月接受了我们的建议，那他们得到的好处会比现在多四五倍。你们打了三年仗，得到了什么呢？还想打吗？我们很清楚，你们远非所有的人都愿意打仗。另一方面，我们也知道，在目前这种饥荒严重、工业破坏的情况下，我们保持不住从 1917 年到 1921 年所获得的全部阵地。我们已经放弃了很多阵地。但是现在我们可以说，**我们向资本家作让步这种意义上的退却已经结束**。我们已经权衡过自己的力量和资本家的力量。在同俄国的和外国的资本家签订合同方面，我们已经进行了一系列侦察，因此我们说——我希望而且相信——党代表大会也会以俄国领导党的名义正式宣告：**我们现在可以停止我们在经济上的退却了。够了。我们不再后退了**，我们要做的是正确地展开和部署我们的力量。

我说我们暂时停止经济上的退却，这并不是说我对于我们所处的极端困难的境遇有些忘记了，或者我想以此安慰你们，叫你们放心。关于退却的限度和我们是否暂停退却的问题，这不是我们面临什么样的困难的问题。我们知道，我们面临着什么样的困难。我们知道，像俄国这样一个农民国家发生饥荒是怎么一回事。我们知道，我们还未能消除饥荒带来的灾难。我们知道，在一个不得不进行贸易的国家，在一个发行了世界上数量空前的纸币的国家，发生财政危机是怎么一回事。[8]我们知道这些困难，知道困难很大。我不怕指出困难重重。这丝毫吓不倒我们。我们对工人农民明言直说，反而能取得力量，我们说："这就是摆在你们面前的困难，这就是我们从西方列强受到的威胁。让我们努力工作，清醒地看待我们的任务吧！"我们停止退却，并不等于我们不知道这些危险。我们正视这些危险。我们说："主要危险就在这里，饥荒造成的灾难必须消除。我们还没有把这些灾难消除。我们还远远没有克服财政危机。"因此，决不能把暂时停止退却这句话理解为：我们已经认为，我们的基础（新经济的）已经打好，我们可以放心地前进了。不，基础还没有打好。我们还不能放心地展望未来。我们不仅被战争的危险包围着（这点我谈得够多了），我们还被国内的更大的危险包围着，在我们国内存在着经济危机：农民的严重破产、饥荒、财政紊乱。这些危险是非常大的。这要求我们作极大的努力。但是，如果有人把战争强加于我们，我们是能够打的。不过他们要进行战争也并不那么容易。1918年他们很容易发动了战争，在1919年也很容易继续打下去。但是到1922年，已经流逝了多少岁月，流淌了多少鲜血，发生了多少变迁。西方的工人农民已完全不是1919年的工人农民了。现在再要欺骗他们说，我们是同德国人打仗，布尔什维克不过是德国人派遣来的，这已经不行了。我们不会因为我国的经济状况而惊慌失措。现在我们同俄国的和外国的资本家已经签订了几十个合同。我们知道，我们过去和现在遇到些什么困难。我们知道，为什么俄国资本家会签订这些合同。我们知道，这些合同是根据什么条件签订的。这些资本家大多数是作为讲求实际的人、作为商人来签订这些合同的。我们也是作为商人行事的。但是任何商人都会在一定程度上考虑到政治。一个商人只要不是十分野蛮的国家的商人，他就不会同看来不很稳定不很可靠的政府签订合同。一个商人如果这样行事，他就不是个商人而是个傻瓜了。这种人在商人中间并不占多数，因为商业斗争的全部逻辑会把这种人抛出商界。从前我们有一种看法：邓尼金打了你，那你就要证明，你也能打邓尼金。现在则是另一种看法了：商人打了你，那你就要证明，你也能迫使他订合同。我们已经证明了这一点。我们已经同俄国和西欧一些最大的资本主义公司订了许多合同。我们知道他们要的是什么。他们也知道我们要的是什么。

　　现在我们的工作任务略有改变。因此，我想对这一点再说几句话，来补充我这个本来就已拖得长了一些的报告。

由于热那亚会议情况捉摸不定，而且这种状况何时终结好像还难以预料，由于我们在国内政策方面已经作了这么多的让步，现在我们必须说：**"够了，不再作任何让步了！"** 如果资本家先生们以为还可以拖一拖，以为愈拖让步就愈多，那我就再说一遍，应该对他们说：**"够了，明天你们什么也得不到了！"** 如果他们没有从苏维埃政权及其胜利的历史中学到点东西，那就随他们便吧。我们这方面已经尽了一切力量，并且把这一点告诉全世界了。我希望，代表大会也将确认我们不再退却。**退却已经结束了，**因此我们的工作也改变了。

应当指出，在讨论这个问题的时候，我们至今还表现出神经过敏，几乎是一种病态，我们制定各式各样的计划，作出各种各样的决议。说到这里，我想谈一件事。昨天我偶然在《消息报》上读到马雅可夫斯基的一首政治题材的诗。我不是他的诗才的崇拜者，诚然我完全承认自己在这方面是个外行。但是我很久没有感到这样愉快了，这是从政治和行政的角度来说的。他在这首诗里尖刻地嘲笑了会议，挖苦了那些老是开会和不断开会的共产党员。诗写得怎样，我不知道，然而在政治方面，我敢担保这是完全正确的。我们确实处于大家没完没了地开会、成立委员会、制定计划的状态之中，应当说，这是很愚蠢的。在俄国生活中曾有过这样的典型，这就是奥勃洛摩夫。他总是躺在床上，制定各种计划。从那时起，已经过去很长一段时间了。俄国完成了三次革命，但奥勃洛摩夫们仍然存在，因为奥勃洛摩夫不仅是地主，而且是农民，不仅是农民，而且是知识分子，不仅是知识分子，而且是工人和共产党员。只要看一下我们如何开会，如何在各个委员会里工作，就可以说**老**

奥勃洛摩夫仍然存在，对这种人必须长时间搓洗敲打，才会产生一些效果。在这方面，我们应当正视自己的处境，不要有任何幻想。我们没有像社会革命党人那样模仿那些把"革命"这个词写成大写的人。但我们可以重申马克思的话：在革命时做出的蠢事不会少，有时还会更多[9]。我们必须冷静地大胆地正视这些蠢事，我们革命者必须学会这一点。

在这次革命中，我们做了那么多事情，这是不可剥夺的成就，这些事已经取得了最终胜利，而且全世界都知道，所以我们根本不必惶惑不安或神经过敏。现在的情况是，我们依据已进行的侦察来检验我们所做过的事情，这种检验具有很大的意义，我们应该通过这种检验继续前进。现在我们要经受一场同资本家的斗争，就必须坚决走我们新的道路。**我们要这样来建立我们的整个组织，做到不让那些没有商业经验的人来领导商业企业**。我们往往派某个共产党员去领导一个机关，他无疑是一个勤勤恳恳的人，在争取共产主义的斗争中受过考验，坐过监牢，但不会做生意，偏偏这样的人被派去领导国营托拉斯。他具备共产党员的一切无可争辩的优点，但商人还是揍了他，并且揍得好，因为这种地方本来是不该派最可敬、最优秀的共产党员去（除去疯子，没有人会怀疑他们的忠诚），而应当派机灵的办事又诚实的店员去，店员能做好自己的工作，比最忠诚的共产党员强得多。我们的奥勃洛摩夫习气也就表现在这里。

我们安排了一批共产党员去从事实际执行工作，他们虽然具有一切优秀品质但完全不适宜做这种工作。我们国家机关中有多少共产党员呢？我们拥有大量的材料，洋洋大观的著作，这会使最严谨的德国学者都喜出望外，我们的公文堆积如山，如果要党史委员会[10]把这一切研究清楚，就得花上50个50年的工夫，而在国营托拉斯里你们却看不到什么实际结果，甚至不知道谁对什么工作负责。我们的法令太多了，而且像马雅可夫斯基所描写的那样，都是匆匆忙忙赶出来的，但对于法令的实际执行情况却没有加以检查。我们共产党负责工作人员的决定是否执行了呢？他们会不会办这件事呢？不，不会，正因为如此，我们国内政策的关键就和以前不同了。我们的会议和委员会是怎么一回事呢？它们往往是一种儿戏。我们开始清党[11]并暗下决心"清除混入党内的自私自利分子和盗贼"以后，我们的情况有了好转。我们大约清除了10万人，这好极了，不过这仅仅是一个开端。在党代表大会上我们要好好讨论这个问题。我想，那些现在只会设立委员会而不进行也不会进行任何实际工作的几万人，到时候也会有同样的命运。我们这样清洗以后，我们的党就会从事实际工作，就会像了解军事工作那样了解这个工作。当然，这不只是几个月的事情，也不是一年的事情。在这个问题上我们必须坚定不移。我们不怕说我们工作的性质改变了。我们内部最可恶的敌人就是官僚主义者，这些人都是身居苏维埃要职（也有担任一般职务的）、由于勤勤恳恳而受到大家尊敬的共产党员。他唱得有点刺耳，好在他滴酒不进。[12]他没有学会同拖拉现象作斗争，他不善于同这种现象作斗争，反而为之掩护。**我们必须清除这种敌人，我们要借助所有觉悟的工人农民收拾这种敌人。所有非党的工农群众都会跟着共产党的先进队伍去反对这种敌人，反对这种紊乱现象和奥勃洛摩夫习气。在这方面不能有任何动摇。**

　　我的讲话快完了，现在作一个简短总结。热那亚的把戏，围绕它的变化多端的把戏，丝毫不能使我们动摇。现在我们不会中圈套了。**我们要到商人那里去做交易，要继续执行让步政策，但是让步的限度已经定了**。我们至今在我们的合同中所给予商人的东西，意味着我们在立法上后退了一步，但我们不再往后退了。

因此，我们在国内政策特别是经济政策方面的主要任务改变了。我们需要的不是新的法令、新的机构和新的斗争方式。**我们需要的是考查用人是否得当，检查实际执行情况**。下次清党就要轮到那些以行政官员**自居**的共产党员了。凡是只知道设立各种委员会，只知道开会、谈话而连简单的事也不做的人，最好都到宣传鼓动部门或其他有益的工作部门去。有人正在编造一些稀奇古怪的东西，他们辩解说，既然是新经济政策，就应该想出一些新花样。而委托给他们的事情却没有做。他们不关心节省他们得到的每一个戈比，更不设法把一个戈比变成两个戈比，而是去制定开支数十亿乃至数万亿苏维埃卢布的计划。对这种坏现象，我们必须进行斗争。**考查人和检查实际执行情况**——现在全部工作、全部政策的关键就在于此，全在于此，仅在于此。这不是几个月的事情，也不是一年的事情，而是好几年的事情。我们必须用党的名义正式指出，现在工作的关键是什么，并相应地改组队伍。那时在这个新的领域中，我们就会成为胜利者，正像受到农民群众拥护的布尔什维克无产阶级政权过去在一切工作领域中都一直是胜利者一样。（鼓掌）

载于 1922 年 3 月 8 日《真理报》　　　　　　译自《列宁全集》俄文第 5 版
第 54 号　　　　　　　　　　　　　　　　　第 45 卷第 1—16 页

关于接收新党员的条件

给维·米·莫洛托夫的三封信[13]

（1922 年 3 月 9 日、24 日和 26 日）

1

致莫洛托夫同志

我不反对。[14]

由于提到的文件没有引用，许多地方看不清楚。[15]依我看，介绍工人入党的要有三年党龄，介绍农民和红军战士的要有四年，介绍其他人的是五年。

预备期（"入党者"?）的概念要规定得准确一些。

细节委托中央委员会制定。

列 宁

3 月 9 日

译自《列宁全集》俄文第 5 版
第 45 卷第 17 页

2

致莫洛托夫同志

（3月24日）

电 话 口 授

请把我的以下建议提交中央全会：

我认为，延长新党员的预备期是极端重要的。在季诺维也夫的提纲中规定工人入党的预备期为半年，其他人为一年。[16] 我建议，只有在大工业企业实际做工不下十年的工人，预备期方得为半年。其他工人规定为一年半，农民和红军士兵规定为两年，其他各种人为三年。特殊的例外，须经中央委员会和中央监察委员会[17]共同批准。

我认为，不改变季诺维也夫所提出的短预备期是极端危险的。毫无疑问，我们常常把丝毫没有受过严格锻炼，即大工业锻炼的人都算做工人。那些由于偶然的机会当了很短一段时间工人的十足的小资产者常常被划入工人之列。一切聪明的白卫分子都十分清楚地看到，我们党的所谓无产阶级性质实际上根本杜绝不了小业主在党内占优势，固然是短期内占优势的可能性。在我们普遍存在工作马虎、杂乱无章的情况下，规定这样短的预备期，事实上就等于对预备党员不作任何认真的考查，无从知道他们是否真是经过一些考验的共产党员。我们党现在有 30 万—40 万党员，这个数目已过大，因为所有材料都表明现在的一些党员的修养水平很差。所以我极力主张必须延长预备期，同时责成组织局拟定一些条例并严格执行,这些条例应能真正使预备期成为极其严肃认真的考验,而不致流于形式。

我认为,代表大会应当特别仔细地讨论这一问题。

列　宁

载于 1925 年 12 月 23 日《莫斯科　　　　译自《列宁全集》俄文第 5 版
晚报》第 293 号　　　　　　　　　　　　第 45 卷第 17—18 页

3

致莫洛托夫同志

请在代表大会讨论接收新党员的条件问题之前
交全体中央委员一阅。

看了 3 月 25 日中央全会关于新党员的预备期问题的决定,我想在代表大会上对这项决定提出异议。[18]但是,我怕不能在代表大会上发言,因此,请看一下我的下列意见。

毫无疑问,目前我党就大多数党员的成分来说是不够无产阶级的。我想,谁也不能对此提出异议,因为只要查一下统计材料就能证实这一情况。自从战争爆发以来,俄国工厂工人属于无产阶级成分的,比从前少多了,因为在战争期间那些想逃避兵役的人进了工厂。这是众所周知的事实。另一方面,同样毫无疑问,我们党要在这样困难的时刻,特别是在占人口大多数的农民迅速觉醒、投入独立的阶级政治的情况下真正实现无产阶级的领导,它目前的政治修养的一般水平和平均水平(拿绝大多数党员的水平来说)是不够的。其次，必须注意到，参加执政党的引诱力在目前是很大的。只要回顾一下路标转换派[19]的所有著作就会相信，连一点无产阶级气息都没有的人现在都对布尔什维克的政治成就心向神往了。如果热那亚会议使我们取得新的政治成就，那么小资产阶级分子和十分敌视整个无产阶级的分子涌进党里来的势头就会更猛烈。工人的半年预备期无论如何也阻挡不住这种势头，因为用伪装的办法混过这样短的预备期是再容易不过了，况且在我们这种条件下，很多知识分子和半知识分子加入工人队伍，简直没有任何困难。综上所述，我得出如下结论：我们必须大大延长预备期（白卫分子十分清楚地看到我们党的非无产阶级成分，我觉得这一点更可以证实这个结论），如果工人的预备期仍为半年，那么为了不自欺欺人，绝对必须确定"工人"这个概念，使这个概念只适用于那些确实由于自己的生活状况而必然具有无产阶级心理的人。如果不是在工厂一心一意待上许多年，就不可能养成这种心理，它是由经济生活和社会生活的一般条件陶冶出来的。

只要不无视现实，那就应当承认，目前党的无产阶级政策不是取决于党员成分，而是取决于堪称党的老近卫军的那一层为数不多的党员所独有的巨大威信。只要这层党员中间发生小小的内部斗争，其威信即使不毁掉，也必定会削弱到不再起决定作用的地步。

因此必须：（1）延长各种预备期；（2）特别详细地规定，应当怎样使预备期真正起到作用，应当有哪些具体的切实的考查条件来保证预备期真正起到作用而不致流于形式；（3）在处理接收新党员问题的机关中必须规定一个法定的多数；（4）接收新党员不仅必须受省委决定的制约，而且必须受监察委员会决定的制约；（5）还应制定一些办法,使党易于除去那些根本够不上十分自觉地贯彻无产阶级政策的共产主义者的党员。我并不是建议再进行一次大清党,因为我认为这在目前是不切实际的,但必须找出一些在事实上进行清党的办法,即减少党员数量的办法,只要对此动动脑筋,我相信是可以找到一些可行的办法的。

如有可能,请看过这封信的中央委员给我一个答复,即使打电话简略地告诉人民委员会的一位女秘书也好。

列 宁

1922 年 3 月 26 日

载于 1925 年 12 月 23 日《莫斯科晚报》第 293 号

译自《列宁全集》俄文第 5 版第 45 卷第 19—21 页

致国家计划委员会所属
租让委员会主席[20]

1922年3月11日

  致克尔日扎诺夫斯基同志

  抄送：斯莫尔亚尼诺夫同志

  责成国家计划委员会租让委员会收集和集中有关俄罗斯联邦同外国资本家在国内外所进行的**一切**租让谈判及租让事务的详细材料。以往的材料也必须收集。

  租让委员会应对这些材料列表进行精确的登记，其项目如下：

  （一）签订的合同；

  （二）近期可能签订合同的重要谈判；

  （三）已中断的谈判（注明原因）；

  （四）其他一切谈判。

  登记表中应扼要说明每项租让的内容（如谈判情况、租让项目、申请承租者的名称、大致的或精确的资本数额、存卷的编号）。

  登记表的副本，应送劳动国防委员会[21]办公厅主任，并按月往表册中补充新资料。

  租让委员会应当指定负责收集材料和编制表册的人员（办公

厅主任、秘书),并将其姓名迅速上报劳动国防委员会办公厅主任。

劳动国防委员会主席

弗·乌里扬诺夫(列宁)

载于1945年《列宁文集》俄文版
第35卷

译自《列宁全集》俄文第5版
第45卷第22页

论战斗唯物主义的意义²²

（1922 年 3 月 12 日）

关于《在马克思主义旗帜下》杂志的一般任务，所有要点托洛茨基同志在第 1—2 期合刊上已经谈过了，而且谈得很好。我只想谈几个问题，把杂志编辑部在第 1—2 期合刊的发刊词中所宣布的工作内容和工作计划规定得更确切一些。

这篇发刊词说，团结在《在马克思主义旗帜下》杂志周围的不全是共产党员，然而都是彻底的唯物主义者。我认为，共产党员和非共产党员的这种联盟是绝对必要的，而且正确地规定了杂志的任务。如果共产党员（以及所有成功地开始了大革命的革命家）以为单靠革命家的手就能完成革命事业，那将是他们最大最危险的错误之一。恰恰相反，要使任何一件重大的革命工作得到成功，就必须懂得，革命家只能起真正富有生命力的先进阶级的先锋队的作用，必须善于实现这一点。先锋队只有当它不脱离自己领导的群众并真正引导全体群众前进时，才能完成其先锋队的任务。在各种活动领域中，不同非共产党员结成联盟，就根本谈不上什么有成效的共产主义建设。

《在马克思主义旗帜下》杂志所担负的捍卫唯物主义和马克思主义的工作也是如此。可喜的是俄国先进社会思想中的主要思潮具有坚实的唯物主义传统。且不说格·瓦·普列汉诺夫，只要指出车尔尼雪夫斯基就够了，现代的民粹派（人民社会党人和社会革命党人等）由于一味追随时髦的反动哲学学说，往往离开车尔尼雪夫斯基而倒退，他们被欧洲科学的所谓"最新成就"的假象所迷惑，不能透过这种假象看清它是替资产阶级及其偏见和反动性效劳的不同形式。

无论如何，我们俄国还有——而且在相当长的时期内无疑还会有——非共产党员的唯物主义者，而吸收一切拥护彻底的战斗唯物主义的人来共同反对哲学上的反动，反对所谓"有教养社会"的种种哲学偏见，是我们不可推诿的责任。老狄慈根（不要把他同他那自命不凡而实际上毫无成就的著作家儿子混为一谈）曾正确地、中肯地、清楚地表述了马克思主义对盛行于资产阶级国家并受到它们的学者和政论家重视的那些哲学流派的基本看法，他说：当今社会中的哲学教授多半实际上无非是"僧侣主义的有学位的奴仆"。[23]

我们俄国那些喜欢自命为先进人物的知识分子，同他们在其他各国的伙伴们一样，很不喜欢用狄慈根所说的评价来考察问题。他们所以不喜欢这样做，是因为真理的光芒是刺眼的。只要稍微深入思考一下当今那些有教养的人在国家政治、一般经济、日常生活以及其他方面对于占统治地位的资产阶级的依赖，就可以了解狄慈根这句一针见血的评语是绝对正确的。只要回顾一下欧洲各国经常出现的时髦哲学流派中的多数流派，哪怕只回顾一下由于镭的发现而兴起的哲学流派，直到目前正在竭力抓住爱因斯坦学说的哲学流派，就可以知道资产阶级的阶级利益、阶级立场及其对各种宗教的扶持同各种时髦哲学流派的思想内容之间的联系了。

由此可见，这个要成为战斗唯物主义刊物的杂志，首先应该是一个战斗的刊物，这就是说，要坚定不移地揭露和追击当今一切"僧侣主义的有学位的奴仆"，而不管他们是以官方科学界的代表，还是以"民主主义左派或有社会主义思想的"政论家自命的自由射手²⁴的面貌出现。

其次，这个杂志应该是一个战斗的无神论的刊物。我们有些部门，至少有些国家机关是主管这个工作的。但是，这个工作做得非常软弱无力，非常不能令人满意，看来是受到了我们真正俄罗斯式的(尽管是苏维埃式的)官僚主义这种一般环境的压抑。因此，为了弥补有关国家机关工作的不足，为了改进和活跃这一工作，这个要办成战斗唯物主义刊物的杂志必须不倦地进行无神论的宣传和斗争，这一点是非常重要的。要密切注意用各种文字出版的一切有关文献，把这方面一切多少有些价值的东西翻译出来，或者至少摘要介绍。

恩格斯早就嘱咐过现代无产阶级的领导者，要把18世纪末战斗的无神论的文献翻译出来，在人民中间广泛传播。① 我们惭愧的是，直到今天还没有做这件事(这是证明在革命时代夺取政权要比正确地运用这个政权容易得多的许多例子之一)。有时人们用各种"动听的"理由来为我们这种软弱无力、无所作为和笨拙无能进行辩护，例如说18世纪无神论的旧文献已经过时、不科学、很幼稚等等。这种不是掩盖学究气就是掩盖对马克思主义一窍不通的冒充博学的诡辩，是再坏不过了。当然，在18世纪革命家的无神论著作中有不少不科学的和幼稚的地方。但是，谁也不会阻止出版者把这些作品加以删节和附以短跋，指出人类从18世纪末以来

---

① 参看《马克思恩格斯文集》第3卷第361—362页。——编者注

对宗教的科学批判所取得的进步，指出有关的最新著作等等。一个马克思主义者如果以为，被整个现代社会置于愚昧无知和囿于偏见这种境地的亿万人民群众（特别是农民和手工业者）只有通过纯粹马克思主义的教育这条直路，才能摆脱愚昧状态，那就是最大的而且是最坏的错误。应该向他们提供各种无神论的宣传材料，告诉他们实际生活各个方面的事实，用各种办法接近他们，以引起他们的兴趣，唤醒他们的宗教迷梦，用种种方法从各方面使他们振作起来，如此等等。

18世纪老无神论者所写的那些泼辣的、生动的、有才华的政论，机智地公开地抨击了当时盛行的僧侣主义，这些政论在唤醒人们的宗教迷梦方面，往往要比那些文字枯燥无味，几乎完全没有选择适当的事实来加以说明，而仅仅是转述马克思主义的文章要合适千百倍，此类转述充斥我们的出版物，并且常常歪曲（这是毋庸讳言的）马克思主义。马克思和恩格斯的所有比较重要的著作我们都有了译本。担心在我国人们不会用马克思和恩格斯的修正意见来补充旧无神论和旧唯物主义，那是没有任何根据的。最重要的事情，也是我们那些貌似马克思主义、实则歪曲马克思主义的共产党员往往忽视的事情，就是要善于唤起最落后的群众自觉地对待宗教问题，自觉地批判宗教。

另一方面，请看一看当今对宗教作科学批判的代表人物吧。这些有教养的资产阶级代表人物在驳斥宗教偏见时差不多总要"加上"一些自己的见解，从而马上暴露出他们是资产阶级的思想奴隶，是"僧侣主义的有学位的奴仆"。

举两个例子。罗·尤·维佩尔教授在1918年出版了一本题名《基督教的起源》的小册子（莫斯科法罗斯出版社版）。作者叙述了现代科学的主要成就,但他不仅没有反对教会这种政治组织的武器,即偏见和骗局,不仅回避了这些问题,而且表示了一种简直可笑而反动透顶的奢望:要凌驾于唯心主义和唯物主义这两个"极端"之上。这是为现在占统治地位的资产阶级效劳,而资产阶级则从他们在世界各国劳动者身上榨取到的利润中拿出几亿卢布来扶持宗教。

德国的著名学者阿尔图尔·德雷夫斯在他的《基督神话》一书中驳斥了宗教偏见和神话,证明根本就没有基督这样一个人,但在该书末尾,他却主张要有一种宗教,不过,是一种革新的、去芜存精的、巧妙的、能够抵抗"日益汹涌的自然主义潮流"的宗教(1910 年德文第 4 版第 238 页)。德雷夫斯是一个明目张胆的、自觉的反动分子,他公开帮助剥削者用更为卑鄙下流的新的宗教偏见来代替陈旧腐朽的宗教偏见。

这并不是说,不应该翻译德雷夫斯的东西。这只是说,共产党员和一切彻底的唯物主义者虽然在一定程度上要同资产阶级中的进步分子结成联盟,但是当这些进步分子变成反动的时候,就要坚决地揭露他们。这只是说,不敢同 18 世纪即资产阶级还是革命阶级时期的资产阶级代表人物结成联盟,就无异是背叛马克思主义和唯物主义,因为我们在同流行的宗教蒙昧主义的斗争中,必须通过某种形式在某种程度上同德雷夫斯们结成"联盟"。

《在马克思主义旗帜下》杂志要成为战斗唯物主义的刊物,就必须用许多篇幅来进行无神论的宣传,评介有关的著作,纠正我们国家在这方面工作中的大量缺点。特别重要的是要利用那些有许多具体事实和对比来说明现代资产阶级的阶级利益、阶级组织同宗教团体、宗教宣传组织之间的关系的书籍和小册子。[25]

有关北美合众国的一切材料都非常重要,那里宗教同资本之间的正式的、官方的、国家的关系要少一些。然而我们看得更为清楚,所谓"现代民主"(孟什维克、社会革命党人和一部分无政府主义者等对这种民主崇拜得五体投地),无非是有宣传对资产阶级有利的东西的自由,而对资产阶级有利的,就是宣传最反动的思想、宗教、蒙昧主义以及为剥削者辩护等等。

我希望这个要成为战斗唯物主义刊物的杂志,能为我国读者登载一些评介无神论书籍的文章,说明哪些著作在哪一方面适合哪些读者,并指出我国已出版哪些书籍(要像样的译本才能算数,但这样的译本还不怎么多),还应出版哪些书籍。

————

战斗唯物主义为了完成应当进行的工作,除了同没有加入共产党的彻底唯物主义者结成联盟以外,同样重要甚至更重要的是同现代自然科学家结成联盟,这些人倾向于唯物主义,敢于捍卫和宣传唯物主义,反对盛行于所谓"有教养社会"的唯心主义和怀疑论的时髦的哲学倾向。

《在马克思主义旗帜下》杂志第1—2期合刊上登了阿·季米里亚捷夫论爱因斯坦相对论的文章,由此可以期待,这个杂志也能实现这后一种联盟。必须更多地注意这个联盟。必须记住,正因为现代自然科学经历着急剧的变革,所以往往会产生一些大大小小的反动的哲学学派和流派。因此,现在的任务就是要注意自然科学领域最新的革命所提出的种种问题,并吸收自然科学家参加哲学杂志所进行的这一工作,不解决这个任务,战斗唯物主义决不可能是战斗的,也决不可能是唯物主义。季米里亚捷夫在杂志第1期上不得不声明,各国已有一大批资产阶级知识分子抓住了爱因斯坦的理论,而爱因斯坦本人,用季米里亚捷夫的话来说,并没有对唯物主义原理进行任何主动的攻击。这不仅是爱因斯坦一人的遭遇,也是19世纪末以来自然科学的许多大革新家,甚至是多数大革新家的遭遇。

为了避免不自觉地对待此类现象,我们必须懂得,任何自然科学,任何唯物主义,如果没有坚实的哲学论据,是无法对资产阶级思想的侵袭和资产阶级世界观的复辟坚持斗争的。为了坚持这个斗争,为了把它进行到底并取得完全胜利,自然科学家就应该做一个现代唯物主义者,做一个以马克思为代表的唯物主义的自觉拥护者,也就是说,应当做一个辩证唯物主义者。为了达到这个目的,《在马克思主义旗帜下》杂志的撰稿人就应该组织从唯物主义观点出发对黑格尔辩证法作系统研究,即研究马克思在他的《资本论》及各种历史和政治著作中实际运用的辩证法,马克思把这个辩证法运用得非常成功,现在东方(日本、印度、中国)的新兴阶级,即占世界人口大多数但因其历史上无所作为和历史上沉睡不醒而使欧洲许多先进国家至今仍处于停滞和腐朽状态的数亿人民日益觉醒奋起斗争的事实,新兴民族和新兴阶级日益觉醒的事实,愈来愈证明马克思主义的正确性。

当然,这样来研究、解释和宣传黑格尔辩证法是非常困难的,因此,这方面的初步尝试不免要犯一些错误。但是,只有什么事也不做的人才不会犯错误。根据马克思怎样运用从唯物主义来理解的黑格尔辩证法的例子,我们能够而且应该从各方面来深入探讨这个辩证法,在杂志上登载黑格尔主要著作的节录,用唯物主义观点加以解释,举马克思运用辩证法的实例,以及现代史尤其是现代帝国主义战争和革命提供得非常之多的经济关系和政治关系方面辩证法的实例予以说明。依我看,《在马克思主义旗帜下》杂志的编辑和撰稿人这个集体应该是一种"黑格尔辩证法唯物主义之友协会"。现代的自然科学家从作了唯物主义解释的黑格尔辩证法中可以找到(只要他们善于去找,只要我们能学会帮助他们)自然科学革命所提出的种种哲学问题的解答,崇拜资产阶级时髦的知识分子在这些哲学问题上往往"跌入"反动的泥坑。

　　唯物主义如果不给自己提出这样的任务并不断地完成这个任务,它就不能成为战斗的唯物主义。用谢德林的话来说,它与其说是战斗,不如说是挨揍。不这样做,大自然科学家在作哲学结论和概括时,就会和以前一样常常感到束手无策。因为,自然科学进步神速,正处于各个领域都发生深刻的革命性变革的时期,这使得自然科学无论如何离不了哲学结论。

　　最后,我举一个例子,这个例子虽然与哲学领域无关,但毕竟属于《在马克思主义旗帜下》杂志也想注意的社会问题领域。

　　这个例子表明,当今的伪科学实际上是最鄙陋最卑劣的反动观点的传播者。

　　不久以前我收到了"俄国技术协会"第十一部出版的第 1 期《经济学家》杂志[26](1922 年)。这是一位年轻的共产党员寄给我的,他大概还没有时间了解一下这本杂志的内容,就轻率地对这个杂志表示赞许。其实,这个杂志是当代农奴主的刊物(自觉到什么程度,我不知道),他们当然是披着科学、民主主义等等外衣的。

　　有一位叫皮·亚·索罗金的先生在这本杂志上发表了一篇《论战争的影响》的所谓"社会学"研究的洋洋大作。这篇深奥的文章堆满了作者从他本人和他的许多外国师友的"社会学"著作中引来的种种深奥的论据。请看他的高论吧。

我在第83页上看到：

"现在彼得格勒每1万起婚姻中，有92.2起离婚，这真是一个惊人的数字，而且每100起离婚中，又有51.1起是结婚不满1年的：其中有11%不满1个月，22%不满2个月，41%不满3—6个月，只有26%是超过6个月的。这些数字表明，现在的合法婚姻，实际上不过是掩盖婚外性关系并使那些'好色之徒'能够'合法地'满足自己欲望的一种形式罢了。"（《经济学家》杂志第1期第83页）

毫无疑问，这位先生以及出版这家杂志并刊登这种议论的俄国技术协会，都是以民主拥护者自居的；当他们听见人家叫他们的真实名字，即叫他们农奴主、反动分子和"僧侣主义的有学位的奴仆"的时候，他们一定会认为这是一种莫大的侮辱。

任何一个关心这个问题的人，只要稍微注意一下资产阶级国家关于结婚、离婚和非婚生子女的法律以及这方面的实际情况，就会知道现代资产阶级民主制，即使是在所有最民主的资产阶级共和国中，都是以农奴主的态度对待妇女和非婚生子女的。

当然，这并不妨碍孟什维克、社会革命党人和一部分无政府主义者以及西方一切类似他们的党派继续高喊民主，叫嚷布尔什维克违背民主。事实上，在结婚、离婚和非婚生子女地位这些问题上，正是布尔什维主义革命才是唯一彻底的民主革命。这是一个最直接涉及任何一个国家半数以上的人口利益的问题。尽管在布尔什维主义革命以前已经有过很多次自称为民主革命的资产阶级革命，但是只有布尔什维主义革命才第一次在这方面进行了坚决的斗争，它既反对反动思想和农奴制度，又反对统治阶级和有产阶级通常所表现的假仁假义。

如果索罗金先生以为每1万起婚姻中有92起离婚是一个惊人的数字，那我们只好认为，索罗金先生若不是在一所同实际生活隔绝得几乎谁也不会相信其存在的修道院里受的教育，那就是这位作者为了讨好反动派和资产阶级而歪曲事实。任何一个稍微了解资产阶级各国社会情况的人都知道，那里事实上离婚（当然是没有得到教会和法律认可的）的实际数字要大得多。俄国在这方面与别国不同的地方，就是它的法律不把假仁假义、妇女及其子女的无权地位奉为天经地义的事情，而是公开地并以国家政权的名义对一切假仁假义和一切无权现象作不懈的斗争。

马克思主义的杂志还必须对当代这类"有教养的"农奴主作斗争。其中也许有不少人甚至拿我们国家的钱，在我们国家机关里担任教育青少年的职务，虽然他们不配做这种工作，正如人所共知的奸污幼女者不配担任儿童学校的学监一样。

俄国工人阶级有本领夺得政权，但是还没有学会利用这个政权，否则它早就把这类教员和学术团体的成员客客气气地送到资产阶级"民主"国家里去了。那里才是这类农奴主最适合的地方。

只要愿意学习，就一定能够学会。

1922 年 3 月 12 日

载于 1922 年 3 月《在马克思主义旗帜下》杂志第 3 期

译自《列宁全集》俄文第 5 版第 45 卷第 23—33 页

就苏维埃代表团
在热那亚会议上的策略问题
给格·瓦·契切林的信

1922 年 3 月 14 日

契切林同志:读了您 3 月 10 日的信,我觉得,您自己在这封信里已把和平主义纲领叙述得很出色。[27]

全部艺术在于把这个纲领和我们做生意的建议**在会议告吹之前**清楚而响亮地说出来(如果"他们"使会议迅速告吹的话)。

这种艺术您和我们的代表团是会有的。

依我看,您已提出了大约 13 条(送上我在您信上的批注),提得都很好。

宣布"我们有一个最广泛而完整的纲领!",我们就能引起大家的好奇心。如果不让宣读,我们就连同抗议一起**印出来**。

处处都要有一个"小小的"保留:说我们共产党人有**自己的**共产主义纲领(第三国际),**但是**我们仍然认为,**作为商人支持**(哪怕只有万分之一的可能性)**另一阵营**即资产阶级阵营(第二国际和第二半国际[28]算在内)中的**和平主义者**是自己的义务。

这既毒辣,又"和善",有助于分化敌人。

运用这种策略,**即使**在热那亚会议不成功,我们**也**会得到好处。对我们不利的交易，**我们决不去做**。

致共产主义敬礼！

您的   **列宁**

3 月 14 日

附言。契切林同志：为什么我们不毒辣地（并且"和善地"）再补充一下：

我们建议（第 14 条）取消**一切**战时债务和（第 15 条）**修订**（在我们的 13 条基础上）凡尔赛条约[29] 及**一切**军事条约，

但不是靠多数否决少数，而是靠**协商**，因为我们**在这里**是以商人身份出现的，除了生意人的原则外，**在这里**我们**不能**提出任何别的原则。我们不想用多数来否决合众国的建议；我们是商人；我们打算**说服**它！！ **征询所有**国家，并**试试说服**其中不同意的国家。这对资产者来说是既和善又不能接受的。我们要"和善地"使他们丢脸、受辱。

另一方案：可以建议在资产阶级和苏维埃（即承认私有制的和不承认私有制的）这两个阵营内部**分别**实行少数国家（按人口数）服从多数国家的原则。

把草案和另一方案都提出来。

嘲笑者将是我们！

×)①补充：小债券持有人除外，**只要**能确切证明，这不是假的，而确实是靠劳动为生的小债券持有人。

———————

① 在原信中没有相应的标记。——俄文版编者注

在格·瓦·契切林信上的批注

致列宁同志

1922 年 3 月 10 日

尊敬的弗拉基米尔·伊里奇：

恳请您审阅以下建议并给予指示。我们应当提出一个"最广泛的和平主义纲领"，这是未来发言的最主要的部分之一，然而我们还没有这样的纲领。在中央委员会的最初指示中只有一些零散的说法。我这是初次尝试解决这个任务。

主要的困难在于目前国际的政治形式和经济形式始终是掩盖帝国主义者的掠夺行为的遮羞布，也是反对我们的工具。国际联盟只不过是协约国的工具，协约国已经利用它来反对我们。您本人曾指出过，在资产阶级国家和苏维埃国家之间实行仲裁是不可能的，然而仲裁却是和平主义武库中不可缺少的部分。中东铁路的国际共管是协约国把它从我们和中国手中夺走并占为己有的一种婉转说法。如果在我们这里开设外国发行银行和采用美元，以及普遍实行统一的金本位制——这将是美国进行全面经济奴役的最有效的工具。

我们应当在习以为常的现代国际形式中加进某种新东西，以阻止这些形式变成帝国主义的工具。我们的经验和创造、帝国主义世界日益崩溃和瓦解过程中生活本身的创造，都在提供这种新东西。由于世界大战的缘故，一切被压迫民族和殖民地民族的解放运动加强了。一些世界大国开始崩溃。我们的国际纲领应当把一切被压迫民族和殖民地民族纳入国际的格局。应当承认所有民族都享有分离权或爱尔兰式自治权。1885 年非洲会议给比属刚果带来了灾难，因为在这次会议上欧洲列强对黑人大搞慈善活动，而这种慈善活动只不过是最野蛮剥削的一块遮羞布。我们设想的国际格局中的新东西应是使黑人<u>以及其他殖民地民族</u>同欧洲各民族一起<u>平等地参加</u>各种会议和委员会，并拥有<u>不容干涉</u>自己内部生活的权利。另 ‖(1) 对！

（2）　　一个新东西应是<u>必须有工人组织参加</u>。世界大战期间英国的工人出版物中有一个极为普遍的要求：吸收工联参加未来的欧洲大会。我们吸收了全俄工会中央理事会三名成员参加我们的代表团，这就在实际上实现了这一点。应当规定，在我们将建议成立的国际组织中，三分之一的名额应当分给每个代表团中的工人组织。然而，这两点新东西还不足以使被压迫民族和受欺凌的国家摆脱帝国主义的控制，因为殖民地民族的上层分子，正如背叛的工人领袖一样，很容易成为傀儡。吸收这二者参加会给未来的斗争开辟场所。各工人组织将面临为殖民地民族的解放、为援助苏维埃政权和反对帝国主义掠夺而斗争的任务。但是，领袖们会叛变。所以，还应规定国

（3）　　际会议或<u>大会不干涉各民族内部事务</u>的原则。应当采取<u>自愿合作和强国协助弱国</u>的办法，但不应使后者听命于前者。

　　　　这样，我们就会制定出一个非常大胆的全新的提案：在完全平等的基础上，在宣布一切被压迫民族享有自决权、完全分离权或爱尔兰式自治权的基础上，召开一个有全球一切民族参加的**世界大会**，并吸收占整个大会三分之一名额的工人组织代表参加。大会的

（（4））　　宗旨<u>不是对少数实行强制</u>，<u>而是充分协商</u>。大会将依靠道义上的威

正是《《　望来发挥作用。在具体做法上大会将建立<u>各种技术委员会</u>来实施

这样《《　我们的最广泛的世界经济复兴纲领。

　　　　在国际联盟即国际协会的所有草案中，关于强制执行国际协会决议的方法仅有两类建议：或者由所有强国按定额组成联合部队，或者把讨伐的任务委托给某一个强国或某几个强国。前一种情况是一种无力的行动，因为由众多强国按定额组成的联合部队是毫不中用的。在后一种情况下，国际联盟即国际协会只不过是为最有势力的强国的新的掠夺行径辩解的借口。因此，必须完全排除强制或

正确！‖‖‖　讨伐的成分，使世界大会只保留道义上的权威，成为以协商一致为目的的论坛。仲裁的任务是防止战争。有两种仲裁：或者是双方自愿向仲裁者申诉，例如向海牙法庭申诉，在这种情况下仲裁者的裁决是有约束力的；或者是另一种方式，英美条约中有关仲裁的条款就是这种方式的实例，根据该项条款，发生战争危险时建立特别调解委员会，双方都必须向委员会申诉，但委员会的裁决是否执行是两可的，虽然仲裁工作在一定期限内（例如一年之内）仍继续进行；

这第二种方式的目的是推迟军事行动,以便在法定期间内能够平息双方的冲动并缓和冲突。按第一种方式,提请仲裁并不是必需的,但裁决却有约束力。按第二种方式,提请仲裁是必需的,但裁决没有约束力,并且双方只是在法定期限内受到约束。

目前是二者必居其一,别无选择。拟议召开的世界大会可仿效海牙法庭及其无约束力仲裁和其他职责。而我们将认为,在资本主义国家同苏维埃国家之间只有这样一种仲裁法庭才是可行的,即其中双方指定的<u>成员人数相等</u>,一半是帝国主义者,一半是共产党人。　（5）

同时根据我们同共和国革命军事委员会制定的提纲,我们建议<u>普遍裁军</u>;我们进一步发扬海牙公约和日内瓦公约的传统,建议在　（6）<u>战争法规</u>中增加<u>各种禁令</u>:<u>废除潜水艇</u>、化学毒气、迫击炮、喷火器　（7）和空战。

世界大会建立的<u>各种技术委员会</u>将指导最广泛的世界复兴纲　（8）领的实施。这个纲领不强加于人。它将是一个着眼于每一个参加国利益的自愿建议。<u>对弱国将给予援助</u>。需要这样来规划世界铁　（9）路线、河运和海运航线。这些路线的国际化将是一项逐步发展的事业,因为不允许对反对者采取强制手段。为了修建超干线、为了调整国际河流交通、为了使用国际港湾和在技术上改善世界海运路线,国际技术委员会应向某些国家提供经济和技术协助。我们建议先进国家的资本修建一条<u>伦敦—莫斯科—符拉迪沃斯托克</u>(北京)　（10）<u>的超干线</u>,我们还要说明,这样,西伯利亚无穷的资源就可以供大家使用。总之,强国对弱国的援助将是世界复兴的基本原则,而复兴应当立足于经济地理和资源的计划分配。只有经济弱国在强国的援助下得到发展,才会出现世界金本位制,而且这种发展对各国普遍有益,因为世界性经济崩溃也冲击着强国,甚至在美国引起前所未闻的失业现象。强国援助弱国,也就是在给自己开辟市场和原料来源。基于这些考虑,我们建议<u>有计划地分配目前闲置在美国银行</u>　（11）<u>金库中的黄金</u>。这种把黄金有计划地分配给<u>所有国家</u>的做法<u>应当同订货、贸易、短缺材料供应的有计划分配结合起来</u>,<u>总之</u>,同对破产的国家的全面经济援助结合起来。这种援助可以具有<u>贷款</u>性质,　（12）因为在有计划开发经营的情况下,在几年后就可以开始偿还。商品交换研究所(凯恩斯)的,或中央分配局的,或各国商品交换中心的计划都属于这一类。如果德国不是以单个商人而是以统一的中央分配局来对付我们，那对我们是不利的，因为这将是强迫我们用高价购买劣等货物的一种手段。但是，如果这些中央分配局成为<u>全世界有计划分配必需商品的工具和强国协助弱国的手段，那它们将是极广泛的经济复兴纲领的必要环节</u>。美国给我们发送谷物就是国际范围分配粮食的开端。战时在协约国范围内已经局部地实行了燃料的有计划分配；这项极广泛的纲领的主要部分之一应当是有组织地分配石油和煤炭，但是在这种情况下也应当排除强制和高压的成分。国际技术委员会应以最概括的形式制定有计划地分配热能和动力能的计划。这一切综合起来将使人们看到这样一种情景：在资产阶级制度下理论上可能的事情，在历史现实中却会与民族利己主义和资本主义寡头的掠夺发生冲突。

(13)

　　致共产主义敬礼！

格奥尔吉·契切林

载于 1959 年《列宁文集》俄文版
第 36 卷

译自《列宁全集》俄文第 5 版
第 45 卷第 34—40 页

对共产国际执行委员会
给出席三个国际的代表会议的
共产国际代表团的指示草稿的意见[30]

给俄共(布)中央政治局委员的信

(1922 年 3 月 14 日或 15 日)

致季诺维也夫

斯大林

加米涅夫及政治局其他委员

我建议

将第 11 条(第 2 部分)(关于改变对孟什维克的态度)删去。

目前即使有条件地谈论这一点也不行。

我认为,应对指示作如下修改:

(AA) 如果你们要提出最有争议的问题,也就是会引起第三国际对
第二国际和第二半国际的极大敌视的问题,那么,我们在下述
条件下才能同意:

　　(a)就问题单

　　(b)……和讨论第三国际权利的细则同我们达成协议;

　　　　极其周密地维护第三国际的权利,等等,等等。

　　我们则建议**仅仅**提出争议最少的问题,把探求工人群众的(BB)局部的但却是共同的**行动**作为目的。

　　如果采纳 AA,那么,我们就要加上:我们对第二国际和第二半国际的**总的**评价、我们对它们的**全部**指责,等等,等等。

　　此外:3 月 25 日,即在预备会议上,**只要**还有希望达到目的**即**吸引所有三个国际((包括第二国际和第二半国际))出席全体会议,我们的代表就要极其克制。

　　不要因为人员的**组成**而使会议立即破裂;如果不出现**绝对不**能容忍的**极端**卑劣行径,未经征询莫斯科,一般不要使会议破裂。

列　宁

载于 1959 年《列宁文集》俄文版
第 36 卷

译自《列宁全集》俄文第 5 版
第 45 卷第 41—42 页

就《俄共目前农村政策的基本原则》提纲给俄共（布）中央政治局的信[31]

（1922 年 3 月 16 日）

致莫洛托夫同志并转政治局各委员

关于普列奥布拉任斯基同志的提纲

1. 标题不行。这不是"基本原则"，基本原则已由党纲规定，这是《关于当前条件下俄共农村工作的部署》。

我建议：责成作者根据主题的这一变化把提纲**压缩**一下并作部分修改。其中包括压缩重复一般原则的地方（这可以写在说明和解释代表大会将来通过的决议的宣传品中），对**实际**结论尤其是**组织**结论作较详尽的发挥。

2. 第 1 节标题中的"社会关系"改用复数。[32]

（打字太马虎：把"**贫困化**"打成"联合"；

把"无马的"打成"无地的"……）

3. 第 1 节中冗长的地方特别多，有许多应该挪到小册子里去。

4. 第 1 节和其他各节关于"合作化"都谈得空洞抽象。这是老生常谈，早已让人听厌了。应当用完全不同的叙述方式，不要重复"实行合作化吧！"这类空洞的口号，而要**具体指出**合作化的**实际经**

验是什么，以及**怎样**帮助实行合作化。如果作者没有这方面的材料，就应当在代表大会的决议中提出**要求**，收集这方面的材料，并且进行实际的而不是学院式的研究。（普列奥布拉任斯基同志的整个提纲太学院气，充满知识分子习气、小组习气和文人习气，而不是谈实际的国家工作和经济工作。）

5.“除集体经济以外”，没有发展，反而有“下降的趋势”（指贫苦农民）。**33** 这样说不行。第一，说“集体经济”一概都好，没有证明。不应当用共产党员的自我吹嘘去激怒农民。第二，不是有“下降趋势”，而是发展**到处**受阻，下降现象**屡见不鲜**。

6.“善于经营的农民”“**热衷于**”“改进农业经营的任务”**34**，这话说得不恰当，很遗憾，这也是一种“共产党员的吹牛”。应当说：“正在开始，虽然还很慢。”（第 1 节）

7.“农民的〈?〉平等状态在消失。”（?）**35** 不能这样说。

第 1 节的结尾部分根本不行，这像论文，而不像提纲；是没有根据的假设。

8.第 2 节的开头太不通俗。其实这完全不必写入提纲。离题太远。

9.第 2 节的第二句话（反对“贫苦农民委员会的做法”）是有害的，不正确的，因为，例如战争就会迫使我们采取贫苦农民委员会的做法。**36**

关于这一点，应该用全然不同的说法，比如这样说：鉴于发展农业和增加农产品的极端重要性，目前无产阶级对富农和富裕农民的政策主要应该是**限制**他们的剥削趋向等等。

我们国家应该怎样限制和能够怎样限制这种趋向,应该怎样保护和能够怎样保护贫苦农民,全部实质就在于此。这应该研究,而且必须在实践中去研究,泛泛谈论**毫无意义**。

10. 第 2 节最后几句话是正确的,不过不通俗,也没有加以发挥。需要加加工。**37**

11. 第 3 节中的"脱离"等语完全是歪曲的。**38**

12. 其实,第 3 节全节多为泛泛之谈。这没有任何用处。这样单纯地重复是有害的;这会使人讨厌、乏味,对唠唠叨叨的话产生反感。

与其这样写,不如哪怕拿一个**县**作例子,用**实际的**分析说明应该怎样帮助"合作化",而不是用**愚蠢的共产主义的合作社游戏**去激怒农民;说明我们**实际上**在哪些方面和怎样帮助了农艺的改进等等,以及我们应该怎样帮助,等等。

对这个题目不能这样处理。这样处理是有害的。泛泛之谈,令人生厌。这只能**滋生**和助长官僚主义。

13. 第 4 节开头部分尤其不妥。这像深奥的论文,而不像提交代表大会的提纲。

其次,"法令形式的指令"——这就是作者提出的建议。这是根本不对头的。官僚主义所以在危害我们,正是因为我们还在玩弄"法令形式的指令"。作者未必能再想出什么比这更坏更有害的东西了。**39**

还有,在俄共代表大会上讲"必须贯彻苏维埃第九次代表大会的决议",这真是天大的丑闻。写提纲竟是为了这个!!

全节都不行。泛泛之谈。空话连篇。大家听厌了的愿望。这就是**当今的**"共产党员的官僚主义"。

最好去掉这些东西，拿出**实际**经验的材料，即使是一个县一个乡的也好，不是学院式地、而是**实际地**加以研究，让可爱的共产党员官僚主义者来学习学习，**哪些不应该做**（具体地，有例子，有地名，有确切事实），**哪些**应该做（也要同样具体）。

对"合作社"来说，提纲这一节即第4节的这个缺点显得特别大，特别有害。

14. 第5节中说"国营农场工人"是"农业无产阶级的基干"，这不符合事实。这是"共产党员的狂妄自大"。他们往往**不是**无产阶级，而是"贫民"，是小资产者，什么样的人都有。不要用谎言来迷惑自己。这是有害的。这是我们官僚主义的主要根源。这是**不必要地**激怒农民，得罪农民。关于我们国营农场的"农业无产阶级的基干"，暂且不谈为妙。

下面说得很对：要把这种"无产阶级"（"各种各样、形形色色的无产阶级"——说得很对！因此很像不三不四的人，而不是什么"基干"）组织起来是"很困难的"。

对！因此，不应当说"必须清除国营农场人员中的小私有分子"之类的话，因为这只能引人**发笑**，而且笑得有理（正像说必须清除农舍中的污浊空气一样）。

最好不谈。**40**

15. 第6节（只有这一节！）开始谈到实际任务。**41**但是，谈得很差，缺乏用实际经验的论证，所以不得不作出如下结论（改变上面第1条中所提的建议）：

认为这一提纲不适用；

责成作者和奥新斯基、泰奥多罗维奇、雅科温科在代表大会期间召集在农村工作的代表举行会议；

会议的主题决不是制定"原则"等等，而是专门**研究和评价实践经验**：

如何实行合作化？

如何同办得不好的国营农场，办得不好的合作社和集体农庄作斗争？

如何加强全俄农林工会？（派作者去那里**长期工作**。）

中央提出的这一会议的任务，决不是再来一番老生常谈，而是要专门详细地研究地方（县、乡、村）的**实践**经验；如果实践经验少（大概很少，因为谁也没有费心去收集，然而没有收集起来的经验却是很多的），最好由代表大会选出

（a）一个委员会专门研究这种实践经验；

（b）该委员会直属于中央委员会；

（c）普列奥布拉任斯基同志参加该委员会；

（d）他也参加全俄农林工会……

（e）委托该委员会收集经验，加以研究，草拟（在写出几篇文章以后）

中央（新中央）关于农村工作部署**的信**，信中必须极其具体地指出，**如何实行合作化，如何**"限制"富农而又不妨碍生产力的增长，**如何**进行全俄农林工会的工作，**如何**加强它，等等，等等。

中央拟定的代表大会决议案(大致)如下:

事实说明,代表大会专门委员会也证实,党在农村工作方面的主要缺点是不研究实践经验。这是一切不幸和整个官僚主义的根源。代表大会责成中央首先要同这种现象作斗争,而且要取得某个委员会的帮助,其委员有一人(或两三人)到全俄农林工会做**经常**工作。

委员会必须不断研究经验,出版简报和小册子,以便就如何工作和不应如何工作的问题提出建议和发布命令。

列 宁

1922 年 3 月 16 日

载于 1925 年《列宁文集》俄文版第 4 卷

译自《列宁全集》俄文第 5 版第 45 卷第 43—47 页

给格·叶·季诺维也夫的便条
并附给埃·王德威尔得的复信稿[42]

(1922 年 3 月 17 日)

致季诺维也夫同志

抄送：加米涅夫同志

莫洛托夫同志

我刚刚同加米涅夫谈过，我们约定，由您在今天深夜答复王德威尔得，说他的电报已转交苏维埃政府。明天司法人民委员库尔斯基同志将代表苏维埃政府给予答复。

我建议政治局讨论一下复信稿，我草拟的信稿如下：

"俄国苏维埃政府的任何一个成员都从来没有怀疑过，第二国际代表一向坚决实行的政策，也就是'维也纳社会党联合会'[43]的代表略有犹豫地实行的政策。正是他们实行直接间接地联合各国剥削阶级的政策，而一切国家的剥削阶级都在迫害和屠杀共产党人，这种例子在德意志民主共和国特别多、特别明显。社会革命党和孟什维克党实际上支持了高尔察克、邓尼金等侵犯俄国，正是它们两党之间的这种联合和政治上的接近，说明为什么西欧某些政治集团现在对社会革命党人和孟什维克表现出这样的信任。其实，关于您所提到的社会革命党人案件，不仅没有判决，甚至还没有审讯，也没有对被告提出起诉书。尽管如此,我认为有责任补充一句:苏维埃政府从未拒绝过实际建议,例如交换战俘或释放某几类战俘的建议,邓尼金政府为恢复地主政权直接进攻苏维埃俄国时就提出过此类建议。

司法人民委员　库尔斯基"

人民委员会主席

弗·乌里扬诺夫(列宁)

复信稿载于1950年《列宁全集》　　　　　　译自《列宁全集》俄文第5版
俄文第4版第33卷　　　　　　　　　　　第45卷第48—49页

给俄共(布)中央政治局的信
并附给出国同志的指示草案

(1922年3月17日)

致莫洛托夫同志
并转政治局委员

鉴于拉狄克同志,**据说还有索斯诺夫斯基同志**即将出国,

鉴于这些极宝贵、极重要的工作人员**并不擅长外交**,我建议以政治局的名义发出指示:

"政治局指示所有出国的同志,当前一方面在有关孟什维克和社会革命党人的声明和谈话中要极大地克制,另一方面要毫不留情地同他们作斗争,丝毫也不要相信他们(他们是白卫分子的最危险的**实际**帮凶)。"

列　宁

3月17日

附言:**请用电话表决。**[44]

列　宁

译自《列宁全集》俄文第5版
第45卷第50页

伊·伊·斯捷潘诺夫
《俄罗斯联邦电气化与世界经济的
过渡阶段》一书序言[45]

(1922 年 3 月 18 日)

　　我衷心地向全体共产党员推荐斯捷潘诺夫同志的这本著作。

　　作者非常成功地说明了一些极其困难、极其重要的问题。作者的做法很好,他决定不是给知识分子(而我们这里却惯于仿效资产阶级作家的恶劣文风来写书),而是给劳动者,给人民真正的大多数,给普通的工人和农民写一本书。为了那些不作解释便很难了解斯捷潘诺夫同志书中某些地方的人,也为了那些想知道国内外关于这一问题的最主要著作的人,作者在附录里开列了一个文献目录。特别应当提到的是第 6 章的开头,作者在这里出色地说明了新经济政策的意义,并有力地批驳了目前流行的对电气化的"轻微的"怀疑论;这种怀疑论通常掩盖着不认真思考问题的态度(有时甚至掩盖着白卫分子、社会革命党人和孟什维克仇视一切苏维埃建设的态度)。

　　对于真正的(而不是官僚的无所事事的)国民教育工作来说,目前最感缺乏的,正是本书这样的"学校参考书"(一切学校都必需的参考书)。无产阶级掌握政权几乎有五年了,但旧的资产阶级学者还在**无产阶级的**国立学校和大学里用旧的资产阶级破烂教育

（确切些说，腐蚀）青年，这是一种耻辱。要是我们所有的马克思主义著作家不把自己的精力浪费在令人生厌的报刊杂志的政治喧嚣上，而坐下来就所有的社会问题写作参考书或教科书，那我们就不会蒙受这样的耻辱了。

苏维埃第八次代表大会决定，必须在俄罗斯联邦所有的（无一例外）学校里讲授电气化计划[46]。这个决定同其他许多决定一样，由于我们（我们布尔什维克）文化落后，始终是一纸空文。现在，斯捷潘诺夫同志的这本"学校参考书"出版了，我们应当并且一定能够做到：使每个县图书馆（以后是每个乡图书馆）有几本这种"参考书"；使俄国的每个发电站（总共有 800 多个）不仅有这本书，而且还一定要举办关于电力、关于俄罗斯联邦电气化以及关于一般技术的大众通俗讲座；要每一所学校中的每一位国民教师阅读并领会这本"参考书"（为了协助这项工作，每个县应当成立一个工程师和物理教员小组或团体），不仅要自己阅读、了解和领会这本著作，而且还会简单明了地把它讲给学生和一般农民青年听。

要做到这一点，得花费不少力气。我们是贫困的和文化落后的人。这没有关系。但要认识到必须学习。要乐意学习。要清楚地懂得，工人和农民现在需要学习不是为了使地主和资本家得到"好处"和利润，而是为了改善自己的生活。

而这一切我们现在都有了。因此我们要学习并且能学好。

尼·列宁

1922 年 3 月 18 日

载于 1922 年 3 月 21 日《真理报》第 64 号

译自《列宁全集》俄文第 5 版第 45 卷第 51—52 页

就惩处犯罪的共产党员问题
给俄共（布）中央政治局的信⁴⁷

（1922 年 3 月 18 日）

致莫洛托夫同志并转政治局委员

莫斯科委员会（包括捷连斯基同志）事实上**包庇**应该绞死的犯罪的共产党员，已经不是头一回了。

这样做说起来是由于犯了"错误"，但这个"错误"的危险性极大。**我建议：**

1. **采纳**季维尔科夫斯基同志的建议。

2. 宣布给**包庇**共产党员（包庇的方式是成立特别委员会）的莫斯科委员会以严重警告处分。

3. 向各省委重申，凡试图对法庭"施加影响"以"减轻"共产党员罪责的人，中央都将把他们**开除出党**。

4. 通告司法人民委员部（抄送各省党委），法庭对共产党员的惩处必须**严于**非党员。

凡不执行此项规定的人民审判员和司法人民委员部部务委员**应予撤销职务**。

5. 委托全俄中央执行委员会主席团在报上对莫斯科苏维埃主

席团**狠狠**训斥一下。

列　宁

3 月 18 日

　　附言：执政党竟庇护"自己的"坏蛋!! 真是可耻和荒唐到了极点。

载于 1962 年 11 月 20 日《真理报》
第 323 号

译自《列宁全集》俄文第 5 版
第 45 卷第 53 页

给尼·彼·哥尔布诺夫的便条
并附关于合作社问题的意见⁴⁸

（1922 年 3 月 18 日）

哥尔布诺夫同志：

请看一下，记下要点，并**速交**莫洛托夫同志转**政治局**委员，然后转**瞿鲁巴**和**李可夫**。

依我看，合作社不是工会。

合作社仍应采用义务入社制。

资金的来源应是自愿交纳。既然我们的合作社要做生意（而不是玩出版日报的游戏，让那些游手好闲的饶舌者在报上发出令人生厌的政治喧嚣），那么做生意就应当有收益。谁交股金，谁就得到收益。

所有的人都是合作社社员。我们要这样做是为了将来。看不出这对什么有妨碍。

交纳股金是自愿的。谁交纳股金，谁就得到一份收益。

结论：依我看，把这个问题搁一下，不在这次会议上提出。

列 宁

3 月 18 日

载于 1959 年《列宁文集》俄文版
第 36 卷

译自《列宁全集》俄文第 5 版
第 45 卷第 54 页

给维·米·莫洛托夫
并转俄共(布)中央政治局各委员的信

(1922 年 3 月 19 日)

绝密

请绝对不要复制抄件,由
政治局每一位委员(加里宁同
志也一样)在此件上直接写上
自己的意见。**49**

列 宁

致莫洛托夫同志并转政治局各委员

我认为,鉴于舒亚发生的事件**50**(此事已提交政治局讨论)必须马上根据这方面总的斗争计划作出坚定不移的决定。由于我担心不能亲自出席 3 月 20 日的政治局会议**51**,因此用书面写出我的想法。

舒亚发生的事件应该同不久前罗斯塔社发给各报的那条不供发表的消息联系起来看,具体说,就是那条谈到彼得格勒的黑帮分子策划对抗关于没收教会珍宝的法令的消息。**52** 如果把这件事同报纸报道的神职人员对关于没收教会珍宝的法令的态度以及我们所知的吉洪大牧首的秘密呼吁书加以对照,那么,黑帮神职人员在他们的首领的带领下正是在目前十分周密地在实施与我们进行决战的计划,就昭然若揭了。

显然,在黑帮神职人员中最有势力的集团举行的秘密会议上,这一计划经过反复推敲已被相当坚决地接受了。舒亚事件只是这一总计划的一个反映和表现而已。

我认为,我们的敌人在这方面犯了一个战略性的大错误,因为他们想在他们特别无望取胜、特别不宜进行决战的时刻挑起同我们的决战。与此相反,对我们来说,正是目前这一时刻不仅对我们特别有利,而且是唯一的一刻,我们有百分之九十九的机会来完全成功地迎头痛击敌人并能夺得为我们今后几十年所必需的阵地。正是在现在,也只有在现在,正当饥荒地区发生人吃人现象,倒毙路上的人数以百计的时候,我们可以(因此也应该)用最猛烈、最无情的力量去没收教会的珍宝,对任何对抗都坚决镇压。正是在现在,也只有在现在,大多数农民群众将追随我们,或者至少不会比较坚决地去支持那一小撮可能并妄想实施以暴力对抗苏维埃法令的政策的黑帮神职人员和反动的小市民。

我们务必用最坚决最迅速的方式去没收教会的珍宝,这样我们才能获得几亿金卢布的基金(应该记得某些修道院和大寺院的巨大财富)。没有这笔基金,任何国家工作,尤其是经济建设都完全不可能进行,要在热那亚坚持我们的立场也是完全不能设想的。我们无论如何必须掌握几亿金卢布(也许是几十亿金卢布)的基金。而这一点只有现在才能做到。各种考虑都表明,以后我们再也做不到这一点,因为除了极为严重的饥荒,任何别的因素都不会使广大农民群众产生同情我们的情绪,或者至少不会使这些群众在我们没收珍宝的斗争必然大获全胜时保持中立。

一位研究国家问题的聪明的著作家说得很对：如果为了达到某一政治目标必须采用一系列残酷的手段，那就应该用最坚决的方式在最短的时间里实施，因为长时间采用残酷手段人民群众是受不了的。这个想法尤其由于下面这一点而显得更有分量，这就是：从俄国可能处的国际形势来看，我们在热那亚会议后再对反动的神职人员采取残酷手段在政治上将是或可能将是不合宜的，甚至也许是十分危险的。而现在我们要战胜反动的神职人员则是完全有保证的。此外，如果我们正是在目前，正是在出现饥荒时最迅速、最无情地镇压反动的神职人员，那么我们在侨居国外的俄国人中的主要敌人，即社会革命党人和米留可夫分子是很难进行反对我们的斗争的。

因此我得出一个不容置疑的结论：我们正是应该在现在最坚决、最无情地向黑帮神职人员开战，十分残酷地镇压他们的对抗，要让他们几十年也忘不了。我设想实施这一计划的运动如下：

采取任何措施都只应由加里宁同志代表官方发布，托洛茨基同志在任何时候、任何情况下都不应在报刊上发表文章或者向公众发表讲话。

已经用政治局名义发出的关于暂停没收珍宝的电报[53]不应取消。这份电报对我们有利，因为可以使敌人产生一个印象，似乎我们还在犹豫，似乎他们把我们吓唬住了（正因为这是一份秘密电报，所以敌人当然很快就会知道）。

派一名最精力充沛、精明能干、长于指挥的全俄中央执行委员会委员或中央政权机关的其他代表去舒亚（最好是一名，而不是几名）[54]，通过政治局的一名委员给他下达口头指示。这一指示应该是：他去舒亚后应尽可能多地（不少于几十名）逮捕当地神职人员、当地小市民和当地资产阶级中的代表人物,只要他们涉嫌直接或间接地参与暴力对抗全俄中央执行委员会关于没收教会珍宝的法令。在办完这件事后,他应立即返回莫斯科,亲自在政治局全体会议上作报告,或者向两位受权处理此事的政治局委员报告。根据这个报告,政治局将对司法当局下达详细的指令(也是口头的),要求对反对赈济饥民的舒亚叛乱者的审讯以最快的速度进行,而且审讯结束时应枪决舒亚城中很大数量的最有势力最危险的黑帮分子[55],如有可能,则不仅要枪决该城的,而且还要枪决莫斯科和其他几个宗教中心地区的黑帮分子。[56]

吉洪大牧首本人,我认为我们不宜去触动他,虽然他无疑是这场奴隶主叛乱的领导。关于他,应对国家政治保卫局下达秘密指令,要求正是在目前,应尽可能准确和周详地监视并揭露该活动家的一切联系。责成捷尔任斯基和温什利赫特每周亲自就此问题向政治局报告。

在党的代表大会上就此问题举行秘密会议,由全体代表或几乎全体代表以及国家政治保卫局、司法人民委员部和革命法庭的主要工作人员参加。[57]在这个会议上通过代表大会的秘密决定,确认没收珍宝,特别是没收最富有的大寺院、修道院和教堂的珍宝应坚决无情、一无例外、毫不手软,并在最短期间内实现。我们能根据这一理由枪决的反动神职人员和反动资产阶级的代表人物越多越好。正是在现在应该教训这些人,使他们今后几十年中再也不敢妄想对抗。

为了监督最迅速最成功地实施这些措施,应在代表大会上,也就是在代表大会的秘密会议上立即任命一个专门委员会,托洛茨基同志和加里宁同志必须参加该委员会,但关于该委员会不发布任何消息,目的是要保证实施由该委员会指挥的一切行动,并且这些行动不以该委员会的名义进行,而是以全苏维埃、全党的名义进行。要任命特别负责的最优秀的工作人员来在最富有的大寺院、修道院和教堂里推行这项措施。

列　宁

1922 年 3 月 19 日

请莫洛托夫同志设法今天就将此信送政治局各委员传阅(不要复制抄件),并请他们阅后立即退给书记,并附上简短的意见,说明每位政治局委员是否基本同意或者此信引起了哪些分歧意见。

列　宁

1922 年 3 月 19 日

玛·沃洛季切娃根据电话记录

译自 1990 年《苏共中央通报》
第 4 期

就人民委员会和 劳动国防委员会副主席的工作问题 给约·维·斯大林的信[58]

1922 年 3 月 21 日

我同瞿鲁巴和李可夫谈过了。我希望工作能很好地进行。其中有一个问题涉及您的人民委员部[59]。瞿鲁巴和李可夫的主要任务是(现在应该是)检查执行情况和挑选人员。

需要有助手。光靠人民委员会办公厅一个机构是不够的,而扩大这个机构又不合适。我的想法是,为此应该利用工农检查院(直接帮助瞿鲁巴和李可夫检查执行情况,监督各人民委员部的**下层机构**)。我想知道您是否同意;如果同意,那就需要您同这两位副主席达成书面协议,我也想参加制定此项协议的工作。

目的:把瞿鲁巴和李可夫按照同您达成的协议挑选出来的工农检查院的优秀工作人员培养成(办法是由您和两位副主席在交办的**实际**工作中考验他们)绝对可靠又有办事能力的人,他们能迅速地无条件地(1)**推动**下面执行,(2)检查执行情况,(3)检查某一人民委员部、处以及莫斯科和彼得格勒苏维埃等等**机关**的工作是否正确,(4)指导**如何**安排工作。

这些人员**亲自**向副主席和您报告工作进程和结果。这些人员的选拔要**很缓慢**,以便通过多次考验使他们成为所谓"特命全权"

检查员和指导员；他们的人数要**逐渐**增加到数十名。他们将来也要（**实际地**）吸收非党工人和农民参加工农检查院。

您如同意，请将此信副本连同您的意见，一起送交瞿鲁巴和李可夫。如有不同意见，请立刻写几个字（或打电话）告诉我。我想在代表大会上作报告时谈谈这个问题。

列　宁

载于1930年1月21日《真理报》
第21号

译自《列宁全集》俄文第5版
第45卷第55—56页

就党的第十一次代表大会的一个决议草案给约·维·斯大林和列·波·加米涅夫的信

（1922 年 3 月 21 日）

致斯大林同志和加米涅夫同志

代表大会的补充决议草案[60]已经收到。

我基本上同意。就初步看法，建议作如下修改：

（1）删去"新的"这个词（第 1 页倒数第 1 行）；

（2）结尾处，"代表大会责成委员会"一语改成"代表大会责成中央委员会，并吸收瞿鲁巴和基谢廖夫同志（两人不是中央委员）参加"。

我认为：

（一）还要作一些较次要的修改；

（二）关于人员的考查和执行情况的检查问题应增加点东西。

细节方面，我们可在电话里商定。

怎样提出来？

我准备写信给中央全会（4 月 24 日前？）。

在这封信中：

（1）简述报告提纲，

（2）引用托洛茨基的信[61]，表示我大体上同意，

（3）说说我与瞿鲁巴和李可夫商定的内容①，

（4）以我的名义把你们的草案补充进去，

（5）请中央全会表决：是否同意这几点？是否准许我在报告中以中央委员会的名义谈所有这些问题？

附言：这种形式最好。

补充：反对全俄中央执行委员会过于庞大，每省不得超过三人。

列　宁

1922 年 3 月 21 日

载于 1959 年《列宁文集》俄文版第 36 卷　　　　　　　　　　译自《列宁全集》俄文第 5 版第 45 卷第 57 页

---

① 见本卷第 60—61 页。——编者注

庆祝《贫苦农民报》创刊四周年⁶²

（1922 年 3 月 23 日）

谨向《贫苦农民报》编辑部祝贺创刊四周年。

四年来,你报一直在光荣地卓有成效地为劳动农民的利益服务。资本家和地主强加在各族人民身上的战争,弄得俄国民穷财尽,以致我国劳动农民至今还是贫苦农民。俄国劳动群众要战胜战争所造成的饥荒、贫困和破坏,还要做许多工作,艰巨繁重的工作。

但是,俄国的农民和工人一定会完成这项艰巨繁重的工作,把这项工作进行到底。在这项工作中,有一种思想在支持和激励工人和农民,这就是他们认识到现在劳动是为了自己,为了改善自己的生活,而不是为了让地主和资本家发财致富。

工农联盟——这是苏维埃政权给予我们的东西。这是苏维埃政权的力量所在。这是我们取得成就、取得最终胜利的保证。

这个联盟使我们战胜了高尔察克和邓尼金,他们曾试图在资本家派遣的外国军队的支持下恢复俄国的地主政权。

现在外国资本家不得不同苏维埃俄国签订贸易协定了。这些协定将帮助我们买到必要的农具、机器和其他东西,来恢复被破坏的农民经济。

目前,我们正处于荒年之后的最困难的春季。但是我们决不会垂头丧气。不管工人和农民的苦难多么深重，我们现在已经争得了不为地主而为自己工作的权利和可能。我们一定能恢复和改善被破坏的经济。

尼·列宁

1922 年 3 月 23 日

载于 1922 年 3 月 26 日《贫苦农民报》第 1183 号

译自《列宁全集》俄文第 5 版第 45 卷第 58—59 页

就党的第十一次代表大会
政治报告提纲给维·米·莫洛托夫
并转俄共(布)中央全会的信⁶³

1922年3月23日

莫洛托夫同志：

请您转告中央全会：

1. 我向全会请病假(我不能出席全会会议，也不能在代表大会上作报告)；

2. 如果需要我出席全会说明下列报告提纲，那我一定出席，并在接到通知后两三小时内到会。

3. 我设想的中央在代表大会上的政治报告提纲如下：

基本上重复1922年3月6日在五金工人代表大会上的讲话^①内容，有几点要加以发挥。稍微谈谈热那亚。较详细地谈谈**新经济政策**和"国家资本主义"这个概念。

暂停退却(经济上的)和重新部署力量的任务。资产阶级对我们的警告，他们通过路标转换派乌斯特里亚洛夫之口说，**新经济政策**不是"策略"，而是布尔什维主义的"演变"。⁶⁴

---

① 见本卷第1—15页。——编者注

我们所缺少的主要的东西是文化，是管理的本领。举几个小例子来说明这一点。**新经济政策**在经济上和政治上都充分保证我们有可能建立社会主义经济的基础。问题"只"在于无产阶级及其先锋队的文化力量。

谈谈我国革命已经取得的不可剥夺的成就和尚未完成的任务。

武装干涉的可能性。财政危机的危险。利用"喘息时机"，把工作重心集中在挑选人才和检查实际执行情况上。

着手执行的任务之巨大同物质、文化之贫乏这两者极不协调。

报告中还要谈到人民委员会和劳动国防委员会两位副主席的作用、1922年1月底以来我同亚·德·瞿鲁巴谈这个问题的通信[65]、我们三人（加上李可夫）现正在拟定的能深入检查执行情况的新的工作安排的条例①。

使人民委员会摆脱琐碎事务；更明确地划分它同劳动国防委员会、小人民委员会[66]的职责。吸收领导同志即人民委员参加人民委员会，而不是仅仅有他们的副手参加，以提高它的威信。

因此并根据加里宁同志的屡次口头声明以及随信附上的叶努基泽同志的书面报告[67]，以中央委员会的名义提请代表大会批准上述提纲，同意召开会期较长的全俄中央执行委员会常会，来研究立法方面的一些基本问题并经常地监督各人民委员部和人民委员会的工作。

---

① 见本卷第151—159页。——编者注

最后，必须十分明确地划分党（及其中央）和苏维埃政权的职责；提高苏维埃工作人员和苏维埃机关的责任心和独立负责精神，党的任务则是对所有国家机关的工作进行总的领导，不是像目前那样进行过分频繁的、不正常的、往往是琐碎的干预。

草拟相应的决议案，提交党代表大会批准。[68]

4.请中央全会指定一名中央的补充报告人：因为我的报告太一般，而且我能否作报告，自己还没有绝对的把握，更主要的是我脱离政治局的日常工作已有好几个月了。[69]

致共产主义敬礼！

列　宁

载于 1928 年 8 月 30 日《真理报》
第 201 号

译自《列宁全集》俄文第 5 版
第 45 卷第 60—62 页

对苏维埃代表团在热那亚会议上的声明草案的修改意见[70]

(1922 年 3 月 23 日)

电 话 口 授

致莫洛托夫同志

对于契切林同志题为《会议第一次发言要点》的报告,建议作如下改动:

(1)第 1 页第 7 行和第 8 行——建议讲"所有制"而不单是讲政治经济制度。[71]

(2)同页倒数第 8 行和第 9 行——提到"不可避免的暴力变革和采用流血斗争"的地方完全删去,而仅仅说明,我们共产党人不同意和平主义者的观点,这一点从共产主义书刊中看得很清楚,但是,我们是以商人身份来这里的,我们确认自己的责任是全力支持和平解决有争议问题的一切尝试。

(3)同页倒数第 2 行和第 3 行——把我们的"历史观包括采用暴力措施"这句话删去。

(4)第 2 页第 2 行和第 3 行——我们的历史观认定新的世界大战不可避免这句话也应全部删去。

这样一些吓人的字眼在任何情况下都不要使用,因为用了将有利于对方。应只限于指出,共产党人的观点同我们开始与之谈判的国家以及诸如韩德逊、凯恩斯一类的国家工作人员的和平主义者的观点是不一致的,但是为达成我们所希望的经济协定,我们认为有责任尽我们的一切可能,尽量广泛地实现这个和平主义纲领,哪怕是实现其中的一部分也好。

译自《列宁全集》俄文第 5 版
第 45 卷第 63—64 页

俄共(布)第十一次代表大会文献[72]

(1922年3—4月)

1

开 幕 词

(3月27日)

同志们！我受党中央委员会的委托,宣布俄共第十一次代表大会开幕。

同志们！我们已有整整一年没有受到资本主义国家武装干涉和入侵的惊扰,至少没有受到最直接的武装干涉和入侵的惊扰,你们在这种情况下参加代表大会还是第一次。这一年里我们第一次有可能把我们的力量用在社会主义建设的真正的、主要的、基本的任务上。

在这方面,我们无疑才走了头几步。但是我相信,只要我们能够相当冷静地估计一下我们做过的事情,敢于正视并非总是令人愉快的、有时甚至令人极不愉快的现实,那么所有的困难,所有现在才充分展现在我们面前的困难,我们一定能够克服。

过去一年我们所遭受的灾难,恐怕要比以往年份更严重。

帝国主义战争和资本家强加给我们的战争的全部后果好像都凑在一起了,又是饥荒,又是最严重的经济破坏,一下子都落到了我们头上。这些灾难现在还远未克服。而且我们谁也没有指望这些灾难能够迅速克服。

但是，只要我们能够保持和巩固我们党的统一，只要我们能够像过去那样成功地摆脱国际方面的困难，只要我们能够全力以赴去完成目前形势下必然产生的任务，那就毫无疑问，我们一定会克服所有这些困难。

共产主义运动正在全世界发展，虽然远不如我们某些用战时和结束战争时的速度来衡量它的人所期望的那样迅速，但毕竟在扎实、稳步、广泛、深入地发展着。现在除极少数国家外，世界各国都有了共产党，只要我们同各国共产党合作，善于冷静地估计自己的状况，不怕承认自己的错误，我们就一定能够战胜这一切困难。

载于 1922 年 3 月 28 日《俄国共产党（布尔什维克）第十一次代表大会公报》第 1 号

译自《列宁全集》俄文第 5 版第 45 卷第 67—68 页

2

俄共(布)中央委员会政治报告

(3月27日)

(鼓掌)同志们! 请允许我这次作中央的政治报告,不从年初开始,而从年终谈起。目前人们最关心的政治问题是热那亚会议。不过我们的报刊对这个问题已经谈得很多,我在3月6日的讲话中,在这个已经发表的讲话中也谈了对这个问题最基本的看法①,所以,如果你们不特别要求我说明某些细节,那就请允许我不详细谈这个问题了。

关于热那亚会议,你们大体上都已经了解了,因为报刊在这个问题上已经用了很多篇幅,依我看,甚至是太多了,却忽视了我国整个建设尤其是经济建设真正的、实际的和迫切的需要。在欧洲,当然,是在各资产阶级国家,人们很喜欢在头脑里装满或者说塞满有关热那亚问题的种种无聊的议论。而这一次(当然还不仅这一次)我们却仿效他们,而且仿效得太过分了。

应当指出,我们中央已经十分精心地设法组成一个有我国优秀外交家参加的代表团(现在我们已有相当数量的苏维埃外交家,和苏维埃共和国初期不同了)。我们中央委员会给我国去热那亚的外交家拟定了十分详细的指示。我们花了很长时间草拟这些指

---

① 见本卷第2—7页。——编者注

示，而且反复讨论过①。不言而喻，这里的问题，我虽然不说它是个军事问题，因为军事这个词会引起误解，但至少这是一个竞赛问题。在资产阶级阵营里，有一个非常有力量的、比其他派别强大得多的派别，正在想破坏热那亚会议。也有无论如何要保住这个会议并设法使它开成的一些派别。现在这后一种派别占了上风。最后，在资产阶级国家阵营里，还有一种可以叫做和平主义的派别，整个第二国际和第二半国际也应算在内。这是一个试图捍卫住一系列和平主义建议、制定出某种类似和平主义的政策的资产阶级阵营。我们共产党人对于这种和平主义是有明确看法的，这里完全用不着加以阐述。显然，我们不是以共产党人的身份，而是以商人的身份去热那亚的。我们要做生意，他们也要做生意。我们希望做有利于我们的生意，而他们希望做有利于他们的生意。至于斗争将怎样展开，这要看我们外交家的艺术了，虽然是在不大的程度上。

我们以商人的身份到热那亚去，是同醉心于用武力解决问题的资产阶级阵营的代表打交道，还是同倾心于和平主义（哪怕是最糟糕的、从共产主义观点看来是不值一驳的和平主义）的资产阶级阵营的代表打交道，这对我们当然是有区别的。如果一个商人不善于掌握这种区别，不能使自己的策略适应这种情况来达到实际目的，那他就是个蹩脚的商人。

我们到热那亚去的实际目的是：扩大贸易，为最广泛最顺利地发展贸易创造条件。但是我们并不能保证热那亚会议一定成功。作这样的保证是可笑的、荒谬的。我应当说明，在对目前热那亚的

①　见本版全集第42卷第410—412、420—422、423—424、447—449页，本卷第33—38、69—70页。——编者注

各种可能性作最冷静最谨慎的估量之后,我还是认为,我们能达到自己的这个目的,这样说并不夸大。

如果我们那里的对话者很识时务,不过分固执,那就通过热那亚会议达到这一点,如果他们要固执到底,那就绕过热那亚会议。但我们一定能达到自己的目的!

要知道,资本主义列强近年来最迫切、最实际和表现得最突出的利益要求发展、调整和扩大同俄国的贸易。既然存在这种利益,那么,尽管会有辩论、会有争执、分歧各方会有不同的组合——甚至很可能闹到决裂的地步,但这个基本的经济需要最终还是会发生作用的。所以我想,我们在这一点上尽可以放心。我不能担保用多少时日,也不能担保一定成功,但是在这次大会上我可以十分有把握地说,苏维埃共和国同整个资本主义世界的正常贸易往来一定会得到进一步的发展。至于往来中断的可能性如何,这一点我到下面有关部分再谈,不过我想,关于热那亚问题可以讲到这里为止。

不用说,那些希望更详细了解这个问题、看了报上公布的代表团名单还不满足的同志,可以选出一个委员会或一个小组来了解中央的所有材料、信件和指示。当然,我们所拟定的细节是假设性的,因为直到现在还不能确切知道,谁会出席这次热那亚会议,会提出哪些条件,是先决条件还是附带条件。在这里研究所有这些问题是极不适当的,我认为,甚至是实际上办不到的。再说一遍,代表大会完全可以通过小组或委员会收集到关于这个问题的已经公布的和中央拥有的各种文件。

我就谈到这里为止,因为我相信,我们最大的困难不在这个问题上。全党的主要注意力不应放在这个问题上。欧洲资产阶级报刊故意吹嘘和存心夸大这次会议的意义,欺骗劳动群众(在所有这些自由民主国家和共和国里,十分之九的资产阶级报刊总是这样做的)。我们受了一点这种报刊的影响。我们的报纸仍旧受着资产阶级的老习惯的影响,不想转上新的社会主义的轨道,因此我们小题大做,掀起了不必要的喧嚷。其实,对于共产党人说来,尤其是对我们这些经历过1917年以来的严酷岁月、见过自那以后各种严重的政治局面的共产党人说来,热那亚会议并不是什么大的困难。我不记得,不仅中央而且全党在这个问题上有过什么意见分歧或争论。这是很自然的,因为在共产党人看来,这里并没有什么可争论的——尽管他们中间有各种微小的差异。我再说一遍,我们是以商人身份去热那亚的,是为了寻求发展贸易的最有利的形式,这种贸易已经开始,正在进行,即使有人能强行使之中断一个时期,但过后它必然还会发展起来。

因此,关于热那亚会议就简短地说到这里,现在我来谈谈我认为是过去一年和今后一年中的政治上的主要问题。我觉得(或者说,至少我的习惯是如此),作中央委员会的政治报告,不应当光谈报告年度内做过什么事情,而且应当指出报告年度内有哪些主要的、根本的政治教训,以便正确规定我们下一年的政策,从过去一年里学到一点东西。

主要问题当然是新经济政策。整个报告年度就是在新经济政策的标志下度过的。如果说我们这一年取得了什么重大的和不可剥夺的成就(对这一点我还不那么深信无疑),那也不过是从开始实行这个新经济政策方面学到了一些东西。尽管我们学到的东西不多,可是我们这一年确实在新经济政策方面学到了很多东西。至于我们是否真正学会以及学会了多少,这大概就要由后来发生的很少以我们意志为转移的事情来检验，比如由当前面临的财政危机来检验。我觉得，在我国新经济政策问题上主要应当注意如下三点，这是讨论如何吸取上一年的经验、如何为下一年提供实际教训的基础。

第一，新经济政策对我们之所以重要，首先是因为它能够检验我们是否真正做到了同农民经济的结合。在我国革命发展的前一时期，全部注意力和全部力量主要放在或者说几乎都放在抵抗入侵的任务上，我们不可能很好地考虑这种结合，还顾不上这一点。那时我们刻不容缓的万分紧急的任务，是如何防止立刻被世界帝国主义的强大势力扼杀的危险，因此，在某种程度上忽略这种结合是可以的，也是应该的。

转向新经济政策，这是上次代表大会[73]完全一致通过的，而且比我们党决定其他问题时更加一致（应当承认，一般说来我们党是非常一致的）。这种一致表明，通过新的途径来建设社会主义经济已经绝对必要了。在许多问题上有分歧、以不同观点来估计形势的人们，都一致地、非常迅速地、毫不犹豫地得出结论说，我们还没有找到建设社会主义经济、建立社会主义经济基础的真正途径，但我们有找到这种途径的唯一办法，这就是实行新经济政策。由于军事事态的发展，由于政治事态的发展，由于旧的文明西方的资本主义的发展和各殖民地的社会条件和政治条件的发展，我们不得不在我国还是经济最落后的国家，至少是最落后的国家之一的时候，首先在资本主义旧世界打开一个缺口。我国绝大多数农民都经营着小个体经济。我们把我们制定的建设共产主义社会的纲领中可以立刻实现的东西先建立起来，因而在某种程度上脱离了广大农民群众中所发生的情况，我们把很重的负担加在他们身上，理由是战争不容许我们在这方面有丝毫犹豫。从整体上说,这个理由农民是接受了的,虽然我们犯了一些无法避免的错误。总的说来,农民群众看到并且懂得,为了保卫工农政权不被地主推翻,为了不致被可能夺走全部革命成果的资本主义入侵所扼杀,他们肩负起这些重担是必要的。但当时在国有化、社会化的工厂和国营农场中建立起来的经济没有同农民经济结合起来。

这一点我们在上次党代表大会上就看清楚了。这一点我们看得很清楚,所以在新经济政策势在必行这个问题上,党内没有发生过任何摇摆。

看看国外俄国各党派大量出版的报刊对我们这个决定的各种评价,真觉得好笑。这些评价几乎没有区别。他们生活在往事的回忆里,现在还一再说左派共产主义者至今仍在反对新经济政策。他们在 1921 年回忆着 1918 年的事情,回忆连我们这里的左派共产主义者自己都已忘记的事情[74],他们至今还在反复唠叨这一点,硬说这些布尔什维克自然是狡猾撒谎之徒,说他们向欧洲隐瞒内部的意见分歧。读到这些话,心里就会想:就让他们执迷不悟吧!既然他们对我们的情况持这种看法,那就可以根据这点看出这些现在逃往国外的似乎极有教养的旧人物的认识程度了。我们知道,我们没有任何意见分歧,之所以没有,是因为大家都很清楚,有实际必要通过另一种途径来建立社会主义经济的基础。

我们试着建立的新经济并没有同农民经济结合起来。现在是否结合了呢? 还没有。我们只是开始寻求这种结合。我们的报刊现在还常常到处探寻新经济政策的意义,但是找的不是地方,其实新经济政策的全部意义就在于而且仅仅在于:找到了我们花很大力量所建立的新经济同农民经济的结合。我们的功绩就在这里。

不然,我们就不成其为共产党人革命家了。

我们不顾一切旧事物,完全按照新的方式开始建设新经济。如果我们不开始建设新经济,那我们在头几个月或头几年就被打垮了。但这并不是说,我们要固执己见,认为我们既然无所畏惧地开始了新经济的建设,那就非这样干下去不可。这有什么根据呢?没有任何根据。

我们一开头就说过,我们要进行的是崭新的事业,如果资本主义比较发达的国家的工人同志不能很快地来帮助我们,我们的事业就会遇到极大的困难,一定会犯许多错误。主要的是应该善于清醒地看出在什么地方犯了这样的错误,接着一切从头做起。既然不是一两次,而是很多次地不得不一切从头做起,那这正说明我们没有成见,我们是用冷静的眼光来看待自己肩负的世界上最伟大的任务的。

在新经济政策问题上,现在主要是要正确地吸取过去一年的经验。应该这样做,我们也愿意这样做。如果我们想务必做到这一点(我们是想做到这一点,而且一定会做到!),那就应该知道,新经济政策的基本的、有决定意义的、压倒一切的任务,就是使我们开始建设的新经济(建设得很不好,很不熟练,但毕竟已在完全新的社会主义经济,即新的生产和新的分配的基础上开始建设)同千百万农民赖以为生的农民经济结合起来。

以前没有这种结合,所以现在我们首先要建立这种结合。一切都应当服从于这种打算。我们还应该弄清楚,新经济政策在多大程度上能做到既建立这种结合,又不破坏我们在不熟练的情况下开始建设的东西。

我们在同农民一道建设自己的经济。我们要一次次地改造这种经济,并把它组织得能使我们在大工业和农业中的社会主义工作同每个农民从事的工作结合起来,农民是能怎么干就怎么干,只求摆脱贫困,而且是会怎么干就怎么干,决不卖弄聪明(因为他们要摆脱惨遭饿死的直接威胁,哪里还顾得上卖弄聪明呢?)。

要让人看到这种结合,让我们清楚地看到它,让全体人民看到它,让全体农民群众都看到,他们现在空前破产、空前贫穷的艰难困苦的生活同人们为了远大的社会主义理想而进行的工作之间是有联系的。要做到让每一个普通劳动者都了解,他的境况得到了某种改善,而且这种改善与地主当政时代、资本主义时代少数农民境况的改善不同,那时每一点改善(改善无疑是有的,甚至很大)都是同对庄稼人的讥笑、侮辱和嘲弄分不开的,是同对群众的暴行分不开的,这一点俄国哪个农民也没有忘记,再过几十年也不会忘记。我们的目的是恢复这种结合,用行动向农民证明,我们是从农民所理解、所熟悉、目前在他们极其贫困的境况下办得到的事情做起,而不是从在农民看来是遥远的、空想的事情做起;证明我们能够帮助农民,共产党人在眼下小农破产、贫困、挨饿的困难时刻,正在实际帮助他们。要么我们能证明这一点,要么就被农民撵走。这是完全不可避免的。

这就是新经济政策的意义,这就是我们全部政策的基础。这是我们过去一年来实施新经济政策的主要教训,也可以说是我们下一年度的主要政治准则。农民是在贷款给我们,他们有了过去的经历,当然不会不给。农民大都同意这样做:"好,既然你们不会,那我们就等一等吧,也许你们会学会的。"但是这种贷款不会是取之不尽的。

应该明白这一点,并且借了钱总得抓紧学。要知道,农民国家不再贷款给我们的日子快到了,那时,如果用一句商业术语来说,农民就会要求现金交易了。"最敬爱的执政者,时间虽然拖延了好几个月、好几年,但你们现在终于找到了帮助我们摆脱贫困、饥饿和破产的最正确最可靠的办法。你们学会了,你们已经证明了这一点。"这就是我们一定要经受的一次考试,归根到底这次考试将决定一切,既决定新经济政策的命运,也决定俄国共产主义政权的命运。

我们能不能完成我们眼前要做的事情呢?这种新经济政策是否有点用处呢?既然退却是正确的,那么,在退却之后同农民群众汇合起来一道前进,虽然缓慢百倍,却能坚定地稳步前进,使他们随时看到我们毕竟在前进。那时我们的事业就一定会立于不败之地,世界上任何力量都不能战胜我们。第一个年头已经过去了,我们至今还没有达到这一点。这是应当直率地说清楚的。但我深信(我们的新经济政策使我们能够十分明确肯定地作出这个结论),只要我们充分认识到新经济政策所包含的巨大危险,用我们的全部力量去克服薄弱环节,我们就一定能够完成这个任务。

同农民群众,同普通劳动农民汇合起来,开始一道前进,虽然比我们所期望的慢得多,慢得不知多少,但全体群众却真正会同我们一道前进。到了一定的时候,前进的步子就会加快到我们现在梦想不到的速度。依我看,这就是新经济政策的第一个基本的政治教训。

第二个是较为局部的教训,就是通过国营企业同资本主义企业的竞赛来进行检查。现在我们正在建立合营公司——关于合营公司我下面还要略微谈一谈——,这些公司也和我们的全部国营商业以及整个新经济政策一样,都是我们共产党人运用商业方法,资本主义方法的表现。这些公司还有另一种意义，就是资本主义的办法和我们的办法进行实际竞赛。请作实际的比较吧！我们过去写了纲领，许了诺言。这在当时是完全必要的。没有纲领和诺言就不能发动世界革命。如果白卫分子，包括孟什维克在内，为这一点骂我们，那只说明孟什维克以及第二国际、第二半国际的社会党人根本不懂得革命是怎样发展的。不经过这个过程，我们就无从着手。

但目前的情况是，我们应当对自己的工作进行认真的检查，不过不是通过那些正在由共产党员建立的监察机关来检查，虽然这些监察机关非常好，虽然在苏维埃机关系统中，在党的机关系统中都设有这种监察机关，虽然它们几乎可以说是理想的监察机关，这种检查从农民经济的实际需要看来是可笑的，但从我们的建设来看决不可笑。我们现在正在建立这些监察机关，但我这里说的不是这种检查，而是一种着眼于民众经济的检查。

资本家会做供应工作。他们做法恶劣，像强盗那样行事，他们侮辱我们，掠夺我们。这一点连不谈论共产主义（因为不知道共产主义是怎么一回事）的普通工人和农民都知道。

"但是，资本家毕竟会做供应工作，你们会吗？你们不会。"这就是去年春天听到的，并不总是听得很清楚的一种议论，而这种议论说出了去年春天整个危机的内在原因。"你们这些人倒是很好，可就是不会干你们所抓的事务，经济事务。"这就是去年农民以及一些工人阶层通过农民对共产党提出的最朴实、最致命的批评。在新经济政策问题上，这个老早就有的论点所以具有这样重要的意义，其原因就在这里。

检查必须是真正的检查。旁边资本家在活动，在抢劫，在攫取利润,但他们有这种本领。而你们呢,你们试行新的一套,你们没有利润,原则是共产主义的,理想是很好的,你们简直像圣人,真可以活着升天堂,但是,你们会不会办事呢? 这需要检查,需要真正的检查,但不是由中央监察委员会调查和提出指责,再由全俄中央执行委员会决定处分的那种检查——不是这样,而是需要一种着眼于国民经济的真正的检查。

共产党人得到的贷款比任何其他政府多,而且可以一再延期归还。当然,共产党人曾帮助农民摆脱资本家和地主的压迫,农民很珍视这一点,所以才答应延期还债,但总有一定的期限。接着就要检查了:你们是不是会经营得不亚于别人? 旧日的资本家会经营,你们却不会。

这就是第一个教训,中央政治报告的第一个主要部分。我们不会经营。这是一年来已经证明了的。我真想能举出几个国营托拉斯①(如果用这种曾受到屠格涅夫如此赞扬的优美的俄罗斯语言来说)的例子来说明我们会不会经营。

可惜,由于种种原因,主要是由于生病,我不能很好地准备报告的这一部分,只能根据自己对现状的观察谈一些看法。这一年来我们十分明显地证明,我们不会经营。这是基本的教训。如果我们不能在最近一年内证明我们会经营,那苏维埃政权就无法生存下去。而最大的危险就在于,不是所有的人都认识到这一点。如果全体共产党员、负责工作人员都清楚地认识到,我们不会经营,让我们从头学起,那我们就会把事情办好——依我看,这就是主要的根本的结论。但是,他们没有认识到这一点,反而认为谁这

---

①　原文为"гострест",并不是地道的俄语词。——编者注

样想,谁就是无知的人,没有学过共产主义——也许学一下就会懂得的。不,对不起,问题不在于农民和非党工人没有学过共产主义,而在于需要阐发纲领、号召人民实现这一伟大纲领的时期已经过去了。这种时期已经过去了,现在需要证明,你们在目前的困难情况下有本事实际帮助工人和庄稼汉的经济,让他们看到你们能在竞赛中取胜。

我们开始设立的合营公司,既有俄国和外国的私人资本家参加,也有共产党员参加,这种公司是一种可以正常展开竞赛的形式,通过这种形式可以表明并且学会,我们能够不比资本家逊色地建立起同农民经济的结合,能够满足农民的需要,就在农民目前这种十分愚昧的情况下(因为要在短期内使农民改观是不可能的),也能帮助他们前进。

摆在我们面前的就是这样的竞赛,这是一项刻不容缓的任务。这就是新经济政策的关键,并且我认为也是党的政策的全部实质。我们这里纯政治的问题和困难,要多少有多少。这你们都知道,又有热那亚会议,又有武装干涉危险。困难很大,但是同上述困难比起来,它们全都微不足道。在那方面我们已经看到该怎么办,在那方面我们已经学会很多东西,领教过资产阶级的外交。这套玩意孟什维克已经教了我们15年,也教会了我们一些有益的东西。这并不新鲜。

然而在经济方面,我们现在必须做的事情是在同普通店员、普通资本家和商人的竞赛中取胜。这些人到农民那里,并不是去争论共产主义(你看,不是去争论共产主义),而是去争论:如果你们需要弄到什么东西,把交易做好,建筑得好,那可以由我来办,价钱虽然贵,可是让共产党人来办也许更贵,甚至贵上10倍。这种宣传反映了现在问题的本质,经济的根基也就在这里。

我再说一遍,由于我们采取了正确的政策,我们获得了人民的贷款,并且可以延期偿还,如果用新经济政策的用语来说,这叫做期票,但这些期票并没有写明期限,至于什么时候要求兑现,从票面上是看不出的。危险就在这里,这些政治期票和普通商业期票不同的地方也就在这里。这一点我们要特别注意,不要以为在国营托拉斯和合营公司中到处都有负责的优秀共产党员,就可以高枕无忧了——这毫无用处,因为他们不会经营,在这种意义上他们还不如那些经过大工厂大商号训练的普通资本主义店员。这一点我们没有意识到,这里还存在着共产党员的狂妄自大,用了不起的俄罗斯语言来说,就是 комчванство。问题在于负责的共产党员虽然优秀,人人知道他忠诚老实,受过苦役折磨,不怕死,可是他不会做生意,因为他不是生意人,没有学过也不愿学这一行,他不懂得应当从头学起。他是共产党员,是完成了世界上最伟大的革命的革命者,即使没有 40 座金字塔[75],也有 40 个欧洲国家怀着摆脱资本主义的希望看着他,然而他应当向那些在粮食行里跑了十来年而懂得这一行的普通店员学习。可是他这个负责的共产党员,忠诚的革命者,不仅不懂得这一行,甚至还不知道自己不懂得这一行。

同志们,哪怕我们能改变一下不知道自己不懂行这种状况,那也是一个极大的胜利。这次代表大会闭幕后,我们应该带着这种信念回去:我们不懂这一行,我们要从头学起。我们毕竟还是革命者(虽然很多人说,甚至不是毫无根据地说,我们已经官僚化了),我们能够了解一个简单的道理,对于新的异常困难的事业,应当善于三番五次地从头做起,开始了,碰壁了,从头再来——哪怕反复重做十次,但一定要达到我们的目的,不要摆架子,不要狂妄自大,认为你是共产党员,那是非党店员,也许还是白卫分子,甚至确实是个白卫分子,但他却会办经济上非办到不可的事,而你却不会。如果你是负责的共产党员,有成百个官衔和称号,又有共产党和苏维埃的"勋章",只要你了解这一点,你就能够达到自己的目的,因为这是可以学会的。

一年来我们虽然取得了一些小小的成绩,但毕竟是微不足道的。主要是没有意识到,没有使全体共产党员普遍相信,现在我们俄国最忠诚的负责的共产党员在这方面的本领比任何一个旧店员都差。我再重复一遍,应当从头学起。如果我们意识到这一点,那我们考试就能及格,这是日益逼近的财政危机举行的一场严峻的考试,是俄国和国际的市场举行的一场考试,我们受制于这个市场,同它有割不断的联系。这是一场严峻的考试,因为在这场考试中人家可能在经济上和政治上击败我们。

问题就是这样,也只能是这样,因为这是一场重大的竞赛,具有决定性意义的竞赛。我们曾有过各种各样的克服我国政治经济困难的途径和办法。我们可以引为骄傲的是,在此以前我们一直善于根据不同的情况把各种途径和办法配合起来运用,但是,现在我们再也没有办法了。请允许我毫不夸大地告诉你们这一点,从这个意义上说,我们确实是在进行"最后的斗争",不是同国际资本主义(同它还要进行许多次"最后的斗争"),而是同从小农经济中成长起来的、得到小农经济支持的俄国资本主义进行这种斗争。这里在不久的将来就会有斗争,准确时间不能确定。这里将进行"最后的斗争",没有任何道路——政治的或其他的道路可以绕行,因为这是同私人资本进行竞赛的考试。或者我们能在这场同私人资本竞赛的考试中及格,或者我们完全失败。通过这次考试所需要的一切,除了本领,我们要什么有什么,既有政治权力,又有各种经济资源和其他资源。就是缺本领。如果我们能从过去一年的经验中吸取这个简单的教训,把它当做我们在整个 1922 年的行动指南,那我们就连这个困难也能战胜,虽然这个困难要比以前的困难大得多,因为这个困难在我们本身。这并不是什么外来的敌人。这个困难在于我们自己不愿意认识我们非接受不可的不愉快的现实,也不愿做我们应该做的不愉快的事情:从头学起。我看,这是从新经济政策中得出的第二个教训。

第三个教训,补充的教训,是国家资本主义问题上的教训。可惜,布哈林同志没有参加这次代表大会,我本想同他稍微争论一下[76],不过还是留到下次代表大会再说吧。在国家资本主义问题上,我们的报刊和我们的党都犯了一个错误,就是染上了知识分子习气,堕入了自由主义,自作聪明地来理解国家资本主义,并且去翻看旧本本。可是那些书里写的完全是另一回事,写的是资本主义制度下的国家资本主义,而没有一本书写到过共产主义制度下的国家资本主义。连马克思也没有想到要就这个问题写下片言只语,他没有留下任何明确的可供引用的文字和无可反驳的指示就去世了。因此现在我们必须自己来找出路。如果像我在准备这个报告时所试图做的那样,在脑子里综观一下我国报刊上关于国家资本主义的论述,就会确信,这些文章完全看偏了,没有谈到点子上。

照所有经济著作解释,国家资本主义就是资本主义制度下由国家政权直接控制这些或那些资本主义企业的一种资本主义。但是我国是一个无产阶级国家,它依靠无产阶级,给无产阶级种种政治上的优先权,并通过无产阶级把下层农民吸引到自己方面来(你们记得,我们是从建立贫苦农民委员会开始这项工作的)。因此,国家资本主义把很多很多人都弄糊涂了。要消除这种现象，必须记住基本的一点，我们现有的这种国家资本主义，是任何理论、任何著作都没有探讨过的，原因很简单，所有同这一名词有关的常用概念都只适用于资本主义社会的资产阶级政权。而我们的社会虽已脱离资本主义轨道，但还没有走上新轨道，不过领导这个国家的已不是资产阶级，而是无产阶级。我们不愿了解，当我们说到"国家"的时候，这国家就是我们，就是无产阶级，就是工人阶级的先锋队。国家资本主义，就是我们能够加以限制、能够规定其范围的资本主义，这种国家资本主义是同国家联系着的，而国家就是工人，就是工人的先进部分，就是先锋队，就是我们。

国家资本主义是我们应当将之纳入一定范围的资本主义，但是直到现在我们还没有本领把它纳入这些范围。全部问题就在这里。这种国家资本主义将来会怎样，这就取决于我们了。我们有足够的、绰绰有余的政治权力，我们还拥有足够的经济手段，但是，被推举出来的工人阶级先锋队却没有足够的本领去直接进行管理，确定范围，划定界限，使别人受自己控制，而不是让自己受别人控制。这里所需要的只是本领，但我们缺乏这种本领。

无产阶级，革命先锋队掌握着足够的政治权力，同时又存在国家资本主义，这种情况是历史上前所未见的。问题的关键在于我们要懂得，这是一种我们可以而且应当容许其存在、我们可以而且应当将之纳入一定范围的资本主义，因为这种资本主义是广大农民和私人资本所需要的，而私人资本做买卖应能满足农民的需要。必须让资本主义经济和资本主义流转能够像通常那样运行，因为这是人民所需要的，少了它就不能生活。其余的一切对于他们，对于这个阵营，并不是绝对必需的，其余的一切，他们是可以迁就的。

你们共产党员，你们工人，你们负责管理国家的无产阶级的觉悟分子，你们必须善于使自己掌握的国家按照你们的意志来行动。我们又经历了一年，国家掌握在我们手中，但是这一年在新经济政策方面，它是否按照我们的意志行动了呢？没有。我们不愿意承认，它没有按照我们的意志行动。它是怎样行动的呢？就像一辆不听使唤的汽车，似乎有人坐在里面驾驶，可是汽车不是开往要它去的地方，而是开往别人要它去的地方，这个别人不知是非法活动分子，不法之徒，投机倒把分子，天知道哪里来的人，还是私人经济资本家，或者两者都是。总之，汽车不完全按照，甚至常常完全不按照掌握方向盘的那个人所设想的那样行驶。这就是在国家资本主义问题上我们要记住的基本点。应该在这个基本领域从头学起，而只有当我们完全领会到和意识到这一点的时候，我们才能担保说，我们能够学会这点。

　　现在我来谈谈停止退却的问题，这个问题我在五金工人代表大会上的讲话中已经谈过了。[①] 从那时起，无论在党的报刊上，在同志们的私人来信中，还是在中央委员会里，我都没有听到过任何反对意见。中央委员会批准了我的报告提纲，提纲要求在代表中央委员会向这次大会所作的报告中突出强调停止退却，并请求代表大会代表全党作出相应的必须执行的指令。我们已经退了一年。我们现在应当代表党宣告：够了！退却所要达到的目的已经达到了。这个时期就要结束或者已经结束。现在提出的是另一个目标，就是重新部署力量。我们已经到达新的地点，总的说来，我们的退却总算进行得比较有秩序。不错，从各方面听到过不少想

---

　　① 见本卷第 8—15 页。——编者注

使这次退却陷入慌乱的喊叫声。有些人说，你们在这个或那个地方退得不对，例如，那个叫做"工人反对派"[77]（我认为他们这个名称取错了）的集团中某些代表就是这样。由于热心过头，他们本来要进这个门，结果却跑进了那个门[78]，这一点现在已经明显地暴露出来了。当时他们没有看到，他们的活动不是在纠正我们的运动，实际上只是起了一个作用，那就是散布惊慌情绪，妨害有纪律地退却。

退却是一件难事，尤其是对于已经习惯于进攻的革命家，尤其是在他们几年来习惯于进攻并取得巨大成就的时候，尤其是在他们周围的各国革命家一心向往发起进攻的时候，那就更难了。他们中间有些人看见我们在退却，竟很不应该地像小孩子那样大哭起来，在最近这次共产国际执行委员会扩大会议上就发生过这样的事情。有些同志出于最崇高的共产主义感情和共产主义志向，看到优秀的俄国共产党人竟然退却起来而嚎啕大哭。[79]也许我现在已经很难体会西欧人的这种心理了，尽管我在这些美好的民主国家侨居过好多年。也许在他们看来，这实在难于理解，只好放声大哭。不管怎样，我们是没有工夫伤感的。我们明白，正因为我们许多年来这样胜利地实行了进攻，获得了这么多不平常的胜利（而且是在一个遭到了难以置信的破坏和缺乏物质前提的国家里！），为了巩固这种进攻，我们在取得这么多的战果之后完全有必要实行退却。我们不能保持住迅速夺得的全部阵地；另一方面，正因为我们依靠工农蓬勃的热情迅速取得了无数的胜利，我们才有这么宽广的地盘，使我们可以退得很远，甚至现在还可以退得很远，而丝毫不会丧失主要的和基本的东西。虽然惊慌失措的喊叫，其中包括"工人反对派"的喊叫（他们最大的害处也就在这里！），使我们这里发生过局部的偏差,即违反纪律,不能正常地退却,但是总的说来,退却是相当有秩序的。退却时最危险的就是惊慌失措。假如全军(我打个比方)在撤退,那就不会有全军前进时的那种情绪。这时处处都会看到某种沮丧的情绪。我们甚至有过这样一些诗人,他们写道:看! 莫斯科受寒忍饥,从前整洁美丽,而现在是买卖投机。我们这里有很多这样的诗作。

可以理解,这是退却造成的。正是在这里蕴藏着巨大的危险,在伟大的胜利进攻之后,实行退却是一件极其困难的事情;退却的时候,情况是完全不同的;进攻的时候,即使维持不了纪律,大家也会自动向前飞奔;但在退却的时候,就必须自觉地遵守纪律,百倍地需要纪律,因为在全军退却的时候,它不清楚、也看不见退到哪里为止,看见的只是退却,所以有时只要有一点惊慌的喊叫,就会使大家逃跑。这里的危险是很大的。真正的军队在实行这种退却的时候,就架起机关枪,一旦正常的退却发生混乱,就下令"开枪!"这样做是对的。

当我们实行空前困难的退却的时候,当全部关键在于保持良好的秩序的时候,如果有人散布惊慌情绪,即使是出于好意,我们对这种稍微破坏纪律的人也必须严厉地、残酷地、无情地惩罚,不仅对于我们党内的某些事情应该如此,而且对于孟什维克或第二半国际的所有先生们更应该如此。

前几天我在《共产国际》杂志第 20 期上读到了拉科西同志的一篇评论奥托·鲍威尔新著的文章[80],我们大家过去曾向鲍威尔请教过,但是,他在战后和考茨基一样成了可怜的市侩。他现在写道:"看,他们在退向资本主义;我们一直说,他们的革命是资产阶级革命。"

孟什维克和社会革命党人也都在宣传这些东西,听到我们说要枪毙进行这种宣传的人,都感到惊奇。他们感到惊异,然而问题很清楚,当军队退却的时候,纪律必须比进攻时严格百倍,因为在进攻时大家都拼命向前冲。可是如果现在大家都开始拼命向后逃,那就必然会立刻灭亡。

正是在这种关头,退却要有秩序,要准确规定退却的限度,不要惊慌失措,这是最主要的事情。如果孟什维克说:"你们现在在退却,而我一直主张退却,我同意你们的做法,我是你们的人,让我们一块退却吧!"那我们就要这样回答他们:"凡是公开宣传孟什维主义者,我们革命法庭应一律予以枪决,否则它就不是我们的法庭,而天晓得是什么东西。"

但是,他们怎么也不能理解,他们说:"这些人的独裁作风有多厉害!"他们直到现在还认为,我们所以要惩办孟什维克,是因为他们在日内瓦同我们吵过架[81]。如果我们真是那样的话,那我们的政权大概连两个月也保持不住。其实,奥托·鲍威尔、第二国际和第二半国际领导人、孟什维克、社会革命党人所作的这种说教反映了他们的本性:"革命跑得太远了。我们一直这么说,现在你也这么说了。让我们再来重申这一点吧。"而我们对这一点回答说:"正因为这样,让我们枪毙你们吧。要么劳驾收起你们的观点,要么你们在目前这种情况下,在我们的处境比遭到白卫分子直接进犯时困难得多的条件下,还要谈自己的政治观点,那对不起,我们就要把你们当做最可恶最有害的白卫分子来对待。"我们不应当忘记这一点。

我说停止退却,我讲这话的意思决不是指我们已经学会经商了。我的看法恰恰相反,如果我讲的话给人留下了这样的印象,那说明我的话被误解了,说明我不善于正确表达自己的思想。

问题在于,新经济政策实行以后在我们这里出现的那种神经过敏和无谓奔忙的现象,那种追求一切都按新样子建立和赶浪头的倾向,必须加以制止。我们现在有了一些合营公司。诚然,这种公司还很少。在我们这里,对外贸易人民委员部批准成立 9 个有外国资本家参加的合营公司,索柯里尼柯夫委员会[82]批准了 6 个,白海北部地区森林工业特别管理局也办了两个。这样,现在由不同机关批准的拥有数百万资本的合营公司就有 17 个了(当然,由于我们各机关存在着严重的混乱现象,这方面也可能错过一些机会)。但无论如何,现在我们已经有了同俄国资本家和外国资本家合办的公司。数量还不多。这个小小的却又是实际的开端表明,对共产党人已作出评价,根据他们的实践作出评价,而且作出评价的不是中央监察委员会和全俄中央执行委员会这样一些高级机关。当然,中央监察委员会是一个很好的机关,我们现在还要给它更大的权力。尽管如此,当这些机关考查共产党员时……你们瞧,国际市场是不承认它们的权威的。(笑声)而当俄国的和外国的普通资本家同共产党人一起办合营公司的时候,我们可以说:"我们总算会办一些事情了,尽管我们还办得不好,少得可怜,但作为一个开端我们毕竟取得了一点成绩。"当然,成绩还不怎么多;请想一想,我们宣布要把全副精力(据说,我们的精力很充沛)放到这件事上已经有一年了,而一年来还只办了 17 个合营公司。

这一点证明,我们是多么不灵活、多么笨拙,证明我们还有多少奥勃洛摩夫习气,为此我们一定还要挨打。但我再说一遍,我们毕竟有了一个开端,侦察工作已经完成。如果资本家连起码的活动条件都没有,他们是不会到我们这里来的。现在既然已经来了一小部分，那就说明，我们已经取得了部分胜利。

当然，他们还会在合营公司内部揍我们，会把我们揍得几年以后才明白过来。但这没有什么关系。我没有说这就是胜利，这只是一种侦察，它表明我们已经有了活动场所，有了一块地方，我们已经可以停止退却了。

侦察探明，同资本家签订的合同并不多，但毕竟是签订了。这方面还应该继续学习，继续进行活动。就这个意义上说，是中止神经过敏、大喊大叫和无谓奔忙的时候了。人们纷纷写条子和打电话来问："既然我们实行了新经济政策，我们这里能不能也改组一下？"大家都在无谓奔忙，杂乱无章；谁都不做实际工作，却去议论怎样适应新经济政策，结果是一无所成。

商人们却在嘲笑共产党人，大概还会说："过去有过劝说司令[83]，现在又出了空谈司令。"资本家挖苦我们，我们动手迟了，错过了机会——这是毫无疑问的，因此我提议，要用代表大会的名义批准这个指令。

退却已经结束。主要的活动方法，即如何同资本家共事的方法，已经订出来了。样板已经有了，虽然为数甚少。

在新经济政策问题上，不要再卖弄聪明、高谈阔论了！诗，让诗人去写好了，这是他们诗人的事。但是，经济工作者，请不要再侈谈新经济政策了，请你们更多地建立这种合营公司，查一下善于同资本家竞赛的共产党员有多少。

退却已经结束，现在的问题是重新部署力量。这就是代表大会应当作出的指令，这个指令应当结束忙乱现象。安静点吧，不要自作聪明，这是有害的。需要在实践上证明，你工作得并不比资本家坏。资本家为了发财致富建立了同农民的经济结合；为了加强我们无产阶级国家的经济实力,你也应该建立同农民经济的结合。你比资本家占优势,因为你手中有国家政权,有多种经济手段,只是你不善于利用这些东西,观察事物要清醒一些,扔掉华而不实的东西,脱去华丽的共产主义外衣,老老实实地学着做些平凡的工作,这样我们就能战胜私人资本家。我们有国家政权,我们有许多经济手段;如果我们击溃了资本主义,建立了同农民经济的结合,那我们就会成为绝对不可战胜的力量。那时,社会主义建设就不仅仅是作为沧海一粟的共产党的事业,而是全体劳动群众的事业了;那时,普通农民就会看到,我们在帮助他;那时,他就会跟着我们走,虽然这种步子要慢百倍,却稳当可靠百万倍。

应该在这个意义上来谈停止退却,所以用这种那种形式把这个口号变成代表大会的决议是正确的。

说到这里,我想谈一个问题:布尔什维克的新经济政策到底是什么,是演变还是策略?路标转换派就是这样提问题的,你们知道,他们是俄国流亡者中的一种派别,一种社会政治派别,领导这一派别的是立宪民主党的一些著名人士,前高尔察克政府的一些部长,他们确信苏维埃政权在建设俄罗斯国家,因此应当跟这个政权走。路标转换派议论说:"但是这个苏维埃政权在建设什么样的国家呢?共产党人说是共产主义国家,并要人相信这是一种策略:布尔什维克在困难关头把私人资本家糊弄过去,然后再达到自己的目的。布尔什维克可以爱怎么说就怎么说,但实际上这并不是策略,而是演变,是内部的蜕变,他们一定会走向通常的资产阶级国家,我们应当支持他们。历史是殊途同归的。"

他们有些人装做共产党人的样子,但是也有比较坦率的,乌斯特里亚洛夫就是其中的一个。他好像在高尔察克手下当过部长。

他不同意他的伙伴们的意见，他说："关于共产主义你们随便怎么说都行，而我断定，这并不是他们的策略，而是演变。"我认为，乌斯特里亚洛夫这种直言不讳的声明对我们有很大的好处。我们常常听到一种甜蜜的共产主义谎言，"комвраньё"，尤其是我，由于职务的关系每天都听得到，有时听得简直恶心死了。最近到了一期《路标转换》杂志，它不说这种共产主义谎言，而是直率地说："你们那里根本不是那么一回事，这不过是你们的想象而已，其实，你们正在滚进通常的资产阶级泥潭，那里只不过摇动着几面写着各种空话的共产主义小旗子罢了。"这话很有好处，因为我们从这些话里看到的，已经不是简单地重复在我们周围经常听到的话，而完全是阶级敌人的阶级真话了。看看这种东西是很有益的，之所以这样写并不是由于在共产主义国家中通常都这样写而不许有另一种写法，而是由于这确实是阶级敌人粗鲁地公开说出的阶级真话。乌斯特里亚洛夫虽然是立宪民主党人、资产者，支持过武装干涉，但现在他却说："我赞成支持俄国的苏维埃政权，我之所以赞成，是因为它踏上了走向通常的资产阶级政权的道路。"

这是很有益的话，我觉得必须予以重视；路标转换派这样写，对我们说来，比起他们中间某些装得很像共产党人的人要好得多，这种人远远看去真假难分——他们也许信仰上帝，也许信仰共产主义革命。无可讳言，这种坦率的敌人是有益的。无可讳言，乌斯特里亚洛夫所说的这种事情是可能的。历史上有过各种各样的变化；依靠信念、忠诚和其他优秀的精神品质，这在政治上是完全不严肃的。具有优秀精神品质的是少数人，而决定历史结局的却是广大群众，如果这些少数人不中群众的意，群众有时就会对他们不太客气。

这样的例子是很多的,所以应当欢迎路标转换派的这种坦率的声明。敌人说出了阶级的真话,指出了我们面临的危险。敌人力图使之成为不可避免的事情。路标转换派反映了成千成万的各色各样资产者或者参加我们新经济政策工作的苏维埃职员的情绪。这是一个主要的真正的危险。因此,应当把主要注意力放在这个问题上:究竟谁会得胜? 我说的是竞赛。现在没有人向我们直接进攻,没有人掐住我们的喉咙。至于明天会怎样,我们还要看看再说,不过今天还没有人拿着武器向我们进攻,可是我们同资本主义社会的斗争却残酷、危险百倍,因为我们不能随时看清楚,反对我们的敌人在什么地方,谁是我们的朋友。

我不是从同情共产主义的角度,而是从经济形式和社会结构形式发展的角度来谈共产主义竞赛的。这不是竞赛,这是资本主义与共产主义之间拼命的激烈的斗争,即使不是最后一次也是接近最后一次的殊死斗争。

这里必须明确地提出一个问题:我们的力量是什么,我们缺少的是什么? 政治权力是完全够了。这里恐怕没有一个人能指出,在处理某个实际问题时,在某个办事机构中,共产党员或共产党的权力不够。有些人还是这样认为,这些人都无可救药地向后看,而不懂得应该向前看。主要经济力量操在我们手里。一切具有决定意义的大企业、铁路等等,都操在我们手里。不管租赁在某些地方得到多么广泛的发展,但总的说来它的作用是微不足道的,它的比重总的说来是微乎其微的。俄国无产阶级国家掌握的经济力量完全足以保证向共产主义过渡。究竟缺少什么呢? 缺什么是很清楚的:做管理工作的那些共产党员缺少文化。如果拿莫斯科 4 700名负责的共产党员和一堆官僚主义的庞然大物来说,是谁领导谁呢？说共产党员在领导这堆庞然大物，我很怀疑这种说法。说句实话，不是他们在领导，而是他们被领导。这像我们小时候上历史课听到的情况。我们听老师说过，一个民族征服另一个民族，于是征服人家的民族成了征服者，而被征服的民族则成了战败者。这很简单，人人都懂。至于这两个民族的文化怎样呢？那就不那么简单了。如果出征民族的文化高于被征服民族，出征民族就迫使被征服民族接受自己的文化，反之，被征服者就会迫使征服者接受自己的文化。在俄罗斯联邦的首都是否有类似的情况呢？4 700名共产党员（差不多整整一师人，而且全是最优秀的分子）是否受别人的文化的支配呢？不错，这里似乎可以给人一种印象，被征服者有高度的文化。根本不是那么一回事。他们的文化低得可怜，但毕竟要比我们高一些。尽管他们的文化低得可怜，微不足道，可是总比我们那些负责的共产党员干部高一些，因为这些人没有足够的管理本领。共产党员担任机关领导的时候，往往被人愚弄，因为怠工者有时巧妙地故意把他们推到前面当做招牌。承认这一点是很不愉快的。或者说，至少是不很愉快的，但我觉得，必须承认这一点，因为现在问题的关键就在这里。我看，这就是过去一年的政治教训，而且1922年的斗争也将在这个标志下进行。

俄罗斯联邦和俄国共产党的负责的共产党员，是否了解他们不会管理呢？是否了解他们自以为在领导，其实是被领导呢？如果他们能了解这一点，那他们当然能学会，因为是可以学会的，但为此就应该学习，可是我们的人不学习。我们的人到处发号施令，结果完全事与愿违。

我们宣布新经济政策之后，提到日程上来的竞赛和比赛，是一场严重的竞赛。看起来这种竞赛是在所有国家机关中进行的，而实际上这是两个不共戴天的敌对阶级的又一斗争形式。这是资产阶级同无产阶级斗争的又一形式,这种斗争还没有结束,即使在莫斯科各中央机关,从文化上来说斗争也还没有过去。因为资产阶级人士往往比我们的优秀共产党员懂行,我们党员虽然拥有全部政权和一切条件,但丝毫不会利用自己的权利和自己的政权。

我想从亚历山大·托多尔斯基的一本小册子[84]中引证一段话。这本小册子是在韦谢贡斯克城(特维尔省有这样一个县城)于俄国苏维埃革命一周年——1918 年 11 月 7 日出版的,时间已经过去很久了。韦谢贡斯克的这位同志看来是个党员。这本书我是很久以前读的,因此不敢担保现在不会引错。他谈到自己怎样着手装备两个苏维埃工厂,怎样吸收两个资产者参加工作,怎样用当时的办法,即以剥夺自由和没收全部财产相威胁做到了这一点。这两个人被吸收参加了恢复工厂的工作。我们知道 1918 年是怎样吸收资产阶级参加工作的(笑声),所以用不着详细讲,而现在我们正用另一种办法吸收他们参加工作。请看他的结论:"仅仅战胜资产阶级、给资产阶级致命打击是不够的,这不过是事情的一半,还必须强迫他们为我们工作。"

这是多么精彩的话啊。这句精彩的话说明,甚至在韦谢贡斯克这样的县城,甚至在 1918 年,对胜利的无产阶级和被战胜的资产阶级之间的关系,就有了正确的认识。

我们痛打了剥削者的双手,使他不能为害,给了他致命打击,这还只是事情的一半。可是在我们莫斯科,在 100 个负责工作人员里,大约有 90 个都认为,问题仅仅在于给剥削者以致命打击,使他不能为害,痛打他的双手,如此而已。我关于孟什维克、社会革命党人和白卫分子所说过的话,往往被人只理解成使他们不能为害，痛打他们的双手（也许不光是打他们的手，还打别的地方），给他们致命打击。但这仅仅是事情的一半。甚至在1918年韦谢贡斯克的那位同志说这话的时候，这还是事情的一半，而现在连事情的四分之一都不到了。我们应当强迫资产阶级用他们的双手来为我们工作，而不能让负责的共产党员身居领导地位，头戴官衔，却跟着资产阶级随波逐流。问题的全部实质就在这里。

只靠共产党员的双手来建立共产主义社会，这是幼稚的、十分幼稚的想法。共产党员不过是沧海一粟，不过是人民大海中的一粟而已。他们只有不仅从世界历史发展方向来看是正确地确定了道路，才能领导人民走他们的道路。从世界历史发展方向来看，我们确定的道路是绝对正确的，每个国家都在证实我们确定的道路是正确的，但在我们的祖国，在自己的国家里，我们也应当正确地确定这条道路。确定这条道路不仅靠这一点，还要看有没有武装干涉，我们能不能用商品换取农民的粮食。农民会说："你是好人，你保卫了我们的祖国；因此我们一直听你的，可是现在你如果不会经营，那就走开吧。"是的，农民会这样说的。

如果共产党员能够用别人的手来建设经济，而自己能向资产阶级学习，使资产阶级走共产党员要走的道路，那我们就能管理这种经济。而有的共产党员自以为我什么都懂，因为我是负责的共产党员，我打败的不是什么店员，我们在前线打过仗，难道打的是这种人吗——正是这种最常见的情绪在害我们。

我们使剥削者不能为害，痛打并斩断他们的双手，这不过是事情的最不重要的一部分。这是要做的。我们的国家政治保卫局和我们的法院都要做，而且不应当像以前那样软弱无力，要记住，它们是受全世界敌人包围的无产阶级的法院。不过这并不难，我们基本上已经学会了。这方面应当施加点压力，但这是容易做的。

至于胜利的第二部分，即用非共产党人的手来建设共产主义，切实做好经济上非做不可的事情，那就是要找到同农民经济的结合，满足农民的需要，让农民说："不管饥饿多么难受，多么痛苦，多么严重，但我看到，尽管对这个政权不习惯，尽管它很特别，但它带来了实际的、确实可以感觉到的好处。"我们必须设法让那些与我们共事的、为数众多的、超过我们许多倍的人这样工作，使我们能够观察他们的工作，了解他们的工作，用他们的手做一些有益于共产主义的事情。目前形势的关键就在这里，因为还只有个别共产党员懂得和看到这一点，而广大党员群众还没有认识到吸收非党群众参加工作的必要性。关于这一点已写过多少通告，说过多少话，可是一年来做了些什么呢？什么也没有做。在我们100个党委会中，能够拿出自己实际成绩来的连5个也没有。看，我们是多么严重地落后于当前的迫切需要，我们是多么厉害地保持着1918年和1919年的传统。那是伟大的年代，那是具有世界历史意义的极其伟大的事业。如果只回头看这些年代，而看不到目前面临的任务，那就是自取灭亡，毫无疑问必定自取灭亡。而整个症结就在于我们不愿意认识这一点。

现在我想举两个实际例子来说明我们管理工作搞得怎样。我已经说过，比较正确的做法是拿一个国营托拉斯来作例子。但是请原谅，我不能用这种正确的方法，因为这样至少需要十分具体地研究一个国营托拉斯的材料，可惜我没有可能作这种研究，因此我只举两个小例子。一个例子是莫斯科消费合作社控告对外贸易人民委员部的官僚主义，另一个是顿巴斯地区的例子。

第一个例子不很恰当，但是，我举不出更好的例子。不过用这个例子也能说明我的基本意思。你们从报上都知道，最近几个月来我不能直接处理事务，我没有到人民委员会去工作，也没有到中央委员会去。我偶尔来莫斯科稍事逗留，就发觉许多人愤慨地激烈地埋怨对外贸易人民委员部。对外贸易人民委员部工作不好，办事拖拉，对这一点我一分钟也没有怀疑过。既然怨言变得特别激烈，我就试一试把事情搞清楚，抓住一件具体的事情，哪怕来一次寻根究底，看看怎么会出现这样的事情，这架机器为什么不转。

莫斯科消费合作社要购买罐头食品。为这件事来了一个法国公民。我不知道，他这样做是否得到协约国领导者的同意，或得到彭加勒以及其他苏维埃政权的敌人的核准而为国际政治服务（我想，我们的历史学家在热那亚会议以后会把这件事情弄清楚的），但事实是法国资产阶级不仅在理论上，而且在实际上参加了这笔生意，因为法国资产阶级的代表到了莫斯科，出售了罐头。莫斯科正在挨饿，到夏天挨饿的情况会更严重，肉类没有运来，并且从我们交通人民委员部的尽人皆知的素质来看，大概也运不来。

他们卖肉罐头（当然是指不完全变质的罐头，这以后会检查出来），换取苏维埃货币。还有什么比这更简单的呢？可是，如果按苏维埃方式认真地考虑一下，那就决不那么简单了。我没有可能直接查问这件事，但组织过调查，现在我有一个小本子记载着这一著名事件的发展经过。事情是这样开始的：2月11日俄共中央政治局根据加米涅夫同志的报告通过了一项决定，认为从国外购买一批食品是可取的。当然，不通过俄共中央政治局，俄国公民怎么能决定这样的问题呢？你瞧，不通过中央政治局，这4 700名负责工作人员（这仅仅是调查统计的数字[85]）怎么能决定从国外购买食品的问题呢？这当然是非常奇特的观念。加米涅夫同志显然很了解我们的政策和实际情况,所以并不过分指靠大批负责工作人员,一开始就用了擒牛抓角的办法,当然擒的不是牛,而是政治局,他一下子就得到一项决定(我没听说,在这个问题上有过什么辩论):"请对外贸易人民委员部注意,从国外进口食品是可取的,并请注意关税"等等。对外贸易人民委员部注意了这一点。事情就开始动起来了。这是2月11日的事。我记得,我到莫斯科是在2月底或在这前后,我一来就听到莫斯科的同志们的哭诉,简直是绝望的哭诉。这是怎么回事呢?说是根本无法买下食品。为什么?对外贸易人民委员部办事拖拉。我已经很久没有工作了,那时也不知道对这个问题政治局已经作出一项决定,所以只对办公厅主任说,调查一下,把文件找来给我看看。克拉辛来后,加米涅夫和他谈了谈,这件事情才有了结果,事情办妥了,我们买来了罐头。结果好就一切都好。

　　加米涅夫和克拉辛善于商量办事,能够正确确定俄共中央政治局所要求的政治路线,对这一点我是确信不疑的。如果商业问题上的政治路线也由加米涅夫和克拉辛来决定,那我们就会是世界上较优秀的苏维埃共和国了,但是,不能每一笔交易都把政治局委员加米涅夫和克拉辛拉来——克拉辛正忙于热那亚会议前夕的外交事务,要进行极度紧张的工作,不能拉这些同志来管购买法国公民的罐头事宜。不能这样工作。这里说不上新,说不上经济,也说不上政策,而简直是开玩笑。现在我有这件事情的调查材料。我甚至有两份调查材料:一份是人民委员会办公厅主任哥尔布诺夫和他的助理米罗什尼科夫的,另一份是国家政治保卫局的。国家政治保卫局究竟为什么注意这件事,我不知道,我也不大相信这样做是对的,但这点我不打算讲了,因为我怕又要来一次调查。重要的是材料已经收集到,现在就在我手头。

我在 2 月底回到莫斯科就听到一片哭诉,说"无法买下罐头",而轮船就停在利巴瓦,罐头就在船上,人家甚至同意我们用苏维埃货币购买真正的罐头!(笑声)怎么会出现这样的事?如果这些罐头没有完全变质(这里我要强调"如果",因为我没有十分的把握,到时不会再派人作第二次调查,不过结果如何,只好留到下一次代表大会再说了)——如果罐头没有变质,已经买到手,那我要问:这是怎么一回事?这样的事没有加米涅夫和克拉辛就动不了吗?从我手头的调查材料中看到,一个负责的共产党员把另一个负责的共产党员骂跑了。在这份调查材料中我还看到,一个负责的共产党员对另一个负责的共产党员说:"以后没有公证人在场,我就不同你谈话。"看了这件事的经过,我想起 25 年前流放在西伯利亚时我当律师的情景。那时我是个地下律师,因为我是个行政流放犯,不准当律师,可是没有别的人,大家只好到我这里来陈诉某些案件。最困难的是弄清问题所在。有一次来了一个村妇,当然从她的亲戚如何如何讲起,可是怎么也弄不清楚究竟是怎么回事。我说:"把状纸的副本拿来。"她谈她的白母牛。对她说:"去把副本拿来。"她就边走边说:"没有副本,白母牛的事就不爱听啦。"此后我们流放者说起这个副本就好笑。但是,我仍旧使情况有了一些改进,上我这里来的人都带着副本,这就可以弄清楚是怎么回事了,他们为什么控告,有什么冤屈。这是 25 年前在西伯利亚的事,那个地方离最近的火车站也有几百俄里。

但是,为什么在革命三年以后的苏维埃共和国首都,为了购买罐头竟要进行两次调查,要加米涅夫和克拉辛来干预,要政治局发指令呢?缺什么呢?政治权力吗?不是。钱也有了,可见既有经济权力,也有政治权力。那里一切机关都有。还缺少什么呢?就是百分之九十九的莫斯科消费合作社工作人员(我丝毫也不反对他们,并且认为他们都是很好的共产党员)和对外贸易人民委员部工作人员缺少文化,他们不能文明地处理业务。

我初次听到这件事情,就给中央写了一个书面建议:我认为,除全俄中央执行委员会委员以外,你们知道,他们是不可侵犯的,除全俄中央执行委员会委员以外,把莫斯科有关机关的全体工作人员送到莫斯科最坏的监牢里关押6小时,对外贸易人民委员部的工作人员关押36小时。[①] 而现在一个有罪的人也没有找到。(笑声)其实从以上所述可以十分清楚地看出,有罪的人是找不到的。这无非是常见的俄国知识分子不会办实事的积习——手忙脚乱,毫无章法。他们先是东奔西跑,贸然从事,然后再动脑筋,而在事情办不成时,就跑去向加米涅夫诉苦,把问题提到政治局去。当然,一切困难的国务问题是需要提到政治局去的,这一点我下面还要讲到,但是,遇事应该先动脑筋,后动手。如果你要办事,请务必带着文件去办。你可以先发一份电报,在莫斯科还有电话,可以给有关机关打一个电话,把电话稿副本送交瞿鲁巴,说清楚:我认为这笔交易很紧急,如果拖延,我是要追究的。应当想到这一起码的文明作风,处理事情要考虑周到。如果问题不能靠打一个电话,在一两分钟内一下子解决,那你就拿着文件,随身带着,告诉对方:"你要拖拉的话,我就把你关到监狱里去。"可是并没有这样做,根本没有深思熟虑,毫无准备,和惯常一样忙乱一气,成立几个委员会,弄得大家筋疲力尽,吃苦生病,而事情直到加米涅夫同克拉辛接头后才得以进展。这是典型的事例。这种事不光在首都莫斯科

① 参看本版全集第42卷第472—473页。——编者注

有,而且在所有独立共和国的首都,在某些州的首府也同样可以看到,在一般城市更是屡见不鲜,甚至严重百倍。

在我们的斗争中应当记住,共产党员需要深思熟虑。关于革命斗争,关于全世界革命斗争的情况,他们可以对你讲得头头是道。但是,要摆脱极端的贫困,需要深思熟虑,需要有文化,办事能井井有条。这些他们却不会。如果我们责备负责的共产党员,说他们办事不认真,那是不对的。他们绝大多数人,百分之九十九的人不仅办事认真,而且在最困难的情况下,无论在沙皇制度崩溃前或在革命胜利后,都证明自己忠于革命,真是舍生忘死。如果从这方面找原因,那就根本错了。即使处理最简单的国家事务也必须采取文明的办法,必须懂得这是国家事务、商业事务,如果有了障碍,就应该善于消除,把对办事拖拉负有罪责的人送交法院。在莫斯科我们有无产阶级法院,法院应当传讯这些罪犯,问他们为什么摆着几万普特的罐头不买。我想,无产阶级法院是知道怎样治罪的,但是要治罪,就要找到罪犯,我敢向你们担保,罪犯是找不到的,你们大家都来看看这件事情,这里没有罪犯,只有混乱和瞎忙。谁都不会办事,谁都不了解究竟应当怎样处理国家事务。一切白卫分子和怠工者就利用这一点。有一个时期我们曾经同怠工者作过激烈的斗争,这个斗争现在还摆在日程上;还有怠工者,必须同他们作斗争,这当然是对的。但是,像我上面所说的情况,难道可以同他们进行斗争吗?这种情况比任何怠工都更有害,怠工者不需要别的,只要看到两个共产党员彼此争论应该什么时候提到政治局去以取得购买食品的原则性指令,这就有空子好钻了。要是有一个稍微聪明一点的怠工者支持其中的一个共产党员,或者对双方轮流加以支持,那就完了。事情就永远完蛋了。是谁的过错呢？谁也没有过错。因为两个负责的共产党员，两个忠诚的革命家，在争论一个毫无意义的问题，争论究竟什么时候应该把问题提到政治局去，以便取得购买食品的原则性指令。

问题就在这里，困难就在这里。任何一个经过资本主义大企业训练的店员，都会办这种事，而百分之九十九负责的共产党员却不会办，并且不想懂得自己没有这种本领，应该从头学起。如果我们不懂得这点，不进预备班重新学习，我们就无论如何解决不了作为目前全部政策基础的经济任务。

我想举的另一个例子，就是顿巴斯。你们知道，这是我们整个经济的中心，真正的基础。如果我们不恢复顿巴斯，不把它恢复到应有的水平，那就根本谈不上恢复俄国大工业，也谈不上真正建设社会主义，因为没有大工业是不能建成社会主义的。我们中央委员会注意到了这一点。

这个地区并没有把琐碎问题毫无道理地荒谬可笑地提到政治局来，那里提出的是真正刻不容缓的问题。

中央委员会应当密切关注我们整个经济真正的中心、基地和基础，使那里确实能有条不紊地进行工作。那里在中央煤炭工业管理局担任领导工作的，都是些不仅绝对忠诚而且确实是有学识有才干的人，甚至说他们有才华也错不了，因此中央委员会把注意力集中到那里。乌克兰是个独立共和国，这很好，但是，它在党的关系上有时——怎么说得客气一点呢？——采取躲避的办法，我们不得不找到他们头上，因为那里管事的人很狡猾，而乌克兰中央，不说是在欺骗我们，也总是同我们有点疏远。为了弄清这全部情况，我们这里的中央委员会研究过，发现有摩擦和意见分歧。那里有个小矿井利用委员会。当然，在小矿井利用委员会同中央煤炭工业管理局之间有激烈的摩擦。但是，我们中央委员会还算有些经验，一致决定不撤换领导班子，如果发生摩擦，就向我们报告，甚至可以把所有的细节都告诉我们，因为我们在那个地区的人不仅忠诚，而且能干，应当尽力支持他们，假如他们还没有学会工作，那就应当让他们学会。结果，乌克兰召开了党代表大会，我不知道会上的情况，只知道发生了各种各样的事情。我问过乌克兰的同志，还特地问过奥尔忠尼启则同志，中央委员会还责成他到那里去了解情况。看来，那里有人捣鬼，事情乱成一团，就是让党史委员会来研究，十年也搞不清楚。实际结果是，不顾中央一致通过的指令，这一班人被另一班人取代了。这是怎么一回事呢？从根本上说，这班人中间有些人虽然具有各种良好的品质，却犯了某种错误。他们过分醉心于行政手段。[86] 在那里我们是同工人打交道。谈到"工人"，常常以为指的就是工厂无产阶级。根本不是那么一回事。从战争开始以来，我们这里进工厂的根本不是无产者，而是逃避打仗的人。难道在我国目前的社会经济条件下，能说进工厂的是真正的无产者吗？这样说是不对的。这符合马克思的说法，但是马克思说的不是俄国，而是 15 世纪以来的整个资本主义。对过去的 600 年，这是正确的，而对现在的俄国不适用。进工厂的常常不是无产者，而是各式各样的偶然碰上机会的人。

　　要善于正确地安排工作，使工作不落后，能及时解决所发生的摩擦，不要使行政管理脱离政治——这就是我们的任务。因为我们的政治和行政管理靠的是整个先锋队保持同全体无产阶级群众、同全体农民群众的联系。如果有人忘了这些小轮子，而只醉心于行政手段，那就糟了。顿巴斯工作人员所犯的错误，同我们其他的错误比较起来是微不足道的，然而这是一个典型的例子，当时中央委员会曾一致要求:"留下这班人,即使是些小冲突,也提到我们中央来解决,因为顿巴斯不是无关紧要的地区,没有它,社会主义建设就不过是一种善良的愿望。"——可是实际表明,我们的全部政治权力和中央的整个威信还不足以解决问题。

这次当然是犯了滥用行政手段的错误,同时也犯了一大堆别的错误。

这个例子说明,整个关键不在于政治权力,而在于会管理,会正确安排人员,会避免细小的冲突,使国家的经济工作不致被打断。我们没有这种本领,我们的错误就在这里。

我认为,谈到我国革命和估计我国革命的命运时,我们应当严格区分出哪些革命任务已经彻底完成,已经作为一种不可剥夺的成果载入了摆脱资本主义这一世界历史性转折的史册。我国革命已经完成了这样的事业。当然,可以让孟什维克和第二半国际的代表奥托·鲍威尔去叫喊"他们那里是资产阶级革命",可是我们说,我们的任务就是把资产阶级革命进行到底。正如一家白卫分子的刊物所说的,我国的国家机关有 400 年的积粪,而我们用 4 年工夫就清除干净了——这是我们最伟大的功绩。而孟什维克和社会革命党人做了些什么呢?什么也没有做。不但在我国,甚至在先进的文明的德国,都不能把中世纪的积粪清除干净。而他们却指责我们的最伟大的功绩。把革命事业进行到底,这是我们的不可抹杀的功绩。

现在可以闻到战争的气息。一些工会,例如改良主义工会,已通过反对战争的决议,并威胁说,要用罢工来反对战争。如果我没有弄错的话,不久前我看见报上有一则电讯说,在法国议院中,有一位杰出的共产党员发表了反战演说[87],他指出,工人宁愿起义,不愿战争。现在不应当像我们在 1912 年公布巴塞尔宣言[88]时那样来提问题。只有俄国革命才指明了怎样才能摆脱战争，这要费多大的气力，用革命手段摆脱反动战争意味着什么。反动的帝国主义战争在世界各地都是不可避免的。人类在解决所有这类性质的问题时，不能忘记，也不会忘记，过去有几千万人被屠杀了，现在还会遭到屠杀。要知道，我们是生活在 20 世纪，只有一个国家的人民用不是为哪一个政府效劳而是推翻它们的革命手段摆脱了反动战争，这就是俄国人民，是俄国革命使他们摆脱了战争。俄国革命的成果是不可剥夺的。这是世界上任何力量也不能夺去的，正如世界上没有任何力量能改变苏维埃国家已经建立这一事实。这是具有世界历史意义的胜利。几百年来，国家都是按照资产阶级类型建立的，现在第一次找到了非资产阶级的国家形式。也许我们的机关还不好，但是据说，最先发明的那台蒸汽机也是不好的，甚至不清楚它是否开动过。但是问题不在这里，问题在于已经发明出来了。就算头一台蒸汽机从外形来看是不适用的，但是现在我们有了火车头。就算我们的国家机关糟透了，但它毕竟建立起来了，已经有了历史上最伟大的发明，无产阶级类型的国家已经创立。全欧洲，千万家资产阶级报纸都说我们这里乱七八糟，贫困不堪，劳动人民只有受苦受难，就让它们宣传去吧，世界上所有的工人还是向往苏维埃国家的。这就是我们所获得的不可剥夺的伟大成果。但是对于我们这些共产党的代表来说，这还只是打开了门。现在摆在我们面前的任务是建设社会主义经济的基础。这点做到了没有呢？没有，还没有做到。我们还没有社会主义的基础。有些共产党人以为已经有了这种基础，这是极其错误的。全部关键在于，我们应当坚决地、明确地、冷静地分清楚，哪些是俄国革命具有世界历史意义的功绩，哪些我们还做得很不好，哪些还没有建立起来，哪些还要多次重新做起。

政治事态总是非常错综复杂的。它好比一条链子。你要抓住整条链子，就必须抓住主要环节。不能你想抓哪个环节就挑哪个环节。1917年的整个关键是什么呢？是摆脱战争，这是全体人民的要求，因此这压倒了一切。革命的俄国摆脱了战争。虽然费了很大的力气，但注意到了人民的基本要求，因而保证了我们多年的胜利。人民感觉到，农民看到，从前线回来的每个士兵也都十分明白，苏维埃政权是他们所获得的比较民主、比较接近劳动群众的政权。不管在其他方面我们做了多少愚蠢荒唐的事情，但是，我们注意到了这个主要的任务，这就是说，一切都是正确的。

1919年和1920年的关键是什么呢？是武装抵抗。当时称雄世界的协约国向我们进攻，要扼杀我们，因此用不着进行宣传，任何一个非党农民都懂得发生了什么事情。地主来了。共产党员能同他们作斗争。这就是大多数农民拥护共产党员的原因，这就是我们获得胜利的原因。

1921年的关键是实行有秩序的退却。所以必须有十分严格的纪律。"工人反对派"说："你们低估了工人，工人应当发挥更大的主动性。"主动性应当表现在有秩序退却和严格遵守纪律上。谁要是稍微发出点惊慌的声调或破坏纪律，他就会断送革命，因为最困难的事情，就是同那些习惯于进攻、浸透革命观点和理想、认为任何退却都是卑劣行为的人们一起退却。最大的危险就是破坏秩序，最大的任务就是保持秩序。

目前的关键是什么呢？目前的关键，也是我想把它作为这次报告的结论的关键，并不在于政治，就是说不在于改变方针；实行新经济政策以后,关于这一点已经谈得够多的了。所有这些谈论都是徒劳无益的。这是最有害的空谈。新经济政策实行后,我们有人开始忙乱起来,又是改组机构,又是建立新机构。这是最有害的空谈。我们得出了结论,目前的关键在于人才,在于挑选人才。一个习惯于反对抓小事、反对单纯文化工作的革命家,是难以领会这一点的。但是,我们目前的处境是(对此在政治上应当有清醒的估计),我们前进得太远了,所以不能而且也不应保持所有的阵地了。

　　在国际方面,我们的境况近年来有极大的改善。我们争得了苏维埃类型的国家,这是全人类的一大进步,共产国际每天从任何一个国家得到的消息都向我们证实了这一点。这是谁也不会怀疑的。但是在实际工作方面情况却是这样:共产党员如果不能给农民群众实际的帮助,农民群众就不会支持他们。注意力不应集中在立法、颁布更好的法令等等上面。我们有一个阶段把法令当做宣传的形式。人们嘲笑我们,说布尔什维克不知道人们并不执行他们的法令;所有白卫分子的报刊也充满了这种嘲笑,但是这个阶段是合理的,那时布尔什维克夺得了政权,他们告诉普通农民、普通工人说:我们想这样来管理国家,这就是法令,请试试看吧!我们用法令的形式把我们的政策设想迅速告诉普通的工人和农民。结果我们在人民群众中过去和现在都获得了极大的信任。这是革命初期必然经过的阶段,不然我们就不会走在革命浪潮的前头,而只会充当尾巴。不然所有那些想在新基础上建设新生活的工人农民就不会信任我们。但是这个阶段已经过去了,而我们却不愿了解这一点。现在再有人下命令来设立和改组什么机构,工人农民就要嘲笑了。现在普通的工人农民对这点已不感兴趣,他们是对的,因为现在重点不在这里。你,共产党员,现在不应当向人民宣传这一套。虽然我们这些坐在国家机关里的人总是埋头于这种琐事，但是该抓的不是链条上的这一环节，关键不在这里，关键在于人员安排不当，革命干得很出色的负责的共产党员被派去搞他们一窍不通的工商业，他们妨碍别人看清事实真相，因为奸商和骗子都巧妙地躲在他们的背后。问题在于我们没有对执行情况进行实际检查。这是一种平凡的小任务，是些小事情，可是我们在最伟大的政治革命之后所处的环境是：我们在一段时间内必须与资本主义成分并存，全部情况的关键不在于政治，狭义的政治（报上所说的全是些政治高调，没有丝毫社会主义的东西），不在于决议，不在于机构，也不在于改组。这些只要对我们有必要，我们会做的，但决不要向人民灌输这些东西，而要挑选所需的人才，检查实际执行情况，这才是人民所重视的。

在人民群众中，我们毕竟是沧海一粟，只有我们正确地表达人民的想法，我们才能管理。否则共产党就不能率领无产阶级，而无产阶级就不能率领群众，整个机器就要散架。现在人民、全体劳动群众认为，对他们最重要的是切实帮助他们摆脱赤贫和饥饿，使他们能看到情况确有改善，而且符合农民的需要和习惯。农民熟悉市场，熟悉商业。我们不能实行直接的共产主义分配。要这样做，我们的工厂和设备都不够。所以我们必须通过商业来供给，而且要做得不比资本家差，否则人民就不能忍受这种管理。问题的全部关键就在这里。如果不出现什么意外，这就应当成为我们1922年全部工作的关键，不过要有以下三个条件：

第一个条件是没有武装干涉。我们虽然在外交上尽力避免它，但是每天都有发生的可能。我们确实应当时刻戒备，并且为了加强红军，我们应当作某些重大牺牲，当然也要严格规定牺牲的限度。我们面对着整个资产阶级世界，它不过是在寻找扼杀我们的方式。而我国的孟什维克和社会革命党人无非是这些资产阶级的代理人罢了。他们的政治地位就是如此。

第二个条件是财政危机不过分严重。危机正在逼近。关于这一点，你们可以听有关财政政策问题的报告。如果危机太厉害、太严重，有许多事情我们就不得不重新调整，把一切力量都集中在某一点上。如果危机不过于严重，那甚至还可能有好处，因为它会把所有国营托拉斯中的共产党员清洗一下。只是不要忘记做这件事。财政危机能清理我们的机关和企业，其中不中用的会首先垮台。不过不要忘记，不能把垮台都归咎于专家，说什么负责的共产党员都很好，他们在前线打过仗，工作一贯很好。所以财政危机要是不过分严重，那么从中还可能得到好处，它不会像中央监察委员会或中央审查委员会[89]那样进行清洗，而是对经济机关中全体负责的共产党员来一次认真的清洗。

第三个条件是要在这期间不犯政治错误。当然，如果我们犯了政治错误，那整个经济建设就要受挫，那就不得不去争论纠偏和确定方针的问题。如果不犯这种可悲的错误，那最近的关键就不在于法令，也不在于政治，狭义的政治，不在于机构，也不在于机构的组织——这些事将根据需要由负责的共产党员和苏维埃机构来做，而全部工作的关键在于挑选人才和检查执行情况。只要我们在这方面实际上学到东西，收到实际成效，那我们就能再次克服一切困难。

最后，我要谈谈我们苏维埃机关，苏维埃各高级机构以及党同它们的关系这一问题的实际方面。在我们党同苏维埃机构之间形成了一种不正常的关系，这一点是我们一致承认的。我方才举了一个例子,说明有些具体的小事都要弄到政治局去解决。从形式上规定不许这样做是很困难的,因为在我国是唯一的执政党在进行管理,而且不能禁止党员提出申诉。于是一切问题都从人民委员会弄到政治局来了。在这一点上我也有很大的过错,因为人民委员会和政治局之间很多事都是通过我个人来联系的。一旦我离开工作,两个轮子立刻就不转动了,为了保持这种联系,加米涅夫就不得不加倍地工作。由于近期我未必能回来工作,全部希望就寄托在现在还有两位副主席这一点上,一位是被德国人清洗过的瞿鲁巴同志,一位是被德国人清洗得非常干净的李可夫同志。原来连德国皇帝威廉对我们也很有用,这是我没有想到的。他有个外科医生,这个医生给李可夫同志治过病,切除了他身上的坏器官,把它留在德国,而给他留下了好的,所以给我们送来的李可夫同志全身都是清洗干净的好器官。[90]如果以后继续采用这种办法,这真是一件大好事。

不开玩笑了,现在来谈谈主要的指令。在这方面中央的意见是完全一致的,我希望代表大会能高度重视这个问题,批准旨在解除政治局和中央的琐碎事务、加强负责工作人员的工作的指令。要使各人民委员对自己的工作负责,而不是先把问题提到人民委员会,然后又提到政治局。我们不能从形式上取消向中央申诉的权利,因为我们的党是唯一的执政党。但是应当制止什么小事都找中央的做法,要提高人民委员会的威信,各部的人民委员——而不是副人民委员——要多出席人民委员会的会议,应当改变人民委员会工作的性质,即把我最近一年没能做到的事情做到:更多地注意检查执行情况。我们还将有两位副主席——李可夫和瞿鲁巴。李可夫任工农国防委员会红军和红海军供给特派员[91]时善于督促工作,使工作得以开展。瞿鲁巴曾把一个人民委员部办成比较好的部。如果他们两人能尽量注意督促各人民委员部注重执行并负起责任来,那么我们就会前进一步,虽然是小小的一步。我们有18个人民委员部,其中工作根本不行的不下15个,好的人民委员不是到处都能找到的,但愿人们更加注意这一点。李可夫同志应担任中央政治局委员和全俄中央执行委员会主席团委员,因为在这两个机构之间应保持联系,没有这种联系主要的轮子有时就会空转。

　　因此要注意使人民委员会和劳动国防委员会裁减所属的各种委员会,使它们熟悉和解决自己分内的事情,而不是把精力分散在无数的委员会上。最近把各种委员会清理了一下。总共有120个委员会。有多少是真正必要的呢?只有16个。而且这已不是第一次清理了。有些人不是对自己的工作负责,不是把决议提交人民委员会,也不知道自己对此负有责任,而是躲在各种委员会后面。在这些委员会里是一团混乱,谁也弄不清楚是谁负责;一切都乱成一团,最后作出由大家共同负责的决定。

　　因此应当指出,必须扩大和发挥区域经济会议[92]的自主权和职能。现在我们俄国的区域划分是有科学根据的,是估计到经济、气候、生活、燃料来源、地方工业等等条件的。根据这种划分,建立了区和区域的经济会议。当然,局部的调整还会有,但是应该提高这些经济会议的威信。

　　还有,应该使全俄中央执行委员会更加有力地工作,使常会能够正常地举行,会期应当长一些。常会应当讨论法律草案,有时法律草案没有必要匆忙地提到人民委员会去。最好把这些草案搁置一下,让地方工作人员去仔细考虑,并且对法律的起草人要求得更严格些,这些我们现在都没有做。

如果全俄中央执行委员会常会的会期长一些,它就可以分设各种小组和专门委员会,更严格地检查工作,抓住那种在我看来是目前政治局势的整个关键和本质的东西,也就是把重心转移到挑选人才、检查实际执行情况上去。

应该承认,也不怕承认:百分之九十九的负责的共产党员被派去干的并不是他们现在就胜任的工作,他们不会干自己那一行,现在应当学习。如果承认这一点,而我们又有充分可能做到这一点——从总的国际形势看,我们有时间来得及学会,那我们就无论如何要做到这一点。(热烈鼓掌)

载于1922年3月28日《俄国共产党(布尔什维克)第十一次代表大会公报》第1号

译自《列宁全集》俄文第5版第45卷第69—116页

3

关于俄共(布)中央政治报告的总结发言

（3月28日）

（鼓掌）首先我要花点时间，来批评普列奥布拉任斯基和奥新斯基两同志在这里发表的意见。我认为，普列奥布拉任斯基同志和奥新斯基同志在最主要最基本的问题上，谈得根本不对头，他们的发言正好证明他们对政治的看法是不正确的。

普列奥布拉任斯基同志谈到了资本主义，并且说，按照党纲我们应当展开全党的争论。[93]我认为，这是白白浪费时间。

首先谈谈国家资本主义问题。

普列奥布拉任斯基说："国家资本主义就是资本主义，只能这样理解并且应该这样理解。"我敢肯定，这是一种经院式的论断。直到现在还没有人能写出一本论述人类历史上的这种资本主义的书籍，因为我们现在才第一次经历这种资本主义。在此以前，关于国家资本主义写得还像样的书籍，都是在国家资本主义就是资本主义这种条件、这种情况下写出来的。现在的情况不同了，不管是马克思还是哪个马克思主义者都未能预见到这一点。所以不应该向后看。如果你们要写历史，你们一定会写得非常好；可是如果你们要编写教科书，那你们就要写上：国家资本主义，这是一种非常意外的、谁都绝对预见不到的资本主义，因为谁也无法预见到，无产阶级竟会在一个属于最不发达之列的国家中取得政权；它起初试图为农民组织大规模的生产和分配,后来由于文化条件所限无力完成这个任务,不得不采用资本主义。这一切是从来没有预见到的,但这却是无可争辩的事实。

拉林的发言表明他完全不明白什么是新经济政策,应该怎样对待新经济政策。

对需要改行新经济政策这一点,没有人提出过任何有分量的反对意见。无产阶级不怕承认它在革命过程中哪些事情做得非常好,哪些事情没有做好。过去所有灭亡了的革命政党之所以灭亡,就是因为它们骄傲自大,看不到自己力量的所在,也怕说出自己的弱点。而我们是不会灭亡的,因为我们不怕说出自己的弱点,并且能够学会克服弱点。(鼓掌)我们容许资本主义存在,必须容许其存在。如果说它丑恶、不好,那我们可以改造它,因为政权在我们手里,我们没有什么可怕的。这一点是大家都承认的,把这混同于散布惊慌情绪是可笑的。如果我们怕承认这一点,那就必然要灭亡。但是这种事我们能学会并且也想学会,过去三、四、五年我们用更短的时间学会了更复杂的东西就是证明。不错,当年有一种必要性在推动我们。在战争中,我们受到非常有力的推动,好像没有哪条战线、没有哪次进军,我们没有受到这种推动:敌人打到了离莫斯科几百俄里的地方,打到了奥廖尔附近,打到了离彼得格勒只有5俄里的地方。正是在这个时候我们真正醒悟过来了,便开始学习并开始运用自己的学习成果,赶走了敌人。

现在要对付这里日常经济事务中的敌人,那就困难千百倍了。迄今在书报上展开的关于国家资本主义的争论,最多也只能编入历史教科书。我丝毫也不否认教科书的益处,不久以前我曾说过,我们的著作家最好少注意些报纸,少搞点政治喧嚣,而去编写教科书①，有许多人，包括拉林同志在内，是能把这件工作做得很出色的。拉林同志的长处在这方面会是非常有益的，那样我们就能完成托洛茨基同志强调得很对的任务：他说，目前一项主要工作是教育青年一代，可是我们没有什么可以用来教育他们。确实如此。他们现在学习社会科学用的是什么呢？是旧的资产阶级破烂货。这是耻辱！而且这是在我们已经有了几百个马克思主义著作家的时候。他们本来能够写出有关所有社会问题的教科书，却没有写出来，因为他们忙于别的事情，把精力放到别处去了。

关于国家资本主义，需要了解，什么应当成为宣传鼓动的口号，什么必须讲解清楚，使大家都能实际理解。这就是我们现在的国家资本主义并非德国人论述过的国家资本主义。这是经我们容许的资本主义。是不是这样呢？大家知道，是这样！

我们在共产党员的代表大会上曾作出决定，我们无产阶级国家容许国家资本主义存在⁹⁴，而这个国家就是我们。如果容许是不对的，那是我们的过错，决不能推到别人身上！应该学习，应该使无产阶级国家中的国家资本主义无法越出也不敢越出无产阶级为之规定的范围和有利于无产阶级的条件。这里已经正确地指出，我们必须照顾到农民这个大多数，让他们自由买卖。任何一个有理智的工人都明白，无产阶级专政是必须这样做的，只有施略普尼柯夫同志才会挖苦嘲笑这种做法。这一点大家都领会了，也反复解释过千百次了，而您就是不想了解这个道理。如果在目前条件下农民需要一定范围内的自由贸易，那我们应该允许，但这并不等于说我们允许贩卖烧酒。对贩卖烧酒，我们要惩处。这也并不

①　见本卷第50—51页。——编者注

等于说,我们允许贩卖那些全靠世界各国资本家的金钱出版的孟什维克和社会革命党人的政治书刊。

这就是我提到机关枪时所说的话,施略普尼柯夫同志是应该了解这一点的。他所说的全是些废话!

您拿这些话吓不倒谁,也不会博得任何同情!(鼓掌。笑声)

可怜的施略普尼柯夫!列宁想架起机关枪来对付他了。

这里说的是党施加影响的方法,而根本不是什么机关枪。至于机关枪,那是针对我们现在称之为孟什维克和社会革命党人的那班人说的,他们得出结论说:你们说向资本主义退却,我们也这么说,可见我们同你们的意见是一致的!我们经常听到这种话,现在国外正在大肆宣传,说布尔什维克要把孟什维克和社会革命党人关进监牢,而自己却容许资本主义存在。当然,我们容许资本主义存在,不过是在农民所需要的范围以内。这是需要的!没有它,农民就无法生活,无法耕作经营。而没有社会革命党人和孟什维克的宣传,我们可以断定,他们,俄国农民是能够生活的。谁硬说不是,那我们就告诉他,只要我们还有一个人活着,就决不向你让步!我们的法院应该懂得这一切。在我们结束全俄肃反委员会[95]、建立国家政治法院的时候,我们要在代表大会上指出,我们不承认有超阶级的法院。我们的法院应是选举产生的,应是无产阶级的,而法院应该知道,我们容许的是什么。法官应该确切地知道什么是国家资本主义。

当前的政治口号就是这个,而不是去争论德国教授当年怎样理解国家资本主义,我们现在又怎样理解国家资本主义。这么多年来我们饱经沧桑,再往后看是完全不必要的。

普列奥布拉任斯基关于经济局或党纲的言论[96],表明在政治上他把问题完全看偏了。这个纲领写得如此之好，而我们竟这样来歪曲它！怎么会这样呢？因为有人只是一字一句地死读，而不愿往下多看一点。他们抽出一个句子说：这点曾经有过争论。有人说，工人预科和共产党支部的方针是正确的，而主张"对待这些专家要谨慎些、温和些"的人的方针则是错误的。的确，共产党支部是极好的支部，工人预科是极好的工人预科，但它们也不能保险不犯错误，它们并非圣徒。

是的，共产党支部是我们党的代表，工人预科是我们阶级的代表，但是，它们犯了错误，我们就应该予以纠正，这是起码的道理。至于怎样纠正，我不知道，因为讨论这个问题的那几次中央会议，我没有亲自参加。但是我知道，从工人预科和共产党支部采取反对教授的方针看，这里有过火的地方。中央从各方面审查了这件事情，发现在这方面有过火的地方，对这些教授，外人，不是我们阶级的人应当采取比较谨慎的方针，但这时候普列奥布拉任斯基却拿出党纲来说：对这个阶层不能作任何政治让步，否则就是违反党纲。

如果照这样来领导党，那我们就非灭亡不可。普列奥布拉任斯基同志所以这样，并不是因为他对政治的理解根本不正确，而是因为他用自己的长处去处理任何问题：他是一个注意一定范围即习惯的和常见的范围的理论家，是一个研究各种办法来宣传的宣传家。大家都知道和看重这种长处，可是一旦他从政治和行政的观点去处理问题，就会做出非常荒唐的事情。建立经济局吗？！要知道，大家刚刚谈论过，大家都同意，因而取得了完全一致的意见（而这一点非常重要，因为有一致的意见才有一致的行动）：党的机关和苏维埃机关应该划清职权。

要做到这一点非常困难，因为没有人！普列奥布拉任斯基在这里轻率地指责说:斯大林身兼两个人民委员部的工作[97]。可是,我们谁没有这种罪过呢?谁不是身兼数职呢?不这样,又有什么办法呢?试问,为了保持民族事务人民委员部目前的局面,为了处理土耳其斯坦、高加索等等问题,我们此刻能够做些什么呢?要知道,这一切都是政治问题!而这些问题都必须解决。这类问题欧洲各国已经研究好几百年了,只有在一些民主共和国才解决了极小一部分。我们正在解决这些问题,我们需要有一个各族人民的代表都能找他深谈的人。哪里能找到这样的人呢?我想,除了斯大林同志以外,普列奥布拉任斯基也提不出第二个人选来。

工农检查院也是这样。工作很艰巨。为了能进行检查,需要有一个有威信的人来领导,否则,我们就会陷入细小的倾轧而不能自拔。

普列奥布拉任斯基同志建议成立经济局,可是照这样做,我们说的党同苏维埃的分工就会落空。普列奥布拉任斯基同志提出了一个似乎很好的方案:有政治局,还有经济局、组织局。这写在纸上挺漂亮,但到实际生活中就显得可笑了!我真不明白,一个对现实政治很敏感的人,在苏维埃政权建立了五年以后,竟会提出并坚持这样的建议!

我们组织局同政治局有什么区别呢?其实哪个是政治问题,哪个是组织问题,是无法准确划分的。任何政治问题都可能是组织问题,反过来说也是一样。只有按已经实行的做法,即任何问题都可以从组织局转到政治局,才能恰当地安排好中央的工作。

有谁曾经提出过其他办法吗?从来没有人提出过,因为不可能提出别的更合理的解决办法。把政治问题和组织问题机械地分开是不行的。政治由一些人来主管,而文件如果由另一些人来写,那是不会有什么结果的。

你们知道,过去有过这样的革命,那时,议会里的人写出文件,而执行的却是另一个阶级的人。结果碰了钉子,甚至让人赶跑了。把组织问题同政治分开是不行的。政治是集中了的经济。

柯秀尔同志指控中央,提到了一些人的名字(我都记下了),我本人不了解情况,无法答复,不过,如果你们即党代表大会对此感兴趣,那就必须选出每个人的专案委员会,寻根究底地盘问柯秀尔和有关人员。[98]这里问题的实质在于,如果取消中央调配人员的权利,它就不能指导政治。我们虽然在调动某些人的时候也犯过错误,但我还是认为,中央政治局在其整个工作期间做到了尽量少犯错误。这并不是自我吹嘘。政治局工作的好坏不是由各种委员会,不是由我们党所指派的那些人来检验的,而是由白卫分子来检验的,由我们的敌人来检验的。我们政策的结果证明了这一点,这个政策没有重大的错误。

奥新斯基的长处是精力充沛、全力以赴地从事他所承担的工作。应当设法发挥他的长处,克服他的短处(尽管奥新斯基会大喊大叫,因为他是个精力充沛的人,但我们还是要这样做,否则他作为一个工作人员就完了)。我想,我们中央已经采取措施,使他的长处能弥补他的短处。

我不想同奥新斯基辩论,如果我想同他辩论的话,那么指责他的最好材料就是把他今天的发言印出来,张贴在黑板上…… 曾经有一个人……

奥新斯基身为副人民委员,一个极重要的人民委员部的领导人,在那些对任何问题都能提出行动纲领的人物中是站在前列的,他这样一个人竟提议改行内阁制。[99]我可以断定,这个人永远完了。我不来分析这一点，也不准备详细辩论，值得注意的是要使奥新斯基这样的大才得到正确使用。如果奥新斯基同志仍然不用同志态度对待中央经常向他提出的忠告(其中有不少是我提的)，在这方面仍然不检点，那他不可避免地一定还会像今天这样掉进泥坑。

这对于一个爱表现自己天资的人是很不愉快的事情。如果一个人天资很高，他想把它表现出来，这种意愿是合乎情理的。但愿人人如此！不过中央应该注意，要使天资能得到有益的表现。中央应该设法制止关于内阁的议论，即使被制止的人提出申诉也没有关系。这是有好处的。应该使自己的才能施展得当，以免陷入这个泥坑，应该同各人民委员部的同志商量商量，得出一条共同的路线；我们哪有一个人民委员部不经过争论就办成什么事的呢？没有。

"改善管理体制和对群众进行心理动员。"这简直是谋杀！如果党代表大会接受这种反动的政治观点，那么这将是最有效的最好的自杀方法。

"改善管理体制"？！但愿能够摆脱目前存在的混乱状态。

我们没有体制吗？！为了建立这个体制，我们最优秀的人才花了五年的时间！这个体制是极大的进步。

是实际机构不好！我们了解情况吗？不了解！而奥新斯基说，似乎他了解。要知道，他能坐下来在十分钟内编出一套管理体制来，如果对这种欲望不加以限制，那是有害的，并且是一种政治错误。在另一种情况下，如果奥新斯基还以目前这样的热情做工作，那工作一定会很有益处。

这是给你们举的一个例子。其次，关于我谈到的最重要的问题，普列奥布拉任斯基和奥新斯基都证实了，而拉林更有力地证实了这一点。请看，他做了些什么。他责备我，并且很开心地嘲讽取笑。

他这一手很出色，这是他的长处。要是拉林同志不把这个长处用到国家工作上，那么拉林同志就会给共和国带来千百倍的好处，因为他是一个很有才干而且富有想象力的人。这种才能是极其可贵的。以为只有诗人才需要想象，这是没有道理的，这是愚蠢的偏见！甚至在数学上也需要想象，甚至微积分的发现没有想象也是不可能的。想象是极其可贵的素质，可是拉林同志的想象过多了一点。譬如，我可以这么说，如果把拉林的全部想象力平分给俄国共产党的每个党员，那就很好了。（笑声，鼓掌）但是，目前我们还动不了这个手术，在做到这一点之前就不能把国家工作、经济工作和计划工作交给拉林。在旧最高国民经济委员会里就有过同样情况，当时李可夫还没有恢复健康，由拉林主持工作并代表最高国民经济委员会签上"尤·拉林"的名字；糟糕的并不是因为拉林只表现出了他坏的品质，恰恰相反，是因为他表现出了优秀的才能，因为他的忠诚和熟悉业务是谁也不会有丝毫怀疑的，但事情仍然办得不对！

这一点我已说过。不错，这都是老生常谈。说到老生常谈，卡姆柯夫在社会革命党代表大会上就嘲笑过我。卡姆柯夫说："列宁今天劝诫'不可偷盗'，明天又加上'不可奸淫'。这就是列宁的全部金玉良言。"这种话我早在1918年就听社会革命党人卡姆柯夫说过了。[100] 既然卡姆柯夫在隆隆炮声下说这番话，都没有发生什么影响，那么拉林就更不会发生什么影响了。现在应该把这些任务应用到我们新经济政策的主要方面来。在这里，拉林同志企图把党引到不正确的方向上去。要是他做另一种工作，在那里发挥出他的巨大才能，给青年很大的好处，并且不做出他在国家计划委员会所做的那种事情,那就完全是另外一回事了。那样拉林同志就会对青年一代发生影响。我说的好像够清楚了。不会有拉林在这里所造成的那种混乱。[101]

我说过,加米涅夫向政治局提出过一个指令草案,认为进口食物有好处,应当用苏维埃货币去买罐头。拉林当时在场,这一切都听得很清楚,也记得很清楚,而现在他却到这个讲台上来说:"列宁因为生病忘记了(这次我们可以原谅他),动用黄金储备是应该通过政治局的。"如果加米涅夫同志建议我们用黄金储备去向法国投机商人买罐头,那我们就根本不会听他的了。我们没有用一个金戈比去买罐头,用的是苏维埃纸币,而且还真买到了。武尔弗松昨天要我相信,这批罐头质量很好(虽然还没有拿到)。但是,我不相信他的话,得先尝一尝,因为这还可能是骗人的。但是问题在于拉林自己糊涂了,我们连一个金戈比也没有给,而给的是 1 600 亿苏维埃纸币。

如果认为拉林这么说是出于恶意,那当然是荒唐可笑的;不,问题不在这里,问题在于拉林的想象飞出了十万八千里,结果把事情给搅乱了。

他接着又说,国家计划委员会建议出租四分之三的铁路。好在他这是在党代表大会上说的,克尔日扎诺夫斯基当即予以驳斥。这种事情是不常有的。你们是否以为,只是在党代表大会上才有人这样说话呢? 你们可以问问中央监察委员会,他们是如何审理莫斯科争论俱乐部[102]问题的,为什么会出现莫斯科争论俱乐部这样的问题,拉林同志和梁赞诺夫同志在那里……(梁赞诺夫从座位上说:"我在那里没有谈过黄金储备,那里谈了更糟的事。")当时我不在莫斯科,没有参与此事的处理,我只听到简短的汇报。(梁赞诺夫:"不能听信任何流言。")这是我从同索尔茨同志的谈话中知道的,不是什么流言,同我谈话的是最高的党代表大会任命在中央监察委员会工作的人,是他对我说的,他对我说的话是无可置疑的。把这说成流言,未免太轻率了。中央监察委员会审查了争论俱乐部的活动,一致指出事情办得不对。在我看来,什么地方不对是很明显的。今天拉林太兴奋了,他讲着讲着,情不自禁地冒出一句,说有人要把四分之三的铁路出租,让中央纠正了。克尔日扎诺夫斯基说,根本没有这么回事,所以中央也无从纠正,是拉林搞错了。这种事情是常有的。

四年来我们没有学会派拉林这样有益的工作人员去做真正有益的工作,离开他事与愿违造成损失的工作岗位。

看来相当反常:无产阶级专政,恐怖政权,战胜了世界上的所有军队,唯独没有战胜拉林的军队。这是一次大败仗!我们一直在干无需干的事情。他那渊博的知识和吸引人的能力,是可以给在黑暗中摸索的青年一代以极大的益处的。但是,我们不会利用他的知识,因此出现摩擦和对抗。有人指责中央政治局、组织局、中央全会权力过大,实际上在这方面它们的权力或威望还不足以正确地分配所有同志的工作。

应该对此加以考虑,认真地讨论这个问题。这是工作的重心,上述情况需要纠正。只要纠正了,我们就能摆脱困境。这一点我们可以通过纠正做到,但是如果我们像奥新斯基和拉林那样谈论土地纲领的新任务,那是无济于事的。对于这个纲领我已写了一份意见书送交中央。[①] 关于这份意见书,现在我就不谈了。任何

---

① 见本卷第41—46页。——编者注

一个党员如果对此有兴趣的话,都有权到书记处去拿来读一读。请吧! 今后如果能正确发挥拉林和奥新斯基的力量,去掉他们的不正确的想法,那么我们使用他们两人的力量就会获益匪浅。

最后,关于施略普尼柯夫,我讲几句话。关于他,我本想多说几句。托洛茨基受中央的委托同季诺维也夫一起在共产国际答复了 22 人声明[103],关于这个问题要说的话,他百分之九十九都说到了。

施略普尼柯夫同志先是佯装不懂,为什么我要讲到机关枪和惊慌失措分子;他开玩笑说,我被这样审判过好多次了。同志们,开玩笑当然是好事情。在大会上讲话当然不免开个玩笑,因为大家都听倦了。应当懂得人之常情。但是,有些事是不容许开玩笑的,例如党的统一就是这样。

我们被敌人四面八方包围着,国际资产阶级相当聪明,他们让米留可夫向左转,又用金钱供给社会革命党人出版各种各样的报纸,唆使王德威尔得、奥托·鲍威尔掀起反对审判社会革命党人的运动,叫嚷布尔什维克是野兽;这些人学了几百年的政治,拥有数十亿金卢布、法郎等等,这一切都在反对我们,在这种情况下,像施略普尼柯夫同志那样开玩笑,说什么"中央审判我"等等,同志们,这是令人痛心的。党的代表大会应该作出明确的结论。我们中央不会平白无故进行审判的! 对施略普尼柯夫是审判过,中央表决时要是多 3 票,就把他开除出党了。[104]参加党代表大会的党员们应该关心这件事,看一下中央那次会议的记录。不能拿这开玩笑!

你们有合法的权利向共产国际申诉。但是在提出这种申诉以前,中央大多数同志都曾主张开除施略普尼柯夫同志,就是没有达到三分之二的法定票数。拿这个开玩笑是不行的! 你们不妨了解一下,施略普尼柯夫同志在五金工人代表大会的党团会议上竟公然鼓动分裂。[105]

关于柯伦泰同志的小册子的作用,托洛茨基同志已经谈过了。

如果我们拿这些东西来开玩笑,那就根本谈不上我们在现在所处的困难境况中坚持下去了。为了使我们能坚持下去,我提出了三个条件:第一,不发生武装干涉,第二,财政危机不过于严重,第三,我们不犯政治错误。

有位发言人说,我说的好像是政治纠纷。不,我说的是政治错误。只要我们不犯政治错误,我可以说,党内百分之九十九的同志会同我们在一起,非党的工人和农民也会同我们在一起,他们会懂得现在是学习时期。

我记得,托洛茨基同志在纪念红军建军节的文章中曾提出"学习年"的口号。这个口号对党、对工人阶级都是正确的。在这段时间里,我们培养出许多勇敢的人,他们无疑巩固了世界历史上的转折。但这决不能成为我们不懂得我们面临的任务是"学习年"的理由。

我们现在比一年前站得稳多了。当然,资产阶级现在也试图发动新的武装干涉,可是他们要做到这一点,现在比以前困难了,今天比昨天困难了。

为了能学习,我们必须不犯政治错误。我们不应该像施略普尼柯夫同志那样,把时间花在玩弄党的统一上。这是玩弄不得的!我们知道,在党内斗争上,我们已经花了不少时间。同志们,不能忘记这个教训!从这一年看,中央有充分的根据说,党是在派别活动比去年少、党更加统一的情况下召开这次代表大会的。我不想夸口说,我们党内的所有派别活动已经绝迹。可是,派别活动已经减少了，这是无可争辩的、已经得到证实的事实。

你们知道，"工人反对派"已经只剩下一点残余。请把22人声明上的签名同第十次代表大会前夕所提出的纲领[106]上的签名对照一下。并不是所有上次签名的人都在这个声明上签了名。应当告诉那些合法地利用自己权利向共产国际申诉的人：替米雅斯尼科夫说情是不合法的。米雅斯尼科夫的事发生在去年夏天。[107]当时我不在莫斯科，所以我给他写了一封长信①，后来他把这封信收在自己的小册子里了。我发现这个人才能是有的，值得同他谈一谈，但应当告诉他，如果他要提出这样的批评，那是不能容许的。

他在一封信中写道：请把本地区的所有不满分子召集起来。是的，把本地区的所有不满分子召集起来并不很困难。这些就是施略普尼柯夫在这里、梅德维捷夫同志在会外发表的言论。（梅德维捷夫从座位上说："谁告诉您的？"）这是俄共代表大会建立的机关——中央组织局、中央书记处、中央监察委员会告诉我的。你们愿意的话，问问这些机关就可以知道，梅德维捷夫同志发表了一些什么言论。如果不予以制止，我们就维护不了党的统一。而无情地揭露并说出我们的错误，这几乎是我们的主要成果。只要我们能够清楚地认识到这一点，这次代表大会就是要做到这一点，那毫无疑问，我们一定能克服一切错误。（热烈鼓掌）

载于1922年3月29日《俄国共产党（布尔什维克）第十一次代表大会公报》第2号

译自《列宁全集》俄文第5版第45卷第117—130页

---

① 见本版全集第42卷第92—98页。——编者注

4

对《关于俄共(布)驻共产国际
代表团工作报告的决议草案》的补充意见[108]

(3月29日和4月2日之间)

统一战线策略的目的和意义在于吸收愈来愈广泛的工人群众参加反对资本的斗争,甚至对第二国际和第二半国际的领袖们也不妨再三发出呼吁,建议共同进行这种斗争。当大多数工人已经建立本阶级的即苏维埃的代表机关,而不是"全民族的"即同资产阶级共同的代表机关,并且已经推翻资产阶级的政治统治的时候,统一战线的策略当然就不能要求向孟什维克("俄国社会民主工党")和社会革命党人("社会革命党")之类的政党发出呼吁,因为他们是苏维埃政权的敌人。在苏维埃政权下,为了扩大自己对工人群众的影响,**不能采取向孟什维克和社会革命党人**呼吁的办法,而要采取上面所说的办法。

载于 1959 年《苏共历史问题》
杂志第 2 期

译自《列宁全集》俄文第 5 版
第 45 卷第 131 页

5

关于农村工作决议的草案

给恩·奥新斯基的信[109]

1922 年 4 月 1 日

奥新斯基同志：

我考虑了我们两人就党代表大会农业小组工作的谈话后得出结论，目前最迫切的是这样的任务：

在我们收集到足够的地方经济生活事实以前，在我们对目前农民经济的实际情况和需要进行充分的研究以前，不要用任何命令、指令或规章来束缚自己的(无论党或苏维埃政权的)手脚；

无论如何不容许发生目前地方当局容易犯的那种极危险、极有害的毛病，即仓卒规定未经经验检验的、不必要的和不妥当的细则。

最近一次苏维埃代表大会已经制定了路线。[110] 依我看，党代表大会的任务在于：由农业小组讨论如何**根据各地的实践和经验**来贯彻这条路线；责成俄共中央委员会和农业人民委员部(整个苏维埃政权)更仔细更充分地收集可作为检验用的事实；命令，或者确切些说，指示全俄中央执行委员会下次常会的共产党党团在把苏维埃代表大会的决定具体化时，也就是说在把这一决定变成新的较为详细的法律时，要尽可能慎重，以免因不得当的干涉而妨碍农业生产的顺利发展。

依我看，现在最令人担心的是，我们还没有仔细研究**地方**农业生活的实际需要和我们地方政权机关的实际能力（避免好心办坏事的能力），就进行不得当的干涉。

因此，我根据农业小组的工作想好了一个党代表大会的适当的决议案，**大致**如下：

1.党代表大会听取并了解了农业小组的工作报告，认为有关地方工作经验的材料还收集得不够，因此无论党或各级苏维埃机关中的共产党党团的首要任务，就是仔细地收集和十分细心地研究地方上的实际经验。

2.代表大会认为解散（或仓卒改组？）农业合作社机构的办法是错误的，建议在这方面必须极其慎重。

3.关于在农业中使用雇佣劳动和出租土地的条件问题，党代表大会建议这方面的全体工作人员不要用过繁的手续来限制这两种现象，而只须贯彻最近一次苏维埃代表大会的决议，并研究一下究竟可用哪些实际措施来适当地限制上述两方面的极端行为和有害的夸大。

4.代表大会认为，党在农民中的整个工作，其首要目的是实际帮助迅速扩大播种面积，增加耕地，增加农产品的数量，减轻农民的严重贫困状况；同时必须用全部人力物力去支持和鼓励帮助贫苦农民，努力制定出能够在实践上证明即使在目前困难的情况下也是有效的措施。

致共产主义敬礼！

列 宁

载于1925年《列宁文集》俄文版
第4卷

译自《列宁全集》俄文第5版
第45卷第132—134页

6

关于《真理报》刊登广告问题的发言[111]

（4月2日）

同志们！这里发生了一个几乎是不可避免的误会。我是就程序问题发言（这一点主席同志已强调过），而不是致闭幕词。我要求就程序问题发言，想请代表大会变通一下程序和常规。按程序规定，决定通过以后，对该问题的任何干预都是不对的。我请大会给我四五分钟时间，以便对一项已通过的错误决定提出反对意见。

我听说代表大会通过了这个决定，还听说梁赞诺夫同志为它辩护……（梁赞诺夫："这不是事实。"）好极了，总算有一个荒诞决定的通过与梁赞诺夫无关。如果在我们面前真的是一个昨天才听说世界上有共产主义的12岁左右的天真的年轻小姐，她穿着洁白的连衣裙，系着红色绦带，说共产党员们是些十足的生意人——这固然可笑，但对此可以宽容地一笑了之。然而我们现在在郑重其事地干些什么呢？你们不准《真理报》刊登广告，它到哪里去拿钱呢？请问，为了使《真理报》不落后于《消息报》，它需要多少钱？你们不知道吗？那我也不知道！

载于1931年《列宁全集》俄文
第2、3版第27卷

译自《列宁全集》俄文第5版
第45卷第135页

7

闭　幕　词

（4月2日）

同志们！我们代表大会的工作就要结束了。

这次代表大会同上次相比，最明显的一个区别就是更加团结，更加一致，在组织上更加统一。

上次代表大会的反对派这部分人中只有少数人自外于党。[112]

关于工会问题和新经济政策问题，我们党内已经没有意见分歧，或者说，已经没有什么明显的意见分歧了。

我们在这次代表大会上所获得的根本的和主要的"新东西"，就是生动地证明我们的敌人是不正确的，他们一直喋喋不休地硬说我们党在衰老，我们的头脑和整个机体在丧失灵活性。

不！我们并没有丧失这种灵活性。

过去，由于俄国和全世界的整个客观形势，需要前进，需要用奋不顾身的英勇精神迅速而坚决地向敌人进攻，我们就这样进攻了。必要的时候，我们还会再次进攻，并且不止一次地进攻。

我们正是这样把我国革命提到了世界上空前未有的高度。世界上任何一种力量，不管它还能给千百万人带来多少不幸、灾祸和苦难，都不能夺走我们革命的基本成果，因为现在这已不是"我们的"成果，而是具有全世界历史意义的成果了。

到了1921年春天，实际表明我们革命的先头部队有脱离应由它率领前进的人民大多数，农民大多数的危险，我们就一致地果断决定退却。过去一年来,我们的退却整个说来是有革命秩序的。

世界各先进国家的无产阶级革命正在成熟,如果它不能把奋不顾身的斗争和进攻的本领同实行有革命秩序的退却的本领结合起来,它就无法完成自己的任务。我们斗争的第二个阶段的经验,即退却的经验,将来至少对某些国家的工人大概也是适用的,正如我国革命第一阶段的经验,即奋不顾身英勇进攻的经验,无疑适用于所有国家的工人一样。

现在我们作出决定,认为退却已经结束。

这就是说,现在要按新方式来提出我们政策的全部任务了。

现在全部关键在于,先锋队要不怕进行自我教育,自我改造,要不怕公开承认自己素养不够,本领不大。全部关键在于,现在要同无比广大的群众,即同农民一道前进,用行动、实践和经验向农民证明,我们在学习并且一定能学会帮助他们,率领他们前进。在目前的国际形势下,在俄国目前的生产力状况下,这一任务是可以完成的,不过要十分缓慢,小心谨慎,实事求是,对自己的每一步骤都要进行千百次的实践检验。

即使我们党内还有反对这种极端缓慢和极端谨慎的行动的论调,那也只是极个别的。

整个党懂得了,并且现在要用实际行动来证明,它懂得了目前必须这样安排自己的工作,也只能这样安排工作。我们既然懂得了这一点,我们就一定能够达到自己的目的!

我宣布俄国共产党第十一次代表大会闭幕。

载于1922年4月4日《俄国共产党（布尔什维克）第十一次代表大会公报》第8号

译自《列宁全集》俄文第5版第45卷第136—138页

俄共（布）中央全会关于
书记处工作安排的决定草案[113]

（1922 年 4 月 3 日）

中央委员会责成书记处严格规定和遵守正式接待时间的安排，并予以公布；同时，除确属原则性的领导工作外，书记们不应把什么工作都揽到自己身上，可将这样的工作转交给自己的助手和事务秘书，这应成为一条制度。

责成斯大林同志立即给自己物色几名副手和助手，使他解脱苏维埃机关的工作（除原则性的领导外）。

中央委员会责成组织局和政治局在两周内提出工农检查院部务委员和副人民委员的人选名单。

载于 1959 年《列宁文集》俄文版
第 36 卷

译自《列宁全集》俄文第 5 版
第 45 卷第 139 页

我们付的代价太大了[114]

（1922 年 4 月 9 日）

电 话 口 授

　　比方说，共产党人的代表要进入资产阶级代表向人数相当多的工人集会进行宣传的会场。再比方说，资产阶级对我们进入这个会场要价很高。如果价钱事先没有谈定，我们自然应该讲讲价钱，以免增加我们党的开支。如果我们为了进入这个会场而付出的代价太大，那我们无疑犯了错误。但是宁可多付一些，尤其是在我们学会好好讲价钱之前多付一些，也比放弃机会，不去向至今仍被改良主义者即资产阶级最忠实的朋友"独占"的工人讲话要好些。

　　这个比喻是我看了今天《真理报》上的一则报道三个国际的代表在哪些条件下达成协议的柏林电讯之后想起来的。

　　依我看，我们的代表同意以下两个条件，是做得不对的：第一个条件是苏维埃政权对 47 名社会革命党人案件不施用死刑；第二个条件是苏维埃政权准许所有三个国际的代表出庭。

　　接受这两个条件，就是革命的无产阶级向反动的资产阶级作了政治让步。如果有人怀疑这一论断的正确性，为了揭示这种人政治上的幼稚，只要向他提这样一个问题就够了：英国或别国的现政府在审判那些被加上暴动罪名的爱尔兰工人[115]时，或者在审判不久前举行起义的南非工人¹¹⁶时，是否会同意所有三个国际的代表出庭呢？在这种以及类似的事情上，英国政府或别国政府是否会答应对它的政敌不施用死刑呢？只要对这个问题稍加考虑，就会明白下面这个简单的真理：我们在全世界看到的是反动的资产阶级同革命的无产阶级的斗争。在这件事情上，代表斗争一方的共产国际向另一方即反动的资产阶级作了政治让步。因为尽人皆知（除了那些想隐瞒明显的真相的人），社会革命党人枪杀过共产党人，组织过反对共产党人的暴动，他们在事实上、有时还在形式上同整个国际反动资产阶级结成了统一战线。

试问，国际资产阶级为此对我们作了哪些让步呢？这个问题的答案只有一个：没有对我们作任何让步。

只有抹杀这个简单明了的阶级斗争真理的议论，只有蒙骗工人和劳动群众的议论，才会企图模糊这个明显的真理。根据第三国际代表在柏林签订的协定，我们已经向国际资产阶级作了两个政治让步。而我们却没有换得他们的任何让步。

第二国际和第二半国际的代表扮演了要挟无产阶级对资产阶级作政治让步的角色，却坚决不让甚至也不想让国际资产阶级对革命的无产阶级作任何政治让步。当然，这一无可争辩的政治事实被资产阶级外交老手弄模糊了（许多世纪以来资产阶级把本阶级的一些人培养成很好的外交家），但是模糊事实，丝毫也不能改变事实本身。第二国际和第二半国际的某些代表同资产阶级有直接联系还是有间接联系，在这件事情上是一个完全无关紧要的问题。我们并不指责他们有直接联系。这里是直接联系还是相当复杂的间接联系，同问题丝毫无关。要紧的仅仅是共产国际在第二国际和第二半国际代表的压力下对国际资产阶级作了政治让步，而我们却没有换得他们的任何让步。

由此应该得出什么结论呢？

首先应该得出的结论是：代表共产国际的拉狄克、布哈林等同志做得不对。

其次，是否可以由此得出结论说，我们应该撕毁他们签了字的协议呢？不。我想，这种结论是不正确的，我们不应该撕毁签了字的协议。我们只应作出这样的结论：这次资产阶级的外交家比我们的外交家老练，下次如果入场费事先没有谈妥，我们应当老练一点，讲讲价钱，用点计谋。我们要给自己定一个规矩：如果国际资产阶级不向苏维埃俄国或同资本主义作斗争的其他国际无产阶级队伍作大致等价的让步，我们就决不向国际资产阶级作政治让步（不管中间人是谁，不管他们怎样巧妙地掩饰这种让步）。

反对统一战线策略的意大利共产党人和部分法国共产党人以及工团主义者，可能会从上述论断中得出结论说，统一战线的策略是错误的。[117]这种结论显然是不正确的。共产党人的代表为了进入会场，能有机会（虽然是不大的机会）向至今仍被改良主义者所"独占"的工人讲话，付出的代价是太大了，下一次应该竭力纠正这种错误。可是，对于进入这种守卫森严、门户紧闭的会场的任何条件和任何费用，都一概加以拒绝，那就犯了一个无可比拟的更大的错误。拉狄克、布哈林等同志所犯的错误并不大，这个错误所以不大，是因为我们所冒的风险大不了是苏维埃俄国的敌人在柏林会议结果的鼓舞下，对某些人进行两三次也许能得逞的暗杀。因为现在他们已经事先知道，他们可以枪杀共产党人，同时可以指望像柏林会议这样的会议阻止共产党人枪毙他们。

可是，不管怎样，我们已经打开了一个缺口，可以进入这个门户紧闭的会场了。不管怎样,拉狄克同志还是向部分工人揭露了第二国际拒绝在游行示威[118]的口号中列入废除凡尔赛条约的口号。意大利共产党人和部分法国共产党人以及工团主义者的最大的错误在于:他们满足于自己现有的认识。他们满足于自己已经很清楚,第二国际和第二半国际的代表以及保尔·莱维、塞拉蒂等先生是资产阶级最老练的全权代表,是资产阶级影响的传播者。但是,确实清楚地认识这一点和确实理解这一点的意义的人和工人,无论在意大利、英国、美国或法国无疑都占少数。共产党人不应当闭关自守,而应该学会进入资产阶级代表影响工人的门户紧闭的会场,不惜承受一定的牺牲,不怕犯一些在任何一种新的困难的事业开始时必然要犯的错误。共产党人不愿了解和不愿学会这一点,就休想在工人中间赢得多数,或者说,他们要赢得多数至少会困难得多,缓慢得多。而这对共产党人和一切真正拥护工人革命的人来说,是一种完全不可宽恕的事情。

　　资产阶级通过他们的外交家又一次表明他们比共产国际的代表老练一些。这就是柏林会议的教训。我们不会忘记这个教训。我们要从这个教训中得出全部必要的结论。第二国际和第二半国际的代表需要统一战线,因为他们希望从我们方面得到过分的让步,从而削弱我们;他们想不花任何代价就进入我们共产党的会场,他们希望通过统一战线的策略使工人相信改良主义策略是正确的,而革命策略是不正确的。我们需要统一战线,因为我们希望使工人持相反的看法。我们共产党的代表犯了错误,我们既要怪这些代表,也要怪犯这种错误的党;我们要努力从这些错误的实例中吸取教训,以免将来重犯这种错误。但是,我们无论如何不要把我们共产党人的错误推在无产阶级群众身上,现在全世界的无产阶级正面临着资本对它的猛攻。为了帮助这些群众同资本斗争，为了帮助他们了解整个国际经济和整个国际政治方面的两条战线的"巧妙把戏"，我们采取了统一战线的策略，并且要把这种策略贯彻到底。

载于 1922 年 4 月 11 日《真理报》
第 81 号

译自《列宁全集》俄文第 5 版
第 45 卷第 139—143 页

就三个国际的柏林代表会议问题
向俄共(布)中央政治局提出的建议

(1922年4月9日和10日)

电 话 口 授

1

(4月9日)

莫洛托夫同志:请您用传阅的办法把这篇文章①和我的下列建议提交政治局委员表决。

1. 不反对把列宁同志的这篇文章登载在星期二的《消息报》和《真理报》上。

2. 指示苏维埃的和党的报刊,按所述观点评价柏林协议,特别要详细揭露社会革命党人和孟什维克(这两个党的右翼)同国际资产阶级事实上有联系的确凿事实。

3. 为了上述目的,要加快用欧洲各种文字出版萨文柯夫的小册子《同布尔什维克的斗争》和斯捷·伊万诺维奇的小册子《俄国社会民主党的没落》,并详细说明这两本小册子证实了孟什维克和

---

① 见本卷第139—143页。——编者注

社会革命党人的右翼同国际反动派的现实联系。

4. 责成托洛茨基同志监督尽快地用各种文字出版这些材料和这一类材料,并附必要的说明。

5. 打电报建议拉狄克同志携带柏林会议的全部记录尽快回莫斯科。

6. 不准布哈林同志回俄国,要他去把病治好。

列　宁

2

(4月10日)

致斯大林同志并转政治局

鉴于季诺维也夫同志的建议,我现在投票赞同不召回拉狄克,而只要求把柏林会议的全部详细记录作为外交邮件寄来。

我最坚决地反对布哈林回来,因为这会毫无必要地妨碍他治疗。[119]

列　宁

译自《列宁全集》俄文第5版
第45卷第145—146页

给查理·普·施泰因梅茨的信[120]

1922 年 4 月 10 日于莫斯科

亲爱的施泰因梅茨先生：

衷心感谢您 1922 年 2 月 16 日的友好来信。说来惭愧，我必须承认，仅仅在几个月之前我才第一次从克尔日扎诺夫斯基同志那里听到您的名字，他曾任我们的"俄罗斯国家电气化计划委员会"主席，现在是"国家计划委员会"主席。他向我讲述了您在世界电工技术界中所占的杰出地位。

现在马尔滕斯同志更详细地向我谈到您的情况。我从这些谈话中看出，您所以同情苏维埃俄国，一方面是由于您的社会政治观点，另一方面，您作为电工技术界的代表人物，并且又是生活在一个技术先进的国家里，深信资本主义必不可免地要被新的社会制度所代替，这种新制度将对经济实行有计划的调节，并且在全国电气化的基础上保证全体人民群众的物质福利。在世界各国，相信资本主义必然被另一种社会经济制度代替的科学、技术和艺术界人士的数目正在增长，虽然增长得比所期望的要慢，但终究是在不可遏止地不断上升。苏维埃俄国在反对整个资本主义世界的斗争中所遇到的"可怕的困难"（"terrible difficulties"）并没有使他们却步，并没有把他们吓倒，相反地，倒使他们认识了斗争的必然性，认识到必须尽力参加斗争，帮助新制度去战胜旧制度。

您建议用提供咨询和指导等办法来帮助俄国，对此我尤其要向您致谢。由于苏维埃俄国与美国之间还没有建立法律承认的正式关系，这使我们和您都很难实际上实现您的建议，所以我想把您的来信和我的复信发表出来，希望许多住在美国或住在与美国和俄国都有通商条约的国家里的人能够帮助您（用提供信息、把俄文译成英文等等方法），实现您帮助苏维埃共和国的愿望。

　　致最衷心的问候！

您的兄弟般的　**列宁**

载于 1922 年 4 月 19 日《真理报》第 85 号

译自《列宁全集》俄文第 5 版第 45 卷第 147—148 页

对共产国际执行委员会
关于三个国际的代表会议的
决议草案的意见[121]

给格·叶·季诺维也夫的信

（1922 年 4 月 11 日）

电 话 口 授

1

对第 1 点,我建议作如下补充:特别详细地说明:(1)我国孟什维克和社会革命党人同地主、资产阶级反对苏维埃政权的共同阵线有事实上的联系,为此要特别注意萨文柯夫的小册子《同布尔什维克的斗争》(1920 年华沙出版)以及斯捷·伊万诺维奇的《俄国社会民主党的没落》,因为在这两本书中特别明显地暴露了从其他许多文献中当然也可以看到的事实,即孟什维克和社会革命党人的右翼形式上以同一党名作掩护,而实际上是完全独立行事的;(2)特别注意说明我国孟什维克和社会革命党人同第二国际和第二半国际的领袖们是一样的,特别注意奥托·鲍威尔新近出版的小册子的极端危害性,那本小册子实际上是建议和鼓吹在资本主义面前仓皇退却。这种论调和战时鼓吹临阵仓皇脱逃一样，我们只能予以鄙视。

第2点我赞成。

关于第3点：

对这一点我没有把握，因为我认为，作出严格要求一致同意的决定，似乎会使我们免犯错误，而那些解释柏林会议确认的条款（保卫苏维埃俄国等等）的总呼吁书对我们将会非常有利，因为今后我们能不止一次地利用它，揭露我们的敌人是如何自相矛盾的。

对第4点，我绝对支持。

对第5点，我不反对。

关于第6点：

我不明白这一点的意思，因为我认为，在得到通过的决议的正式文本后，应立即批准柏林协议，或许更好的做法是，立即批准，但要附带说明批准的是在4月9日《真理报》上公布的文本。

我特别请求派信使专程将柏林会议记录的全文尽速送来，并检查一下，这份记录是否已由三个国际每一方的正式代表签署。

列　宁

2

季诺维也夫同志：

今天上午我们已就共产国际执行委员会的几点决议写便条交换了意见，对此尚须作如下补充：

对第二国际和第二半国际的政策的批判，其性质目前应当略有不同——即应当使这种批判（尤其是在拥护第二国际和第二半国际的工人参加的那些会议上，以及在专门为他们写的传单和文章中）更带有解释性，要特别耐心和细致，不要用尖锐的字眼把这些工人吓跑，要说明他们的代表在柏林所接受的那些口号（例如，同资本作斗争、八小时工作制、保卫苏维埃俄国、救济饥民）同整个改良主义政策是有不可调和的矛盾的。

　　也许，应当在付印前核实一下，第二国际和第二半国际是否已批准柏林决议。

列　宁

载于 1959 年《列宁文集》俄文版
第 36 卷

译自《列宁全集》俄文第 5 版
第 45 卷第 149—151 页

关于副主席（人民委员会和
劳动国防委员会副主席）
工作的决定[122]

（1922 年 4 月 11 日）

一 副主席总的和基本的任务

1. 由副主席专门负责的基本工作是检查法令、法律和决定的实际执行情况，缩减苏维埃机关的编制，督促它们整顿并简化办文制度，反对官僚主义和拖拉作风，其余的一切工作都应服从这一工作。

以下都是这一基本任务的详细规定或局部补充。

副主席负责：

2. 督促其他机关，不论苏维埃机关或党的机关（全俄中央执行委员会主席团、俄共中央政治局和组织局等等无一例外），在审议各项苏维埃问题时要通知副主席并有他们参加。

3. 尽量使人民委员会和劳动国防委员会摆脱各种琐碎问题，这些问题一部分（大多数）应由各主管部门解决，一部分（即那些不容拖延和特别重要的）由副主席直接处理。

4. 认真监督**劳动国防委员会**的办公会议，特别是**小人民委员会**，使它们的工作不致超出绝对必要的范围，使它们的工作和所担负的任务不致复杂化，使它们的职权不因官僚主义而过分膨胀，要求每个人民委员部和每个机关在工作中表现出更多的独立自主精神和责任心。

5. 强迫各人民委员部和各单独设立的机关在授予它们的权利和它们所承担的义务的范围内独立地和负责地进行管理。

6. 注意十分明确地逐个规定首先是各部务委员会委员和最重要的苏维埃工作人员的责任，其次是全体苏维埃工作人员的责任；对普遍存在的个人职责不明以及由此产生的完全不负责任的现象进行无情的斗争。

7. 通过召见和尽可能巡视莫斯科各机关及各省的办法，来亲自了解一定数量的苏维埃工作人员，不仅要了解高级工作人员，而且一定要了解中下级工作人员，以便考查和选拔人才，并真正改善苏维埃机关。

8. 使那些在一定时期内具有特别重要意义的人民委员部及其所属部门和机关转入战斗状态，在人力、物力和副主席的亲自指导等方面尽量给予帮助。

二　有关副主席工作的专门问题

9. 副主席约十分之九的精力应该用于经济系统各人民委员

部,十分之一的精力用于其他人民委员部。

10. 最近财政问题已经提到首要地位,对这些问题副主席应给予最大的注意。

11. 刻不容缓的是实行奖励制度,根据对外贸易人民委员部、合作社以及其他贸易机关的交易额和利润额来奖励苏维埃职员。

必须系统地研究并拟定措施,把奖励制度推广到全体苏维埃职员的全部报酬中去。

12. 应当停止筹建单独的国内商业人民委员部或把这方面业务并入对外贸易人民委员部或最高国民经济委员会的一切工作。在**劳动国防委员会**下面成立一个专门的**"国内商业委员会"**[123],下设一个规模极小的秘书处,该委员会唯一的地方机关是各省经济会议。

13. 极端重要的是考察国营托拉斯的工作,以便把办得还可以的托拉斯同大多数办得很坏的托拉斯区分开来,并把后者坚决关闭;检查共产党员在国营托拉斯管理委员会中的作用(实际作用);确定由谁对经营管理及其效率切实负责。

14. 每个副主席必须亲自负责在某个人民委员部建立一两个模范部门或机关,以便定出编制员额并加以检验,确定最佳的办文制度并加以监督。

以后应当把这些为数不多但确实是模范的机关所制定的工作方法、提高工作效率的办法和监督办法逐步推行于一切苏维埃机关。

由于这个问题异常重要,由于维护官僚主义旧习的苏维埃官僚们极其顽强的抵制,必然要进行顽强的斗争才能建立起少数模范机关来作为带动和检查其他机关的手段。应当根据同有关机关(苏维埃职员联合会中央委员会、全俄工会中央理事会、劳动研究所等等)的协议并在副主席监督下,翻译和出版关于组织劳动和管理的一切优秀的最新著作,特别是美国和德国的著作。

15. 必须监督苏维埃机关内部(即使开始时是很少几个机关)共产党员的工作调动,设法使共产党员只担任这样的职务(不论是最高的职位或者最低的职位),这种职务使他们能真正检查工作进程,真正同官僚主义和拖拉作风斗争,真正做到立即改善不幸的公民在不得不同我们那些毫无用处的苏维埃机关打交道时的境况和遭遇。

应该特别注意职位低的共产党员,因为实际上他们往往比职位高的共产党员更重要。

16. 省经济会议的工作报告应经常阅读,首先是国家计划委员会成员、中央统计局和《经济生活报》[124]的工作人员要经常读,要他们每个人阅读后向报刊或自己的机关提出最简短的评语,并作出必要的及时的指示和结论;其次是由几十个(不能再少)共产党员组成的小组阅读,这些党员尽可能不是职员,他们能够不从本部门的观点,而**完全**从共产主义的观点来阅读工作报告。

在彼得格勒的由米柳亭同志领导的小组应当负责分发省经济会议的工作报告,供阅读和在报纸、杂志、综合性小册子等等中利用。

必须不断地努力,逐步扩大该刊印的各经济机关(包括县经济会议、国营托拉斯、"合营公司"等等)的工作报告的范围,因为没有愈来愈多的居民习惯于在图书馆里使用此类工作报告，就根本谈不上把半亚洲式的国家真正变成文明的、社会主义的国家。

17.《经济生活报》应当成为**劳动国防委员会**的真正机关报，成为**经济管理的机关报**。两位副主席应当经常阅读该报，坚决反对在所有文人和所有苏维埃工作人员中普遍存在的一种倾向：企图把这家报纸降低到普通的"半独立的"、资产阶级知识分子发表"意见"、观点和谩骂的报纸的水平，而不去综合工作报告，不去监督工作报告是否定期送达，不去认真分析**各个机关**的经济工作，不去严格批评那些有用的和无用的机关、**人员**、工作方法等等。

要使《经济生活报》成为**经济管理**的真正的机关报，成为社会主义建设的真正的机关报，需要进行多年的斗争，而且需要进行坚持不懈的斗争。

18. 这同样适用于中央统计局。它不应当是"学院式的"和"独立的"机关——由于资产阶级的旧习惯，现在它有十分之九成了这样的机关。它应当是社会主义建设机关、检查机关、监督机关、能把社会主义国家现在首先应当知道的数字统计上来的机关。旧习惯的阻力在这里也必然是很顽强的，因此斗争应该更顽强（请副主席看一看1921年夏我给《经济生活报》编辑和中央统计局的谈到上述问题的信①）。

①　见本版全集第42卷第132—138、139—141页。——编者注

三   副主席的工作方法。他们的办事机关

19. 副主席要尽量摆脱琐事以及同人民委员和部务委员的不必要的会见。这些事通常要占去很多时间,这样就无法对实际工作进行检查。

20. 副主席要尽量避免参加各种各样的委员会。

21. 副主席应尽一切可能撤销现有的各种委员会(这些委员会十分之九是多余的,其特性是在撤销后很快就会稍加改头换面地复活),并阻止成立新的委员会。

22. 在委员会的工作非过问不可的时候,副主席也要竭力避免亲自参与,尽可能只限于最后批准委员会的决定,或者加快工作,按规定程序把它们的决定送去批准。

23. 副主席的办事机关是:第一,**人民委员会**和**劳动国防委员会**的办公厅主任、他们的助手和秘书等人员。这个办事机关在任何情况下都不得扩大,不得超过绝对必需的最低限额,并且应控制在副主席能**亲自**监督得过来的(不太多的)人数之内。第二,副主席可委托小人民委员会的某些委员办理某些事务。第三,副主席的主要办事机关应该是工农检查人民委员部。

副主席亲自从工农检查人民委员部为自己挑选助手和执行者,指导他们工作,检查他们的工作,着重吸收更多的非党工人和农民参加这一工作(此事非常困难,但如不逐步取得进展,苏维埃

政权就一定会灭亡）。

24.副主席应比以往更经常地行使自己的个人权力,对犯有官僚主义、拖拉作风、玩忽职守、粗心大意等过错的人给以行政处分（催促瞿鲁巴同志加速制定有关这一问题的法案）。情节严重者必须撤职,送交法庭,由司法人民委员部组织威慑性的公开审讯。

四　关于两位副主席工作上的协调一致

25.为了使两位副主席的工作完全协调一致,他们要用副本互相通知所发的各项最重要的命令,并且要逐渐养成一种习惯,经常用速记把他们在接见时口头发出的命令、指示等等记录下来（当然只能记得十分简短扼要）。为此,必须增加人民委员会办公厅的速记员,在副主席的整个办公时间内能有两名速记员值班。如果需要,可向国外订购两架最好的录音机。

26.对于重要的书面报告和口头报告也应如此办理。

27.在必要的和最重要的场合,两位副主席要进行磋商,以便对任务和行动取得一致的看法,并尽量消除工作中的交叉和矛盾。

两位副主席的意见如果有分歧,问题应由人民委员会主席解决,主席不在时,由中央政治局或政治局特别指定的同志解决。

五　副主席的分工

28.在作出专门决定以前,最近几个月内对副主席的分工作如下规定。

29. 瞿鲁巴同志主持大人民委员会的会议(会议进行两小时后,由李可夫同志主持)。不主持会议的副主席也必须出席大人民委员会和劳动国防委员会的会议(全体会议)。

瞿鲁巴同志签署发布大人民委员会的决定和以它的名义发出的电令,监督大人民委员会和小人民委员会所属各委员会,监督小人民委员会的工作。他必须密切监督大人民委员会办公厅和秘书处,同时负责使这两个办事机关同**劳动国防委员会**的办事机关充分协调一致,消除任何矛盾和不协调的现象。

30. 李可夫同志主持**劳动国防委员会**的全体会议,签署发布劳动国防委员会的决定和电令,密切监督**劳动国防委员会**办公厅和秘书处(如上所述,也要使这两个办事机关同大人民委员会的办事机关不脱节)。

31. 在检查执行情况、督促缩减编制和改善机构以及处理不必由大人民委员会和**劳动国防委员会**解决的各种日常琐碎问题方面,两位副主席分别负责下列各人民委员部:

瞿鲁巴同志负责:

农业人民委员部

交通人民委员部

最高国民经济委员会

邮电人民委员部

司法人民委员部

内务人民委员部

民族事务人民委员部

教育人民委员部

李可夫同志负责：

财政人民委员部

对外贸易人民委员部

国内商业委员会

中央消费合作总社

劳动人民委员部（兼管全俄工会中央理事会的一部分）

社会保障人民委员部

粮食人民委员部

陆军人民委员部

外交人民委员部

卫生人民委员部

中央统计局

区域经济会议

租让委员会

国家计划委员会

人民委员会主席

弗·乌里扬诺夫（列宁）

1922 年 4 月 11 日

载于 1928 年《列宁文集》俄文版
第 8 卷

译自《列宁全集》俄文第 5 版
第 45 卷第 152—159 页

对《纽约先驱报》记者的谈话

（1922 年 4 月 14 日）

列宁同志在同美国《纽约先驱报》[125]记者谈话时就热那亚会议声明说：

这个会议只应遵循经济原则。俄国很清楚，它能从资产阶级国家那里期待些什么。目前的状况再也不能继续下去了。这种状况无论对于俄国还是对于全世界都是极为有害的。

俄国需要同资产阶级国家做生意。另一方面，各国资产阶级政府也很清楚，没有俄国，欧洲的经济生活就不可能调整好。

然而那些打算在热那亚向俄国代表团提出屈辱性条件的人是大错而特错了。俄国不允许别人像对待战败国那样对待自己。如果各国资产阶级政府试图用这种调子对待俄国，那它们就是在干一件极大的蠢事。

载于 1922 年 4 月 14 日《红色日报》（彼得格勒）第 84 号

译自《列宁全集》俄文第 5 版第 45 卷第 160 页

就拉帕洛条约的报道问题
给约·维·斯大林、
列·波·加米涅夫和
列·达·托洛茨基的便条

(1922 年 4 月 18 日)

电 话 口 授

致斯大林、加米涅夫和托洛茨基同志

李维诺夫报告同德国的协定[126]已签订的电报提出一个问题：此事何时见报为宜，是立即见报，还是推迟到热那亚会议是否必然破裂这一点略为明朗之后再见报。[127]我想，这个问题今天就应决定。

列 宁

载于 1959 年《列宁文集》俄文版第 36 卷

译自《列宁全集》俄文第 5 版第 45 卷第 161 页

关于热那亚会议问题的函电

（1922 年 4—5 月）

1

给约·维·斯大林等的便条并附
给格·瓦·契切林和
列·谢·索斯诺夫斯基的电报稿

（4 月 19 日）

电 话 口 授

致斯大林、加米涅夫和托洛茨基同志

我建议发出以下电报（并作为给我们报刊的指示通知《真理报》和《消息报》编辑部）：

"致契切林和索斯诺夫斯基

来自热那亚的所有消息表明，我们正在受骗。劳合-乔治叫嚷反对法国，借此掩盖其主要意图，即迫使我们偿还一切债务，特别是向原产权人偿还。该是开始系统地揭露英国外交家这一惯用伎俩的时候了，要在国内外的共产党报刊上予以揭露。"**128**

列　宁

载于 1959 年《列宁文集》俄文版
第 36 卷

译自《列宁全集》俄文第 5 版
第 45 卷第 162 页

2

给约·维·斯大林的便条并附
给格·瓦·契切林的电报稿[129]

（4月21日）
电 话 口 授

致斯大林同志

如政治局委员无反对意见，请将我的以下电报发给契切林。

"致契切林同志

我从未怀疑过，劳合-乔治是在英国豺狼的压力下行事的，如法国退出，英国就不会留下。但我认为，这丝毫不能改变我们的政策，我们不应害怕会议破裂。在任何情况下都不能承认私人债务。我想，目前形势我是了解的。

列　宁"

载于1959年《列宁文集》俄文版
第36卷

译自《列宁全集》俄文第5版
第45卷第163页

3

给约·维·斯大林转俄共（布）中央政治局的信并附给格·瓦·契切林的电报稿

1922 年 4 月 24 日

致斯大林同志并转政治局

我认为，鲁祖塔克对发给劳合-乔治的信提出异议的电报表明，契切林或者已经犯了，或者完全可能犯极明显的错误，违背中央委员会的指令。[130] 错误就在于，契切林得不到任何实际的东西，反而会使我们在说明会议破裂原因时失去唯一十分有利的、有重要原则意义的、今后又必定能带来好处的理由，即破裂是由于不同意恢复外国资本家的私有财产。

因此我建议今天就用电话征询政治局委员的意见，并以我的名义发出如下电报：

"致契切林并转代表团全体成员

我认为，鲁祖塔克在他 4 月 22 日的电报中提出的意见是完全正确的。我认为，任何一个步骤，任何一句话，只要会使我们失去会议破裂的唯一有利的、又能保证不久将来我们在外交和商务上取得完全胜利的借口，都是十分有害的错误。这个借口就是我们绝对不同意恢复外国资本家的私有财产。

我再重复一遍,我们已将我们能作的最大限度让步用十分明确的文字通知您了,我们不会再作丝毫让步了。一旦完全搞清,在这种让步基础上不可能达成协议,我们授权您中断会议,同时为宣传和今后的外交攻势保留两张王牌:

(1)俄德条约的原则意义。

(2)我们的分歧在恢复资本家财产的问题上。"

请告知政治局全体委员的意见,或者哪怕是大多数委员的意见。[131]

今晚7时同您,如有可能,也同加米涅夫面谈一刻钟。

列　宁

载于1959年《列宁文集》俄文版
第36卷

译自《列宁全集》俄文第5版
第45卷第164—165页

4

提交俄共(布)中央政治局的建议[132]

（4 月 28 日）

仅有一事应立即办理：给契切林发一份密码电报，请他把宣言的提要或提纲寄来。

列　宁

译自《列宁全集》俄文第 5 版
第 45 卷第 167 页

5

给格·瓦·契切林的电报[133]

（4 月 30 日）

　　过三个来月召开新的会议对我们是最为有利的事情。在热那亚会议闭幕时无论如何不要承担丝毫财政义务，甚至也不要含糊其词地承认债务，而且根本不要害怕破裂。克拉辛同志的不同意见表明，他的路线是完全不对的，是不能容许的。不管财政谈判的进展和结局如何，要再一次尖锐地提出为维护和平而相互承担义务的问题，这个问题，即使以劳合-乔治那种不能令人满意的形式提出来，也要给予支持。

译自《列宁全集》俄文第 5 版
第 45 卷第 171 页

6

给俄共(布)中央政治局的便条并附
给格·瓦·契切林的电报稿[134]

（5月2日）

鉴于契切林和**李维诺夫**(更不用提克拉辛了)闻所未闻的可耻而**危险的**动摇,我建议**狠剋**一下。

我的电报稿如下:

"我们感到极其遗憾的是,契切林,在某种程度上还有李维诺夫,附和了克拉辛的**荒谬主张**。鉴于这种动摇,我们命令代表团无条件地中断会议,愈快愈好,并且明确地说明中断的理由是不同意恢复私有财产,同时声明,只是在立即取得极其优惠的贷款的条件下,只有无条件地坚持在两种所有制之间签订平等的条约,我们才同意作出部分让步。(如再有丝毫动摇,我们就在中央执行委员会公开宣布不承认代表的言行并撤销其职务。)李维诺夫的明码电报清楚表明,有人想欺骗我们。"

列　宁

5月2日

斯大林建议删去宣布不承认代表言行的威胁词句,我**不同意**这一修改意见。

列　宁

斯大林同志：

　　我建议在发往热那亚的电报中再作如下补充：

　　中央执行委员会定于5月12日举行会议。届时代表团至少要有三名成员携带全部材料来莫斯科。契切林应留在德国把病治好。[135]

列　宁

5月2日

译自《列宁全集》俄文第5版
第45卷第172页

7

给格·瓦·契切林的电报稿

（5月5日或6日）

务必尽快利用协约国的新备忘录[136]使会议破裂，因为我们决不向产权人让步，而比这更好的时机是找不到了。延误会削弱我们的地位。既然我们手头有了德国条约，我们现在就决不放弃长时间内只以这个条约为基础的打算。请开始极其谨慎地单独拉一下意大利。

译自《列宁全集》俄文第5版
第45卷第183页

8

给马·马·李维诺夫的电报[137]

（5月8日）

　　我们觉得，列强最近的备忘录全然无法接受，这是使会议破裂的恰当借口。但是，如果您不同意这一点，我们同意由您酌定最合适的破裂时机，我们认为破裂是注定的。

译自《列宁全集》俄文第5版
第45卷第184页

9

给格·瓦·契切林的电报[138]

（5月9日）

考虑到俄德条约的意义、德国接受这个条约、这个条约对意大利的影响以及列强争夺石油租让的争吵，我们得出结论：我们最正确的做法是，在目前至少是几个月的时间里，把整个国际政策完全建立在俄德条约的基础上，宣布这个条约是唯一的样板，除非有很大好处，我们才会放弃这种样式的条约。请用破裂这种方式力求表明这一点。我们想在批准俄德条约的同时，在全俄中央执行委员会的宣言中写入这样的声明。请速电告您的意见。

译自《列宁全集》俄文第5版
第45卷第185页

10

给格·瓦·契切林的电报[139]

（5 月 14 日）

如果对报刊就我们的答复[140]所造成的局势的评论的理解是正确的,那就是说,劳合-乔治准备把立即达成关于和平的政治协议同拟转交常设委员会的财政经济协议区分开来。这将是最有利的结局和无可置疑的胜利,因此,我们建议:(1)在经济方面继续执行绝对不让步的路线,同时同意成立一个常设委员会;(2)全力支持劳合-乔治争取达成政治协议(保障条约)的愿望;(3)用一切办法力求同某些国家单独达成协议;(4)竭力利用劳合-乔治提出的波兰和罗马尼亚东部边界问题,指出这些边界是确立和平的障碍,但这样做时要谨慎从事,以免受到背弃里加条约这种非难。[141]我们再次请求速告供全俄中央执行委员会根据越飞的报告拟定决议用的要点,特别是同拉帕洛条约有关的——见我们的电报No3535/c①。

译自《列宁全集》俄文第 5 版
第 45 卷第 187 页

---

①　见本卷第 173 页。——编者注

俄共（布）中央政治局关于出版格·瓦·普列汉诺夫文集的决定[142]

（1922 年 4 月 27 日）

委托加米涅夫同志同捷尔同志商谈一下，将普列汉诺夫的革命著作编成一本文集出版。

译自《列宁全集》俄文第 5 版
第 45 卷第 166 页

《接近新题材的旧文章》小册子序言

1922 年版序言¹⁴³

（1922 年 4 月 28 日）

　　这本小册子是根据莫斯科共产党员的建议，而不是根据我的意见出版的。我起初曾反对再版这些旧作，认为它们已经过时。

　　重读莫斯科的同志们选好的小册子后，我深信，这些旧作目前并不像预想的那样过时。虽然革命空前迅猛发展的四年过去了，但这些旧作的大部分内容甚至在目前也决没有过时。

　　从大的范围来看，1922 年春季的时局重现了 1918 年春季时局的基本特点。那时是帝国主义战争和国内战争之间的"喘息时机"，1918 年 2 月我们结束了（正确些说，差不多结束了）帝国主义战争，而国内战争虽然初步战胜了鲍加耶夫斯基这类反革命分子，但并没有结束，捷克斯洛伐克军、科尔尼洛夫、邓尼金及其同伙还刚刚在准备这场战争。

　　现在，热那亚会议正好标志着在大得多的范围内，即在全世界范围内"喘息时机"的再次到来，这是世界资产阶级进行的并已遭到失败的反对苏维埃俄国的战争和世界资产阶级正在准备、此刻还没有完全准备就绪的新战争之间的喘息时机。（我写这几句话的时间是 1922 年 4 月 28 日，最新消息说会议有破裂的危险。）

　　不论那时和现在，苏维埃全部政策的"关键"都在于组织，在于计算和监督,在于缓慢地、谨慎地、实事求是地处理实际任务,在于检查实际工作和研究我们的实践经验。关于这一点,我已在几个星期以前举行的俄共第十一次代表大会上谈到了。代表大会采取了这条"路线",这可以从代表大会关于中央委员会报告的决议和其他决议中看出来。在第十一次代表大会的闭幕词中,我曾着力总结过这条路线。①

现在重印1918年的旧作并不是无益的,因为那时的争论有助于认清我党当前任务中的许多问题。在党的第十一次代表大会上讨论中央的报告时,普列奥布拉任斯基、奥新斯基、拉林等同志的发言清楚地表明,许多很有名的党的领导工作者并没有把注意力集中到应该集中的地方去。这些发言没有正确指出我们政策中各项任务的"关键"是什么。我希望在不久的将来能同读者们更详细地谈谈这个问题。现在只能说明一点,在重印旧作的小册子中所谈的正是要弄清楚,为什么那时提到(**现在也提到**)首位的任务是"学会工作",是更正确地分配人力,是力求建立个人负责制,使每个人对明确规定的工作负责,是更细致地研究和检查实际工作经验,而不是醉心于设立新机构或提出新做法、进行改组之类的"新"计划。

最后,还有一个绝对必要的说明。我从这本小册子中删去了1918年春我在全俄中央执行委员会上所作的总结发言②。这篇发言记录得根本不能用。就此我要重申我在1919年或1920年给彼得格勒同志们的一封信中曾经说过的话,当时我曾要求发表信里

---

① 见本卷第111—117、136—137页。——编者注
② 见本版全集第34卷第248—256页。——编者注

所说的话,但可惜没有发表出来①。大意是:我不能对通常在报纸上发表的我的讲话文字负责,并且十分恳切地请求不要转载这些讲话——至少是在没有极端需要和特别需要的时候,而且无论如何在没有附上我这个确切的声明时不要转载。是否由于我常常讲得太快;是否由于我的讲话在修辞上常常很不规范;是否由于我们这里通常的讲话记录记得很匆促和极不能令人满意——是否由于所有这些原因以及还有什么其他原因,但事实是,我不能对我的讲话记录中的每句话每个字负责,并且请求不要转载这些记录。让那些作讲话记录的人负责吧。如果有必要重印的话,那么,重印我可以对文字绝对完全负责的小册子和文章也就尽够了。

尼·列宁

1922 年 4 月 28 日

载于1922年莫斯科出版的尼·列宁(弗·伊·乌里扬诺夫)《接近新题材的旧文章》一书

译自《列宁全集》俄文第 5 版第 45 卷第 168—170 页

---

① 见本版全集第 42 卷第 282—284 页。——编者注

庆祝《真理报》创刊十周年

（1922 年 5 月 2 日）

　　自合法的《真理报》，合沙皇之法的布尔什维克日报创刊以来，已经 10 年了。在这 10 年之前大体上还有一个 10 年；从布尔什维主义产生的时候算起，是 9 年（1903—1912 年），如从完全持"布尔什维主义"方针的旧《火星报》[144]创刊的时候（1900 年）算起，那是 13 年（1900—1912 年）。

　　庆祝在俄国出版的布尔什维克日报的十周年…… 时间只过去了 10 年！然而从这个时期的斗争和运动的内容来说，等于经历了 100 年。如果用旧的尺度，用像第二国际和第二半国际的英雄们那样的欧洲庸人的尺度来衡量，近 5 年来社会发展的速度简直是异常的，因为这些文明的庸人习以为"常"的是，殖民地和赤贫的半附属国的数亿（确切地说，是十几亿）人甘愿忍受印度人或中国人所忍受的那种待遇，忍受闻所未闻的剥削和明目张胆的掠夺，忍受饥饿、暴力和侮辱，而这一切都是为了让"文明"人能够"自由地"、"民主地"、"议会式地"决定如下问题：是和平地分赃，还是像昨天德国和英国那样——明天日本和美国（在法国和英国某种方式的参与下）也会这样——为了瓜分帝国主义的赃物而屠杀一两千万人？

　　世界所以有这种突飞猛进的发展，其基本原因是有成亿成亿的人卷进这个发展的洪流了。惯于把自己看成世界中心的旧的资产阶级的和帝国主义的欧洲，已经在第一次帝国主义大厮杀中像发臭的脓疮一样溃烂和裂开了。不管施本格勒之流和所有推崇他（即或是研究他）的有教养的小市民怎样为此痛哭流涕，然而旧欧洲的这种衰落不过是靠帝国主义掠夺和压迫地球上大多数居民而养肥了的世界资产阶级没落史上的一段插曲而已。

现在，大多数居民已经觉醒，已经行动起来，连最有实力、最"强大"的列强也阻挡不住。它们哪里阻挡得了！第一次帝国主义大厮杀的"胜利者"现在连小得可怜的爱尔兰都战胜不了，连它们彼此之间在财政问题和货币问题上的混乱都克服不了。而印度和中国在沸腾。这有7亿多人。再加上周围和它们完全相似的亚洲各国，那就占全世界人口的一大半。那里的1905年即将到来，而且正以不可阻挡之势愈来愈快地到来，但有一个根本的很大的不同之处：俄国的1905年革命尚能孤立地进行（至少在开始时），也就是说，没有一下子把其他各国卷入革命。而印度和中国的日益发展的革命现在正在卷入或已经卷入革命斗争，卷入革命运动，卷入国际革命。

合法的布尔什维克日报《真理报》创刊十周年，使我们清楚地看到最伟大的世界革命的突飞猛进的里程碑之一。在1906—1907年，沙皇政府似乎已经彻底粉碎了革命。没过几年，布尔什维克党**以另一种不同的方式**打进敌人的堡垒，开始每天都"合法地"进行从内部炸毁万恶的沙皇地主专制制度的工作。又没过几年，布尔什维克组织的无产阶级革命就胜利了。

在1900年创办旧《火星报》的时候，只有十来个革命者参加。在布尔什维主义产生的时候，在1903年布鲁塞尔和伦敦的秘密代表大会上,有 40 来个革命者参加。[145]

在 1912—1913 年布尔什维克的合法《真理报》诞生的时候,拥护它的已经有几万以至几十万工人了,他们以一戈比一戈比的捐款战胜了沙皇制度的压迫,也战胜了背叛社会主义的小资产阶级分子——孟什维克的竞争。

1917 年 11 月立宪会议选举的时候,3 600 万人中投布尔什维克票的有 900 万人。实际上拥护布尔什维克的,即不是在选举中而是在斗争中拥护布尔什维克的,在 1917 年 10 月底和 11 月就已经占无产者和觉悟农民的**大多数**,这就是全俄苏维埃第二次代表大会的大多数代表,这就是劳动人民中间大多数最积极的觉悟分子,即当时 1 200 万人的大军。

这就是用数字来表明的近 20 年来世界革命运动“突飞猛进”的一幅小小的画面。这是一幅很小的、很不完全的画面,它很粗略地表现了总共不过 15 000 万人民的历史,其实这 20 年来在共有 10 多亿人口的国家中(整个亚洲,也不要忘记南非,它最近还提出了要做人、不做奴隶的要求,而且不完全是“议会式地”提出的),革命已经开始,并且发展成一支不可战胜的力量了。

如果某些“施本格勒的徒子徒孙”——请原谅我这样讲——由此断言(第二国际和第二半国际“绝顶聪明的”领袖是什么蠢事都想得出来的),这种计算把欧美无产阶级排除在革命力量之外了,那么我们回答说,刚才提到的那些“绝顶聪明的”领袖常常作这样的推论:既然怀孕 10 个月就该分娩,那就可以确定分娩在几点几分、胎儿降生时的姿势和产妇分娩时的情况、婴儿和产妇将受到的痛楚和危险的准确程度。真是“绝顶聪明的”人! 他们无论如何也猜想不到,从国际革命发展的角度来看,从宪章运动转到向资产阶级卑躬屈节的韩德逊之流，或者从瓦尔兰转到列诺得尔，或者从威廉·李卜克内西和倍倍尔转到休特古姆、谢德曼和诺斯克，不过像汽车从数百俄里长的平坦公路"转"到这条公路上的几俄尺长的又臭又脏的小水洼而已。

人是自己创造自己的历史的。但是，宪章派、瓦尔兰派和李卜克内西派是用自己的头和心来创造历史的。而第二国际和第二半国际的领袖们则完全用身体的另一些部位来"创造"历史，也就是说，他们在给新的宪章派、新的瓦尔兰派、新的李卜克内西派的土壤施肥。

在目前**最困难的**关头，自欺对革命者是最有害的。虽然布尔什维主义**已成为**国际力量，虽然在**一切**文明和先进的国家已经产生了作为合法的（就像10年前我们的《真理报》在沙皇制度下那样合法的）共产党日益壮大的新的宪章派、新的瓦尔兰派、新的李卜克内西派，但是国际资产阶级现在还是比它的阶级敌人强大得多。国际资产阶级曾竭尽全力地阻挠俄国无产阶级政权的诞生，十倍地加剧它诞生时的危险和痛楚，现在它还能借助白卫分子和帝国主义的战争等等使千百万人遭受痛苦和死亡。这是我们不应当忘记的。我们应当巧妙地使自己的策略适应目前情况的这一特点。资产阶级现在还能恣意折磨、虐待和杀害人民。但是，资产阶级却不能阻止革命无产阶级必然的和从全世界历史的观点看来为期不远的完全胜利。

1922年5月2日

载于1922年5月5日《真理报》第98号

译自《列宁全集》俄文第5版第45卷第173—177页

就财政政策问题
给格·雅·索柯里尼柯夫的信

（1922 年 5 月 2 日）

电 话 口 授

抄送：瞿鲁巴、李可夫和斯大林同志（并转政治局）

索柯里尼柯夫同志：

我听瞿鲁巴同志谈了您的国内粮食公债草案，并亲自看了草案全文。我觉得这是自我欺骗。您怎么证明这样做能够在实际上得到点什么呢？我觉得，恰恰相反，应当断定，这将使我们的情况恶化，因为这会使发行完全落空，即促使投机市场采取那种它运用自如的手段来反对我们。就是说，市场看来差不多已经学会随着发行额的增长而使物价飞涨，以致发行不再能从居民那里得到任何有实际价值的东西，而变成一种无谓的游戏和我们无聊的自我安慰。（顺便说一下，通过发行能够得到哪些有实际价值的东西，应有准确的数据。至少每周应该对此作出极扼要的总结。是否要这么办？）

我认为，现在应该抛掉有害的自我安慰，把真正革命的措施提到日程上来，即一方面增加各种税收；另一方面则最迅速、最坚决地缩减编制。同时，应当毫不犹豫地撤销（部分不规定期限，部分在秋季前)一些人民委员部中的许多庞大的下属机构,甚至撤销某个人民委员部。

今天我给捷尔任斯基写了信,提出检查一下我们是否在认真贯彻停用第三类铁路[146]的决定。我十分担心,没有这类革命措施,代表大会关于财政政策的决议[147]仍将是一纸空文,总之我们会落后于生活,眼看大难临头而束手无策。

请告知您的结论性意见。[148]

列　宁

载于1959年《列宁文集》俄文版
第36卷

译自《列宁全集》俄文第5版
第45卷第178—179页

对有关副主席(人民委员会副主席)工作的意见的答复[149]

(1922年5月5日)

致斯大林同志并请交政治局委员以及
瞿鲁巴同志传阅(勿复制以免争论外
传。各人要在文件上注明何时收阅)

我因取子弹手术[150]回信迟了,请原谅。

李可夫同志的意见是"批评性的",但不明确,因此用不着答复。

托姆斯基同志关于奖励制度的意见,我认为是不正确的。照托姆斯基同志的说法,工会奖励制度已蜕化成"对国家的掠夺",其实工会奖励制度的失败,应当促使我们更加坚定地研究和改进实行奖励制度的方法,而决不是放弃奖励制度。

托洛茨基同志的意见有一部分也不明确(如第4节里的"担心")[151],也用不着答复;另一部分则是重新引起我同托洛茨基同志在政治局曾一再发生的旧的意见分歧。[152]我简短地答复其中的两个主要问题:(1)工农检查院和(2)国家计划委员会。

(1)在工农检查院问题上,托洛茨基同志是根本不对的。目前,甚至有些优秀的共产党员也沾染了恶劣的"本位主义",职员的水平很低,各部门内部倾轧(比工农检查院的任何倾轧都坏),在这种情况下，没有工农检查院是不行的。可以而且应该经常地、坚持不懈地对工农检查院下点功夫，使它成为一个能检查和改进全部国家工作的机关。否则就没有什么检查工作、改进工作、指导工作的切实有效的手段了。既然工农检查院现在是一个拥有约12 000人的工作差、报酬低的机关，那就应该加以精简和改进，例如，留下六分之一的人员，而保留原薪水额的二分之一，即把薪水提高两倍；先挑选几十个，再挑选几百个最优秀的、绝对忠诚而有才干的工作人员，这样的工作人员现在是有的，但没有登记上来，没有挑选出来，没有集中起来，没有组织起来。这是可以而且应该做到的。否则就不能同本位主义和官僚主义作斗争，就不能教非党的工人和农民学会管理，而这个任务目前无论在原则上还是在实际上都是不能放弃的。

（2）在国家计划委员会问题上，托洛茨基同志不仅根本不对，而且对自己所批评的事毫不了解，简直令人吃惊。国家计划委员会的毛病不仅不是学院气，恰恰相反，而是被大量非常细小而紧迫的"杂务"所缠。克尔日扎诺夫斯基同志心肠软，对那些硬要他马上"帮忙"的人有求必应。我希望新任的国家计划委员会副主席皮达可夫能"严一些"，能促使国家计划委员会克服这个同"学院气"截然相反的缺点。

我非常了解国家计划委员会的真正缺点，为了用客观的实际材料，而不是凭想象向政治局委员们介绍情况，我问过克尔日扎诺夫斯基同志，他的工作是否太"抽象"了，是否有关于他的工作的确切材料。克尔日扎诺夫斯基同志给我寄来一张单子，开列了1922年2月和3月两个月内国家计划委员会主席团所处理的问题。总计：（1）计划问题占17％；（2）重要的经济性质问题占37％；（3）"杂务"占 46％。我可以把这些材料寄给任何一位政治局委员审阅。

1922 年 4 月 23 日托洛茨基同志给副主席并抄送政治局书记处（抄件大概是偶然送给我的）的第二个文件的内容是：第一，非常激动地、然而极不正确地"批评"了政治局关于成立财政三人小组（索柯里尼柯夫和两位副主席）的决定，说它是小人民委员会和大人民委员会之间的障碍。把这种批评送给副主席，是不符合任何国家工作的要求的，既不符合有计划的国家工作的要求，也不符合多少有组织的国家工作的要求。

第二，这个文件还有一个内容是指责国家计划委员会有学院气，这种指责同样是根本不正确的，完全违背事实的，托洛茨基同志在指责时竟说了一些简直令人难以置信地不了解情况的话。他写道："目前，不确定发行额，不把资金分配给各部门，就没有也不可能有任何经济计划。其实，**我可以断定**，国家计划委员会同这些基本问题**没有任何关系**。"

这些加上着重标记的话，只能使我提出一个问题：既然不了解情况，为什么要"断定"呢？任何一个中央委员和任何一个**劳动国防委员会**委员要了解情况，都是很容易的。了解了情况，就会知道国家计划委员会设有财政经济处，它正是处理上面提到的那些问题的。当然，这个工作有缺点，但缺点不在于学院气，而是恰恰相反。

载于 1950 年《列宁全集》俄文
第 4 版第 33 卷

译自《列宁全集》俄文第 5 版
第 45 卷第 180——182 页

俄共（布）中央政治局
关于向中央委员会呈报实物税
汇总数字的决定草案

（1922 年 5 月 11 日）

责成

　　（1）粮食人民委员部

　　（2）农业人民委员部

　　（3）中央统计局

　　（4）国家计划委员会

　　　农业处

于四天后向中央委员会呈报实物税的汇总数字，篇幅不超过一页，清楚明确地综合汇报 1921 — 1922 年度征收的和报刊上预测 1922—1923 年度可征收的实物税数额。[153]

译自《列宁全集》俄文第 5 版
第 45 卷第 186 页

给约·维·斯大林的便条并附俄共（布）中央政治局关于对外贸易垄断问题的决定草案[154]

（1922 年 5 月 15 日）

斯大林同志：有鉴于此，我建议用向政治局委员**征询的方式**通过下述指令："中央委员会确认对外贸易垄断，并决定一律停止研究和筹划最高国民经济委员会同对外贸易人民委员部合并事宜。各人民委员应秘密签字"，原件退斯大林，不得复制。

列 宁

5 月 15 日

载于 1959 年《列宁文集》俄文版第 36 卷

译自《列宁全集》俄文第 5 版第 45 卷第 188 页

对俄罗斯联邦刑法典实施法草案的补充和给德·伊·库尔斯基的信[155]

(1922 年 5 月 15 日和 17 日)

1

草案

俄罗斯联邦刑法典实施法

……5. 在保障苏维埃政权不受反革命危害的条件确立之前，革命法庭有权
× 对刑法典第 58、59、60、61、62、63＋**64**……等条规定的罪行，采用极刑——枪决）。

×）增加第 **64、65、66、67、68、69** 条。

××）增加：有权根据全俄中央执行委员会主席团的决定以驱逐出境（有限期或无限期）代替枪决。

×××）增加：凡未经准许而返回国内者应予枪决。

库尔斯基同志：

依我看，应把枪决（也可代之以驱逐出境，见第 **1** 页**下方**）的适用范围扩大到孟什维克、**社会革命党人之类**的一切活动；

找出适当措辞把这些行为**同国际资产阶级**及其同我们的斗争（收买报刊和代理人，准备战争等等）**联系起来**。

请尽速附上您的意见退回。

列　宁

5 月 15 日

载于 1937 年《布尔什维克》杂志　　　　　译自《列宁全集》俄文第 5 版
第 2 期（非全文）　　　　　　　　　　　第 45 卷第 189 页

2

1922 年 5 月 17 日

库尔斯基同志：现在给您寄去刑法典补充条款草稿，作为我们谈话的补充。这是草稿，当然需要反复推敲和修改。草稿虽然有许多缺点，但我相信基本思想是清楚的：公开地提出原则性的和符合政治真实的（而不只是狭隘的法律上的）论点，说明恐怖手段的**实质**和**理由**、它的必要性和范围。

法院不应该取消恐怖手段；答应这样做是自欺欺人，应该原则地、明确地、不掩饰又不夸张地说明恐怖手段的理由，并使它具有法律根据。表述应尽量广泛，因为只有革命的法律意识和革命的良心才能提出实际上较为广泛地使用这种手段的条件。

致共产主义敬礼！

列　宁

方案 1：

凡以宣传、或者鼓动、或者参加或者协助一种组织等行动（宣传和鼓动）帮助那一部分不承认正在取代资本主义的共产主义所有制的平等地位，并图谋通过武装干涉、或者封锁、或者间谍活动、或者资助报刊以及其他类似手段以暴力推翻共产主义所有制的国际资产阶级者，

处以极刑，情节较轻者，以剥夺自由或驱逐出境代之。

方案 2：

╫

（a）凡从事客观上协助那一部分……国际资产阶级之宣传或鼓动者，

（b）凡参加或者协助进行上述性质活动的（其活动有上述性质的）组织或个人之罪犯，均应判处此刑。

> ╫方案 2(b)协助或
> 能够协助

载于 1924 年莫斯科出版的《全俄司法工作者第五次代表大会。提纲。速记报告。决议》一书

译自《列宁全集》俄文第 5 版第 45 卷第 190—191 页

全俄中央执行委员会
关于出席热那亚会议代表团的
工作报告的决定草案

(1922 年 5 月 15 日或 16 日)

根据越飞的报告拟定的全俄中央执行委员会决议草案大致如下：

1. 全俄中央执行委员会代表团正确地完成了自己的任务，维护了俄罗斯联邦主权的完整——同试图实行奴役和恢复私有制的行径进行了斗争，和德国缔结了条约。

2. 国际政治和经济形势的特点如下：

——政治方面：没有和平，存在新的帝国主义战争的危险 爱尔兰、印度、中国等等；英法关系尖锐化，日美关系尖锐化，**等等**，**等等((详细一些))**。

3. ——经济方面：称雄全球、靠战争（＝靠掠夺）发了财的"战胜国"，经过战后三年半的时间，甚至连原先的资本主义关系都不能重建 通货混乱；凡尔赛条约没有履行，也无法履行；欠合众国的债款没有偿还，**等等**，**等等**——**详细一些**。

4. 因此，戛纳决议的第 1 条，承认两种**所有制**（资本主义所有制即私有制同**目前**只有在俄罗斯联邦实现的共产主义所有制）的

平等,也就不得不承认——尽管是间接地承认——前一种所有制的崩溃和破产,不得不承认前一种所有制同后一种所有制平等地达成**协议**的必然性。

5.戛纳条件的其他各条以及热那亚会议上列强的备忘录等文件,是与这一点相矛盾的,因而是注定没有生命力的。

6.这两种所有制的实际平等——**尽管它是暂时的状态,因为目前全世界还没有摆脱**私有制及其产生的**经济紊乱**和战争而走向更高级的所有制——仅在拉帕洛条约中得到了体现。因此,全俄中央执行委员会

欢迎拉帕洛条约,认为它是摆脱困境、混乱和战争危险的唯一正确的出路(只要还存在着两种所有制,其中包括像资本主义所有制这样过时的所有制);

认为在俄罗斯联邦同资本主义国家的关系上,**只有**这种类型的条约才是正常的;

——责成人民委员会和外交人民委员部按这种精神执行政策;

——责成全俄中央执行委员会主席团在取得加入俄罗斯联邦的所有共和国的同意后确认这一点;

——命令外交人民委员部和人民委员会,只有在能给俄罗斯联邦的劳动群众带来特殊利益等等特殊情况下,才容许不实行这一点,即准许放弃拉帕洛型的条约。[156]

载于1950年《列宁全集》俄文
第4版第33卷

译自《列宁全集》俄文第5版
第45卷第192—193页

就发展无线电技术问题
给约·维·斯大林并转
俄共(布)中央政治局委员的信¹⁵⁷

(1922年5月19日)

电 话 口 授

1

致斯大林同志并请交全体政治局委员传阅

斯大林同志:

送上两份报告:一份是电气专家奥萨德奇教授关于无线电报通讯和电话通讯的报告;一份是邦契-布鲁耶维奇(他不是著名的邦契-布鲁耶维奇两兄弟的亲戚;那两兄弟一个是前人民委员会办公厅主任,另一个是沙皇的优秀将领)的报告。写我寄上的这份报告的邦契-布鲁耶维奇,是无线电技术方面的一位极优秀的工作者和发明家,是下诺夫哥罗德无线电实验室的一位主要工作人员。

从这两份报告看,我们的技术完全有可能通过无线电广播把人们的现场讲话播送到尽可能远的地方去,也完全有可能使用千百个收音机,使共和国内千百处远离莫斯科几百俄里、在一定条件下甚至远离几千俄里的地方收听到莫斯科的讲话、报告和讲座。

我想,无论是就进行宣传和鼓动,特别是对没有文化的居民群众进行宣传和鼓动来说,还是就转播讲座来说,实行这个计划都是我们绝对必要的。我们准予讲授社会科学的资产阶级教授,大多是完全不称职的,甚至是有害的,在这种情况下,我们没有别的出路,只能设法让我们为数不多的能够讲授社会科学的共产主义教授给联邦各地数以百计的地点讲授这门科学。

因此我认为,在完成组织无线电话通讯事业上,在生产完全适用的扬声器上,绝对不要吝惜资金。

我建议作出这样的决定:以特别拨款的方式在预算外从黄金储备中拨出约 10 万金卢布,供下诺夫哥罗德无线电实验室工作之用,以便尽快地彻底完成它已开始的工作,即为全共和国各地装置完全适用的扬声器和千百个收音机,使广大群众能听到莫斯科或其他中心城市的讲话、报告和讲座。

责成劳动国防委员会对这笔基金的使用情况建立专门监督,如果适当的话,也可以从这笔基金中提出一些款项,作为工作特别迅速和卓有成效的奖金。

再者,今天《消息报》上报道了英国在无线电报领域的一项秘密发报的发明。假如买到这项发明,那么无线电话通讯和无线电报通讯在军事上的意义就更大了。

列　宁

载于 1949 年 1 月 21 日《真理报》　　　　译自《列宁全集》俄文第 5 版
第 21 号　　　　　　　　　　　　　　　第 45 卷第 194—195 页

2

致斯大林同志

看了今天邦契–布鲁耶维奇的文件，我认为，如果没有特殊任务，我们是不能从黄金储备中拨款给无线电实验室的。

因此，我建议责成劳动国防委员会查明，要用多少钱才能使无线电实验室尽快地研究出改进和生产扬声电话和收音机的方法。我认为，只有用在这上面，我们才应该在预算外拨出一定数目的金卢布。

列　宁

载于 1945 年《列宁文集》俄文版
第 35 卷

译自《列宁全集》俄文第 5 版
第 45 卷第 195—196 页

论"双重"领导和法制

给约·维·斯大林并转政治局的信[158]

（1922 年 5 月 20 日）

电 话 口 授

致斯大林同志并转政治局

关于检察机关的问题，在领导全俄中央执行委员会常会工作的中央专门委员会中发生了意见分歧。这些意见分歧还没有发展到把问题自动提到政治局去，但我认为这个问题很重要，建议把它提交政治局解决。

意见分歧的实质是这样的：在检察机关问题上，全俄中央执行委员会选出的专门委员会中多数委员都反对地方检察人员只能由中央机关任命，只受中央机关领导。多数委员要求对所有地方工作人员都实行所谓"双重"领导，即一方面受中央机关即相应的人民委员部的领导；另一方面又受地方的省执行委员会领导。

全俄中央执行委员会专门委员会的多数委员还否定地方检察人员有从法制的观点对省执行委员会和所有地方政权机关的任何决定提出异议的权利。

我想不出有什么理由可以为全俄中央执行委员会专门委员会多数委员的这一显然错误的决定辩护。我只听到这样的理由，说这次为"双重"领导辩护,是一场正当的、反对官僚主义集中制、争取地方的必要的独立性、反对中央机关对省执行委员会人员的傲慢态度的斗争。法制不能有卡卢加省的法制,喀山省的法制,而应是全俄统一的法制,甚至是全苏维埃共和国联邦统一的法制,持这种观点是否就是傲慢态度呢? 在全俄中央执行委员会专门委员会多数委员中占上风的那种观点的基本错误是不正确地搬用了"双重"领导的原则。在那些需要好好考虑确实存在着无可避免的差别的地方,必须实行"双重"领导。卡卢加省的农业和喀山省的不同。整个工业的情况也是如此。整个行政管理情况也是如此。在所有这些问题上不考虑到地方的特点,就会陷入官僚主义的集中制等等,就会妨碍地方工作人员考虑地方的差别,而这种考虑是进行合理工作的基础。但是法制只能有一种,而我们的全部生活中和我们的一切不文明现象中的主要弊端就是纵容古老的俄罗斯观点和半野蛮人的习惯,他们总希望保持同喀山省法制不同的卡卢加省法制。应该记住,检察机关和任何行政机关不同,它丝毫没有行政权,对任何行政问题都没有表决权。检察长有权利和有义务做的只有一件事:注意使整个共和国对法制有真正一致的理解,不管任何地方差别,不受任何地方影响。检察长的唯一权利和义务是把案件提交法院裁决。这是什么法院呢? 在我们这里是地方法院。审判员是由地方苏维埃选出的。因此受理检察长提出的违法案件的是地方政权,它一方面必须绝对遵守全联邦统一规定的法律,另一方面,在量刑时必须考虑地方的一切情况,在量刑时它有权说,虽然从案情本身来看无疑是犯了法,但经地方法院查明的、当地人十分清楚的某种情况,使法院不得不承认必须对此人从宽处理,甚至宣告此人无罪。如果我们不坚决实行这个确立全联邦统一法制所必需的最起码的条件,那就根本谈不上什么维护和创立文明了。

说检察长不应拥有对省执行委员会和其他地方政权机关的决定提出异议的权利,这些决定应由工农检查院从法制的观点加以审查,这种说法同样是根本不对的。

工农检查院不仅要从法制的观点,而且要从适当与否的观点来加以审查。检察长的责任是使任何地方政权机关的任何一项决定都不同法律抵触,所以检察长有义务仅仅从这一观点出发,对一切不合法律的决定提出异议,但是检察长无权停止决定的执行,而只是必须采取措施,使整个共和国对法制的理解绝对一致。因此全俄中央执行委员会专门委员会多数委员的决定,不仅犯了极大的原则性错误,不仅是根本错误地搬用了"双重"领导的原则,而且会破坏一切建立法制和建立起码文明的工作。

其次,为了解决这个问题,应该估计到地方影响的作用。毫无疑问,我们是生活在无法纪的海洋里,地方影响对于建立法制和文明即使不是最严重的障碍,也是最严重的障碍之一。恐怕谁都听说过,地方上清党时揭发出来的最常见的事实是,大多数地方审查委员会在清党过程中有向个人和地方挟嫌报复的行为。这一事实是无可争辩的,也是十分值得注意的。恐怕谁都不会否认,我们党要找十个受过充分的法学教育、能够抵制一切纯地方影响的可靠的共产党员还容易,可是要找几百个这样的人就困难了。说到检察机关受"双重"领导还是只受中央机关领导,问题也正是归结到这一点上。我们在中央机关找十来个人,是应该找得到的,他们将行使总检察长、最高法庭和司法人民委员部部务委员会的中央检察权(是总检察长单独行使,还是和最高法庭、司法人民委员部部务委员会一同行使,这个问题我暂且撇开不谈,因为这是一个完全次要的问题,这个问题可以这样也可以那样解决,要看党是把大权委托给一个人,还是分给上述三个机构)。这十个人在中央机关工作,受党的三个机关的最密切的监督,同它们保持最直接的联系,而这三个机关是反对地方影响和个人影响的最大保证,这三个机关就是中央组织局、中央政治局和中央监察委员会,而且最后这个机关,即中央监察委员会,只对党的代表大会负责,它的委员不得在任何人民委员部、任何一个主管机关以及任何苏维埃政权机关中兼任任何职务。显然,在这种条件下,我们就有了迄今所设想过的一切保证中的最大保证,使党建立起一个不大的中央领导机构,能够实际地抵制地方影响,地方的和其他一切的官僚主义,使全共和国、全联邦真正统一地实行法制。也正因为如此,这个中央司法领导机构可能发生的错误,我们党为全共和国的党和苏维埃的全部工作定出一切基本概念和基本准则的那几个机关会立即就地加以纠正。

违背这一点,就是暗中接受谁也不会直接公开维护的一种观点,即认为我国似乎已有高度发展的文明和同它密切相关的法制,以致我们可以保证我们这里有几百个完全无可非难的检察长,他们在任何时候都不会受任何地方影响,而且能够自行制定出整个共和国统一的法制。

最后,我得出结论:主张对检察机关实行"双重"领导,取消它对地方政权机关的任何决定提出异议的权利,这就不仅在原则上是错误的,不仅妨碍我们坚决实行法制这一基本任务,而且反映了横在劳动者同地方的和中央的苏维埃政权以及俄共中央权力机关之间的最有害的障碍——地方官僚和地方影响的利益和偏见。

　　因此我建议中央委员会在目前情况下否决"双重"领导，规定地方检察机关只受**中央机关**领导，保留检察机关从地方政权机关的一切决定或决议是否合乎法制的观点对它们提出异议的权利和义务，但无权停止决议的执行，而只有权把案件提交法院裁决。

列　宁

载于 1925 年 4 月 23 日《真理报》　　　　　译自《列宁全集》俄文第 5 版
第 91 号　　　　　　　　　　　　　　　　第 45 卷第 197—201 页

就裁减红军问题
给俄共（布）中央书记处的信[159]

（1922 年 5 月 20 日）

电 话 口 授

我认为，应当提出，宣布裁减四分之一，说明这样做的理由是在热那亚毕竟向停战迈出了某种现实的一步，尽管是不大的，并且也不是特别可靠的一步。

列 宁

载于 1959 年《列宁文集》俄文版
第 36 卷

译自《列宁全集》俄文第 5 版
第 45 卷第 202 页

就全俄中央执行委员会的组成问题
给约·维·斯大林并转
俄共（布）中央政治局的信

（1922 年 5 月 23 日）

致斯大林同志并转**政治局**

全俄中央执行委员会的常会表明，全俄中央执行委员会的组成是不正确的。它的绝大多数委员都是公职人员。

我建议政治局作出如下决定：

认为有必要使全俄中央执行委员会的委员至少 60％是不在苏维埃机关担任任何职务的工人和农民；全俄中央执行委员会的委员至少 67％是共产党员；责成加里宁、叶努基泽、加米涅夫同志组成三人小组详细研究这个问题，供下次中央全会讨论。先提交政治局，由政治局提交中央全会，以便通过最近一次全俄苏维埃代表大会实施。[160]

列 宁

1922 年 5 月 23 日

载于 1959 年《列宁文集》俄文版
第 36 卷

译自《列宁全集》俄文第 5 版
第 45 卷第 203 页

致外高加索劳动妇女
第一次代表大会[161]

(不晚于 1922 年 5 月 26 日)

向外高加索劳动妇女第一次代表大会致敬。感谢你们的推选。我因病不能前来参加大会。

乌里扬诺夫—列宁

载于 1922 年 5 月 29 日《巴库工人报》第 117 号

译自《列宁全集》俄文第 5 版第 45 卷第 204 页

关于同莱·厄克特的租让谈判[162]

（1922 年 9—10 月）

1

给约·维·斯大林并转
俄共（布）中央政治局的信①

（9 月 4 日）

口　　授

只有在向我们提供大笔贷款的条件下，才能租让给厄克特。

政治局全体委员都应知道米哈伊洛夫的特设委员会[163]的简报内容，该委员会已到准备租让给厄克特的各工厂进行过调查并表示了反对意见。

敌人指望我们运输业和工业的固定资本遭到完全破坏。必须筹集用以恢复固定资本的资金，办法是对所有的消费品课税，把食糖、啤酒之类的税额提到最高限度。

---

①　在文件上方费·埃·捷尔任斯基写有："弗·伊·的指示——9月4日"及"致斯大林同志"，在正文下面写着："对！捷尔任斯基。"在文件上还有约·维·斯大林的批注："列宁同志的意见。"——俄文版编者注

要考虑发行强制摊派的国内公债和征收所得税。

载于 1945 年《列宁文集》俄文版
第 35 卷

译自《列宁全集》俄文第 5 版
第 45 卷第 205 页

2

给约·维·斯大林并转
俄共（布）中央政治局委员的信

9 月 12 日

斯大林同志：

看了克拉辛同厄克特的合同[164]，我不同意批准它。厄克特答应两三年后我们会有收入，而现在他却要从我们这里拿钱。这是完全不能容许的。特设委员会主席米哈伊洛夫专程去现场考察过拟租让给厄克特的企业，他证实破坏的过错不在我们，**而在外国人**。而我们却要付钱!! 似乎过 X 年我们会松快一些，但我们得马上就开始付钱！

建议**否决**这项租让合同。

这是奴役和掠夺。

我想提醒注意米哈伊洛夫的特设委员会的结论。这个结论反对租让。

没有增加任何重要理由。应当予以否决。

请您将此事通知政治局委员。

致共产主义敬礼！

弗·乌里扬诺夫（列宁）

附言:说什么这项租让不会成为一种先例,这是诡计。

很可能而且一定**会成为**先例。不管说什么好话和提出什么保证,**事实上**必然造成这种局面。

而且总的说来,米哈伊洛夫的特设委员会所揭露的**一切**根本没有被考虑进去。**有许多**理由反对这项租让。

列　宁

载于 1959 年《列宁文集》俄文版
第 36 卷

译自《列宁全集》俄文第 5 版
第 45 卷第 208 页

3

给格·列·皮达可夫的信

（10 月 6 日）

皮达可夫同志：昨天您和我一样都反对把企业租让给厄克特。因此我想，您能够并会同意再审查一下这项租让问题（何况昨天我们的决定实质上是把问题又拖延了一次）。

依我看，审查应**主要**放在垄断问题上；这是问题的中心。租让在财政上是否有利的问题是第二位的。

（1）要到矿业委员会那里取来租让项目分布图——伊·康·米哈伊洛夫（特设委员会主席，曾去过现场）说分布图已交还那里了。

（2）要编制一份表报：主要产品一览表；这些产品在我们其他工厂生产的百分比（铜、锌以及其他）；还有哪些地方在生产，离中心地区**很远**还是较近，等等。

（3）结论：在哪个部门，对哪种产品，厄克特会获得垄断地位及其影响。

（4）所有问题中主要的是埃基巴斯图兹及其对乌拉尔的意义。

使我非常惊奇的是，波格丹诺夫误说"库兹巴斯要近些"（其实远得多），而克尔日扎诺夫斯基同志说我坚持门捷列夫过时的而且是已被推翻的观点。既然埃基巴斯图兹有支线通往额尔齐斯河，并保证有近得多而且又廉价得多的水路运输通往乌拉尔，那还有什么可以争论的呢？这里问题的实质是什么？

如果库兹巴斯要贵得多、远得多（不是水运），那么我们**无权**把**整个**埃基巴斯图兹都交给厄克特；请拿一半去吧！

这封信请您只给克尔日扎诺夫斯基看。这项审查工作不要转交给别人去办，要亲自去办（当然，关于锌、铜等的开采规模和地点的所有统计数字，任何一个官员都能向您提供，而且不会知道这是干什么用的）。您是否承担下来，以及您估计是否能迅速办完，请函告。

致共产主义敬礼！

列 宁

1922 年 10 月 6 日

载于 1959 年《列宁文集》俄文版第 36 卷

译自《列宁全集》俄文第 5 版第 45 卷第 216—217 页

4

对同莱·厄克特的合同条件的补充[165]

（不早于 10 月 25 日）

（1）还有：应缩小租让的地区，确保俄罗斯联邦拥有对乌拉尔来说足够大的一部分埃基巴斯图兹地区（不少于$\frac{1}{4}$或$\frac{1}{6}$）；

（2）主要的是：应减少厄克特可得的款项，以免我们要推迟到1934（?）年才有收入。

列　宁

（3）为什么作这些修改？是作为给我们全权代表的**大致的**指令吗？

同意。

列　宁

载于 1959 年《列宁文集》俄文版
第 36 卷

译自《列宁全集》俄文第 5 版
第 45 卷第 235 页

白璧微瑕

（1922 年 9 月 10 日以后）

奥·阿·叶尔曼斯基先生写了一本非常有用、非常好的书：《科学组织劳动与泰罗制》（1922 年国家出版社版）。这是他 1918 年出版的《泰罗制》一书的改写本。这次增加了很多篇幅，补充了很重要的附录：一、《生产劳动和文化》；二、《疲劳问题》。原先题为《劳动和休息》的一章是最重要的章节之一，原来只有 16 页，现在增加到 70 页（第三章：《人的工作》）。

这本书极其详细地叙述了泰罗制，而且特别重要的是，既叙述了泰罗制的肯定的一面，也叙述了**泰罗制的否定的一面**；同时这本书还提供了关于人这个机器的生理收入和生理支出的基本科学资料。总的说来，我认为这本书完全可以当做各职业学校和一般第二级学校[166]的必修课本。学会工作，这是目前苏维埃共和国主要的、真正全民的任务。做到人人识字，并且决不满足于这一点，无论如何要继续前进并学会欧美科学中一切真正有价值的东西——这就是我们头等的最主要的任务。

叶尔曼斯基先生的书有一个严重的缺点，这个缺点也许会妨碍它成为一本教科书。就是作者太罗嗦，毫无必要地一再重复同一内容。也许作者在写作这本书时并没有打算使它成为一本教科书，那倒也情有可原。但是作者在序言第Ⅷ页上写道，他认为本书的优点在于通俗地叙述了科学问题。他这样做是对的。不过通俗的叙述也要避免重复。"大众"没有时间读大部头的书。叶尔曼斯基先生的书太厚了，而且厚得毫无必要。这妨碍它的普及……①

载于 1928 年《列宁文集》俄文版
第 8 卷

译自《列宁全集》俄文第 5 版
第 45 卷第 206—207 页

---

① 手稿到此中断。——俄文版编者注

给全俄工会第五次代表大会的信[167]

1922 年 9 月 17 日

亲爱的同志们：

这是我久病之后第一次向代表大会讲话，虽然是书面的。因此，请允许我只向你们致以热烈的祝贺，并简要地谈谈我们工业和我们共和国的状况和任务。我们的情况是特别困难的，因为我们没有恢复固定资本，即机器、工具、厂房等等的资金，然而正是这个工业，所谓"重工业"，是社会主义的主要基础。在资本主义国家，通常都靠借款来恢复这种固定资本。我们不恢复资本家和地主所有制，别人是不愿借款给我们的，可是我们不能这样做，也决不这样做。于是就剩下一条异常困难而漫长的道路，这就是一点一滴地积累资金，增加税收，以便逐渐恢复被破坏的铁路、机器、厂房等等。目前世界上只有我们一个国家的劳动农民在工人的领导下建设社会主义，而坚决不要资本家的领导。资本家用各种各样关于民主、自由之类的花言巧语来掩饰自己，实际上是在巩固资本家和地主私有制，建立少数富豪的统治，这些富豪瓜分了全世界，而且为重新瓜分世界、为奴役亿万比较弱小的落后的各族人民而厮杀。

只要我们还处于孤立状态，落在我们肩上的恢复我国国民经济的任务就会是非常沉重的。为了改善劳动者的状况以及即使是一点一滴地恢复我们被帝国主义战争和国内战争破坏了的经济，必须最大限度地调动全体农民和全体工人的力量，必须改进还很糟的国家机关，减少用于国家机关的经费。

让每个由于艰苦的生活条件或我们国家建设的过分缓慢而感到沮丧的觉悟农民和工人，回忆一下不久以前的资本家和地主的统治吧。这种回忆会使他们重新在工作中振奋起来。用一切力量从各个方面来加强和改进工作，是工农政权的唯一生路。

致同志的敬礼！

弗·乌里扬诺夫（列宁）

载于 1922 年 9 月 18 日《劳动报》
和 1922 年 9 月 19 日《真理报》
第 210 号

译自《列宁全集》俄文第 5 版
第 45 卷第 209—210 页

关于成立苏维埃共和国联盟

给列·波·加米涅夫并转
俄共(布)中央政治局委员的信[168]

9月26日

加米涅夫同志:您大概已从斯大林那里收到了他的委员会关于各独立共和国加入俄罗斯社会主义联邦苏维埃共和国的决议。

如果没有收到,请立即从秘书那里要来看一下。我昨天同索柯里尼柯夫,今天同斯大林谈过这个问题。明天将要会见姆季瓦尼(被认为有"闹独立"嫌疑的格鲁吉亚共产党员)。

依我看,问题极端重要。斯大林有点操之过急。您曾经打算研究这个问题,甚至已经作过一些研究,您要好好考虑一下;季诺维也夫也一样。

斯大林已经同意作一个让步。在第1条中把"加入"俄罗斯社会主义联邦苏维埃共和国改成——

"同俄罗斯社会主义联邦苏维埃共和国一起正式联合成欧洲和亚洲苏维埃共和国联盟"。

我希望,这一让步的精神是明白易懂的:我们承认自己同乌克兰社会主义苏维埃共和国以及其他共和国是平等的,将同他们一起平等地加入新的联盟,新的联邦,即"欧洲和亚洲苏维埃共和国联盟"。

这样一来，第 2 条也要作修改。例如，除俄罗斯社会主义联邦苏维埃共和国全俄中央执行委员会会议之外，建立一个——

> "欧洲和亚洲苏维埃共和国联盟全联邦中央执行委员会"。

如果前者和后者每星期各开会一次（或者后者每两星期开会一次），这是不难安排的。

重要的是，我们不去助长"独立分子"，也不取消他们的**独立性**，而是再建**一层新楼**——**平等**的共和国联邦。

第 2 条第二段可以保留：不满意者（对**劳动国防委员会**和**人民委员会**的决定）可以向全联邦中央执行委员会提出申诉，**但不得因此停止执行**（与在俄罗斯社会主义联邦苏维埃共和国内相同）。

第 3 条可以保留，措辞要修改："合并为**全联邦**的各人民委员部，留驻莫斯科，同时俄罗斯社会主义联邦苏维埃共和国各相应的人民委员部在**加入欧洲**和**亚洲共和国联盟**的所有共和国中均有自己的全权代表以及规模不大的机构"。

第 3 条第二段保留；为了更加平等似可写成："由加入欧洲和亚洲苏维埃共和国联盟的各共和国**中央执行委员会**协商"。

第三段斟酌一下：是否以"**必须的**"代替"适当的"？或者是否加上**有条件地**必须遵守的规定，即至少**要征求意见**，只有在"特别紧急重要"的情况下才允许不征求意见就作出决定？

第 4 条似可也写成"按照各共和国中央执行委员会的协议合并"？

第 5 条似可补充:"设立**纯粹协商**性质的(或者**只**具有协商性质的)联席(或共同的)代表会议和代表大会"?

附注(1)和附注(2)作相应的修改。

斯大林同意推迟到我回来后再把决议案提交中央政治局。我在星期一,即 10 月 2 日回来。希望在上午能同您和李可夫会见两小时,比如说 12 点到 2 点,如果需要,可在下午,比如说 5 点到 7 点或 6 点到 8 点。

这是我的初步方案。我将根据同姆季瓦尼和其他同志的谈话作补充和修改。务请您也这样做,并给我答复。

您的　**列宁**

附言:副本分送政治局**全体**委员。

载于 1959 年《列宁文集》俄文版
第 36 卷

译自《列宁全集》俄文第 5 版
第 45 卷第 211—213 页

就反对大俄罗斯沙文主义
给列·波·加米涅夫的便条[169]

（1922 年 10 月 6 日）

　　加米涅夫同志：我宣布要同大俄罗斯沙文主义决一死战。我那颗该死的牙齿一治好，我就要用满口好牙吃掉它。

　　要**绝对**坚持在联盟中央执行委员会中由

　　俄罗斯人

　　乌克兰人

　　格鲁吉亚人**等等轮流担任**主席。

　　绝对![①]

您的　**列宁**

载于 1937 年 1 月 21 日《真理报》第 21 号

译自《列宁全集》俄文第 5 版第 45 卷第 214 页

---

① 据《列宁全集》俄文第 4 版第 33 卷所载的原文，此件下方有斯大林的批语："对！约·斯大林"。——编者注

致巴库市工人

1922年10月6日于莫斯科

亲爱的同志们：我刚刚听了谢列布罗夫斯基同志关于阿塞拜疆中央石油管理局的情况的简短报告。困难真不少。谨向你们热烈致意，请你们想方设法把最近这段时期坚持过去。在开头的时候我们是特别艰难的。往后就会好些。我们必须争取胜利，无论如何要争取到胜利。

再一次向你们致以崇高的共产主义敬礼。

弗·乌里扬诺夫（列宁）

载于1922年11月7日《巴库工人报》第251号

译自《列宁全集》俄文第5版第45卷第215页

致纺织工人代表大会[170]

1922 年 10 月 10 日

亲爱的同志们：

很抱歉，不得不对你们失信了！我的牙病发作，这不仅使我刚刚开始工作就把它放下，而且又来折磨我的神经——整整一个星期。任何会见（在各种代表大会上）又要取消一周。

极其遗憾，我不能参加这次代表大会了。我很希望库图佐夫同志会向你们详告一切，并转致我最良好的问候和祝愿。

你们的 列宁

载于 1922 年莫斯科出版的《关于全俄纺织工会第五次代表大会工作情况的报告。1922 年 10 月 6—11 日》一书

译自《列宁全集》俄文第 5 版第 45 卷第 218 页

致俄国共产主义青年团
第五次代表大会¹⁷¹

（1922 年 10 月 11 日）

亲爱的朋友们：很遗憾，我不能亲自到会向你们祝贺。谨祝你们第五次代表大会在各方面获得成功。我相信青年们一定会顺利地成长起来，到下次世界革命时机成熟的时候完全能胜任自己的任务。

致热烈的共产主义敬礼！

弗·乌里扬诺夫（列宁）

1922 年 10 月 11 日

载于 1922 年 10 月 12 日《真理报》
第 230 号

译自《列宁全集》俄文第 5 版
第 45 卷第 219 页

就对外贸易垄断问题
给约·维·斯大林并转
俄共（布）中央委员的信¹⁷²

致中央委员会书记斯大林同志

1922年10月13日

中央全会10月6日的决定（记录第7号第3项）确定了一项似乎不重要的局部的改革："通过**劳动国防委员会**关于暂时准许某几类商品或某几处边境进出口的若干决定。"

但是事实上这是破坏对外贸易垄断。索柯里尼柯夫同志力求达到并且达到了这个目的，这是不奇怪的。他总想达到这个目的，他是一个爱发表奇谈怪论的人，总想证明垄断对我们不利。但奇怪的是，那些原则上拥护垄断的人不仔细询问任何经济工作人员，就投了赞成票。

通过的决定意味着什么呢？

为了进出口而开设采购站。采购站的主人有权买卖的**只是**特别指定的商品。

监督在哪里呢？监督的手段又在哪里呢？

亚麻在俄国值4.5卢布，在英国值14卢布。我们大家在《资本论》里都读到过，当利息和利润迅速增长时，资本会发生怎样的内在变化，胆子会更大。大家都记得，资本会很快达到用脑袋去冒险的地步,马克思在战前很久,在战争的"飞跃"以前很久就看到这一点了。

现在怎么样呢?有什么力量能不让农民和商人去做最有利的交易呢?再让俄国布满监视人吗?把采购站的邻人抓起来,设法证明他出售的亚麻是供秘密出口的吗?

索柯里尼柯夫同志的奇谈怪论向来是机智的,但是,必须把奇谈怪论同严峻的现实区别开来。

俄国农村在这种问题上绝对不可能有任何"法制"。同任何走私相提并论(据说,"反正一样,走私也在大肆破坏垄断")都是绝对不正确的,因为在边境上专门走私者是一回事,而**全体**农民则是另一回事,他们将**全体**出动来保护自己并同试图夺去他们"自身"利益的政权作斗争。

我们才试行刚刚开始使我们得到几百万卢布(并将使我们得到几千万甚至更多的卢布)的垄断制,就来制造一个完全混乱的局面,动摇那些刚刚开始加固的支柱。

我们开始建立起一套制度,对外贸易垄断制和合作制都已开始建立。一两年之后就会有一些结果。对外贸易的利润是以百分之几百计算的,我们**开始**得到几百万乃至几千万卢布。我们**开始**建立合营公司,开始学习取得这种公司的(骇人听闻的)利润的**一半**。我们已经看到极可观的国家收入的某种远景。我们却扔掉这个,而去指望不可能提供这么多利润的关税,我们扔掉一切而去追求幻影!

问题是匆忙地提到全会的。根本没有展开认真的争论。仓促从事是毫无理由的。经济工作人员现在才开始深入考虑。既不收集材料,也不根据文件和数字权衡**得失**,就一夜之间解决极重要的贸易政策问题,这哪里还有一点正确对待问题的影子呢?疲倦的人们在几分钟内一表决就定下来了。对于不太复杂的政治问题我们还反复考虑好多次,常常几个月才解决。

非常遗憾,我因病未能参加那天的会议,现在又不得不请求破例行事。

但是,我认为问题需要斟酌和研究,仓促从事是有害的。

我建议:延期两个月解决这个问题,即延至下次全会;在这个期间收集关于我们贸易政策经验的汇总的并经检验的**文件**。

弗·乌里扬诺夫(列宁)

附言:昨天我和斯大林同志谈话的时候(我没有参加全会,因此力求从与会的同志那里了解情况),我们顺便谈到了假定暂时开放彼得格勒和新罗西斯克两港的问题。我觉得,这两个例子都表明,这类试验,哪怕是只对少数几类商品开放的试验,也是极端危险的。开放彼得格勒港会使同芬兰交界地区的亚麻走私达到可怕的程度。我们与之斗争的将不是职业走私者,而是亚麻产区的**全体农民**。在这场斗争中,我们几乎一定要挨打,而且会弄得不可收拾。开放新罗西斯克港将使我们的余粮迅速外流。在我们的战备粮还很少的情况下,在增加粮食储备的一整套办法尚未收到成效的情况下,这样做是慎重的吗?

其次必须考虑下述情况。对外贸易垄断为我们俄国开辟了黄金储备的来源。现在刚刚可以指望,某商人在初次到俄国来的半年中得到比如说百分之几百的利润,他把向我们对外贸易人民委员部购买这种权利的价格从25%提高到50%。我们开始有机会学习和**增加**这种利润额。可是一下子这一切都完了,全部工作都被打断了,因为如果暂时局部地开放几个港口,那么,**任何一个商人都不会因这种"垄断"而付出一分钱**。这是很明显的。在进行这种冒险之前,应再三考虑和盘算。何况这不是向那些经我们逐一审查过的外国商人开放,而是向整个小资产阶级开放,那更是政治冒险。

我们已开始指望对外贸易人民委员部开辟黄金来源。我看不到有别的指望,也许酒类专卖除外,但是在这方面既要极严肃地考虑到对道德的影响,也要考虑到索柯里尼柯夫的一些切实的反对意见。

列　宁

再者:刚才(一点半)我得到消息,许多经济工作人员请求延期。我还没有看到这个请求书,但是我全力支持。不过是两个月的事。

列　宁

载于 1950 年《列宁全集》俄文
第 4 版第 33 卷

译自《列宁全集》俄文第 5 版
第 45 卷第 220—223 页

致最高国民经济委员会主席团

（1922 年 10 月 16 日）

致最高国民经济委员会主席团——**波格丹诺夫同志**

抄送：

国家计划委员会——**克尔日扎诺夫斯基和皮达可夫两同志**

财政人民委员部——**弗拉基米罗夫同志**

全俄中央执行委员会主席团

人民委员会副主席**加米涅夫同志**及列·波·**克拉辛**同志

克拉辛同志寄给我一封信，谈到以古布金同志为首的一批工程师所取得的巨大成就，他们以近乎英勇无畏的顽强精神，在国家机关微不足道的支持下，白手起家，不仅对页岩和腐殖泥作了详尽的科学研究，而且学会了以这些矿物实际制造各种有用的产品，例如鱼石脂、黑漆、各种肥皂、石蜡、硫酸铵等等。

据克拉辛同志证明，这些工作是工业的坚实基础，一二十年后会使俄国得到几亿卢布的收益，因此我建议：

1. 立即从经费方面保证这些工作继续开展。

2. 消除并在今后不断地消除阻碍这些工作开展的一切障碍。

3. 授予这批工程师以劳动红旗勋章和大笔奖金。

以后情况如何，请写信告诉我，通过人民委员会办公厅主任哥尔布诺夫同志转交。如果遇到什么障碍，也通过他立即告诉我。

人民委员会和劳动国防委员会主席

弗·乌里扬诺夫（列宁）

载于1930年1月20日《中央执行委员会和全俄中央执行委员会消息报》第20号

译自《列宁全集》俄文第5版第45卷第224页

就同德国公司财团的合同问题
给约·维·斯大林并转
俄共（布）中央政治局的信

（1922 年 10 月 18 日）

致斯大林同志并转政治局
抄送：加米涅夫同志

我仔细地看了同奥托·沃尔弗的合同。[173]我发现，加米涅夫同志的反对意见完全出于误会，我认为应当明天就把问题提请政治局决定，因为我和加米涅夫之间的分歧要求作出权威的最后决定。

加米涅夫在便条中写道，我们"承担了向沃尔弗购买其货物的义务"。这完全是误解。我在阅读合同时从许多条文中看到，我们有权审查沃尔弗交给我们的货单。我们丝毫没有承担向沃尔弗购买货物的义务。如果沃尔弗不能提出我们同意购买的货单，那么，合同仅适用于我们已同意向沃尔弗购买的那部分货物。此事我今天已经向列扎瓦，也向弗鲁姆金详细问明，他俩都肯定说，我们丝毫没有承担购买沃尔弗的货物的义务。

加米涅夫同志说什么列扎瓦"加深了"他的怀疑，这同样是由于他产生了误会。事实上，斯托莫尼亚科夫的那个写在第 62 号议定书第 2 页上并为我们全体经济工作人员一致接受的建议，应作完全不同的解释。这个建议就是要沃尔弗尽可能多向我们提供机床及其他必需的设备，例如电力托拉斯所必需的设备，以利于我们正在恢复的工业。沃尔弗会同意这样做，是因为这种订货也将使他得到收益，而整个德国五金工业都需要有订货。机床和机器，例如电力托拉斯所需的机床和机器，之所以是我们绝对必需的，是因为我们的这项工业才开始复兴，而对我们至为重要的是发展我们的这项工业，用德国的生产资料来彻底地巩固它。

由此可见，列扎瓦的修改意见是根据正确理解的俄国经济利益作出的，俄国目前需要贸易保护主义，对整个轻工业来说尤其如此，因为，这样我们才能够比较容易地恢复轻工业，从而保障我国无产阶级的利益。列扎瓦的修改意见与任何自由贸易，甚至与保留关税的边境开放都毫无共同之处。加米涅夫同志在便条结尾写道：

"结论：为了延期一年向沃尔弗支付我们还不清楚的货物的价款，我们现在就给他采购和出口原料的垄断权。这太便宜了。"

这纯属误解。不可能想象有比我们同沃尔弗签订的合同更为有利的合同了。我们付给他的年息为10％，甚至英国现在也得付7％，德国政府则付12％。这是一。我们向他购买的绝不是什么还不清楚的货物，而都是我们按照清单审核过的准许进口的货物。这是二。第三个情况是：我们给他采购和出口的垄断权，是因为实行同任何关税都毫无共同之处的利润分成。这就是说：第一，我们获得10％的红利；第二，我们同沃尔弗一样，获得10％的利润；第三，如果利润超过40％，我们就得到其余部分的75％，而财团只得到25％。

我认为，同沃尔弗的合同是和德国资本主义企业签订的一种典型的合同。

这样的合同对我们有无限的好处,因为我们可以从肯定不止一个 100％的利润中分得一半。这样,我们正在恢复的工业的利益,因而也是我们工业企业的利益都完全得到保护。丝毫不会有那些即使是有条件地、即使是暂时地开放边境可能造成的使我们大受损失的后果。因此我绝对坚持批准同沃尔弗的合同,并且由于此事极端紧急,我请求明天就把问题提交中央政治局。随信附上同沃尔弗的合同和加米涅夫同志的便条。[174]

人民委员会主席

弗·乌里扬诺夫(**列宁**)

译自《列宁全集》俄文第 5 版
第 45 卷第 225—227 页

致全俄财政工作者代表大会[175]

（1922 年 10 月 20 日）

亲爱的同志们：

巩固苏维埃财政是最艰巨的任务之一，但它现在已经占据首要地位，这个任务不完成，无论在保卫苏维埃俄国的独立免受国际资本危害方面，还是在国家经济和文化的发展方面，都不可能大踏步前进。我们的财政机关必须竭尽全力在最短期间能通过税收保证工农国家得到一切国家机关进行正常工作所必需的经费。

谨向全俄财政工作者代表大会致贺，我坚信财政工作者在财政建设中不会辜负苏维埃俄国劳动群众对他们的期望。

弗·乌里扬诺夫（列宁）

1922 年 10 月 20 日

载于 1922 年 10 月 24 日《真理报》
第 240 号

译自《列宁全集》俄文第 5 版
第 45 卷第 228 页

致苏俄之友协会(美国)[176]

1922年10月20日

亲爱的同志们：

我刚才特地向彼尔姆省执行委员会查对了我们报纸上发表的关于以哈罗德·韦尔为首的贵会会员的拖拉机队在彼尔姆省"托伊基诺"国营农场工作情况的非常可喜的消息。

尽管有巨大的困难，特别是上述工作地区离中央非常遥远，而且在国内战争期间又遭高尔察克的破坏，你们还是取得了应当说是非常出色的成就。

谨向你们表示深切的谢意，并请在贵会会刊上发表这封信，如有可能，也请在北美合众国的一般报刊上发表。

我要提请全俄中央执行委员会主席团授予这个国营农场以模范农场的称号，并在建筑工程方面和在供应汽油、金属以及建立修理厂所必需的其他材料方面给予特别的额外帮助。

我再一次代表我们共和国向你们表示深切的谢意，并请注意，对我们来说没有一种帮助能像你们给予我们的帮助那样适时，那样重要。

人民委员会主席　列宁

载于1922年10月24日《真理报》
第240号

译自《列宁全集》俄文第5版
第45卷第229页

致技术援助苏俄协会[177]

1922 年 10 月 20 日

亲爱的同志们：

我们的报纸上登出了一些非常可喜的消息，报道了贵会会员在坦波夫省基尔萨诺夫县和在敖德萨省米季诺车站附近各国营农场工作的情况，以及顿巴斯一批矿工的工作情况。[178]

尽管有巨大的困难，特别是国内战争时期的经济破坏，你们还是取得了应当说是非常出色的成就。

谨向你们表示深切的谢意，并请在贵会会刊上发表这封信，如有可能，也请在北美合众国的一般报刊上发表。

我要提请全俄中央执行委员会主席团授予最出色的农场以模范农场的称号，并给以顺利开展工作所必需的特别的额外帮助。

我再一次代表我们共和国向你们表示深切的谢意，并请注意，你们帮助我们用拖拉机耕地对我们是特别适时和重要的。

我有机会在你们打算组织 200 个农业公社之际向你们致贺，感到特别高兴。

人民委员会主席　**列宁**

载于 1922 年 10 月 24 日《真理报》
第 240 号

译自《列宁全集》俄文第 5 版
第 45 卷第 230 页

致彼尔姆省执行委员会主席

1922 年 10 月 20 日

在彼尔姆省境内奥汉斯克县工作的美国拖拉机队,在哈罗德·韦尔同志的领导下,尽管工作时间不长,却取得了很大的成绩。已耕地共达 1 500 俄亩,其中约 1 000 俄亩已种上秋播谷类作物。

毫无疑问,如果不是我们实际工作中常有的缺点,该拖拉机队还能取得更大的成绩。

您的报告指出,缺乏汽油和润滑油,建筑住房时工人不足,但没有指出省执行委员会为消除上述困难采取了哪些措施。

完全不能容忍的是,这种有益的创举竟得不到各方面的支持,特别是地方组织的支持,而地方组织是能够很快弄清出现的障碍并帮助排除的。

请您给予上述拖拉机队以最大的支持,尤其是要帮助他们实现合理使用拖拉机的设想、弄到汽油、建立修理厂、建筑住房等等。

美国农业队给予我们的帮助是非常需要和及时的。我们的任务主要是,最少拖延地在最大程度上协助实现他们的创举。

请通过斯莫尔亚尼诺夫同志把您采取措施的结果,以及您自己无法解决的当前特别重要的要求告诉我。

人民委员会主席

弗·乌里扬诺夫(列宁)

载于1959年《列宁文集》俄文版
第36卷

译自《列宁全集》俄文第5版
第45卷第231—232页

致全俄中央执行委员会主席团

1922 年 10 月 24 日

报纸上许多文章谈到了自带拖拉机前来的几个美国农业公社和农业队所取得的非常出色的成就。经特地查对,以哈罗德·韦尔为首的拖拉机队在彼尔姆省"托伊基诺"国营农场的工作确实出色。此外,在最高国民经济委员会工业移民局里有关于坦波夫省基尔萨诺夫县和敖德萨省蒂拉斯波尔县米加耶沃村的几个农业公社工作的同样材料。

目前美国技术援助俄国协会正在组织配备 800—1 000 台拖拉机的约 200 个劳动组合前来俄国。如果此事得以实现,我们每个县就能够至少有一个使用美国技术装备的示范农场,我认为这具有巨大意义。

为了鼓励此事,我分别给美国苏俄之友协会和美国技术援助苏俄协会写了感谢信,我在信中指出,对我们来说没有一种帮助能像他们给予我们农业的帮助那样适时,那样重要。① 在信中我告诉他们,我要提请全俄中央执行委员会主席团授予彼尔姆农场和其他最出色的农场以模范农场的称号,并在建筑工程方面和在供应汽油、金属以及为开展工作和建立修理厂所必需的其他材料方面予以特别的额外帮助。

---

① 参看本卷第 234、235 页。——编者注

请审议这个问题并同意我的这项请求。[179]

人民委员会主席

弗·乌里扬诺夫（**列宁**）

载于 1959 年《列宁文集》俄文版　　　　　译自《列宁全集》俄文第 5 版
第 36 卷　　　　　　　　　　　　　　　　　第 45 卷第 233—234 页

给新解放的沿海地区的贺电[180]

（1922 年 10 月 26 日）

赤塔　致远东共和国部长会议主席

值此胜利的十月革命五周年之际，红军在肃清俄罗斯联邦和同它结盟的各共和国境内的外国占领军方面又迈出了有决定意义的一步。远东共和国人民革命军攻克符拉迪沃斯托克，使备受日本帝国主义沉重压迫的俄国公民同俄罗斯的劳动群众结合起来了。在向俄国全体劳动者和英勇的红军祝贺这一新的胜利的时候，请远东共和国政府向新解放地区和符拉迪沃斯托克市的全体工人和农民转致俄罗斯联邦人民委员会的祝贺。

俄罗斯社会主义联邦苏维埃
共 和 国 人 民 委 员 会 主 席
弗·乌里扬诺夫（列宁）

1922 年 10 月 26 日于莫斯科

载于 1922 年 10 月 27 日《真理报》
第 243 号

译自《列宁全集》俄文第 5 版
第 45 卷第 236 页

答《观察家报》和《曼彻斯特卫报》记者 M.法尔布曼问[181]

（1922 年 10 月 27 日）

1. 问：反俄报刊把莫斯科接待赫里欧和法俄谈判说成苏维埃俄国对外政策上的重大转变。

这个说法对不对？据说，俄国把英国的近东政策看成一种挑战，并且准备同法国缔结针对英国的协定，这是真的吗？

答：把莫斯科接待赫里欧和法俄谈判[182]说成整个苏俄政策的某种转变，哪怕是微乎其微的转变，特别是说成向反对英国转变，我认为这是绝对不正确的。毫无疑问，我们高度评价在莫斯科接待赫里欧一事以及为同法国接近即同法国谈判而采取的步骤，同法国谈判现在有可能了，可能性较大，甚至认为是势在必行。同法国的任何接近，都是非常合乎我们愿望的，特别是因为俄国的贸易利益迫切需要同这个最强大的大陆国家接近。但是我们相信，这种接近丝毫也不意味着我们的对英政策必须有所改变。我们认为，同这两个强国建立十分友好的关系是完全可能的，也是我们的目的。我们认为，正是发展贸易关系必然大大地有助于达到这一目的。我们认为，正确认识到的英法两国的利益在这方面同样会起促进作用。我们认为，英法两国的相互利益，就其与俄国有关联的来说，决不包含英法之间必然敌对的因素。相反地，我们甚至认为，这两个强国同俄国的和平友好关系，包含着英法两国长久保持和平友好、两国在目前条件下可能产生的一切分歧最迅速最正确地得到圆满解决的保证之一（我几乎想说是最有力的保证）。

2. 问：英国所支持的希土战争的实际结束，是不是缔结英俄协定的最好时机？

答：英国所支持的希土战争[183]的结束，当然是在某一方面增加缔结英俄协定的可能性的时机。在这次战争结束以前，我们就争取缔结这个协定，现在将更加努力地争取。不错，这次战争的结束所带来的一些问题会引起我们同英国的分歧。但是，第一，代替希土战争的和平，在我们看来，是整个国际政治的胜利，因此我们期望希土和平将使国际政治的整个形势好转。第二，我们决不认为我们同英国的分歧是不可克服的。相反地，我们希望，最近的将来随着近东问题进展到不同的阶段我们将会看到，我们期望希土战争的结束也将是那些把这场已告结束的战争推到国际政治舞台最前面的各种冲突和纠纷的结束，这能在多大程度上得到实现。我们正在竭力使英俄之间的摩擦和纠纷随着这场战争的结束而结束；我们希望英国政府的利益在这里也能够战胜反俄报刊的任何暗中挑拨和常常是虚情假意的言论。

3. 问：您是否认为俄国参与东方问题只是一个威望问题，或者您完全是从俄国的实际利益出发的？俄国政府是否同意法国提出的只许俄国参加解决海峡问题的那部分会议的建议？

答：我认为俄国参与解决近东问题[184]决不是一个威望问题。我希望，我们五年来的整个国际政策已经充分证明，我们对威望问题是毫不介意的，我们决不会仅仅为了威望而提出什么要求或破坏大国间和平的实际可能性。我相信，对所谓威望问题，无论哪一个大国的民众都不会这么不介意,甚至报以最愉快的嘲笑。我们认为现代外交正在愈来愈快地对威望问题采取这种态度。

对我们来说,我们的近东政策是俄国和许多同俄国结成联邦的国家的最现实的切身利益问题。如果所有这些国家参加近东会议的要求不能实现,那就会产生许多敌对、冲突和不满的因素,就会在东欧和所有其他国家之间的纯贸易事务上造成困难,使和平共居不是毫无基础,就是异常困难。

因此俄国政府对巴黎提出的只许俄国参加解决海峡问题的那一部分会议的建议感到不满。我们认为这种限制必然会造成许多非常实际的、直接的不便,包括经济上的不便,法国和英国本身大概在不很久的将来会感到这种不便。

4. 问:俄国解决海峡问题的计划是什么?

答:我们关于海峡问题的计划(目前当然还只是大致的)主要有下列几点:

第一,满足土耳其的民族愿望。我们认为,不只是民族独立的利益要求这样做。五年来我们在一个举世罕见的多民族国家里解决民族问题的经验使我们完全相信,在这类场合,对待民族利益的唯一正确的态度就是予以最大限度的满足,创造条件来排除由此引起冲突的一切可能。我们的经验使我们坚信,只有对各个民族的利益极其关心,才能消除冲突的根源,才能消除互不信任,才能消除对某种阴谋的担心,才能建立语言不同的人们,特别是工人农民的互相信任,没有这种信任,无论各族人民之间的和平关系,或者现代文明中一切珍贵事物的比较顺利的发展,都是绝对不可能的。

第二,我们的计划包括禁止任何军舰在平时和战时通过海峡。这是所有的国家,不仅是紧邻海峡的国家,而且是其余一切国家最直接的贸易利益。应当注意到,目前全世界发出的和平主义的言论和保证、有时甚至是反对战争和反对和约①的誓言非常多,而大多数国家,特别是现代的文明国家,准备采取实际的、哪怕是最简单的保障和平的措施的却非常少。我们希望在这个问题以及诸如此类问题上尽可能少来一些空泛的声明、庄严的诺言、华丽的口号,而尽可能多来一些最简单最明确又能真正导致和平——且不说彻底消灭战争危险——的决定和措施。

第三,我们关于海峡问题的计划还包括商船有充分的航行自由。我认为,讲了上面那一些话以后,再来解释和具体说明这一点完全是多余的。

5. 问:如果国际联盟吸收俄国、土耳其、德国和美国加入,俄国政府是同意由国际联盟来监督海峡呢?

还是要求成立监督海峡的特别委员会?

答:我们当然是反对国际联盟[185]的,我认为不但我们的政治经济制度及其特点使我们对国际联盟持否定态度,而且从现代整个国际政治的具体条件来看的和平利益,也证明这种否定态度是完全正确的。国际联盟鲜明地带有它来源于世界大战的一切特点,同凡尔赛条约有非常紧密的联系,连实际建立民族平等、为各民族和平共居创造实际可能的影子都没有,因此,我觉得我们对国际联盟持否定态度是不难理解的,无须再作解释了。

6. 问:拒绝批准同厄克特的协议,是否意味着"左派共产主义者"的胜利?

---

① 指凡尔赛和约。——编者注

为了能够恢复同厄克特的谈判并批准合同,要有什么样的客观条件?

答:关于同厄克特签订合同的问题,还是在我因病不能参加政府工作的时候由我国政府提出的。因此这件事情的详情,我现在还不完全了解。但是我可以十分明确地肯定,目前没有并且也谈不上左派共产主义者的胜利。这是我从直接观察政府工作进行情况中知道的。

问题在于英国不肯让我们参加会议这一不公正的做法,太出乎意料,在俄国引起了极大的愤慨,不但使右派共产主义者同左派共产主义者,而且使俄国广大非党的工人和农民群众都紧密地团结起来,所以事情没有发展到也不可能发展到左派共产主义者和右派共产主义者发生什么意见分歧的地步。

我们拒绝同厄克特签订合同的理由,可以说不但直接表达了全党的情绪,而且正是表达了全民的情绪,即全体工人和全体农民群众的情绪。

能否同厄克特恢复谈判和随后批准合同,首先取决于英国不再对俄国采取千方百计缩小俄国参加近东问题会议的权利这种令人愤慨的不公正态度。至于厄克特向我们提出的具体条件,我还没有时间很详细地研究,我只能说,政府已经决定尽快地让赞成和反对这项协议的人在我们报刊上发表意见,以便从最客观的、论据充分的辩论中取得材料来认真审查所有“赞成”和“反对”的理由,并且本着最符合俄国利益的精神来决定这个问题。

7. 问:英国反俄报刊断言,不久以前逮捕莫斯科工业家一事意味着新经济政策的结束、国有化和没收政策的恢复,这种指责有几分是对的?

答:关于您提出的英国反俄报刊指责我们逮捕“莫斯科工业

家"的问题,我应当指出,今天我正好在我们的报纸(《消息报》)上看到一则题为《逮捕黑市贩子》的简讯。在这则简讯中正是国家政治保卫局经济管理处处长 З.Б.卡茨涅尔松同志本人指出,绝对没有什么逮捕工业家的事情,"苏维埃政权的敌人在俄罗斯联邦国内和国外散布谣言,说这种逮捕是取缔自由贸易。实际上这是**十分荒诞的**无稽之谈,其明显的反革命意图是破坏正在建立的我们同西欧的经济关系"。

实际上被逮捕的都是一些从事所谓黑市交易的人,我们当局掌握的材料证明这些外币倒卖者同驻莫斯科外国使馆的某些工作人员有联系,这些材料还证明他们不仅倒卖白金、黄金(金锭),而且**组织偷运这些贵金属出国**。

您从这里可以看出,那些说我们要结束"新经济政策"的谣言是绝对没有根据的,也可以看出,用闻所未闻的歪曲和谎言竭力曲解我国政策的英国反俄报刊的指责是彻头彻尾捏造的。实际上,政府方面任何人都绝对没有说过要结束"新经济政策",恢复旧政策。政府的全部工作——顺便说一下,在全俄中央执行委员会正在举行的这次常会上也如此——是要把叫做新经济政策的东西以法律形式最牢固地固定下来,以排除任何偏离这种政策的可能性。

1922 年 10 月 27 日

载于 1922 年 11 月 10 日《真理报》
第 254 号

译自《列宁全集》俄文第 5 版
第 45 卷第 237—244 页

在第九届全俄中央执行委员会
第四次常会上的讲话[186]

(1922 年 10 月 31 日)

（热烈鼓掌多时。全体起立)同志们！请允许我只讲几句祝贺的话。当然，首先必须祝贺我们的红军，他们前几天再一次表现了自己的英勇精神，拿下了符拉迪沃斯托克，肃清了同苏维埃俄国有联系的最后一个共和国境内的敌人。我们大家在这里祝贺红军的这一新的功绩，同时也祝贺为结束战争而采取的看来相当坚决的步骤，即把白卫分子的最后兵力赶下海去，我相信，我的这些话表达了大家的心意。(鼓掌)我认为我们的红军已经使白卫分子长时期内根本不可能再来侵犯我们，不可能侵犯俄国或者任何一个同我们有直接或间接、紧密或不太紧密联系的共和国。

但是，为了防止一下子就流露出过分自夸的腔调，我们同时也应当指出，在这里起作用的不仅有红军的功绩和力量，而且有国际局势和我们的外交活动。

有一个时期，日本和美利坚合众国签订了援助高尔察克的协定。这个时期已经过去很久了，也许我们当中很多人把它完全忘掉了。但是这个时期是有过的。如果说，我们已经做到不会再出现此类协定，我们已使拥有强大兵力的日本人宣布撤退，并履行了这个诺言，那么，这里当然也有我们外交界的功劳。

现在我不想拉长我的简短贺词，去谈取得这一成就的条件。我只说一下，不久我们的外交家们将在极其重要的问题上，在同我们有重大利害关系的问题上，在11月13日英国拟在洛桑召开的近东会议上，再一次大显身手。我相信，我们的外交家们在那里也不会丢丑，我们在那里也能维护各个联邦共和国和俄罗斯联邦的利益；至少我们会使群众清楚地了解障碍在哪里，障碍是什么，它对于实现我们以及所有同海峡问题有利害关系的国家最合法的愿望和意向有多大妨碍。

关于对外政策，我只简短地谈这一些，现在来谈谈你们的工作。

我认为我们在这方面取得的成绩是很不小的，尽管乍看起来也许过去和现在都有人觉得这些工作并不那么重要。拿你们通过的第一部法典即劳动法典来说吧。在各国都向工人阶级进攻的时候，我们提出了一个牢固确立劳动立法原则（例如八小时工作制）的法典，这是苏维埃政权的一大成就。当然，可以对这个法典提出这样那样的更大的希望。但是我认为这种希望是不适当的。

应当考虑到，虽然资本主义各国现在进行着疯狂的资本主义竞争，有千百万人失业，资本家以自己的力量组织起强大的资本主义同盟，组织向工人阶级的进攻，但是同它们比起来，我们的文化水平最低，生产力最不发达，工作的本领最差。我们必须承认这一点，这也许令人很不愉快。但是我认为，正因为我们不是用冠冕堂皇的词句和照例敷衍的感叹来掩饰这些事实，而是直率地承认这一切，正因为我们意识到这一切，不怕在讲台上说，我们为改变这种状况花的力量比任何一个国家都多——正因为如此，我们才一定能够以其他国家梦想不到的速度赶上它们。

当然，这不是一种神话般的速度。当然，为了达到这一点，我们还要非常顽强地努力几年。一天两天自然是什么也办不到的。五年已经过去了，我们看到了社会关系的变化是多么迅速。我们学会了理解时间的意义。这一点我们还要继续学习。我们这里谁也不相信任何一种变革会有神话般的速度，但是我们相信，只要运动是由真正革命的政党领导的，就能达到实实在在的速度，比历史发展中曾经有过的任何一个时期还要快的速度。我们相信可以有这样的速度，而且无论如何要达到这样的速度。

其次，我来谈谈你们所通过的土地法典的问题。在这一方面你们都知道，与任何法律不同，我们的法律在著名的1917年10月25日的第二天立即提出了土地条例，这个条例在技术上，也许还在法律上，是很不完善的，但是它把农民所绝对必需的、能够保证农民同工人的联盟的一切主要东西，都规定下来了。从那个时候起，不管我们在连年战争的这五年中是多么艰苦，我们从来没有忘记使农民在土地方面得到最大的满足。如果发现你们现在通过的法律在某些方面还需要修改，那么我们将毫无困难地通过进一步的修改和进一步的改善，正像你们现在通过对我国刑法典的修改和改善一样。土地问题，即如何安排绝大多数居民——农民的生活问题，是我们的根本问题。在这方面我们已经使俄国农民认识到，凡是有关修改旧法律的建议，从来没有受到我国最高立法机关的阻挠，而是得到它的支持和最善意的对待。

其次，你们还审议了像民法典、一般法院组织这样的问题。你们知道，在我们坚决推行的、我们对之不会动摇的现行政策下，这是一个对广大居民极其重要的问题。你们也知道，我们在这方面一直力求划清界限：什么是从法律上满足任何公民与目前经济流转有关的要求,什么是滥用新经济政策。这类现象在所有国家都是合法的,而我们却不想让它合法化。你们为此专门提出并已通过的修正案成效如何,将来会见分晓。在这方面我们决不会束缚自己的手脚。一旦现实生活暴露出我们以前没有预料到的滥用新经济政策的现象,我们会马上作出必要的修正。在这方面你们大家当然都很清楚,像我们这种立法的速度,其他大国可惜还未有过。且看不久的将来它们会不会也不得已而设法在这方面稍微赶上苏维埃俄国。

此外,在一些同样重要的问题当中,应当谈一谈你们在这里也已经作了最后决定的一个问题。这就是地方苏维埃代表大会和省执行委员会的问题。尽管有先前的各种立法制度和先前的几个宪法,这个问题一直迟迟没有解决。有人认为这个问题不重要,以为地方上可以一切照旧。我们的想法正好相反。我们深信,我们的革命所以取得了一些真正的成就,正是因为我们对地方政权、对地方本身的经验一向非常重视。1917年10月的革命一下子就取得了这样的成就,使我们1918年春天就以为战争已经停止。实际上,战争刚刚开始,而且以最坏的形式,以国内战争形式开始。实际上,同德国人的和约意味着这些德国人支持国内战争中的坏分子。实际上,当时的对德和约(秋天就撕毁了)意味着指责我们同德国人媾和的协约国一直支持这些分子。如果我说,革命如此迅速地在几个月之内,甚至在几个星期之内就大功告成,那么,这是因为我们充分依靠了地方工作人员,我们给他们开辟了广阔的活动天地,因为我们正是期望地方上发挥热情,使我们的革命行动不可阻挡地和迅速地展开。我知道,从那个时候起,我国各地受到许多各种各样的所谓微扰。处理地方和中央的关系一直是我们的一个不小的任务。我决不想说这个任务我们一向解决得很圆满,限于我们总的文化水平,我们不能奢望圆满的解决。但是,我们解决这个任务比任何国家更真诚、更符合实际、更扎实——这一点我们是敢说的。

最后,我只想再谈一个问题,这个问题是我特别关心的,我想你们大家也必定是关心的,虽然它并没有正式列入你们的议程和议题。这就是关于我们的国家机关问题,这是一个老问题,又永远是一个新问题。

1918 年 8 月间,我们对我们在莫斯科的机关进行了一次调查统计,当时在莫斯科的国家和苏维埃职员共 231 000 人,这包括中央的和莫斯科市的职员。不久以前,在 1922 年 10 月,又进行了一次调查统计,我们本来以为,我们已经精简了臃肿的机关,它现在一定缩小了。结果发现它竟有 243 000 人。这就是历次精简的结果。这个例子还需要费很大的气力来研究和比较。1918 年,我们可以说是在第一个改革的热潮中进行了这样的调查统计,说得直率一点,从调查统计的结果中我们几乎未能得到什么有用的东西。我们还顾不到这些事情。国内战争使我们腾不出一点时间。现在我们希望能够做到这一点。我们的机关缺点很多,膨胀了一倍有余,往往不是为我们工作,而是反对我们,这是实际情况,不必害怕说出来,哪怕是在我们共和国最高立法机关的讲台上说出来,但我相信,我们的机关是会得到改善的。要使机关得到改善,需要花大力气,要有能力。我们已经开始非常认真地研究如何改善的问题,不过目前还只是开始,只不过写了几篇文章,在个别地方作了调查研究。如果我们大家会后决意比过去更加注意这个问题,少在无谓的忙乱上浪费时间——我们往往在这方面浪费太多的时间——,

如果我们切切实实地研究我们的机关，搞上若干年，那就会有很大收获，那就会成为我们成功的保证。我们应当勇于承认，我们是自发地建立自己的机关的。优秀的工人无论在军事方面或非军事方面都承担了最艰巨的职务，他们常常出错，但是能够纠正过来，并且工作下去。英勇肯干的人可能只有几十个，而待着怠工或半怠工，钻在公文堆里的人却有几百个，这种力量对比往往使我们生气勃勃的事业断送在文牍的汪洋大海里。我们应当极其细致地研究这个以前无法研究的问题。还要经过好多年，还要学习好多年，因为我们工人的文化水平很低，担负这一全新的业务很困难——而在真诚和热情方面我们又只有工人可以依靠。还要经过好多年，我们才能使我们的国家机关得到改善，把它提高到——不是就个别人，而是就整个机关而言——更高的文化水平。我相信，如果我们今后在这个工作上继续努力，我们就一定会收到最好的效果。（长时间鼓掌）

载于 1922 年 11 月 1 日《真理报》
第 247 号

译自《列宁全集》俄文第 5 版
第 45 卷第 245—251 页

就俄罗斯联邦致各协约国照会的措辞问题给格·瓦·契切林和俄共(布)中央政治局委员的信

1922 年 10 月 31 日

致契切林同志和全体政治局委员

我认为致协约国的照会[187]是非常重要的,但我现在没有时间十分认真地斟酌照会草稿中的所有措辞。我想,应当对每个词都检查两三遍,不能有一个词表示我们将拒绝赴会。

在这个意义上,照会应当特别讲究"外交辞令"。我很粗略地看了一遍,觉得照会结尾部分的措辞在这个意义上说是不够讲究外交辞令的。

列 宁

译自《列宁全集》俄文第 5 版
第 45 卷第 252 页

致《彼得格勒真理报》[188]

1922 年 11 月 1 日

亲爱的同志们：值此十月革命五周年之际，我衷心地向你们祝贺，谨祝在今后的五年中，我们在和平战线上的斗争，也像过去在军事战线上一样获得成就。

致崇高的敬礼和良好的祝愿！

你们的　**弗·乌里扬诺夫（列宁）**

载于 1922 年 11 月 5 日《彼得格勒真理报》第 251 号

译自《列宁全集》俄文第 5 版第 45 卷第 253 页

致《真理报》

（1922 年 11 月 2 日）

　　亲爱的同志们：值此十月革命五周年之际，我热烈地祝贺你们。祝我们在今后的五年中，能争取到而且是和平地争取到不亚于过去用武力争取到的成就。

你们的　**列宁**

1922 年 11 月 2 日

载于 1922 年 11 月 7 日《真理报》
第 252 号

译自《列宁全集》俄文第 5 版
第 45 卷第 254 页

致共产党人合作社工作者
第一次国际代表会议[189]

(1922 年 11 月 2 日)

祝贺共产党人合作社工作者国际代表会议十分及时的召开，祝会议圆满成功。

我和会议的代表们一样，清楚地意识到争取合作社机构为世界革命服务这项既定任务的复杂性和艰巨性。

如果我们在俄国所取得的工作经验也能对共同事业有所裨益，我将非常高兴。

载于 1922 年 11 月 3 日《真理报》
第 249 号

译自《列宁全集》俄文第 5 版
第 45 卷第 255 页

关于合作银行的提纲[190]

(1922 年 11 月 2 日)

(1)按交易的数额和扩展到各县的程度发给奖金；

(2)按存款的数额和扩展到各县的程度发给奖金；

(3)由最著名的共产党人农业合作社工作者参加银行工作以进行监督和督促；

(4)由国家银行以降低利率的办法鼓励合作银行；

(5)由国家银行拨给若干款项。

译自《列宁全集》俄文第 5 版
第 45 卷第 256 页

致彼得格勒纺织工人[191]

1922年11月3日

亲爱的同志们：衷心感谢送来的毛毯，我看质量很好。十分遗憾未能接见绍罗夫。

致崇高的敬礼！

你们的 弗·乌里扬诺夫（列宁）

载于1945年《列宁文集》俄文版
第35卷

译自《列宁全集》俄文第5版
第45卷第257页

致全俄统计工作者代表大会[192]

1922 年 11 月 4 日

衷心感谢你们的问候。请接受我的谢意,祝你们工作顺利。

人民委员会主席
弗·乌里扬诺夫(列宁)

载于 1922 年 11 月 5 日《真理报》
第 251 号

译自《列宁全集》俄文第 5 版
第 45 卷第 258 页

答《曼彻斯特卫报》记者阿·兰塞姆问[193]

（1922年11月）

第一种回答

（11月5日）

1. 问：我看到经济很活跃，大家都忙着买东西和卖东西，一个新的商业阶级显然正在产生。请问：**怎么说耐普曼不是一种政治力量，也没有显示出要求成为一种政治力量的迹象呢？**

答：您的第一个问题使我回想起很久很久以前在伦敦的一次谈话。那是一个星期六的晚上。大约20年前，我和一个朋友一起散步。[194]街上非常热闹。商人在街上摆满了摊子，用金属筒做的小煤油灯或诸如此类的灯具照亮着自己的商品。灯光很美丽。街上熙熙攘攘，热闹非常。大家都忙着买东西或卖东西。

俄国当时有一个派别，我们把它叫做"经济派"。我们这种有点书生气的称呼，指的是那些幼稚地把马克思的历史唯物主义观点简单化的人。我的朋友是个"经济派"，他当即发表高论说：你看，在这种不寻常的经济活动之后，紧接着必然会要求成为一种政治力量。我嘲笑了对马克思思想的这种理解。小商贩人多，他们的活动极为活跃，还丝毫不能证明他们是阶级的强大的经济力量，而只有这种经济力量才可以而且应该断定会成为一种"政治力量"。也许，伦敦形成为世界性的贸易力量——既是经济力量又是政治力量——所走过的道路比我的交谈者所想象的要复杂一些；伦敦街头商贩虽然非常活跃，但他们离"政治力量"，甚至离要求成为一种政治力量还相当远。

您问，为什么这种"耐普曼"（也就是街头商贩？小贩？）在我们这里没有显示出"要求成为一种政治力量的迹象"，您提这个问题恐怕会使我们发笑，而我们会这样来回答：这跟每逢星期六英国伦敦街头那群忙着买东西卖东西的人没有显示出"要求成为一种政治力量的迹象"的原因是一样的。

2. 问：我有这样一个印象：现在在俄国，买卖和交换的利润很高，而生产只有在极少数情况下能够赢利。买卖和交换掌握在耐普曼手里。赢利的生产多半规模很小，而且掌握在私人手里。**赔本的**生产则掌握在国家手里。请问：**这是不是意味着耐普曼在经济上不断加强而国家不断削弱呢？**

答：您提这第二个问题的着眼点恐怕也和上述"经济派"的观点相差无几。好像是巴师夏曾经近乎郑重地讲过他所持的见解："古希腊人和罗马人是以掠夺为生的。"至于这些以掠夺为生的人所掠夺的东西究竟是从哪里来的这一"经济"问题，他却不很关心。

您的印象是"现在在俄国，买卖和交换的利润很高"，"而生产只有在极少数情况下能够赢利"。

您从莫斯科街头观察中得出这样的结论，我读后感到非常惊奇。我想，千千万万的俄国农民怎么样呢？他们在种地，看来，这在俄国并不是少数情况，更不是极少数情况，而是极大多数情况吧？这种情况"甚至"比"耐普曼"的任何"买卖"都要多吧？俄国农民的生产大概不仅"可能"，而且是非常"赢利"的吧？不然的话，我国农民非常迅速和轻易地交给国家的几亿粮食税是从哪儿来的呢？在辽阔的俄国的农村和城市里这样普遍掀起的有目共睹的建设高潮，又是从哪儿来的呢？

在俄国货币贬值，100万卢布在自由市场上还不值过去一个卢布的时候，一个小商贩有时赚了几百万几百万的利润，提问人是不是就认为这种小买卖是"利润很高的买卖和交换"呢？恐怕不至于犯这种错误吧！因为我国现在（已经几个月了）把纸币上"多余的"几个零抹掉了。**195**昨天是万亿，今天抹掉四个零，就变成1 000万了。国家并没有因此发财，但是说国家"变弱了"，这是很奇怪的，因为这明明是货币状况改善了一步。耐普曼开始看到卢布在稳定起来，比如，这在今年夏天就看出来了。耐普曼开始料到今后还会继续"抹掉"零，而我怀疑耐普曼"要求成为一种政治力量"就能阻止把零抹掉。

再来谈谈生产。在我们这里，土地掌握在国家手中。占用土地的小农纳税的情况很好。所谓轻工业的工业生产显然活跃起来了，它多半或者归国家所有，由国家的职员管理，或者归承租人掌管。

因此，担心"国家不断削弱"是没有根据的。

要区别开的不是生产和贸易，而是轻工业生产和重工业生产。后者确实是无利可图的，因此我们国家的状况确实困难。这一点下面再谈。

3. 问：有人暗示说，将设法（用征税的办法）迫使耐普曼资助生产。请问：**这样做的结果会不会只是使物价上涨，使耐普曼的利润增加，间接地使工资必须提高——因此又回到原先的状态呢？**

答：国家手里有几亿普特粮食。在这种情况下，决不能认为征税"**只是**"使物价上涨。征税也能使我们从耐普曼和生产者那里取得支援工业的资金,特别是支援重工业的资金。

4. 问:如果用通常的资本主义尺度来衡量,应当说经济状况要坏一些。如果用共产主义的尺度来衡量,也应当说状况要坏一些(重工业衰落)。但是我所碰到的每一个人,都认为他的状况比一年前好。看来,这儿发生了一种与资本主义思想和共产主义思想都不相容的东西。这两种思想都要求有进步。但是,如果我们不是进步,而是退步,那怎么办呢? 请问,**我们不是前进,不是走向新的富足安康,而是后退,退到旧的状况,这难道不可能吗?** 俄国往后退,退到与俄国的需求大致适应的农业生产时期,退到国内商业活跃而从国外的进口无足轻重的时期,这难道不可能吗? 难道不能设想在无产阶级专政下也可能有和过去封建专政下相同的时期吗?

答:让我们先用"通常的资本主义尺度"来"衡量"。整个夏天我们的卢布都是稳定的。这显然是好转的开始。其次,农民的生产和轻工业的生产无疑都在活跃起来。这也是一种好转。最后,我们的国家银行获得了不下 2 000 万金卢布的纯收入(这是最低数目,实际上还要多些)。数目虽小,但好转是不容置疑的。数目虽小,但重工业基金开始增加是不容置疑的。

其次,让我们再用共产主义尺度来衡量。上述三种情况,从共产主义观点来看也是好现象,因为在我们这里国家政权是掌握在工人手中的。卢布**趋于**稳定,农民生产和轻工业生产活跃,国家银行(即国家)**开始**获利——所有这一切,从共产主义观点来看,**也**是好现象。

资本主义和共产主义是对立的,然而从**两种对立的观点**来看,这些情况都是**好现象**,怎么可能有这样的事情呢? 这是可能的,因为向共产主义的过渡**也**可以通过国家资本主义,只要国家政权掌握在工人阶级手中。这正是"我们现在的情况"。

重工业衰落是我们的坏现象。国家银行和对外贸易人民委员部开始赢利,就是为这方面的好转作准备。这里困难很大,但决不是没有希望的。

再往下说。我们是否会倒退到什么"封建专政"之类的时期去呢? 无论如何不会的,因为我们在缓慢地攀登,时有停顿,有时还后退几步,沿着国家资本主义的路线攀登。这是一条引导我们前进,走向社会主义和共产主义(社会主义的最高阶段)的路线,决不会引导我们倒退到封建制度去。

对外贸易日益发展,卢布日趋稳定(虽然时有波动),彼得格勒和莫斯科的工业明显发展,国家开始筹集了少量的,很少量的支援重工业的资金,如此等等。所有这一切都证明俄国不是在倒退,而是在前进,虽然这种前进,我再说一遍,是很缓慢的,是有停顿的。

5. 问:我们是不是处在一种**把应当用于生产的资本浪费掉**的可悲境地呢?

答:上面那一段话已经答复了这个问题。

6. 问:除了这些问题以外,《曼彻斯特卫报》还很想听到您亲口驳斥目前莫斯科盛传的所谓今冬又将实行配给制和全部征用耐普曼的仓库的谣言。

答:我很乐意证实,所谓我们想恢复配给制或"全部征用耐普曼的仓库"这些谣言是毫无根据的。

这纯属无稽之谈。我们根本没有这样想过。

在现今的俄国,决不能设想有这样的事情。这都是那些很敌视我们,但又不很聪明的人恶意散布的谣言。

7. 问:最后,我认为你们同厄克特的合同并没有被最后否决,只不过是在同英国政府恢复正常的友好关系以前,暂时搁一搁而已,我这种推测对不对?

　　答：关于厄克特问题，您说得完全正确。我把最近跟法尔布曼说过的话①再说一遍。我们并没有最后否决向厄克特租让。我们否决这项租让，完全出于我们已经公开指出的那个政治原因。我们已开始在报刊上公开讨论所有**赞成**的和**反对**的意见。希望这次讨论以后，我们能够在政治和经济方面确定最后的意见。

您的　**列宁**

1922 年 11 月 5 日

载于 1922 年 11 月 22 日《曼彻斯特卫报》第 23797 号

译自《列宁全集》俄文第 5 版第 45 卷第 259—264 页

---

　　①　见本卷第 241—246 页。——编者注

第二种回答（未完）

（10月27日和11月5日之间）

对您的问题答复如下：

1. 我想，"耐普曼"，也就是在"新经济政策"下繁荣起来的商业的代表，是想成为一种政治力量，但是没有在这方面显示出任何迹象，或者虽有迹象，那也是把自己的愿望掩盖起来的。他们必须竭力掩盖自己的愿望，因为不然的话，就会受到我们国家政权的严厉反对，有时比反对还厉害，会受到公开的敌视。

我认为，在绝大多数生产资料集中在我们国家政权手中的情况下，小资产阶级的真正的经济要求是消费品的买卖自由。我国的立法是保证小资产阶级有这种自由的。

您所用的"耐普曼"这个词会引起某种误解。它是由表示"新经济政策"的缩写词"耐普"（"нэп"）加上"曼"（"ман"）组成的，意思是"这种新经济政策的人或代表"。这个报纸上的用语产生之初，是对小商贩或滥用贸易自由的人的一种戏称。

从表面看，新经济政策后最引人注目的一点，就是这种"耐普曼"即您所写的"买东西和卖东西"的人登上了前台。

但是，真正大多数居民的真正经济活动根本不是在这一方面。例如，只要指出广大农民的活动就够了。正是现在，农民精力充沛地、废寝忘食地重整自己的耕地，修复自己的农具、房舍、各种设施等等。另一方面,也正是现在,产业工人同样精力旺盛地改进劳动工具,用新的劳动工具来代替已磨损的劳动工具,修复破旧不堪的或受到破坏的房屋等等。

"耐普曼",如果要用这个词的话,与其说是政治经济学上的严肃用语,不如说是报纸上的戏语,他们掀起的喧嚣远远超过他们的经济力量。因此,如果有人把继经济力量之后必定出现政治力量这个简单化了的历史唯物主义原理用在我国"耐普曼"的身上,那么我担心他会大错而特错,甚至会成为许多荒谬可笑的误解的牺牲品。

新经济政策的真正实质在于:第一,无产阶级国家**准许小生产者有贸易自由**;第二,**对于大资本的生产资料,无产阶级国家采用资本主义经济学中叫做"国家资本主义"的一系列原则。**

我认为,如果"耐普曼"由此得出结论,认为对他们来说成为一种政治力量是适当的,那他不但会犯错误,而且会因为庸俗地理解马克思主义而成为报纸嘲笑的对象。

2.您的印象是:现在在俄国做买卖的收益非常之高,"而生产只有在极少数情况下能够赢利"。我觉得这个印象会引起对"'耐普曼'先生"的政治经济学的十分公正的嘲笑。

如果我没有弄错的话,在俄国小农占居民的绝大多数,他们现在尽心竭力地投身于生产,并且获得了几乎难以想象的巨大成就(部分原因是他们得到了国家在种子等方面的支援),如果考虑到国内战争、饥荒等等所造成的前所未有的破坏,那这一成就更显得了不起。在这种情况下小农获得了这样大的成就,因而非常容易地、几乎毫不勉强地就交纳了国家几亿普特的粮食税。

因此我认为较为正确的说法是：掌握在私人手中、大多数居民所从事的规模很小的生产，提供的利润最多。这是指农民的整个农业生产。一部分掌握在私人手中，一部分掌握在国营承租人或生产农村居民消费品的国营工厂手中的工业生产，也提供了同样多的或者略少一些的利润。

留在国家手中的真正不赢利的生产，只是那种用政治经济学的科学术语来说应当叫做生产资料（矿产、金属等）的生产或者固定资本的生产。在资本主义经济中，通常靠发行公债来恢复这种资本，因为公债可以马上提供大量资金（几亿卢布，甚至几亿美元）来改建一批能够恢复被破坏的生产资料的企业。

对我们来说，恢复被破坏的生产资料，长时期内是不能指望得到任何利润的，如您所说的，是"不赢利的"。我们只好在相当长的时期内，用租让的收入或国家的贴补来恢复固定资本。

当前的经济现实就是如此。您可以看出，我对这种现实的看法和您根本不同。按您的看法，似乎我国"耐普曼在经济上不断加强"而"国家在经济上不断削弱"，我担心这种看法也许会受到马克思嘲笑庸俗政治经济学的那种嘲笑。

我还是抱着一种老看法，在马克思以后谈论什么非马克思的政治经济学，这只能愚弄小市民，尽管是"高度文明的"小市民。

最后我来谈谈"政治力量"问题。工人和农民是俄国政治力量的主体。在一切资本主义国家里，农民既受地主的掠夺，又受资本家的掠夺。农民愈觉悟，对这一点就理解得愈深刻。因此，人民大众是不会跟着"买东西和卖东西"的耐普曼走的。

3. 向"耐普曼"征税会不会只是使工资提高和物价上涨，而不会为生产提供资金呢？

——不是的，因为物价的基础是粮食。国家手中有一部分通过税收得来的粮食。耐普曼不可能单独影响物价，因为他不是生产者。顺便指出，对外贸易垄断也有助于我们控制耐普曼，因为物价不受耐普曼影响，而是由国外的生产价格加上我国用于生产贴补的加价确定的。

恐怕您有时候把我国纸币发行额的增加所造成的物价上涨，看成是耐普曼抬高物价了。这就错了。

载于1926年1月21日《真理报》
第17号

译自《列宁全集》俄文第5版
第45卷第265—268页

致莫斯科市和莫斯科省
非党女工农妇代表会议[196]

(1922 年 11 月 6 日)

亲爱的同志们:衷心地感谢你们的良好祝愿和问候。我不能亲自出席,感到非常遗憾。

向你们祝贺革命五周年,并祝大会圆满成功。

你们的 **列宁**

1922 年 11 月 6 日

载于 1922 年 11 月 9 日《工人莫斯科报》第 227 号

译自《列宁全集》俄文第 5 版第 45 卷第 269 页

致原米歇尔逊工厂工人[197]

(1922 年 11 月 7 日)

亲爱的同志们：非常遗憾，不巧今天略感不适，只好待在家里。值此五周年纪念之际，谨向你们最热烈地致意和祝愿。祝你们在今后五年中工作顺利。

你们的　**弗·乌里扬诺夫**（**列宁**）

1922 年 11 月 7 日

载于 1942 年《列宁文集》俄文版第 34 卷

译自《列宁全集》俄文第 5 版第 45 卷第 270 页

致国营"输电"电站职工[198]

(1922 年 11 月 7 日)

亲爱的同志们：

在庆祝革命五周年的今天，我特别高兴地祝贺你们俱乐部的开幕，希望你们国营"输电"电站职工能够同心协力把这个俱乐部办成对工人进行教育的最重要的阵地之一。

弗·乌里扬诺夫（列宁）

1922 年 11 月 7 日

载于 1945 年《列宁文集》俄文版
第 35 卷

译自《列宁全集》俄文第 5 版
第 45 卷第 271 页

РОССИЙСКАЯ
СОЦИАЛИСТИЧЕСКАЯ
ФЕДЕРАТИВНАЯ
Советская Республика.

ПРЕДСЕДАТЕЛЬ
СОВЕТА
Труда и Обороны.

—o—

Москва, Кремль.

8. XI. 1922 г.
№ 8544.?

1922 年 11 月 8 日

列宁《致克林齐的斯托多尔制呢厂工人》一信手稿

致克林齐的斯托多尔制呢厂工人[199]

1922 年 11 月 8 日

亲爱的同志们：

衷心地感谢你们的问候和礼物。我要秘密地告诉你们，不要送礼物给我。恳请你们把这个秘密请求广泛转告全体工人。

十分感谢你们，向你们致敬，并致良好的祝愿。

你们的　**弗·乌里扬诺夫（列宁）**

载于 1924 年《纺织工人之声报》
附刊《织梭》第 1 号（莫斯科）

译自《列宁全集》俄文第 5 版
第 45 卷第 272 页

共产国际第四次代表大会文献[200]

（1922 年 11—12 月）

1

致共产国际第四次世界代表大会、
彼得格勒工人和红军代表苏维埃

（11 月 4 日）

非常遗憾，我不能出席代表大会第 1 次会议，只好写信致贺。

尽管在各国共产党的道路上存在着巨大的困难，但共产国际还是在成长壮大。主要任务仍然是争取大多数工人。这个任务我们无论如何要**完成**。

第二国际和第二半国际合并对无产阶级的革命运动将是有好处的，因为少一些假象，少一些欺骗，对工人阶级总是有好处的。

彼得格勒工人及其新一届苏维埃在自己的城市里接待了共产国际第四次代表大会，谨向他们致良好的祝愿和崇高的敬礼。

彼得格勒工人在经济战线上也应当站在最前列。我们高兴地获悉，彼得格勒的经济已开始复兴。你们邀请我去彼得格勒，我希望能以早日成行来回答。

俄国苏维埃政权正在庆祝成立五周年。它比任何时候都更为巩固。国内战争已经结束。初步的经济成就已经取得。苏维埃俄国认为，能够帮助全世界工人进行推翻资本主义的艰苦斗争是最大的骄傲。胜利一定属于我们。

共产国际万岁！

弗·乌里扬诺夫（列宁）

1922 年 11 月 4 日于莫斯科

载于 1922 年 11 月 9 日《真理报》第 253 号

译自《列宁全集》俄文第 5 版第 45 卷第 277 页

2

俄国革命的五年和世界革命的前途

在共产国际第四次代表大会上的报告

（11 月 13 日）

　　（列宁同志出现时，全场热烈鼓掌、欢呼，经久不息。全体起立，高唱《国际歌》）同志们！在发言人名单中，我被列为主要报告人，可是你们知道，我在久病之后不能作大报告。我的讲话只能作那些最重要的问题的引子。我的讲题范围是很有限的。《俄国革命的五年和世界革命的前途》这个题目太广、太大了，要一个人在一次讲话中把它说透彻，那是根本不可能的。因此，我只来谈谈这个题目中的一小部分，即关于"新经济政策"的问题。我有意只谈这一小部分，是要让大家了解目前这一最重要的问题，至少对我来说是最重要的，因为我此刻正在研究这个问题。

　　这样，我要讲的是我们怎样开始实行新经济政策，我们靠这个政策取得了哪些成果。如果只讲这个问题，也许我能作一个总的概述，使大家对这个问题有一个总的了解。

　　如果从我们怎么会实行新经济政策谈起，那我就应当提到我在 1918 年写的一篇文章①。1918 年初，我在一次短短的论战中恰

---

　　①　见本版全集第 34 卷第 264—293 页。——编者注

巧谈到我们对国家资本主义应当采取什么态度的问题。我当时写道：

"国家资本主义较之我们苏维埃共和国目前的（即当时的）情况，将是**一个进步**。如果国家资本主义在半年左右能在我国建立起来，那将是一个很大的胜利，那将极其可靠地保证社会主义一年以后在我国最终地巩固起来而立于不败之地。"[①]

在说这段话的时候，我们当然比现在要愚蠢一些，但也没有愚蠢到不会研究这种问题。

可见，我在1918年就认为，国家资本主义较之苏维埃共和国当时的经济情况，是一个进步。这话听起来很奇怪，甚至可能很荒谬，因为那时我们共和国就已经是社会主义共和国了；那时我们每天都在非常匆忙地——也许是过于匆忙地——采取各种新的经济措施，而这些措施只能说是社会主义的措施。但我那时还是认为，国家资本主义较之苏维埃共和国当时的经济状况，是一个进步，而且我为了进一步说明这个思想，还简单地列举了俄国经济制度中的几种成分。这些成分依我看来有以下几种："(1)宗法式的，即最原始形式的农业；(2)小商品生产（这里包括大多数出卖粮食的农民）；(3)私人资本主义；(4)国家资本主义；(5)社会主义。"[②]这几种经济成分当时在俄国都存在。那时我给自己提出了一个任务，要说明这些成分彼此之间的关系和是否应当把非社会主义成分之一即国家资本主义看得高于社会主义。我再说一遍，在一个宣布为社会主义的共和国里，竟把一种非社会主义成分看得比社会主义还要高，还要优越，这在大家看来是非常奇怪的。但是，如果你

---

① 见本版全集第34卷第274页。——编者注
② 同上书，第275页。——编者注

们回想一下,我们决没有把俄国的经济制度看成是一种单一的和高度发达的东西,而是充分认识到,俄国除了社会主义形式的农业之外,还有宗法式的农业,即最原始形式的农业,那问题也就很清楚了。在这种情况下,国家资本主义究竟能起什么作用呢?

我进而自问:这几种成分哪一种占优势呢?显然,在小资产阶级环境里,占主要地位的是小资产阶级成分。我那时认识到小资产阶级成分占优势。不可能有别的想法。当时在一次与现在的问题无关的专题论战中,我给自己提出的问题是:我们怎样对待国家资本主义?我回答自己说,国家资本主义虽然不是一种社会主义形式,但对我们和俄国来说,却是一种比现有形式更为适宜的形式。这是什么意思呢?这就是说,我们虽然已经完成了社会革命,但我们对于社会主义经济的萌芽或基础都没有估计过高;相反,我们当时在某种程度上已经认识到,如果我们先实行国家资本主义,然后再实行社会主义,那就好了。

我所以要特别强调这一方面,是因为我认为只有注意到这一点,第一,才能说明现在的经济政策是什么,第二,才能由此作出对于共产国际也很重要的实际结论。我不想说我们事先已有一个准备好了的退却计划。这是没有的。这短短几行论战性的文字,在当时决不是什么退却计划。例如,很重要的一点,即对国家资本主义具有根本意义的贸易自由,在这里就一个字也没有提到。但这毕竟提出了一个大致的、还不明确的退却思想。我认为无论从经济制度至今还很落后的国家来看,或是从共产国际和西欧先进国家来看,我们都应当注意到这一点。比方说,我们现在正在制定纲领。我个人认为,我们最好现在对所有的纲领只作一般的讨论,即所谓一读,然后送去付印,但不在现在,不在今年最后作出决定。

为什么呢？我想首先当然是因为我们对这些纲领未必都很好地考虑过。其次还因为我们几乎根本没有考虑过可能的退却和保障这一退却的问题。而这个问题在世界上发生了像推翻资本主义和十分艰难地建设社会主义这样根本变化的时候，是我们必须注意的。我们不仅必须知道当我们直接转入进攻而且取得胜利的时候，应该怎样行动。在革命时期这并不怎么困难，也不怎么重要，至少这不是最有决定意义的。进行革命时，常常会有敌人张皇失措的时候，如果我们在这样的时候向他们进攻，就会容易取胜。但这还不说明什么问题，因为我们的敌人如果相当沉着，他就会预先结集力量等等。那时他会很容易挑动我们去进攻，然后把我们抛回到好多年前的境地。所以我认为，我们应当作好有可能退却的准备，这种思想有很重要的意义，而且不仅从理论上来看是如此。即使从实践上来看，凡是在不久的将来准备直接向资本主义进攻的政党，现在也应当考虑一下如何保障自己退却的问题。我认为，除了从我国革命经验中吸取其他一切教训外，如果我们还能注意到这个教训，那么，这对我们不但没有任何害处，而且在许多场合下很可能对我们有好处。

我已经着重谈了我们还在 1918 年就把国家资本主义看做一条可能的退却路线，现在我来谈谈我们实行新经济政策的结果。我再说一遍，当时这还是一个很模糊的思想，但是到了 1921 年，当我们度过了，而且是胜利地度过了国内战争的最重要阶段以后，我们就遇到了苏维埃俄国内部很大的——我认为是最大的——政治危机。这个内部危机不仅暴露了相当大的一部分农民的不满，而且也暴露了工人的不满。当时广大农民群众不是自觉地而是本能地在情绪上反对我们，这在苏维埃俄国的历史上是第一次，我希望也是最后一次。这种特殊的、对于我们自然也是极不愉快的情况是由什么引起的呢？是因为我们在经济进攻中前进得太远了，我们没有给自己留下足够的基地；群众已经感到的，我们当时还不能自觉地表述出来，但是过了几个星期，我们很快就认识到了，这就是：向纯社会主义形式和纯社会主义分配直接过渡，是我们力所不及的，如果我们不能实行退却，即把任务限制在较容易完成的范围内，那我们就有灭亡的危险。我觉得危机是从1921年2月开始的。就在当年春天，我们一致决定实行新经济政策，关于这一点，我没有看见我们中间有什么重大的意见分歧。到现在，即过了一年半以后，在1922年底，我们已经能够作一些比较了。究竟发生了些什么事情呢？这一年半多的时间，我们是怎样度过的呢？结果如何呢？这次退却对我们是不是有利，是不是真正拯救了我们，或者结果还不清楚呢？这就是我给自己提出的主要问题，而且我认为这个主要问题对于各国共产党也有头等重要的意义，因为回答如果是否定的，那我们大家就注定要灭亡了。我认为，我们可以问心无愧地对这个问题作肯定的回答，就是说，过去的一年半，绝对肯定地证明我们经受住了这一考验。

我想现在来证明这一点。为此我应当简略地谈谈我国经济中的各个组成部分。

首先谈谈我们的金融体系和出了名的俄国卢布。俄国卢布的数量已经超过1 000万亿，我看，单凭这一点，俄国卢布就够出名的了。（笑声）这可真不少。这是天文数字。我相信，在这里甚至不是所有的人都懂得这个数字是什么意思。（全场大笑）但是，我们并不认为这些数字有什么了不起，即使从经济学观点来看也是如此，因为零是可以划掉的。（笑声）在这种从经济观点来看也是完全不重要的艺术中，我们已经获得了一点成就，我相信今后还会在这种艺术方面取得更大的成就。真正重要的是稳定卢布的问题。我们在研究这个问题，我们的优秀力量在研究这个问题，我们认为这一任务具有决定意义。如果我们能够使卢布稳定一个长时期，然后永远稳定下来，那我们就胜利了。那时这些天文数字，什么万亿、千万亿就算不了什么。那时我们就能把我们的经济放在一个坚固的基础上并在坚固的基础上继续发展下去。关于这个问题，我想可以向你们列举一些相当重要而又有决定意义的事实。1921年，纸卢布币值的稳定期不到3个月。1922年虽然还没有结束，但是稳定期已经持续5个多月了。我认为，这一点已经足够了。如果你们要我们科学地证明我们将来能够完全解决这一问题，这当然还是不够的。不过要完全充分证明这一点，我看是根本不可能的。上述材料证明，从去年我们开始实行新经济政策以来，到今天我们已经学会向前行进了。既然我们学会了这一点，那么我相信，我们今后还可以学会在这条道路上取得进一步的成就，只要我们不干出什么特别的蠢事来。可是，最重要的是商业，即我们所必需的商品流转。两年来我们虽然一直处于战争状态（因为大家知道，符拉迪沃斯托克几个星期以前才拿下），到现在才开始真正系统地进行我们的经济工作，但我们还是使商业开展起来了，而且使纸卢布的稳定期从3个月增加到5个月，因此我认为，可以大胆地说，我们可以对此感到满意了。要知道，我们是孤立无援的。我们过去和现在都得不到任何借款。那些把自己的资本主义经济组织得如此"出色"，以致眼下还不知道走向何处的资本主义强国，哪一个都没有帮助过我们。他们通过凡尔赛和约建立了一种连他们自己也搞不清楚的金融体系。这些资本主义大国的经济管理尚且如此，那我认为，我们这些落后无知的人居然懂得了最重要的一件事，懂得了稳定卢布的条件，也就可以心满意足了。这一点并不是用什么理论分析，而是用实践来证明的。我认为，实践比世界上所有理论争论都更为重要。而实践证明，我们在这里取得了决定性的成就，就是说我们开始朝着稳定卢布的方向推动经济，这对于商业，对于自由的商品流转，对于农民和广大小生产者有极其重大的意义。

现在我来谈谈我们的社会目标。最主要的当然是农民。1921年，无疑有很大一部分农民心怀不满。当时还发生了饥荒。这对农民说来，是一次最严重的考验。当时外国都大叫大嚷地说："看呀，这就是社会主义经济的结果！"这是很自然的事情。实际上饥荒是国内战争的恶果，他们当然对这一点默不作声，这也是很自然的。1918年开始向我们进攻的地主和资本家，都把事情说成这样，仿佛饥荒是社会主义经济的结果。当时的饥荒确实是一场严重的大灾难，这场灾难有葬送我们整个组织工作和革命工作的危险。

这样，现在我要问一下：在这场空前的意外灾难之后，在我们实行新经济政策之后，在给农民以贸易自由之后，现在情况怎样呢？答复是很清楚的，是有目共睹的，就是：一年来农民不仅战胜了饥荒，而且交纳了大量的粮食税，现在我们已经得到几亿普特的粮食，而且几乎没有使用任何强制手段。在1921年以前，农民暴动可以说是俄国的普遍现象，而今天差不多完全没有了。农民对他们目前的境况是满意的。我们可以放心地下这个论断。我们认为，这些证据比任何统计数字的证据都重要。农民在我国是决定性的因素，这是谁也不会怀疑的。农民今天的状况，已经使我们不

必担心他们会有什么反对我们的活动了。我们这样说是心中完全
有数的,一点也不过甚其词。这一点已经做到了。农民可能对我
们政权这一那一方面的工作不满意,他们可能对此有怨言。这当
然是可能的,也是难免的,因为我们的机关和我们国家的经济情况
还很糟糕,还不能防止这种现象,但无论如何,全体农民对我们已
经完全没有什么严重的不满了。这是在一年中取得的成就。我认
为这已经很不少了。

下面谈谈轻工业。在工业方面我们应当把重工业和轻工业区
分开,因为两者的情况不同。至于轻工业,我可以有把握地说:在
这方面出现了普遍的高涨。我不想来谈一些细节。我的任务不是
列举统计数字。但这个总的印象是有事实根据的,我可以担保,这
个印象的基础丝毫没有什么不可靠的或不确切的东西。轻工业有
了普遍的高涨,因而彼得格勒和莫斯科的工人的生活状况都有了
一定的改善。这一点在其他地区要差一些,因为那些地区主要是
重工业,因此不能一概而论。我还是要再说一遍,轻工业无疑正处
于高涨状态,所以彼得格勒和莫斯科工人生活状况的改善也是毫
无疑问的。1921年春天,这两个城市的工人有过不满。现在已经
完全没有了。我们天天都在注意工人的生活状况和情绪,在这个
问题上我们是不会看错的。

第三个问题是重工业问题。我应当说,这方面的整个情况还
是严重的。在1921—1922年,这方面情况有了某种转变。因此
我们可以期望,不久的将来情况会有好转。我们已经多多少少筹
集了为此所需的资金。在资本主义国家,要改善重工业的状况,就
需要有若干亿的借款,否则是不可能的。资本主义国家的经济史
证明,落后国家要有几亿美元或金卢布的长期借款,才有可能发展

重工业。我们过去没有这样的借款，我们直到现在也没有得到什么借款。现在关于租让等等所写的一切，不过是一纸空文而已。我们近来关于这个问题，特别是关于厄克特的租让合同问题写得很多。我们的租让政策，我觉得是很好的。不过，尽管如此，我们还没有一个有利可获的租让项目，这一点请大家不要忘记。可见，对我们这个落后的国家来说，重工业的状况实在是一个很严重的问题，因为我们不能指望富有国家的贷款。虽然如此，我们还是有了明显的改善，并且我们看到，我国的商业活动已经使我们得到了一些资本。诚然，目前还是很少的，才2 000万金卢布多一点。但总算有了一个开端，我们的商业使我们得到了资金，我们可以用来发展重工业。不管怎么说，目前我国的重工业仍然处于很困难的状态。但是我认为，有决定意义的是我们已经能够积蓄一点资金了。我们今后还要这样做。这些资金往往是取之于民的，我们现在还是应当节约。现在我们正在研究怎样削减我们的国家预算，精简我们的国家机关。我在下面还要谈谈我们的国家机关。无论如何，我们必须精简我们国家机关，我们必须尽可能节约。我们在各方面都实行节约，甚至在办学上也实行节约。必须这样做，因为我们知道，不挽救重工业，不恢复重工业，我们就不能建成任何工业，而没有工业，我们就会灭亡，而不能成为独立国家。这一点我们是很清楚的。

要挽救俄国，单靠农业丰收还不够，而且单靠供给农民消费品的轻工业情况良好也还不够，我们还必须有重工业。而要使重工业情况变好，就需要好多年的工作。

重工业是需要国家资助的。如果我们找不到这种资金，那我们就会灭亡，就不能成为文明国家，更不用说成为社会主义国家了。所以我们在这方面采取了坚决的步骤。我们已开始积累为重工业的自立所必需的资金。固然,我们至今搞到的数目才 2 000万金卢布多一点,但总算是有了,而且是专门用来发展我们的重工业的。

我想,我已经照我所答应的,概括地向你们叙述了我国国民经济最主要的部门;我想,根据这一切可以得出结论说,新经济政策现在已经收到了成效。我们现在已经有证据说明,我们这个国家能够经营商业,能够保持农业和工业的巩固阵地并向前走。实际工作证明了这一点。我想,这对我们来说暂时是足够了。我们还有很多东西要学习,我们也懂得我们还必须学习。我们已经执政五年了,而这五年我们一直处于战争状态。可见我们是有成绩的。

这是容易理解的,因为农民拥护我们。很难有比农民更拥护我们的人了。农民知道,他们在世界上最痛恨的地主是拥护白卫分子的。所以农民十分热诚地拥护我们。使农民保卫我们、反对白卫分子,这是不难办到的。过去痛恨战争的农民,尽一切可能支援了抗击白卫分子的战争,抗击地主的国内战争。但这还是不够的,因为实质上这里所涉及的只是政权留在地主手里还是留在农民手里的问题。对我们来说,这是不够的。农民明白,我们是为工人夺取政权的,我们的目标是通过这个政权建立社会主义制度。所以对我们最重要的是为社会主义经济作好经济准备。我们不能用直接的方法来进行这种准备工作。我们不得不用迂回的方法来做到这一点。我们在我国实行的国家资本主义,是一种特殊的国家资本主义。它与国家资本主义的通常概念不同。我们掌握了一切经济命脉,我们掌握了土地,它已归国家所有。这一点是很重要的,不过我们的敌人却把它说得毫无意义。这是不对的。土地属于国家这一点是非常重要的,在经济上也有很大的实际意义。这一点我们已经做到了,我还要说,我们今后的一切活动都应当只在这些范围内展开。我们已经使我国农民满意了,使工业和商业都活跃起来了。我已经说过,我们的国家资本主义同从字面上理解的国家资本主义的区别就在于我们无产阶级国家不仅掌握了土地,而且掌握了一切最重要的工业部门。首先,我们租出去的只是一部分中小工业,其余的都掌握在我们手里。至于商业,我还想着重指出,我们在设法建立合营公司。我们已经在建立这种公司,这种公司的资本,一部分属于私人资本家,而且是外国资本家,另一部分属于我们。第一,我们通过这种方式可以学习做生意,这对我们是必要的。第二,如果我们认为必要,我们随时都可以取消这种公司,所以可以说,我们一点也不担风险。我们向私人资本家学习,仔细研究我们怎样才能提高,我们犯了哪些错误。我觉得,我能够谈的就是这一些。

另外,我还想谈几个不很重要的问题。毫无疑问,我们过去干了而且将来还会干出许多蠢事来。这一点,谁都不能比我判断得更好,看得更清楚。(笑声)为什么我们会干出蠢事来呢? 这是不难理解的,因为第一,我们是个落后的国家。第二,我国的教育程度极低。第三,我们得不到外援。没有一个文明国家帮助我们,相反地,它们都在反对我们。第四,由于我们国家机关工作人员的过错。我们接收了旧的国家机关工作人员,这是我们的不幸。国家机关工作人员常常反对我们。事情是这样的,1917 年我们夺取政权之后,国家机关工作人员曾对我们实行怠工。当时我们被吓住了,便请求说:"请回到我们这儿来吧。"于是他们全都回来了,而这就是我们的不幸。现在我们有一大批职员,但是缺乏有相当真才实学的人来切实地管理他们。实际上经常发生这样的事情：在这里，在上面，在我们执掌国家政权的地方，机关工作人员还在勉强履行其职责，可是在下面，他们要怎么干就怎么干，而且常常反对我们的措施。在上面我们有多少自己人，我不知道，可是我想总共不过几千人，最多也不过几万人。但是在下面，却有几十万沙皇和资产阶级社会留下来的旧官吏，他们部分自觉地，部分不自觉地反对我们。在这方面，短时期内是没有办法的，这是毫无疑问的。在这方面我们要作多年的努力，才能改善机关，改变它的面貌并吸收新的力量。这个工作我们做得相当快，也许太快了。我们办了苏维埃学校和工人预科，有几十万青年在学习，也许学得太快了，但是，工作总算是开始了，我想，这个工作一定会收到成效。只要我们做得不是太匆忙，几年之后就可以培养出大批能根本改变我们机关面貌的青年来。

我说过，我们干了许多蠢事，但在这方面我也应当谈谈我们的敌人。如果我们的敌人责难我们说，列宁自己也承认布尔什维克干了许多蠢事，那我要回答说：是的，但是你们知道不知道，我们干的蠢事跟你们干的蠢事毕竟是全然不同的。我们刚刚开始学习，但我们是在进行系统的学习，我们深信，一定会取得良好的成绩。如果我们的敌人，即资本家和第二国际英雄们强调我们干的蠢事，那让我在这里引一位俄国著名作家的话来作个比喻，我把这句话稍微改动一下，改成这样：布尔什维克干蠢事，好比是布尔什维克说"二二得五"，而布尔什维克的敌人，即资本家和第二国际英雄们干蠢事，就好比是他们说"二二得蜡烛"。[201] 这是不难证明的。就拿美、英、法、日同高尔察克签订的条约来说吧。请问世界上还有更文明更强大的国家吗？而结果怎么样了呢？它们不先盘算一下,不思索一下,也不观察一下,就答应帮助高尔察克。这是一次失败,我认为,即使从人的常识来看,这种失败也是难以理解的。

或者再拿凡尔赛和约这个更近更重要的例子来说吧。请问"了不起的""显耀的"列强究竟在这里干了一些什么呢? 它们现在有什么办法来摆脱这种一团糟的混乱状态呢? 我再说一遍,我们干的蠢事比起各资本主义国家、资本主义世界和第二国际一起干的蠢事来,简直算不了什么,我看这样说不是过甚其词。所以我认为,世界革命的前途(这是我应当简略论及的一个问题)是美好的,而且在一定的条件下,我认为还会更好一些。现在我就来谈谈这些条件。

在1921年第三次代表大会上,我们通过了一个关于各国共产党的组织结构及其工作方法和内容的决议[202]。决议写得很好,但它几乎全是俄国味,也就是说,完全是根据俄国条件写出来的。这是它的好的一面,也是它的坏的一面。它所以坏,是因为我相信几乎没有一个外国人能把它读完。我在讲话之前,又把它读了一遍。第一,这个决议太长,有50多节。这种东西外国人通常是读不完的。第二,即使读完,也没有一个外国人能够读懂,因为俄国味太重。这倒不是因为它是用俄文写的——它已被出色地译成各种文字——而是因为它浸透了俄国气味。第三,即使作为例外,有个把外国人能读懂,他也无法执行。这是决议的第三个缺点。我同几个到这里来开会的代表谈过话,我虽然不能亲自参加大会——这对我来说是很可惜的,但是,我希望在代表大会今后的进程中,能够同更多的来自不同国家的代表详细谈谈。我觉得我们写出这样的决议是犯了一个很大的错误,就是我们自己给自己切断了今后走向成功的道路。我已经说过,决议写得很好,对它的50多节我

1923 年 6 月 15 日《新青年》季刊第 1 期封面和该刊所载
列宁《俄国革命的五年和世界革命的前途》一文的中译文
（当时译《俄罗斯革命之五年》）

都赞成。但是,我们不懂得,应该怎样把我们俄国的经验介绍给外国人。决议中所说的一切都成了一纸空文。如果我们不懂得这一点,我们就不能继续前进。我认为,对我们大家来说,无论是俄国同志还是外国同志,最重要的一点是,在俄国革命五年之后,我们应当学习。我们现在刚刚有了学习的机会。我不知道这个机会能够保持多久。我不知道资本主义列强能让我们安心学习多少时候。但是,我们应当利用不打仗、没有战争的每个时机来学习,而且要从头学起。

全党和俄国各个阶层都有求知的渴望,就可以证明这一点。这种学习的愿望说明我们今天最重要的任务就是学习再学习,外国同志们也应当学习,但不是像我们那样学习——我们必须学习读、写和理解读过的东西,这对我们还是需要的。有人在争论,这属于无产阶级文化,还是属于资产阶级文化?我不来答复这个问题。但是无论如何,我们必须首先学习读、写和理解读过的东西,这是毫无疑问的。外国人不需要这样做。他们需要更高深一点的东西,在这方面首先是他们也要理解我们关于共产党的组织结构所写的、他们没有读过也不理解就签了字的东西。这应当是他们的首要任务。必须执行这个决议。这不是一朝一夕所能办到的,那是绝对不可能的。决议的俄国味太浓了,它反映的是俄国经验,所以外国人完全不理解,他们也决不会满足于把这个决议像圣像那样挂在墙角,向它祷告。这样做是什么也得不到的。他们应当吸收一部分俄国经验。至于怎样才能做到这一点,我不知道。也许,例如意大利法西斯分子会帮我们很大的忙,因为他们会向意大利人说明,意大利人还不够文明,他们的国家还不能保证不出现黑帮。也许,这是很有好处的。我们俄国人也应当设法向外国人解释这个决议的原理。不然的话，他们是绝对不能执行这个决议的。我坚信我们在这方面不但要向俄国同志说，而且也要向外国同志说：目前这个时期，最重要的是学习。我们的学习是一般的学习。他们的学习则应当是特殊的学习，是要真正理解革命工作的组织、结构、方法和内容。如果这一点做到了，我深信，世界革命的前途不但是美好的，而且是非常美好的。（热烈鼓掌，经久不息。高呼"我们的列宁同志万岁！"再次热烈欢呼）

载于 1922 年 11 月 15 日《真理报》
第 258 号

译自《列宁全集》俄文第 5 版
第 45 卷第 278—294 页

就裁减军队问题
提交俄共(布)中央政治局的建议[203]

(1922 年 11 月 13 日)

致斯大林同志

请就我的下列建议立即征询政治局委员的意见:

批准托洛茨基同志关于向政府提出在 1 月份内裁减军队 20 万人问题的设想;

问一下托洛茨基同志,他认为何时能够向人民委员会正式提出这项建议。

列 宁

1922 年 11 月 13 日

译自《列宁全集》俄文第 5 版
第 45 卷第 295 页

致北美俄国侨民²⁰⁴

（1922 年 11 月 14 日）

美国技术援助苏俄协会的代表赖克尔同志把北美部分俄国侨民中存在的对新经济政策的不正确看法告诉了我。

我认为，这种不正确看法之所以会出现，是资本家的报刊蓄意曲解新经济政策的结果，也是被驱逐出苏维埃俄国的凶恶的白卫分子以及孟什维克和社会革命党人散布离奇谬论的结果。

在欧洲，这种关于我们特别是关于我们新经济政策的离奇谬论愈来愈没人相信了。新经济政策没有从根本上改变苏维埃俄国社会制度方面的任何东西，只要政权还掌握在工人手里，就不可能有任何改变，而对于苏维埃政权的巩固，看来目前已经谁也不会怀疑了。资本家的报刊的恶言中伤和俄国白卫分子的大批流入美国，这只能证明我们的力量。

作为新经济政策要素之一的国家资本主义，是在苏维埃政权的条件下，工人阶级有意识准许而又加以限制的一种资本主义。我们的国家资本主义同拥有资产阶级政府的那些国家的国家资本主义在本质上大不相同，即在我们这里代表国家的不是资产阶级，而是能够取得农民完全信任的无产阶级。

遗憾的是，国家资本主义的实施在我们这里进行得不如我们希望的那么快。譬如，直到现在我们实际上还没有一个重大的租让项目,而没有外国资本参与我国经济的发展,要迅速恢复经济是不可能的。

凡是对我们的新经济政策这个唯一正确的政策的问题还不够清楚的人,我都请他们读一读托洛茨基同志和我在共产国际第四次代表大会上有关这一问题的讲话①。

赖克尔同志告诉我技术援助协会正在做准备工作,把那些打算随带新式生产工具、拖拉机和作物良种等等志愿前来俄国工作的美国农业公社和其他生产公社组织起来。

鉴于1922年夏天他们的农业公社和农业队在俄国的工作卓有成效,我在给技术援助协会和苏俄之友协会的信中,已向美国同志们表示了自己的谢意。②

借此机会,我再一次以苏维埃政府的名义向他们致谢,并着重指出,在各种形式的援助中,对我们来说最重要、最可贵的援助,就是对我们农业和改进农业技术的援助。

人民委员会主席

弗·乌里扬诺夫(列宁)

载于1923年1月10日《俄国
呼声报》(纽约)第2046号　　　　　译自《列宁全集》俄文第5版
　　　　　　　　　　　　　　　　第45卷第296—297页

---

① 见本卷第278—292页。——编者注
② 见本卷第234、235页。——编者注

致全俄农业展览会的贺词[205]

(1922 年 11 月 14 日)

我认为展览会有很大的意义,相信一切组织都会给它以充分的协助。衷心祝愿展览会获得最大的成功。

弗·乌里扬诺夫(列宁)

1922 年 11 月 14 日

载于 1923 年《全俄农业和手工业展览会(附设外国馆)展出总委员会通报》杂志第 1 期

译自《列宁全集》俄文第 5 版第 45 卷第 298 页

致"光明"社[206]

1922 年 11 月 15 日

亲爱的朋友们：

借此机会谨向你们致崇高的敬意。我由于病重，一年多来贵社的作品一部也没能阅读。希望你们的"前参战者"组织保持下来，并日益发展壮大，不仅在数量方面，而且在精神方面，也就是说加强和扩大反对帝国主义战争的斗争。为反对帝国主义战争，值得奋斗终生；在这场斗争中要毫不留情，要把维护这种战争的一切诡辩批驳得体无完肤。

致崇高的敬礼！

你们的　列宁

载于 1925 年《光明》杂志（法文）
第 71 期

译自《列宁全集》俄文第 5 版
第 45 卷第 299 页

在莫斯科苏维埃全会上的讲话[207]

(1922 年 11 月 20 日)

(热烈鼓掌,唱《国际歌》)同志们! 我很遗憾,也很抱歉,没有能够更早地出席你们的会议。据我所知,几个星期以前你们就准备给我安排一次访问莫斯科苏维埃的机会。我没有来成,因为我自从去年 12 月生病以后,用专业的语言来说,在相当长的时期内失去了工作能力,由于工作能力减退,我不得不把这次讲话一星期一星期地往后推。我还不得不把很大一部分工作——你们都还记得,这部分工作起初加在瞿鲁巴同志身上,后来加在李可夫同志身上——再加在加米涅夫同志身上。用一个我曾用过的比喻,应当说,是突然要加米涅夫同志拉两辆车。尽管——还用这个比喻——应当说,这是一匹非常能干的负重耐劳的马。(鼓掌)但是毕竟不该拉两辆车,所以我现在急切地等待瞿鲁巴同志和李可夫同志回来,我们好把工作分配得稍微合理一点。由于工作能力减退,我了解工作情况用的时间要比我打算用的时间多得多。

1921 年 12 月我不得不完全停止工作,那已经是年底了。那时我们正实行向新经济政策的转变,当时就发现,这一转变虽然从 1921 年初就已开始,但是是相当困难的,我甚至可以说,是非常困难的。我们实行这一转变已经不止一年半了,好像应该到时候了,大多数人应该按照新的情况,特别是新经济政策的情况转到新的岗位并各就其位了。

在对外政策方面，我们的变动最少。在这方面我们继续执行从前采取的方针，我认为我可以问心无愧地向你们说，我们始终不渝地执行这个方针，而且取得了很大的成绩。不过关于这一点用不着向你们作详细报告，因为攻克符拉迪沃斯托克，接着举行的游行示威，以及几天前大家在报上看到的国家联邦宣言[208]，都再清楚不过地证明我们在这方面用不着作任何改变。我们站在一条非常明确地划定的道路上，从而在世界各国面前保证自己取得了成功，尽管其中有几个国家直到现在还想声明不愿同我们坐在一张桌子旁。但是，经济关系和随之而来的外交关系正在建立起来，应该建立起来，而且一定会建立起来。凡是反对这样做的国家，都有落在别国后面的危险，也许在某些相当重要的问题上会有陷于不利地位的危险。这一点我们大家现在都看到了，而且不只是从报刊上看到。我想，同志们根据国外旅行得来的印象，也会相信发生的变化是多么大。用一个旧的比喻来说，在这方面我们可以说并没有换过车，既没有换过火车，也没有换过马车。

至于我们的国内政策，我们在1921年春换过一次车。这次换车是我们为压力极大的能说服人的情势所迫使的，因此我们之间对这次换车没有发生任何争执和意见分歧。但是这次换车还在继续给我们带来某些困难，要我说，是带来很大的困难。并不是因为我们怀疑转变是否必要，在这方面没有任何怀疑；也不是因为我们怀疑试行新经济政策是否能产生预期的效果。我可以十分肯定地说，不论在我们党内或在广大的非党工农群众中间，对这一点都没有任何怀疑。

就这一方面来说，并没有什么困难。困难在于我们面临的任务需要经常吸收新人,需要实行非常措施和非常办法才能完成。我们这里还有人怀疑某种做法是否正确,在某一方面也还会有改变,所以必须指出,这两种情况还要存在一个相当长的时期。"新经济政策"! 一个奇怪的名称。这个政策之所以叫新经济政策,是因为它在向后转。我们现在退却,好像是在向后退,但是我们这样做是为了先后退几步,然后再起跑,更有力地向前跳。只是在这一条件下,我们才在实行新经济政策时向后退。我们现在应该在什么地方和怎样重整队伍、适应情况、重新组织,以便在退却之后开始极顽强地向前进攻,这一点我们还不知道。为了恰当地进行所有这些行动,在作出决定之前就应当像俗语所说的,不是量十次而是量百次。需要这样做,是为了克服我们在解决一切任务和问题中所遇到的难以置信的困难。你们都很清楚,我们作出了多大的牺牲才取得了今天的成就;你们都知道,国内战争拖了多么久,消耗了多少力量。现在符拉迪沃斯托克的攻克向我们大家表明(要知道符拉迪沃斯托克虽远,毕竟是咱们的城市)(鼓掌多时),我们是众望所归,大家希望我们占领。这里和那里都是俄罗斯联邦。这种众望使我们得以粉碎国内敌人,击退向我们进攻的国外敌人。这里我说的是日本。

我们已经争取到一个十分确定的外交局面,这就是为全世界所承认的外交局面。这一点你们大家都看到了。你们都看到了成果,但是,为此费了多少时间啊! 现在,我们不论在经济政策或贸易政策上都使敌人承认了我们的权利。贸易协定的签订就证明了这一点。

一年半以前我们就走上了所谓新经济政策的道路,现在我们可以看出,为什么在这条道路上这样步履维艰。我们是生活在这样的情况下：国家遭到战争的严重破坏，完全脱离了常轨，经受了深重的灾难，我们现在不得不从极小极小的百分比，即战前的百分比来开始计算。我们用这个尺度来衡量我们的现实情况，这样有时就非常焦急烦躁，总以为这里的困难太大了。如果拿我们在这种情况下给自己提出的任务跟普通资产阶级国家的情况相比，那任务就显得更大了。我们提出这个任务，是因为我们知道，我们根本不指望得到富国的援助，虽然在这种情况下通常是可以得到这种援助的。[①]　国内战争之后，我们差不多处在被抵制的状态，有人对我们说：我们不同你们保持我们习惯保持的、在资本主义世界里是正常的经济联系。

　　从我们走上新经济政策道路算起已过去一年半还多了，从我们签订第一个国际条约算起时间就更长了，但是整个资产阶级和各国政府对我们的抵制直到今天还在继续表现出来。当我们进入新的经济环境时，我们不能有什么别的指望，然而我们并不怀疑，我们必须转变，必须靠单独干来取得成就。资本主义强国所能给我们的和将要给我们的任何援助，不但不能使这种情况消失，而且大概在大多数情况下还会加深这种情况的严重程度——这一点是愈来愈清楚了。"单独干吧"——我们对自己这样说。"单独干吧"——几乎每一个同我们做过某种交易、订立过某种合同或者开始某种谈判的资本主义国家，都对我们这样说。特殊的困难也就在这里。我们要认识到这种困难。我们用三年多异常艰苦、异常

---

　　①　在速记记录中接着是："如果我们注意到通常叫做受援国的在这种情况下所承担的非常之高的所谓利息，那就更不指望这种援助了。这实际上同援助相去甚远。应当直截了当地说，这应该起一个远不如援助这样好听的名称才是。但是，连这种普通的条件对我们来说也是沉重的负担。"——俄文版编者注

英勇的工作,建立了自己的国家制度。在我们迄今所处的情况下,我们没有工夫考虑我们是不是破坏得过多了,也没有工夫考虑牺牲会不会太大,因为牺牲已经够大了,因为那时开始的斗争(你们都很清楚,这一点用不着多讲了)是一场反对旧的社会制度的殊死斗争,我们反对这种旧制度,为的是争取生存与和平发展的权利。这种权利我们已经争得了。这不是我们自己说的,也不是有可能被指责为偏护我们的证人的证词。这是我们的敌人营垒中的证人的证词;他们当然有所偏护,只不过不是偏护我方,而是完全偏护另一方。这些证人在邓尼金营垒中待过,当过占领区的首领。我们知道,他们的偏护使我们付出了很大的代价,遭到了很多破坏。由于他们,我们遭到了各种各样的损失,我们失去了各种各样宝贵的东西,而最宝贵的是无数人的生命。现在,我们要十分用心地认清我们的任务,要了解当前的主要任务就是不放弃既得的成就。任何一个既得的成就我们都不放弃。(鼓掌)同时我们面临着崭新的任务,旧东西会成为直接的障碍。这个任务是最难弄明白的。但是必须弄明白,以便在需要千方百计达到目的时学会如何工作。同志们,我想,这些话和这些口号是可以理解的,因为在我病休的将近一年中,你们在处理自己手中的工作时实际上已从不同的角度,在千百种场合谈论过和思考过这个问题,我相信对这个问题的深入思考只能使你们得出一个结论:现在我们需要有比以前在国内战争中表现出来的更大的灵活性。

　　旧东西我们不应该拒绝。我们迁就资本主义强国而作的许多让步,使它们有充分的可能同我们来往,保证它们的利润,有时可能是比应得的更大的利润。同时,我们只从几乎全部掌握在国家手中的生产资料中让出不大的一部分。最近报上讨论了英国人厄克特提出的租让问题[209]，他在国内战争中差不多一直是反对我们的。他曾说过："我们要在对付俄国，对付那个竟敢如此这般剥夺我们的俄国的国内战争中达到我们的目的。"这一切过去之后，我们还得同他交往。我们并没有拒绝他们，我们非常愉快地接待了他们，但是我们告诉他们："对不起，我们已经争得的东西决不会交回。我们俄国是这样辽阔，经济潜力又是这样雄厚，因此我们认为可以不拒绝你们盛情的建议，但是我们要像实业家那样冷静地讨论你们的建议。"诚然，我们的第一次谈话没有什么结果，由于政治上的原因我们不可能同意他的建议。我们不得不拒绝他。只要英国人不承认我们可以参与讨论达达尼尔海峡问题，我们就不得不拒绝，但是我们在拒绝后必须立即认真研究这个问题。我们讨论了这对我们是否有利，签订这种租让合同对我们是否有利，如果有利，那是在什么情况下。我们应当讲一讲价钱。同志们，这就清楚地向你们表明，我们处理问题现在应该和过去不同。从前一个共产党人说："我要献出生命"，他觉得这很简单，虽然往往并不那么简单。现在摆在我们共产党人面前的是截然不同的任务。我们现在对一切都要算计，每一个人都应当学会算计。处在资本主义环境里，我们应当算计怎样保证我们的生存，怎样才能从我们的敌人那里获得利益。敌人当然是要讨价还价的，他们永远不会忘记讨价还价，而讨价还价是为了占我们的便宜。这一点我们也不会忘记，我们决不会幻想某某地方的生意人会变成羔羊，而且会白白给我们各种好处。这种事是不会有的，我们也不盼望有这种事，我们指望的是，我们这些习惯于回击的人，在这里既然摆脱了困境，就要有本领做生意，有本领赚钱，有本领摆脱困难的经济状况。这是个很困难的任务。我们正在致力于这个任务。我希望我们能够清

楚地认识到新旧任务之间的距离是多么大。不管这个距离多么
大,但我们在战争中已经学会了巧妙周旋,而且应当明白我们现在
面临的和正进行的周旋是最困难的一次,不过看来,这也是最后的
一次了。我们要在这里考验一下自己的力量,要证明我们不是只
会死背昨天学到的东西和重复过去的老一套。对不起,我们已经
开始重新学习,要学到能够取得毫无疑义的、有目共睹的成绩。为
了重新学习,我想现在我们应该再一次相互坚决保证:我们虽在新
经济政策的名义下向后转了,但我们向后转时决不放弃任何新东
西,同时又给资本家一些好处,从而使任何一个国家,不管它曾经
怎样敌视我们,也不得不同意和我们做交易,同我们来往。克拉辛
同志同厄克特这位整个武装干涉的头头和支柱多次谈过话,他说,
厄克特过去作过种种尝试,无论如何要强迫我们在全俄恢复旧制
度,现在却同他克拉辛坐下来一起谈判,并且开口就问:"什么价
钱? 多少? 订多少年?"(鼓掌)这离签订一系列租让合同,进而建
立十分严格的、牢靠的(从资产阶级社会的观点来看)合同关系还
很远,但现在我们已经看到,我们正在朝这个方向走,快要走到了,
可是还没有走到。同志们,应当肯定这一点,不过也不要骄傲。我
们还远没有完全做到使自己成为强者,能独立自主,能很有把握地
说,我们不怕任何资本主义的交易,不管这种交易多么难,我们也
能做成,也能弄清它的实质并予以解决。因此,我们在这方面已开
始的工作,无论政治工作或党的工作,都必须继续做下去,因此,我
们必须抛弃旧的方法,改用崭新的方法。

我们这里的机关仍是旧的,我们现在的任务就是把它改造一
新。我们不能一下子把它改造过来,但我们必须把我们现有的共
产党员正确地分配好。要让这些共产党员掌握他们所在的机关,

而不是像我们这里常见的那样,让机关掌握他们。这一点用不着隐瞒,应该坦率地说出来。这就是目前这个时候我们面临的任务和我们面临的困难,目前我们踏上了实干的道路,我们必须走向社会主义,但不是把它当做用庄严的色彩画成的圣像。我们必须采取正确的方针,必须使一切都经过检验,让广大群众,全体居民都来检验我们的道路,并且说:"是的,这比旧制度好。"这就是我们给自己提出的任务。我们的党同全国人口比起来,虽然人数很少,但是它把这个任务担负起来了。这个小小的核心给自己提出了改造一切的任务,它一定会完成这个任务。这不是空想,而是人们最关切的事业,我们已经证明了这一点。这一点我们大家都看到了,这一点已经做到。改造工作要做得让大多数劳动群众——农民和工人都说:"不是你们自夸,而是我们夸你们,我们说你们已经取得了最好的成绩,有了这个成绩,任何一个有理智的人都决不会想回到旧制度去了。"但是这一点还没有做到。**因此新经济政策仍然是当前主要的、迫切的、囊括一切的口号。**昨天学会的任何一个口号我们都不会忘记。我们可以泰然自若地、毫不犹豫地对任何人说这一点,我们走的每一步也都说明了这一点。但是我们还必须适应新经济政策。必须善于克服新经济政策的一切消极面,使之缩小到最低限度,这些消极面不用列举,你们都很清楚。必须善于精明地安排一切。我国的法律使我们完全可以做到这一点。我们会不会办事情呢?这还是一个远没有解决的问题。我们正在研究这个问题,我们的党报上每天都有十来篇文章写道:某个工厂、某个工厂主的租赁条件如何如何,而在我们共产党员同志当厂长的地方条件又如何如何。这是否有利?是否合算?我们已抓住日常问题的核心了,这就是一个巨大的收获。社会主义现在已经不是一个遥远将来,或者什么抽象图景,或者什么圣像的问题了。说到圣像,我们仍持原来那种否定的看法。我们把社会主义拖进了日常生活,我们应当弄清这一点。这就是我们当前的任务,这就是我们当今时代的任务。让我在结束讲话时表示一个信念:不管这个任务是多么困难,不管它和我们从前的任务比起来是多么生疏,不管它会给我们带来多少困难,只要我们大家共同努力,不是在明天,而是在几年之中,无论如何会解决这个任务,这样,新经济政策的俄国将变成社会主义的俄国。(长时间热烈鼓掌)

载于 1922 年 11 月 21 日《真理报》　　　　译自《列宁全集》俄文第 5 版
第 263 号　　　　　　　　　　　　　　　第 45 卷第 300—309 页

致全俄苏维埃工作人员工会
第五次代表大会主席团[210]

1922 年 11 月 22 日

亲爱的同志们：

当前最主要的迫切任务，也是最近几年最重要的任务，就是通过缩减苏维埃机关、改善组织、消灭拖拉作风和官僚主义、减少非生产开支，来不断地精简苏维埃机关和减少其费用。你们工会需要在这方面做大量的工作。

祝全俄苏维埃工作人员工会第五次代表大会成功，取得丰硕的成果，希望大会专门讨论一下苏维埃机关问题。

人民委员会主席

弗·乌里扬诺夫（列宁）

载于 1922 年 11 月 25 日《全俄中央执行委员会消息报》第 267 号

译自《列宁全集》俄文第 5 版第 45 卷第 310 页

关于削减海军舰只修建计划

给约·维·斯大林的信[211]

（1922 年 11 月 25 日和 29 日）

电 话 口 授

1

致斯大林同志

（11 月 25 日上午 11 时）

（暂时只作为非正式的磋商，
并请与其他中央委员商量一下）

现将关于舰只修理计划问题的综合材料送上。应尽快解决，我想，甚至就在今天解决。昨天我同斯克良斯基详谈过，有点犹豫，但是，1 000 万的开支太大了，所以我还是不得不提出下列建议：

批准将"纳希莫夫"号巡洋舰造完，然后，把其余的大型舰只（驱逐舰、战列舰等等）削减⅓，并责成主管部门相应地削减其他所有开支。我想，这样大体上可达 700 万，而把剩余的款项用来增加学校经费则要正确得多。现附上绝密的综合材料，以及皮达可夫委员会[212]的工作报告,据斯克良斯基同志说,这个委员会已经几乎削减了 1 600 万。

我认为,目前这样规模的舰队,虽然按斯克良斯基同志公正的说法只是小小的舰队,但对我们来说仍然是过分的奢侈。"纳希莫夫"号巡洋舰应当造完,因为我们可以把它出售获利,而在其他方面,我确信我们的海军专家实在是热心过分了。舰队我们不需要,而增加学校经费却迫切需要。[213]

列 宁

2

致斯大林同志

(11 月 29 日下午 7 时)

由于有人指责我"凭眼睛估计"就削减了舰只修理计划[214],我必须作如下说明:

舰只修理计划的整个规模应与我们根据政治和经济原因决定拥有的舰队的规模相符合(而这一点当然只有专家们才能够办到)。我深信,"纳希莫夫"号巡洋舰应列入我们的舰队,因为至少我们必定有可能把它出售获利。其次,我们的舰只修理计划还包括一批驱逐舰、一部分战列舰,还有潜水艇等等。我觉得这些舰只的总数过多,与我们整个海军的条件不相称,而且是我们的预算所无力承受的。我不知道这部分舰只究竟能够削减多少,我想皮达可夫和索柯里尼柯夫的委员会也不可能根据经济的,特别是政治的合理考虑而加以确定。

对我来说有一点是无可置疑的：总数1 000万是我们无力负担的。因此，我建议将这笔款项定为700万，责成军事专家们计算一下，加上我们舰队需要补充的舰只，驱逐舰、战列舰、潜水艇和其他舰只的总数应是多少？我想，不然的话，削减我们的舰队是根本办不到的，因为海军专家们自然热心于自己的事业，会竭力加大每个数字。在我们给空军拨了大量经费的时候，我们对待用于舰队的开支应当四倍、十倍地慎重，况且由于符拉迪沃斯托克的归并，当前还要有一笔可能很大的开支。

至于加米涅夫关于原定向金属工厂和电机工业总管理局订货的意见[215]，那么应当说，我们订货应满足农民的需要，而决不用于舰队这类东西，因为维持一支相当规模的舰队，从经济上和政治上考虑，对于我们来说是不可能的。

因此，我建议在把总的开支削减300万以后，计算一下，应按什么样的比例确定这笔款项在舰只修理计划范围内的各种用途，然后计算一下，我们怎样才能立刻开始将我们原定数量的修船厂转产农民所必需的金属制品。

列　宁

载于1959年《列宁文集》俄文版第36卷

译自《列宁全集》俄文第5版第45卷第311—313页

致教育工作者代表大会²¹⁶

（1922 年 11 月 26 日）

同志们，感谢你们的问候，祝你们能完成你们肩负的重大任务——培养建设新生活的青年一代。

列　宁

载于 1922 年 12 月《教育工作者》
杂志第 10 期

译自《列宁全集》俄文第 5 版
第 45 卷第 314 页

致国际工人援助会书记
明岑贝格同志

(1922 年 12 月 2 日)

我想简要地指出组织援助的意义,对您在共产国际第四次代表大会上的报告[217]作一补充。

国际工人阶级对饥民的援助,在很大程度上帮助苏维埃俄国渡过和战胜了去年的严重饥荒。现在必须医治饥荒带来的创伤,首先是安置成千上万的孤儿,恢复由于饥荒而遭到严重破坏的农业和工业。

在这方面,国际工人阶级的兄弟援助也已经开始发生作用。彼尔姆附近的美国拖拉机队,美国技术援助组织的农业队,国际工人援助会办的农业和工业企业,通过工人援助苏俄协会分配与认购的第一次无产阶级公债——所有这一切都是工人以兄弟般的援助来促进苏维埃俄国的经济恢复这一事业的大有希望的开端。

国际工人援助会如此成功地发起的对苏维埃俄国的经济援助,一定会得到全世界工人和劳动者的全力支持。除了继续对资产阶级国家政府施加强大的政治压力,要求承认苏维埃政权以外,世界无产阶级广泛的经济援助,在目前是对苏维埃俄国反对帝国主义康采恩的艰苦的经济战争的最好和最实际的支援,是对其社会主义经济建设事业的最好的支援。

弗·乌里扬诺夫（列宁）

1922 年 12 月 2 日于莫斯科

载于 1924 年国际工人援助会出版
社在莫斯科出版的《国际工人援助
会的三年。1921——1924》一书

译自《列宁全集》俄文第 5 版
第 45 卷第 315——316 页

致在莫斯科召开的
青年共产国际第三次世界代表大会[218]

1922 年 12 月 4 日

亲爱的同志们：

很遗憾，我不能亲自来向你们祝贺。最真诚地祝你们工作成功。希望你们不要因为取得了崇高的称号而忘记最主要的任务——必须切切实实地推进青年的培养和学习。

致最崇高的共产主义敬礼！

弗·乌里扬诺夫（列宁）

载于 1922 年 12 月 5 日《真理报》
第 275 号

译自《列宁全集》俄文第 5 版
第 45 卷第 317 页

对我国出席海牙会议
代表团的任务的意见[219]

(1922 年 12 月 4 日)

海牙会议召开在即,我想,在反对战争危险的问题上,最大的困难在于克服那种认为这是一个简单明了和比较容易的问题的偏见。

所有著名的改良派领袖总是对工人阶级说,"我们要用罢工或革命来回答战争"。这种貌似激进的回答,往往使工人、合作社工作者和农民感到满意和安心。

也许,最正确的做法是首先最严厉地驳斥这种见解。应当指出,特别是在战争过去不久的今天,只有最愚蠢的人或不可救药的骗子才会叫人相信,对反对战争问题作这样的回答总有点用处。应当指出,用最普通的和直接的意义上的罢工来"回答"战争是不行的,同样,用最普通的和直接的意义上的革命来"回答"战争也是不行的。

应当向人们说明实际情况,说明战争是在十分秘密的情况下发生的,一般工人组织即使自称革命的组织,在真正日益迫近的战争面前也是无能为力的。

应当反复地、十分具体地向人们说明上次战争的情况,说明为什么情况只能是那样。

　　尤其应当说明下述情况的意义："保卫祖国"是一个必然出现的问题，绝大多数的劳动者对这个问题的处理，必然是对本国资产阶级有利的。

　　因此，第一，说明"保卫祖国"的问题；第二，与此相关，说明"失败主义"的问题；最后，说明反对战争的唯一可行的办法是保存和建立所有参战的革命者的秘密组织，以进行**长期的**反战活动——应该把这一切提到首要地位。

　　抵制战争，这是一句蠢话。共产党人应当投身到任何反动的战争中去。

　　最好是举例证明，不妨用战前的德国文献，特别是用1912年巴塞尔代表大会作例子，极其具体地证明，理论上认定战争是罪恶的，社会党人不容许战争等等，不过是一些空话，因为问题的这种提法没有丝毫具体的内容。我们没有使群众真正深切地认识到战争可能到来而且一定会到来。相反地，大量发行的占统治地位的报刊，每天都在掩盖这个问题，散布有关这一问题的谎言，软弱的社会党报刊完全无力加以驳斥，何况它们在和平时期对这个问题抱着根本错误的看法。大多数国家的共产党报刊大概也会同样出丑。

　　我认为，我国出席国际合作社工作者和工会工作者代表大会的代表应当分一下工，对目前为战争辩护的各种诡辩作出十分详细的分析。

　　也许，把群众拉入战争的最主要的手段正是资产阶级报刊利用的那些诡辩，而我们在反对战争方面软弱无力的最重要的原因，就是我们没有预先分析这些诡辩，甚至像1912年巴塞尔宣言那样，对这些诡辩用一些廉价的大话空话来应付，说我们不容许战争,我们完全懂得战争的罪恶,等等。

如果我们出席海牙会议的代表中有几个人会用几种外语发表反战演说,我认为最重要的是驳斥这样一种论调:似乎到会的人都是反对战争的,他们都懂得战争可能而且一定会在一个最意外的时刻降临到他们头上,他们多少懂得一点反对战争的方法,多少能够采取适当的、可以达到目的的办法来反对战争。

根据不久前的战争经验,我们应当说明,一旦宣战就立即会出现大量理论问题和日常生活问题,使绝大多数应征入伍的人根本不可能以比较清醒的头脑、比较公正的不抱成见的态度来对待这些问题。

我想,我们应该非常详细地从以下两方面来说明这个问题:

第一,讲述并分析上次战争期间所出现的情况,向所有出席会议的人指出,他们并不知道这一切,或者他们装出知道的样子,实际上是闭眼不看问题的关键是什么,而不知道问题的关键也就谈不上任何反战斗争。在这一点上,我认为有必要分析一下当时俄国社会党人中间在战争问题上出现的各种态度即各种看法。必须证明,这些态度的产生并不是偶然的,而是由现代战争的性质本身产生的。必须证明,不分析这些看法,不说明它们产生的必然性及其对反战问题的决定意义,就谈不上对战争有什么准备,甚至也谈不上对战争持自觉的态度。

第二,要选取目前的冲突,哪怕极小的冲突作例子,并以这些例子来说明,由于英法两国在它们同土耳其的条约的某些细节上发生争执,或者由于美日两国在任何一个太平洋问题上都有小小的分歧,或者由于任何大国在殖民地问题、关税政策以至整个贸易政策问题上争吵不休,如此等等,战争随时都有可能发生。依我的看法,如果对能否在海牙完全自由地把反战演说讲完有点疑问,那就要想些巧妙的办法,至少讲出主要内容,而把未能说完的话印成小册子。要准备主席打断我们的讲话。

我想,为此目的,代表团除了应有能负责发表总的反战演说即阐述反战斗争的一切主要理由和一切条件的发言人之外,还应有一些掌握三种主要外语的人,专门同代表们进行交谈,看看这些人对基本理由懂得多少,是否需要提出某些论据或举出某些例子。

在有些问题上,也许只有举出上次战争的实际例子,才能发生重大作用。在另一些问题上,也许只有说明当前国与国之间的争端及其同可能发生的武装冲突的联系,才能发生重大作用。

我记得,关于反战问题,我们一些共产党的代表在议会内和议会外曾发表过许多极端错误、极端轻率的反战言论。我认为,对于这种言论,特别是战后发表的这种言论,应当坚决反对,毫不留情地点出说这种话的每个人的名字。对他们的评论可以委婉一些,特别在必要的时候,但是在任何场合都不能缄默不言,因为轻率地对待这个问题是一种最坏的绝对不能宽容的恶事。

有些工人代表大会作出不少十分愚蠢和十分轻率的决定。

应当立即收集各种材料,详细地研究问题的各个方面和各个细节,研究大会上的全部"战略"。

我们自己在这种问题上讲错话固然不能容忍,就是对实质说得不充分,也是不能容忍的。

1922 年 12 月 4 日

载于 1924 年 4 月 26 日《真理报》第 96 号

译自《列宁全集》俄文第 5 版第 45 卷第 318—322 页

关于人民委员会和劳动国防委员会
副主席分工的建议^①

（1922 年 12 月 4 日）

副主席的分工：

1. 一位副主席抓**劳动国防委员会**，其他两位抓**人民委员会**，按月轮换。

2. 按照（或参照）1922 年春天的单子^②，分管各人民委员部。

3. 已经开始的工作（例如托拉斯——托拉斯问题委员会；核算重工业的经费）由加米涅夫同志继续负责。

4. 每位副主席都要对机关进行检查；每周或每两周检查某一部分（要计划和安排好，按顺序每次检查一个人民委员部；有时检查它的上层机关有时检查下层机关；每次检查都要写出详细的书面决定；尚未检查的那部分人民委员部，如果情况与已规定应进行精简和改进的其他人民委员部完全相同而不自行精简和改进，将受到处分，直至逮捕和撤职）。

列　宁

1922 年 12 月 4 日

载于 1959 年《列宁文集》俄文版
第 36 卷

译自《列宁全集》俄文第 5 版
第 45 卷第 323 页

---

① 建议见本卷第 60—61、151—159、324—326、330—331 页。——编者注

② 见本卷第 157—159 页。——编者注

关于尼·叶·费多谢耶夫的点滴回忆[220]

(1922 年 12 月 6 日)

关于尼古拉·叶夫格拉福维奇·费多谢耶夫,我能回忆起来的是 90 年代初期的事。我不敢说我的回忆完全准确。

那时我住在外省,即喀山和萨马拉。我住在喀山的时候,就听说过费多谢耶夫,但没有见过他。1889 年春我来到萨马拉省,同年夏末在那里听说费多谢耶夫和喀山各小组(包括我参加过的那个小组)的其他成员被捕。我想,如果那年夏天我留在喀山,也很可能被捕。这以后不久,马克思主义作为一种派别开始发展起来,同很早就由"劳动解放社"[221]在西欧宣告成立的社会民主派遥相呼应。

尼·叶·费多谢耶夫是最早宣布自己属于马克思主义派别的那一批人中间的一个。我记得,由于这一点他开始同尼·康·米海洛夫斯基论战,米海洛夫斯基则在《俄国财富》杂志上对他的一封秘密书信作过答复。[222]由于这一点我开始和尼·叶·费多谢耶夫通信。我记得,我们之间的联系是通过霍普芬豪斯进行的;有一次我见到了她,曾打算在弗拉基米尔城和费多谢耶夫会晤,但没有成功。我是抱着他能够出狱的希望到那儿去的,但是这个希望落空了。[223]

后来,费多谢耶夫和我同时被流放到西伯利亚东部;他在西伯利亚自杀身亡,好像是由特别不顺遂的生活条件造成的难以忍受的个人遭遇引起的。**224**

我记得,我和费多谢耶夫在通信中谈到当时产生的关于马克思主义世界观或社会民主主义世界观的问题。我记得特别清楚的是,费多谢耶夫作为一个对自己的事业无限忠诚的旧时代革命家的典型,博得了所有认识他的人特殊的好感;可能是他的某些言论或对宪兵的不慎举动使自己的境遇恶化了。

我这里可能还留下一些费多谢耶夫的书信或手稿的片断,但是否保存着,是否能找到,这一点我还说不准。

不管怎么样,费多谢耶夫当时在伏尔加河流域和俄国中部的某些地区所起的作用是非常大的,当时大批人转向马克思主义,无疑是受了这位非常有才华的、对自己的事业无限忠诚的革命家很大很大的影响。

1922 年 12 月 6 日

载于 1923 年《尼古拉·叶夫格拉福维奇·费多谢耶夫。俄国革命马克思主义先驱之一(回忆录)》一书

译自《列宁全集》俄文第 5 版第 45 卷第 324—325 页

对俄共(布)中央政治局
关于国家供给委员会报告的
决定草案的补充[225]

(1922 年 12 月 6 日或 7 日)

除已作的计算外,充分保证所有学校师生的粮食需要,责成加米涅夫同志、瞿鲁巴同志和雅柯夫列娃同志计算一下,为此应拨出多少粮食,加上拨给职员的最低限度的经过专门审核的数字,粮食总数究竟是多少。

再给学校追加 100 万金卢布的经费。

列　宁

载于 1959 年《列宁文集》俄文版
第 36 卷

译自《列宁全集》俄文第 5 版
第 45 卷第 326 页

就政治局的议事规程
提交全会的建议

(1922 年 12 月 8 日)

电 话 口 授

1.政治局每星期四开会,从 11 点起,至迟到 2 点结束。

2.如留有未讨论的问题,则将这些问题移到星期五或星期一的同一时间讨论。

3.政治局的议程应在星期三中午 12 点之前分发。与议程有关的材料(用书面形式)应在此之前送达。

4.只有在下述条件下才可以在会议的当天提出补充问题:

(a)在绝对不容拖延的情况下(特别是外交问题),

(b)仅限书面形式,

(c)只有在任何一个政治局委员都不反对的情况下。

关于无人反对提出议程外问题这个最后的条件,只有在遇到刻不容缓的外交问题时才可以不考虑。

列 宁

载于 1945 年《列宁文集》俄文版第 35 卷

译自《列宁全集》俄文第 5 版第 45 卷第 327 页

关于人民委员会副主席和主席的工作制度的建议[226]

(1922 年 12 月 9 日)

人民委员会副主席和主席的工作制度

1. 工作时间：12—2 时，6—9 时；同人民委员会主席一起工作的日期：**星期一和星期二、星期四和星期五。**

2. 劳动国防委员会全体副主席和主席的特别会议，如有必要均在上述日期和上述时间内进行(政治局、人民委员会和劳动国防委员会开会除外)，**一般**每周**不少于**两次，每次一小时。开会时间在头一天晚上 9 时以前确定。

3. 副主席的全部工作分为：

(a)直接监督小人民委员会的工作；

(b)直接监督**劳动国防委员会**办公会议的工作

(必须恢复**劳动国防委员会**的办公会议，以便各副主席腾出时间处理其他更重要的工作。副主席**不**主持办公会议，但是**只有他们**签字后，这些会议的决定才能成为最终决定)；

(c)主持不由**人民委员会**主席主持的那部分人民委员

会和劳动国防委员会会议；

(d)参加财政委员会(加上索柯里尼柯夫及其副手和小人民委员会主席；后者不参加财政委员会的所有会议)。

(也许可规定财政委员会的会议每周有一次由**人民委员会**主席主持，时间为一小时？此事应考虑一下)；

(e)确定包括小人民委员会在内的所有机关的议程和问题的顺序，并挑出最重要的问题，在人民委员会主席的主持下四人共同讨论；

(f)通过亲自向各人民委员及其副手作指示，以及对其上层和基层机构进行考察，来直接监督各个人民委员部及其机构；

(g)为贯彻这一条(f)，经**人民委员会**主席批准，由各副主席分管各人民委员部。

4.上述各项工作在副主席之间分工时，应使所有三人(必要时还可包括当他们助手的办公厅主任)能在某项工作上"干"**两个月**，然后**换一项工作**。

(这一点所以必要，是为了使所有的副主席全面地熟悉**整个**机关，也是为了达到管理的真正统一。)

5.三位副主席立即拟定他们之间这种分工的方案，并由四人共同确定。

6.鉴于改善和整顿整个机关比主持会议以及同副人民委员和人民委员谈话这类工作更为重要，而这类工作至今占用了各副主席的所有时间，因此必须规定并严格实行：每位副主席每周"下底层"时间**不得少于两小时**，亲自对机关上层和基层五花八门的各个部分，而且是最意想不到的部分进行考察。这种考察的记录，经过整理、审定，通报（在某些情况下）给**所有**主管部门，应有助于**精简**机关和促使我们国家机关的所有部分得到改进。

列　宁

载于 1945 年《列宁文集》俄文版
第 35 卷

译自《列宁全集》俄文第 5 版
第 45 卷第 328—329 页

致全乌克兰苏维埃代表大会[227]

（1922 年 12 月 10 日）

祝贺全乌克兰苏维埃代表大会开幕。

大会要审议的一个极重要的问题，是各共和国的联合问题。这个问题解决得正确与否，关系到今后我们国家机关的组织；最近在莫斯科、彼得格勒和哈尔科夫对苏维埃职员进行的一次调查统计，突出而鲜明地暴露出我们国家机关中不可容忍的缺点。

大会应该特别注意的第二个问题，就是我国重工业问题。把顿巴斯、石油和冶金工业的生产率提高到战前水平，是我国整个经济的基本任务，应该尽我们的一切努力去完成这个任务。

我确信代表大会一定会找到完成这些任务的正确途径，并衷心地祝贺大会圆满成功。

列　宁

1922 年 12 月 10 日

载于 1922 年 12 月 12 日《共产党人报》（哈尔科夫）第 285 号

译自《列宁全集》俄文第 5 版第 45 卷第 330 页

在全俄苏维埃第十次
代表大会上的讲话提纲²²⁸

（1922 年 12 月 13 日以前）

1. 五周年纪念日（符拉迪沃斯托克）。

2. 国内战争**团结了**工人阶级和农民，这正是**不可战胜的力量的
   保证**。

3. 国内战争教育了和锻炼了（邓尼金等等都是很好的**教员**；教得很
   认真；**我们所有优秀的工作人员都参加过军队**）。

   补 3：…… 补 3：**外交**（注意）。

   > 建立机关
   > 较容易。

4. 去年的饥荒也被战胜了。

5. 现在正**全力抓经济**：怎样（注意）**走向社会主义**？

6. 只有通过**新经济政策**。

7. **一年的检验**？

8. **财政**。前进了**一小步**。

9. 克里茨曼，1920 年—— 16％；1921 年—— 50％；1922 年——
   60％。**229**

10. 贸易的增长，包括**国内贸易**。

11. ——和对外贸易。

12. ——合营公司：**学习**。

13. 工业：轻工业**好转**。

14. ———重工业**困难**，但不是毫无希望：有小小的进展。

15. **中央消费合作总社**：它的特殊意义。

16. 国家机关的一般情况：**糟透了**；**低于资产阶级的文化**。

　　　（1917 年 11 月"**被吓住了**"）；问题正在于**整个**文化，而提

高文化需要好多年。

注意
17. 数十万国家机关职员。**增加了**。

18. 1922 年（10—11 月）的调查统计。

19. 其结果。

20. **金的文章**。²³⁰230

21. 不是改做，而是**重新部署和精简**。

22. **许多年的工作**：（我们是单独的，我们在拉车，而本应是**拉我们**）。

23. 快一些（1917—1922 年）

慢一些（1922—1927 年??）（"**口号**"）。

24. 城市支部对农村支部的支援和**倒过来**。

　　常常是：不是机关属于我们，而是我们属于机关!!

　　下一年度原料等等的供应! **注意**（危险）。

载于 1925 年 9 月 27 日《真理报》　　　　译自《列宁全集》俄文第 5 版
第 221 号　　　　　　　　　　　　　　　　第 45 卷第 440—441 页

就人民委员会和
劳动国防委员会副主席的分工问题
给列·波·加米涅夫、阿·伊·李可夫、
亚·德·瞿鲁巴的信

(1922 年 12 月 13 日)

电 话 口 授

致加米涅夫、李可夫、瞿鲁巴同志

由于旧病复发,我必须立即停止一切政治活动,恢复休假。[231]因此,我同你们的分歧已经失去实际意义。我必须说的只是:我根本不同意李可夫的具体的补充,并提出与他截然相反的意见——接见应有充分自由,没有限制,甚至扩大范围。[232]详情待面谈。

对如此分管各人民委员部,我也很不同意。我想,这种分工应当更加适合各位副主席做纯行政工作的才能。依我看,你们昨天提出的分工的主要缺点就是缺乏这种协调。[233]主持会议和监督法令及财政委员会决议等等在法律上的表述是否准确的职能,本应与检查和改善行政机关的职能极其严格地分开。加米涅夫同志更适合于执行第一种职能(即主持会议,监督表述的准确性等),而瞿鲁巴和李可夫则长于纯行政职能。

基于上述总的理由，我必须把这一问题搁置到我休假回来。不过请注意，我同意暂按你们提出的分工办，但不是为期 3 个月（这与你们的建议不同），而是在我返回工作之前，如果不到 3 个月我就回来的话。

我想起一件事，你们分工时完全忘掉了《经济生活报》这样一个重要的机关报，该报一定要有专人照管。我个人认为，由李可夫来照管《经济生活报》可能最为合适。

列　宁

1922 年 12 月 13 日

载于 1959 年《列宁文集》俄文版
第 36 卷

译自《列宁全集》俄文第 5 版
第 45 卷第 331—332 页

关于对外贸易垄断[234]

(1922 年 12 月 13 日)

电 话 口 授

致斯大林同志并转中央全会

我认为分析布哈林同志的信[235]极为重要。他在第一条中说："对外贸易人民委员部因其'原则'结构而造成的工作无能，使国家经济遭受无数损失，无论列宁还是克拉辛都对此一声不响；由于我们自己没有能力（由于完全可以理解的原因，长时期内也不会有能力）调动农民的商品储备并把它投入国际商品流转，我们受到了损失，他们对此也都只字不提。"

这种论断是完全不正确的，因为克拉辛在关于建立合营公司的第 2 节里说得很清楚，合营公司是一种手段，第一，可以调动农民的商品储备，第二，可以使由此得到的利润至少有一半送入我们的国库。可见回避问题本质的正是布哈林，他不愿意看到，"调动农民的商品储备"会使收益完全落到耐普曼的手里。问题在于我们对外贸易人民委员部是为耐普曼工作呢，还是为无产阶级国家工作。这是一个根本问题，为了这个问题绝对可以而且应该在党代表大会上作一番斗争。

　　对外贸易人民委员部工作无能的问题和这个首要的、基本的原则问题比起来，完全是次要问题，因为它工作无能和我们所有人民委员部的工作无能不相上下，都是由它们的总的社会结构造成的，这要求我们长期坚持不懈地工作去提高教育水平和整个水平。

　　布哈林提纲的第二条说，"克拉辛的提纲中有些地方，如第5节，也完全适用于一般租让"。这又是不能容忍的胡说，因为克拉辛提纲的第5节说得很肯定，"在农村中会人为地引来穷凶极恶的剥削者、包买主、投机商以及使用美元、英镑、瑞典克朗的外国资本的代理人"。租让决不会产生这种情况，因为在租让时我们不仅规定了地区，而且只特许买卖几种指定的物品，更重要的是我们自己掌握着交由租让企业生产的这些或那些物品的贸易。克拉辛认为，我们是无法把自由贸易限制在10月6日全会决议所规定的范围之内的，而且施加压力要我们对贸易撒手的不仅有走私者，而且有全体农民。布哈林对克拉辛提出的理由一个字也没有反驳，对这个根本的经济的和阶级的理由不置一词，就对克拉辛提出令人吃惊的毫无根据的指责。

　　布哈林在他的信的第三条中写道："克拉辛提纲的第3节〈他把第4节误做第3节了〉说，我们的边境守住了"，于是他问："这是什么意思呢？这实际上就是什么事也不做。这正像一家商店挂着一块漂亮的广告牌，可是里面空空如也（关门总管理局制）。"克拉辛十分明确地说，我们的边境与其说是靠关税保护或边防警卫守住的，不如说是靠实行对外贸易垄断守住的。布哈林对于这个明显的、实在的、无可争议的事实没有反驳也不可能反驳一个字。"关门总管理局制"这一用语，同马克思当年曾用"庸俗的自由贸易论者"[236]这一用语来回敬过的一种用语的性质是一样的,因为这里也不过是十分庸俗的自由贸易的词句而已。

接着在第四条中,布哈林又指责克拉辛没有看到我们必须完善我们的关税政策,同时还指责我,说我提到在全国设稽查员是错误的,其实当时说的只是在进出口的地点设稽查员。在这里布哈林的反驳又以其轻率而令人吃惊,而且没有谈到点子上,因为克拉辛不仅看到,不仅完全承认我们的关税政策必须改善,而且毫不含糊地准确地指出了这一点。这种改善就在于:第一,我们采取了对外贸易垄断制;第二,我们采取了成立合营公司的办法。

布哈林看不到,在帝国主义时代,在国与国之间贫富悬殊得惊人的时代,任何关税政策都不会有效。这是他最令人吃惊的错误,而且是纯理论性的错误。布哈林几次提到关税保护,但没有看到,在上述条件下,任何一个富有的工业国都能够把这种关税保护完全摧毁。为此,它只要对输入俄国的那些我国征收高额关税的货物给予出口补贴就行了。这方面所需要的钱,任何一个工业国都是绰绰有余的,而采取这种措施之后,任何一个工业国都肯定能摧毁我们本国的工业。

因此布哈林关于关税政策的一切议论,实践上无非是使俄国工业完全失去保护,在一层薄薄的面纱的掩盖下改行自由贸易制。对此我们必须全力反对,要把这个斗争一直进行到党代表大会上去,因为现在,在帝国主义时代,除了对外贸易垄断制以外,任何切实有效的关税政策都谈不上。

布哈林(在第五条中)指责克拉辛不了解加强流通的重要性,其实克拉辛关于合营公司所说的话完全驳倒了这一指责,因为这种合营公司所追求的目的正是加强流通并继续保护我们俄国的工业,而这种保护是实际的,不像关税保护那样是虚假的。

接着,布哈林在第六条中反驳我,说农民会进行最有利的交易,在他看来是无关紧要的,斗争不是在农民与苏维埃政权之间,而是在苏维埃政权与出口商之间进行的。这又是根本不对的,因为例如在我前次指出的价格悬殊的情况下(亚麻在俄国值 4 个半卢布,而在英国值 14 个卢布),出口商会最迅速、最可靠、最有把握地把农民调集到自己周围。在实践上,布哈林是在保护投机商、小资产者和农民上层分子,反对工业无产阶级。如果工业得不到保护,工业无产阶级是绝对不能恢复自己的工业、使俄国成为工业国的,而能保护工业的只是对外贸易垄断,决不是关税政策。在目前俄国的条件下,任何别的贸易保护主义都是完全虚假的、纸上空谈的贸易保护主义,对无产阶级一点好处也没有。因此这个斗争对无产阶级及其工业具有最根本的原则的意义。成立合营公司的办法是能真正改善对外贸易人民委员部这个糟糕的机关的唯一办法,因为实行这个办法,外国商人和俄国商人就会在一起工作。如果我们在这种条件下还不能多学一点、学会、学通,那么我国人民就是毫无希望的傻瓜了。

如果我们还要谈什么"关税保护",那就是说,我们对于克拉辛十分明白指出的、布哈林一点也没有驳倒的那些危险熟视无睹。

我再补充一句,局部开放边境会在外汇方面带来极严重的危险,因为实际上我们将陷入德国那样的境地;还会带来另一种极严重的危险,即俄国在国外的小资产阶级和形形色色的代理人会向俄国渗透,而我们又毫无办法监督他们。

利用合营公司进行长期的认真的学习，这是恢复我国工业的唯一途径。

列　宁

载于1930年《无产阶级革命》杂志
第2—3期合刊

译自《列宁全集》俄文第5版
第45卷第333—337页

关于在全俄苏维埃
第十次代表大会上的讲话问题
给约·维·斯大林并转
俄共(布)中央委员会委员的信

(1922 年 12 月 15 日)

电 话 口 授

我现在已经把自己的事务清理完毕,可以安心地走了。[237]还同托洛茨基谈妥,由他来维护我在对外贸易垄断问题上的观点。只有一件事使我非常焦急不安,就是不能在苏维埃代表大会上讲话。星期二医生们要到我这儿来,我们将商量一下,是否还有一点可能去讲话。放弃这次讲话,我觉得会使自己很不安,如果不说得更重一点的话。我的讲话提纲几天前就写好了。[①] 所以我建议,一方面不要停止别人代我讲话的准备,同时把我自己讲话的机会保留到星期三,也许我能作一次比平常短得多的讲话,比如作三刻钟的讲话。这种讲话丝毫也不妨碍代替我讲话的人(无论您委托的是谁),而且我想这在政治上和对个人来说都有好处,因为这样可以消除引起巨大的焦急不安的原因。请考虑这一点。如果代表

---

① 见本卷第 328—329 页。——编者注

大会还要延期开幕，请通过我的秘书预先告诉我。[238]

列　宁

1922 年 12 月 15 日

我坚决反对把对外贸易垄断问题拖下去。不管出于何种考虑（包括希望我能参加这个问题的讨论这种考虑），如果想推迟到下次全会讨论，我坚决反对，因为我相信，托洛茨基维护我的观点，一点也不比我差，此其一；其次，您和季诺维也夫，听说还有加米涅夫的声明证实，一部分中央委员已改变了自己原先的观点[239]；第三，也是最主要的，在这个极端重要的问题上继续犹豫不定是绝对不能容许的，是会破坏全部工作的。[240]

列　宁

1922 年 12 月 15 日

载于 1930 年《列宁全集》俄文
第 2、3 版第 27 卷（非全文）

译自《列宁全集》俄文第 5 版
第 45 卷第 338—339 页

最后的书信和文章[241]

（1922 年 12 月—1923 年 3 月）

口 授 记 录

给代表大会的信²⁴²

(1922 年 12 月 23 日)

我很想建议在这次代表大会上对我们的政治制度作一系列的变动。

我想同你们谈谈我认为最重要的一些想法。

首先我建议把中央委员人数增加到几十人甚至 100 人。如果我们不实行这种改革,我想,一旦事态的发展不是对我们十分有利(而我们不能寄希望于十分有利这一点上),我们的中央委员会就会遭到很大的危险。

其次,我想提请代表大会注意,在一定的条件下赋予国家计划委员会的决定以立法的性质,在这方面我在一定程度上和一定条件下同意托洛茨基同志的意见。

至于第一点,即增加中央委员的人数,我想,为了提高中央委员会的威信,为了认真改善我们的机关,为了防止中央委员会一小部分人的冲突对党的整个前途产生过分大的影响,这样做是必要的。

我想,我们党有理由要求工人阶级出 50 — 100 个中央委员,而又不致使工人阶级太费力。

这种改革会大大加强我们党的巩固性,会有助于它在敌对国家中间进行斗争,据我看,这种斗争在最近几年内可能而且一定会

大大尖锐化。我想,采取了这样的措施,我们党的稳定性将增强
千倍。

列　宁

1922 年 12 月 23 日
玛·沃·记录

续　　一

续记
1922 年 12 月 24 日

　　我上面说到的中央委员会的稳定性,指的是能够采取的防止
分裂的措施。当然,一个白卫分子(大概是谢·谢·奥登堡)在《俄
国思想》杂志[243]上说得对,第一,在他们反对苏维埃俄国的赌博中
他把赌注押在我们党的分裂上,第二,在这种分裂方面他又把赌注
押在党内最严重的意见分歧上。

　　我们党依靠的是两个阶级,因此,如果这两个阶级不能协调一
致,那么党就可能不稳定,它的垮台就不可避免。一旦出现这种情
况,采取任何措施,怎么谈论我们中央委员会的稳定性,都是没有
用的。在这种情况下,任何措施都不能防止分裂。但愿这是极遥
远的未来的事,是不大可能发生的事,这里可以不谈。

　　我说的稳定性是指保障在最近时期不出现分裂,我打算在这
里谈一下对纯粹个人特性的一些看法。

　　我想,从这个角度看,稳定性的问题基本在于像斯大林和托
洛茨基这样的中央委员。依我看,分裂的危险,一大半是由他们

之间的关系构成的，而这种分裂是可以避免的，在我看来，把中央委员人数增加到 50 人，增加到 100 人，这应该是避免分裂的一种办法。

斯大林同志当了总书记，掌握了无限的权力，他能不能永远十分谨慎地使用这一权力，我没有把握。另一方面，托洛茨基同志，正像他在交通人民委员部问题上反对中央的斗争所证明的那样，不仅具有杰出的才能。他个人大概是现在的中央委员会中最有才能的人，但是他又过分自信，过分热衷于事情的纯粹行政方面。

现时中央两位杰出领袖的这两种特点会出人意料地导致分裂，如果我们党不采取措施防止，那么分裂是会突然来临的。

我不打算再评述其他中央委员的个人特点了。我只提醒一下，季诺维也夫和加米涅夫在十月的那件事当然不是偶然的，但是此事不大能归罪于他们个人，正如非布尔什维主义不大能归罪于托洛茨基一样。

在年轻的中央委员中，我想就布哈林和皮达可夫谈几句。依我看，他们是最杰出的力量（在最年轻的力量中），对他们应当注意下列情况：布哈林不仅是党的最宝贵的和最大的理论家，他也理所当然被认为是全党喜欢的人物，但是他的理论观点能不能说是完全马克思主义的，很值得怀疑，因为其中有某种烦琐哲学的东西（他从来没有学过辩证法，因而——我想——他从来没有完全理解辩证法）。

12 月 25 日。其次是皮达可夫，他无疑是个有坚强意志和杰出才能的人，但是太热衷于行政手段和事情的行政方面，以致在重大的政治问题上是不能指靠他的。

　　当然，我对两人作这样的评语是仅就现时情况来说的，而且还假定这两位杰出而忠诚的工作人员得不到机会来充实自己的知识并改变自己的片面性。

列　宁

1922 年 12 月 25 日
玛·沃·记录

对 1922 年 12 月 24 日一信的补充

　　斯大林太粗暴，这个缺点在我们中间，在我们共产党人相互交往中是完全可以容忍的，但是在总书记的职位上就成为不可容忍的了。因此，我建议同志们仔细想个办法把斯大林从这个职位上调开，任命另一个人担任这个职位，这个人在各方面同斯大林同志一样，只是有一点强过他，这就是较为耐心、较为谦恭、较有礼貌、较能关心同志，而较少任性等等。这一点看来可能是微不足道的小事。但是我想，从防止分裂来看，从我前面所说的斯大林和托洛茨基的相互关系来看，这不是小事，或者说，这是一种可能具有决定意义的小事。

列　宁

莉·福·记录
1923 年 1 月 4 日

续　　二

续记

1922 年 12 月 26 日

把中央委员人数增加到 50 人甚至 100 人，依我看，可以达到双重甚至三重目的：中央委员愈多，受到中央工作锻炼的就愈多，因某种不慎而造成分裂的危险就愈小。吸收很多工人参加中央委员会，会有助于工人改善我们糟透了的机关。我们的机关实质上是从旧制度继承下来的，因为在这样短的时期内，特别是在战争、饥饿等等条件下，要把它改造过来是完全不可能的。因此，对于那些抱着讥讽态度或怀着恶意指出我们机关的缺点的"批评家"，可以心平气和地回答说，这些人完全不了解现今革命的条件。在五年的时间内要完成机关应有的改造是根本不可能的，特别是在我国革命所处的条件下更是如此。我们在五年内建立了一个新的国家类型，在这个国家里工人走在农民前面反对资产阶级，这已经很好了，这在敌对的国际环境中是一项巨大的事业。但是在意识到这一点时，丝毫不应忽视，我们的机关实质上是从沙皇和资产阶级那里拿过来的旧机关，在和平已经到来和免于饥饿的最低需要已经得到保证的现在，全部工作都应该集中到改善机关上。

我是这样设想的：几十个工人参加中央委员会，就能比其他任何人更好地检查、改善和改造我们的机关。起初由工农检查院行使这一职能，但它实际上不能胜任，只是成了这些中央委员的"附属品"，或者在一定条件下成了他们的助手。照我的看法，参加中央委员会的工人，应当主要不是来自那些做过长期苏维埃工作的工人（我在本信的这一部分所指的工人都是把农民也包括在内的），因为在这些工人中间已经形成了某些正应该加以克服的传统和成见。

工人中央委员主要应当是这样的工人，他们的岗位低于五年来被我们提拔为苏维埃职员的那一层人，他们更接近于普通的工人和没有成为直接或间接剥削者的农民。我想，这种工人出席中央委员会的一切会议，出席政治局的一切会议，阅读中央委员会的一切文件，能够成为忠诚拥护苏维埃制度的骨干，他们，第一，能使中央委员会本身具有稳定性，第二，能真正致力于革新和改善机关。

列　宁

莉·福·记录
1922 年 12 月 26 日

载于 1956 年《共产党人》杂志
第 9 期

译自《列宁全集》俄文第 5 版
第 45 卷第 343—348 页

续记
1922 年 12 月 29 日

关于增加中央委员人数部分的补充意见

我认为，在增加中央委员人数时，还应当、也许主要应当检查并改善我们的毫不中用的机关。为了这个目的，我们应该利用高度熟练的专家，而配备这些专家则应该是工农检查院的任务。

如何使这些知识丰富的做检查工作的专家同这些新的中央委员配合起来，这个任务应该在实践中解决。

我觉得，工农检查院（由于它自身的发展，也由于我们对它的发展吃不透）结果出现了我们现在所看到的情况，这就是从一个特殊的人民委员部变为执行中央委员的特殊职能的过渡状态，从检查一切的机关变为人数不多但属第一流的检查员的集合体，这些检查员应当得到较高的报酬（在我们这个收费的时代，在检查员直接在报酬较高的机关工作的情况下，这样做是特别必要的）。

如果中央委员的人数适当增加，他们在高度熟练的专家和在各部门都有很高威信的工农检查院成员的帮助下，年复一年地学习国家管理的课程，那么，我认为，我们一定能够成功地解决我们长期未能解决的这一任务。

就是说，结果是中央委员增加到100人，他们的助手，即按照他们的指示检查工作的工农检查院成员，最多不超过400—500人。

列　宁

1922年12月29日
玛·沃·记录

载于1956年《共产党人》杂志
第9期

译自《列宁全集》俄文第5版
第45卷第354—355页

关于赋予国家计划委员会以立法职能[244]

续记

1922 年 12 月 27 日

这个思想是托洛茨基同志提出来的,大概已经很久了。我当时反对这个思想,因为我认为,这样一来,在我们的立法机关系统中将出现严重的不协调现象。但是经过仔细研究,我发现这里实质上有合理的思想,即国家计划委员会这个汇集了内行、专家、科技界人士的机关,虽然实质上掌握着正确判断事物所需的大量材料,却有点被置于我们的立法机关之外。

然而我们一直认为,国家计划委员会应当给国家提供经过鉴别分析的材料,而国家机关则应当决定国家事务。我想,在目前国家事务变得异常复杂的情况下,往往要交错着解决各种问题,其中有些问题需要国家计划委员会人员鉴定,有些问题不需要他们鉴定,甚至有些问题的某些方面需要国家计划委员会鉴定,另一些方面则不需要它鉴定,因此我想,目前应该采取步骤来扩大国家计划委员会的职权。

我是这样设想这一步骤的:应该使国家计划委员会的决定不被通常的苏维埃审议程序推翻,改变决定要有特别程序,例如,把问题提交全俄中央执行委员会常会,根据特别指令对需要改变决定的问题进行准备,根据特别条例写出报告,来权衡国家计划委员会的这个决定是否应该取消,以及对改变国家计划委员会的问题的决定规定特别的期限,等等。

　　我想，可以而且应该赞同托洛茨基同志的是这一方面，而不是下述方面：国家计划委员会主席一职，或者由我们政治领袖中的某人担任，或者由最高国民经济委员会主席担任，等等。我觉得，现在在这里把个人问题同原则问题过分紧密地牵扯在一起了。现在听到有人攻击国家计划委员会主席克尔日扎诺夫斯基同志和副主席皮达可夫同志，攻击包括两个方面：一方面我们听到的指责是太软弱，缺乏自主精神，没有主见；另一方面我们听到的指责是粗枝大叶，作风粗野，缺乏深湛的科学修养，等等。我想，这些攻击反映了一个问题的两个方面，把两个方面都夸大到极点，实际上我们在国家计划委员会中需要的是这两类性格的巧妙结合，一种典型可能是皮达可夫，另一种典型可能是克尔日扎诺夫斯基。

　　我想，领导国家计划委员会的人应该是这样的人，他是有科学修养的人，也就是在技术或农艺方面有修养的人，在技术或农艺方面有几十年实际工作的丰富经验。我想这种人应当具有的主要不是行政才能，而是吸收人才的广泛经验和能力。

列　宁

1922 年 12 月 27 日

玛·沃·记录

续　　一

续记关于国家计划委员会的

决定具有立法性质的信

1922 年 12 月 28 日

　　我觉察到，我们某些能够对国家事务的方针起决定性影响的同志夸大了行政这一方面。当然,在一定的地点和一定的时间,行政这一方面是必需的,但是不应该把它同科学修养方面、同掌握广泛的实际情况、同吸收人才的能力等等混为一谈。

在一切国家机关内,特别是在国家计划委员会内,必须把这两种素质结合起来。当克尔日扎诺夫斯基同志告诉我,他已把皮达可夫吸收到国家计划委员会,并同他谈妥工作的时候,我同意了这种做法,虽然一方面我还有些怀疑,可是另一方面,我有时又希望,我们这样做能够把两种类型的国务活动家结合起来。这个希望是不是实现了,现在应该等一等,看看稍久一些的经验,但是在原则上我认为,毫无疑问,把不同的性格和类型(人才、素质)这样结合起来,对于国家机关正确地发挥职能是绝对必需的。我认为,在这里夸大"行政手段"正像任何夸大一样,同样是有害的。国家机关的领导人应该具有吸收人才的高超能力,具有检查他们的工作的相当丰富的科学技术知识。这是基本的方面。不然,工作就不能做好。另一方面,很重要的是他要善于做行政管理工作,并且在这方面有一个或几个得力的助手。一个人兼有这两种素质未必会有,也未必需要。

列　宁

莉·福·记录
1922 年 12 月 28 日

续　二

续记国家计划委员会问题
1922 年 12 月 29 日

看来，我们的国家计划委员会正在全面发展成为专家委员会。这种机关的领导人不能不是在技术方面具有丰富经验和多种科学修养的人。这种机关的行政管理力量实质上应当是辅助性的。从这种科学机关的权威来看，国家计划委员会必须具有一定的独立性和自主性，而能否具有这种独立性和自主性取决于一点，这就是它的工作人员是否认真负责和勤勤恳恳地努力实现我们的经济和社会建设计划。

现在具有后面这种品质的人当然是极其少有的，因为绝大多数学者都不可避免地感染了资产阶级观点和资产阶级偏见，而国家计划委员会自然是由他们组成的。从这方面对他们进行考查应当是可以组成国家计划委员会主席团的几个人的任务，他们应当是共产党员，在整个工作过程中天天观察这些资产阶级学者是否忠诚，是否抛弃了资产阶级的偏见，以及是否逐渐接受社会主义的观点。这种科学考查和纯行政管理双管齐下的工作，应该是我们共和国国家计划委员会的领导者们的目标。

列　宁

玛·沃·记录
1922 年 12 月 29 日

　　究竟怎样做才合理,是把国家计划委员会主管的工作分解为各个单项任务,还是相反,应当设法组织一批固定的专家,他们经常受国家计划委员会主席团的检查,能够解决归国家计划委员会处理的全部问题? 我想,后一种办法比较合理,应当竭力减少临时的和紧急的个别任务。

列　宁

1922 年 12 月 29 日
玛·沃·记录

载于 1956 年《共产党人》杂志
第 9 期

译自《列宁全集》俄文第 5 版
第 45 卷第 349—353 页

关于民族或"自治化"问题[245]

续记
1922 年 12 月 30 日

我觉得很对不起俄国工人,因为我没有十分坚决十分果断地过问有名的自治化问题,其正式的说法似应叫做苏维埃社会主义共和国联盟问题。

夏天,当这个问题发生的时候,我正在病中,后来,在秋天,我寄极大希望于自己的康复以及十月全会和十二月全会使我有可能来过问这个问题。然而,不论十月全会(讨论了这个问题)还是十二月全会,我都没能出席,因而这个问题几乎完全绕过了我。

我只是同捷尔任斯基同志谈过一次话,他从高加索回来,向我谈了这个问题在格鲁吉亚的情况。我还同季诺维也夫同志交谈了几句,向他表示了我对这一问题的忧虑。根据捷尔任斯基同志(他是中央委员会派去"调查"格鲁吉亚事件的委员会的领导人)说的情况,我只能感到莫大的忧虑。如果事情发展到奥尔忠尼启则竟会动手打人——这是捷尔任斯基同志告诉我的,那么可想而知,我们已掉到什么样的泥潭里去了。可见,整个这个"自治化"的想法是根本不对的,是根本不合时宜的。

据说需要统一机关。但是,这种主张来自何处呢?还不是来自俄罗斯机关本身,而这种机关,正如我在前面的一篇日记里已经指出的,是我们从沙皇制度那里接收过来的,不过稍微涂了一点苏维埃色彩罢了。①

毫无疑问,应当等到我们能够说,我们可以保证有真正是自己的机关的时候,再采取这种措施。现在我们应当老实说,正好相反,我们称为自己机关的那个机关,实际上是和我们完全格格不入的,它是资产阶级和沙皇制度的大杂烩,在没有其他国家帮助,又忙于军"务"和同饥荒斗争的情况下,根本不可能在五年内把它改造过来。

在这种条件下,很自然,我们用来替自己辩护的"退出联盟的自由"只是一纸空文,它不能够保护俄国境内的异族人,使他们不受典型的俄罗斯官僚这样的真正俄罗斯人,大俄罗斯沙文主义者,实质上是恶棍和暴徒的侵害。毫无疑问,在苏维埃的和苏维埃化了的工人中,会有很少一部分人沉没在这个大俄罗斯沙文主义垃圾的大海里,就像苍蝇沉没在牛奶里一样。

有人出来为这种措施辩护,说直接涉及民族心理、民族教育的人民委员部都已划出去了。但是,这就出现两个问题:是否能把这些人民委员部完全划出去;其次,我们是否已经关怀备至地采取措施来真正保护异族人免遭真正俄罗斯的杰尔席莫尔达[246]之流侵害呢? 我认为,我们并没有采取这些措施,虽然我们是能够而且应该采取这些措施的。

我想,斯大林的急躁和喜欢采取行政措施以及他对有名的"社会民族主义"的愤恨,在这件事情上起了决定性的作用。愤恨通常在政治上总是起极坏的作用。

---

① 见本卷第345页。——编者注

　　我还担心,去高加索调查这些"社会民族主义分子""罪行"案件的捷尔任斯基同志,在这件事情上也只是突出表现了他的真正俄罗斯人的情绪(大家知道,俄罗斯化的异族人在表现真正俄罗斯人的情绪方面总是做得过火),他的整个委员会是否不偏不倚,这在奥尔忠尼启则"动手打人"这件事上得到了充分说明。我想,这种俄罗斯式的动手打人行为是不能用受到任何挑衅甚至侮辱[247]作辩解的,而捷尔任斯基同志无法补救的过错就在于他对这种动手打人行为采取了轻率的态度。

　　奥尔忠尼启则对于高加索的其余所有公民就是权力。奥尔忠尼启则无权发怒,尽管他和捷尔任斯基借口说是被别人激怒的。相反,奥尔忠尼启则必须克制自己,而任何一个普通公民,尤其是一个被指控犯了"政治"罪的普通公民倒不是非克制自己不可的。要知道,从实质上说,社会民族主义分子就是被指控犯了政治罪的公民,而且从这种指控的全部情况来看,也只能这样认定。

　　这就提出一个重要的原则问题:怎样理解国际主义?①

列　宁

1922 年 12 月 30 日

玛·沃·记录

----

　①　在速记记录中下面还有一句话被勾掉了:"我想,我们的同志们还没有充分理解这个重要的原则问题。"——俄文版编者注

续记

1922 年 12 月 31 日

关于民族或"自治化"问题

（续）

我在关于民族问题的一些著作中已经指出过，抽象地提民族主义问题是极不恰当的。必须把压迫民族的民族主义和被压迫民族的民族主义，大民族的民族主义和小民族的民族主义区别开来。

对于第二种民族主义，我们大民族的人，在历史的实践中几乎从来都是有过错的，我们施行了无数暴力，甚至施行了无数暴力和侮辱，自己还没有察觉。只要回忆一下我在伏尔加河流域时的情况，就可以知道我们的人是怎样蔑视异族人的：把波兰人都叫做"波兰佬"，嘲笑鞑靼人为"王爷"，乌克兰人为"一撮毛"，格鲁吉亚人和其他高加索异族人为"蛮子"。

因此，压迫民族或所谓"伟大"民族（虽然只不过是因为施行暴力而伟大，只不过是像杰尔席莫尔达那样的伟大）的国际主义，应当不仅表现在遵守形式上的民族平等，而且表现在压迫民族即大民族要处于不平等地位，以抵偿在生活中事实上形成的不平等。谁不懂得这一点，谁就不懂得对待民族问题的真正无产阶级态度，谁就实质上仍持小资产阶级观点，因而就不能不随时滚到资产阶级的观点上去。

对无产者来说重要的是什么呢？对无产者来说，不仅重要而且极其必要的是保证在无产阶级的阶级斗争中取得异族人的最大信任。为此需要什么呢？为此不仅需要形式上的平等。为此无论如何需要用自己对待异族人的态度或让步来抵偿"大国"民族的政府在以往历史上给他们带来的那种不信任、那种猜疑、那种侮辱。

我想，对于布尔什维克，对于共产党人，这是用不着再作详细解释的。我想，这一次在对待格鲁吉亚民族方面，我们有了一个典型的例子，说明我们要是以真正无产阶级的态度处理问题，就必须采取非常谨慎、非常客气和让步的态度。一个格鲁吉亚人对事情的这一方面掉以轻心，满不在乎地随便给人加上"社会民族主义"的罪名(其实他自己不仅是真正道地的"社会民族主义分子"，而且是粗暴的大俄罗斯的杰尔席莫尔达)，那么这个格鲁吉亚人实质上就破坏了无产阶级阶级团结的利益，因为没有什么比民族问题上的不公正态度更能阻碍无产阶级阶级团结的发展和巩固的了，因为"受欺侮"民族的人没有比对平等感，对破坏这种平等更敏感的了，哪怕是自己的无产者同志出于无心或由于开玩笑而破坏这种平等。因此，在这种情况下，在对少数民族让步和宽容这方面做得过些比做得不够要好。因此，在这种情况下，无产阶级团结以及无产阶级阶级斗争的根本利益，要求我们对待民族问题无论何时都不能拘泥形式，而要时刻考虑到被压迫民族(或小民族)的无产者在对待压迫民族(或大民族)的态度上必然有的差别。

列　宁

玛·沃·记录
1922 年 12 月 31 日

续记
1922 年 12 月 31 日

在目前形势下应当采取哪些具体措施呢?

第一,应当保留和巩固社会主义共和国联盟;对这一措施是不可能有怀疑的。我们需要它,正如全世界共产主义无产阶级需要它来同世界资产阶级作斗争,来防备世界资产阶级的阴谋一样。

第二,就外交机关而言需要保留社会主义共和国联盟。顺便指出,这个机关在我们国家机关中是一个特别的机关。我们没有让任何一个在沙皇旧机关里有点影响的人进入这个机关。这个机关里面全部有点权威的工作人员都是共产党员。因此,这个机关已经取得(可以这样大胆地说)可靠的共产主义机关的称号。它在极大程度上清除了沙皇的、资产阶级的、小资产阶级的旧机关工作人员,而这是我们在其他各人民委员部中只好凑合利用的那些机关不能相比的。

第三,需要处分奥尔忠尼启则同志以儆效尤(谈到这点时,我深感遗憾,因为我本人是他的朋友,在侨居国外时同他一道工作过),并要补充调查或重新调查捷尔任斯基的委员会的全部材料,以便纠正其中无疑存在的大量不正确的地方和不公正的判断。当然应当使斯大林和捷尔任斯基对这一真正大俄罗斯民族主义的运动负政治上的责任。

第四,在加入我们联盟的其他各民族共和国中使用民族语言这个方面应制定极严格的规章,并对这些规章进行非常认真的检查。毫无疑问,在我们的现有机关的情况下,我们这里将有人借口铁路业务统一、国库统一等等而干出大量真正俄罗斯式的胡作非为的事情。同这些胡作非为现象作斗争,必须特别机智,不消说参加这一斗争的人要特别真诚。这里要有一个详细的法典,这个法典只有居住在该共和国内的本民族的人才能够比较成功地拟定出来。而且决不应事先保证,由于做了这些工作,在下次苏维埃代表大会上就不会退回去,也就是说,只在军事和外交方面保留苏维埃社会主义共和国联盟,而在其他方面恢复各个人民委员部的完全独立。

应当注意到,拿莫斯科和其他中心城市来说,各人民委员部的分散及其工作不协调的影响,是能够靠党的威信在相当程度上加以克服的,只要十分谨慎和公正地运用这种威信。由于各民族机关和俄罗斯机关没有统一起来而可能给我们国家造成的损害,比起那种不仅给我们,而且给整个国际、给继我们之后不久即将登上历史前台的亚洲几亿人民造成的损害要小得多。如果在东方登上历史前台的前夜,在它开始觉醒的时候,我们由于对我们本国的异族人采取哪怕极小的粗暴态度和不公正态度而损害了自己在东方的威信,那就是不可宽恕的机会主义。必须团结起来反对维护资本主义世界的西方帝国主义者,这是一回事。这是毫无疑问的,不用说,我是绝对赞成这些措施的。要是我们自己即使在小事情上对被压迫民族采取帝国主义态度,从而完全损害了自己反对帝国主义斗争的原则上的真诚性和自己维护反对帝国主义斗争的原则态度,那又是一回事。而世界史的明天,将是这样一个日子,那时已经被唤醒的、受帝国主义压迫的各民族将彻底觉醒,并开始争取自身解放的长期艰苦的决定性的战斗。

列　宁

1922年12月31日
玛·沃·记录

载于1956年《共产党人》杂志
第9期

译自《列宁全集》俄文第5版
第45卷第356—362页

日 记 摘 录[248]

（1923 年 1 月 2 日）

根据 1920 年的人口调查资料编成的俄国居民识字状况一书（《俄国识字状况》1922 年莫斯科中央统计局国民教育统计处版）日前出版，是一件很重要的事情。

现将该书中 1897 年和 1920 年俄国居民识字状况表抄录如下：

	每 1 000 男子中识字人数		每 1 000 妇女中识字人数		每 1 000 人口中识字人数	
	1897 年	1920 年	1897 年	1920 年	1897 年	1920 年
1.欧俄 ………	326	422	136	255	229	330
2.北高加索 …	241	357	56	215	150	281
3.西伯利亚（西部）……	170	307	46	134	108	218
共 计……	318	409	131	244	223	319

当我们高谈无产阶级文化及其与资产阶级文化的关系时，事实提供的数据向我们表明，在我国就是资产阶级文化的状况也是很差的。果然不出所料，我们距离普遍识字还远得很，甚至和沙皇时代（1897 年）比，我们的进步也太慢。这是对那些一直沉湎于"无产阶级文化"的幻想之中的人的一个严厉警告和责难。这说明我们还要做多少非做不可的粗活，才能达到西欧一个普通文明国家的水平。这也说明，我们现在还要进行多么繁重的工作，才能在

我国无产阶级所取得的成就的基础上真正达到稍高的文化水平。

我们不应当光讲这个不容争辩的但过于理论化的道理。应当在最近修改我国季度预算的时候，实际着手干起来。当然，首先应当削减的不是教育人民委员部的经费，而是其他部门的经费，以便把削减下来的款项转用于教育人民委员部。在今年这个粮食供应还比较不错的年份，不要再舍不得增加教师的面包配给额了。

目前在国民教育方面所做的工作，一般说来，范围并不算太窄。为了推动旧的教师们前进，吸引他们来执行新的任务，使他们注意教育学一些问题的新提法，注意宗教之类的问题，我们做了很不少的工作。

但是我们没有做主要的事情。我们没有关心或者远没有充分关心把国民教师的地位提到应有的高度，而不做到这一点，就谈不上任何文化，既谈不上无产阶级文化，甚至也谈不上资产阶级文化。问题就在于我们直到今天还没有摆脱半亚洲式的不文明状态，如果我们不作重大的努力，是不能摆脱的，虽然我们有可能摆脱，因为没有哪一个地方的人民群众像我国的人民群众这样关心真正的文化；没有哪一个地方像我国这样把文化问题提得这样深刻，这样彻底；没有哪一个地方，哪一个国家像我国那样国家政权掌握在工人阶级手里，而大多数工人深知自己的——且不说在文化方面，而是在识字方面——不足；没有哪一个地方的工人阶级像我国工人阶级这样，为了改善自己在这方面的状况，情愿忍受并且正在忍受如此重大的牺牲。

使我们的整个国家预算首先去满足初级国民教育的需要，这个工作我们还做得太少，做得还远远不够。甚至在我们教育人民委员部里也经常可以看到编制过分庞大的现象，一个国家出版总局的编制就大得不像话,而丝毫没有注意到国家首先要关心的不应是出版机构,而是有读书的人,有更多能阅读的人,使出版机构在未来的俄国有更大的政治影响。我们还是按照旧的(很坏的)习惯,用在出版机构这类技术问题上的时间和精力比用在国民识字这个一般的政治问题上的要多得多。

拿职业教育总局来说,我们深信,这儿也能发现有许多机构是多余的,这是由于从部门利益考虑而膨胀起来的,并不适应广泛的国民教育的需要。在职业教育总局里,远非一切都是从首先发展我国青工教育并使这种教育有具体方向这一合理愿望出发的。如果从这个角度来仔细考察一下职业教育总局的编制,其中有很多是臃肿的和形同虚设的,应予撤销。在无产阶级和农民的国家里,还有很多经费可以而且应当节省下来用以发展国民识字教育,办法就是把那些半贵族老爷式的玩意儿,那些在上述统计材料所表明的国民识字情况下可以不要、可以长期不要而且应当不要的机构一律撤销。

应当把我国国民教师的地位提到在资产阶级社会里从来没有、也不可能有的高度。这是用不着证明的真理。为此,我们必须经常不断地坚持不懈地工作,既要振奋他们的精神,也要使他们具有真正符合他们的崇高称号的全面修养,而最最重要的是提高他们的物质生活水平。

应当不断地加强组织国民教师的工作,以便使他们从资产阶级制度的支柱(在无一例外的所有资本主义国家里,他们一直是资产阶级制度的支柱)变成苏维埃制度的支柱,以便通过他们去争取农民,使农民脱离同资产阶级的联盟而同无产阶级结成联盟。

我想简短地指出,经常下农村的做法在这方面一定会起特别重要的作用,这种工作我们已经在进行,还必须有计划地加以发展。对于下农村这类措施,不要舍不得花钱,我们常常在几乎完全属于旧历史时代的国家机关上白花钱。

我曾收集过一些材料,准备在 1922 年 12 月的苏维埃代表大会上作关于城市工人支援农村居民的报告,但这个报告没有作成。关于这方面的材料,有些是霍多罗夫斯基同志给我提供的,既然我自己没有来得及研究这个问题并通过苏维埃代表大会来发表,现在就把它提出来请同志们研究。

这是城乡关系的一个基本政治问题,对于我们的整个革命有决定的意义。资产阶级国家不断地极力愚弄城市工人,使国家、沙皇政党和资产阶级政党出钱办的所有出版物配合这一目的,而我们能够而且应当利用我们的政权使城市工人真正成为在农村无产阶级中传播共产主义思想的人。

说了"共产主义"这几个字,我要赶快声明一下,以免引起误会或过于机械的理解。决不能把这话理解为我们应当马上把纯粹的和狭义的共产主义思想带到农村去。在我们农村中奠定共产主义的物质基础之前,这样做对于共产主义可以说是有害的,可以说是致命的。

不能这样做。应当从建立城乡间的交往开始,决不给自己提出向农村推行共产主义这种事先定下的目标。这种目标现在是达不到的。这种目标是不合时宜的。提出这种目标不但无益,反而有害。

可是,在城市工人与农村雇工之间建立交往,在他们之间建立一种他们之间可以很容易建立起来的友好互助形式,这是我们的责任,这是执政的工人阶级的基本任务之一。为此就必须在工厂工人中组成许多以经常帮助农村发展文化为宗旨的团体(党的、工会的、个人的)。

能不能做到把所有的城市支部都"分配"给各农村支部,使每一个"分配"给相应的农村支部的工人支部经常注意利用一切机会、一切场合,来满足自己的兄弟支部的各种文化需求呢?或者还能找到其他联系形式?我在这里只是提出问题,为的是引起同志们的注意,举出现有的西伯利亚西部的经验(这经验是霍多罗夫斯基同志告诉我的),并充分地把这一具有世界历史意义的巨大文化任务提出来。

除了我们的正式预算或正式联系,我们几乎没有为农村做任何事情。诚然,我国今天城乡的文化联系自然而然地、必然地具有另一种性质。在资本主义制度下,城市给予农村的是那些在政治、经济、道德、身体等等方面对农村起坏影响的东西。而我们的城市自然而然地开始给予农村的,正是相反的东西。可是这一切正是自然而然地、自发地进行的,如果使这个工作带有自觉性、计划性和系统性,这一切就可以加强起来(而且以后更会百倍地加强起来)。

只有当我们研究了这个问题,建立起各种各样的工人团体(尽量防止它们官僚主义化),把这个问题提出来讨论并付诸行动的时候,我们才能开始前进(那时我们定能开始百倍迅速地前进)。

1923 年 1 月 2 日

载于 1923 年 1 月 4 日《真理报》
第 2 号

译自《列宁全集》俄文第 5 版
第 45 卷第 363—368 页

论 合 作 社²⁴⁹

（1923 年 1 月 4 日和 6 日）

一

我觉得我们对合作社注意得不够。未必每个人都理解，现在，自从十月革命以来，不管新经济政策如何（相反，在这方面应该说，正是由于实行了新经济政策），合作社在我国有了非常重大的意义。旧日合作社工作者的理想中有很多幻想。他们常常由于这种幻想而显得可笑。可是他们的幻想究竟表现在什么地方呢？表现在这些人不懂得工人阶级为推翻剥削者统治而进行的政治斗争的根本意义。现在，我国已经推翻了剥削者的统治，因此，旧日合作社工作者的理想中许多曾经是幻想的，甚至是浪漫主义的或庸俗的东西，正在成为不加任何粉饰的现实。

在我国，既然国家政权操在工人阶级手中，既然全部生产资料又属于这个国家政权，我们要解决的任务的确就只剩下实现居民合作化了。正确坚信必须进行阶级斗争、为夺取政权进行斗争等等的人们曾合理嘲笑、讥讽和蔑视过的那种社会主义，现在在居民最大限度合作化的情况下，自然就能达到目的了。但并不是所有的同志都明了，俄国的合作化现在对我们有多么巨大的、不可估量的意义。在新经济政策中,我们向作为商人的农民作了让步,即向私人买卖的原则作了让步;正是从这一点(这与人们所想的恰恰相反)产生了合作社的巨大意义。从实质上讲,在实行新经济政策的条件下,使俄国居民充分广泛而深入地合作化,这就是我们所需要的一切,因为现在我们发现了私人利益即私人买卖的利益与国家对这种利益的检查监督相结合的合适程度,发现了私人利益服从共同利益的合适程度,而这是过去许许多多社会主义者碰到的绊脚石。情况确实如此,国家支配着一切大的生产资料,无产阶级掌握着国家政权,这种无产阶级和千百万小农及极小农结成了联盟,这种无产阶级对农民的领导得到了保证,如此等等——难道这不是我们所需要的一切,难道这不是我们通过合作社,而且仅仅通过合作社,通过曾被我们鄙视为做买卖的合作社的——现时在新经济政策下我们从某一方面也有理由加以鄙视的——那种合作社来建成完全的社会主义社会所必需的一切吗?这还不是建成社会主义社会,但这已是建成社会主义社会所必需而且足够的一切。

我们许多做实际工作的人所估计不足的正是这一情况。在我国,人们还轻视合作社,还不了解:第一,在原则方面(生产资料所有权在国家手中),第二,在采用尽可能使**农民感到简便易行和容易接受的**方法过渡到新制度方面,这种合作社具有多么重大的意义。

而这又正是主要之点。幻想出种种工人联合体来建设社会主义,是一回事;学会实际建设这个社会主义,能让**所有**小农都参加这项建设,则是另一回事。我们现在达到的就是这级台阶。毫无疑义,我们虽然达到了这级台阶,却绝少利用它。

我们改行新经济政策时做得过头的地方,并不在于我们过分重视自由工商业的原则；我们改行新经济政策时做得过头的地方，在于我们忘记了合作社，在于我们现在对合作社仍然估计不足，在于我们已经开始忘记合作社在上述两方面的巨大意义。

我现在想跟读者谈一谈，从这个"合作社"原则出发，立即在实践上可以而且应当做到的是些什么事情。立即可以而且应当用哪些手段来着手发挥这个"合作社"原则，使得人人明白这一原则的社会主义意义。

在政策上要这样对待合作社，就是不仅使它能一般地、经常地享受一定的优待，而且要使这种优待成为纯粹资财上的优待（如银行利息的高低等等）。贷给合作社的国家资金，应该比贷给私人企业的多些，即使稍微多一点也好，甚至和给重工业等部门的一样多。

任何一种社会制度，只有在一定阶级的财政支持下才会产生。不待说，"自由"资本主义的诞生曾花了亿万卢布。目前我们应该特别加以支持的一种社会制度就是合作社制度，这一点我们现在必须认识到而且必须付诸行动。但是支持合作社制度就应该是名副其实的支持，就是说，把这种支持仅仅理解为支持任何一种合作社的流转是不够的，而应该理解为支持**确实有真正的居民群众参加**的合作社的流转。奖励参加合作社流转的农民，这种方式无疑是正确的，但同时应当检查农民参加的情况，检查参加的自觉性及其质量——这就是问题的关键所在。合作社工作者来到农村开设合作商店，严格地说，居民还完全没有参加这一工作，但同时出于个人得益的考虑，他们又会急于试试参加。

这个问题还有另外一面。为了使全体居民人人参加合作社的业务，并且不是消极地而是积极地参加，我们还须要完成在一个"文明的"（首先是识字的）欧洲人看来并不很多的工作。说实在的,我们要做的事情"仅有"一件,就是要使我国居民"文明"到能够懂得人人参加合作社的一切好处,并参加进去。"仅有"这一件事情而已。为了过渡到社会主义,目前我们并不需要任何其他特别聪明的办法。可是为要完成这一"仅有"的事情,就需要一场变革,需要有全体人民群众在文化上提高的一整个阶段。因此,我们的准则应该是尽量少卖弄聪明,尽量少要花样。在这一方面,新经济政策是一种进步,因为它适合最普通的农民的水平,它没有向他们提出什么更高的要求。但是,为了通过新经济政策使全体居民人人参加合作社,这就需要整整一个历史时代。在最好的情况下,我们度过这个时代也要一二十年。但这终究是一个特殊的历史时代,如果不经过这一历史时代,不做到人人识字,没有足够的见识,没有充分教会居民读书看报,没有做到这一点的物质基础,没有一定的保障,如防备歉收、饥荒等等的保障——没有以上这些条件,我们就达不到自己的目的。现在全部问题在于,要善于把我们已经充分表现出来而且取得完全成功的革命气势、革命热情,同(这里我几乎要说)做一个有见识的和能写会算的商人的本领(有了这种本领就足以成为一个优秀的合作社工作者)结合起来。所谓做商人的本领,我指的是做文明商人的本领。这一点是俄国人,或者直截了当说是农民应该牢牢记住的,他们以为一个人既然做买卖,那就是说有本领做商人。这种想法是根本不对的。他虽然在做买卖,但这离有本领做个文明商人还远得很。他现在是按亚洲方式做买卖,但是要能成为一个商人,就得按欧洲方式做买卖。他要做到这一点,还需要整整一个时代。

现在结束我的话:在经济、财政、银行方面给合作社以种种优惠,这就是我们社会主义国家对组织居民的新原则应该给予的支持。但这还只是一般地提出任务,因为在实践上这一任务的全部内容还是不清楚的,还没有详细规划出来,也就是说,应该善于找出我们对合作化的"奖励"方式(和奖励条件),找出我们能用来充分帮助合作社的奖励方式,找出我们能用来培养出文明的合作社工作者的奖励方式。而在生产资料公有制的条件下,在无产阶级对资产阶级取得了阶级胜利的条件下,文明的合作社工作者的制度就是社会主义的制度。

1923 年 1 月 4 日

二

每当我写到新经济政策问题时,我总要引我 1918 年那篇论国家资本主义的文章①。这曾不止一次地使某些青年同志产生疑问。但他们的疑问主要是在抽象的政治方面。

他们觉得,生产资料属于工人阶级,国家政权也属于这个工人阶级,这样的制度就不能叫做国家资本主义。但他们没有注意到,我所以用"国家资本主义"这个名称,**第一**,是为了指明我们现在的立场同我在与所谓左派共产主义者论战时的立场之间有历史联系,而且那时我就已证明过,国家资本主义要高于我国当前的经济;我很重视判明普通的国家资本主义同我在帮助读者认识新经济政策时所说的那种特别的,甚至非常特别的国家资本主义之间的继承性的联系。**第二**,我一向很重视实际目的。而我国新经济

_____

① 见本版全集第 34 卷第 264—293 页。——编者注

政策的实际目的就是实行租让;在我国条件下,租让无疑就是纯粹的国家资本主义类型。我关于国家资本主义的看法就是这样。

不过事情还有另一方面,在谈这一方面时我们可能要涉及国家资本主义,或者说,至少要同国家资本主义作一对比。这就是合作社问题。

毫无疑问,合作社在资本主义国家条件下是集体的资本主义机构。同样毫无疑问,在我国目前的经济现实中,当我们把私人资本主义企业(但必须是建立在公有土地上的,必须是处在工人阶级的国家政权监督下的)同彻底的社会主义类型的企业(无论生产资料或企业占用的土地以及整个企业都属于国家)连接起来的时候,这里也就出现了第三种企业的问题,即合作企业的问题,从原则意义上说,这种企业以前是没有起过独立作用的。在私人资本主义下,合作企业与资本主义企业不同,前者是集体企业,后者是私人企业。在国家资本主义下,合作企业与国家资本主义企业不同,合作企业首先是私人企业,其次是集体企业。在我国现存制度下,合作企业与私人资本主义企业不同,合作企业是集体企业,但与社会主义企业没有区别,如果它占用的土地和使用的生产资料是属于国家即属于工人阶级的。

我们有些人在谈论合作社时,对于这一情况估计不足。他们常常忘记,由于我们国家制度的特点,合作社在我国具有非常重大的意义。如果把租让(顺便说一句,租让在我国并未得到多大的发展)单独划开,那么在我国的条件下合作社往往是同社会主义完全一致的。

现在来说明我的看法。为什么说自罗伯特·欧文以来所有的旧日合作社工作者的计划都是幻想呢? 因为他们没有估计到阶级

1924 年 3 月 10 日《东方杂志》第 21 卷第 5 期封面和
该刊所载列宁《论合作社》一文的中译文
（当时译《合作事业与新经济政策》）

斗争、工人阶级夺取政权、推翻剥削者阶级的统治这样的根本问题,而梦想用社会主义来和平改造现代社会。因此我们有理由把这种"合作"社会主义看做彻头彻尾的幻想,把以为只要实行居民合作化就能使阶级敌人变为阶级朋友、使阶级战争变为阶级和平(所谓国内和平)的梦想,看做浪漫主义的,甚至庸俗的东西。

　　毫无疑问,从当代的基本任务看来,我们是正确的,因为不进行争取国家政权的阶级斗争,社会主义就不能实现。

　　但是你们看,现在国家政权既已掌握在工人阶级手里,剥削者的政权既已推翻,全部生产资料(除工人国家暂时有条件地自愿租让给剥削者的一部分生产资料外)既已掌握在工人阶级手里,情况就大不一样了。

　　现在我们有理由说,对我们来说,合作社的发展也就等于(只有上述一点"小小的"例外)社会主义的发展,与此同时我们不得不承认我们对社会主义的整个看法根本改变了。这种根本的改变表现在:从前我们是把重心放在而且也应该放在政治斗争、革命、夺取政权等等方面,而现在重心改变了,转到和平的"文化"组织工作上去了。如果不是因为国际关系,不是因为必须为我们在国际范围内的阵地进行斗争,我真想说,我们的重心转移到文化主义[250]上去了。如果把国际关系撇开不谈,只就国内经济关系来说,那么我们现在的工作重心的确在于文化主义。

　　我们面前摆着两个划时代的主要任务。第一个任务就是改造我们原封不动地从旧时代接收过来的简直毫无用处的国家机关;这种机关,我们在五年来的斗争中还来不及也不可能来得及认真加以改造。我们的第二个任务就是在农民中进行文化工作。这种在农民中进行的文化工作,就其经济目的来说,就是合作化。要是完全实现了合作化，我们也就在社会主义基地上站稳了脚跟。但完全合作化这一条件本身就包含有农民（正是人数众多的农民）的文化水平的问题，就是说，没有一场文化革命，要完全合作化是不可能的。

我们的敌人曾不止一次地对我们说，我们在一个文化不够发达的国家里推行社会主义是冒失行为。但是他们错了，我们没有从理论（一切书呆子的理论）所规定的那一端开始，我们的政治和社会变革成了我们目前正面临的文化变革，文化革命的先导。

现在，只要实现了这个文化革命，我们的国家就能成为完全社会主义的国家了。但是这个文化革命，无论在纯粹文化方面（因为我们是文盲）或物质方面（因为要成为有文化的人，就要有相当发达的物质生产资料的生产，要有相当的物质基础），对于我们说来，都是异常困难的。

1923 年 1 月 6 日

载于 1923 年 5 月 26 日和 27 日　　　　译自《列宁全集》俄文第 5 版
《真理报》第 115 号和第 116 号　　　　　第 45 卷第 369—377 页

论我国革命

（评尼·苏汉诺夫的札记）[251]

（1923 年 1 月 16 日和 17 日）

一

这几天我翻阅了一下苏汉诺夫的革命札记。特别引人注目的是我国所有小资产阶级民主派也和第二国际全体英雄们一样迂腐。引人注目的是他们对过去的盲目模仿，至于他们非常怯懦，甚至其中的优秀人物一听说要稍微离开一下德国这个榜样，也要持保留态度，至于所有小资产阶级民主派在整个革命中充分表现出来的这种特性，就更不用说了。

他们都自称马克思主义者，但是对马克思主义的理解却迂腐到无以复加的程度。马克思主义中有决定意义的东西，即马克思主义的革命辩证法，他们一点也不理解。马克思说在革命时刻要有极大的灵活性[252]，就连马克思的这个直接指示他们也完全不理解，他们甚至没有注意到，例如，马克思在通信中（我记得是在1856 年的通信中）曾表示希望能够造成一种革命局面的德国农民战争同工人运动结合起来[253]，就是对马克思的这个直接指示，他们也像猫儿围着热粥那样绕来绕去，不敢触及。

他们的一举一动都暴露出他们是些怯懦的改良主义者，唯恐离开资产阶级一步，更怕跟资产阶级决裂，同时又用满不在乎的空谈和大话来掩饰自己的怯懦。即使单从理论上来看，也可以明显地看出他们根本不能理解马克思主义的下述见解。他们到目前为止只看到过资本主义和资产阶级民主在西欧的发展这条固定道路。因此，他们不能想象到，这条道路只有作相应的改变，也就是说，作某些修正（从世界历史的总进程来看，这种修正是微不足道的），才能当做榜样。

第一，这是和第一次帝国主义世界大战相联系的革命。这样的革命势必表现出一些新的特征，或者说正是由于战争而有所改变的一些特征，因为世界上还从来没有过在这种情况下发生的这样的战争。到目前为止我们看到，最富有的国家的资产阶级在这场战争之后还没有能调整好"正常的"资产阶级关系，而我们的改良主义者，即硬充革命家的小资产者，却一直认为正常的资产阶级关系是一个极限（不可逾越的极限），而且他们对于这种"正常"的理解是极其死板、极其狭隘的。

第二，他们根本不相信任何这样的看法：世界历史发展的一般规律，不仅丝毫不排斥个别发展阶段在发展的形式或顺序上表现出特殊性，反而是以此为前提的。他们甚至没有想到，例如，俄国是个介于文明国家和初次被这场战争最终卷入文明之列的整个东方各国即欧洲以外各国之间的国家，所以俄国能够表现出而且势必表现出某些特殊性，这些特殊性当然符合世界发展的总的路线，但却使俄国革命有别于以前西欧各国的革命，而且这些特殊性到了东方国家又会产生某些局部的新东西。

例如，他们在西欧社会民主党发展时期背得烂熟的一条论据，已成为他们万古不变的金科玉律，这条论据就是：我们还没有成长到实行社会主义的地步，或像他们中间各种"博学的"先生们所说的那样，我们还没有实行社会主义的客观经济前提。可是他们谁也没有想到问一问自己：面对第一次帝国主义大战所造成的那种革命形势的人民，在毫无出路的处境逼迫下，难道他们就不能奋起斗争，以求至少获得某种机会去为自己争得进一步发展文明的并不十分寻常的条件吗？

"俄国生产力还没有发展到可以实行社会主义的高度。"第二国际的一切英雄们，当然也包括苏汉诺夫在内，把这个论点真是当做口头禅了。他们把这个无可争辩的论点，用千百种腔调一再重复，他们觉得这是对评价我国革命有决定意义的论点。

试问，既然特殊的环境把俄国卷入了西欧所有多少有些影响的国家也被卷入的帝国主义世界大战，其次使处于东方即将开始或部分已经开始的革命边缘的俄国，发展到有条件实现像马克思这样的"马克思主义者"在1856年谈到普鲁士时曾作为一种可能的前途提出来的"农民战争"同工人运动的联合，那该怎么办呢？

既然毫无出路的处境十倍地增强了工农的力量，使我们能够用与西欧其他一切国家不同的方法来创造发展文明的根本前提，那又该怎么办呢？世界历史发展的总的路线是不是因此改变了呢？正在卷入和已经卷入世界历史总进程的每个国家的各基本阶级的基本相互关系是不是因此改变了呢？

既然建立社会主义需要有一定的文化水平（虽然谁也说不出这个一定的"文化水平"究竟是什么样的，因为这在各个西欧国家都是不同的），我们为什么不能首先用革命手段取得达到这个一定水平的前提，**然后**在工农政权和苏维埃制度的基础上赶上别国人民呢？

1923 年 1 月 16 日

二

你们说，为了建立社会主义就需要文明。好极了。那么，我们为什么不能首先在我国为这种文明创造前提，如驱逐地主，驱逐俄国资本家，然后开始走向社会主义呢？你们在哪些书本上读到过，通常的历史顺序是不容许或不可能有这类改变的呢？

记得拿破仑这样写过："On s'engage et puis… on voit"，意译出来就是："首先要投入真正的战斗，然后便见分晓。"我们也是首先在1917年10月投入了真正的战斗，然后就看到了像布列斯特和约或新经济政策等等这样的发展中的细节（从世界历史的角度来看，这无疑是细节）。现在已经毫无疑问，我们基本上是胜利了。

我们的苏汉诺夫们，更不必说那些比他们更右的社会民主党人了，做梦也没有想到，不这样就根本不能进行革命。我们的欧洲庸人们做梦也没有想到，在东方那些人口无比众多、社会情况无比复杂的国家里，今后的革命无疑会比俄国革命带有更多的特殊性。

不用说，按考茨基思想编写的教科书在当时是很有益处的。不过现在毕竟是丢掉那种认为这种教科书规定了今后世界历史发展的一切形式的想法的时候了。应该及时宣布，有这种想法的人简直就是傻瓜。

1923年1月17日

载于1923年5月30日《真理报》
第117号

译自《列宁全集》俄文第5版
第45卷第378—382页

我们怎样改组工农检查院

(向党的第十二次代表大会提出的建议)²⁵⁴

(1923 年 1 月 23 日)

　　毫无疑问,工农检查院对我们说来是一个大难题,而且这个难题至今没有解决。一些同志用否认工农检查院的好处或必要性来解决这个难题,我认为是不对的。但同时我并不否认,我们国家机关及其改善的问题,是一个非常困难、远未解决同时又亟待解决的问题。

　　我们的国家机关,除了外交人民委员部,在很大程度上是旧事物的残余,极少有重大的改变。这些机关仅仅在表面上稍微粉饰了一下,而从其他方面来看,仍然是一些最典型的旧式国家机关。所以,为了找到真正革新这些机关的办法,我觉得应该向我们国内战争的经验请教。

　　在国内战争比较危急的关头我们是怎样做的呢?

　　我们把党的优秀力量集中在红军里,我们动员了我国工人中的优秀分子,我们到我国专政根基最深的地方去发掘新的力量。

　　照我的看法,我们也应当按这个路子去寻找改组工农检查院的源泉。我建议党的第十二次代表大会采纳下面这个以特殊方式扩大我们中央监察委员会为基础的改组计划。

　　我党中央全会已有发展成为党的一种最高代表会议的趋势。

它现在平均每两月至多开会一次，至于日常工作，大家知道，则由我们的政治局、我们的组织局、我们的书记处等等以中央委员会的名义处理。我认为，我们应当走完这条已经走上的道路，把中央全会完全变成党的最高代表会议，每两月开会一次，有中央监察委员会参加。而这个中央监察委员会要根据下述条件同改组后的工农检查院的基本部分结合起来。

我建议代表大会从工人和农民中选出 75—100 名（这当然是大致的数字）新的中央监察委员。当选者也像一般中央委员一样，应该经过党的资格审查，因为他们也应享有中央委员的一切权利。

另一方面，应该把工农检查院的职员缩减到 300—400 人，这些职员要经过专门考查，看他们是否认真负责，是否了解我们的国家机关，同时还要经过专门考验，看他们是否了解科学组织劳动特别是管理、办公等方面劳动的原理。

据我看来，把工农检查院和中央监察委员会这样结合起来，对于两个机关都有好处。一方面，工农检查院因此能获得很高的、至少不亚于我们外交人民委员部的威信。另一方面，我们的中央委员会就会同中央监察委员会一起最终走上变成党的最高代表会议的道路，实际上中央委员会已经走上这条道路，而为了在以下两方面正确地完成自己的任务，它应当沿着这条道路走到底：一方面，使它的组织和工作有计划、有目的、有系统，另一方面，通过我国工农中的优秀分子同真正广大的群众联系起来。

我预见到，那些使我们机关成为旧机关的人，也就是那些主张让我们机关照现在这样保留着革命前的糟糕透顶的状态的人，一定会直接或间接地提出反对意见（顺便说一句，我们现在得到了历史上很少有的机会，可以测定进行根本的社会变革所必需的期限,我们现在清楚地看到,**什么**可以在 5 年内做到,什么需要更长的时期)。

这种反对意见认为我提出的改革只会造成混乱。中央监察委员会委员们将在各机关游逛,不知道该到哪儿去,去干什么,去找谁,弄得到处一片混乱,打断职员们的日常工作,如此等等。

我觉得,这种反对意见是哪些居心险恶的人提出来的,十分明显,甚至用不着回答。自然,从中央监察委员会主席团和工农检查人民委员及其部务委员会(相应的还有我们的中央书记处)来说,需要顽强地努力若干年,才能恰当地组织自己的人民委员部及其协同中央监察委员会进行的工作。我认为,工农检查人民委员可以(而且应当)仍旧是人民委员,整个部务委员会也是一样,仍旧领导整个工农检查院的工作,包括所有"派来"听他调遣的中央监察委员会委员的工作。按照我的计划,工农检查院留下来的 300—400 个职员,一方面要在工农检查院其他委员和增派来的中央监察委员会委员的领导下做纯粹秘书性的工作,另一方面,他们应该是高度熟练、经过特别审查、非常可靠的人,同时要给他们很高的薪金,使他们完全摆脱目前工农检查院官员们的真正不幸的(如果不说得更重的话)处境。

我相信,把职员减少到我所说的那个数目,会使工农检查院工作人员的质量和整个工作的质量提高许多倍,同时也会使人民委员和部务委员有可能集中全力安排工作,有步骤地、不断地提高工作质量,而提高工作质量对于工农政权和我们苏维埃制度是绝对必要的。

另一方面,我还认为,工农检查人民委员应设法把我们共和国现有的 12 个以上的劳动组织高级研究所(中央劳动研究所、科学劳动组织研究所等等)一部分合并,使另一部分的工作协调起来。过于雷同也好,因此而要求统统合并也好,都是有害的。恰恰相反,应该在把所有这些机构合并成一个和使它们在保持一定独立性的条件下适当分工这两者之间,找出一个合理的适当的折中办法。

由于这种改革,我们中央委员会本身所得到的好处无疑不会少于工农检查院,这个好处就是,中央委员会能增进同群众的联系,使它的工作更有条理、更扎实。那时就能够(而且一定会)在准备政治局会议方面规定更严格更负责的制度。中央监察委员会应有一定人数的委员出席这种会议,其人数视某一时期或某一组织计划而定。

工农检查人民委员应协同中央监察委员会主席团给中央监察委员会委员们分一下工,或者根据他们是否必须出席政治局会议和检查送交政治局审理的各种文件,或者根据他们是否必须抽出工作时间来学习理论和研究科学组织劳动,或者根据他们是否必须实际参加监督和改善从上层国家机构到基层地方机构的我国国家机关的工作,等等。

经过这种改革,中央委员和中央监察委员能更好地了解情况,在政治局会议以前能更好地进行准备(凡与政治局会议有关的文件,一律应在会议前24小时送交中央委员会和中央监察委员会的各委员,刻不容缓的事情除外,这类事情要通过特别程序通知中央委员会委员和中央监察委员会委员并加以解决)。我认为,除了上述政治上的好处以外,还有一个好处,就是在我们中央委员会里纯粹个人因素和偶然情况的影响会减少,从而分裂的危险也会减少。

我们中央委员会已经形成为一个严格集中的和威信很高的集

体,但是这个集体的工作条件还和它的威信不相称。我提出的改革必将有助于改变这种状况。有一定的人数必须出席政治局每次会议的中央监察委员会的委员们,应该形成一个紧密的集体,这个集体应该"不顾情面",应该注意不让任何人的威信,不管是总书记,还是某个其他中央委员的威信,来妨碍他们提出质询,检查文件,以至做到绝对了解情况并使各项事务严格按照规定办事。

当然,在我们苏维埃共和国内,社会制度是以工人和农民这两个阶级的合作为基础的,现在也容许"耐普曼"即资产阶级在一定的条件下参加这个合作。如果在这两个阶级之间发生严重的阶级分歧,那么分裂将是不可避免的。但是,在我们的社会制度内并不存在必然发生这种分裂的基础,所以我们中央委员会和中央监察委员会以及我们全党的主要任务在于密切注视可能产生分裂的情况并防止这种情况发生,因为我们共和国的命运归根到底将取决于农民群众是和工人阶级一道走,忠实于和工人阶级的联盟呢,还是让"耐普曼"即新资产阶级把他们和工人拆开,使他们和工人分裂。对这两种结局,我们看得愈清楚,我国全体工人和农民了解得愈清楚,我们避免那种会使苏维埃共和国覆灭的分裂的可能就愈大。

1923 年 1 月 23 日

载于 1923 年 1 月 25 日《真理报》
第 16 号

译自《列宁全集》俄文第 5 版
第 45 卷第 383—388 页

宁肯少些，但要好些

（1923 年 3 月 2 日）

在改善我们国家机关的问题上，我认为工农检查院不应当追求数量和急于求成。直到现在，我们还很少考虑和关心我们国家机关的质量，所以，理所当然应该关心特别认真地提高它的质量，把具有真正现代素质的人才，即同西欧优秀人才相比并不逊色的人才集中到工农检查院里来。当然，对社会主义共和国说来，这个要求是太低了。但是在头五年里，我们脑子里充满了不相信和怀疑。例如，对那些过多地、过于轻率地侈谈什么"无产阶级"文化的人，我们就不禁要抱这种态度，因为在开始的时候，我们能够有真正的资产阶级文化也就够了，在开始的时候，我们能够抛掉资产阶级制度以前的糟糕之极的文化，即官僚或农奴制等等的文化也就不错了。在文化问题上，急躁冒进是最有害的。我们许多年轻的著作家和共产党员应该牢牢记住这一点。

因此，在国家机关问题上，根据过去的经验我们现在也应当得出这样的结论：最好慢一些。

我们国家机关的情况，即使不令人厌恶，至少也非常可悲，因此我们必须首先认真考虑怎样来克服它的缺点，同时要记住，这些缺点根源于过去，过去的东西虽已被打翻，但还没有被消灭，没有退到早已成为陈迹的旧文化的阶段去。我在这里提出的正是文化问题，因为在这种事情上，只有那些已经深入文化、深入日常生活和成为习惯的东西，才能算做已达到的成就。而在我们这里，可以说，对社会制度中的精华没有仔细考虑，没有充分理解，没有深切感受，只是匆忙地抓过来，没有经过检验，没有经过考验，没有为经验所证实，没有固定下来，如此等等。当然，在革命时代，在五年之内就使我们从沙皇制度转到苏维埃制度这样令人眩晕的发展速度之下，也不能不是这样。

应当及时醒悟过来。应当采取的解救办法是对任何冒进和说大话等等一概不相信。应当想一想怎样检查我们每小时都在宣布，每分钟都在实行，而后又每秒钟都在证明其不扎实、不可靠和未被理解的那些前进步骤。这里最有害的就是急躁。最有害的，就是自以为我们总还懂得一点什么，或者总还有不少人能用来建立真正新的机关，名副其实是社会主义的、苏维埃的机关，如此等等。

其实不然，在我们这里，这样的机关，甚至这样的机关人员，是少得可笑的，所以我们必须记住，为了建立这样的机关，不应该舍不得时间，而应该花上许多许多年的时间。

我们有哪些人可以用来建立这种机关呢？只有两种人。第一，是一心为社会主义奋斗的工人。这些人受的教育是不够的。他们倒是想给我们建立优秀的机关。但是他们不知道怎么做。他们无法办到。他们直到现在还没有具备建立这种机关所必需的文化修养。而做这件事情所必需的正是文化。在这里，蛮干或突击，机敏或毅力，以及人的任何优秀品质，都是无济于事的。第二，是有知识的、受过教育和训练的人，而我国比起其他各国来这种人少得可笑。

在这里也不要忘记，我们往往太喜欢用热心和急于求成等等来弥补（或者以为可以弥补）没有知识这种缺陷。

为了革新我们的国家机关，我们一定要给自己提出这样的任务：第一是学习，第二是学习，第三还是学习，然后是检查，使我们学到的东西真正深入血肉，真正地完全地成为生活的组成部分，而不是学而不用，或只会讲些时髦的词句（毋庸讳言，这种现象在我们这里是特别常见的）。总之，我们应该提出的不是西欧资产阶级所提出的要求，而是向一个以发展成社会主义国家为宗旨的国家应该提出的恰如其分的要求。

由此得出的结论是：我们应当把作为改善我们机关的工具的工农检查院改造成真正的模范机关。

要想使工农检查院达到应有的水平，就必须遵守"七次量，一次裁"的准则。

要做到这一点，我们必须非常慎重地、考虑周到地、熟悉情况地利用我们社会制度中真正的精华来建立新的人民委员部。

要做到这一点，就要求我们社会制度中所有的优秀分子，即第一，先进工人，第二，真正受过教育而且可以保证决不相信空话、决不说昧心话的分子，不怕承认任何困难，不怕为达到自己郑重提出的目的而进行任何斗争。

在改善我们的国家机关方面，我们已经瞎忙了五年，但只不过是瞎忙而已，五年来已经证明这是无用的，徒劳无益的，甚至是有害的。这种瞎忙使我们看来像是在工作，实际上却搅乱了我们的机关和我们的头脑。

这种状况终究应该改变了。

我们应该遵守一条准则：宁可数量少些，但要质量高些。我们应该遵守一条准则：与其匆忙从事而毫无希望得到优秀人才，倒不如再过两年甚至三年好些。

我知道，这条准则很难坚持，很难用于我们的实际生活。我知道，相反的准则会通过无数渠道在我们这里得到奉行。我知道，需要大力抵制，需要表现出无比坚韧的精神，这方面的工作至少在头几年内是极难收效的。然而我深信，我们只有通过这样的工作才能达到我们的目的，而只有达到这个目的，我们才能建立名副其实是苏维埃的、社会主义的共和国，以及其他等等。

许多读者也许认为我在前一篇文章①中举出来作例子的数字太小了。我相信，可以用很多计算来证明这些数字是很不够的。但我认为，我们应该把真正合乎标准的质量这一点看得比一切计算更重要。

我认为，对我们国家机关来说，正是现在终于到了我们应该十分认真地好好地对它进行一番工作的时候了，对于这种工作，急躁几乎是最有害的。所以我要竭力防止扩大这些数字。相反地，依我看，在这里对数字要掌握得特别紧。让我们直说吧，工农检查人民委员部现在没有丝毫威信。大家都知道，再没有比我们工农检查院这个机关办得更糟的机关了，在目前情况下，对这个人民委员部没有什么可要求的了。如果我们真正抱定目的要在几年后建成这样的机关：第一，它应当是模范的，第二，它应当得到大家绝对信任，第三，能向所有的人证明，我们所做的确实不愧为中央监察委员会这样一个高级机关所做的工作，那我们就必须牢记这一点。我认为，应该立即坚决冲破一般的职员编制标准。我们必须用完全特殊的办法，经过极严格的考核来挑选工农检查院的职员。一

---

①　见本卷第 377—381 页。——编者注

个人民委员部，如果工作马马虎虎，并且得不到任何信任，说话毫无威信，说实在的，那又何必设立它呢？我想，在进行我们现在所谈的改组工作时，我们的主要任务就是要避免这种现象。

我们吸收来当中央监察委员的工人，应当是无可指责的共产党员，我想，为了使他们学会工作方法和胜任工作任务，还应该对他们进行长期的培养。其次，在这项工作中，应有一定数目的秘书人员做助手，在任用他们以前，必须再三审查。最后，凡是我们决定要破例立刻委派为工农检查院职员的公职人员，应符合下列条件：

第一，他们必须有几名共产党员推荐；

第二，他们必须通过关于我们国家机关知识的考试；

第三，他们必须通过有关我们国家机关问题的基本理论、管理科学、办文制度等等基础知识的考试；

第四，他们必须同中央监察委员和本院秘书处配合工作，使我们能够信赖整个机关的全部工作。

我知道，要达到这些要求还要有许许多多先决条件，所以我很担心工农检查院的大多数"实际工作者"会说这些要求是无法执行的，或者轻蔑地加以嘲笑。但我要问一问工农检查院任何一个现任领导人或与之有关的人，他能不能真心地告诉我，像工农检查院这样的人民委员部在实践上有什么必要？我想，这个问题会帮助他们掌握分寸。要么不值得去做改组工农检查院这样一件没有希望的工作（这类改组我们已经进行过许多次），要么应当真正给自己确定一个任务，用缓慢、艰难和非常的办法，经过多次检查，来建立一个真正模范的、不只是由于官衔和职位才受到大家尊敬的机关。

如果没有耐心，如果不准备花几年工夫来做这件事，那最好是根本不做。

我认为，应该从我们在高级劳动研究所等等方面已经搞起来的那些机构中挑出少数几个来，检查它们是否完全认真地工作，只有它们的工作确实符合现代科学的水平，并能使我们得到现代科学提供的一切成果，才能继续工作。这样，指望在几年之内建成一个能胜任工作的机关，就不是空想了；所谓胜任，就是能得到工人阶级、俄国共产党以及我们共和国全体居民的信任，有步骤地、坚持不懈地为改善我们的国家机关而工作。

现在就可以开始进行这方面的准备工作。如果工农检查人民委员部同意这个改造计划，它现在就可以开始采取准备措施，以便有条不紊地工作到彻底完成，既不要急躁，也不要拒绝重做已经做过的事情。

在这里，任何不彻底的解决办法都是极其有害的。凡是根据其他任何考虑制定的工农检查院的编制，实质上都是根据旧官僚的考虑，根据旧的偏见，根据已经受到批判、引起大家讥笑等等的观点制定出来的。

实质上，这里的问题是这样的：

要么现在就表明，我们在国家建设方面真正学到了一些东西（五年里也该学到点东西了）；要么承认，我们还没有成熟到这个程度，那就不必动手去做。

我想，就我们现有的人才而论，认为我们学到的东西已经足以有条不紊地重建一个人民委员部了，这并不是不谦逊。不错，这一个人民委员部应能确定我们整个国家机关的面貌。

现在就发征稿启事，争取写出两本或更多的关于组织一般劳动、特别是管理方面的劳动的教科书。我们现有的叶尔曼斯基的那本书可以作为基础，附带说一句，虽然他很明显地同情孟什维主义，不适于编写适合苏维埃政权的教科书。其次，不久以前出版的克尔任采夫的那本书也可以作为基础；最后，在现有的专题参考书中还有一些可能有用。

派几个有学问的切实可靠的人到德国或英国去搜集图书和研究这个问题。我提出英国，是考虑到派人去美国或加拿大可能做不到。

成立一个委员会来草拟工农检查院职员候选人和中央监察委员会委员候选人的考试的初步纲要。

这些以及诸如此类的工作当然不会使人民委员为难，也不会使工农检查院部务委员会委员们或中央监察委员会主席团为难。

同时还要成立一个筹备委员会来物色中央监察委员会委员的候选人。我相信，现在在各部门有经验的工作人员中，在我们苏维埃学校的学员中，能担任这项职务的候选人是绰绰有余的。事先排除某一类人未必是正确的。最好是使这个机构有各种各样的人员，在这个机构里我们应当设法把多种素质和不同优点结合起来，因此，我们得下功夫拟好候选人名单。举例来说，如果新的人民委员部是由一个模子出来的人组成的，假定是由官吏型的人组成的，或者排除鼓动员型的人，或者排除善于交际或深入他们不太熟悉的群众中去的人等等，那就糟糕透了。

＊　　　　　＊　　　　　＊

我想，如果把我的计划和学院式的机关比较一下，那我的意思就表达得更清楚了。中央监察委员会委员必须在自己主席团的领导下，经常检查政治局的一切文件。同时他们应当恰当地分配自已做检查工作的时间，以便对我们的机关（从最小的分支机关到最高的国家机关）的办文制度进行检查。最后，他们的工作范围包括研究理论，即研究如何组织他们将要去做的工作的理论，也包括在老同志或劳动组织高级研究所教师的指导下进行的实习。

但是我认为，他们决不能只限于做这类学院式的工作。除这些工作以外，他们还要学会做别的工作，这种工作，我可以不客气地说，虽然不是学会捉拿骗子，也是捉拿诸如此类的家伙，同时还要想出特别巧妙的办法来掩护自己的进攻、接近等等。

这样的建议在西欧国家机关中会引起空前的不满、道义上的愤慨等等，但我希望我们还没有官僚化到会采取这种态度的地步。在我们这里，新经济政策还没有被人尊重到如此地步，以至一想到可能捉人就恼怒起来。我们的苏维埃共和国建立还不很久，却已积了这样一堆形形色色的渣滓，未必会有人一想到要用某些巧计、有时要用寻根究源或迂回曲折的侦察方法来挖掘这些渣滓就恼怒起来，假如有，那也可以相信，我们大家都会痛快地嘲笑这种人的。

我们希望，我们新的工农检查院会丢掉法国人称之为 pruderie 的毛病，这种毛病我们可以把它叫做可笑的装腔作势或可笑的妄自尊大，它对我们的官僚，不论是苏维埃官僚还是党官僚最为合适。附带说一句，官僚不仅在苏维埃机关里有，而且在党的机关里也有。

我在上面说，我们必须学习，到高级劳动组织研究所等机构去学习，但这决不是说，我把这种"学习"理解为有点像学校式的学习，或者我的想法仅仅限于学校式的学习。我希望，没有一个真正的革命者会怀疑我，说我不承认这里所说的"学习"包含着某种半玩笑式的手法，某种巧计，某种花招或诸如此类的东西。我知道，在西欧庄重严肃的国家里，这种意见一定会使人大为震惊，任何一个体面的官员连讨论这个意见都不会容许。但是我希望，我们还没有官僚化到这种程度，在我们这里讨论这种意见只会使人感到愉快。

真的，为什么不把愉快和有益结合起来呢？ 为什么不能运用某种玩笑式的或半玩笑式的手法去暴露那些可笑的、有害的、半可笑半有害等等的现象呢？

我认为：如果我们的工农检查院把这些想法研究一下，那会获益匪浅；记载我们中央监察委员会或它在工农检查院工作的同事们取得过几次极其辉煌胜利的奇案录，将增添我们未来的"工农检查员"和"中央监察委员"的不少奇遇，在那些古板正经的教科书不易提及的地方所发生的奇遇。

＊　　　　　＊　　　　　＊

怎么可以把党的机关和苏维埃机关结合起来呢？ 这里难道没有什么不可容许的东西吗？

这个问题倒不是我要提出的。我在上面说过官僚主义者不仅在我们苏维埃机关里有，而且在我们党的机关里也有，这个问题是代表我这句话所暗指的那些人提出的。

真的，为了工作的利益，为什么不把两种机关结合起来呢？ 在外交人民委员部这样的人民委员部里，这种结合带来了极大的好处，并且从一开始就是这么做的，这难道还有谁没有看到吗？ 为了挫败外国的计谋（姑且这样说吧），难道在政治局里没有从党的角度讨论过关于我们用什么"招数"来对付外国的"招数"这方面的许多大大小小的问题吗？ 难道苏维埃机关和党的机关这种灵活的结合，不是我们政策的巨大力量的泉源吗？ 我想，在我们对外政策方面证明正确和确立起来的东西，已经成为惯例而在这个部门已毫无疑问的东西，对于我们的一切国家机关至少是同样适用的（而我认为是更为适用的）。工农检查院本来就是为我们的一切国家机关而设的，它的活动应毫无例外地涉及所有一切国家机构：地方的、中央的、商业的、纯公务的、教育的、档案的、戏剧的等等——总之，各机关一无例外。

对于活动范围这样广，又需要活动方式非常灵活的机关，为什么不能容许它用特殊的形式把党的监察机关同苏维埃的监察机关合并起来呢？

我看不出这里有什么障碍。而且我认为，这种结合是顺利工作的唯一保证。我认为，只有在我们国家机关的那些落满灰尘的角落里才会有人怀疑这一点，而对这种怀疑只有付之一笑。

＊　　　＊　　　＊

还有些人怀疑：把学习和业务结合起来是否合适？我觉得不但合适，而且应该。一般说来，虽然我们对西欧的国家制度采取了革命的态度，但还是沾染上了它的许多最有害和最可笑的偏见，在某种程度上是我们那些可爱的官僚有意使我们沾染上这类偏见的，他们有意一再在这类偏见的浑水中摸鱼；他们这种浑水摸鱼的勾当已经猖狂到如此地步，我们中间只有瞎子才看不见。

在社会关系、经济关系和政治关系的所有领域中，我们是"极端"革命的。但在尊敬上司，遵守办文的形式和礼节上，我们的"革命性"往往被最腐败的因循守旧的习气取而代之了。在这里常常可以看到一种极其有趣的现象：在社会生活中，最大的跃进和对极小的变革令人吃惊的畏怯两者兼而有之。

这也是不难理解的，因为迈出最勇敢的前进步伐的是早就成为理论研究对象的那个领域，是主要从理论上，甚至几乎完全从理论上耕耘过的那个领域。俄国人躲开令人厌恶的官僚制的现实，而在家里酝酿非常大胆的理论构想，因此这些非常大胆的理论构想在我们这里就具有非常大的片面性。在我们这里提出一般构想的理论勇气和在微不足道的办公制度改革上的惊人畏怯兼而有之。我们以举世无双的勇气进行了具有世界意义的极其伟大的土地革命，但在极其次要的办公制度改革上却又缺乏想象力，缺乏把在一般问题上收到"辉煌"效果的一般原理运用到这种改革上去的想象力或耐心。

因此，在我们现实生活中非凡的勇敢行动同对最微小变革的畏怯心理令人吃惊地同时并存。

我想，在任何真正伟大的革命中，也历来如此，因为真正伟大的革命是从旧事物同改造旧事物的意向和追求新事物（要新得连一丁点旧事物也没有）的抽象愿望这种矛盾中产生的。

这种革命来得愈猛，许多这样的矛盾就会存在愈久。

＊　　　　＊　　　　＊

现在我们生活的一般特征是这样的：我们摧毁了资本主义工业，曾力求完全摧毁中世纪设施和地主的土地占有制，并在这个基础上培植出小农和极小农，他们由于相信无产阶级革命工作的成果而跟着它走。但是我们靠这种信任一直支持到社会主义革命在比较发达的国家里获得胜利，那是不容易的，因为小农和极小农，特别是在新经济政策的条件下，由于经济的必然性，还停留在极低的劳动生产率水平上。此外，国际环境也把俄国抛回到过去的水平，我国国民劳动生产率，整个说来，现在比战前低得多。西欧资本主义列强半自觉半自发地尽一切可能把我们抛回到过去的水平，利用俄国国内战争中的各种因素尽量破坏我国经济。当然正是这样结束帝国主义战争在它们看来是最有利的：即使我们推翻不了俄国的革命制度，至少也要使它难于向社会主义发展。——列强大致上就是这样考虑的，而且从它们的角度也不能不这样考虑。结果，它们的任务只完成了一半。它们并没有推翻革命所创立的新制度，但是它们也不让新制度能够立刻大步前进，以证实社会主义者的预言，使他们能够迅速地发展生产力和发挥所有能发展成为社会主义的潜力，并向所有的人直观地清楚地证明：社会主义蕴藏着巨大的力量，人类现在已经转入一个新的、有着光辉灿烂前途的发展阶段。

国际关系体系现在已成为这样：欧洲的一个国家受着各战胜国的奴役，这就是德国。其次，一些国家，而且是西方一些最老的国家，因获得胜利而能够利用胜利向本国被压迫阶级作一些不大的让步，这些让步毕竟在推迟这些国家的革命运动，造成某种类似"社会和平"的局面。

同时东方许多国家，如印度、中国等等，正是由于最近这次帝国主义战争的影响而完全被抛出了自己的常轨。这些国家的发展已完全按照整个欧洲的资本主义的方向进行。在这些国家里开始出现整个欧洲的那种动荡。现在全世界都已清楚，这些国家已经卷入不能不引起整个世界资本主义危机的发展进程。

因此，现在我们面临这样一个问题：在我国这种小农和极小农的生产条件下，在我国这种经济破坏的情况下，我们能不能支持到西欧资本主义国家发展到社会主义的那一天呢？不过，这些国家完成这一发展过程，不会像我们从前所期待的那样。它们完成这一发展过程，不会是经过社会主义在这些国家里平衡"成熟"，而将是经过一些国家对另一些国家进行剥削,经过对帝国主义战争中第一个战败国进行剥削,再加上对整个东方进行剥削的道路来完成的。另一方面,正是由于第一次帝国主义大战,东方已经最终加入了革命运动,最终卷入了全世界革命运动的总漩涡。

在这样的形势下,我国应该采取怎样的策略呢? 显然应该采取这样的策略:为了保住我国的工人政权,为了保持工人政权在我国小农和极小农中间的威望和对他们的领导,我们必须极其谨慎小心。现在全世界正进入一种必然引起全世界社会主义革命的运动,这对我们是有利的。但是也有对我们不利的地方,这就是帝国主义者已把整个世界分裂为两个阵营,而且因德国这个真正先进的、文明的、资本主义发达的国家现在很难抬起头来而使这种分裂更加复杂化。所谓西方的一切资本主义列强都在啄食它,不让它抬起头来。而另一方面,拥有亿万过着极端贫困生活的被剥削劳动人民的整个东方已陷入这样的境地:其体力、物力根本不能同西欧任何一个小得多的国家的体力、物力和军事力量相比。

我们能不能避免同这些帝国主义国家在未来发生冲突呢? 过去西方和东方反革命营垒中的矛盾,东方和西方剥削者营垒中的矛盾,日本和美国营垒中的矛盾,曾使西欧反革命势力发动的援助俄国反革命势力的进攻遭到失败,现在能不能指望西方日益强大的帝国主义国家同东方日益强大的帝国主义国家之间的内部矛盾和冲突像过去那样,再给我们一次延缓我们同帝国主义国家的冲突的机会呢?

我觉得,对这一问题应当这样来回答:这里问题的解决取决于许许多多的情况;整个说来,只有根据地球上绝大多数人口终于在资本主义本身的训练和培养下起来斗争了这一点,才能预见到斗争的结局。

斗争的结局归根到底取决于如下这一点：俄国、印度、中国等等构成世界人口的绝大多数。正是这个人口的大多数，最近几年来非常迅速地卷入了争取自身解放的斗争，所以在这个意义上说，世界斗争的最终解决将会如何，是不可能有丝毫怀疑的。在这个意义上说，社会主义的最终胜利是完全和绝对有保证的。

但是我们关心的并不是社会主义最终胜利的这种必然性。我们关心的是我们俄国共产党，我们俄国苏维埃政权为阻止西欧反革命国家扼杀我们所应采取的策略。为了保证我们能存在到反革命的帝国主义的西方同革命的和民族主义的东方，世界上最文明的国家同东方那样落后的但是占人口大多数的国家发生下一次军事冲突的时候，这个大多数必须能赶得上建立文明。我们的文明程度也还够不上直接向社会主义过渡，虽然我们已经具有这样做的政治前提。我们必须坚持这样的策略，或者说，为了自救必须采取下面的政策。

我们应当努力建成这样一个国家，在这个国家里工人能够保持他们对农民的领导，保持农民对他们的信任，并通过大力节约把自己社会关系中任何浪费现象的任何痕迹铲除干净。

我们应当使我们的国家机关厉行节约。我们应当把沙皇俄国及其资本主义官僚机关大量遗留在我们国家机关中的一切浪费现象的痕迹铲除干净。

这岂不是会成为农民局限性的天下吗？

不会的。只要我们能够保持工人阶级对农民的领导，我们就有可能在我国靠大力节约把任何一点积蓄都保存起来，以发展我们的大机器工业，发展电气化，发展泥炭水力开采业，完成沃尔霍夫水电站工程，如此等等。

我们的希望就在这里，而且仅仅在这里。只有这样，我们才能够——打个比喻说——从一匹马上跨到另一匹马上，就是说，从农民的、庄稼汉的、穷苦的马上，从指靠破产的农民国家实行节约的马上，跨到无产阶级所寻求的而且不能不寻求的马上，跨到大机器工业、电气化、沃尔霍夫水电站工程等等的马上。

在我的思想上，我就是这样把我们的工作、我们的政策、我们的策略、我们的战略等等的总计划同改组后的工农检查院的任务联系起来的。我们之所以应该对工农检查院特别关心、特别注意，把它的地位提得特别高，使它的领导具有中央委员会的权利等等，在我看来，理由就在这里。

这个理由是说，只有彻底清洗我们的机关，尽量削减机关非绝对必要的一切，我们才能够有十分把握地坚持下去。而且我们将能够不是在小农国家的水平上，不是在这种普遍的局限性的水平上坚持下去，而是在不断地前进、向着大机器工业前进的水平上坚持下去。

这就是我所向往的工农检查院的崇高任务。这就是我为了工农检查院而打算把一个最有威信的党的上层机关和一个"普通的"人民委员部合并起来的原因。

　　　　　　　　　　　　　　　　　　1923年3月2日

载于1923年3月4日《真理报》
第49号

译自《列宁全集》俄文第5版
第45卷第389—406页

附　录

俄共（布）第十一次代表大会材料

（1922 年 3 月）

1

《俄共（布）中央委员会政治报告》提纲①

（3 月 21—26 日）

（1）

关于代表大会政治报告提纲

全部阐述归结为三条主要结论。

1(A)热那亚。我们决不让自己受屈辱。

　　我们未曾打败，将来也不会打败，而且也不会受骗。

2(B)共产国际。伟大俄国革命取得的世界历史性胜利的总结、结论和成果。

---

① 报告见本卷第 73—117 页。——编者注

α：资产阶级民主制 400 年来的积粪在 4 年内清除

β：(用革命方法)退出反动的帝国主义战争

γ：苏维埃这种国家类型(第一台机车不好！)

3(C)现在是可以用来进行**日常**工作的喘息时机。

　　　　负责的共产党员从第一线后退！

　　　　普通的店员——向前！

　　　　以俄寸计。

　　　　琐事。

　　　　文化工作和经济工作。

甜蜜的共产主义谎言(令人作呕)和乌斯特里亚洛夫的阶级真话。

我们不会管理：店员和负责的共产党员对比，举例(顿巴斯和皮达可夫)。

在报告年度(1921 — 1922 年)内我们在新经济政策方面与其说是战斗，不如说是挨揍。

"一个挨过打的抵得上两个……"

(2)

　　一年来政策的总结；一年来政策的教训——这就是题目。

按时间顺序：(1)新经济政策；(2)共产国际；(3)热那亚。

相反的顺序：

关于**热那亚**——在我 3 月 6 日的讲话①和大家都熟悉的托洛茨基
　　同志的几次讲话以后，没有什么新东西了。

关于**共产国际**——季诺维也夫同志的题目？全部删掉？

新经济政策：

　　对它的总的估计。1918 年已经作了……②

　　"国家资本主义"的概念……

　　第一年。仅仅，仅仅是开端。（饥荒和其他）

　　在**过渡**和**接近**的意义上适应农民。

　　停止退却。

　　为了取得社会主义的胜利**已经够了**。

　　文化程度问题。

　　财政危机，税收（（**预算和拉林**……?））。**255**

　　乌斯特里亚洛夫。

　　做生意的本领和管理的本领……

　　托多尔斯基，引证他的话。

　　店员**和**共产党员**对比**。

　　热衷于行政手段的人……**256**

　　　结尾：

"**链条**"中的哪一个"**环节**"？1918 年——苏维埃。1919—1920 年
　　　　　　　　　　　　　　——抵抗。

　　　　　　　1921 年——开始建设。饥荒。

---

① 见本卷第 1—15 页。——编者注
② 见本版全集第 34 卷第 272—293 页。——编者注

1922 年：　　百废待兴和物质贫困

及文化贫困之间的**脱节**

（鸿沟）。

填平这条鸿沟。

补充：

对报告的补充：

迫切的实际措施：

瞿鲁巴"恢复青春"

＋

李可夫：（1）就连威廉通过他

的外科医生也有某种用处。

停止退却：

对我们来说，无产阶级国

家，**减去向新经济政策**所作的

让步，所"取得的"东西已经足

够（保证社会主义）。

成功是有保证的，**如果**够

了的话？什么够了？**文化！！！**

（2）切除了坏器官并留在

资本主义社会里，而把好的身

体还给社会主义俄国。

（3）从最高国民经济委员

会"稍稍"过头的集体管理制

中解放出来的李可夫，任供给

特派员时曾显露出他有行使

个人权力的才能。

《**路标转换**》杂志中乌

斯特里亚洛夫的文章是防

治"甜蜜的共产主义谎言"

的最灵验的抗毒素。

注意

因祸得福：我居闲半年（1921 年和 1922 年），"从旁"观察。[257] 1922 年 1 月底起就新的工作安排同瞿鲁巴的通信。

借此减轻**政治局**的负担，使它摆脱不恰当的事务，提高它的威信和工作能力（例如：托洛茨基负责的关于造纸工业总管理局的委员会。推广此类委员会）。

（3）

因病，仅仅简短地谈谈主要的。必要时由别人来作补充。

1. 关于**热那亚**，重复 3 月 6 日讲过的。

2. 关于**新经济政策**。两个基本论点：(a)这种向社会主义过渡的办法，对于农民是**比较方便的**，习惯的；大工业破坏的情况下**唯一**可行的道路。

新经济政策＝

(1) 检验同农民经济的**"结合"**。

(2) 检验同资本主义的（既同商业的，也同工业的）（既同俄国的，也同外国的）竞赛。①

---

① 这几点是列宁后来加上的。——俄文版编者注

3.(b)"国家资本主义"。经院式的理解？不是。不是**资本主义**下有过的那一种，而是**新的**概念，因为是新的现象。国家＝工人阶级，它的先锋队，它凝结成的组织力量和文化力量。

4.停止退却（1922 年 3 月 6 日已经谈过）——以中央委员会的名义。①

进行了侦察；有了开端；合营公司已经开办。如果退却结束了，为了保持前景，任务是什么。**重新部署力量**；（从经济上）准备（向私人经济资本）**进攻**。

5.是演变还是策略？ 乌斯特里亚洛夫在《**路标转换**》杂志上的文章。比"甜蜜的共产主义谎言"要好。

6.谁将占上风？ 缺少什么？ 缺少文化。缺少管理（其中包括从事国营商业）的本领。

7.托多尔斯基（早在 1918 年就　　　　 ⎱征服者和
　在韦谢贡斯克！）说过：用谁　　 ⎰被征服者：
　的手来建设共产主义？　　　　　　 文化水平。②

8.没有管理本领："我们知道"
　我们没有本领 ＝ 认识的
　开始。

两个例子。

9.(a)莫斯科消费合作社怎样
　同对外贸易人民委员部的官

———————

① 见本卷第 8—15 页。——编者注
② 这些词句是列宁后来加上的。——俄文版编者注

僚主义作斗争的?

> 这里缺少什么?
> **缺少文化**。

补充:**必须有预算**(拉林):
国营托拉斯(共产党员的
作用)。

10. (b)一位有才干的共产党员
如何"热衷于行政手段"?

> 而在这里呢? 缺少把行政手段同政治结合起来的本领。

11. 以上论述和**典型**例子的总结:建立社会主义社会**基础**的**经济和
政治**手段足够了。

> 缺少什么? 缺少文化,缺少本领。

12. 拿白卫分子–孟什维克的评价
来比较。

> 400 年的积粪
> 在 4 年内清除

(α)资产阶级民主制?

> 是的! 而你们呢?

(β)退出战争。(而现在呢?)

(γ)苏维埃国家。**第一台蒸汽机车**。

做了三件大事,取得了不可剥夺的成果。

第四件也是主要的一件事:**社会主义经济基础**? **还没有**。要多

次从头做起,我们能做成。

13. 现在要抓住"链条"中的哪一个"环节"?

> 1917 年——退出战争
>
> 1918 年——苏维埃宪法同立宪会议对比
>
> 1919 年和 1920 年——抵抗

1921 年——有秩序地①退却（新经济政策）

1922 年——**还有武装干涉？ 财政危机？ 喘息时机？**

考查人，检查实际执行情况。

关键：提出和业已开始的具有世界历史意义的重大任务**与**物质贫困、**文化**贫困之间的**脱节**。

14. 站在群众的前头（否则我们大家不过是沧海一粟）。

群众现在正是把经济工作和文化工作看做自己分内的事。

在革命的时刻，我们尽了最大的努力。

在非革命的间隙，应当会做文化工作。

15. 不要滥用法令（**"用法令来进行宣传的阶段"已经过去了**），改组等等，等等。平凡的文化工作，文化经济工作。**检查执行情况！！！**

补充：1. 人民委员会和**劳动国防委员会**。

副主席。

2. 党和**苏维埃工作**对比

3. 全俄中央执行委员会。

指令草案将提出来。

注意

特别提一下

区域经济会议②

---

① "有秩序地"一词是列宁后来加上的。——俄文版编者注

② "**注意** 特别提一下**区域经济会议**"这些字样是列宁后来加上的。——俄文版编者注

(4)

1922 年 3 月 27 日讲话提纲

1. 关于**热那亚**,扼要重复 1922 年 3 月 6 日已谈过的。

> [＋代表团已组成。——
> 指令不止一次两次仔
> 细地讨论过了。——
> "**我们已准备好**。"

2. **新经济政策**。这个"问题"的要点:

　　(a)检验同农民经济的"结合"。

3. 　　(b)通过国营企业和资本主义企业(**商业的**和**工业的**;**俄国的**和**外国的**)的竞赛来检验。

4. 　　(c)"国家资本主义"。这个词的经院式含义**和革命的**、实际的含义。

> ((**国家资本主义**。国家——
> 这就是"**我们**"。))

5. 　　(d)停止退却。含义不是:"已经学会了",而是:不要急躁,不要杜撰,而要在**这个基础上**学习,"重新部署力量

侦察已经完成。

合营公司。

和准备"＝当前的口号。准备
向私人经济资本进攻＝口号。

6. "演变还是策略"？
　　乌斯特里亚洛夫在《路标转换》
　　杂志上的文章：比"甜蜜的共产
　　主义谎言"有益。

7. 谁将占上风？缺少什么？缺少
　　文化，缺少**管理**（其中包括从事
　　国营商业）**的本领**。

8. **托多尔斯基**，**第62页**，**强调**。
　　早在 1918 年 10 月！

对比：征服者和被征
服者：谁更有文化？
莫斯科 4 700 个负责
的共产党员和莫斯科
的官僚。

两个**典型**例子：

9. 例一，**莫斯科消费合作社**同**对外贸易人民委员部**的官僚主义作
　　斗争。
　　　　"白母牛案的状纸副本"。"他们"（在没有克拉辛和加米
　　涅夫的情况下）缺少什么？缺少**文化**。
　　　　　　（关于莫斯科消费合作社和对外贸易
　　　　　　　人民委员部"事件"的材料。）

10. 例二,"他"(和"他们")怎样**热衷于行政手段**?(在顿巴斯。)

$$\left.\begin{array}{l}\text{那里\textbf{不完全会管理}+}\\\text{\textbf{某些政治}错误。}\end{array}\right)$$

11. "**国营托拉斯**":例子……明年前!

(共产党员的作用:**糟**!)

12. 结论:我们有足够的手段来取得**新经济政策**的胜利,包括政治的和经济的手段。问题"**仅仅**"在于**文化**!

13. 白卫分子(其中包括**孟什维克**和**社会革命党人**及其一伙)把这看做有利于他们的**一种东西**! 枉费心机!

概述已办到的和尚未办到的事是非常有益的:

(α)"他们"说是资产阶级民主革命! 和他们相反(400 年的积粪在 4 年内清除!)

(β)退出战争:用**革命方法**退出反动战争。而他们呢?

(γ)苏维埃国家。世界上第一个。新时代:比**第一台机车**要糟!!

这三点是不可剥夺的。

第四点,也是**主要的一点**,尚未办到:**社会主义经济基础**。要多次从头做起。

14. 现在应当抓住"链条"中的哪一个"环节"?

1917 年——退出战争。

1918 年——苏维埃国家同立宪会议对比。

1919 年和 1920 年——抵抗入侵。

1921年:经济上适应农民。**探索经济政策**。

1922年:**关键**不在于机构,不在于改组,不在于新的法令,而在于**人才**和**检查执行情况**。挑选人才和检查执行情况。

　　要有三个(3)条件:

　　　　(α)没有武装干涉。

　　　　　　对待孟什维克和社会革命党人:凡从事政治**宣传**者即予以**枪毙**。

　　　　(β)财政危机不过分严重(不很严重? 清洗国营托拉斯)。

　　　　(γ)不犯**政治错误**。

15."当前的关键"(链条的环节)＝提出的任务之大不仅与物质贫困,而且与**文化贫困**之间的脱节。

16.应当站在群众的前头,否则我们不过是沧海一粟。

　　"用法令来进行宣传的阶段"已经过去了。群众理解并重视的**只是**实实在在的实际工作,经济和文化工作的**实际成就**。

总结＝挑选人才和检查执行情况!

————

补　　充:

1.党和苏维埃机关。(摆脱琐碎事务。提高苏维埃工作人员的责任心。)

2.全俄中央执行委员会? 常会的时间长一些。讨论仔细一些。检查认真一些。

3.人民委员会和劳动国防委员会。

我的副手（李可夫，以及威廉二世的好处），

　　1922 年 1 月以来的通信。检查执行情况，督促，**自上的**

清洗。

4.人民委员会。提高威信，摆脱琐碎事务。

5.劳动国防委员会。**区域经济会议工作**的开展和扩大。

6.小人民委员会。也要摆脱琐碎事务。

指令草案（受中央委员会的委托）将提出来。

第 1、2、3 方案载于 1930 年《列宁
文集》俄文版第 13 卷，第 4 方案载于
1926 年《布尔什维克》杂志第 4 期

译自《列宁全集》俄文第 5
版第 45 卷第 409—418 页

2

会 议 笔 记

（4 月 2 日）

谢多伊：

（α）……矛盾，不正常，不彻底……

（β）"**极大的信任**"和！！？

（1）无根据地指责中央委员会迫害前**工人反对派**

（2）拒绝有益的工作

（3）专心扮演反对派

（4）在五金工人代表大会上的行为

（5）代表大会后的行为

（6）在前**工人反对派**内部是否出现分化，使党把其中尽管观点不同但在党内忠诚工作的大多数同显然表现不忠诚的少数（甚至可能是微不足道的少数）区别开来。

载于 1959 年《列宁文集》俄文版
第 36 卷

译自《列宁全集》俄文第 5 版
第 45 卷第 419 页

《关于副主席（人民委员会和劳动国防委员会副主席）工作的决定》的材料①

（1922年4月）

1

决定的提纲

1922年4月4日

关于人民委员会副主席

（1）十分之九的精力用于经济系统各人民委员部，十分之一的精力用于其他各部。

财政占首位。

（2）主要是检查执行情况。

（3）办事机关——办公厅。

不要过分扩大。

最小限度。

---

① 决定见本卷第151—159页。——编者注

机关＋工农检查院。

（4）考查基层工作人员

　　　　　（和改组共产党支部?）

（5）重新调配苏维埃职员中的共产党员,要使共产党员不受排挤,

　　不成为小卒,而能**捕捉骗子**并**加速**公文的处理。

（6）两位副主席都必须阅读《**经济生活报**》。

井　　　　　应当把它办成经济管理、检查工作报告呈交情况等等的

　　机关报。

（7）**中央统计局**,由学院式的机关转而帮助管理。

　　　　　　　　　　　　　　　　（注意:**彼舍霍诺夫**）

（8）对外贸易人民委员部

　　中央消费合作总社的　　　　　**按贸易额＋利润额提成**

　　全部机关改行

　　奖励制度

（9）严厉**清洗国营托拉斯和检查**

　　它们的敲诈勒索行为。

　　　　　　　　　　　　　委员会＋省经济会议

（10）**国内商业人民委员部**?

　　　　　　　　　　　　　对外贸易人民委员部?
　　　　　　　　　　　　　最高国民经济委员会

（11）区域经济会议:召工作人员来? 工作报告?

　　　＋巡视各地

　　　＋缩减编制

＋整顿和简化办文制度。

(1̅2̅)阅读省经济会议的工作报告？

(1̅3̅)要用速记记下 各副主席的工作 。

第三节(第3页)。

关于副主席的工作

瞿鲁巴负责四节：一、任务(第一节,1—11)

二、工作方法(第二节,1—6)

三、联系(第三节,1—4)

四、分工(第四节,1—2,**a—e**)

(五)＋特殊问题。

三　节：

(A)总的任务。

(B)分管各人民委员部

(C)特殊问题(**国内商业人民委员部**;**工作报告**)。

瞿鲁巴负责：

1.检查实际工作。

2.检查执行情况。

3. 迫使具有独立自主精神和责任心。

4. 建立个人负责制。

5. 对工作人员进行严格的和经常的切实监督。

6. **亲自**了解工作人员。

42。补31。

7. 反对官僚主义和拖拉作风。

8. 使人民委员会和劳动国防委员会摆脱琐碎问题。

9. 应当使小人民委员会和劳动国防委员会**办公会议**不要扩充自己的工作。

10. 使各特别重要的人民委员部进入战斗状态。

11. 选定最重要的管理机构进行特别监督。列入 **40**。

（二）12. 副主席要使自己摆脱琐碎事务。

13. 也要摆脱各种委员会。

14. 努力设法撤销各种委员会。

15. 避免亲自参加各种委员会。

16. 利用**工农检查院**和**办公厅**。

17. 惩罚——行政处分和法院审判（威慑性审讯）。

（三）18. 用副本（记录）互相通知。

19. 也要用报告摘要互相通知。

20. 磋商。

21. 避免交叉。

（四）22. 按周轮流主持会议。

23. 分管各人民委员部。

24. ——期限不要长。

25. ——包括经济系统的和非经济系统的各人民委员部。

26. ——划分各人民委员部。

27. ——由列宁批准。

28. ——最高国民经济委员会和粮食人民委员部。

29. 小人民委员会。

30. **人民委员会**办公厅。

31. 区域经济会议。

补 31。召工作人员来。

32. 同苏维埃**机构**的联系。

第五节：

（五）33. 十分之九的精力用于经济系统各人民委员部。

34. 其中的十分之九用于**财政**。

［补 34：**交通人民委员部**。］

35.《经济生活报》。

36. 中央统计局。

37. 商业。％％。

$\left\{\begin{array}{l}\text{对外贸易。}\\\text{合作社。}\end{array}\right.$

38. **国内商业委员会**。

39. 国营托拉斯。

40. 模范部门（办文制度）。

注意‖41. 缩减编制。

列入
6。 42. 基层工作人员。

43. 巡视。

44. 在苏维埃机构内重新分配、重新安排共产党员。

45. **工作报告和阅读这些报告**。

一　基本的：

1. $\left\{\begin{array}{l}\text{检查}\boxed{1\text{ 和 }2}\text{的实际执行情况；缩减编制；}\\\text{反对官僚主义和拖拉作风}\boxed{7}\text{。}\end{array}\right.$

2. 在其他机构中处理苏维埃的问题 32 属 **李可夫**。

3. **人民委员会和劳动国防委员会**要摆脱琐碎事务 第 8 条。

4. 小人民委员会和劳动国防委员会办公会议同上 第 9 条 。

5. 迫使具有独立自主精神和责任心 第 3 条 。

6. 建立个人负责制 4 （严格的和切实的监督： 5 ）。

7. 亲自了解基层工作人员。

　　巡视。

　　　　　 6＋42＋补 31＋43

8. 第 10 条 ：使各特别重要的人民委员部或部门进入战斗状态

　　（"时机"）（或者特别监督）。

　　二

9. 十分之九的精力用于经济系统各人民委员部 33 。

10. 其中十分之九用于财政 34 。

10. 特别重要——交通人民委员部① 补 34 。

11. 奖励制度 37 。对外贸易人民委员部和中央消费合作总社（普

　　遍？奖励制度？）

12. 国内商业委员会 38 。

13. 国营托拉斯 39 。

14. 2—4 个模范部门 40,41

　　　缩减编制
　　　编制定额
　　　按缩减的程度给以奖励？

---

① 列宁在手稿上删去了这一条。——俄文版编者注

15. 在苏维埃机构内重新调配共产党员 $\boxed{44}$ 。

16. 经济会议的工作报告 $\boxed{45}$ 。

17.《经济生活报》$\boxed{35}$ 。

18. 中央统计局 $\boxed{36}$ 。

三　工作方法。

19. $\boxed{12}$ 使自己摆脱琐碎事务和不必要的**接见**

20. 也要摆脱各种委员会 $\boxed{13}$

21. 撤销各种委员会 $\boxed{14}$

22. 避免亲自参加各种委员会 $\boxed{15}$ 。

23. **工农检查院**的

和办公厅的机关(最小限度) $\boxed{16}$ 。

24. 惩罚——对个人的行政处分和法院审判 $\boxed{17}$ 。

四　联系。

25. 用副本和记录通知 $\boxed{18}$ ①

26. 也用报告的摘要通知 $\boxed{19}$ 。

27. 磋商 $\boxed{20}$

28. 避免交叉 $\boxed{21}$ ②。

---

①　列宁删去了这一条。——俄文版编者注
②　列宁删去了这一条。——俄文版编者注

五

29. 主持人民委员会——瞿鲁巴

    劳动国防委员会——李可夫。

30. 签署电话指示。

31. 分管各人民委员部

    ‖ 在监督机关和执行情况
    ‖ 方面

载于1928年《列宁文集》俄文版
第8卷

译自《列宁全集》俄文第5版
第45卷第420—426页

2

决定的主要章节

（不晚于4月11日）

章节：

一、副主席总的和基本的任务。

二、和副主席工作有关的专门问题。

三、工作方法。办事机关。

四、副主席之间的联系。

五、副主席的分工。

译自《列宁全集》俄文第5版
第45卷第426页

俄共(布)中央政治局
给格·瓦·契切林的电报

(1922 年 4 月 17 日)

致契切林同志

契切林 4 月 15 日签署的两份密码电报均已收到。[258]

现将我们让步的极限确定如下。战时债务和战前债款利息以我们的反要求抵销。恢复原状绝对不行。我们在这方面最大限度的让步是,让原外国产权人在其他同等条件下(或近乎同等的条件下)优先承租他们原有企业或在这些企业租让时有优先权。所承认的战前债款于 15 年(最大限度的让步——10 年)后开始偿还。上述所有让步,包括在我们的反要求上让步的必不可少条件是,立即提供巨额贷款(约 10 亿美元)。贷款数额应在您与莫斯科专门联系后确定。

请注意,最终条约应达到双赢,同时应保证给我们提供巨额贷款。建议将问题提交全体会议审议,并在会上详细说明我们的所有反要求。

不要忘记让步,这一点过去我们作过假设,现在又坚决地提出来,尤其不要忘记我们所作的考虑小债券持有人利益的保证。①

列　宁②

译自 1999 年《不为人知的列宁
文献(1891—1922)》俄文版
第 533—534 页

---

① 副本正文下写着:"正文后签名前:请为公布作认真准备,请将材料一部分一
　　部分地寄往柏林"。——俄文版编者注
② 签署该电报的还有政治局其他委员:列·达·托洛茨基、约·维·斯大林、
　　格·叶·季诺维也夫、列·波·加米涅夫和阿·伊·李可夫。——编者注

俄共（布）中央政治局
给格·瓦·契切林并转在热那亚的
俄罗斯联邦代表团全体成员的电报

（1922 年 4 月 25 日）

密码

热那亚　契切林并转代表团全体成员

我们认为契切林致信劳合-乔治²⁵⁹的招数是正确的，但我们清楚这只是一种招数。最重要的是尽可能明确地强调，破裂完全是由于恢复私有财产问题引起的。在关于原外国产权人的损失问题上，我们让步的极限是：第一，按照 4 月 17 日的指示，在我们认为可以租让的地方给予租让优先权。如果企业拿来出租，而原外国产权人不来承租，他就丧失要求任何赔偿的权利。第二，那些仍由国家经营的企业的产权人的要求可以得到满足，但这些要求应是我们所承认的，而且不能超出我们规定的程度。这些让步必须取决于贷款数额和条件①。我们的财政专家的任务是算细账。要据此力争，同时强调将来恢复贸易的王牌：第一，与德国人的条约

---

① "和条件"是列宁在列·波·加米涅夫起草的电报稿上加的。——俄文版编者注

的原则意义,第二,坚决拒绝恢复私人财产①。

列　宁②

　　附言:在万不得已时,我们还可以作出以下让步:可以提议,对产权人要求的承认和满足这些要求的程度将根据苏维埃政府同各个产权人达成的协议来确定,而不再只由我们来确定。但是,我们作出这一让步必须具备两个条件:第一,这种协议不需要任何仲裁人;第二,非常优惠的贷款条件。

列　宁③

1922 年 4 月 25 日

译自 1999 年《不为人知的列宁文献(1891—1922)》俄文版第 535 页

---

① "恢复私人财产"是列宁写在列·波·加米涅夫起草的电报稿上的,划掉了"恢复原状"。——俄文版编者注

② 签署该电报的还有政治局其他委员:列·波·加米涅夫、约·维·斯大林、列·达·托洛茨基和维·米·莫洛托夫。——编者注

③ 在下面签名的还有:列·波·加米涅夫、约·维·斯大林、列·达·托洛茨基和维·米·莫洛托夫。——编者注

《论"双重"领导和法制》一信提纲①

（不晚于 1922 年 5 月 20 日）

（a）　　　　　　（b）

双重领导和对法制的监督。

反对官僚主义集中制？——争取地方的必要的独立性？——反对对省执行委员会人员的傲慢态度？

认为法制不能有卡卢加省的法制，喀山省的法制，持这种观点是否就是傲慢态度呢？

双重领导——在那些需要考虑到差别的地方：

卡卢加省的和喀山省的农业、工业、**整个**行政管理。法制只能有一个。否则既无文明，又无政治常识。

统一的法制——地方行政管理——和**地方法院**。检察机关不管理行政，也不决定任何事情。②

它监视法制：不停止省执行委员会决定的执行，也不判断其是否适当（像工农检查院那样），而只维护统一的法制。

因此，极大的原则性错误——和根本错误地搬用双重领导的原则。

此外还有地方影响的问题。

---

① 该信见本卷第 198—202 页。——编者注
② 手稿上前六段已被删去。——俄文版编者注

无法纪的海洋和地方影响的危害。例如清党。是否能否认这一点或者从中看到有对省执行委员会人员的傲慢态度？

有 10 名或 100 名能够同地方影响作斗争的党员吗？

（αα）组织局＋政治局＋**中央监察委员会**

中央机关＝总检察长＋最高法庭＋司法人民委员部

＋（αα）

A ‖ 总结＝地方官僚加地方影响＝劳动人民与政权之间最有害的障碍

B ‖ 法制和文明至少应是统一的，而不是"卡卢加省"的。

载于 1959 年《列宁文集》俄文版第 36 卷

译自《列宁全集》俄文第 5 版第 45 卷第 427—428 页

《在第九届全俄中央执行委员会第四次常会上的讲话》提纲①

(1922 年 10 月 25 日以后)

(1)**符拉迪沃斯托克**:远东共和国

日本帝国主义

‖‖ 战争和外交。

(2)法典:劳动法典。少吗? **劳动生产率**。

文化水平。

(3)——土地法典:巩固和完善,搜集经验。

(4)和(5)——民法典和法院组织(也要注意)。

(6)关于**地方苏维埃**,

省执行委员会等等 { 我们整个宪法的 { 基础

我不准备对你们的工作系统地评述下去,因为我认为,我已指出了主要的方面。

只谈谈**我们的国家机关**。

不久前的调查统计(1922 年 10 月 1 日)——**243 000** 对 **231 000**(1920 年 8 月 28 日)。②

---

① 讲话见本卷第 247—252 页。——编者注
② 见本卷第 251 页。——编者注

学习，改善机关，提高文化。

载于 1945 年《列宁文集》俄文版
第 35 卷

译自《列宁全集》俄文第 5 版
第 45 卷第 429 页

关于稳定卢布的札记²⁶⁰

（1922 年 10 月底—11 月初）

＃

（1）差不多保持了 6 个月（从 5 月至 10 月中）相对的**稳定**（成
就——工作是值得的）

（2）在最近 6 个月内将要差一些,希望寄托在**税收**上。（**比去年可
能要好一些**）（（**10 月,11 月。**））

（3）国家银行有 **2 000** 万金卢布可保证流通券

帮助工业

（α）

（β）对外贸易

＃　整个国民经济和工业共同关心的事

载于 1959 年《列宁文集》俄文版
第 36 卷

译自《列宁全集》俄文第 5 版
第 45 卷第 430 页

在共产国际第四次代表大会上的报告《俄国革命的五年和世界革命的前途》的提纲①

(1922 年 11 月 10 日和 13 日之间)

1

(11 月 13 日以前)

1. 不是报告人,而只能为讨论作一个**简短的引言**(因病等等)。

2. 题目:实践经验对**新经济政策**的检验?(经验)肯定还是否定?

3. 早在 1918 年就提到"国家资本主义"问题。

4. 摘自小册子的引文[261]。 第 5 页。 ‖ "国家资本主义将是一个进步。"

5. 引文:俄国经济的"五种成分"。

6. 引文:哪一种成分占优势?

7. **新经济政策**的计划或思想或实质是什么?

---

① 报告见本卷第 278—292 页。——编者注

(α)国家掌握土地

(β)**也**掌握**生产资料**方面的一切命脉(**运输**等等)

(γ)小生产领域中的贸易自由

(δ)在吸收**私人资本**(租让和**合营公司**)意义上的国家资本
主义。

8. 结果是:**1918 年**的退却是有保障的。

9. 五年中我们是孤立的;其他国家还没有革命;

战争和饥荒。灭亡?

10. 稍稍**后退**。后退了。**结果?**

11. 1921 年春至 1922 年秋。结果如何?

12. **卢布**。卢布的稳定在 1921 年<3 个月

在 1922 年>5 个月

我们在走出困境,孤立无援地。

(千万亿? 是这样,但不久要划掉)

13. 农民? **粮食税**(**成功地**征收了;几个亿)

14. 轻工业? **普遍的高涨!**

15. 重工业?

情况很严重。

1921—1922 年有好转,但很小

(**国家银行的收入:2 000 万金卢布,帮助的可能性**)。

16. 总结:就是说,能够取得成就,

现在已取得成就。

制度不是随意的,不是混乱的,

经过实践考验的。

我们孤立无援地在走出困境。

17. 困难**很大,还要有好几年。**

大量蠢事。是这样。道路是新的。

没有任何外援,恰恰相反。

机关是异己的。

我们的蠢事是 $2\times2＝5$。

"他们的"蠢事是 $2\times2＝$蜡烛。

(1)高尔察克

(2)凡尔赛和约。

18. **因此**

前途是美好的。

还会更好一些,如果

我们在今后五年**主要抓**学习,

共产国际也这样做,因为关于党的**组织结构**的决议(1921 年)

是无法执行的

前途

……会更好一些。

————

标　题:

"关于各国共产党组织建设"

"关于它们的工作方法和内容"

Organisatorischer Aufbau der kommunistischen Parteien,
Methoden und Inhalt ihrer Arbeit.[①]

1922 年 11 月 13 日在共产国际的发言。

载于 1926 年 1 月 21 日《真理报》　　　译自《列宁全集》俄文第 5 版
第 17 号　　　　　　　　　　　　　　　　第 45 卷第 431—433 页

2

俄国革命的五年和世界革命的前途

专政

斗争、**战争**和饥荒的五年(**到** 1922 年的**符拉迪沃斯托克**[262]**止**)。
现在才进行和平建设。

"新经济政策"。

　　农民,它的态度(1922 年粮食税的征收)

　　工业,它的开始振兴

　　(a)消费品

　　(b)生产资料(重工业)

$\left\{\begin{array}{l}\text{开始??}\\\text{困难}\end{array}\right\}$

疯狂的仇恨

---

　　① 从"标题"起这段文字已被列宁删去。——俄文版编者注

— — —起初(斗争的进程;胜利)

破坏— — —现在。战争的受害者。

学习 | 与过去无联系吗?
暂时孤立。从前也是低水平,而且**贫困**＝
有联系的两个因素

谁来领导?

(农民)资产阶级

　　还是无产阶级?

驱逐出境＝像是"驱散的手段"

　　两个俄国。

其他国家①

3②

1. **不是报告人**(因病)。

　　只是简短的引言并且**只谈一个题目**:新经济政策带来的是**好的**结果,还是不好的结果,或者不肯定的结果。

2. "新经济政策"是完全未预见到的,毫无准备的,还是事先预见到的?

3. 我在1918年的说明 ‖(第5页)

---

① 列宁划掉了以上一整页稿子,并在上面写道:"见背面。"这页背面是德文写的提纲。——俄文版编者注

② 以下提纲是用德文写的。——编者注

（第一段引文）。

4. 第二段引文：第 **6** 页：五种**成分**。￤

5. 哪一种成分占优势？（引文）（**第 6 页**）。

6. 因此？"新经济政策"＝

　　（1）**经济命脉**在我们手里

　　（2）土地归国家所有

　　（3）农民经济活动的自由

　　（4）大工业（和大农业）在我们手里

　　（5）私人资本主义——它有可能同**国家资本主义**竞争

　　（6）国家资本主义是这样的：我们把私人资本吸收过来同**我们的**资本合在一起。

7. 做到这一点并不是事先考虑好的，但是从这些说明得出的结论是**这样的：退却是有保障的。**

　　实际上三个
　　　主要之点

　　{{国家资本主义}}＝

　　（1）小生产范围内的贸易自由。

　　（2）全部经济命脉（大农业和大工业）在我们手中。

　　（3）合营"公司"＝"学习的保证"。

8. 结果？1921 年春天实行"新经济政策"。

　　　　1922 年底？**让我们来比较一下**。

9. **卢布**？1921 年稳定＜**3 个月**

　　　　1922 年稳定＞**5 个月**

　　　　（多余的零要划掉）。

　　注意

10. 农民？ 现在已有～～亿普特。

11. 轻工业。普遍 **高涨**。

   重工业：

>   (1)情况严重

>   (2)比 1921 年稍有改善

>   (3)今后用来帮助的资金 **已经有了**（**2 000 万**金卢布。国家银行）。

12. **对外贸易垄断**。

13. 总结＝初步成就 **已经取得**。

   到目前为止 **没有任何** 债务。

>   什么也没有支付

>   没有任何稍许重大的租让合同。

14. 这对于我足够了。

   新的制度 **不是** 随意的

>   **不是** 混乱的

>   不是"臆造"，不是"空想"，等等。

>   是经过实践 **考验** 的。

15. 还有很大的困难吗？ 绝对正确吗？

   还会有无数蠢事吗？ 完全正确。

>   **但是**，蠢事的性质、类型？ 我们的？ 敌人的？

> $2 \times 2 = 5$

> 2×2 **得蜡烛**

>   两个证据：高尔察克
>
>   凡尔赛和约。

16. 正因为如此,世界革命的前途**是美好的**。

　　还会更好一些,如果我们继续学习的话

　　　　　　(我向你们保证这点)　　((国家机关))

　　　　　　　　　　　　　　　　((是异己的))

　　　　　对于共产国际?

　　　　　　决议无法读完,无法执行。

注意 ‖‖‖ 如果纠正了这一点,那么在这方面

　　　　前途也是美好的。

载于 1959 年《苏共历史问题》杂志
第 2 期

译自《列宁全集》俄文第 5 版
第 45 卷第 433—436 页

《我们怎样改组工农检查院》
一文的材料①

（1923 年 1 月）

口　授

1

《我们对工农检查院怎么办?》一文提纲

（不晚于 1 月 9 日）

1.——我们的国家机关整个说来受旧精神的束缚和浸染最严重。

我们通过这样的途径彻底革新它。

2.——这类同中央委员会直接联系着的机关有最大的机动性。

3.——它具有最高的威信。

4.——那么中央委员是否会过多?

5.——中央全会具有代表会议的性质,这在以往我们党的建设中已经形成了。

---

① 文章见本卷第 377—381 页。——编者注

6.——可以作出关于限制中央委员出席最高政府机构（人民委员会、劳动国防委员会、全俄中央执行委员会等等）会议的决定。

7.——他们可以轮流出席这些会议。

8.——他们可以轮流出席工农检查院部务会议。

9.——一种可能出现的反对这个计划的意见：检查人员太多，监督太多，有权要求立即答复并打断职员本职工作的上司太多，等等。

10.——回答：我们要求的工农检查院的职员的组成不是通常那种类型的。

11.——为什么外交人民委员部的职员组成比较好？为了使工农检查院也成为同样经过革新的机关应具有什么样的条件？

12.——工农检查院应当根据五年的经验现在就开始按照新的方式安排工作。

13.——中央书记处的新的工作安排（组织新的中央委员学习管理的全部细节）。

14.——工作的进程就要求政治局会议作较大的整顿。

15.——增加中央委员人数的重大好处——减少在中央委员会决策时个人的和偶然的因素，等等。

载于1959年《列宁文集》俄文版第36卷

译自《列宁全集》俄文第5版第45卷第442—443页

2

我们对工农检查院怎么办？

（1月9日）

毫无疑问，工农检查院对我们说来是一个大难题。工农检查院至今一事无成，连它的组建，甚至它是否可取，都仍然是个问题。

我认为怀疑工农检查院的必要性是不对的。但同时我并不否认，我们国家机关及其改善的问题，是一个非常困难、远未解决的问题。

我们的国家机关，除了外交人民委员部，在很大程度上是旧事物的残余，极少遭到根本性的摧毁。这些机关仅仅在表面上稍微熨烫了一下。在其他方面，要使它们好好开动起来，符合工农国家而且是在全新基础上建立起来的国家的需要，过去和现在都要求把党员集中在各级国家机关里。

为了证明上面讲的话，只须回想一下，在国内战争的危急关头我们是怎样做的，我们是怎样把我们党的优秀力量集中在红军里的，我们又是怎样把先进的党员工人动员起来的。

因此，我认为，从我们所有改组工农检查院的尝试中得出了一个结论，即我们还有一项尝试没有做。这就是，我们没有尝试一下把这项工作交给我们的工人和农民，没有把他们作为中央委员放在我们党的领导地位。

我设想这样改组工农检查院：除其他中央委员外，再选出数十名（50至75名）在认真负责和忠诚方面完全信得过的工人和农民参加党的中央委员会。同时，工农检查院最终（最终！）要减到数百人。这数百人，一方面，在工农检查院各项工作中是最信得过的，也就是对我们机关进行普遍监督最内行，无论从对我们机关的了解、对机关的劳动组织问题的理论素养，还是对检查、侦查方法的掌握来说，都是非常熟练的专家；另一方面，他们又是纯秘书性的、辅助性的机关工作人员。

新的中央委员享有同其他中央委员完全相同的权力，他们的任务是：以长期的、顽强的工作来研究和改善我们的国家机关。工农检查院所有其他职员的任务是在这方面协助他们，这些职员一部分是最熟悉这些机关和最熟悉工农检查院工作的人，另一部分是秘书性的职员。

工农检查人民委员部在这种情况下可以仍旧是到目前为止那样的人民委员部。新的中央委员可以看做是临时派到那里工作的。工农检查人民委员可以保留其职衔、地位和权力，其部务委员也是一样。

我们从这样的组织结构中能够得到什么好处呢？首先，我们将永远不会在对我们机关研究不够的情况下进行新的改组。其次，我们可以通过吸收中央委员参加这个人民委员部，并把该部的职员减少到几百人，从而立刻提高该部的威信。因为，我们可以使目前工农检查人民委员部的成员通常靠被检查机关施舍过日子的状况立即转为另一种状况，使工农检查院职员的最大限度的独立性得到保障，办法是给以很高的薪金（这可以靠把职员人数缩减到几百名，只留下高度熟练并经过审查的高级职员来达到），或者是使他们成为纯粹秘书性的助手,接受上述中央委员和经过我们对人民委员部职员认真考核后留下的为数不多的专家的经常监督和监察。

新的中央委员应承担对我们国家机关一切分支机构,附带也对国营托拉斯进行较为认真仔细的研究的任务。

这项工作不能一蹴而就。因此,不应对他们的任务规定任何固定的期限。另一方面,他们可以估计到会工作几年,办法是由一批中央委员替换另一批中央委员来担负同一任务,就是说我们将通过党的代表大会的决定来保证中央委员在这个岗位上工作若干年,然后返回自己原来的岗位。

列　宁

1923 年 1 月 9 日

玛·沃·记录

我们对工农检查院怎么办?

（续）

（1 月 13 日）

我预见到,正是这样的计划必将引起一大堆反对意见,其中多半将是我们国家机关旧人员中那些确实依然如故、还同革命前一样的坏家伙发出来的居心险恶的嚎叫。他们会说,这会在工作中造成全面混乱。中央委员们由于不知道干什么,将在各人民委员部、各机关游逛,到处妨碍工作,要人作出解释,如此等等。

我觉得,这种反对意见的性质完全暴露了它来自何人,对这种反对意见甚至未必值得回答。自然，如果设想的是通常那种职员组成，那么，这种反对意见至少还可能部分成立。但是，问题在于我们恰好认为这个人民委员部的职员组成不能像通常那样，而是只吸收最优秀的工人，他们是经党代表大会的审查当之无愧地选进中央委员会的。我觉得，这样做我们将能保证今后工农检查人民委员部的职员组成在质量上不低于我们最好的人民委员部，即外交人民委员部。为什么外交人民委员部的职员组成较好呢？这是因为在那里，第一，留用的旧外交人员不能占稍许显眼的比重；第二，我们在那里新录用的同志们，是完全按照新的尺度，按照是否适应新任务这个尺度挑选出来的；第三，在外交人民委员部那里，不像其他人民委员部那样有大量不加选择地收罗来的、官吏旧习实质上完全未改的职员；第四，外交人民委员部是在我们中央委员会直接领导下工作的。说实在的，这是我们人民委员部中唯一的这样一个部，它是我们彻底革新过的，真正为工农政权并按它的精神工作的，而不是仅仅口头上如此，实际却大多反对工农政权或者不按它的精神行事。

现在，为了使工农检查院也成为这样一个真正革新过的机关，我们要有什么样的条件呢？第一个条件是用选举来充分保证它是认真负责的，第二个条件是工作人员在对事业的忠诚和办事的能力方面应是高质量的，第三个条件是他们应接近党的最高机关并同领导我们党及通过党领导我们整个国家机关的人享有相同的权利。

有人会说，任何认真负责的态度，任何党的威信，都不能代替当前主要的东西，即熟悉业务，了解我们国家机关并知道应如何改造它。

对此我的回答是:在我的建议中最重要的条件之一,就是我们不期望新的人民委员部的工作很快就取得成果,我们事先就预计到这项工作将持续多年。那时的问题是新的人民委员部的工作安排问题了。

在这里我认为自己有根据推测,无论是我们党的工作者,还是我们现在的工农检查院的领导人,都积累了足够的经验、足够的知识、足够的才干和其他素质,能恰当地组织新中央委员学习,而且是在工作中学习,就是说使他们既了解我们国家机关的一切细节,又了解资产阶级国家的现代科学在使各类职员工作达到最佳水平方面所取得的成就。

列　宁

1923 年 1 月 13 日

莉·福·记录

我们对工农检查院怎么办?

(续二)

(1 月 13 日)

我认为不言而喻的是:工农检查院根据五年的经验立即开始按新的方式安排工作;把新工作人员分成若干小组,有计划地给这些小组分配工作;这些小组中有的定期具体了解国外经验,有的从理论上研究现代科学组织一般劳动,特别是组织管理方面的劳动所取得的成果。工农检查院分配它的全体工作人员去完成各级机关不断委托他们做的工作,包括不同职能、不同管理部门、不同地区、各民族不同工作条件等等的工作。

总之，我认为，工农检查院的同志们在这五年中已经学会一些东西，能够把他们获得的知识运用于重新组织人民委员部。此外，不应当忘记，我们似乎有三个研究劳动组织的科学机构（中央劳动研究所，工农检查院和陆军人民委员部各有一个专门从事这种研究的小组）。不久前召开了这三个机构都参加的会议[263]，可以期望这三个机构的工作现在将比以往更加正常，更加协调，更加合理。

从我们中央书记处方面来说，我设想的新的工作安排是怎样的呢？当然，几十名中央委员需要有新的工作安排。但是，我应当指出，我们事实上已经转入按最高代表会议的规格来组织我们的中央全会。现在问题是要组织这些新中央委员学会整个中央委员会的工作和熟悉最高国家机构的工作。如果我们耽误这件事情，那我们就不能履行我们的一项基本职责，即利用执政的机会教会劳动群众中的优秀分子懂得管理的一切细节。这样一些措施，如对我们政治局的会议作一番较大的整顿，规定政治局会议一周举行两次并缩短会议时间，更好地准备会议的一切文件，并更及时地把这些文件送交全体中央委员。现在整个工作进程就已提出并迫切需要采取这些措施，因此未必会有什么反对意见。当然，这要增加使用秘书性职员的开支，但是舍不得花这笔钱会是最不明智的。

此外，我不必向同志们隐瞒，我认为增加中央委员人数的重大好处在于减少中央委员会决策时的个人的、偶然的因素，为决策作更多的准备，更精细地检查在这些会议上作出的所有决定，从而使我们中央委员会具有更大的稳定性，就是说，既能保持它的工作的继承性,又能防止在这个机构与群众联系不够的情况下可能引起的分裂。

列　宁

1923 年 1 月 13 日

莉·福·记录

载于 1959 年《列宁文集》俄文版　　　　　　译自《列宁全集》俄文第 5 版
第 36 卷　　　　　　　　　　　　　　　　第 45 卷第 444—450 页

关于把出席热那亚会议的
俄国代表团团长全权
转授格·瓦·契切林的声明[①]

(1922 年 3 月 25 日)

下面签名者、俄罗斯社会主义苏维埃联邦共和国人民委员会主席、出席欧洲会议的俄国代表团团长兹通知，由于国务繁忙，健康不佳，无法离俄远行，根据 1922 年 1 月 27 日全俄中央执行委员会特别会议决议，将俄国代表团团长的全部权力授予俄国代表团副团长格·瓦·契切林公民。

弗·乌里扬诺夫（列宁）

1922 年 3 月 25 日于莫斯科克里姆林宫

载于 1961 年在莫斯科出版的《列宁思想是永存的和战无不胜的》一书

译自《列宁全集》俄文第 5 版第 45 卷第 453 页

---

① 本篇原稿是法文。其影印件载于 1962 年 4 月 24 日《真理报》第 114 号。——编者注

俄共(布)第十一次代表大会
代表登记表

1. 姓、名、父名……乌里扬诺夫·弗拉基米尔·伊里奇①

2. 有 发言权
表决权

3. 代表证号码　No：

4. 由何组织选派……莫斯科

5. 年龄……52 岁

6. 民族……俄罗斯

7. 教育程度……高等教育

8. 属何种社会集团(工人,农民,职员)

9. 从事何种职业及时间　著作家,28 年

10. 目前担任何种党的工作……俄共中央委员

11. 目前担任何种苏维埃工作……人民委员会和劳动国防委员会主席

12. 目前参加何种活动：

　　　　(a)合作社
　　　　(b)工会运动 }都没参加

13. 何时加入俄共……从建立之时起(1895 年)

14. 曾参加何种党派,何时……没有

　　　　签名　**弗·乌里扬诺夫(列宁)**

　　　　　　1922 年 3 月 27 日

载于 1930 年《列宁文集》俄文版
第 13 卷

译自《列宁全集》俄文第 5 版
第 45 卷第 454 页

---

①　用小号字排印的是玛·伊·乌里扬诺娃代填的。——俄文版编者注

列宁值班秘书日志[264]

1922 年 11 月 21 日—1923 年 3 月 6 日

11 月 21 日,上午(娜·谢·阿利卢耶娃记)。

上午,哥尔布诺夫来过弗拉基米尔·伊里奇这里。定于 11 点半起会见加米涅夫;6 点开会[265]。没有交办任何事情。莉迪娅·亚历山德罗夫娜[福季耶娃]那里有一份待表决*的文件[266];关于这份文件,弗拉基米尔·伊里奇要求在 5 点和 6 点之间提醒他,以便同斯大林谈谈。但是莉迪娅·亚历山德罗夫娜把文件拿走了,并说他想从斯大林那里得到的说明,她会亲自告诉他,因此不必提醒他了,不过莉迪娅·亚历山德罗夫娜会提醒的。加米涅夫 10 点 1 刻至 10 点 3 刻在这里。

11 月 21 日,晚。

约定 11 月 22 日接见 { 哈斯克尔[267]——11 点半
斯大林——12 点半**

关于哈斯克尔和列尔斯(翻译),已给警卫队打了招呼。

"执行情况"栏内注明:

* 已表决。文件交政治局。已通知契切林和斯大林。沃洛季切娃。

** 哈斯克尔——通过加米涅夫。列尔斯——翻译。斯大林——已接见。两人都来过了。

11 月 22 日，上午（娜·谢·阿利卢耶娃记）。

一、上午没有交办任何事情。约定的人都接见了。

晚上约见基夫季洛和布罗茨基（瓷器厂工人），6 点钟＊，接见将按以下程序进行：他们将于 6 点前来到哥尔布诺夫的办公室，哥尔布诺夫将同他们交谈并通知我们，那时弗拉基米尔·伊里奇将到那里去一会儿。

关于进门问题，需要打个招呼（走特罗伊茨基大门）。

二、弗拉基米尔·伊里奇让把关于哈斯克尔建议的绝密信分送给全体政治局委员和契切林，已送给纳扎列江[269]8 份，由他分送表决＊＊。向布拉科娃[270]核查过——说已收到。

三、把哥尔布诺夫送来的给全俄苏维埃工作人员工会第五次代表大会主席团的文件①交弗拉基米尔·伊里奇签署（签署后退哥尔布诺夫）。

11 月 23 日，上午（娜·谢·阿利卢耶娃记）。

从上午 11 点到下午 2 点半，弗拉基米尔·伊里奇出席政治局会议。暂时没有交办任何事情。

要是弗拉基米尔·伊里奇问到给胡佛[271]的信，就说这一切全由契切林本人去办了。哈斯克尔将于今天 7 点 20 分动身。信将由兰德尔[272]转交（这是弗拉基米尔·伊里奇要求的）。晚上尚未安排接见。

---

① 见本卷第 307 页。——编者注

　　"执行情况"栏内注明：

＊　基夫季洛和布罗茨基由扎克斯[268]通知，关于他们的情况可以向扎克斯了解。

＊＊　第 8565 号 15 点 20 分送出。

11 月 23 日，晚（舒·姆·马努恰里扬茨记）。

5 点 40 分，弗拉基米尔·伊里奇到办公室。索取在斯克良斯基那里的公文，问及政治局的记录什么时候能整理好，在技术上是怎样进行的。我问了斯克良斯基，他答应在 11 月 24 日上午把公文送来。

6 点 45 分，给索柯里尼柯夫送去公文一件。

8 点 5 分，弗拉基米尔·伊里奇想同斯大林谈话。而斯大林当时正在中央书记处开会。弗拉基米尔·伊里奇说："晚上或者上午再谈，现在不必打扰他。"8 点 30 分离去。

弗拉基米尔·伊里奇浏览了全部新书。我把季诺维也夫的公文[273]和扎克斯的材料交给了弗拉基米尔·伊里奇。弗拉基米尔·伊里奇索取大人民委员会会议的议程，他让把一封俄文信译成英文。弗拉基米尔·伊里奇于 10 点 5 分离去。

11 月 24 日，上午（娜·谢·阿利卢耶娃记）。

弗拉基米尔·伊里奇想接见迈斯纳（渔业和鱼品工业总管理局的），也许今天就接见，眼下还不知道。

今天晚上或者明天白天，弗拉基米尔·伊里奇可能就造船计划问题接见斯克良斯基和潘岑占斯基[274]。*

弗拉基米尔·伊里奇请澳大利亚党的代表伊尔斯曼和哈尔登今天晚上保持通电话的距离[275]，从晚上 5 点到 9 点他们将在"柳克斯"294 号等候，可以通过管理室进行联系。

布拉科娃来电话，请求把契切林就沃罗夫斯基关于海峡问题

"执行情况"栏内注明：

* 已接见斯克良斯基。

的电报所提的建议提交弗拉基米尔·伊里奇表决*[276]。

11月24日,晚(舒·姆·马努恰里扬茨记)。

会前,加米涅夫曾到弗拉基米尔·伊里奇那里。从6点到7点半,弗拉基米尔·伊里奇出席了劳动国防委员会会议。政治局请弗拉基米尔·伊里奇对因格鲁吉亚党中央的声明而成立的委员会的组成问题表决[277]。弗拉基米尔·伊里奇没有参加表决。

交来关于海峡问题的表决,让送政治局。7点半至8点半斯克良斯基、然后克尔日扎诺夫斯基来住所。

11月25日,上午(娜·谢·阿利卢耶娃记)。

弗拉基米尔·伊里奇身体不适,在办公室只待了5分钟,电话口授了三封信,希望稍后问一下答复。

玛丽亚·伊里尼奇娜[乌里扬诺娃]说,什么事都不要去打扰他,如果他自己问到答复的事,就去问有关人员。没有任何接见,暂时没有交办任何事情。从斯大林和季诺维也夫那里来了两件公文[278]——在得到特别的吩咐和准许之前,别提这两件公文的事。

11月25日,晚。

6点来。打了几分钟电话。6点半到7点半,见亚·德·瞿鲁巴。随后就离去,走前要求把放在他桌子上那两个文件夹里的加

"执行情况"栏内注明:

* 已在晚上送交政治局。

米涅夫的全部文件交给瞿鲁巴,把关于厄克特租让合同的文章交给契切林[279],这些事已办。(但有一部分材料在尼古拉·彼得罗维奇[哥尔布诺夫]那里,或者在档案室里。)

契切林请求转告:他希望得到有关厄克特租让合同的亲自指示。他(契切林)将于明晚动身。应该在星期日一早就转告。(还没有转告。)

8点半到8点3刻打电话。哥尔布诺夫请求把关于托拉斯的全部材料、拨款问题和加米涅夫秘书处的通报交给他,因为弗拉基米尔·伊里奇要他把这些材料送给瞿鲁巴看看。关于托拉斯的意见和加米涅夫那里的通报,我已经送给了瞿鲁巴——瞿鲁巴已经收到了这些材料,他要求把这些材料暂时放在他那里看一看。显然,尼古拉·彼得罗维奇还给了他一些材料。

公文还没有送阅。但显然都很重要。关于此事应同莉迪娅·亚历山德罗夫娜商量一下。

11月26日,星期日,上午(舒·姆·马努恰里扬茨记)。

弗拉基米尔·伊里奇于12点到来,打了电话,挑选了书籍,拿走了几本。1点半离开,带走了弗·米柳亭的报告[280]和其他文件。

11月26日,星期日,晚(舒·姆·马努恰里扬茨记)。

弗拉基米尔·伊里奇于6点50分到来,打了电话;7点30分瞿鲁巴来。8点30分瞿鲁巴离去,弗拉基米尔·伊里奇也走了。

11月27日,上午(娜·谢·阿利卢耶娃记)。

弗拉基米尔·伊里奇中午12点左右来办公室,谁也没有找,很快就走了。通过娜捷施达·康斯坦丁诺夫娜索取有关对外贸易的全部材料,已全部送往住所。眼下没有交办任何事情,没有接见。也没有公文。

11 月 27 日,晚(玛·阿·沃洛季切娃记)。

哥尔布诺夫请求说,如果可以的话,把季诺维也夫那里送来的与明岑贝格有关的那件公文(如果这件公文已经收到的话)交弗拉基米尔·伊里奇签署,并把有关对外贸易的材料交给他(哥尔布诺夫),因为弗拉基米尔·伊里奇要他把这些材料送给瞿鲁巴看看。但是今天弗拉基米尔·伊里奇没有把材料带来。材料在他的住所。<u>弗拉基米尔·伊里奇没有给任何指示</u>。6 点过后我通知警卫队放克拉梅尔[281]去住所。

公文相当多。其中有来自柏林的邮件。

11 月 28 日,上午(娜·谢·阿利卢耶娃记)。

弗拉基米尔·伊里奇没有来办公室,两次同莉迪娅·亚历山德罗夫娜通电话。* 他要 11 月 26 日刊登在《经济生活报》上的索罗金写的关于 159 项指令的文章**[283],然后向莉迪娅·亚历山德罗夫娜交办一些事情。眼下还没有交待晚上要办什么事情,我也没有留下公文。

11 月 28 日,晚(舒·姆·马努恰里扬茨记)。

7 点 45 分,弗拉基米尔·伊里奇要我找阿瓦涅索夫[284],并让问一下阿瓦涅索夫能不能给他来个电话。第二次来电话,告

　　"执行情况"栏内注明:

　　* 　见补充卡片[282]。

　　** 　文章已剪下,贴好并送往住所。

诉自己的电话号码。我转告弗拉基米尔·伊里奇,阿瓦涅索夫正在参加工农检查院部务委员会会议。"那就算了,明早我再给您打电话。"哥尔布诺夫那里送来一份需要弗拉基米尔·伊里奇签署的给全俄中央执行委员会主席团的文件,副本送波格丹诺夫和佛敏[285],内容是由全俄中央执行委员会重新审查关于把各枕木防腐工厂从最高国民经济委员会划归交通人民委员部的问题①。弗拉基米尔·伊里奇签署了这个文件(在住所签署后,交给了秘书处)。

11 月 29 日,上午(娜·谢·阿利卢耶娃记)。

弗拉基米尔·伊里奇 12 点 20 分来办公室,叫来斯大林,斯大林一直待到 13 点 40 分。没有交待晚上要办什么事情。眼下也没有公文。

11 月 29 日,晚(玛·阿·沃洛季切娃记)。

政治局来通知(8812),关于加盟共和国的问题明天将在政治局讨论(送来文件不是备查,而是供审议)。[286]

5 点半到 6 点,弗拉基米尔·伊里奇来电话。问斯大林的一份关于舰只修理计划的文件是否收到。同加米涅夫通了几分钟电话。电话口授了关于舰只修理计划的意见,要求把这些意见转给斯大林和加米涅夫(已执行)。②

询问给哈斯克尔的电报是否已发往伦敦。契切林办公室的值

---

① 见列宁《1922 — 1923 年的论文和演说集》1936 年莫斯科俄文版第 381 页。——编者注
② 见本卷第 308—310 页。——编者注

班秘书给了肯定的回答[＊]。<u>明天早晨他将送来书面答复</u>。已转告弗拉基米尔·伊里奇。

7 点 50 分至 8 点 55 分,阿瓦涅索夫在这里。他们在办公室里谈话。9 点离去。在同阿瓦涅索夫谈话时,弗拉基米尔·伊里奇想知道,什么时候召开中央全会。这个问题明天政治局要讨论(和日程一起),上次中央全会曾经决定,要在苏维埃代表大会之前召开全会。这一点已经告诉弗拉基米尔·伊里奇。[287]

11 月 30 日,上午(娜·谢·阿利卢耶娃记)。

弗拉基米尔·伊里奇于 1 点 10 分来办公室,打电话让把 10 月 13 日《最新消息报》第 763 号给他,他想要报上彼舍霍诺夫的一篇文章[288]。我找出来送到了他的住所。弗拉基米尔·伊里奇在办公室待了 5 分钟就回家去了。没有交办任何事情。眼下也没有任何公文。莉迪娅·亚历山德罗夫娜请求登记一下(只是为了备查):哈斯克尔和契切林给弗拉基米尔·伊里奇的公文已交给加米涅夫。

11 月 30 日,晚(舒·姆·马努恰里扬茨记)。

弗拉基米尔·伊里奇于 6 点 45 分来办公室,问有什么新消息,政治局会议是什么时候结束的。我告诉弗拉基米尔·伊里奇有一些新书;他叫拿给他。送回 10 月 13 日的《最新消息报》。

7 点 55 分阿多拉茨基[289]来到弗拉基米尔·伊里奇这里,待到 8 点 40 分。弗拉基米尔·伊里奇打了电话。索取政治局记录,我

"执行情况"栏内注明:

＊ 电报副本已由李维诺夫签署发给哈斯克尔。11 月 30 日收到。

给了他。弗拉基米尔·伊里奇要求把政治局的记录收藏起来。要求把恩格斯的《政治遗嘱》一书特别保存好。交回浏览过的新书。弗拉基米尔·伊里奇于9点离去。

12月1日,上午（娜·谢·阿利卢耶娃记）。

弗拉基米尔·伊里奇于11点20分打电话给莉迪娅·亚历山德罗夫娜,要求约莫洛托夫12点来*。

莫洛托夫和瑟尔佐夫[290]一起从12点待到1点半。眼下还没有交待晚上要办的事情。也没有公文。

12月1日,晚（舒·姆·马努恰里扬茨记）。

弗拉基米尔·伊里奇于5点30分来,5点45分瞿鲁巴来。

伊尔斯曼、哈尔登和翻译沃伊京斯基于7点钟来,8点40分离去。弗拉基米尔·伊里奇于8点45分离去。

12月2日,上午（娜·谢·阿利卢耶娃记）。

弗拉基米尔·伊里奇于12点30分来,一共待了10分钟左右。叫来莉迪娅·亚历山德罗夫娜。要她6点前把关于渔业和鱼品工业总管理局的材料找出来供会晤克尼波维奇[291]时用,并请求把会晤安排在晚上7点钟。材料在哥尔布诺夫那里,要注意在6点前把全部材料拿到我们这里。关于克尼波维奇,要通知所有门岗放行,因为他没有通行证。

上午,医生来看过弗拉基米尔·伊里奇,他对弗拉基米尔·伊里奇说了如下的话:弗拉基米尔·伊里奇必须每两个月一次甚至

"执行情况"栏内注明:

* 约莫洛托夫12点来,他已来过。

两次外出休息几天。星期二还不允许他主持会议,星期四允许,但时间不能长,星期四以后必须离开休息几天。

哥尔布诺夫打来电话,要求一有可能就立即转告弗拉基米尔·伊里奇:李可夫已于12月1日乘快车离开梯弗利斯,务必转告,因为弗拉基米尔·伊里奇对此极为关心。

弗拉基米尔·伊里奇要求8点约见加米涅夫(14点5分打来的电话)。

需要提醒莉迪娅·亚历山德罗夫娜,让她向弗拉基米尔·伊里奇问清楚,他对瞿鲁巴讲的究竟是金的哪一篇文章[292],因为瞿鲁巴怎么也找不到这篇文章。

12月2日,晚。

从6点半起在办公室,7点至8点克尼波维奇来;8点至9点1刻——加米涅夫。

给了一封英文信并要求打听一下伊尔斯曼动身的日期。问了"柳克斯"的管理主任凯泽尔,凯泽尔说,伊尔斯曼今天大概不会动身,明天告知准确行期。* 那时再把这一情况告诉弗拉基米尔·伊里奇,并把此信退给他。

签署了给明岑贝格的信**①,但有个保留,即他不认为信的开头部分是按规范的德文写的。他要求把副本(第8579号)留在他的秘书处。

---

①　见本卷第312—313页。——编者注

　　"执行情况"栏内注明:

*　凯泽尔询问的结果是:伊尔斯曼自己也不知道行期,他在这里要待很久,甚至可能待几个月。

**　信由哥尔布诺夫转交给明岑贝格。玛·沃洛季切娃。

给斯维杰尔斯基的信已送他签署，我们留了副本。如送来签署好的信，即发给收件人。[293]

哥尔布诺夫送来一些剪报*：一个文件夹是最新材料，另一文件夹是较早的材料。这是供弗拉基米尔·伊里奇在苏维埃代表大会上讲话用的材料，是他要求收集的。我想，要问一下莉迪娅·亚历山德罗夫娜，能不能在星期日送给他。

弗拉基米尔·伊里奇请求向别连基[294]打听一下，李可夫和捷尔任斯基何时（准确时间）到达。** 他对此极为关注。我还没问别连基。

已转告弗拉基米尔·伊里奇：弗鲁姆金正在准备材料，星期一上午或星期日晚上他将送来这些材料。

弗拉基米尔·伊里奇几次问哥尔布诺夫要米海洛夫斯基关于财政问题的报告。这份报告应在娜嘉［阿利卢耶娃］那里：他请求将米海洛夫斯基的两份报告和克拉斯诺晓科夫的一份报告[295]在用毕后退给他。9点半离去。

12月3日，上午（C.A.弗拉克谢尔曼记）。

弗拉基米尔·伊里奇于2点来办公室。请求找来女速记员。沃洛季切娃不在家，所以弗拉基米尔·伊里奇说不必找了，因为要写的东西不多，他可以手写。已告诉弗拉基米尔·伊里奇：别连基

"执行情况"栏内注明：

* 已放在弗拉基米尔·伊里奇办公桌上。

** 别连基通知，捷尔任斯基约在12月8日离开梯弗利斯，途中将逗留以检查工作，大约12月13日到达莫斯科。李可夫已于12月2日离开梯弗利斯，将于12月4日晨到达。（关于李可夫的事后还要再核实一下并电话告知。）别连基第二次的电话说，李可夫将于今晚6点钟到达，他想再核实一下然后来电话。他问了铁路方面。

关于李可夫和捷尔任斯基到达时间的答复,还有凯泽尔关于伊尔斯曼动身日期的答复。弗拉基米尔·伊里奇请求通过共产国际懂英语的沃伊京斯基打听一下,伊尔斯曼什么时候需要函件。

弗拉基米尔·伊里奇在办公室待了20分钟后离去。

12月3日,星期日,晚(C.A.弗拉克谢尔曼记)。

弗拉基米尔·伊里奇于晚6点来办公室。

别连基告诉说,据交通人民委员部答复,李可夫已于12月3日离开巴库,将于12月5日到达罗斯托夫。已给捷尔任斯基发电报核实。没有转告弗拉基米尔·伊里奇。

6点45分弗拉基米尔·伊里奇请求转告阿瓦涅索夫,他的信已收阅,想先在电话中同他谈谈。明早转告。

晚7点弗拉基米尔·伊里奇离开办公室。

12月4日,上午(娜·谢·阿利卢耶娃记)。

弗拉基米尔·伊里奇于11点5分来到办公室。请求问明李可夫到达的准确日期。* 10点40分弗拉基米尔·伊里奇来电话,请求约阿瓦涅索夫上午11点来。阿瓦涅索夫于11点15分到,12点10分离去,谈的是对外贸易问题。12点30分弗拉基米尔·伊里奇去哥尔布诺夫办公室,回来后就用电话向沃洛季切娃口授,2点回家。晚6点柯列加耶夫(电话174—14或通过托洛茨基的交换台)要来见弗拉基米尔·伊里奇。

李可夫到达时(如果弗拉基米尔·伊里奇已去别墅的话——

"执行情况"栏内注明:

* 给别连基去了电话,请求再次把情况探询清楚。答应今晚回复。

他将在星期四去），要他同弗拉基米尔·伊里奇通电话。＊5 点
50 分茹柯夫要来见弗拉基米尔·伊里奇 10 分钟。7 点至 8 点
是弗鲁姆金，8 点 15 分至 9 点是瞿鲁巴（暂定，如果这个时间对
弗拉基米尔·伊里奇不方便，可改在明天上午 11 点或 12
点半）。

12 月 4 日，晚（舒·姆·马努恰里扬茨记）。

5 点 30 分弗拉基米尔·伊里奇向沃洛季切娃口授给李维诺
夫的信和致青年共产国际第三次代表大会的贺词。[①] 打来自动电
话问我今天的安排，我告诉了要接见的人员及时间。5 点 50 分柯
列加耶夫来谈了关闭剧院的问题，至 6 点 10 分。紧接着茹柯夫和
哥尔茨曼、拉甫连季耶夫来谈有关电力工业的问题，至 6 点 50 分。
在他们之后，从 6 点 50 分到 7 点 25 分，弗鲁姆金来谈对外贸易问
题。7 点 30 分弗拉基米尔·伊里奇离开办公室，8 点弗拉基米
尔·伊里奇回到办公室。弗拉基米尔·伊里奇问了李维诺夫答复
的情况。问了哈斯克尔的电报。给了一本西班牙人塞萨尔·雷耶
斯著的书，请求把此书的题词和目录译出。**296** 由季诺维也夫、托洛
茨基和布哈林组成的委员会于 12 月 4 日（今天）晚开会，给该委员
会（写布哈林的名字）送去一份弗拉基米尔·伊里奇对我国赴海牙
代表团的任务的意见[②]。＊

9 点弗拉基米尔·伊里奇离开办公室。

---

① 见本卷第 314 页。——编者注
② 见本卷第 315—318 页。——编者注
　　"执行情况"栏内注明：

＊　注意。

12 月 5 日，上午（娜·谢·阿利卢耶娃记）。

李维诺夫告诉说，已经证实哈斯克尔通过我国代表团收到了电报，告诉弗拉基米尔·伊里奇。

弗拉基米尔·伊里奇于 10 点 45 分来到办公室，问由布哈林、季诺维也夫和托洛茨基组成的委员会是否开过会，我回答说，昨夜已开过；1 点 40 分离去。

6 点捷克斯洛伐克工人（见名单）[297]将来弗拉基米尔·伊里奇处。须通知所有门岗放行，他们持有出入克里姆林宫的通行证（15 分钟）。已通知。

波波夫[298]将于 7 点钟来半个小时（已通知）。李维诺夫处应送来关于电报已交哈斯克尔的书面通知。

12 月 5 日，晚（玛·阿·沃洛季切娃记）。

6 点至 6 点 45 分几位捷克斯洛伐克人来访：约瑟夫·海斯、赫拉莫斯塔、弗兰涅克、李希特尔、哈贝拉，陪同的是安采洛维奇[299]。

7 点至 8 点波波夫来（有关调查统计问题）。休息几分钟（回家）。8 点 20 分在办公室——亚·德·瞿鲁巴来。9 点 25 分离去。

12 月 6 日，上午（娜·谢·阿利卢耶娃记）。

11 点刚过弗拉基米尔·伊里奇来到办公室。弗拉基米尔·伊里奇请莉迪娅·亚历山德罗夫娜照他的委托写几封信（给雅柯夫列娃、加米涅夫、瞿鲁巴）。请求接通他同斯大林的电话，同斯大林约定了会面的时间。12 点 40 分斯大林来见他，待到 2 点

20 分。他请求约请埃杜克[300]7 点半来,多夫加列夫斯基[301]6 点来,波格丹诺夫 7 点来。会见斯大林后,曾想同美舍利亚科夫谈谈。*

2 点 25 分弗拉基米尔·伊里奇回家。加米涅夫来电话说,他将送来一份写明列宁同志收的公文,要直接交给他。**

12 月 6 日,晚(玛·阿·沃洛季切娃记)。

6 点弗拉基米尔·伊里奇看了加米涅夫的来信。

6 点 5 分至 6 点 30 分波格丹诺夫来;6 点 55 分至 7 点 20 分埃杜克;7 点 25 分以后是多夫加列夫斯基。

口授了 15—20 分钟回忆尼·叶·费多谢耶夫的文章。[①] 9 点过后离去。根据他的要求,回忆文章已送交安娜·伊里尼奇娜[叶利扎罗娃](见附信副本)。

12 月 7 日,上午(娜·谢·阿利卢耶娃记)。

弗拉基米尔·伊里奇于 10 点 55 分来办公室;11 点由加米涅夫主持开始政治局会议。弗拉基米尔·伊里奇出席了会议。2 点 20 分弗拉基米尔·伊里奇离开会议返回住所。

12 月 7 日,晚(舒·姆·马努恰里扬茨记)。

弗拉基米尔·伊里奇于 5 点 30 分来办公室,同斯大林及其他人通了电话,交待了要政治局和雅柯夫列娃办理的许多事情。6

---

① 见本卷第 320—321 页。——编者注
　　"执行情况"栏内注明:
* 没有谈,因为工作时间已太长了。
** 4 点 3 刻收到,已放在办公室桌上。沃洛季切娃。

点 15 分带着日常处理文件去哥尔克。

12 月 8 日，上午（娜·谢·阿利卢耶娃记）。

12 点 10 分弗拉基米尔·伊里奇打电话给莉迪娅·亚历山德罗夫娜，同她谈了政治局昨天的决议。

12 点 15 分由别连基给弗拉基米尔·伊里奇送去下列文件：(1)政治局第 39 号会议记录**302**，(2)全俄级和州级负责工作人员名单(瑟尔佐夫处送来)。弗拉基米尔·伊里奇想稍晚来电话口授些东西。

12 月 8 日，晚（舒·姆·马努恰里扬茨记）。

5 点 35 分弗拉基米尔·伊里奇来电话，向沃洛季切娃作了口授，5 点 50 分莉迪娅·亚历山德罗夫娜同弗拉基米尔·伊里奇谈话，他就政治局的三个问题投了票：1922 年 12 月 7 日沃罗夫斯基、姆季瓦尼、契切林发来的电报，苏维埃第十次代表大会决议审查委员会名单以及给全乌克兰代表大会的贺信。① 口授了政治局的议事规程。② 同意全会延期。6 点 20 分谈话结束。送去柏林寄来的药品。

12 月 9 日，上午（娜·谢·阿利卢耶娃记）。

从昨晚起没有交办任何事情。玛丽亚·伊里尼奇娜来电话转告说，弗拉基米尔·伊里奇想从 5 点 3 刻开始口授些东西，6 点要同李可夫谈话，李可夫已经到达，现在家。没有交办任何事情。有公文。

---

① 见本卷第 327 页。——编者注
② 见本卷第 323 页。——编者注

12月9日,晚(玛·阿·沃洛季切娃记)。

弗拉基米尔·伊里奇6点5分来电话,交待了要办的事。弗拉基米尔·伊里奇的关于副主席工作的信①已送发:李可夫、斯大林、瞿鲁巴和加米涅夫。

别连基将从加米涅夫处带来给弗拉基米尔·伊里奇的文件。

苏瓦林今晚送回弗拉基米尔·伊里奇的法文信[303]。

送弗拉基米尔·伊里奇:(1)他的关于副主席工作的信(原件、副本和原决议副本)②,蔡特金的信和药品。

12月10日,上午。

弗拉基米尔·伊里奇没有交办任何事情。

12月10日,晚。

6点过后来电话,请求接通斯大林的电话。就基洛夫[304]、瓦西里耶夫和波卢扬发来的有关社会革命党人的电报投了票。[305]

一有机会就给弗拉基米尔·伊里奇送去他用法文书写并经苏瓦林修改的给拉查理的信,信已交岗亭。8点3刻弗拉基米尔·伊里奇请求把一封信发给弗鲁姆金,信中征询弗鲁姆金对阿瓦涅索夫提纲的意见。信已发出。明早问一下弗鲁姆金,他什么时候寄来自己的意见。[306]

明天早上也问一下哥尔布诺夫(见第8605号和第8606号副本)。[307]

给拉查理的信无须专门寄送。有机会时送发。这是弗拉基米

---

① 见本卷第324—326页。——编者注
② 见本卷第151—159页。——编者注

尔·伊里奇说的。

12 月 11 日,上午(娜·谢·阿利卢耶娃记)。

没有交办任何事情。弗拉基米尔·伊里奇没来过电话。检查一下,晚上办公室气温不能低于 14 度。

12 月 11 日,晚(舒·姆·马努恰里扬茨记)。

没有交办任何事情。弗拉基米尔·伊里奇没来过电话。

12 月 12 日,上午(娜·谢·阿利卢耶娃记)。

弗拉基米尔·伊里奇于 11 点回到莫斯科,11 点 15 分来办公室,在办公室稍待了一会,12 点前回家。李可夫、加米涅夫、瞿鲁巴应在 12 点来见他。*

弗拉基米尔·伊里奇 2 点离开办公室,2 点以前李可夫、加米涅夫、瞿鲁巴在他那里。

还没有交待晚上要办什么事情。

12 月 12 日,晚(玛·阿·沃洛季切娃记)。

弗拉基米尔·伊里奇从 5 点 30 分起在办公室。通了几分钟电话。要求发出给意大利人拉查理的信并请求特别注意一下带信人是谁(要由可靠的同志带去)。6 点至 6 点 45 分捷尔任斯基来。

7 点 45 分——斯托莫尼亚科夫(关于对外贸易垄断问题)。

8 点 1 刻离去。

　　"执行情况"栏内注明:

* 已来过。

弗拉基米尔·伊里奇给拉查理的信已转交苏瓦林（"柳克斯"23 号）。他将同一些可靠的同志商定，明天早上通知我们结果，而最好给他打电话。*

12 月 13 日，上午（莉·亚·福季耶娃记）。

11 点钟医生来过。医嘱：全休、离城。

12 点左右把福季耶娃叫到住所去处理完事务。口授了几封信：就罗日柯夫问题致中央委员会，就对外贸易问题致弗鲁姆金、斯托莫尼亚科夫和托洛茨基，就分工问题致几位副主席①。斯大林于 12 点 30 分来，2 点 35 分离去。

12 月 13 日，晚（莉·亚·福季耶娃记）。

5 点 55 分叫去福季耶娃。已转告弗鲁姆金和托洛茨基的答复。定于 12 月 14 日 12 点会见克尔日扎诺夫斯基。7 点 30 分至8 点 25 分就对外贸易问题口授致中央委员会全会的信②。想会见弗鲁姆金，但取消了。情绪不坏，开着玩笑。只惦着把事务处理完。

12 月 14 日，上午（莉·亚·福季耶娃记）。

11 点钟来电话，同福季耶娃谈昨天关于对外贸易的信，要求不给任何人，因为还要补充。询问克尔日扎诺夫斯基来不来。11点 10 分再次来电话。

---

① 见本卷第 330—331 页。——编者注
② 见本卷第 331—336 页。——编者注
  "执行情况"栏内注明：
* 按照弗拉基米尔·伊里奇的请求，要特别注意。已收到苏瓦林的亲笔收条。

1 点 10 分请求接通雅罗斯拉夫斯基的电话。因为没找到雅罗斯拉夫斯基,把谈话或会见推迟到晚上。2 点 25 分叫去福季耶娃,给了一张随对外贸易问题的信一起送交阿瓦涅索夫的便条。吩咐收到退信后把信送交弗鲁姆金,也许晚上要接见他。得知政治局关于罗日柯夫问题的决定后,很满意,笑着说这是一条很好的消息[308]。外表情绪很好,有说有笑。

12 月 14 日,晚(玛·阿·沃洛季切娃记)。

弗拉基米尔·伊里奇 5 点 45 分来电话。问政治局的记录。说打算口授。请求接通雅罗斯拉夫斯基的电话(雅罗斯拉夫斯基曾去过他那里)。6 点多钟医生来。弗鲁姆金来过,但没有见着弗拉基米尔·伊里奇。8 点多钟弗拉基米尔·伊里奇问,他是否在这儿。请莉迪娅·亚历山德罗夫娜明天 12 点钟提醒他关于弗鲁姆金的事,那时弗鲁姆金将在瞿鲁巴那儿。请求查明,是否把全部有关对外贸易垄断的材料寄给托洛茨基了。他把手头的材料给了我。这些材料要给莉迪娅·亚历山德罗夫娜看一下。根据弗拉基米尔·伊里奇的请求,已把他评布哈林信的信发给斯大林和托洛茨基。* 他说,补充部分他将另写。

8 点前对莉迪娅·亚历山德罗夫娜说,将口授:(1)就罗日柯夫在普斯科夫的问题给季诺维也夫的信;(2)关于社会主义共和国联盟问题给加米涅夫的信;(3)关于对外贸易的信的补充。

9 点左右重申,保留 10 点钟以前打电话的权利。10 点钟左右玛丽亚·伊里尼奇娜来电话说,弗拉基米尔·伊里奇今天不口

"执行情况"栏内注明:

* 是否要寄给弗鲁姆金?

授了。

12 月 15 日，上午（莉·亚·福季耶娃记）。

11 点 50 分来电话，询问昨天的信件副本。把福季耶娃叫到住所，给了一封他写给托洛茨基的信①，嘱福季耶娃亲自打字寄出，副本密封后存入机要档案。他书写极困难，吩咐把原件销毁，但是原件同副本一起保存在机要档案内。

对有关书籍作了如下指示：把技术书籍、医学书籍等挑出来送回去，农业书籍交玛丽亚·伊里尼奇娜，有关生产宣传、劳动组织和教育方面的书籍交娜捷施达·康斯坦丁诺夫娜，文艺书籍留着备用，政论、政治著作、回忆录等等给他留着。

此外还吩咐把财政委员会的全部记录交给他，并附上秘书写的不太长也不太短的简述，使他能从中得出关于财政委员会工作的明确认识。情绪不太好，说自我感觉更坏了，一夜没睡。

12 月 15 日，晚（莉·亚·福季耶娃记）。

8 点 30 分来电话。口授（先是用电话，后叫到住所）给斯大林和托洛茨基的信。给斯大林的信谈的是在苏维埃代表大会上可能要作的讲话②，给托洛茨基的信谈的是坚决反对从全会议程上取消对外贸易问题，如果有这种打算的话。约 9 点钟结束。

12 月 16 日，上午（莉·亚·福季耶娃记）。

11 点至 11 点 45 分医生来过（克拉梅尔和科热夫尼科夫[309]）。

---

① 见本版全集第 52 卷第 600 号文献。——编者注
② 见本卷第 337—338 页。——编者注

娜捷施达·康斯坦丁诺夫娜送来了给几位副主席的信①，此信大概是昨晚或今天医生到来之前由她记录的。帕卡尔恩[310]说弗拉基米尔·伊里奇不想去哥尔克，原因是乘摩托雪橇路上太累，而乘汽车又不行。帕卡尔恩说，每天9点半钟把狗（艾达）牵到他那儿去，他逗狗玩，很爱这条狗。费尔斯特[311]发来电报，确认在代表大会发表讲话前至少需全休7天。弗拉基米尔·伊里奇没来过电话，未作任何指示。

12月16日，晚（莉·亚·福季耶娃记）。

娜捷施达·康斯坦丁诺夫娜来电话，请求用弗拉基米尔·伊里奇的名义通知斯大林，说他不在苏维埃代表大会上讲话了。对于弗拉基米尔·伊里奇自我感觉如何的问题，她回答说：一般，表面看来没什么，究竟如何难说。按照他的委托，她请求秘密打电话给雅罗斯拉夫斯基[312]，要他记下布哈林和皮达可夫、而可能的话还有其他人在全会上关于对外贸易问题的发言。

12月18日，上午（娜·谢·阿利卢耶娃记）。

中央委员会全会开会。弗拉基米尔·伊里奇没有出席，病了——没有交办什么事情，也没有作什么指示。

12月18日，晚。

全会开会。弗拉基米尔·伊里奇没有出席。全会在晚上开会后结束。

---

① 见本版全集第52卷第602号文献。——编者注

12 月 23 日(玛·阿·沃洛季切娃记)。

8 点过后弗拉基米尔·伊里奇叫去住所。口授了 4 分钟。觉得身体不好。医生来过。口授前说:"我想向您口授一封给代表大会的信,请记吧!"口授得很快,但他的病状仍感觉得出来。结束时问今天是几号。还问我为什么脸色这样苍白,为什么没有参加代表大会[313],对占了我本来可以出席代表大会的时间表示遗憾。此外我没有得到任何指示。

12 月 24 日(玛·阿·沃洛季切娃记)。

第二天(12 月 24 日)6 点至 8 点之间弗拉基米尔·伊里奇又叫我去。他提醒说,昨天(12 月 23 日)和今天(12 月 24 日)口授的东西是绝密的。不止一次地强调了这一点。要求把他口授的<u>一切</u>当做<u>绝密</u>文件保存在有专人负责的专门地方。当时又补充了一点指示。

给弗拉基米尔·伊里奇取来了苏汉诺夫的《革命札记》第 3 卷和第 4 卷。

12 月 29 日。

弗拉基米尔·伊里奇通过娜捷施达·康斯坦丁诺夫娜请求给他开一个新书目录。医生们允许他看书。弗拉基米尔·伊里奇读苏汉诺夫的《革命札记》(第 3 卷和第 4 卷)。弗拉基米尔·伊里奇对文艺书籍不感兴趣。弗拉基米尔·伊里奇请求把书目分类开列。

1923 年 1 月 5 日。

弗拉基米尔·伊里奇索取 1 月 3 日起的新书目录和季特利诺

夫的书《新教会》。

1 月 17 日（玛·阿·沃洛季切娃记）。

6 点至 7 点之间弗拉基米尔·伊里奇把我叫去半小时。读了对苏汉诺夫论革命一书的评论并作了修改。用了 10 至 15 分钟的时间口授这篇评论的第二部分①。

对新的支架很满意，这使他便于阅读书籍和他自己的手稿。

当口授到："我们的苏汉诺夫们……"这句话时，在"……做梦也没有想到……"这几个字上停了下来，在考虑如何接下去的时候，开玩笑地说："瞧这个记性！全忘了我想说什么！真见鬼！惊人的健忘！"他要求马上把评论重抄一遍交给他。

几天来我连续观察他口授时的情况，发现如果说到半句话时把他打断，他就很不高兴，因为这样他的思路就打断了。

1 月 18 日（玛·阿·沃洛季切娃记）。

弗拉基米尔·伊里奇没有找过我。

1 月 19 日（玛·阿·沃洛季切娃记）。

弗拉基米尔·伊里奇在 7 点前后和 8 点刚过两次叫我去。口授关于工农检查院的第二稿（《我们怎样改组工农检查院?》）②约 30 分钟。他说想快点把它写完。

1 月 20 日。

弗拉基米尔·伊里奇今天在 12 点和 1 点之间叫我去。看了

① 见本卷第 373—376 页。——编者注
② 见本卷第 377—381、438—446 页。——编者注

自己的文章《我们怎样改组工农检查院?》,作了补充和修改。

他说,娜捷施达·康斯坦丁诺夫娜将给他一份和他的文章的一部分有关的材料,并让莉迪娅·亚历山德罗夫娜确切地了解一下,我国现在有哪些研究科学组织劳动的机构,有多少,开过几次这方面的代表大会,哪些团体参加了这些大会。彼得格勒有些什么材料?(赫洛普良金[314]送来了和娜捷施达·康斯坦丁诺夫娜相同的材料,稍许详细一点。)

要一份完整的书目[315]。我在他那里待了约30分钟。

1月21日(玛·阿·沃洛季切娃记)。

弗拉基米尔·伊里奇没有找过我。

1月22日(玛·阿·沃洛季切娃记)。

弗拉基米尔·伊里奇把我叫去25分钟(从12点至12点25分)。对关于工农检查院的第二稿作了修改;最后决定采用这一稿。因为他的时间受限制,所以口授得很快。他请求把文章整理一下,打一遍,傍晚给他。娜捷施达·康斯坦丁诺夫娜让我进去见他时说,他非法地多用了几分钟来审阅文章。娜捷施达·康斯坦丁诺夫娜转告我说,护士(值班的)不想放我去见他。我离开弗拉基米尔·伊里奇后,娜捷施达·康斯坦丁诺夫娜到秘书处来转达了弗拉基米尔·伊里奇的一个请求:"如果我有些地方来不及记录,就把这些地方空出来。"她说,弗拉基米尔·伊里奇觉得他口授得很快,记录很难跟得上。我让转告,全都记下来了,如果有疑问,就按他的要求办。

1月23日(玛·阿·沃洛季切娃记)。

弗拉基米尔·伊里奇在12点和1点之间把我叫去。把上述文章很快地又看了一遍,作了一些不大的改动。请求把这些改动转到他那一份和我们那一份稿子上,然后把其中的一份交玛丽亚·伊里尼奇娜供《真理报》用。文章作了修改,在3点钟以前给了玛丽亚·伊里尼奇娜。他问:莉迪娅·亚历山德罗夫娜回来没有? 我们的节日过完没有?

1月30日(莉·亚·福季耶娃记)。

1月24日弗拉基米尔·伊里奇叫福季耶娃去,让她向捷尔任斯基或斯大林索取格鲁吉亚问题委员会的材料并详尽地研究这些材料。此事交福季耶娃、格利亚谢尔和哥尔布诺夫办。目的是向弗拉基米尔·伊里奇提出一个报告,供他到党代表大会上用。这个问题政治局正在处理,看来,他还不知道。[316]他说:"我生病前夕,捷尔任斯基对我谈过委员会的工作和'事件',这对我有严重影响。"

星期四,1月25日,他问拿到材料没有。我回答说:捷尔任斯基要星期六才能来,因此我还无法问他。

星期六我问捷尔任斯基,他说材料在斯大林那里。我给斯大林去了一封信,但他不在莫斯科。昨天,1月29日,斯大林来电话,说未经政治局同意材料不能给。他问我是不是对弗拉基米尔·伊里奇说了什么多余的话,他是从哪儿了解到日常事务的? 例如他那篇关于工农检查院的文章表明他知道某些情况。我回答说,我没有说,也没有任何根据认为他了解日常事务。今天弗拉基米尔·伊里奇把我叫去问回音,并说要为取得材料而斗争。

1月26日弗拉基米尔·伊里奇要我告诉瞿鲁巴、斯维杰尔斯基和阿瓦涅索夫,说如果他们同意他的文章的观点,就让他们在代表大会之前开几个会,讨论一下是否应该编写教科书的提要和纲要(显然是劳动规范化方面的教科书)。他们是否知道克尔任采夫和叶尔曼斯基的书。[317] 有一个科学组织劳动的计划,工农检查院中有一个规范局。

今天他问瞿鲁巴怎么答复的,他、斯维杰尔斯基、阿瓦涅索夫、列斯克是否同意文章的观点? 部务委员会的其他成员意见如何? 我说,这些我不清楚。他问,瞿鲁巴是否动摇了,他是否在设法拖延,他和我谈话是否开诚布公。我说,我还没机会和他谈话,只是把要办的事通知他。

1月24日弗拉基米尔·伊里奇说:"先谈谈我们的'秘密'事务:我知道,您在哄骗我。"我保证并非如此,对此他说:"关于这一点我有自己的看法。"

今天,1月30日,弗拉基米尔·伊里奇说,昨天他问能不能在3月30日的代表大会上讲话,医生作了否定的回答,但是许诺在此之前他将能起床,再过一个月可以允许他看报。当又谈起格鲁吉亚委员会问题时,他笑着说:"这又不是报纸,所以我现在也可以看。"看来情绪不坏。头上未敷压布。

2月1日(莉·亚·福季耶娃记)。

今天弗拉基米尔·伊里奇把我叫去(在6时半)。我告诉他,政治局批准取材料[318]。他指示要注意什么以至怎样去利用这些材料。[319] 弗拉基米尔·伊里奇说:"如果我现在自由的话(起先是口误,后来又笑着重复一遍说:如果我现在自由的话),这一切我自己可以轻而易举地做好。"估计研究这些材料要4个星期。

　　问及瞿鲁巴和其他人对他的文章的态度。我按照瞿鲁巴和斯维杰尔斯基的指示回答说,斯维杰尔斯基完全同意,瞿鲁巴赞成谈到吸收中央委员的那一部分,但对工农检查院在人数减到300—400人的情况下能否完成目前的全部职能表示怀疑。阿瓦涅索夫的观点我不清楚。明天部务委员会举行全体会议。

　　他问中央委员会讨论过关于这篇文章的问题没有。我回答说,这一点我不清楚。弗拉基米尔·伊里奇对告诉的这些情况表示满意。

　　2月2日（玛·阿·沃洛季切娃记）。

　　弗拉基米尔·伊里奇11点3刻把我叫去。口授《宁肯少些,但要好些》一文[①]。12点半结束。

　　他请莉迪娅·亚历山德罗夫娜每隔一天上他那儿去一次。问他"几点钟去",他说反正他现在是个闲人。顺便说了一句:只有2点钟到5点钟不能去他那儿;他说可以6点钟去或者和他的护士约一个时间。

　　1月23日以后就没见过他。从外表看病情大为好转,容光焕发,精神饱满。像平时一样口授得很好,没有停顿,在用词上极少发生困难,确切些说,他不是口授,而是打着手势讲话。头上未敷压布。

　　2月3日（莉·亚·福季耶娃记）。

　　弗拉基米尔·伊里奇7点钟叫我去了几分钟。他问我们材料看过没有。我回答说,只是粗粗地看了看,材料并不像我们预计的

---

　　① 见本卷第382—396页。——编者注

那么多。他问这个问题提到政治局没有。我回答说，我无权谈此事。他问："禁止您谈的正是专指这件事么？""不，关于日常事务我一概无权谈论。""就是说，这是日常事务？"我明白自己疏忽了。我重复说，我无权谈论。他说："我还是从捷尔任斯基那里知道这件事的，是在生病之前。委员会向政治局作了报告吗？""是的，作了。我记得，政治局大体上批准了委员会的决定。"他说："好吧，我想您在三个星期内能把调查报告写出来，那时我再写信。"我回答说："也许三个星期来不及。"医生来了（刚到达的费尔斯特，还有科热夫尼科夫和克拉梅尔），我就离开了。他看来很愉快，精神饱满，见到好久没有见面的费尔斯特，他好像有点激动。

2 月 4 日（玛·阿·沃洛季切娃记）。

弗拉基米尔·伊里奇今天 6 点左右把我叫去。问我在假日也把我叫去有没有意见。（"您总得找个时间休息一下吧？"）

继续口授《宁肯少些，但要好些》一文，用了半个多小时。容光焕发，声音挺有精神。未敷压布。他最后说："好吧！就到这里。我有点累了。"要我把速记译出，译完后打电话告诉他，大概是因为他今天还要继续口授这篇文章；他说，他有一个老习惯，写作时面前要放着手稿，没有稿子就总感到不习惯。

娜捷施达·康斯坦丁诺夫娜告诉我，德国医生（费尔斯特）来看过他，说了许多使他高兴的话，允许他做操，增加了口授文章的时间，所以弗拉基米尔·伊里奇非常满意。

8 点钟又把我叫去。但没有口授，而是把写好的东西看了一遍，作了补充。结束后说，他打算在付印以前把文章拿给瞿鲁巴看看，也许还要给部务委员会的其他委员看看，他还想对自己的这些想法再作一些补充。口授的速度比往常慢一些。头上敷着压布。脸色苍白。看来他累了。

2 月 5 日（玛·阿·沃洛季切娃记）。

今天 12 点弗拉基米尔·伊里奇把我叫去。我待了三刻钟。口授速度缓慢。有一个地方，表达有点困难,他说:"我今天有点不顺畅,<u>不流利</u>(他着重说了这几个字)。"要了他那篇《我们怎样改组工农检查院?》的文章。默读了三四分钟。接着又继续口授了一会儿,决定结束,说今天 4 点、5 点或许 6 点钟再叫我去。

2 月 5 日,晚（玛·伊·格利亚谢尔记）。

弗拉基米尔·伊里奇 7 点钟(差 10 分)叫莉迪娅·亚历山德罗夫娜去,但因为她不舒服,就把我叫去了。

他问,我们是否已经着手研究格鲁吉亚委员会的材料,预计什么时候完成这项工作。我回答说,材料我们已经分了,已开始看,至于期限,我们打算按他给我们规定的,即三个星期。他问我们打算怎样看这些材料。我说,我们认为我们每人都必须把全部材料看一遍。"这是你们一致决定的吗?""是的"。弗拉基米尔·伊里奇算了一下到代表大会还剩多少时间。当我说还有一个月零 25 天时,他说这个期限大概够了,但如果还需要补充材料,时间就显得紧些,况且还要考虑到往返高加索需要更多的时间。他问我们每个人干多少,并说必要时我们可以吸收沃洛季切娃和舒沙尼卡·马努恰里扬茨参加工作。随后他问我们这个决定(人人都要把全部材料看一遍)是否是正式的。我回答说,我们这个决定并没有成文,并问他,是不是不大赞成这样做。他说,他当然希望我们人人都看完全部材料,但我们这个小组的任务是极不确定的。一方面,他不想过于麻烦我们,但是,另一方面应当估计到,在工作过程中还会发现必须扩大任务。也许还要弄到补充材料。他问材料保存在什么地方,我们怎样使用这些材料,我们是否把全部材料作了摘要,并用打字机打出来("这样做是否有困难?")。最后弗拉基米尔·伊里奇决定,我们要在下一周内确定,我们需要多少时间,用什么形式来研究这些材料,在研究的时候要想着必须就小组定出的问题以及在我们工作过程中他将向我们提出的问题写出一个全部材料的概要。

随后弗拉基米尔·伊里奇吩咐问一下波波夫,中央统计局对彼得格勒、莫斯科和哈尔科夫(如果在哈尔科夫进行过调查的话)的调查统计材料研究情况如何,他预计什么时候能研究完这些材料,这些材料是否要发表。弗拉基米尔·伊里奇想在党的代表大会以前在报刊上看到这些材料;他认为,鉴于这次调查统计特别重要,材料应该发表,虽然前几次调查统计的材料没有发表,波波夫只给弗拉基米尔·伊里奇送来表报。因此应该特别督促波波夫,先口头谈一下,然后正式向他函询。

我总共待了20分钟。这是弗拉基米尔·伊里奇卧病期间我第一次看到他。据我看,他看起来很好,很有精神,只是脸色比以前苍白一点。说话缓慢,用左手打手势,右手指头不断活动着。头上未敷压布。

2月6日,晚(玛·阿·沃洛季切娃记)。

弗拉基米尔·伊里奇7点和9点之间把我叫去。我待了约一个半小时。他先把《宁肯少些,但要好些》一文看了一遍。用红墨水作的修改使弗拉基米尔·伊里奇觉得很有趣（并不是修改本身，而是写上去的方式独特！）。根据他的请求，这篇文章原来没有重抄，只是在最初译出的稿子上加上弗拉基米尔·伊里奇审阅时所作的修改。但因为这些修改都不是按校对的方法改的，而是用一般的秘书的方法改的，这使得弗拉基米尔·伊里奇在重新审阅时很不方便。他要求过后整个重抄一遍。弗拉基米尔·伊里奇在阅读文章时曾数次停下来说他的老习惯是手写，而不是口授，现在他明白为什么速记员不使他满意（他说的是："不曾使他满意"）；说他习惯眼前看着自己的手稿，不顺当时可以停下来，仔细推敲那些"卡壳"的地方，在房间里走一走，甚至干脆跑到什么地方去散散步；说他现在还常常想拿起铅笔来写或者自己动手修改。

他回忆说，还在 1918 年，他曾试过向托洛茨基的速记员口授文章，当他感到"卡壳"时，他十分为难，便以"难以置信的"速度往下"赶"，结果弄得他不得不把全部稿子烧掉了，后来他就坐下来自己动手写，并且写出了他至今仍感到满意的《叛徒考茨基》一书[320]。

弗拉基米尔·伊里奇十分愉快地谈起这一切，发出他那有感染力的笑声。我还从来没有看到过他有这样好的情绪。他继续口授了这篇文章的一部分。口授了 15—20 分钟。是自己停止口授的。

2 月 7 日（莉·亚·福季耶娃记）。

弗拉基米尔·伊里奇把我找去。讲了三个问题。

（1）关于调查统计的结果（让把关于调查统计的小册子的校样拿给他看。我说这件事需要得到斯大林的准许）。

（2）关于格鲁吉亚委员会。问工作情况如何，什么时候我们能把材料看完,什么时候碰头,等等。

(3)关于工农检查院。部务委员会现在是否打算作出什么决定,"采取具有国家意义的重大步骤"还是推迟到代表大会召开之时。他说,他正在写文章,但不顺手,不过还是打算把文章写完,并在付印之前给瞿鲁巴看一下。要我问一下瞿鲁巴,要不要把这篇文章赶出来。

今天科热夫尼科夫说,弗拉基米尔·伊里奇的健康状况大有好转。他的一只手能活动了,他本人开始相信,他将能使用这只手。

2月7日,上午(玛·阿·沃洛季切娃记)。

我12点半左右在弗拉基米尔·伊里奇那里。他说他将口授各种各样的题目,其顺序以后再说。今天口授的题目是:(1)怎么可以把党的机关和苏维埃机关结合起来呢?(2)把学习和业务结合起来是否合适?

在"这种革命来得愈猛……"这几个字上停了下来,把这几个字重复了几次,看来措辞有些困难,他请我帮他把前面的话再读一遍,笑着说:"看来我完全卡壳了,您给记上:在这个地方卡了壳!"

我说,我只是他短时期内躲不掉的灾星,因为他很快就能自己动手写了,他说:"嘿!这还不知什么时候呢!"声音有倦意,带着病人的声调。

2月7日,晚(玛·阿·沃洛季切娃记)。

弗拉基米尔·伊里奇7点和9点之间把我叫去。我待了约一个半小时。他把昨天没写完的那句话结束了。他说:"我现在试一下谈下一个题目。"随即问起他早先已经拟定的题目[321]；念完题目后，他说，其中有一个题目他忘记了（关于职业教育总局同国民普通教育工作的关系问题）。口授了《宁肯少些，但要好些》一文的总论部分。口授得快而流利，没遇到困难，还边说边打手势。

结束后说，以后他再设法把这一部分同整个文章揉在一起。他累了。晚上我从娜捷施达·康斯坦丁诺夫娜那里得知，弗拉基米尔·伊里奇明天不口授；他准备看些东西。

2月9日（莉·亚·福季耶娃记）。

上午弗拉基米尔·伊里奇把我找去。他重申，他要把工农检查院的问题提交代表大会。至于调查统计一事，他关心统计表是否印得合乎要求。他同意我的建议：通过加米涅夫或者瞿鲁巴安排检查工作。检查的任务交克尔日扎诺夫斯基和斯维杰尔斯基。情绪和气色非常好。说费尔斯特同意在允许他看报纸之前允许他会见。我说，这样做从医生的角度来看似乎确实要好一点，他沉思了一下很严肃地回答说，在他看来，正是从医生的角度来看，这样做更不好，因为印刷品看过就完了，而会见就要交换意见。

2月9日，上午（玛·阿·沃洛季切娃记）。

弗拉基米尔·伊里奇12点多钟把我叫去。说重新抄过的那部分文章他比较满意。他看了昨天口授的那部分文章，几乎没有作任何修改。结束后说："我这部分似乎很有条理。"我得到的印象是，他对文章的这一部分很满意。他要我写上结尾："我就是这样把……联系起来的……"如此等等。我待了约一个小时左右。

2 月 9 日,晚。

弗拉基米尔·伊里奇把莉迪娅·亚历山德罗夫娜叫去。娜捷施达·康斯坦丁诺夫娜要求把文章的总论部分给她,因为弗拉基米尔·伊里奇让她把这一部分看一看。

2 月 10 日(莉·亚·福季耶娃记)。

6 点多钟把我叫去。让我把《宁肯少些,但要好些》这篇文章交给瞿鲁巴,要他尽可能在两天内看完。

按照书目要了一些书[322]。看样子很疲倦,说话很困难,有时忘了要说的话,有些颠三倒四。头上敷着压布。

2 月 12 日(莉·亚·福季耶娃记)。

弗拉基米尔·伊里奇健康变坏。头痛得厉害。叫我去了几分钟。据玛丽亚·伊里尼奇娜说,医生们使他很不高兴,他气得连嘴唇都发抖了。费尔斯特头天晚上说,绝对禁止他看报、会见和听政治消息。问他怎么理解后一点,费尔斯特回答说:"唉,譬如说,您关心对苏维埃职员的调查统计问题。"看来,医生们这样消息灵通使弗拉基米尔·伊里奇很不高兴。除此之外,看来弗拉基米尔·伊里奇还得到这样的印象:不是医生们给中央委员会指示,而是中央委员会给医生们下指令。

他同我谈的总是那三个问题,推说他头痛。我开玩笑说,我要用暗示疗法给他治疗,过两天头就会不痛了。

2 月 14 日(莉·亚·福季耶娃记)。

弗拉基米尔·伊里奇 12 点多钟把我叫去。头不痛了。说他完全健康了。说他的病是神经方面的,病症是有时候他十分健康,就是说头脑完全清醒,有时候他又感到不好。因此我们应当赶紧完成他交办的任务,因为他一定要向代表大会提出一些东西,并且期望能够做到。如果我们拖了,因而坏了事,那他会非常非常不满意的。医生们来了,谈话不得不中断。

2 月 14 日,晚。

又把我叫去。说话困难,看来已经累了。又谈到他交办的三件事。特别详细地谈到最使他焦急不安的那件事,即格鲁吉亚问题。要求抓紧一些。给了一些指示[323]。

3 月 5 日(玛·阿·沃洛季切娃记)。

弗拉基米尔·伊里奇 12 点左右把我叫去。请求记录两封信:一封给托洛茨基[324],另一封给斯大林[325]。嘱第一封信亲自用电话转告托洛茨基并要他尽快答复。第二封信他让先搁一下,说他今天不知怎么弄不好。感到不舒服。

3 月 6 日(玛·阿·沃洛季切娃记)。

问对第一封信的答复(电话答复已用速记记下)。他把第二封(给斯大林的)信看了一遍,嘱面交本人并亲手取得回信。口授了给姆季瓦尼等人的信。[326]他觉得身体不好。娜捷施达·康斯坦丁诺夫娜请求不要把这封信交给斯大林,6 日这一天照这么办了。但是 7 日我说,我应当执行弗拉基米尔·伊里奇的吩咐。她同加米涅夫商量了一下,于是把信交给了斯大林和加米涅夫,随后也交给了从彼得格勒回来的季诺维也夫。斯大林在接到弗拉基米尔·伊里奇的信以后当即给了回复(信是由我交给斯大林本人的,他向我口授了给弗拉基米尔·伊里奇的回复）。给弗拉基米尔·伊里奇的信还未转交，因为他病了。[327]

载于 1963 年《苏共历史问题》杂志
第 2 期

译自《列宁全集》俄文第 5 版
第 45 卷第 455—486 页

注　释

1　全俄五金工会第五次代表大会开幕前,1922年3月1日,全俄五金工会中央委员会共产党党团常务局同各大区代表团代表一起开会,认为在代表大会上应有一个关于共和国所处的国际和国内形势的报告,并请求列宁代表俄共(布)中央作这一报告。为此,列宁于1922年3月6日上午在代表大会共产党党团会议上发表了这个讲话。

　　全俄五金工会第五次代表大会于1922年3月3—7日在莫斯科举行。出席大会的有318名代表(其中有282名共产党员),代表五金工会的534 626名会员。代表大会的任务首先是按照新经济政策改组五金工会的工作。大会讨论了下列问题:全俄五金工会中央委员会和中央监察委员会的工作报告,各经济机关(金属工业总管理局、军事工业委员会、电机工业总管理局)的工作报告,五金工会在新经济政策条件下的任务,工会的组织建设,关于国际组织宣传委员会的活动,关于全俄五金工会第四次代表大会选出的出席五金工人卢塞恩代表大会的代表团。——1。

2　指预定在意大利热那亚召开的国际经济和财政会议。

　　热那亚会议(国际经济和财政会议)是根据协约国最高会议1922年1月6日戛纳会议的决定召开的。会议名义上是为了寻求"中欧和东欧经济复兴"的办法,实质上主要是讨论帝国主义武装干涉失败后苏维埃俄国同资本主义世界之间的关系问题。苏俄政府也建议召开讨论欧洲和平与经济合作的国际会议(见本版全集第42卷第222—224页)。它在1月8日接受了参加会议的邀请。

　　1月27日,全俄中央执行委员会非常会议选出了参加热那亚会议的苏俄代表团:列宁为代表团团长,格·瓦·契切林为副团长,代表团成员有列·波·克拉辛、马·马·李维诺夫、纳·纳·纳里曼诺夫、瓦·瓦·沃罗夫斯基、扬·埃·鲁祖塔克、阿·阿·越飞、克·格·拉柯夫斯基、波·古·姆季瓦尼、亚·阿·别克扎江、亚·加·施略普尼柯夫。列宁领导了代表团的全部工作,拟定了党中央给苏俄代表团的指示和其他有关重要文件(见本版全集第 42 卷第 416、420—422、423—424、432—433、447—449、450—451 页)。但是由于列宁健康状况不佳和国务繁忙,同时出于安全考虑,根据俄共(布)中央后来作出的专门决定,列宁没有出席会议,而由契切林行使代表团团长的一切职权。

　　热那亚会议于 1922 年 4 月 10 日—5 月 19 日举行。参加会议的有英、法、意、日、比、德、苏俄等 29 个国家和英国的 5 个自治领,美国派观察员列席。会上,资本主义国家的代表企图借助外交压力迫使苏俄承认沙皇政府和临时政府的一切债务,将苏维埃政权收归国有的企业归还外国资本家或给以补偿,取消对外贸易垄断,等等。苏俄代表团拒绝了这些要求,同时提出了帝国主义国家应赔偿由于武装干涉和封锁给苏俄造成的损失的反要求(俄国战前和战时债务为 185 亿金卢布,外国武装干涉和封锁给俄国造成的损失为 390 亿金卢布)。苏俄代表团还声明,为了达成协议,它准备在资本主义各国承认苏维埃俄国、向它提供财政援助和废除战时债务的条件下,承认战前债务和给予原产权人以租让和租借原属他们的产业的优先权。苏俄代表团还提出了普遍裁军的建议。会议没有解决任何问题,只是决定将部分问题移交海牙会议审议。在热那亚会议期间,苏俄代表团利用德国同各资本主义国家的矛盾,于 4 月 16 日与德国缔结了拉帕洛条约,击破了帝国主义的反苏统一战线。——1。

3　奥勃洛摩夫习气意为因循守旧、懒散懈怠。奥勃洛摩夫是俄国作家伊·亚·冈察洛夫的长篇小说《奥勃洛摩夫》的主人公,他是一个怠惰成性、害怕变动、终日耽于幻想、对生活抱消极态度的地主。——3。

4　健忘的伊万意为忘记自己身世者或六亲不认、数典忘祖的人。在革命前的俄国,潜逃的苦役犯和逃亡的农奴一旦落入警察之手,为了不暴露

真实姓名和身份,常常自称"伊万"(俄国最常见的名字),并声称忘记了
自己的身世。因此在警厅档案中,他们便被登记为"忘记身世者"。这
些人就被统称为"健忘的伊万"。——5。

5　指协约国最高会议于 1922 年 1 月 6—13 日在法国戛纳举行的会议。
戛纳会议的主要文件是 1 月 6 日通过的关于在热那亚召开国际经济和
财政会议的决议。决议提出了最高会议认为使拟议中的会议获得成功
所必需的 6 项基本条件。这些条件中的第 1 条归结起来是,一些国家
不能强行规定另一些国家应当根据什么原则建立其所有制、经济生活
和管理方式;每个国家有权为自己选择它所喜欢的制度。这些条件的
其他各条还规定,在外国资本对一国提供援助时,受援国要保障外国资
本不可侵犯并获得利润;承认本国历届政府过去或将来签订的或担保
的一切债务和义务;承认对于没收或国家接管财产给外国利益所造成
的一切损失有赔偿的义务;确定各国有义务不从事旨在颠覆别国秩序
与政治制度的宣传和采取针对盟国的敌对行动。这些条件的最后一条
宣称:苏俄政府只有接受所有上述条件,才会得到协约国的承认。戛纳
会议参加者认为必须建立国际辛迪加(银团),以便促进"欧洲经济的恢
复"和保证"各国的合作"。

　　1922 年 1 月 13 日,意大利总理伊·博诺米把戛纳会议的决议文
本和以最高会议的名义邀请苏俄政府代表团参加热那亚会议的正式请
帖送交格·瓦·契切林。从博诺米那里收到的决议文本第 1 条,漏掉
了"其所有制"几个字。因此,列宁曾请契切林把早先在资产阶级报刊
上以及在 1922 年 1 月 10 日《全俄中央执行委员会消息报》第 6 号上刊
登的有上述几个字的决议文本送给他(见本版全集第 42 卷第 407 页)。

　　列宁认为戛纳条件第 1 条的条文具有重大意义,因为这一条间接
承认了资本主义所有制的破产和社会主义所有制与之并存的必然性。
列宁指出,其他各条旨在使外国资本奴役苏维埃俄国,同第 1 条显然是
矛盾的(参看本卷第 193—194 页)。

　　在热那亚会议筹备期间,法国领导集团和英国首相戴·劳合-乔治
都力图以事先承认戛纳决议作为苏维埃俄国参加热那亚会议的条件。

　　列宁在 1922 年 2 月 15 日给契切林的信中责成他**"准确地和正式**

地"核实以下事实：

"（1）在邀请我们时，并**没有**要求明确地、正式地声明我们**承认**戛纳条件。

（2）我们在答复中**没有**作这样的声明，而他们并**没有通知**我们说我们的答复**不完满**。

（3）英国**所有的**资产阶级报刊在同法国人争论时都**承认**无需以承认戛纳条件作为先决条件。"（见本版全集第 42 卷第 432—433 页）——6。

6　1922 年 2 月 24 日，意大利外交部长托雷塔在给格·瓦·契切林的无线电报中通知说，意大利政府因内阁危机，不得不延期召开热那亚会议。这个电报曾在同年 2 月 25 日的《全俄中央执行委员会消息报》第 45 号上发表。

列宁在当天写信给斯大林和列·波·加米涅夫，提议"委托契切林尽快发出一份用词极其辛辣的照会，建议把会期就定在 3 月 15 日"（见本版全集第 42 卷第 453 页）。2 月 25 日，契切林致电意大利外交部长托雷塔和英国外交大臣乔·纳·寇松，建议把召开会议的日期定在 1922 年 3 月 23 日。——6。

7　指亚·费·克伦斯基的文章《二月和十月》。该文载于 1922 年巴黎《现代纪事》杂志第 9 册。——8。

8　1921 年底苏维埃俄国财政危机的加剧是由一系列原因造成的，其中包括：工业遭到战争的破坏，不仅不能提供利润，并且本身也靠国家维持；粮食储备太少，饥荒引起价格的大幅度上涨；战时共产主义时期不征收货币税和实行公用事业（包括市内交通的运输业、邮政、住宅等等）免费制。1921 年底全俄苏维埃第九次代表大会通过的国家预算中，支出超过收入几乎达 10 亿战前卢布。这些赤字要靠不断增发纸币来弥补。由于缺乏工业品和粮食，纸币的购买力下降到微不足道的程度。

俄共（布）第十一次代表大会《关于财政政策的决议》提出了一系列具体措施，以健全国家财政，恢复以黄金作基础的货币流通（参看《苏联共产党代表大会、代表会议和中央全会决议汇编》1964 年人民出版社版第 2 分册第 165—170 页）。——10。

9 这是恩格斯在《流亡者文献》一文中说的（参看《马克思恩格斯文集》第 3 卷第 364 页）。——13。

10 党史委员会（十月革命史和俄国共产党党史资料收集研究委员会）是根据 1920 年 9 月 21 日人民委员会的决定成立的，隶属教育人民委员部。第一任主席是米·斯·奥里明斯基，副主席是米·尼·波克罗夫斯基，秘书是弗·维·阿多拉茨基。根据俄共（布）中央 1921 年 1 月 31 日的特别通告，后来在 44 个省里也建立了地区研究党组织历史的中心。1921 年 12 月，根据中央委员会决定，党史委员会划归俄共（布）中央领导，相当于中央的一个部。同时建议各州和省的党委会也成立党史委员会。各党史委员会进行了大量的研究工作，收集和研究文献资料，帮助老党员撰写回忆录，出版有关党史及地方组织史的书刊。党史委员会的档案库和图书馆藏有大量有关党史和革命史的珍贵材料。党史委员会再版了党的历次代表大会记录和《火星报》、《前进报》、《无产者报》等报纸，出版了《党史委员会公报》和党史杂志《无产阶级革命》（1921 年 10 月起），建立了一些革命博物馆和党史博物馆。1928 年党史委员会同联共（布）中央列宁研究院合并。——14。

11 指俄共（布）第一次清党。这次清党是在实行新经济政策后资本主义分子及其在党内的代理人有所活跃的情况下，根据俄共（布）第十次代表大会《关于党的建设的决议》进行的，目的是从党内清除非共产主义分子，纯洁党的队伍。因为是在全党进行，所以也称总清党。清党工作经过长期的和细致认真的准备。1921 年 6 月 25 日，中央委员会和中央监察委员会通过了《关于党员审查、甄别和清党问题的决议》（载于 1921 年 6 月 30 日《真理报》第 140 号），把征求党内外劳动群众对被审查党员的意见作为清党的一项必要条件，同时规定了成立地方审查委员会的程序。7 月 7 日，中央政治局批准了中央清党领导机构——中央审查委员会成员名单。7 月 27 日，中央委员会在《真理报》上发表了致各级党组织的信，阐明了清党的任务和方法，提出以下清党方针：对于工人，在呈交证件、鉴定方面应放宽一些；对于农民，应严格区分富农和诚实的劳动农民;对于"摆委员架子的"和担任享有某种特权职务的人应从严;对于旧官吏、资产阶级知识分子出身的人,应特别注意审查;对原属其他政党尤其是孟什维克和社会革命党人的人,应进行最细致的审查和清洗。这次清党从1921年8月15日开始,到俄共(布)第十一次代表大会(1922年3月)召开前夕结束。清党期间,一般停止接收新党员。俄共(布)第十一次全国代表会议和俄共(布)第十一次代表大会先后对清党工作进行了初步总结和最终总结。清党结果,共有159 355人被除名(占党员总数的24.1%,不包括布良斯克、阿斯特拉罕两省和土耳其斯坦的材料)。在开除出党和退党的人中,工人占20.4%,农民占44.8%,职员和自由职业者占23.8%,其他人员占11%。——14。

12 出自伊·安·克雷洛夫的寓言《音乐家们》。寓言说,有一个人请客,邀了一批歌手助兴。这些歌手各唱各的调,叫客人实在受不了。主人却解释说,他们唱得是有些刺耳,可是个个生活严肃,滴酒不进。——14。

13 《关于接收新党员的条件(给维·米·莫洛托夫的三封信)》是在俄共(布)第十一次代表大会筹备期间写的,当时正在拟定关于清党总结和巩固党的问题的提纲,以便提交代表大会讨论。

　　早在1921年12月,列宁在研究清党的初步总结时,就写信给彼·安·扎卢茨基、亚·亚·索尔茨和俄共(布)中央政治局委员们,建议在即将召开的党的第十一次代表会议的决议中规定更严格的入党条件(参看本版全集第42卷第325—326页)。

　　在《对俄共(布)第十一次代表会议关于清党的决议草案的意见》中,列宁写道:"我丝毫不反对让真正的工人能更容易入党,但是,如果不提出非常严格的条件来确定什么人能算是大工业的工人,那么,马上又会有一大批乌七八糟的人来钻这个空子。"(见本版全集第42卷第327页)

　　俄共(布)第十一次全国代表会议没有解决修改入党条件的问题。会议表示希望党的第十一次代表大会能修改党章中涉及接收新党员的条件的那一部分。——16。

14　指格·叶·季诺维也夫受俄共（布）中央政治局的委托为俄共（布）第十一次代表大会准备的《关于巩固党》这一提纲的最初草案。根据1922年3月8日政治局的决定，这份草案分发给了政治局委员们。草案规定，接收农民和红军战士入党应由有三年党龄的3名党员负责介绍，接收职员和其他人入党则应由有五年党龄的5名党员负责介绍。

　　　　列宁在3月9日的信中不反对把这份提纲草案作为讨论的基础予以通过，并就介绍人党龄问题和草案中未提到的预备期问题提了意见。

　　　　3月13日，政治局在列宁没有出席的情况下批准了经补充修正的季诺维也夫提纲。3月17日《真理报》第62号发表了这份提纲。提纲中关于入党条件这一节遭到列宁的强烈反对，他在3月24日的信中发表了自己的看法。——16。

15　指俄共（布）第十一次全国代表会议《关于根据审查党员的经验巩固党的问题的决议》和俄共（布）区域委员会、区域局和省委员会书记会议决议《关于党的建设的组织问题的实际建议（对关于在清党以后巩固党的决议的补充）》（1921年12月）。格·叶·季诺维也夫《关于巩固党》的提纲的最初草案中没有引用这两个决议。——16。

16　指俄共（布）中央政治局批准的格·叶·季诺维也夫起草的提纲《关于巩固党和党的新任务》的第5条，其中写道："第十一次代表大会决定修改党章（第2章第7条）：工人和农民的预备期应不短于半年，其他人不短于一年。"（见《俄共（布）第十一次代表大会。速记记录》1961年俄文版第684页）——17。

17　中央监察委员会是俄共（布）的最高监察机关。1920年9月22—25日召开的俄共（布）第九次全国代表会议通过了成立中央监察委员会的决定。1921年3月8—16日召开的俄共（布）第十次代表大会选出了首届中央监察委员会。——17。

18　1922年3月25日俄共（布）中央全会接受了列宁关于修改季诺维也夫提纲第5条的建议，但没有考虑列宁的全部意见。关于接收新党员的条件，全会决定向代表大会提出下述条文："决不允许靠剥削他人劳动、投机倒把之类为生的人入党,规定工人的预备期为半年,红军战士为一年,农民及其他人为一年半,要让入党介绍人承担特别责任。"(见《俄共(布)第十一次代表大会。速记记录》1961年俄文版第737—738页)

俄共(布)第十一次代表大会在《关于巩固党和党的新任务的决议》中规定,在第十二次代表大会之前,修改党章,按新的手续接收党员。接收入党的人分以下三类:1.工人和工农出身的红军战士;2.不剥削他人劳动的农民(红军战士除外)和手工业者;3.其他(职员等等)。第一类人的预备期为半年,第二类人为一年,第三类人和脱离其他政党的人为两年。接收第一、二类人入党,须由有三年党龄的3名党员介绍,并且第一类人须县委和区委批准,第二类人须省委批准。第三类人以及脱离其他政党的人则须由有五年党龄的5名党员介绍,并必须由省委批准。20岁以下的青年入党须经过俄国共产主义青年团(红军战士除外)。要求入党者的名单应预先公布。

代表大会再次确认介绍人应对被介绍人负有极严格的责任,委托中央委员会制定承担责任的具体形式(参看《苏联共产党代表大会、代表会议和中央全会决议汇编》1964年人民出版社版第2分册第177—178页)。——18。

19 路标转换派是1921年在流亡国外的白俄知识分子中间出现的一种社会政治流派。路标转换派还得到一些没有离开苏俄的资产阶级知识分子的支持。路标转换派因1921年在布拉格出版的《路标转换》文集而得名,文集的中心思想是:承认反苏维埃武装斗争彻底失败,苏维埃政权是唯一可能的国家政权;认为知识分子应该在对苏维埃政权的态度上转换路标,为复兴俄国工作。路标转换派的主要代表人物是流亡国外的立宪民主党人ℾ.B.克柳奇尼科夫、尼·瓦·乌斯特里亚洛夫、C.C.卢基亚诺夫、亚·弗·博勃里舍夫-普希金、C.C.查霍金、尤·尼·波捷欣等人。他们的刊物是《路标转换》杂志,该杂志于1921年10月—1922年3月在巴黎出版。

国内战争的结束和新经济政策的实行,是路标转换派形成的决定性因素。路标转换派的社会基础是资本主义因素由于实行新经济政策而在苏维埃国家有了某种程度的复活。路标转换派把向新经济政策过

渡看做是苏维埃政权向恢复资本主义方向的演变,指望苏维埃国家蜕
化为资产阶级国家。他们号召资产阶级知识分子同苏维埃政权合作,
并曾协助一些资产阶级知识分子代表人物返回祖国。路标转换派中也
有不少人愿意真心诚意地和苏维埃政权一起工作,后来成为科学文化
界的积极活动家,如历史学家叶·维·塔尔列、作家阿·尼·托尔斯泰
等。俄共(布)第十二次全国代表会议(1922年8月4—7日)在《关于
反苏维埃的党派的决议》中指出:"所谓路标转换派迄今起了而且还有
可能起客观的进步作用。这一派别过去和现在都团结着那些同苏维埃
政权'和解'并准备同它一起复兴祖国的侨民和俄国知识分子集团。**就
这一点来说**,路标转换派过去和现在都是值得欢迎的。但同时一分钟
也不能忘记,在路标转换派中资产阶级复辟的倾向也是很强烈的,路标
转换派分子同孟什维克和社会革命党人同样希望在经济上让步之后在
政治上也会有向资产阶级民主方面的让步等等。"(参看《苏联共产党代
表大会、代表会议和中央全会决议汇编》1964年人民出版社版第2分
册第237—238页)列宁在俄共(布)第十一次代表大会上的政治报告中
对路标转换派作过评论(见本卷第95—97页)。俄共(布)揭露路标转
换派的阶级实质,同时也利用这一派别,以便把一部分资产阶级知识分
子吸引到自己方面来。——19。

20　列宁签署的另一封内容相同的信送给了合营(信贷和股份)公司事务委
员会主席格·雅·索柯里尼柯夫(见《列宁文集》俄文版第36卷第
449—450页)。——21。

21　劳动国防委员会是苏俄人民委员会的机关,负责指导经济系统各人民
委员部和国防主管部门的活动,1920年4月在工农国防委员会的基础
上成立。根据全俄苏维埃第八次代表大会通过的条例,劳动国防委员
会享有俄罗斯联邦人民委员会直属委员会的权利。它在地方上的机关
是各级经济会议。劳动国防委员会的成员包括人民委员会主席(兼劳
动国防委员会主席),陆军、交通、农业、粮食、劳动、工农检查等人民委
员,最高国民经济委员会主席,全俄工会中央理事会主席和中央统计局
局长(有发言权)。列宁是第一任劳动国防委员会主席。劳动国防委员

会存在到 1937 年 4 月。——21。

22　《论战斗唯物主义的意义》一文是为 1922 年《在马克思主义旗帜下》杂志第 3 期写的。

　　　据娜·康·克鲁普斯卡娅回忆,列宁是在科尔津基诺村休养时考虑写这篇文章的。他那时读了很多反宗教的书籍,其中有阿·德雷夫斯的《基督神话》和厄·辛克莱的《宗教的利润》(1925 年出版的俄译本名为《宗教和发财》)等等。克鲁普斯卡娅写道:"在散步的时候我们谈论德雷夫斯,谈论辛克莱,谈论我们这里反宗教宣传搞得太肤浅,有许多庸俗化的做法,反宗教宣传没有同自然科学深刻地结合在一起,很少揭示宗教的社会根源,不能满足在革命年代迅速成长的工人们的要求。"(见 1933 年《在马克思主义旗帜下》杂志第 1 期第 148—149 页)

　　　文章于 1922 年 3 月 12 日写成,但是列宁并没有停止对文章的继续加工。在把文章送杂志编辑部以前,列宁又在其中增加了关于用现代科学批判宗教的代表人物阿·德雷夫斯和罗·尤·维佩尔的内容,删去了提及辛克莱《宗教的利润》一书的地方,笼统地指出在反宗教宣传中利用此类著作的重要性。

　　　《在马克思主义旗帜下》杂志(《Под Знаменем Марксизма》)是苏联为开展战斗唯物主义和无神论的宣传而创办的哲学和社会经济刊物,1922 年 1 月—1944 年 6 月在莫斯科出版。该刊为月刊,1933—1935 年为双月刊。——23。

23　指下述约·狄慈根的话:"我们从内心深处蔑视有学位的奴仆们口中的关于'教育和科学'的华美言词,关于'理想的福利'的高谈阔论,他们今天用生造的唯心主义愚弄人民,就像当年多神教的僧侣们用当时得到的关于自然界的初始知识来欺蒙人民一样。"(见约·狄慈根《社会民主党的宗教》1906 年柏林版第 34—35 页)——24。

24　自由射手是 15—19 世纪法国的非正规的特种步兵部队,在普法战争中曾从事游击活动。这里是在借喻意义上使用的。——25。

25　此处原为:"最近我浏览了厄普顿·辛克莱的小册子《宗教的利润》。毫无疑问,作者对待问题的态度和阐述问题的方法是有缺点的。但是本书是有价值的,它写得生动,提供许多具体事实和对比⋯⋯"

据娜·康·克鲁普斯卡娅回忆,列宁阅读的《宗教的利润》一书是书的作者寄给她的,随书附有一封信,信中提到作者利用自己的小说所进行的斗争。克鲁普斯卡娅说:"每天晚上列宁借助英文词典阅读。他对此书反宗教宣传方面的内容不大满意,但喜欢书中对资产阶级民主制的批评。"(见1933年《在马克思主义旗帜下》杂志第1期第148页)——27。

26 俄国技术协会是以在俄国发展技术和工业为宗旨的科学团体,1866年在彼得堡成立。该协会共有15个部,在全国各地设有数十个分会。协会活动包括出版刊物、举办学校、资助实验、举行普及科技知识的讲座及展览会等。1917年十月革命后,协会改组了自己的活动,于1923年通过了新的章程和《关于工业基本需要》的纲领。参加协会的有敌视苏维埃政权的资产阶级技术知识分子和前企业主。1929年协会被查封。

《经济学家》杂志(《Экономист》)是俄国技术协会第十一部即工业经济部主办的刊物,1921年12月—1922年6月在彼得格勒出版(第1期封面上印的是1922年)。

该杂志第1期是它的编辑Д.А.卢托欣寄来、由尼·彼·哥尔布诺夫转交给列宁的。——30。

27 1922年2月28日,俄共(布)中央政治局对列宁拟的《俄共(布)中央关于出席热那亚会议的苏维埃代表团的任务的决定草案》稍加补充后予以批准,并委托代表团具体制定应在会议上提出的纲领(见本版全集第42卷第447—449页)。遵照俄共(布)中央委员会的指示,格·瓦·契切林制定了这个纲领,并且在给列宁的信中加以阐述。

契切林于3月21日草拟的声明草案中吸收了列宁在这封信里提出的对苏俄代表团纲领的补充意见。列宁对这一草案的修改意见,见本卷第69—70页。——33。

28 第二国际和第二半国际即伯尔尼国际和维也纳国际。第一次世界大战一开始,第二国际就遭到了破产。战后,持社会沙文主义、机会主义和中派主义立场的各国社会民主党领袖于1919年2月在伯尔尼召开代表会议,成立了伯尔尼国际,也称第二国际。领袖是卡·亚·布兰亭、卡·考茨基、爱·伯恩施坦、皮·列诺得尔等。他们力图恢复已于1914年瓦解的第二国际,阻挠革命和共产主义运动的发展,防止成立共产国际。他们反对苏维埃俄国的无产阶级专政,颂扬资产阶级民主。1921年2月22—27日,在革命群众压力下退出了伯尔尼国际的各国中派社会党,在维也纳召开代表会议,另外成立了维也纳国际,通称第二半国际(正式名称是社会党国际联合会)。参加这一组织的有英国独立工党、德国独立社会民主党、奥地利社会民主党、法国社会党等十多个中派社会党以及俄国的孟什维克和社会革命党。奥地利社会民主党的弗·阿德勒任总书记。成立第二半国际的真正目的是阻碍广大群众转向共产国际。第二半国际的领袖们(阿德勒、奥·鲍威尔、罗·格里姆、阿·克里斯平、让·龙格、尔·马尔托夫、维·米·切尔诺夫等)口头上批评第二国际,实际上在无产阶级运动的一切主要问题上都执行机会主义的中派路线。1923年5月,在革命斗争浪潮开始低落的形势下,伯尔尼国际同维也纳国际合并成为社会主义工人国际。——33。

29 凡尔赛条约即第一次世界大战后英、法、意、日等国对德和约,于1919年6月28日在巴黎郊区凡尔赛宫签订。和约的主要内容是,德国将阿尔萨斯—洛林归还法国,萨尔煤矿归法国;德国的殖民地由英、法、日等国瓜分;德国向美、英、法等国交付巨额赔款;德国承认奥地利独立;限制德国军备,把莱茵河以东50公里的地区划为非军事区。中国虽是战胜国,但和约却把战前德国在山东的特权交给了日本。这种做法遭到了中国人民的强烈反对,中国代表因而没有在和约上签字。列宁认为凡尔赛和约"是一个闻所未闻的、掠夺性的和约,它把亿万人,其中包括最文明的一部分人,置于奴隶地位"(见本版全集第39卷第394页)。——34。

30 共产国际执行委员会给出席三个国际的代表会议的共产国际代表团的指示草稿是格·叶·季诺维也夫拟的。他于1922年3月14日把草稿寄给列宁,请列宁在草稿提交共产国际执行委员会以前提出意见。

这一指示按照列宁的意见作了修改和补充后，得到俄共（布）中央政治局的赞同。3月17日共产国际执行委员会批准了这一指示。

三个国际的代表会议于1922年4月2—5日在柏林召开。1922年1月19日，第二半国际向共产国际执行委员会和第二国际提出建议：在1922年春召开所有无产阶级政党的国际代表会议，以研究欧洲的经济状况和工人阶级反对反动势力进攻的行动问题。三个国际的代表会议就是为了讨论召开这个会议的问题而举行的。出席会议的代表共46名；三个国际的执行委员会各派10名正式代表和若干名列席代表参加会议，不属任何国际的意大利社会党的代表也参加了会议。

在这个会议上，共产国际代表团提议将来召开的国际代表会议应有所有无产阶级工会组织和无产阶级政党的代表参加，并且只讨论与工人群众共同的直接实际行动有关的问题，即防御资本进攻，向反动势力作斗争，反对准备新的帝国主义战争，帮助苏维埃俄国进行恢复工作，重建被战争破坏的地区以及凡尔赛条约等问题。第二国际的代表在第二半国际代表团的实际支持下提出了召开国际工人代表大会的三个先决条件并要求第三国际接受。三个条件是：共产党不在群众性的工人组织中建立支部；从三个执行委员会的代表中指定一个委员会，对格鲁吉亚以及其他处境相似的国家的情况进行调查，以求在各个社会主义政党之间达成协议；释放政治犯，在社会党国际监督下由公正的法庭对那些受到刑事控告的人进行审判，并允许被告有辩护权。共产国际代表团为了在统一行动方面取得协议，在对方没有作出任何让步的情况下作了一系列重大的让步：允许即将受审的47名社会革命党人选聘任何辩护人；不对任何被告判处死刑；三个执行委员会的代表都可以出席旁听，并可以作速记记录以便向它们所属的各政党汇报。列宁在《我们付的代价太大了》一文（见本卷第139—143页）中批评了共产国际代表团的做法。

会议通过了《联合宣言》，认为可以召开联席会议，以便为执行一定的具体任务而共同行动。宣言号召全体劳动群众在热那亚会议期间举行群众性的示威，口号是：争取八小时工作制，反对失业，无产阶级采取反对资本进攻的联合行动，捍卫俄国革命，救济俄国饥民，争取各国恢复同苏维埃俄国的政治关系和经济关系,在各国和国际范围内建立无产阶级统一战线。会议成立了由9人(三个国际各派3名代表)组成的筹备委员会,为以后的代表会议和国际工人代表大会做准备工作。但是第二国际和第二半国际的改良主义领袖抵制并破坏工人阶级的统一斗争,他们于5月21日通过决议,准备在海牙召开没有共产党人参加的国际大会。共产国际代表团因此于5月23日宣布退出柏林九人筹备委员会。——39。

31 《俄共目前农村政策的基本原则》提纲是准备提交俄共(布)第十一次代表大会的一个决议草案(全文见《列宁全集》俄文第3版第27卷第440—446页)。提纲是在维·米·莫洛托夫任主席的土地问题专门委员会集体讨论的基础上,由该委员会成员叶·阿·普列奥布拉任斯基执笔起草的。委员会的成员还有亚·彼·斯米尔诺夫等人。1922年3月10日提纲分送给了俄共(布)中央组织局和政治局全体委员。列宁看了此提纲后写了这封信。3月18日政治局讨论了这一提纲,接受了列宁在此信第15点里提出的建议。在土地问题专门委员会成立以前,普列奥布拉任斯基曾几次向列宁谈农村形势,坚持要为代表大会准备一个农民问题原则决议,而列宁对这一意见一直持怀疑态度。——41。

32 提纲第1节的标题是《目前农村中生产力的发展和社会关系》。——41。

33 提纲的正文中说:"至于农村中最贫苦的阶层,那么除集体经济以外,这里看到的不是生产力发展的趋势,而是生产力下降的趋势……"(第1节)——42。

34 提纲的正文中说:"……然而更迅速、更明显地从中农群众的队伍中分化出一个殷实的善于经营的农民的阶层,他们热衷于在个体的集约经济的基础上改进农业经营的任务和提高土地的单位面积产量。"(第1节)——42。

35　在提纲的正文中,这句话和第 1 节结尾是:"因此,国内战争时期所特有的农村中农民的平等状态现在正同时在两极上消失。但是这个过程刚刚开始,发展得很慢,特别是在歉收地区,还不知道哪些分子在多大的范围内由中农阶层上升,哪些分子下降到贫苦农民队伍,同样也不知道有多少贫苦农户由于劳力从前线归来而上升到中农水平。在当前农村,新的集团的队伍尚未形成,阶级划分的轮廓刚开始显现出来。"(第 1 节)——42。

36　提纲第 2 节的标题是《对富农和富裕农民的态度》。这一节开头和第二句是:"富农和富裕农民分化出来是商品经济在新经济政策条件下的客观结果。这个阶层是新经济关系的总的经济链条上的必要环节,它在农村的一极上,在按小资产阶级农业集约化的方法发展生产力的事业中履行一定的职能。对这一阶层采取不愿接纳和用 1918 年贫苦农民委员会的做法施加粗暴的超经济压制的政策,会是极其有害的错误。"

　　　　贫苦农民委员会(贫委会)是根据全俄中央执行委员会 1918 年 6 月 11 日《关于组织贫苦农民和对贫苦农民的供应的法令》建立的,由一个乡或村的贫苦农民以及中农选举产生。根据上述法令,贫苦农民委员会的任务是:分配粮食、生活必需品和农具;协助当地粮食机构没收富农的余粮。到 1918 年 11 月,在欧俄 33 省和白俄罗斯,共建立了 122 000 个贫苦农民委员会。在许多地方,贫苦农民委员会改选了受富农影响的苏维埃,或把权力掌握在自己手里。贫苦农民委员会的活动超出了 6 月 11 日法令规定的范围,它们为红军动员和征集志愿兵员,从事文教工作,参加农民土地(包括份地)的分配,夺取富农的超过当地平均份额的土地(从富农 8 000 万俄亩土地中割去了 5 000 万俄亩),重新分配地主土地和农具,积极参加组织农村集体经济。贫苦农民委员会实际上是无产阶级专政在农村中的支柱。到 1918 年底,贫苦农民委员会已完成了自己的任务。根据 1918 年 11 月全俄苏维埃第六次(非常)代表大会的决定,由贫苦农民委员会主持改选乡、村苏维埃,改选后贫苦农民委员会停止活动。——42。

37　提纲第 2 节末尾几句话说的是国家应当通过各种办法限制富农和富裕

农民的剥削趋向,目的是为社会主义积累在可行范围内利用农村中业已开始的资本主义积累过程,而又不破坏富农和富裕农民的经济。——43。

38 提纲第3节的标题是《对中农的态度》。这一节里说:"只有在中农同苏维埃国家建立事务联系的基础上,中农才能脱离富农的政治影响,因为这种农民在政治上是追随在恢复其经济的事业中给予它较多东西的人的。"——43。

39 提纲第4节的标题是《关于对贫穷农民的态度》。这一节里说:"在因战时动员而失去劳动力、减少马匹、国内战争对农民经济的一般破坏影响和一再歉收的影响下,我国农村迅速发展起来一个赤贫化的但尚未无产阶级化的农户阶层……　必须以法令形式向各人民委员部和经济机关发出指令,支援这一阶层。……在安排长期国家信贷时必须首先向农村中力量单薄的阶层提供,为此,必须立即实现苏维埃第九次代表大会关于为满足力量单薄的农户的需要而设立长期农业贷款特别基金的决定……"——43。

40 提纲第5节的标题是《关于对农业无产阶级和半无产阶级的态度》。——44。

41 提纲第6节的标题是《组织任务》。——44。

42 1922年2月28日,苏维埃俄国公布了国家政治保卫局关于把从事反革命和恐怖活动的社会革命党中央委员会委员及积极分子交付最高革命法庭审判的决定。为此自称"社会革命党国外代表团"的一批流亡的社会革命党人于3月11日在他们的报纸《俄国呼声报》(在柏林出版)上发表《告世界各国社会党》的呼吁书,抗议所谓对被告事先判处死刑。呼吁书得到第二国际和第二半国际各党、改良主义工会和资产阶级知识分子的支持。英国独立工党全国委员会、丹麦社会民主党主席托·斯陶宁格、第二国际领袖之一埃·王德威尔得和全德工人联合会主席团打电报给列宁和格·瓦·契切林,要求把审讯推迟到三个国际的柏林会议召开。列宁的这个文献就是因此而写的。

列宁起草的复信稿于 1922 年 3 月 18 日由俄共(布)中央政治局略加修改后通过,3 月 21 日由司法人民委员德·伊·库尔斯基签署后在《全俄中央执行委员会消息报》第 64 号上公布。

对社会革命党人的审判是 1922 年 6 月 8 日——8 月 7 日在莫斯科进行的。被告共 34 人;其中有社会革命党中央委员会委员、中央委员会莫斯科局委员以及个别党员。审讯揭露了社会革命党中央所从事的反革命活动:组织反苏维埃政权的阴谋和暴动,杀害工人领袖,支持外国武装干涉。最高革命法庭判处 12 名主犯(阿·拉·郭茨、德·德·东斯克依、米·雅·亨德尔曼-格拉博夫斯基、叶·莫·拉特涅尔-埃利金德、叶·米·季莫费耶夫等)极刑。全俄中央执行委员会批准了这一判决,同时决定,如社会革命党不放弃颠覆苏维埃政权的武装斗争、继续进行恐怖活动和组织叛乱,将执行判决。一些表示悔过并揭发社会革命党中央罪行的被告人被免予惩处。——47。

43　维也纳社会党联合会即第二半国际,见注 28。——47。

44　俄共(布)中央政治局于 1922 年 3 月 18 日通过了列宁提出的草案。——49。

45　《俄罗斯联邦电气化与世界经济的过渡阶段》一书是伊·伊·斯克沃尔佐夫-斯捷潘诺夫受列宁委托写的。列宁认为此书具有重大的意义,因此对其写作非常关心。1921 年 9 月 20 日列宁曾委托尼·彼·哥尔布诺夫为斯克沃尔佐夫-斯捷潘诺夫收集俄文和德文的所有有关电气化的书籍。10 月底,列宁写信给组织局,要求撤销派斯克沃尔佐夫-斯捷潘诺夫出差的决定,把他安排到莫斯科市郊区的一个国营农场去,使他在一个月至一个半月之内不致被其他事务牵扯,而能完成他已着手的著作。

1922 年 1 月 20 日,斯克沃尔佐夫-斯捷潘诺夫写信给列宁汇报写作情况。他写道:"亲爱的弗拉基米尔·伊里奇:像过去一样我正忙着搞电气化…… 要见您一面,如果您在莫斯科的话,像通常那样用 5 分钟时间,以便给自己加加油。您是个聪明的用人者,很善于提高工作效率。紧握您的手。谢谢您迫使我做这种工作。"

　　3月19日列宁在给斯克沃尔佐夫-斯捷潘诺夫寄去此序言时,祝贺他取得辉煌成就。

　　列宁的序言在出书前发表于1922年3月21日《真理报》第64号。该书出版后斯克沃尔佐夫-斯捷潘诺夫送给列宁一本,书上写了如下题词:"在无情的'强制'下从事本书写作并意外地发现了自己的'天赋'的作者赠给亲爱的弗·伊·列宁—乌里扬诺夫。这种'强制'万岁! 伊·斯捷潘诺夫　1921年10月23日—1922年3月29日。"(见《克里姆林宫的列宁图书馆》1961年俄文版第318页)——50。

46　指苏维埃第八次代表大会1920年12月29日就格·马·克尔日扎诺夫斯基所作的关于电气化的报告通过的决议。这个决议的草案是列宁拟的(见本版全集第40卷第195—196页)。——51。

47　这里说的是莫斯科苏维埃中央房产局舞弊一案。对该局舞弊行为的大量申诉中,有些是寄给列宁的,所以人民委员会办公厅(阿·阿·季维尔科夫斯基)直接参加了对该局的检查。检查证实,中央房产局的一些负责人伙同莫斯科公用事业局党员局长索韦特尼科夫徇私舞弊。但是,1922年3月14日俄共(布)莫斯科市常务委员会召开有莫斯科苏维埃主席团参加的会议,却认为检查的结论缺乏根据,并决定将此案移交给新成立的党的特别委员会去重新审查。季维尔科夫斯基在3月15日给尼·彼·哥尔布诺夫并转俄共(布)中央政治局全体委员的信中,把这个决定称做是"以超等的手段葬送整个案件"。他着重指出,这个决定与列宁关于无情追究"官僚主义的匪徒行径,特别是如果干这种事的是混入党内的不良分子"的指示背道而驰。他请求取消这个决定,将罪犯交法庭审判。为此列宁写了这封信。在寄发时,列宁在信上批道:"**瞿鲁巴和李可夫阅后交哥尔布诺夫立即转发**"。——52。

48　这个文件是针对列·米·欣丘克1922年3月17日的信而写的。欣丘克在信中向列宁请示,是否在即将召开的中央消费合作总社全权代表理事会第五次会议上提出关于自愿入社制问题。

　　列宁的建议写入了1922年5月12日俄共(布)中央政治局《关于

义务入社、自愿入股和消费合作社的统一的决定》。——54。

49　在文献上只有维·米·莫洛托夫的批语："同意。但我建议相应集中人力和党的注意力，不在所有的省份和城市，而只在确实有大量珍宝的省份和城市开展运动。维·莫洛托夫　3月19日。"——55。

50　1922年3月28日《全俄中央执行委员会消息报》第70号公布了1922年3月27日全俄中央执行委员会主席团通过的政府公报《关于舒亚城没收教会珍宝引起的事件》。公报详细地叙述了事件经过并对事件作了评价。公报特别指出，1922年3月3日，舒亚县执行委员会决定，根据全俄中央执行委员会1922年2月23日的法令《关于没收由教徒集团所掌管的教会珍宝的办法》以及全俄中央执行委员会和司法人民委员部同一天发布的实施法令的细则（见1922年2月26日和28日《全俄中央执行委员会消息报》第46号和第47号）的要求建立工作委员会。这个工作委员会在没收了3个小教堂的珍宝后，于1922年3月13日来到大教堂。但是他们在这里遇到了群情激愤的教徒，于是决定将没收工作改在3月15日进行。3月14日，工作委员会在平静的气氛中把犹太教堂的珍宝造册登记。3月15日在大教堂广场上聚焦了一大群人。走近广场的骑警（6名骑手）遭到了人们的威吓，人们向他们投掷石头和劈柴。钟楼上敲起了钟。接着第146步兵团的半连人和2辆架着机枪的汽车开来了。人群中有人开枪，他们企图包围这半连人。于是红军战士根据班长的命令朝天开枪，但这样做无济于事，就又朝人群开枪，人群四下跑开，4人被打死，10人受伤。傍晚，警察逮捕了在广场上就盯上的商人、教师等。同一天晚上，教徒代表把从大教堂的珍宝中取出的3.5普特银子交给县执行委员会。3月23日，县工作委员会、教徒代表在有全俄中央执行委员会工作委员会成员在场的情况下着手没收大教堂的珍宝。将10普特左右银器交给了县财政局；宝石、珍珠法衣和其他珍宝则交国家珍品库收藏。所有没收的东西都由中央赈济饥民委员会专门造册登记。——55。

51　1922年3月20日，俄共（布）中央政治局会议决定向全俄中央执行委员会主席团提出建议，派遣由彼·格·斯米多维奇（任主席）、尼·伊·

穆拉洛夫和伊·伊·库图佐夫组成的工作委员会去舒亚城。3月21日，工作委员会抵达该城，3月23日，工作委员会结束工作，得出如下结论："(1)认为县工作委员会没收教会珍宝的行动是正确的，是符合中央的指示精神的。(2)认为地方当局的行动总的来说是正确的，但在没收珍宝的准备工作以及维护社会秩序方面不够有力，缺乏计划性。(3)建议没收珍宝工作委员会立即结束此项工作。(4)建议省和县的政权机关采取措施，仔细侦查在没收珍宝过程中出现的破坏社会秩序的行为，弄清对抗政权机关和攻击红军战士及民警的肇事人，并把全部案件移交给革命法庭彻底审理清楚，惩办肇事人员，以儆效尤。"

3月20日，在由列·波·加米涅夫、约·维·斯大林、列·达·托洛茨基和维·米·莫洛托夫参加的俄共(布)中央政治局会议上还讨论了由托洛茨基提出的关于没收教会珍宝的法令草案，草案经修改后被通过：

"1.在中央和各省按莫斯科的萨普龙诺夫—温什利赫特工作委员会的形式建立没收珍宝的秘密领导工作委员会。所有这些工作委员会都必须有省委书记或鼓动宣传部部长参加。

附注：最重要的省份要尽快确定没收期限，在不太重要的省份里可以放后一些，等彼得格勒和其他中部省份没收珍宝的消息已经在全国传开之后进行。

2.中央工作委员会应由加里宁同志任主席，雅柯夫列夫和萨普龙诺夫(萨普龙诺夫同志外出后应由别洛博罗多夫同志代替他参加委员会的工作，别洛博罗多夫应不迟于星期三，3月22日，熟悉全部情况)、温什利赫特同志、克拉西科夫(副手加尔金)、维诺库罗夫、巴济列维奇参加。工作委员会应设每天工作的常务小组(雅柯夫列夫、萨普龙诺夫(副手别洛博罗多夫)、温什利赫特、加尔金)。工作委员会每周开一次会，托洛茨基同志参加。

3.在各省省委，可吸收师、旅政委或政治部主任参加工作委员会。

4.除了这些秘密的准备工作委员会，还在赈济饥民委员会之下设立正式的工作委员会或工作处，从事正式接收珍宝、与教徒集团谈判等项工作。要严格注意构成这些正式的工作委员会的人员的民族成分，防止为进行沙文主义宣传提供口实。

5. 每一个省都确定一个非正式的没收珍宝鼓动筹备周(当然这样的周不要公开宣布)。为此,要挑选优秀的鼓动员,尤其是军人。鼓动要具有完全是为赈济饥民进行的性质,而不是任何反宗教反教会的性质。

6. 同时要分化神职人员,在这方面要坚决倡导,国家政权要保护公开支持没收珍宝的神父。

7. 当然,我们的鼓动和守法神父的鼓动绝对不应混为一谈。但我们在鼓动时要指出,大部分神职人员反对那些灭绝人性、贪得无厌的'教会王公'们对待珍宝所持的罪恶的、锱铢必较的态度。

8. 在整个运动过程中,特别是在鼓动周中,必须保证充分掌握神职人员、教徒等不同集团中发生的一切情况。

9. 一旦发现资产阶级商人、旧官吏等在策划行动,应逮捕其中的首要分子。必要时,尤其是当黑帮鼓动过分猖獗时,应组织有卫戍部队参加的武装示威游行,举的标语为:'教会珍宝用于抢救饥民',等等。

10. 在运动结束前,应尽可能不去触动著名的神父,但是可以不公开地正式警告他们(通过省政治部要他们签字承认已接到警告),一旦出现破坏社会秩序的冲突事件,首先唯他们是问。

11. 除鼓动工作外,还要做组织工作,为登记和没收珍宝要准备好相应的工作人员,以期此项工作能在最短期间内结束。没收工作最好从守法的神父掌握的教堂开始。如果没有这样的教堂,那就从最重要的寺院开始,首先要仔细地作好各种细节的准备(共产党员要把守各相邻的街道,不准人群聚焦,可靠的人员,最好是特殊任务部队应驻守在附近等等)。

12. 有可能的话,各地应让饥民代表去教堂、参加会议和进入军营,提出尽快没收珍宝的要求。

13. 在各省和中央允许守法的神职人员代表参与赈济饥民委员会所进行的没收教会珍宝的登记工作,要广泛宣传,说明居民将完全有可能监督此项工作,决不让教会财富有一点一滴用于赈济饥民之外的其他用途。

14. 如有教徒集团提议赎买珍宝，可以告诉他们，这些问题将由赈济饥民委员会和中央委员会分别研究，与此同时决不停止没收珍宝的工作。外省的经验表明，这样的谈判毫无赎买的诚意，只会使事态捉摸不定，使人们丧失斗志。

15. 莫斯科的工作应按既定程序进行，没收珍宝的工作不得迟于3月31日开始。

16. 我认为，也可以在同季诺维也夫同志商量后为彼得格勒规定一个大致相仿的期限，决不让运动匆匆走过场，只要整个工作在政治上组织上完全有保证，就不要采用武力。

17. 至于各省的工作，则省委应根据本指示，参考莫斯科规定的期限，在中央工作委员会的监督下规定各省自己的期限，一方面，要保证准备工作做得仔细，另一方面，决不使此项工作多推迟一天，而且最重要的省份要走在前头。"

政治局决定将法令下发给各省委。——55。

52 罗斯塔社的消息没有找到。根据彼得格勒后来的事态发展来看，这条消息谈的是以韦尼阿明都主教为首的神职人员策划对抗没收教会珍宝的工作委员会的活动。由于他们的活动，在喀山大教堂、悲伤圣母教堂、彼得格勒区弗拉基米尔大教堂、博罗瓦亚的波克罗夫教堂等附近都发生了反苏维埃的活动。一些工作委员会的成员和个别试图平息群众情绪的公民被人痛打，有的还被打伤。——55。

53 指根据1922年3月16日俄共（布）中央政治局的决定发出的电报："政治局在征求了与没收教会珍宝工作有关的同志的意见后认为，没收教会珍宝的组织工作尚未准备好，至少在某些地方应暂缓进行。"——57。

54 见注51。——57。

55 在对舒亚城事件的审理过程中，查明反苏维埃活动是由司祭罗日杰斯特文斯基、斯韦托扎罗夫、拉甫罗夫和斯梅利恰科夫，教堂长老帕拉莫诺夫，商人波赫列布金和阿法纳西耶夫，原房产主科科夫尼科夫和社会革命党人亚瑟科夫等人策划和领导的。——58。

56　莫斯科组织反苏维埃活动的人受到法庭的审判,1922年5月8日法庭
判处11人(神父、监督司祭和公民)以极刑,4人监禁五年,13人监禁三
年,10人监禁一年;14人被释放(见1922年5月9日《真理报》第101
号)。同一天,列·波·加米涅夫向政治局提出撤销法庭判决的问题,
但俄共(布)中央政治局不同意他的意见。被判处极刑的被告向最高法
庭的终审上诉部上诉,终审上诉部决定向全俄中央执行委员会请求减
轻对被告的判决(见1922年5月31日《真理报》第119号)。1922年5
月8日,全俄中央执行委员会主席团会议讨论了被告的上诉并决定:
"拒绝被告神父赫里斯托夫·纳杰日金、华西里·索科洛夫、马卡里·
捷列金、谢尔盖·季霍米罗夫和亚历山大·扎奥泽尔斯基的请求并维
持革命法庭的原判。对另外6名被处以极刑的被告,将革命法庭的原
判改为剥夺自由五年。"

　　1922年5月11日,加米涅夫再次在俄共(布)中央政治局会议上
提出关于赦免被告的问题;会议通过了列·达·托洛茨基提出的建议:
"(1)中止执行判决;(2)责成托洛茨基同志于5月12日傍晚前弄清情
况并向政治局提出书面建议。"1922年5月14日,托洛茨基提交了他
的结论性意见,其中没有材料表明可以减轻对赫·纳杰日金等5名被
告的判决。对另外6名被告减刑的根据,"完全是考虑到尽可能少地损
害判决的实质(这个判决对这11个人来说是正确的),尽可能满足进步
的神职人员的请求"。1922年5月18日,俄共(布)中央政治局同意了
他的结论性意见。——58。

57　1922年3月25日,俄共(布)中央全会批准了党的第十一次代表大会
的日程;列宁提出的问题未被列入日程。在代表大会的文献中没有发
现有关这一会议的材料。——58。

58　关于改革人民委员会和劳动国防委员会的工作和这两个委员会副主席
的分工问题是列宁在1922年1—2月同亚·德·瞿鲁巴的通信中第一
次提出的(见本版全集第42卷第398—406页)。后来列宁又制定了
《关于副主席(人民委员会和劳动国防委员会副主席)工作的决定》草案

（见本卷第151—159页）。——60。

59　指工农检查人民委员部（工农检查院）。

　　工农检查院是苏维埃俄国的国家监察机关，1920年2月由国家监察人民委员部改组而成，享有人民委员部的一切权力和职责。它的主要任务是：监督各国家机关和经济管理机关的活动，监督各社会团体，同官僚主义和拖拉作风作斗争，检查苏维埃政府法令和决议的执行情况等。工农检查院在工作中依靠广大的工人、农民和专家中的积极分子。根据列宁的意见，1923年俄共（布）第十二次代表大会决定成立中央监察委员会——工农检查院这一党和苏维埃的联合监察机构。1934年工农检查院撤销，分设党的监察委员会和苏维埃监察委员会。——60。

60　看来是指就划分党与苏维埃机关职责问题对俄共（布）中央委员会将提交党的第十一次代表大会的政治报告决议草案的补充（这一补充的原文没有找到）。列宁曾把这个问题列入向1922年3月25日俄共（布）中央全会提出的中央委员会政治报告提纲（见本卷第66—68页）。——62。

61　看来是指1922年3月10日列·达·托洛茨基关于党和苏维埃机关的相互关系以及划分两者职责的必要性问题的信。这封信是在讨论格·叶·季诺维也夫的提纲《关于巩固党》的草案时寄给俄共（布）中央政治局委员们的。——63。

62　这篇文章是列宁应《贫苦农民报》编辑维·阿·卡尔宾斯基之请而写的。

　　列宁经常关怀《贫苦农民报》编辑部的工作。他在1922年1月26日给卡尔宾斯基的信中曾要求他定期报告有关农民给报纸来信的情况，包括信件数量、情绪和迫切问题（见本版全集第52卷第266号文献）。

　　1922年3月21日，卡尔宾斯基在给列宁送去报纸收到的来信综述时附信说："亲爱的同志：给您寄上当前的'晴雨表'，恳请您在星期六，3月25日前为《贫苦农民报》创刊四周年写篇短文。我们很希望您……不会拒绝就《贫苦农民报》写几句话，因为该报给您提供过信息，而这些信息在您起草有关农民的一些重要法令时可能是很有用的。"

列宁仔细地阅读了卡尔宾斯基的信，把信中谈到农民对饥荒和实行新经济政策中的错误的反应的地方打上着重标记，同时建议全体政治局委员和阿·伊·李可夫、亚·德·瞿鲁巴看看这封信。

列宁在把贺词寄给《贫苦农民报》编辑部时附了一张便条，说他病了，"不能为《贫苦农民报》创刊四周年写点什么有用的东西。寄上的文章如合适刊用，如不合适就扔到废纸篓里去，这样将更好一些。"（见列宁《1922—1923年论文和讲话集》1936年莫斯科俄文版第147页）

《贫苦农民报》（《Беднота》）是俄共（布）中央主办的供农民阅读的报纸（日报），1918年3月27日—1931年1月31日在莫斯科出版。该报的前身是在彼得格勒出版的《农村贫民报》、《士兵真理报》和在莫斯科出版的《农村真理报》。国内战争时期，《贫苦农民报》也是红军的报纸，在军内销售的份数占总印数的一半。先后担任该报编辑的有维·阿·卡尔宾斯基、列·谢·索斯诺夫斯基、雅·阿·雅柯夫列夫等。该报编辑部曾为列宁编写名为《贫苦农民晴雨表》的农民来信综述。从1931年2月1日起，《贫苦农民报》与《社会主义农业报》合并。——64。

63　俄共（布）中央这次全会于1922年3月25日召开。全会的主要议题是为即将召开的党的第十一次代表大会作准备。全会决定："1.批准列宁同志提出的他的代表大会报告提纲。2.指定加米涅夫同志为中央政治报告的补充报告人。3.建议列宁同志在其报告中涉及完善劳动国防委员会及其他在各地的据点的地方讲一下区域经济会议的巨大作用。"第3条是根据费·埃·捷尔任斯基的提议通过的。

接到全会决定后，列宁在一份全会前起草的政治报告提纲稿上注明："**注意**　特别提一下**区域经济会议**。"后来他在名为《1922年3月27日讲话提纲》的定稿中加上一条："**区域经济会议工作**的开展和扩大。"列宁就是按照这份提纲定稿在代表大会上作报告的（见本卷第405—409页）。——66。

64 指尼·瓦·乌斯特里亚洛夫的文章《演变和策略》,载于1922年1月21日出版的《路标转换》杂志第13期。——66。

65 列宁指的是就改革人民委员会、劳动国防委员会和小人民委员会的工作给亚·德·瞿鲁巴的信(见本版全集第42卷第398—406页)。——67。

66 小人民委员会是俄罗斯联邦人民委员会所属的一个常设委员会,1917年11月成立。设立小人民委员会是为了减轻人民委员会的负担。小人民委员会预先审议应由人民委员会决定的问题,自身也决定某些财政经济问题。小人民委员会一致作出的决定,经人民委员会主席签署,即具有人民委员会决定的效力。如遇意见分歧,则把问题提交人民委员会解决。小人民委员会的主席、副主席、成员由人民委员会从人民委员和副人民委员中任命,全俄工会中央理事会的代表也参加小人民委员会。1930年,小人民委员会被撤销。——67。

67 指全俄中央执行委员会秘书阿·萨·叶努基泽1922年3月21日给列宁的信。他在信中建议,为了改善全俄中央执行委员会主席团对各地执行委员会工作的领导,为了在中央各人民委员部同各地执行委员会之间解决经济问题时建立正确的相互关系,至少每三个月召开一次全俄中央执行委员会常会,并把会期延长到两个星期。他写道:"由于参加讨论问题的有来自全俄各地的有地方经验的工作人员,全俄中央执行委员会全体会议的决定,将比全俄中央执行委员会主席团作出的决定正确一些,权威一些。会议期间主席团委员们有较长的时间同地方工作人员一道工作,这就使他们能获得关于地方情绪和需求的大量材料和知识,从而大大活跃和加强全俄中央执行委员会主席团本身在两次常会之间的工作。"——67。

68 列宁的建议被写进俄共(布)第十一次代表大会《关于中央委员会的报告的决议》和《关于巩固党和党的新任务的决议》(参看《苏联共产党代表大会、代表会议和中央全会决议汇编》1964年人民出版社版第2分册第150—152、172—183页)。——68。

69　俄共(布)中央全会指定的中央委员会政治报告补充报告人列·波·加米涅夫在俄共(布)第十一次代表大会上没有作这一报告。——68。

70　列宁对格·瓦·契切林提出的参加热那亚会议的苏俄代表团的声明草案的全部修改意见都被采纳。1922年4月10日,契切林在热那亚会议第1次全体会议上宣读了苏俄代表团的声明。——69。

71　列宁指的是格·瓦·契切林发言稿中下面这段话:"我们认为戛纳决议关于互相承认现代世界两大阵营的政治和经济制度的第1条具有极大的重要性。"列宁在契切林发言稿的页边上将这一段话用线标了出来。列宁还对第2、3、4条意见所涉及的契切林发言稿中的一些话加上了着重标记。——69。

72　这是有关俄共(布)第十一次代表大会的一组文献。本卷《附录》里还收有关于这次代表大会的一组材料。

俄共(布)第十一次代表大会于1922年3月27日—4月2日在莫斯科举行。这是列宁参加的最后一次党代表大会。

代表大会是在俄国国内战争结束和苏维埃国家转入和平建设一年之后召开的。大会的任务是对实行新经济政策的第一年进行总结并制定继续进行社会主义建设的计划。俄共(布)中央在列宁领导下为代表大会做了大量的准备工作,大会的主要文件是由列宁或在他的参与下拟定的。

出席代表大会的有522名有表决权的代表和165名有发言权的代表,代表532 000多名党员。大会议程如下:中央委员会的政治报告;中央委员会的组织工作报告;检查委员会的工作报告;中央监察委员会的工作报告;俄共(布)驻共产国际代表团的工作报告;工会;关于红军;财政政策;清党的总结和巩固党的队伍(包括关于青年工作、关于报刊和宣传的副报告);选举中央委员会、中央监察委员会和检查委员会。大会还成立一个委员会,为大会土地问题小组讨论党的农村工作和制定相应的决议作准备。

列宁致开幕词并作了中央委员会的政治报告和报告的总结发言。代表大会在通过的决议中表示赞同中央的政治路线和组织路线,认为向私人资本主义让步的退却已经完成,党的基本任务是重新部署党的力量以保证贯彻党的政策。代表大会指出,必须更明确地划分党和苏维埃机关的职责,以便党在实现对苏维埃国家的政治领导的同时,保证提高苏维埃在经济建设中的作用。代表大会赞同俄共(布)驻共产国际代表团的活动以及共产国际执行委员会的政治路线和它采取的统一战线策略。大会批准了中央委员会以列宁拟的《工会在新经济政策条件下的作用和任务》提纲草案为基础的决定。决定指出,工会应是国家政权在其全部政治经济活动中的最亲密的合作者。代表大会制定了整顿预算、扩大国家收入的措施,并强调指出必须鼓励农民从消费经济向商品经济过渡,认为这是提高农业的唯一保证。代表大会在《关于农村工作的决议》里指出必须仔细收集和研究地方经验,谴责以行政命令手段对待农业合作社的做法。代表大会在《关于巩固党和党的新任务的决议》里规定了巩固党和群众的联系、加强党的领导作用以及改善党的机关的工作和提高党的纪律的任务和具体措施。为防止异己分子侵入党内,决议规定了新的入党条件。代表大会批准了党的第十一次全国代表会议《关于根据审查党员的经验巩固党的问题的决议》,通过了《关于党的建设的组织问题的实际建议(对关于在清党以后巩固党的决议的补充)》。此外,代表大会还通过了《关于监察委员会的任务和目的》、《关于俄国共产主义青年团的问题》、《关于报刊和宣传》、《关于对女工和农妇工作的问题》、《关于加强红军问题的决定》和《关于前"工人反对派"的几个成员》等项决议以及《监察委员会条例》和《中央检查委员会条例》。大会选出由27名委员和19名候补委员组成的中央委员会和由5名委员和2名候补委员组成的中央监察委员会。——71。

73　指俄共(布)第十次代表大会。

　　俄共(布)第十次代表大会于1921年3月8—16日在莫斯科举行。参加代表大会的有717名有表决权的代表和418名有发言权的代表,共代表732 521名党员。列入代表大会议程的问题是:中央委员会的政治报告;中央委员会的组织报告;监察委员会的报告;政治教育总委员会和党的宣传鼓动工作;党在民族问题方面的当前任务;党的建设;工会及其在国家经济生活中的作用;关于以实物税代替余粮收集制;社会主义共和国在资本主义包围中；俄共(布)驻共产国际代表的报告；关于党的统一和无政府工团主义倾向；选举党的领导机关。此外，代表大会还听取了党史委员会的报告并在秘密会议上讨论了军事问题。这次代表大会通过了有关国家政治生活和经济生活的根本性问题的一些决定，规定了俄国从资本主义向社会主义过渡的具体途径。

列宁领导了代表大会的工作。他就大会议程上的主要问题——关于俄共(布)中央委员会的政治工作、关于以实物税代替余粮收集制、关于党的统一和无政府工团主义倾向——作了报告，并起草了大会的最重要的决议草案。大会根据列宁的报告通过了关于以实物税代替余粮收集制这一从战时共产主义转向新经济政策的具有历史意义的决议。代表大会特别重视党的统一问题，通过了列宁起草的《关于党的统一的决议》(见本版全集第41卷第78—83页)，决议要求立即解散削弱党、破坏党的统一的一切派别集团，并授权中央委员会对进行派别活动的中央委员采取直到开除出党的极端措施。大会还通过了列宁起草的《关于我们党内的工团主义和无政府主义倾向的决议》(同上书，第84—87页)，指出工人反对派的观点是小资产阶级无政府主义动摇性的表现。在党的建设方面，代表大会通过了扩大党内民主、改善党员素质的决定，并向中央委员会发出进行清党的指示。代表大会还通过了监察委员会条例，规定设立中央监察委员会和各省监察委员会，这对于巩固党和改善国家机关有重要意义。

代表大会总结了工会问题的争论，以绝大多数票通过了《关于工会的作用和任务的决议》。这个决议重申了工会是共产主义的学校的论点，规定了工会的作用和任务，并提出了扩大工会民主的措施。代表大会还通过了《党在民族问题方面的当前任务的决议》，要求彻底消除从前的被压迫民族的事实上的不平等现象，并谴责了大国沙文主义和地方民族主义这两种在民族问题上的错误倾向。代表大会选出了由25名委员和15名候补委员组成的新的中央委员会。——77。

74　以尼·伊·布哈林为首的"左派共产主义者"曾在1918年4月发表《目前形势的提纲》来对抗列宁的《关于苏维埃政权的当前任务的提纲》。他们否认过渡时期的必要性，主张用"对资本实行骑兵突击"、颁布相应的法令和"生活公社化"的办法立即"实行"社会主义,反对利用国家资本主义,反对使用资产阶级专家,建议完全摧毁银行信贷机构,加速废除货币,等等。列宁在《论"左派"幼稚性和小资产阶级性》一文中批评了他们的错误观点(见本版全集第 34 卷)。1918 年夏末,"左派共产主义者"公开承认了自己的错误。——78。

75 40 座金字塔这一典故是由拿破仑第一的一句话演变来的。1798 年 7 月 20 日,拿破仑第一率部远征埃及到达金字塔附近,和埃及精锐的骑兵主力相遇。在投入战斗前,拿破仑第一为鼓舞士气对全军士兵说:"40 个世纪从这些金字塔的顶端看着你们。"意思是以金字塔为象征的四千年的历史注视着你们,期待着你们建立新的战功。由这句话变来的 40 座金字塔这一典故则是"举世瞩目"的意思。——85。

76 尼·伊·布哈林因在国外治病以及参加在柏林召开的三个国际的代表会议而没有出席俄共(布)第十一次代表大会。列宁想就国家资本主义问题同布哈林"稍微争论一下",是因为从 1918 年春天起布哈林是列宁在这个问题上的观点的主要反对者。——87。

77 工人反对派是俄共(布)党内的一个无政府工团主义集团,主要代表人物是亚·加·施略普尼柯夫、谢·巴·梅德维捷夫、亚·米·柯伦泰等。工人反对派作为派别组织是在 1920—1921 年的工会问题争论中形成的,但是这一名称在 1920 年 9 月俄共(布)第九次全国代表会议上即已出现。工人反对派的纲领则早在 1919 年就已开始形成。在 1920 年 3—4 月举行的俄共(布)第九次代表大会上,施略普尼柯夫提出了一个关于俄共(布)、苏维埃和工会之间关系的提纲,主张由党和苏维埃管政治,工会管经济。在 1920 年 12 月 30 日全俄苏维埃第八次代表大会俄共(布)党员代表、全俄工会中央理事会党员委员及莫斯科工会理事会党员委员联席会议上,施略普尼柯夫要求将国民经济的管理交给工会。将工人反对派的观点表达得最充分的是柯伦泰在俄共(布)第十次代表大会前出版的小册子《工人反对派》。它要求把整个国民经济的管理交给全俄生产者代表大会,由各生产者选举出中央机关来管理共和国的整个国民经济;各个国民经济管理机关也分别由相应的工会选举产生,而且党政机关不得否决工会提出的候选人。工人反对派曾一度得到部分工人的支持。1920年11月,在俄共(布)莫斯科省代表会议上,它的纲领获得了21％的票数。1921年初,在全俄矿工第二次代表大会共产党党团会议上则获得30％的票数。由于党进行了解释工作,工人反对派的人数到俄共(布)第十次代表大会时已大大减少,它的纲领在这次代表大会上得票不足6％。第十次代表大会批评了工人反对派的观点,并决定立即解散一切派别组织。但施略普尼柯夫、梅德维捷夫等在这次代表大会后仍继续保留非法组织,并且在1922年2月向共产国际执行委员会递送了一份题为《二十二人声明》的文件。1922年俄共(布)第十一次代表大会从组织上粉碎了工人反对派。——90。

78　这句话源出俄国作家亚·谢·格里鲍耶陀夫的喜剧《智慧的痛苦》第1幕第4场,原话是"本来要进这间屋子,结果却跑进了那间屋子",意思是主观上要做某一件事,结果却做了另外一件事。——90。

79　看来是指出席共产国际执行委员会第一次扩大全会的法国共产党代表团的部分代表——丹尼尔·勒努、路易·塞利埃等人。他们不理解新经济政策的实质和意义,认为新经济政策将导致资本主义在俄国复辟,削弱国际革命运动。

　　共产国际执行委员会第一次扩大全会于1922年2月21日—3月4日在莫斯科举行。出席全会的有来自36个国家的105名代表。全会的议程包括下列问题:关于德国、法国、捷克斯洛伐克、英国、意大利、美国、波兰和巴尔干各国共产党的报告;共产国际执行委员会的工作报告;关于统一战线策略;关于工会运动;关于新战争的危险;关于新经济政策等等。全会的中心议题是统一战线策略问题。全会通过的《苏维埃俄国的新经济政策》提纲肯定了新经济政策的正确性并强调了它的国际意义。列宁积极参加了全会的筹备工作,但因病未能出席全会。——90。

80　指拉科西·马蒂亚斯的文章《苏维埃俄国的新经济政策》。此文分析了奥·鲍威尔的小册子《苏维埃俄国的"新方针"》(1921年维也纳版)。

文章发表在 1922 年 3 月出版的《共产国际》杂志第 20 期上。

《共产国际》杂志（《Коммунистический Интернационал》）是共产国际执行委员会的机关刊物,1919 年 5 月 1 日创刊,曾用俄、德、法、英、中、西班牙等各种文字出版,编辑部由参加共产国际的各国共产党代表组成。该杂志刊登理论文章和共产国际文件,曾发表列宁的许多篇文章。随着 1943 年 5 月 15 日共产国际解散,该杂志于 1943 年 6 月停刊。——91。

81　指列宁侨居国外期间布尔什维克和孟什维克之间的斗争。——92。

82　指劳动国防委员会直属合营公司事务委员会。该委员会是根据劳动国防委员会 1922 年 2 月 15 日的决定成立的,由格·雅·索柯里尼柯夫任主席。根据 1922 年 3 月 8 日劳动国防委员会批准的条例,该委员会的任务包括"审查关于成立国家参与的工商业公司和信贷机构（合营公司）以及各种类型的股份公司的建议"。

　　　1922 年 4 月 4 日,劳动国防委员会决定设立劳动国防委员会直属租让和股份公司事务总委员会,撤销合营公司事务委员会。——93。

83　劝说司令是俄国士兵给临时政府陆海军部长亚·费·克伦斯基起的绰号。克伦斯基执行英法帝国主义和俄国资产阶级的意旨,在 1917 年夏巡视前线时喋喋不休地劝说士兵们向敌军发动进攻。——94。

84　指亚·伊·托多尔斯基的小册子《持枪扶犁的一年》,1918 年韦谢贡斯克县执行委员会出版。托多尔斯基当时任特维尔省韦谢贡斯克县县报编辑。他写的这本书既是在十月革命一周年之际就县苏维埃政权一年来的工作向党的特维尔省委员会的汇报,也是韦谢贡斯克苏维埃向全县劳动人民的汇报。该书共印 1 000 册,分发到全县各个乡、村,还以交换出版物和交流经验的形式寄给了中央和邻省各报纸编辑部。列宁读了此书后,当即记上:"一本出色的书！**亚历山大·托多尔斯基《持枪扶犁的一年》**……（题为《锯木厂和制革厂》）的那一节或章特别可资借鉴,第 **61**、**62** 页）",并立即给值班秘书写了个便条:"请把托多尔斯基书中小标题为《**锯木厂和制革厂**》的一节（第 **61**—**62** 页,书上有准确标志）

打两份,一份给我,另一份在我这里存档,以便查找。""……附言:打字、读校和复查后将此书还给我。"(1958年苏联《历史文献》杂志第4期第4页)

列宁特别注意书中第62页的下面一段话:"痛打剥削者的手,使他们不能再祸害,或者说'制服'他们,这还只是任务的一半。只有当我们强迫他们工作并利用他们的工作成果来帮助改善新生活和帮助巩固苏维埃政权的时候,才算把工作做到家了。"列宁在这段话下面画了着重线,又在旁边画了三道线,写上"注意"字样,后来在1918年底或1919年初写的文章《一幅说明大问题的小图画》中加以引用。列宁指出,应该从这本书中吸取"在社会主义建设重要问题上的重大教训"(见本版全集第35卷第401页)。——99。

85　指1921年7月进行的对负责工作人员的调查统计。这次调查统计的目的是确切了解各省会和县城党的领导层的数量构成和质量构成、负责工作人员的地区分布和对他们的使用是否合理。——102。

86　指顿巴斯中央煤炭工业管理局。该管理局在整顿顿巴斯大矿场的煤炭开采方面做了大量工作,但对恢复小矿场及其他工业部门的意义估计不足,压制地方党和工会组织在经济建设方面的主动性。管理局领导人格·列·皮达可夫用行政命令方式和军事办法领导工业,结果影响了吸引工人群众参加恢复顿巴斯国民经济的工作。由于这些原因,在经济领导干部之间以及在管理局和地方干部之间都产生了意见分歧。在1921年12月9—13日召开的乌克兰共产党(布)第六次代表会议上,皮达可夫的工作方法受到一些代表的批评。会后皮达可夫被调离顿巴斯。——108。

87　指1922年3月22日《真理报》第65号刊登的一条题为《法国。反对军国主义》的华沙来电。电讯说:"共产党议员雷诺·让在讨论服兵役期限法时发言反对军国主义和帝国主义,法国报界对他的有力发言给予极大注意。雷诺·让在右翼议席的大声喧嚷中声明,无产阶级认为与其被投入新的战争,毋宁起义。如果资产者对股息孜孜以求,那么对无产阶级来说,1793年的法国社会革命更加珍贵,他们要把这场革命进行到底,直到胜利……"——109。

88　巴塞尔宣言即1912年11月24—25日在巴塞尔举行的国际社会党非常代表大会一致通过的《国际局势和社会民主党反对战争危险的统一行动》决议,德文本称《国际关于目前形势的宣言》。宣言谴责了各国资产阶级政府的备战活动,揭露了即将到来的战争的帝国主义性质,号召各国人民起来反对帝国主义战争。宣言斥责了帝国主义的扩张政策,号召社会党人为反对一切压迫小民族的行为和沙文主义的表现而斗争。宣言写进了1907年斯图加特代表大会决议中列宁提出的基本论点:帝国主义战争一旦爆发,社会党人就应该利用战争所造成的经济危机和政治危机,来加速资本主义的崩溃,进行社会主义革命。——110。

89　中央审查委员会是根据俄共(布)中央委员会和中央监察委员会1921年6月25日的决定、旨在清党期间为领导各地审查委员会的工作而设立的,由5人组成,其成员的党龄不得短于7年。根据俄共(布)中央政治局1921年7月7日的决定,中央审查委员会由以下人员组成:彼·安·扎卢茨基、亚·加·施略普尼柯夫、М.И.切雷舍夫、亚·亚·索尔茨和马·费·施基里亚托夫。中央还批准维·米·莫洛托夫、叶·阿·普列奥布拉任斯基和Н.О.列别捷夫为候补委员。后来谢·巴·梅德维捷夫和尼·基·安季波夫被增补为候补委员。中央审查委员会曾在党的第十一次代表会议和第十一次代表大会上作过清党总结的报告。——114。

90　这里指的是亚·德·瞿鲁巴和阿·伊·李可夫于1922年初在德国动手术一事。当时瞿鲁巴患胆囊化脓性炎症,李可夫患化脓性阑尾炎。——115。

91　工农国防委员会红军和红海军供给特派员一职是根据全俄中央执行委员会1919年7月8日《关于改变组织红军供给事宜的法令》任命的。红军和红海军供给特派员办事处是供应红军和红海军的最高机关,其任务是统筹红军全部供给工作,提高国防工厂生产效率,保证迅速合理地分配前后方的供应物品。它的地方机关是隶属于各方面军指挥部的特派员的全权代表办事处。红军和红海军供给特派员参加工农国防委员会和共和国革命军事委员会，享有委员权利。直属特派员的还有军事工业委员会等机构。全俄中央执行委员会1921年8月16日决定撤销红军和红海军供给特派员这一职务及所属机构，其人员和财产移交给最高国民经济委员会的有关机关。1919—1921年，阿·伊·李可夫任红军和红海军供给特派员。——115。

92 区域经济会议（区域经济委员会）是劳动国防委员会的地方机关，根据全俄苏维埃第八次代表大会（1920年12月）《关于地方经济管理机构的决议》成立。根据劳动国防委员会批准、列宁签署的《区域经济机关暂行条例》（见1921年3月30日《全俄中央执行委员会消息报》第68号），设立区域经济会议是为了协调和加强各地方经济机关和省经济会议的活动。区域经济会议的主要任务是督促及时准确地执行上级机关关于经济问题的决定，审查和协调各区的经济计划，监督其实施，监督正确利用物资，发挥地方的主动性。参加区域经济会议的有下列各单位的地方代表：最高国民经济委员会，交通、粮食、农业、劳动、财政等人民委员部，工农检查院（有发言权）和全俄工会中央理事会。区域经济会议主席由劳动国防委员会任命。——116。

93 列宁指的是叶·阿·普列奥布拉任斯基发言中关于国家资本主义的议论。普列奥布拉任斯基反对列宁使用的"国家资本主义"一词。他说："由于我们处在非常独特的制度之下，在这里我们拥有无产阶级专政，掌握了国家政权和大工业，但同时又在市场的基础上开展我们的全部经济活动，一方面存在市场，通过市场调节经济，另一方面存在国家计划委员会，还有国家银行，它试图也应当对市场和经济过程发挥调节作用，因此摆在我们面前的是某些社会主义关系和（在更大程度上）商品资本主义关系的非常复杂的结合。怎么称呼这种独特的从来没有过的经济制度呢？把它叫做国家资本主义，这是使用完全属于另一种概念的术语。列宁同志说，我们这里在书本上写过资本主义下的国家资本主义，而我们现有的是共产主义下的资本主义，这当然是'失言'，但无论如何，我们现有的是全新的特殊构成物，属于另一种社会制度的术语是不适用于它的,因此应予抛弃。"(见《俄共(布)第十一次代表大会。速记记录》1961年俄文版第82—83页)普列奥布拉任斯基建议就这一问题开展全党争论。——118。

94 指俄共(布)第十次代表大会的决议《资本主义包围下的苏维埃共和国》(参看《苏联共产党代表大会、代表会议和中央全会决议汇编》1964年人民出版社版第2分册第109—111页)。——120。

95 全俄肃反委员会(全称是全俄肃清反革命和怠工非常委员会)是根据人民委员会1917年12月7日(20日)的决定,为了同反革命、怠工和投机活动进行斗争而成立的,直属人民委员会。领导人是费·埃·捷尔任斯基。在国内战争和外国武装干涉时期,它在同反革命破坏活动作斗争和保卫苏维埃共和国的国家安全方面发挥了巨大作用。随着国家转入和平经济建设,列宁于1921年12月1日向中央政治局建议改组全俄肃反委员会,缩小它的职权范围。12月23—28日召开的全俄苏维埃第九次代表大会通过了《关于全俄肃反委员会的决议》。1922年2月6日,全俄中央执行委员会根据全俄苏维埃第九次代表大会的决议通过法令,把全俄肃反委员会改组为俄罗斯联邦内务人民委员部国家政治保卫局。——121。

96 叶·阿·普列奥布拉任斯基在发言中建议,成立同俄共(布)中央政治局和组织局平行的经济局来领导经济建设。他的这一建议还在代表大会之前就被政治局否决了。

其次,普列奥布拉任斯基指责中央违反了党纲中关于对待资产阶级专家的态度的条文。党纲有关条文规定,要为专家的工作创造同志式的气氛和关心提高他们的物质生活水平,但不得对这一阶层作政治让步,必须制止其反革命企图。普列奥布拉任斯基断言,党中央对那些参加1921—1922年莫斯科、喀山、彼得格勒等城市高等院校罢教的教授们作了政治让步。教授们的基本要求之一是修订由职业综合技术学校和高等学校总局制定并于1921年秋经人民委员会批准的《高等院校条例》。教授们反对高等院校附设工人预科,反对新条例里规定的由大学生、工会以及职业综合技术学校和高等学校总局的代表参加组成高校管理机构的制度,要求把这种权利授予教员委员会,此外还提出一系列经济要求。当时由普列奥布拉任斯基领导的职业综合技术学校和高等学校总局采取了错误的立场,坚持要对罢教的教授们采取直至逮捕的严厉手段。某些高等院校的共产党支部和工人预科也采取这种立场。俄共(布)中央政治局曾多次研究这一问题。它责成教育人民委员部的领导人阿·瓦·卢那察尔斯基、米·尼·波克罗夫斯基等实事求是地分析教授们的要求,在不作原则性的政治让步的条件下同他们达成协议。列宁在 1921 年 4 月 11 日给德·伊·库尔斯基的批示、4 月 15 日致维·米·莫洛托夫的信和 4 月 19 日致叶·阿·普列奥布拉任斯基的信里都说到这个问题(见本版全集第 50 卷第 277、295、310 号文献)。1922 年 2 月政治局决定成立由教育人民委员部、教育工作者工会中央委员会和教授代表组成的委员会来研究高等院校的经济状况,同时认为必须贯彻《高等院校条例》。由于委员会同教授们的多次会谈以及中央责成教育人民委员部采取的其他措施,罢教最后停止了。——121。

97　斯大林从 1917 年 10 月 26 日(11 月 8 日)民族事务人民委员部成立起至 1923 年 7 月该部撤销止,一直任民族事务人民委员。从 1919 年 3 月起,斯大林兼任国家监察人民委员,1920 年 2 月该人民委员部改组后任工农检查人民委员,至 1922 年 4 月 25 日止。——123。

98　维·维·柯秀尔在发言中指责中央委员会出于派别原因,而不是出于工作需要调动党和工会领导干部的工作。他还列举出季·弗·萨普龙诺夫、谢·维·姆拉奇科夫斯基、尤·彼·菲加特纳、Я.К.亚格洛姆、阿·季·哥尔茨曼等人和他本人被调动的情况为证。维·米·莫洛托夫在中央组织工作报告的总结发言里反驳了这种指责。——124。

99　恩·奥新斯基(瓦·瓦·奥博连斯基)在发言中建议改变管理制度,立法职能归全俄中央执行委员会,人民委员会为其执行机关。为保证"接合",他建议成立人民委员"内阁",其组成人员由对全俄中央执行委员会负责的主席一手挑选。
　　　　奥新斯基还认为,列宁所主张的极严格的党纪是"军事性的",过了时的,不符合当前状况。他把党纪同党的"心理动员"的任务对立起来,认为只有后者能够激起复兴国家所必需的社会的旺盛情绪。——124。

100　显然是指波·卡姆柯夫在左派社会革命党第三次代表大会(1918年6月28日—7月1日)上的发言。在这次代表大会以前,卡姆柯夫写过一篇题为《被反革命俘虏》的文章(载于1918年5月《我们之路》杂志第2期),反对列宁的《苏维埃政权的当前任务》一文。列宁在这篇文章中写道:"精打细算,节俭办事,不偷懒,不盗窃,遵守最严格的劳动纪律——正是这些从前被资产阶级用来掩饰他们这个剥削阶级的统治时受到革命无产者的正当讥笑的口号,现在,在推翻资产阶级以后,已变成当前迫切的主要的口号。"(见本版全集第34卷第156页)针对列宁的这个论点,卡姆柯夫在文章中写道:"'精打细算,节俭办事,不偷懒,不盗窃'等等,所有这些伟大的戒律,通常是教会的教师在神学第一课教给孩子们的东西;在向社会主义生活过渡的边缘也不应当忘记这些戒律,这是难以反对的…… 可惜对社会进行社会主义改造的问题要复杂一些,仅仅是执行戒律,哪怕除列宁提到的以外再加上漏掉的'不可奸淫',也无济于事。"卡姆柯夫在左派社会革命党第三次代表大会上的发言中重复了这些话。——126。

101　尤·拉林在代表大会的发言中声称,国家计划委员会所属的一个权威的委员会曾为参加热那亚会议的苏俄代表团准备了一个谈判材料,其中建议把四分之三的铁路、从彼得格勒到雷宾斯克的水运、乌拉尔的冶金工厂连同3 000俄里的道路网和电气技术工业等等按租让原则出租。

　　格·马·克尔日扎诺夫斯基在发言中反驳了拉林的这种说法。——127。

102　莫斯科争论俱乐部指俄共(布)莫斯科委员会争论俱乐部,是俄共(布)的一种机构,成立于1921年8月,主席是莫斯科委员会常务委员会委员英·尼·斯图科夫。根据俄共(布)莫斯科委员会书记处和常务委员会1921年12月29日的决议,莫斯科各区随后也成立了争论俱乐部。

争论俱乐部的任务是讨论有关党的建设、苏维埃建设、苏维埃共和国的经济政策以及其他方面的问题。然而,俄共(布)莫斯科委员会争论俱乐部的讲坛不久就被各种派别集团用来宣传自己的观点。中央监察委员会讨论了争论俱乐部问题。它在决定中指出,"最近俱乐部中的争论具有煽动的非党的性质","在俱乐部参加者中"造成"灰心失望的情绪",建议莫斯科委员会"密切注意俱乐部的工作"。

1922年2月20日中央政治局讨论了争论俱乐部问题,建议莫斯科委员会重新审查俱乐部管理委员会的组成,并采取措施使争论俱乐部成为"讨论广大群众所关心的问题的名副其实的俱乐部"。——127。

103　指前工人反对派的一批成员于1922年2月26日递交共产国际执行委员会扩大全会主席团的一份声明,亦称《二十二人声明》。在声明上签名的有亚·加·施略普尼科夫、谢·巴·梅德维捷夫、加·伊·米雅斯尼科夫等22人。亚·柯伦泰和卓娅·沙杜尔斯卡娅两人也在声明上签字表示赞同。声明就全会讨论"工人统一战线问题"提出申诉说,在俄国"统一战线的事情很为不妙","甚至在它运用于我们党的队伍方面,情况也是这样"。声明指责说:"我们党的领导机关正在进行不调和的、分裂性的斗争,来反对一切敢于坚持自己见解的人,特别是无产者,正在采取各种各样的镇压手段来反对在党内说出自己见解的人。"他们要求共产国际设法"消除我们党所面临的陷于分裂的威胁"。

共产国际执行委员会组成一个委员会以审理《二十二人声明》问题,其成员有克·蔡特金、马·加香、雅·弗里斯、瓦·柯拉罗夫、卡·克雷比赫、翁·特拉奇尼和阿·麦克马纳斯。根据该委员会的报告,共产国际执行委员会全会于3月4日在4票弃权的情况下通过一项决议,否定了声明中提出的指责,谴责22人的立场违背俄共(布)第十次代表大会的决议,为共产主义的敌人提供了"反对党和反对无产阶级专政的武器"(见《俄共(布)第十一次代表大会。速记记录》1961年俄文版第751—752页)。

俄共(布)第十一次代表大会也成立了由19人组成的委员会以处理《二十二人声明》问题。委员会研究了同前"工人反对派"活动有关的全部材料。根据委员会的报告,代表大会于4月2日闭幕会议上专门通过一项《关于前"工人反对派"的几个成员》的决议,其中指出,交给共产国际的报告是不符合事实的,这一集团的个别成员在向共产国际成立的委员会作解释时歪曲了俄共和整个工人阶级间的相互关系的真实情况。代表大会警告施略普尼柯夫、梅德维捷夫和柯伦泰:一旦发现他们继续进行反党派别活动,将把他们开除出党(参看《苏联共产党代表大会、代表会议和中央全会决议汇编》1964 年人民出版社版第 2 分册第 211—215 页)。——129。

104　指 1921 年 8 月 9 日召开的俄共(布)中央委员会和中央监察委员会联席全会。这次会议根据列宁的建议讨论了中央委员亚·加·施略普尼柯夫违反党纪的问题。召开这次会议的直接起因是:1921 年 7 月,施略普尼柯夫在俄共(布)莫斯科电站支部成员会议上尖锐批评了政府的某些决定,其中包括最高国民经济委员会根据中央的总政策出租一些企业的决定。列宁根据第十次代表大会《关于党的统一的决议》,要求把施略普尼柯夫开除出中央委员会并开除出党,理由是中央委员会不能允许任何中央委员破坏中央的政策。投票结果,差 1 票不足采取这一措施所必需的中央委员和候补中央委员三分之二的票数。联席全会随后在 3 票弃权的情况下通过决定,要求施略普尼柯夫迅速改正自己的全部政治行为,使之同中央的路线相一致。如果施略普尼柯夫今后仍坚持不改,中央委员会将召开同样的会议再次审查这一问题(参看《苏联共产党代表大会、代表会议和中央全会决议汇编》1964 年人民出版社版第 2 分册第 212 页)。——129。

105　鉴于工人反对派在五金工会中央委员会中有相当影响,俄共(布)中央政治局于 1922 年 3 月 4 日通过决议,认为有必要向全俄五金工会第五次代表大会共产党党团传达共产国际执行委员会扩大全会成立的审理《二十二人声明》的委员会的决定。3 月 6 日,亚·加·施略普尼柯夫在党团会议上发言指责共产国际的委员会在审理《二十二人声明》时缺乏客观态度,反对共产国际执行委员会扩大全会就这一问题通过的决议,重复《声明》中的论调并力图证明《声明》并无派别目的。施略普尼柯夫的发言在会上没有得到支持。党团在 5 票弃权的情况下通过了下述决议:"听取了共产国际委员会和全会一致通过的决定,以及季诺维也夫、施略普尼柯夫和克·蔡特金同志就22名共产党员的声明所作的说明,全俄五金工会第五次代表大会党团完全支持国际共产主义最高机关的这一决定,认为绝对服从这一决定是所有共产党人的义务。与此同时,党团警告同志们防止有使世界上纪律最严格的共产党——俄国共产党发生分裂危险的此类现象的再现。为保持这种强有力的统一,代表大会党团号召签名的同志们更加严守纪律,保持坚韧不拔的精神和遵守秩序,特别是在目前这严重关头,因为现在这在世界上第一个劳动共和国执政的俄国共产党内部任何微小的不稳定的表现,都会使世界资产阶级更加无耻地反对无产阶级国家和反对国际工人阶级并得到鼓舞。"(见《俄共(布)第十一次代表大会。速记记录》1961年俄文版第752页)——130。

106 指发表在1921年1月25日《真理报》第15号上的《"工人反对派"的提纲》。在此提纲上签名的38人中只有9人在《二十二人声明》上签名。——131。

107 加·伊·米雅斯尼科夫在给俄共(布)中央委员会的报告书中,在他的文章《伤脑筋的问题》以及多次讲话中,要求恢复企业的工人代表苏维埃作为带领工人战胜经济破坏的指挥员,组织农民联合会并赋予工农检查院如同工会一样的权力,给予从君主派到无政府主义者的一切政治派别以言论和出版自由。他主要在彼尔姆省莫托维利哈进行他的宣传和组织活动。1921年7月29日俄共(布)中央组织局召开会议讨论了米雅斯尼科夫的问题,认为他的言行具有反党性质,决定成立一个由尼·伊·布哈林、彼·安·扎卢茨基、亚·亚·索尔茨组成的专门委员会来审查米雅斯尼科夫的活动。8月22日,俄共(布)中央组织局根据委员会的报告,认定米雅斯尼科夫的提纲违背党的利益,责令他不得在党的正式会议上宣读,同时决定把他从彼尔姆调回中央。但是米雅斯尼科夫拒绝服从中央的决定,返回莫托维利哈后继续从事其活动。俄共(布)中央的专门委员会鉴于米雅斯尼科夫多次破坏党纪,违背党的第十次代表大会关于党的统一的决定,建议把他开除出党。1922年2

月 20 日政治局批准了该委员会关于把米雅斯尼科夫开除出党的建议，同时补充一点：一年后他有权再次申请入党(参看《俄共(布)第十一次代表大会。速记记录》1961 年俄文版第 748—749 页)。

关于米雅斯尼科夫问题，除了正文中提到的长信外，列宁还在 1921 年 8 月 1 日写过一封短信、8 月 12 日给彼尔姆省委发过一份电报(见本版全集第 51 卷第 170、224 号文献)。——131。

108 列宁的补充意见被全文写入了俄共(布)第十一次代表大会《关于俄共(布)驻共产国际代表团的工作报告的决议》草案，决议于 1922 年 4 月 2 日由代表大会通过(参看《苏联共产党代表大会、代表会议和中央全会决议汇编》1964 年人民出版社版第 2 分册第 152—154 页)。——132。

109 列宁此信是就俄共(布)第十一次代表大会土地问题小组的工作而写的。

俄共(布)的农村政策问题未列入第十一次代表大会议程。根据米·巴·托姆斯基以各代表团会议的名义提出的建议，代表大会选出了一个由 9 人组成的委员会，其任务是为土地问题小组讨论农村工作问题作准备。在小组的材料中保存有发给小组成员的调查表，该表是考虑了列宁 1922 年 3 月 16 日致俄共(布)中央政治局的信(见本卷第 41—46 页)中的意见和建议而编制的。

小组讨论期间查明，各地在贯彻执行俄共(布)第十次代表大会关于党的农村政策的决定和苏维埃第九次代表大会关于加强和发展农业的措施的决定方面尚未积累足够的经验。

列宁一直关注这一问题的讨论。他在这封给恩·奥新斯基的信中建议小组制定实践性的决议，把研究和发掘地方经验作为主要任务。此信遵照列宁的嘱咐同时分送全体政治局委员。据奥新斯基说，此信当日曾向大会所设委员会的全体委员宣读，而其中提出的决议草案曾向土地问题小组全体成员宣读并被通过。4 月 2 日代表大会批准了《关于农村工作的决议》，其中采纳了列宁的全部建议。代表大会还责成中央委员会成立直属中央的农村工作委员会(参看《苏联共产党代表大会、代表会议和中央全会决议汇编》1964 年人民出版社版第 2 分册第171—172页）。——133。

110　指1921年12月22—27日召开的全俄苏维埃第九次代表大会通过的
《关于加强和发展农业的措施的决定》和《关于农业合作社的决定》。

　　这次代表大会指出,迅速恢复农业是整个国民经济高涨的必要条
件,为此制定了一个有关加强和发展农业的实际措施的详尽纲领。代
表大会认为必须组织长期农业贷款,发展农业教育,增加农机具的生
产。代表大会责成农业人民委员部制定并贯彻执行保护、恢复和发展
畜牧业的必要措施。代表大会决定在全俄中央执行委员会下设立拥有
特别全权的农业委员会,地方上则在执行委员会下设立省和县的农业
委员会,以开展1922年的农业生产运动。

　　代表大会规定了提高个体农民经济的措施,同时提出发展农村合
作社的任务,责成苏维埃政权的所有机关支持合作社的建设,并建议开
展合作社的宣传。

　　列宁直接参加了《关于加强和发展农业的措施的决定》的制定,他
曾在代表大会非党代表的会议上发言,审阅了决定草案并作了修改。
——133。

111　在俄共(布)第十一次代表大会上讨论《关于报刊和宣传的决议案》时,
达·波·梁赞诺夫建议在决议案上写上停止在党的报刊上刊登广告的
内容。代表大会通过了这一建议,但根据阿·伊·米高扬的提议作了
修改,即不是禁止在党的所有报刊上,而仅仅是禁止在《真理报》上刊登
广告。列宁没有参加这次会议。他得知大会的这一决定后给主持会议
的列·波·加米涅夫写了一个便条:"加米涅夫同志:据说代表大会决
定取消《真理报》上的广告? 能否纠正? 因为这显然是错误的。"(参看
《列宁文稿》人民出版社版第17卷第722页)加米涅夫认为不能改变已
通过的决定,主张另找办法支持《真理报》。在代表大会宣布中央委员
会和中央监察委员会选举结果之后,列宁发言建议撤销这一决定,理由
是在新经济政策的条件下指靠从黄金储备或税收中给报刊拨款是不正
确的。这一建议得到通过。

　　这篇发言在《列宁全集》俄文第5版第45卷中是按照没有记全的

速记记录刊印的。

《真理报》(《Правда》)是俄国布尔什维克的合法报纸(日报),1912年4月22日(5月5日)起在彼得堡出版。《真理报》是群众性的工人报纸,依靠工人自愿捐款出版,拥有大批工人通讯员和工人作者(它在两年多时间内就刊载了17 000多篇工人通讯),同时也是布尔什维克党的实际上的机关报。《真理报》编辑部还担负着党的很大一部分组织工作,如约见基层组织的代表,汇集各工厂党的工作的情况,转发党的指示等。在不同时期参加《真理报》编辑部工作的有斯大林、雅·米·斯维尔德洛夫、尼·尼·巴图林、维·米·莫洛托夫、米·斯·奥里明斯基、康·斯·叶列梅耶夫、米·伊·加里宁、尼·伊·波德沃伊斯基、马·亚·萨韦利耶夫、尼·阿·斯克雷普尼克、马·康·穆拉诺夫等。第四届国家杜马的布尔什维克代表积极参加了《真理报》的工作。列宁在国外领导《真理报》,他筹建编辑部,确定办报方针,组织撰稿力量,并经常给编辑部以工作指示。1912—1914年,《真理报》刊登了300多篇列宁的文章。

《真理报》经常受到沙皇政府的迫害。仅在创办的第一年,编辑们就被起诉过36次,共坐牢48个月。1912—1914年出版的总共645号报纸中,就有190号受到种种阻挠和压制。报纸被查封8次,每次都变换名称继续出版。1913年先后改称《工人真理报》、《北方真理报》、《劳动真理报》、《拥护真理报》;1914年相继改称《无产阶级真理报》、《真理之路报》、《工人日报》、《劳动的真理报》。1914年7月8日(21日),即在第一次世界大战前夕,沙皇政府下令禁止《真理报》出版。

1917年二月革命后,《真理报》于3月5日(18日)复刊,成为俄国社会民主工党中央委员会和彼得堡委员会的机关报。列宁于4月3日(16日)回到俄国,5日(18日)就加入了编辑部,直接领导报纸工作。1917年七月事变中,《真理报》编辑部于7月5日(18日)被士官生捣毁。7月15日(28日),资产阶级临时政府正式下令查封《真理报》。7—10月,该报不断受到资产阶级临时政府的迫害,先后改称《〈真理报〉小报》、《无产者报》、《工人日报》、《工人之路报》。1917年10月27

日(11 月 9 日),《真理报》恢复原名,继续作为俄国社会民主工党中央委员会的机关报出版。1918 年 3 月 16 日起,《真理报》改在莫斯科出版。——135。

112　看来是指 1922 年 2 月 20 日被俄共(布)中央委员会开除出党的加·伊·米雅斯尼科夫和被俄共(布)第十一次代表大会开除出党的 Ф.А.米京与尼·瓦·库兹涅佐夫。——136。

113　俄共(布)中央全会于 1922 年 4 月 3 日通过了这个决定草案。通过时,草案末尾作了如下补充:"……以便使斯大林同志能在一个月内完全摆脱工农检查院的工作。"由于全会决定任命斯大林为俄共(布)中央总书记,人民委员会于 1922 年 4 月 25 日作出决定,免去他的工农检查人民委员的职务。——138。

114　列宁把《我们付的代价太大了》一文寄给维·米·莫洛托夫时,附有一个便条:"请把我的短文送政治局委员们传阅,还有一些具体建议随后送上。"(列宁的具体建议见本卷第 144—145 页)

　　　　1922 年 4 月 10 日,俄共(布)中央政治局通过如下决定:"不反对把列宁同志的文章《我们付的代价太大了》登载在星期二的《消息报》和《真理报》上。"文章于 4 月 11 日(星期二)见报。——139。

115　在俄国十月革命的影响下,1918 年爱尔兰的民族解放运动开始了新的高涨。1918 年 12 月英国议会选举时,争取爱尔兰独立的资产阶级民族主义政党新芬党的代表获得了爱尔兰的多数席位。1919 年 1 月 21 日,当选的共和派议员在都柏林集会,宣布会议为爱尔兰国民议会,并宣告成立爱尔兰共和国。英国当局对此采取了军事镇压和恐怖手段。在不可能用暴力把爱尔兰人民的民族革命斗争镇压下去的时候,英国当局便与新芬党右翼勾结,于 1921 年 12 月签订条约,宣布爱尔兰南部成立作为自治领的"爱尔兰自由邦",北爱尔兰则仍属英国。新芬党左翼即共和派反对该党右翼与英帝国主义勾结的叛卖行径,于是爱尔兰爆发了内战。但是共和派没有提出能使他们获得广大工农群众支持的口号。1923 年春,共和派的领导宣布停止军事行动。爱尔兰终于建立了资产阶级和农村资本主义上层的政权。——139。

116 这里说的是1922年3月南非金矿工人的起义。随着世界市场上黄金
     价格下跌,南非矿业主为保持自己的利润而采取了降低欧洲工人的工
     资和大批解雇欧洲工人的措施。因此,1922年1月9日金矿工人宣布
     罢工。3月,罢工转变成起义。工人控制了伯诺尼和布拉克潘两城、约
     翰内斯堡的工人区福特斯堡和杰比。年轻的南非共产党积极参加了起
     义。许多共产党人,其中包括罢工的领导人费舍和斯潘迪夫在武装斗
     争中英勇牺牲。3月10日简·克·史末资将军的反动政府宣布上述
     地区戒严,并调动军队、动用飞机大炮镇压起义者。3月14日起义被
     镇压下去。政府残酷迫害起义的参加者,有一万多人被逮捕,数千名工
     人被送交军事法庭审判。——140。

117 看来是指意大利共产党代表团(埃尔西廖·安布罗吉、里卡尔多·罗伯
     托、翁伯托·特拉奇尼)和法国共产党代表团部分人员(马赛尔·加香、
     罗歇·莫里斯、梅塔耶、丹尼尔·勒努、路易·塞利埃)在共产国际执
     行委员会第一次扩大全会(1922年2月21日—3月4日)讨论统一战
     线策略问题时所持的立场。这一问题的决议以多数票(19个代表团对
     意大利、法国和西班牙3个代表团)通过。——141。

118 指根据三个国际的代表会议的号召应在1922年4月20日或5月1日
     举行的劳动者游行示威。——142。

119 1922年4月12日,俄共(布)中央政治局通过了列宁的建议。
     ——145。

120 列宁的这封信是对美国著名学者、电工学家查理·普·施泰因梅茨以
     下来信的答复:
        "致尼·列宁先生
        我敬爱的列宁先生:俄国在极其艰苦的条件下完成着令人惊叹的
     社会重整和工业再建的工作,趁 Б.В.洛谢夫先生返俄之便,谨向您表
     示我的钦佩之情。

祝您取得最圆满的胜利,并且深信您能取得胜利。实际上您一定
要取得胜利,因为俄国开始的宏伟事业是不能垮台的。

如果在技术问题上,特别是在电气建设问题上我能用这种或那种
办法、咨询、建议和指导来帮助俄国,我将永远非常高兴地尽力而为。
您的兄弟般的查·施泰因梅茨。"

洛谢夫当时是技术援助苏俄协会纽约分会的书记。1922 年 2 月,
在他赴莫斯科时,施泰因梅茨托他把这封信带给列宁。列宁接到施泰
因梅茨的信后,请格·马·克尔日扎诺夫斯基和路·卡·马尔滕斯提
供有关这位美国学者的较为详尽的材料。4 月 2 日,列宁起草了给施
泰因梅茨的复信稿,其中吸收了克尔日扎诺夫斯基草拟的信稿的最后
一段文字。列宁还把此复信稿寄给克尔日扎诺夫斯基征求意见。4 月
10 日,列宁在复信的定稿上写了如下批语:"送共产国际译成英文(**要
经一位英国人核校,有他的订正字样**),然后用打字机打印在我的公文
用纸上,交我签字。"列宁在打印的英文信上署上日期"1922 年 4 月 12
日"并用英文签上:"您的兄弟般的**列宁**",然后对秘书作了如下指示:
"(a)一份用挂号信寄往美国。**明天把准确的英文和俄文地址告诉我**。
(b)一份送马尔滕斯。(c)一份留存。2. 施泰因梅茨的信和我的复信
(俄文)送**克尔日扎诺夫斯基**供刊印(俄文),刊印后退回。"(见 1961 年
苏联《历史文献》杂志第 5 期第 12 页)

4 月 19 日,施泰因梅茨的信和列宁的复信在苏俄各报上发表。4
月 20 日《真理报》第 86 号刊载了克尔日扎诺夫斯基写的施泰因梅茨的
简历。——146。

121　列宁的这些意见是对共产国际执行委员会主席团的下述决议草案提
的:"(1)在所有国际性共产主义报刊上加强反对孟什维克和社会革命
党人的运动。(2)开始不断地利用柏林会议的材料来打击敌人的每一
个弱点。(3)暂不向九人委员会提出总呼吁书。(4)在 4 月 20 日游行
示威时,在宣传鼓动中不要束手束脚,要对敌人进行批判。(5)各个支
部根据具体条件采取行动。(6)代表团的任何新步骤均推迟到对批准
柏林会议的结果问题进行审议之时。"

格·叶·季诺维也夫把这个草案送给列宁并请他在当天,在共产

国际执行委员会主席团开会前提出意见。——148。

122 《关于副主席(人民委员会和劳动国防委员会副主席)工作的决定》是列宁为制定人民委员会和劳动国防委员会新的工作条例而进行的大量工作的结果,这项工作在列宁与亚·德·瞿鲁巴的通信中(见本版全集第42卷第398—406页)和其他一些文件中都有所反映。

人民委员会和劳动国防委员会副主席瞿鲁巴和阿·伊·李可夫参加了这一决定草案的制定。为了按新的方式工作,瞿鲁巴提出了关于人民委员会和劳动国防委员会副主席分管几个人民委员部的两个方案。此外,瞿鲁巴还起草了改革副主席工作的详细报告。列宁收到李可夫对瞿鲁巴的方案的意见后,在第一个方案上写道:"采纳第一种方案和李可夫的修改意见(见下页) 1922年4月4日"。列宁将李可夫的一系列建议写进这一个方案,并拟定了瞿鲁巴和李可夫各管几个人民委员部的方案。同一天列宁制定了《关于副主席工作的决定》的详细提纲。列宁以瞿鲁巴的报告为基础,首先将他的全部建议重新编号(第1—28条),然后把李可夫提的补充建议也重新编号(第29—32条)。看来,在这以后,列宁又补充提出了13条。然后,列宁把所有建议合在一起,形成由45条组成的详细提纲。之后,列宁把近似的项目归并在一起,最后写出了共有31条的决定(见本卷第411—420页)。在决定里这31条又有所发展。

在决定草案的手稿上有列宁的附言:"尽快打印**4—5份(给我、瞿鲁巴、李可夫各一份**,其余给斯大林同志转政治局委员们)。"列宁对所收到的意见的答复见本卷第185—187页。

1922年12月列宁又谈到了这个问题(见本卷第319、324—326、330—331页)。——151。

123 根据人民委员会1922年5月9日的决定,在劳动国防委员会之下设立了国内商业委员会,其任务是制定人民委员会和劳动国防委员会有关国内商业问题的决定草案。——153。

124 《经济生活报》(《Экономическая Жизнь》)是苏维埃俄国的报纸(日报),1918年11月—1937年11月在莫斯科出版。该报最初是最高国民经

济委员会和经济系统各人民委员部的机关报，1921 年 7 月 24 日起是
劳动国防委员会机关报，后来是苏联财政人民委员部、国家银行及其他
金融机关和银行工会中央委员会的机关报。1937 年 11 月 16 日，《经
济生活报》改为《财政报》。——154。

125　《纽约先驱报》(《The New York Herald》)是美国共和党的机关报(日
报)，1835——1924 年在纽约出版。——160。

126　指在热那亚会议期间苏维埃俄国同德国于 1922 年 4 月 16 日在拉帕洛
(热那亚附近)签订的条约。

　　早在会议的第一阶段就暴露出德国与战胜国之间存在重大矛盾。
德国政府以牺牲苏俄利益同协约国达成协议的企图未能得逞，于是被
迫转而同苏维埃俄国签订条约，指望以此加强自己在同西方国家的关
系中所处的地位。

　　条约规定双方互相放弃对战费和战时损失赔偿的要求。德国政府
不要求把被苏俄政府收归国有的前德国企业归还原主，条件是苏俄政
府不满足其他国家的同样要求。两国建立外交关系，并采取互惠原则。

　　拉帕洛条约的签订突破了帝国主义国家的反苏统一战线，加深了
它们之间的矛盾。列宁在《全俄中央执行委员会关于出席热那亚会议
代表团的工作报告的决定草案》中对拉帕洛条约作了评价(见本卷第
193——194 页)。

　　关于签订拉帕洛条约的消息发表于 1922 年 4 月 19 日《全俄中央
执行委员会消息报》第 85 号。——161。

127　指热那亚会议上的形势。1922 年 4 月 11 日，苏俄代表团收到了一份
所谓的"专家报告"，它是由英国、法国、意大利、比利时和日本的专家于
3 月在伦敦开会拟定的(即伦敦备忘录)，内容是要苏俄政府偿还沙皇
政府和临时政府以及俄国以往一切政权的所有债务，归还被苏俄收归
国有的原属外国人的财产，或者赔偿他们的财产的损失，规定外国人的
经济和法律特权，并提出实际上意味着取消对外贸易垄断的一系列要
求。4 月 14——15 日，在戴·劳合-乔治处举行了由俄罗斯联邦、法国、
意大利和比利时代表参加的非正式会议，讨论伦敦备忘录。针对西方

列强的要求苏俄代表团提出了反要求。苏俄代表团声明,武装干涉和封锁给苏维埃俄国造成的损失总额达390亿金卢布。协约国代表妄图逃避武装干涉的罪责,采取不承认苏俄政府反要求的立场,要苏俄代表团放弃其要求,他们则以"勾销"俄国部分战时债务作交换。

俄共(布)中央政治局获悉会议的情况后,于4月17日给苏俄代表团发出有关协定条件的下述指示,确定了苏俄政府让步的极限(见本卷第421—422页)。

副外交人民委员列·米·卡拉汉在4月18日给格·瓦·契切林的信中写道:"莫斯科的态度是坚定的,您关于有破裂迹象的报告,没有使任何人动摇。"

苏俄代表团在其4月20日的备忘录中对"专家报告"作了正式答复。苏俄代表团断然拒绝"专家报告"中所提出的要求,指出这些要求是企图"在俄国实行危害其主权的领事裁判权制度"(见《苏联对外政策文件汇编》1961年俄文版第5卷第235页),并提出关于赔偿外国武装干涉给俄国造成的损失的反要求,强调只有在遵守互惠原则的条件下俄罗斯联邦才准备就赔偿外国公民损失问题进行谈判。——161。

128　1922年4月19日俄共(布)中央政治局通过了列宁的这一建议。电报当天即由外交人民委员部发给格·瓦·契切林,并同时送交《真理报》和《全俄中央执行委员会消息报》编辑部。——163。

129　列宁的这份电报于1922年4月21日发往热那亚。这份电报是对格·瓦·契切林4月20日来电的答复。契切林在来电中不同意列宁对会议形势的估计,他写道,对赔偿外国人因其财产收归国有受到的损失的问题,"特别关心的正是劳合-乔治,因为有权势的英国豺狼在对他施加压力"。契切林断言,"问题尚未解决,还要进行讨论。如果法国退出,英国也不会留下。"——164。

130　格·瓦·契切林在1922年4月20日给戴·劳合-乔治的信中说:在废除战时债务和全部债款利息、提供足够的财政援助以及法律上承认苏俄政府的条件下,苏俄政府"拟将被收归国有或被没收的财产交还原产权人使用,而在无法如此办理的地方,可通过同原产权人直接达成协议,或按照其细节将要在本次会议上讨论和通过的协议,满足其合理要求"(见《苏联对外政策文件汇编》1961年俄文版第5卷第260页)。

苏俄代表团的大多数成员认为契切林的信违背了俄共(布)中央政治局的指示。4月22日代表团团员扬·埃·鲁祖塔克将这一情况电告了外交人民委员部。——165。

131　1922年4月24日,俄共(布)中央政治局稍作修改后批准了列宁建议的给格·瓦·契切林的电文。

但是在决议通过以后,又收到了契切林的信和电报,其中在谈到他同戴·劳合-乔治的谈判时解释说,当谈判出现了破裂危险的时候,他认为可以提出一个不会束缚苏俄代表团手脚的方案,以便把谈判移到委员会中去继续进行,赢得时间和取得俄共(布)中央的指示。根据这种解释,政治局承认契切林的做法是正确的,并于4月25日向热那亚发出指示(见本卷第423—424页)。

会议的进程证明,列宁在发往热那亚的电报(见本卷第162—164页)中对劳合-乔治及其他英国领导人态度的估计是正确的。此后,英国代表团甚至从原先达成的协议即同意以契切林4月20日的信作为继续谈判的基础这一点后退了。4月28日契切林在给会议主席的信中指出,如果西方各国否认他们已同意把4月20日信中的条件作为谈判的基础,那么苏俄代表团将认为自己不再受此信约束,而回到4月20日它在备忘录中所阐述的观点上来(见《苏联对外政策文件汇编》1961年俄文版第5卷第276—277页)。——166。

132　这个文件是由于列·达·托洛茨基1922年4月28日向俄共(布)中央政治局提出的以下建议而写的:(1)为宣传目的发表声明,假如各协约国政府没收俄国资本家在国外的所有资本,苏俄政府答应不提任何抗议;(2)在热那亚会议谈判破裂时发表告居民书。托洛茨基在便条中写道:"可建议我国代表团为我们扼要写出此宣言书的基本思想(否则我们可能把重要的方面疏忽过去)。"列宁在这句话下面加上着重线,并在页边上写道:"只同意最后一句。"

政治局于当天通过决定:"电告契切林和李维诺夫同志,内容如下:

'如会议破裂,我们认为必须以人民委员会或全俄中央执行委员会的名义发表告居民书。请扼要写出宣言书的草稿或宣言的基本思想并速寄莫斯科。'"

　　以后的谈判情况表明,已无发表告居民书之必要。——167。

133　这份电报于1922年4月30日由俄共(布)中央政治局通过并发给格·瓦·契切林。电报是对契切林一些来电的答复。契切林在一封电报中报告,拟将"俄国问题"交给三个月后召开的新的会议去讨论,在另一封电报中转达了列·波·克拉辛关于热那亚会议谈判问题的不同意见。克拉辛声称,"谈判已进入死胡同",以中央指示为基础不可能达成协议和取得贷款。他建议作出重大让步:承认战前债款,但不付息,他说,其总额大约不超过80亿金卢布,然后承认可以对所有私人和商行的损失给予30亿—40亿金卢布的一次性赔偿;按此数发行公债,把债券分摊给原产权人;偿付全部债款的条件应是各协约国在法律上承认苏俄政府,以及它们的政府正式承诺协助筹集给苏维埃俄国的贷款。

　　契切林在给列宁的回电中承认,三个月后召开新的会议比完全破裂要好,但同时指出:"劳合-乔治争取同我们达成协议,为的是救自己,而三个月后英国的局势对我们来说可能要坏得多。"契切林接着指出,只有在苏俄政府同意给所有原外国产权人赔偿损失后,各协约国才同意具体地讨论向苏维埃俄国提供贷款的问题。——168。

134　这个文件是由于收到热那亚的一些电报而写的,这些电报使人担心格·瓦·契切林和马·马·李维诺夫在同各协约国代表的谈判中可能作出在中央委员会指示中没有规定的让步。

　　李维诺夫在1922年4月30日的电报中说,如果苏俄政府同意满足私有者的要求,协约国代表就提出成立国际银行团来帮助苏维埃俄国以及向苏维埃俄国提供贷款、出口铁路材料和其他材料、派遣技术人员等等的计划。李维诺夫提议不要指望立即得到贷款,他指出只有就赔偿原外国产权人问题达成协议,此事才有可能。5月2日莫斯科收到的李维诺夫的电报中还写道,协约国"在我们承认对俄国境内的外侨财产的所有产权人给予赔偿这一原则以前……甚至坚决拒绝讨论贷款细节"。

　　5月1日和2日政治局收到了契切林签署的电报,其中建议苏俄政府一方面宣布有没收私有财产这一不可动摇的权利,同时声明,鉴于需要取得贷款,它同意采取发行10年后归还的苏维埃国家债券的办法作为对产权人的金钱赔偿。

　　后来契切林报告说,这些电报的起草人是阿·阿·越飞;在政治局5月2日来电前曾就发行债券问题交换意见,目的只是想搞清达成协议的可能条件。契切林强调说,代表团是按政治局的指示办事的。——169。

135　1922年5月2日,俄共(布)中央政治局讨论了这项建议。政治局通过了斯大林对列宁电报稿的如下修改意见:(1)删去关于宣布不承认代表言行的语句;(2)用"中央委员会坚决要求执行这一指示"作为电报结束语。根据斯大林的建议,电报第一句中"荒谬主张"一词改为"错误"。电报补充部分政治局未作修改予以通过。——170。

136　指在1922年5月3日交给苏俄代表团的协约国1922年5月2日备忘录。在备忘录中,协约国又一次要求苏俄政府偿还一切债款及沙皇政府和临时政府的国债,把收归国有的私有财产还给外国人。同时,各协约国断然拒绝赔偿因武装干涉和封锁使苏维埃俄国蒙受的损失。——171。

137　这份电报是对马·马·李维诺夫1922年5月6日电报的答复,5月8日由俄共(布)中央政治局通过。李维诺夫在5月6日的电报中认为,协约国5月2日备忘录并非最后通牒,有继续谈判的余地。他报告了苏俄代表团在热那亚为避免谈判破裂所作的努力,并表示需要得到政治局对代表团今后路线的指示。——172。

138　列宁草拟的这份电报稿于1922年5月9日由俄共(布)中央政治局通过,并发给了格·瓦·契切林。——173。

139　列宁草拟的这份电报稿于1922年5月14日由俄共(布)中央政治局通

过,并发给了格·瓦·契切林。——174。

140 指苏俄代表团1922年5月11日备忘录。备忘录驳斥了协约国列强的要求,并声明,如果它们不承认互惠原则,苏维埃俄国是不会让步的。为了研究有争议的财政问题,苏俄代表团建议成立联合的专家委员会。热那亚的谈判就此破裂。

全俄中央执行委员会会议根据阿·阿·越飞的报告于5月17日通过决议,对苏俄代表团的活动表示赞许。这个决议是列宁起草的(见本卷第193—194页)。——174。

141 根据1921年3月18日以俄罗斯和乌克兰为一方、以波兰为另一方缔结的里加和约,俄罗斯联邦和波兰之间的边界要比英国外交大臣乔·纳·寇松在1920年7月11日致苏俄政府的照会中所提出的边界线(寇松线)靠东一些,乌克兰西部和白俄罗斯西部并入波兰。1922年5月2日,马·马·李维诺夫从热那亚通知外交人民委员部说:"英国人暗示我们可提出重新审议俄波边界的要求,他们愿意把边界移到寇松线。"——174。

142 出版格·瓦·普列汉诺夫文集的问题是列宁向俄共(布)中央政治局提出的。在苏共中央马克思列宁主义研究院中央党务档案馆保存的1922年4月27日政治局会议议程表上,列宁在19项议程之后亲笔增加了一项:"普列汉诺夫文集"。——175。

143 列宁的小册子《接近新题材的旧文章。论"新经济政策"问题(1918年的两篇论文和一篇讲话)》于1922年由国家出版社莫斯科分社出版。小册子中刊印了列宁写的这篇序言。小册子所收的论文和讲话是《苏维埃政权的当前任务》、1918年4月29日在全俄中央执行委员会会议上所作的《关于苏维埃政权的当前任务的报告》和《论"左派"幼稚性和小资产阶级性》(见本版全集第34卷)。——176。

144 《火星报》(《Искра》)是第一个全俄马克思主义的秘密报纸,由列宁创办。创刊号于1900年12月在莱比锡出版,以后各号的出版地点是慕尼黑、伦敦(1902年7月起)和日内瓦(1903年春起)。参加《火星报》编辑部的有:列宁、格·瓦·普列汉诺夫、尔·马尔托夫、亚·尼·波特列索夫、帕·波·阿克雪里罗得和维·伊·查苏利奇。编辑部的秘书起初是因·格·斯米多维奇,1901年4月起由娜·康·克鲁普斯卡娅担任。列宁实际上是《火星报》的主编和领导者。他在《火星报》上发表了许多文章,阐述有关党的建设和俄国无产阶级的阶级斗争的基本问题,并评论国际生活中的重大事件。

《火星报》在国外出版后,秘密运往俄国翻印和传播。《火星报》成了团结党的力量、聚集和培养党的干部的中心。在俄国许多城市成立了俄国社会民主工党列宁火星派的小组和委员会。1902年1月在萨马拉举行了火星派代表大会,建立了《火星报》俄国组织常设局。

《火星报》在建立俄国马克思主义政党方面起了重大的作用。在列宁的倡议和亲自参加下,《火星报》编辑部制定了党纲草案,筹备了俄国社会民主工党第二次代表大会。这次代表大会宣布《火星报》为党的中央机关报。

根据俄国社会民主工党第二次代表大会的决议,《火星报》编辑部改由列宁、普列汉诺夫、马尔托夫三人组成。但是马尔托夫坚持保留原来的六人编辑部,拒绝参加新的编辑部,因此《火星报》第46—51号是由列宁和普列汉诺夫二人编辑的。后来普列汉诺夫转到了孟什维主义的立场上,要求把原来的编辑都吸收进编辑部,列宁不同意这样做,于1903年10月19日(11月1日)退出了编辑部。《火星报》第52号是由普列汉诺夫一人编辑的。1903年11月13日(26日),普列汉诺夫把原来的编辑全部增补进编辑部以后,《火星报》由普列汉诺夫、马尔托夫、阿克雪里罗得、查苏利奇和波特列索夫编辑。因此,从第52号起,《火星报》变成了孟什维克的机关报。人们将第52号以前的《火星报》称为旧《火星报》,而把孟什维克的《火星报》称为新《火星报》。

1905年5月第100号以后,普列汉诺夫退出了编辑部。《火星报》于1905年10月停刊,最后一号是第112号。——179。

145　指俄国社会民主工党第二次代表大会。

俄国社会民主工党第二次代表大会于1903年7月17日(30日)——

8月10日(23日)召开。7月24日(8月6日)前,代表大会在布鲁塞尔开了13次会议。后因比利时警察将一些代表驱逐出境,代表大会移至伦敦,继续开了24次会议。

代表大会是《火星报》筹备的。列宁为代表大会起草了一系列文件,并详细拟定了代表大会的议程和议事规程。出席代表大会的有43名有表决权的代表,他们代表着26个组织(劳动解放社、《火星报》组织、崩得国外委员会和中央委员会、俄国革命社会民主党人国外同盟、国外俄国社会民主党人联合会以及俄国社会民主党的20个地方委员会和联合会),共有51票表决权(有些代表有两票表决权)。出席代表大会的有发言权的代表共14名。代表大会的成分不一,其中有《火星报》的拥护者,也有《火星报》的反对者以及不坚定的动摇分子。

列入代表大会议程的问题共有20个:1.确定代表大会的性质。选举常务委员会。确定代表大会的议事规程和议程。组织委员会的报告和选举审查代表资格和决定代表大会组成的委员会。2.崩得在俄国社会民主工党内的地位。3.党纲。4.党的中央机关报。5.代表们的报告。6.党的组织(党章问题是在这项议程下讨论的)。7.区组织和民族组织。8.党的各独立团体。9.民族问题。10.经济斗争和工会运动。11.五一节的庆祝活动。12.1904年阿姆斯特丹国际社会党代表大会。13.游行示威和起义。14.恐怖手段。15.党的工作的内部问题:(1)宣传工作,(2)鼓动工作,(3)党的书刊工作,(4)农民中的工作,(5)军队中的工作,(6)学生中的工作,(7)教派信徒中的工作。16.俄国社会民主工党对社会革命党人的态度。17.俄国社会民主工党对俄国各自由主义派别的态度。18.选举党的中央委员会和中央机关报编辑部。19.选举党总委员会。20.代表大会的决议和记录的宣读程序,以及选出的负责人和机构开始行使自己职权的程序。有些问题没有来得及讨论。

列宁被选入了常务委员会,主持了多次会议,几乎就所有问题发了言。他还是纲领委员会、章程委员会和代表资格审查委员会的委员。

代表大会要解决的最重要的问题是:批准党纲、党章以及选举党的中央领导机关。列宁及其拥护者在大会上同机会主义者展开了坚决的斗争。代表大会否决了机会主义分子要按照西欧各国社会民主党的纲领的精神来修改《火星报》编辑部制定的纲领草案的一切企图。大会先逐条讨论和通过党纲草案,然后由全体代表一致通过整个纲领(有1票弃权)。在讨论党章时,会上就建党的组织原则问题展开了尖锐的斗争。由于得到了反火星派和"泥潭派"(中派)的支持,尔·马尔托夫提出的为不坚定分子入党大开方便之门的党章第1条条文,以微弱的多数票为大会所通过。但是代表大会还是基本上批准了列宁制定的党章。

大会票数的划分起初是:火星派33票,"泥潭派"(中派)10票,反火星派8票(3名工人事业派分子和5名崩得分子)。在彻底的火星派(列宁派)和"温和的"火星派(马尔托夫派)之间发生分裂后,彻底的火星派暂时处于少数地位。但是,8月5日(18日),7名反火星派分子(2名工人事业派分子和5名崩得分子)因不同意代表大会的决议而退出了大会。在选举中央机关时,得到反火星派分子和"泥潭派"支持的马尔托夫派(共7人)成为少数派,共有20票(马尔托夫派9票,"泥潭派"10票,反火星派1票),而团结在列宁周围的20名彻底的火星派分子成为多数派,共有24票。列宁及其拥护者在选举中取得了胜利。代表大会选举列宁、马尔托夫和格·瓦·普列汉诺夫为中央机关报《火星报》编委,格·马·克尔日扎诺夫斯基、弗·威·林格尼克和弗·亚·诺斯科夫为中央委员会委员,普列汉诺夫为党总委员会委员。从此,列宁及其拥护者被称为布尔什维克(俄语多数派一词音译),而机会主义分子则被称为孟什维克(俄语少数派一词音译)。

俄国社会民主工党第二次代表大会具有重大的历史意义。列宁说:"布尔什维主义作为一种政治思潮,作为一个政党而存在,是从1903年开始的。"(见本版全集第39卷第4页)——181。

146 根据劳动国防委员会1921年10月21日的决定,全部铁路线按获得供应的情况分为三类。考虑到物资不足,不可能充分供应整个铁路网,所以把最重要的干线列入第一类,这类干线必须有良好的供应,保证列车能以正常速度运行。划归第二类的是往第一类线路运送货物的重要线路。其余线路则划入第三类。

列宁1922年5月2日给费·埃·捷尔任斯基的信,见本版全集第

52 卷第 457 号文献。——184。

147　指俄共（布）第十一次代表大会《关于财政政策的决议》（参看《苏联共产党代表大会、代表会议和中央全会决议汇编》1964 年人民出版社版第 2分册第 165—170 页）。——184。

148　格·雅·索柯里尼柯夫在 1922 年 5 月 4 日给列宁的复信中论证说,发行粮食公债将使列宁提出的建立无赤字预算的措施易于实现,将能减少新发行纸币的数额,并回笼部分货币。

关于发行粮食公债的问题曾在人民委员会的几次会议上讨论过。1922 年 5 月 13 日,人民委员会批准了关于粮食公债的决定草案,并将其提交全俄中央执行委员会第三次常会审查。按照全俄中央执行委员会 1922 年 5 月 20 日的决定,财政人民委员部发行了第一期国内短期粮食公债。这一期公债总额为 1 000 万普特黑麦。公债券于 6 月 1 日开始出售,其价格由国家银行按不同地区黑麦平均市场价格分别确定。公债券购买者只付价格的 95％。公债券可以抵押、出售和用来交纳实物税。这期公债从 1922 年 12 月 1 日起到 1923 年 1 月 31 日止由国家用黑麦或等价的小麦、面粉偿还。粮食人民委员部要从粮食税收入中建立专门的储备,用以偿还公债。为防粮食人民委员部无力完成所承担的义务,国家拨出了 1 000 万金卢布的保证金作为收购粮食之用（见1922 年 5 月 21 日和 6 月 2 日《全俄中央执行委员会消息报》第 112 号和第 121 号）。1923 年发行了第二期粮食公债。——184。

149　文件上有列宁给秘书的批示:"勒柏辛斯卡娅同志:请复制 3 份:2 份给斯大林,1 份给我。**亲自**把复制件核对**两次**。列宁。5 月 5 日。"

列宁收到的对《关于副主席工作的决定》（见本卷第 151—159 页）的意见,看来曾由秘书根据列宁的委托综合整理,分送全体政治局委员和亚·德·瞿鲁巴。在装着此问题文件的信封上有列宁手书:"1922年 4 月 11 日关于副主席工作的决定和 1922 年 5 月的'辩论'"。——185。

150　1922 年 4 月 23 日列宁在索尔达坚科夫医院（后为波特金医院）动手

术,取出了一颗1918年8月30日遇刺时留在体内的子弹。——185。

151 列·达·托洛茨基在这一节里说:"我非常担心,副主席间的相互关系会成为困难的根源。在这里,录音机是无济于事的。"——185。

152 列·达·托洛茨基提的意见中说:《决定》中规定的任务包罗万象,这等于什么任务也没有规定。要实现这种包罗万象的任务,工农检查院是不中用的,也不可能中用。"在工农检查院工作的主要是各部门出过问题的工作人员,无视这一点是不行的。顺便说一下,正是因此,在工农检查院机关里内部倾轧特别厉害,这早已成为全国的话题了。认为可以健全和加强这个机关(不是其人数不多的上层,而是整个组织)是毫无根据的,因为优秀的工作人员今后仍将被派去做实质性工作,而不是去做检查工作。由此可见,利用工农检查院为杠杆来振兴苏维埃国家机关的计划乃是幻想。"也不可能利用工农检查院从非党工人和农民中培养行政管理人员和经济工作人员。"为此需要有一整套学校和训练班,其中包括同经济工作和国务工作的某些部门有关的训练班。"——185。

153 列宁提出的草案于1922年5月11日由俄共(布)中央政治局通过。

根据政治局的决定,5月16日在中央统计局、国家计划委员会、粮食人民委员部、农业人民委员部代表的会议上核实了1921—1922年度征收的和1922—1923年度预期征收的粮食税数额的材料。——188。

154 1921年底和整个1922年期间,俄共(布)领导层中展开了关于对外贸易垄断问题的争论。从俄罗斯联邦驻德全权代表尼·尼·克列斯廷斯基报来的材料可以看出,在对外贸易垄断问题上的党内分歧对同外国资本家的业务谈判产生了消极影响。有鉴于此,列宁于1922年5月15日写了这个决定草案,同时还就这一问题给斯大林和莫·伊·弗鲁姆金写了一封信(见本版全集第52卷第479号文献)。列宁提出的决定草案于5月22日由俄共(布)中央政治局批准。——189。

155 这两个文件是在司法人民委员部制定俄罗斯联邦刑法典和1922年5

月12—26日举行的第九届全俄中央执行委员会第三次常会讨论这部法典时写的。列宁的补充和第一封信写在司法人民委员德·伊·库尔斯基送给他的《俄罗斯联邦刑法典实施法》草案上。列宁就这一问题同库尔斯基谈话以后,又写了第二封信,并附了刑法典补充条款草稿。在以后制定刑法典《关于反革命罪》一章时考虑了列宁的意见。

俄罗斯联邦刑法典经全俄中央执行委员会第三次常会批准,从1922年6月1日起实施。——190。

156 1922年5月17日第九届全俄中央执行委员会第三次常会讨论了热那亚会议问题并通过一项以列宁的草案为基础的决定。——194。

157 列宁认为发展无线电事业具有重大意义。还在下诺夫哥罗德无线电实验室开始工作之际,他就在1920年2月5日给该实验室领导人米·亚·邦契-布鲁耶维奇去信,保证给予全力协助(见本版全集第49卷第261号文献)。3月17日,列宁签署了劳动国防委员会决定,其中写道:"1.责成邮电人民委员部下诺夫哥罗德无线电实验室在最短期间,不超过两个半月,建立有效半径为2 000俄里的中央无线电话局。2.建局地点定在莫斯科,立即着手筹备工作。"

1921年1月27日,列宁签署了关于无线电话建设的法令。无线电话的发射机和接收机的制造仍交下诺夫哥罗德无线电实验室负责。

列宁特别重视在莫斯科建立无线电话局。他委托人民委员会和劳动国防委员会办公厅主任尼·彼·哥尔布诺夫留心此事并向他报告工作进度。1922年5月18日,列宁曾亲自写信给工程师B.A.巴甫洛夫,要他去问一问邦契-布鲁耶维奇,办好这件事总共需款多少(见本版全集第52卷第486号文献)。5月19日,列宁收到了邦契-布鲁耶维奇的报告后,即建议政治局从黄金储备中给无线电实验室追加拨款,使实验室能够以最快速度生产扬声器和收音机。5月22日政治局通过了列宁的建议。

列宁高度评价了下诺夫哥罗德无线电实验室的工作。5月11日,列宁写信给邮电人民委员瓦·萨·多夫加列夫斯基,认为必须支持下诺夫哥罗德苏维埃向全俄中央执行委员会提出的表彰该室工作的请求

（见本版全集第 52 卷第 473 号文献）。1922 年 9 月 19 日，在莫斯科无线电话局投入使用之后，全俄中央执行委员会决定授予下诺夫哥罗德无线电实验室劳动红旗勋章，同时表彰了实验室领导人的科研工作。——195。

158 《论"双重"领导和法制（给约·维·斯大林并转政治局的信）》是在第九届全俄中央执行委员会第三次常会讨论检察机关条例草案时写的。这个草案是司法人民委员部 1922 年 5 月 13 日提交常会的。

　　草案在常会上受到了尖锐批评。草案第 5 条引起特别激烈的争论，该条规定：地方检察长越过地方执行委员会，直接受共和国检察长的领导；地方检察长的任免、调动和停职也只通过共和国检察长。根据尼·瓦·克雷连柯的报告，常会以多数票通过了把法案作为材料交给专门选出的委员会审议的决定。委员会的多数委员都主张地方检察长受省执行委员会和中央机关（通过共和国检察长）的双重领导。俄共（布）中央为领导全俄中央执行委员会常会而设立的专门委员会也通过了同样的决定。列宁在写给政治局的这封信里建议否决"双重领导"的原则。5 月 22 日，政治局以多数票通过了列宁的建议，并把这个问题提交全俄中央执行委员会常会的共产党党团审议。政治局的决定中说："否决'双重领导'，规定地方检察机关只受以总检察长为代表的中央机关的领导。地方检察机关由总检察长在最高法庭、司法人民委员部和中央组织局监督下任命。保留检察机关从法制的观点对地方当局的一切决定或决议提出异议的权利和义务，但无权停止这些决定或决议的执行，而只有权把案件提交法院裁决。"

　　可是，常会共产党党团仍主张"双重领导"。5 月 24 日，政治局重申了它 5 月 22 日的决定，但删掉了"而只有权把案件提交法院裁决"一语，同时决定："通知全俄中央执行委员会常会共产党党团，政治局认为必须在这次常会上通过关于检察机关的法律，党团的异议可向中央全会提出，如全会修改决议，则提交全俄中央执行委员会下次常会。"常会选出的委员会经过长时间讨论后，通过了由司法人民委员部拟定的第 5 条，否定了"双重领导"。中央执行委员会常会照此批准了《检察条例》。根据 1922 年 7 月 8 日的法令，《条例》自同年 8 月 1 日起施行。

本卷《附录》中收有《论"双重"领导和法制》一信的提纲。——198。

159　俄共(布)中央书记处就是否把裁减红军人数的问题提交即将召开的第九届全俄中央执行委员会第三次常会一事征询意见,列宁的信是对征询所作的答复。裁减红军人数的计划是共和国革命军事委员会因苏俄代表团在热那亚会议上提出了普遍裁军可能性的问题而拟定的。这个问题暂时列入了常会议程。鉴于热那亚会议甚至未解决苏维埃共和国和资产阶级国家相互关系方面最迫切的问题,1922年5月24日,全俄中央执行委员会第三次常会决定将裁减军队的问题从议程上撤销,并责成政府和陆军人民委员部俟海牙会议的结果明确时再提出相应的建议。——203。

160　俄共(布)中央政治局在1922年5月26日的会议上讨论了列宁的建议,决定把这个建议作为材料转交中央委员会为领导第九届全俄中央执行委员会第三次常会的工作而设立的委员会。——204。

161　这封贺信是列宁收到以格鲁吉亚、亚美尼亚和阿塞拜疆劳动妇女的名义寄来的关于他已当选外高加索劳动妇女代表大会的代表的通知之后写的。在代表大会第1次会议上,宣读了列宁的贺信。

外高加索劳动妇女第一次代表大会于1922年5月26—30日在巴库召开。代表大会听取了下列报告:苏维埃俄国和全世界妇女运动的发展和国际妇女书记处的任务;外高加索劳动妇女和第三国际;关于当前局势等。——205。

162　这是有关同英国工业家和金融家莱·厄克特进行租让谈判的几个文献。厄克特在十月革命前是俄亚联合公司董事长,俄国一些大型矿业企业的业主。苏俄政府准备在一定条件下把十月革命前厄克特在俄国拥有的企业租让给他。列宁十分重视这个谈判。有关这个谈判的其他列宁文献,编在本版全集的书信卷内。

同厄克特的谈判,由对外贸易人民委员列·波·克拉辛出面,1921年6月中旬在伦敦开始。1921年8—9月,谈判在莫斯科举行。同年10月,厄克特中断了谈判,企图通过压力和讹诈迫使苏俄政府作出重大让步。1922年谈判恢复。同年9月9日,克拉辛在柏林同厄克特签订了租让初步合同。按规定,合同应在签字后一个月内由人民委员会批准。10月6日,人民委员会否决了这一合同。但在合同否决后,列宁仍认为有必要再一次仔细审查租让的条件。关于苏俄政府否决同厄克特的合同的理由以及同他恢复谈判的可能性问题,列宁在1922年10月27日同英国报纸记者M.法尔布曼的谈话中和11月5日同英国报纸记者阿·兰塞姆的谈话中都曾提及(见本卷第245、265页)。同厄克特的租让谈判最终没有成功。——206。

163 这个特设委员会是根据列宁的建议由劳动国防委员会于1921年成立的,伊·康·米哈伊洛夫被任命为主席。委员会的任务是对拟租让给莱·厄克特的企业进行实地调查,以便最终决定是否向厄克特提供租让权。——206。

164 指1922年9月9日列·波·克拉辛同莱·厄克特在柏林签订的租让初步合同。根据合同,原俄亚联合公司在乌拉尔和西伯利亚(克什特姆、塔纳雷克、里杰尔、埃基巴斯图兹各地区)的企业租让给厄克特。合同规定,苏俄方面应给予承租者物质资助,以供恢复其流动资本和修复企业之需,其数额在查明因苏俄政府的指示而使承租者在原属于他的企业中遭受的损失后确定,但资助总额不超过2 000万金卢布。苏俄方面在合同批准后两个月内交付承租者15万英镑,计入上述款项内。该款其余部分以每张1万卢布的债券付给承租者;偿还期15年,自合同批准之日算起;合同签订满三年后该债券按年利率3％计息。在租让地区内,承租者独享使用森林和矿产资源的权利,并有权在一定条件下在俄罗斯联邦或在国外出售所开采的原料和制造的产品。租让企业免交地方捐税。作为对提供租让的报偿,承租者必须将其开采的供直接销售的金属和各种矿物数量的6％,开采的煤、泥炭或原料数量的6％以货币(英国货币)或实物(由苏俄政府酌定)扣交俄罗斯联邦政府,其他生产品(包括加工的材料、成品、制品)按成本的4％以现金扣交。苏俄政府有权收购承租者生产的金属和产品、开采的矿物以及生产的其他商品的50％。租让期限为99年;签订合同日起满40年后苏俄政府有权提前赎回所有企业;租让期满后所有企业无偿移交苏俄政府。

俄共(布)中央政治局1922年9月14、21、28日会议以及俄共(布)中央10月5日全会都讨论了这个合同的问题。俄共(布)中央全会通过决定否决了同厄克特的合同。决定中说:"否决的理由之一是同英国的贸易协定不稳固,它可能在任何时刻被英国单方面废除。基本理由则是,鉴于英国目前在对俄国极端重要的达达尼尔海峡问题上采取了敌对的政策,签订一个在范围和意义方面都异乎寻常的租让合同对苏维埃俄国来说是不允许的。这个理由绝对必须在人民委员会的正式决定中提出。"——208。

165　这个文件写在斯大林给俄共(布)中央政治局委员的便条上,便条同时附有对同莱·厄克特的租让合同条件的补充意见。——212。

166　苏维埃政权初期,学校分为第一、第二两级,相当于我国的小学和中学。1921年秋苏维埃俄国调整学制后,在学制表中,第二级学校学生的年龄为12—17岁。——213。

167　《给全俄工会第五次代表大会的信》是应全俄工会中央理事会主席米·巴·托姆斯基的请求写的。1922年9月9日列宁给托姆斯基去信,询问他是否有特定的题目要在信里面讲。9月13日,列宁把信稿寄给斯大林并转托姆斯基等人征求意见。列宁信中所说的"然而正是这个工业,所谓'重工业',是社会主义的主要基础"一语,是根据托姆斯基的意见增添的。

9月17日晚,在代表大会的第1次会议上宣读了列宁的贺信。同时托姆斯基受列宁委托,以列宁的名义向代表大会并通过大会向参加工会的全体工人致热烈的问候和祝愿。大会向列宁发了致敬信,信中写道:"我们要竭尽全力,使我们的大工业在最近几年内得到恢复,并远远超过战前的规模。代表大会以有组织的工人的名义向您庄严保证,我们一定要做到这一点。"

全俄工会第五次代表大会于1922年9月17—22日在莫斯科举行。出席大会的有970名代表(其中775名有表决权,195名有发言权),代表500万以上有组织的工人。大会选举列宁为主席团名誉委员。大会议程包括：全俄工会中央理事会的工作报告和检查委员会的报告；关于实施新的工会政策的结果的报告和工会运动的当前任务；最高国民经济委员会关于工业状况的报告；劳动人民委员部的报告；工会的组织建设；调整工资和集体合同；工会的文化教育工作；社会保险；工会度荒工作的通报；红色工会国际的报告；选举。——215。

168 这封信是在俄共（布）中央准备讨论俄罗斯联邦和各独立的民族苏维埃共和国的相互关系问题时写的，对成立苏维埃社会主义共和国联盟作了原则性指示。

根据俄共（布）中央政治局的建议，俄共（布）中央组织局于1922年8月11日成立一个委员会，为即将召开的中央全会讨论俄罗斯联邦和各独立的民族苏维埃共和国的相互关系问题作准备。参加这个委员会的有斯大林、瓦·弗·古比雪夫、格·康·奥尔忠尼启则、克·格·拉柯夫斯基、格·雅·索柯里尼柯夫和各民族共和国的代表——萨·阿·阿加马利-奥格雷（阿塞拜疆）、亚·费·米雅斯尼科夫（亚美尼亚）、波·古·姆季瓦尼（格鲁吉亚）、格·伊·彼得罗夫斯基（乌克兰）、亚·格·切尔维亚科夫（白俄罗斯）等。斯大林拟了委员会的决议草案《关于俄罗斯联邦和各独立共和国的相互关系》。这一草案的基本点是乌克兰、白俄罗斯、阿塞拜疆、格鲁吉亚和亚美尼亚作为自治共和国加入俄罗斯联邦，即所谓"自治化"。草案先发给各苏维埃民族共和国的共产党中央委员会讨论。讨论结果表明，格鲁吉亚共产党中央委员会反对这个草案，白俄罗斯共产党中央委员会主张保持各独立共和国之间的条约关系。尽管这样，这个草案在9月23—24日举行的委员会会议上，经过一些修改和补充，仍以多数票通过。这个决议的最后文本即列宁信中所说的决议，全文如下：

"1.认为乌克兰、白俄罗斯、阿塞拜疆、格鲁吉亚、亚美尼亚各苏维埃共和国和俄罗斯联邦之间缔结关于它们正式加入俄罗斯联邦的条约是适宜的，关于布哈拉、花拉子模和远东共和国的问题留待以后解决，目前只限于同它们在关税、对外贸易、外交和军事等方面缔结条约。

附注：第1条中提到的各共和国和俄罗斯联邦的宪法中的相应修改在这个问题按苏维埃程序通过后进行。

2.与此相应,俄罗斯联邦全俄中央执行委员会的决定是第1条中提到的各共和国的中央机构所必须执行的,俄罗斯联邦人民委员会和劳动国防委员会的决定对于这些共和国的联合的人民委员部也是如此。

附注:这些共和国的代表参加俄罗斯联邦全俄中央执行委员会主席团。

3.第1条提到的各共和国的对外事务(外交人民委员部、对外贸易人民委员部)、军事、交通(地方交通运输除外)和邮电人民委员部同俄罗斯联邦的相应机构合并,而俄罗斯联邦相应的人民委员部则在各共和国驻有自己的全权代表以及规模不大的机构。

全权代表由俄罗斯联邦各人民委员同各共和国的中央执行委员会协商后指派。

认为在外交人民委员部和对外贸易人民委员部的国外代表机构中有有关共和国的代表参加是适当的。

4.各共和国的财政、粮食、劳动和国民经济各人民委员部正式服从俄罗斯联邦相应的人民委员部的指令。

5.认为第1条提到的各共和国的其他人民委员部,如司法、教育、内务、农业、工农检查、卫生和社会保障等人民委员部,是独立的。

附注1:上述各共和国同反革命作斗争的机构服从俄罗斯联邦国家政治保卫局的指令。

附注2:各共和国中央执行委员会只对民事案件有大赦权。

6.本决定如得到俄共中央赞同,将不公布,而作为通令发给各民族共和国的党中央,在全俄苏维埃代表大会召开前,先通过上述各共和国中央执行委员会或苏维埃代表大会按苏维埃程序予以贯彻,在全俄苏维埃代表大会召开时,再作为这些共和国的愿望予以公布。”

9月25日,委员会的材料(包括斯大林拟的草案、委员会的决议和会议记录以及格鲁吉亚、阿塞拜疆和亚美尼亚的共产党中央委员会的决议)送给了在哥尔克的列宁。同时,中央书记处把委员会决议分发给了俄共(布)中央委员和候补中央委员。列宁看了委员会的材料后于9月26日给政治局委员们写了这封信。9月27日,斯大林给列宁写了回信(同时寄发政治局委员)。在回信中,他同意列宁对第1条的改动,但对其余的改动有所保留。不过斯大林没有坚持自己的意见,而是按照列宁的建议修改了委员会的决议。修改后的决议由斯大林、奥尔忠尼启则、米雅斯尼科夫和维·米·莫洛托夫签署,分发给全体中央委员和候补中央委员,其全文如下:

"1.认为乌克兰、白俄罗斯、外高加索共和国联邦和俄罗斯联邦之间缔结关于联合成'社会主义苏维埃共和国联盟'而同时为每一个共和国保留自由退出'联盟'的权利的条约是必要的。

2.认为'联盟'的最高机关是'联盟中央执行委员会',这一委员会由俄罗斯联邦、外高加索联邦、乌克兰和白俄罗斯的中央执行委员会的代表组成,代表人数按各中央执行委员会所代表的人口分配。

3.认为'联盟中央执行委员会'任命的'联盟人民委员会'是'联盟中央执行委员会'的执行机构。

4.加入'联盟'的共和国和联邦的外交人民委员部、对外贸易人民委员部、陆军人民委员部、交通人民委员部和邮电人民委员部同'苏维埃社会主义共和国联盟'相应的机构合并,而'共和国联邦'的各人民委员部在各共和国联邦中有自己的全权代表以及规模不大的机构。这些全权代表由'联盟'的各人民委员同各联邦和共和国的中央执行委员会协商后指派。

附注:认为吸收各有关共和国代表参加外交人民委员部和对外贸易人民委员部相应的国外代表机构是必要的。

5.加入'共和国联邦'的共和国和联邦的财政、粮食、国民经济、劳动和检查等人民委员部及其同反革命作斗争的中央机关服从'共和国联邦'相应的人民委员部的指令和人民委员会和劳动国防委员会的决定。

6.认为加入'联盟'的共和国的其他人民委员部,如司法、教育、内务、农业、卫生和社会保障等人民委员部,是独立的。"

10月6日,俄共(布)中央全会通过了以列宁的提议为基础写成的决议,把它作为中央委员会的指令,并委托以斯大林为主席的新的委员会起草关于成立苏维埃社会主义共和国联盟的法令草案,以提交苏维埃代表大会讨论。

　　1922年12月30日,举行了全联盟苏维埃第一次代表大会,大会宣告苏维埃社会主义共和国联盟正式成立。——217。

169　1922年10月6日俄共(布)中央全会讨论俄罗斯联邦和各独立的民族苏维埃共和国的相互关系问题,列宁因牙病未能出席。他给列·波·加米涅夫写了这个便条,表明他反对大俄罗斯沙文主义的坚决态度。

　　关于联盟中央执行委员会主席的设置问题,1922年12月30日全联盟苏维埃第一次代表大会批准的《苏维埃社会主义共和国联盟成立条约》第10条作了如下规定:"苏维埃社会主义共和国联盟中央执行委员会主席团由19人组成,联盟中央执行委员会按照加盟共和国的数目从中选出联盟中央执行委员会主席4人。"——220。

170　列宁致纺织工人代表大会的信于1922年10月10日上午在大会上宣读。大会主席团以代表们的名义向列宁发了复信。

　　全俄纺织工会第五次代表大会于1922年10月6—11日在莫斯科举行。出席大会的有350名有表决权的代表和117名有发言权的代表。代表大会讨论了纺织工会中央委员会的工作报告以及关于纺织工业现状、关于全俄工会代表大会、关于组织问题、关于劳动条件、关于文化工作和关于纺织工人的国际活动等报告。

　　在第1次会议上代表们选举列宁为大会名誉主席,并向列宁发了致敬信。1922年10月9日代表们邀请列宁前来参加代表大会,列宁答复表示同意。但是,由于健康状况恶化,他未能出席大会。——222。

171　列宁给俄国共产主义青年团第五次代表大会的信在1922年10月11日代表大会第1次会议上宣读。大会通过了给列宁的致敬信。

　　俄国共产主义青年团第五次代表大会于1922年10月11—17日在莫斯科举行。大会听取了下列报告:关于共和国的国内外形势的报告;青年共产国际执行委员会的报告;俄国共产主义青年团中央委员会的工作报告;新经济政策条件下青年共产主义教育的基本任务;青年工人的教育;农村工作。部分问题是在代表大会的四个小组(组织小组、政治教育小组、经济小组和体育小组)的会议上审议的。——223。

172　这封信是针对 1922 年 10 月 5—6 日俄共(布)中央全会关于对外贸易问题的决定而写的。信的第一部分是 10 月 12 日写的,曾先给列·波·克拉辛看过,附言部分是 10 月 13 日写的。

俄共(布)中央这次全会,在列宁缺席的情况下,于 10 月 6 日根据格·雅·索柯里尼柯夫的报告通过了一项有关对外贸易问题的决定。决定写道:"1. 在对外贸易垄断方面不宣布作任何改变,而通过劳动国防委员会关于暂时准许某几类商品或在某些边境进出口的若干决定;2. 建议劳动国防委员会立即实行上述措施,而不要延至拟出准予进出口的货物的总清单以及进出口的港口和边境名单之后;3. 为监督劳动国防委员会在最近两星期内拟出进出口港口、边境和商品清单,成立由索柯里尼柯夫、波格丹诺夫、弗鲁姆金和列扎瓦同志组成的委员会,同时必须吸收对外贸易人民委员部的代表参加。"

列宁不同意全会的这一决定,认为它会破坏对外贸易的垄断。对外贸易人民委员克拉辛赞同列宁的观点,他曾给政治局送去关于这一问题的文章。中央消费合作总社理事会主席列·米·欣丘克以及其他许多经济工作者也都反对削弱对外贸易垄断,欣丘克曾于 10 月 12 日写信给列宁。

由于列宁就这一问题同斯大林谈过话,因而政治局事先知道列宁的观点。还在接到列宁此信之前,10 月 12 日政治局在研究了克拉辛的文章后通过下述决定:"1. 责成书记处就延期两个月执行全会关于对外贸易制度的决议问题征询所有在莫斯科的中央委员的意见;2. 由中央委员们委托克拉辛同志在两周内向中央提出自己对这一问题的意见,由书记处负责分送全体中央委员;3. 如果征询结果未获得绝对多数,把问题提交中央政治局决定。"

10 月 13 日中央书记处向中央委员们分发了列宁的信和克拉辛提交的《对外贸易人民委员部关于对外贸易制度的提纲》。多数中央委员表示支持列宁的建议,但某些中央委员仍坚持自己的立场。例如尼·伊·布哈林在 10 月 15 日写给斯大林的信中试图为取消对外贸易垄断的要求提供论据。斯大林给中央委员们写信说:"列宁同志的信没有说服我放弃 10 月 6 日中央全会关于对外贸易问题的决定是正确的这一看法……　然而,鉴于列宁同志坚决建议推迟执行中央全会决议,我投票**赞同**延期,以便下次全会在列宁同志参加下把问题重新提出讨论。"格·叶·季诺维也夫则声明,他"坚决反对不论从形式上还是从实质上重新审查全会通过的关于对外贸易制度问题的决定",他投票"反对重新审查"。10月16日,中央委员以14票对1票就列宁的建议通过决定:"延至下次全会决定这一问题。"1922年12月13日,在下次中央全会将召开时,列宁又一次就对外贸易垄断问题写信给斯大林并转中央全会(见本卷第331—336页)。——224。

173　指俄罗斯联邦政府同以奥托·沃尔弗为首的德国公司财团于1922年10月9日在柏林签订的协定。协定包括总议定书和三个合同。第一个合同包含筹建中的合营的俄德贸易股份公司的总章程,规定了分配利润和解决争端的程序。第二个合同调整了该公司在对外贸易人民委员部监督下进行贸易工作的程序,解决了商品采购、进出口和确定价格的问题。按照第三个合同,财团向苏俄政府提供为期一年的50万英镑商品信用贷款,用于采购财团的产品,按年利率10%计息,并按同样的条件向俄德贸易股份公司提供75万英镑的贷款,同时指出今后提供贷款的可能性。这几项合同的有效期未作规定,一方提前12个月通知对方就可以解除合同。

关于建立该公司的议定书于1922年11月16日在柏林签字。到1923年春季,该公司已在莫斯科、彼得格勒、顿河畔罗斯托夫等城市开设了分公司。苏维埃俄国同奥·沃尔弗财团签订合同并予以批准,在国外引起了很大的反响,为同其他企业主及公司举行谈判创造了有利的气氛。

但后来该财团规避履行由协定产生的义务,于1924年退出了俄德贸易股份公司。——230。

174　人民委员会于1922年10月19日批准了同以奥·沃尔弗为首的德国公司财团签订的合同。同日,列宁在俄共(布)中央政治局会议上就同奥·沃尔弗公司签订租让合同一事作了报告。根据列宁的批示,关于人民委员会批准这项合同的消息于1922年10月20日在《全俄中央执行委员会消息报》第 237 号上发表，并用电报发往国外。——232。

175　列宁给全俄财政工作者代表大会的贺信在 1922 年 10 月 22 日代表大会第 1 次会议上宣读。10 月 27 日上午代表大会通过了给列宁的回信。

　　　　全俄财政工作者代表大会于 1922 年 10 月 22—28 日在莫斯科举行。出席大会的有 147 名有表决权的代表和 126 名有发言权的代表。代表大会听取了关于财政政策的报告、关于 1922—1923 年财政计划的报告、关于税收政策和征税制度合理化的报告、关于财产所得税的报告、关于地方预算的报告以及其他报告。代表大会通过的决定指出，为巩固苏维埃国家和发展国民经济，在财政政策上必须坚定执行稳定卢布、缩小纸币发行的作用和扩大税款和工业收入的作用的方针。——233。

176　列宁的这封信于 1922 年 11 月 15 日发表在旅美俄国工人团体在纽约出版的英文刊物《苏维埃俄国》上。

　　　　苏俄之友协会(美国)产生于 1921 年 6 月。同年 8 月 7—9 日，美国工人联合会、技术援助苏俄协会和许多其他组织的代表在纽约举行代表会议，正式宣告协会的成立。协会有 200 多个地方组织，它们的领导机构叫做执行委员会或行动委员会，同协会的全国执行委员会保持直接的联系。全国执行委员会和协商委员会领导全部组织工作和鼓动工作，并负责把募集的款项汇集成总的基金。协会的宗旨是援助苏维埃俄国的工人和农民，在美国传播关于苏维埃俄国的真实消息，争取取消美国政府对俄国的经济抵制。

　　　　1922 年 5 月，协会向俄国派了一支由 22 台拖拉机组成的拖拉机队。这支拖拉机队于 7 月 17 日开始在彼尔姆省萨拉普尔县(现彼尔姆州大索斯诺娃区)的"托伊基诺"国营农场工作。1922 年 10 月 15 日《真理报》发表了拖拉机队领导人哈·韦尔的文章《美国拖拉机队》。这篇文章引起了列宁的注意。

　　　　根据列宁的提议，全俄中央执行委员会主席团于 1922 年 11 月 9 日授予"托伊基诺"国营农场以模范农场的称号。——234。

177　列宁的这封信于 1922 年 12 月发表在旅美俄国工人团体在纽约出版的英文刊物《苏维埃俄国》上。

技术援助苏俄协会是旅居纽约的俄国侨民于 1919 年 5 月建立的。在美国其他地方和加拿大也成立了此类协会。除俄国侨民外，美国人和加拿大人也积极参加了协会的筹建工作。协会的宗旨是通过从美国和加拿大向苏俄派遣熟练工人和技术人员的办法来协助苏俄恢复国民经济。1921 年 7 月 2—4 日在纽约举行了各地技术援助苏俄协会的第一次代表大会，把在美国和加拿大许多城市成立的地方协会联合成为一个统一的美国和加拿大技术援助苏俄协会。为了领导协会的工作，代表大会选出了中央常务局，通过了协会的章程，规定任何一个有技术专长，"承认人民委员政府并同意把自己的知识和劳动贡献给俄国的共产主义建设"的人，都可以成为协会会员。到 1923 年，协会在美国和加拿大各地的分会已超过 75 个，会员达两万多名。许多分会设有不同专业的学校。从 1921 年底到 1922 年 10 月，协会向苏俄派了 7 个农业公社、2 个建筑公社、1 个矿工公社和许多小组，给俄国运去了价值 50 万美元左右的机器、种子、粮食和其他设备。

1923 年 6 月，技术援助苏俄协会召开了第二次代表大会，决定要继续并加强为苏俄筹建和派遣公社与熟练工人小组的工作。代表大会在给列宁的电报中向"世界上第一个工农共和国"致敬，表示"在其为世界被压迫和被剥削人民争取自由幸福的英勇斗争中，保证给予充分的支持"。

1925 年，协会完成所担负的任务后停止活动。——235。

178　在苏俄坦波夫省基尔萨诺夫县的美国农业公社，是美国技术援助苏俄协会在 1921 年 1 月组建的，其成员是受沙皇制度迫害移居国外而在苏维埃政权建立之后又想返回俄国的农民和工人。第一批共 65 人（其中有 5 名妇女，7 名儿童），于 1922 年 4 月抵达坦波夫省。苏维埃当局将 1921 年夏遭安东诺夫匪帮破坏的基尔萨诺夫县伊拉乡的原伊拉国营农场划给了该公社。公社到 1922 年秋就修复了所有经济设施，为公社居民修建了两层楼的住宅，建起了锯木厂、机械厂，牲畜的头数也大大增加。公社还通过有偿和无偿提供粮食、农具，免费修理农具等办法支

援邻村的农民。1922年11月9日全俄中央执行委员会主席团根据列
宁的提议,授予公社以模范农场的称号,同时给予公社以大量物质支
援。这个公社曾是坦波夫州基尔萨诺夫区列宁集体农庄的前身。

　　1922年5月,在敖德萨省蒂拉斯波尔县米加耶沃车站(正文依据
报纸误做米季诺车站)附近,一批来自加拿大的乌克兰和加利西亚人
建立了"以列宁同志命名的加拿大第一改良农业技术示范公社"。社员
们很快就把拨给他们的一个破败不堪的地主庄园改造成规模巨大的农
场,装备了一系列使用电力的工厂:锻造厂、旋工钳工车间、机械厂、木
工厂,并进行了改善农业栽培技术的工作。公社还大力支援邻近无马
农民。1922年11月9日,全俄中央执行委员会主席团决定,授予该公
社以模范农场的称号。

　　一批于1922年夏来到俄国的美国矿工在顿巴斯的尤佐沃区利季
耶夫矿场工作。为答复列宁给技术援助苏俄协会的信,该矿场的美国
矿工委员会在同年10月给列宁发去贺电,其中写道:"我们为您康复和
重返战斗岗位感到高兴,值此十月革命五周年之际,谨向您致以热烈的
兄弟敬礼。您在给技术援助俄国协会的信中提及我们,对此我们深为
感激。我们为能给世界上第一个工农国家出力感到幸福,我们向大家
保证……一定要在劳动战线上——必要时在军事战线上——给它以支
持。"——235。

179　全俄中央执行委员会主席团于1922年11月9日采纳了列宁的建议,
并作出决定:"授予美国技术援助苏俄协会各劳动组合所领导的彼尔姆
农场和其他最出色的农场以模范农场的称号。"——239。

180　这份贺电是为庆贺远东共和国部队1922年10月25日开进符拉迪沃
斯托克而写的。远东共和国部队和游击队一起从白卫军和日本干涉军
手中解放了这座城市。——240。

181　这是列宁对《观察家报》和《曼彻斯特卫报》记者M.法尔布曼所提问题
的书面答复。

　　《观察家报》(《Observer》)是英国保守派报纸,英国第一家星期日
报纸,1791年起在伦敦出版。

　　《曼彻斯特卫报》(《The Manchester Guardian》)是英国的一家资产阶级报纸,1821 年在曼彻斯特创刊。19 世纪中叶起为自由党的机关报。起初是周报,从 1855 年起改为日报。俄国十月革命后的最初几年,该报较为客观地报道了苏俄的情况。——241。

182 指法国激进社会党领袖、议员和里昂市长爱德华·赫里欧 1922 年 9 月 20 日至 10 月 10 日对苏俄的半官方访问。赫里欧此行的目的是探讨法国同俄罗斯联邦建立联系在经济上和政治上的可能性。他强调指出,他是作为"一个无偏见的观察家和真诚的民主派而来的,准备为全世界的利益公开着手一项促使两个伟大民族接近的有益的事业"。他希望这些问题能得到满意的解决。为了解居民的生活条件和工农业恢复情况,赫里欧游览了莫斯科、彼得格勒、下诺夫哥罗德,访问了普梯洛夫工厂、彼得格勒商会、下诺夫哥罗德集市以及工厂、博物馆。他在同苏维埃报刊记者谈话时谈到自己的访俄印象,说他到处看到俄国政府和人民为消除战争和破坏的后果所作的巨大努力。赫里欧邀请苏俄商务机构参加 1923 年的里昂博览会。

　　赫里欧返法后努力促进法俄接近,开展了促进接近的运动,支持没有俄国参加就不能解决近东问题的意见。1922 年 11 月 10 日他在众议院发言,要求允许俄国参加洛桑会议。赫里欧的访俄以及他为调整法苏关系而进行的活动,是使两国建立正常的政治经济关系道路上的一个重要阶段。——241。

183 希土战争是帝国主义国家假手希腊军队对土耳其进行的武装干涉。土耳其在第一次世界大战中战败后,国内掀起了民族解放运动。1920 年 4 月,在安卡拉成立了以穆·基马尔为首的政府。协约国列强在借助伊斯坦布尔苏丹政府镇压民族解放运动遭到惨败后,要求希腊承担起武装干涉的任务。6 月,希腊出兵。8 月,协约国迫使伊斯坦布尔苏丹政府签订使土耳其失去大部分领土的塞夫勒条约。但安卡拉政府不予承认。在希土战争中,希军曾攻进土耳其腹地,逼近安卡拉,但最终于 1922 年 9 月被土耳其军队彻底打败。10 月 11 日协约国列强同土耳其签订了停战协定,1923 年 7 月 24 日在洛桑签订了正式和约,土耳其的独立终于得到了国际承认。——242。

184　指英、法、意等国因英国和希腊对土耳其的干涉遭到失败而筹备召开的
近东问题会议。帝国主义列强本想根本不让苏维埃俄国参加这次会
议,但后来考虑到苏维埃俄国的国际作用日益增长,不得不在1922年
10月7日的照会中表示允许苏俄在会议讨论黑海海峡问题时参加。
苏俄政府在1922年10月20日的照会中就此提出抗议,接着又在11
月2日向"邀请国"发出新的照会,坚持俄罗斯社会主义联邦苏维埃共
和国、乌克兰社会主义苏维埃共和国和格鲁吉亚社会主义苏维埃共和
国必须自始至终参加近东问题会议。1922年11月2日,俄共(布)中
央政治局开会讨论了照会草稿。照会吸收了列宁在政治局会议上和在
1922年10月31日给格·瓦·契切林和俄共(布)中央政治局委员的
信中(见本卷第253页)提出的建议。政治局决定使这一照会带有揭
发性。

　　近东问题会议于1922年11月20日在洛桑召开,一直开到1923
年7月24日。参加会议的有英国、法国、意大利、日本、希腊、罗马尼
亚、南斯拉夫、土耳其。在讨论黑海海峡管理问题时,有俄罗斯社会主
义联邦苏维埃共和国、乌克兰社会主义苏维埃共和国和格鲁吉亚社会
主义苏维埃共和国代表组成的联合代表团和保加利亚参加。在讨论某
些问题时曾吸收阿尔巴尼亚、比利时、荷兰、西班牙、葡萄牙、挪威、瑞典
参加。

　　会议最后签订了以英国、法国、意大利、日本、希腊、罗马尼亚和南
斯拉夫为一方,以土耳其为另一方的和约,塞夫勒条约被废除。在洛桑
会议议程上占重要地位的是黑海海峡问题。苏维埃代表团提出了列宁
在《答〈观察家报〉和〈曼彻斯特卫报〉记者M.法尔布曼问》中所表述的
建议。但是建议遭到了否决。洛桑会议通过的海峡管理公约规定,任
何国家的商船和军舰在任何时候都可以自由通过海峡。苏联认为该公
约侵犯了黑海各国的合法权利,也不能保障它们的安全,因此未予批
准。——242。

185　国际联盟(国际联合会)是根据1919年在巴黎和会上通过的《国际联盟

章程》于1920年1月成立的,总部设在日内瓦,先后参加的国家有60多个。美国本是国际联盟的倡议者之一,但因没有批准《国际联盟章程》,所以不是会员国。国际联盟自成立起就为英、法帝国主义所操纵。它表面上标榜"促进国际合作,维持国际和平与安全",实际上是帝国主义国家推行侵略政策、重新瓜分殖民地的工具。1920—1921年,国际联盟是策划武装干涉苏维埃俄国的中心之一。第二次世界大战爆发后,国际联盟无形中瓦解,1946年4月正式宣告解散。——244。

186　这个讲话是在1922年10月31日第九届全俄中央执行委员会第四次常会闭幕会议上发表的,是列宁病后的第一次公开讲话。本卷《附录》收有讲话的提纲。

　　第九届全俄中央执行委员会第四次常会于1922年10月23—31日举行。常会听取了财政人民委员部的报告、中央统计局关于1922—1923年俄罗斯联邦粮食和原料资源的报告、关于全俄农业展览会的报告、关于沃尔霍夫水电站工程的报告,审议并批准了《劳动法典》、《土地法典》、《俄罗斯联邦民法典》、《省苏维埃代表大会和省执行委员会条例》等法案。——247。

187　指俄罗斯联邦政府1922年11月2日致英国、法国和意大利政府的照会(见《苏联对外政策文件汇编》1961年俄文版第5卷第650—653页)。——253。

188　《彼得格勒真理报》(《Петроградская Правда》)于1918年4月2日创刊,最初是俄共(布)中央委员会和彼得格勒委员会的机关报。1919年4月12日起是俄共(布)彼得格勒委员会的机关报。1924年1月30日改名为《列宁格勒真理报》。——254。

189　列宁对共产党人合作社工作者第一次国际代表会议的贺信是对代表会议给他的致敬信的答复,于1922年11月2日在会上宣读。

　　共产党人合作社工作者第一次国际代表会议于1922年11月1—6日在莫斯科举行。出席会议的有澳大利亚、阿塞拜疆、亚美尼亚、奥地利、保加利亚、德国、格鲁吉亚、远东共和国、丹麦、意大利、拉脱维亚、立陶宛、挪威、波兰、俄罗斯联邦、乌克兰、芬兰、法国、瑞士、瑞典、爱沙尼亚等国的代表。列宁被选为代表会议的名誉主席。

　　在代表会议上，法国、苏维埃俄国、意大利、德国、瑞士、保加利亚和斯堪的纳维亚国家的代表作了关于各国合作社运动的状况、关于共产党人在这一运动中的立场和影响的报告。代表会议还听取了关于共产国际合作社问题小组的活动、关于共产主义和合作社、关于共产党人在合作社运动中的策略等报告。代表会议在决议中批驳了合作社组织在政治上中立的原则，强调合作社的工作必须同无产阶级的政治经济任务保持密切联系，必须同共产党和革命工会密切合作。——256。

190　这个文件是列宁在1922年11月2日俄共（布）中央政治局会议上提出的。这次会议讨论了合作银行问题，并通过了下列决议："……把下述已基本通过的列宁同志的提纲转交给专门委员会，责成该委员会将执行情况向政治局提出书面报告。"

　　文件上有列宁的批语："**保存**，供与**欣丘克**谈话用。"列·米·欣丘克当时任中央消费合作总社理事会主席。——257。

191　这是列宁对彼得格勒纺织工人的致敬信的回信。彼得格勒纺织工人在给列宁的致敬信中写道：

　　"彼得格勒纺织托拉斯在成立一周年之际，向您致以热烈的敬礼，并送上所属工厂生产的毛毯一条。

　　彼得格勒纺织工人希望您，我们的亲人，由于我们的薄礼而身上感到暖和，同时也感受到工人们献给您的温暖的心，并且看到，尽管设备破旧、经济破坏、供应不足、存在危机，我们的工作也丝毫不比战前逊色，可见我们能够达到我们向往的目的。"——258。

192　这是列宁对全俄统计工作者第四次代表大会给他的致敬电的答复，于1922年11月4日在大会第2次会议上宣读。

　　全俄统计工作者第四次代表大会于1922年11月3—12日在莫斯科举行。出席大会的有俄罗斯联邦各省许多统计机构和政府部门的代表，还有各民族共和国统计机构的代表。列宁被选为代表大会的名誉主席。大会成立的各小组——农业小组、工业和劳动小组、人口小组及其他小组共听取了 90 个报告。——259。

193　这是列宁对英国报纸《曼彻斯特卫报》记者阿瑟·兰塞姆所提问题的书面答复。两种回答中交给兰塞姆的是第一种即完整的一种。

　　　兰塞姆于 1922 年 10 月专程赴苏俄访问列宁。10 月 26 日,兰塞姆得到通知,要他把问题拟好写出。次日,他把拟定的 7 个问题寄给了列宁。11 月 3 日晚列宁接见了兰塞姆。谈话涉及英国议会选举、意大利法西斯政变等问题,但主要还是围绕兰塞姆事先拟定的问题进行。列宁说,他还没有把所有问题的答复写出来,但他答应在兰塞姆动身以前写完。星期日,11 月 5 日,列宁把 7 个问题的答复全部写就。星期一,"正当我收拾行装准备离开莫斯科的时候,——兰塞姆在给《曼彻斯特卫报》的通讯中写道,——我接到电话,说答复已写就。我急忙赶往克里姆林宫去取答复,给得很及时,使我得以随身带走。"——260。

194　列宁提到的这位朋友是康·米·塔赫塔廖夫,他是社会民主党人、彼得堡工人阶级解放斗争协会活动家、经济派分子、《工人思想报》编辑。1902 年 4 月—1903 年 4 月,列宁和娜·康·克鲁普斯卡娅侨居伦敦。——260。

195　1922 年 10 月 24 日人民委员会通过了关于发行 1923 年版纸币的决定。按照列宁签署的这一决定,1 个 1923 年版卢布等于 100 万停止流通的卢布,或等于 100 个 1922 年版卢布。发行 1923 年版卢布是苏联 1922—1924 年币制改革第一阶段中的措施之一。——262。

196　莫斯科市和莫斯科省非党女工农妇代表会议派了几名代表去见列宁,请他到会讲话。列宁的这封贺信是托她们转交给代表会议的。代表会议于 1922 年 11 月 6 日举行。有 2 000 多名妇女代表出席会议,她们中间有莫斯科的女工和来自各县和乡的妇女代表。——270。

197　这是列宁给原米歇尔逊工厂工人的回信。1922 年 9 月 9 日,莫斯科苏维埃根据该厂工人的申请,批准该厂以列宁的名字命名。为庆祝工厂改名,也为庆祝即将到来的十月革命五周年,该厂全体工人大会决定在

11月7日召开庆祝大会。因此工人们给列宁去信，邀请他出席。列宁的回信曾在该厂举行大会的会场、厂区小公园以及各车间多次宣读。

列宁曾不止一次在原米歇尔逊工厂讲话。1918年8月30日，他在该厂发表了题为《两种政权（无产阶级专政和资产阶级专政）》的讲演后离开该厂时，遭到社会革命党恐怖分子的袭击而受了伤。——271。

198 这是列宁给国营"输电"电站职工的回信。该电站的职工曾邀请他在十月革命五周年参加电站俱乐部的开幕式，并发表讲话。该电站又称克拉松电站，罗·爱·克拉松是修建该电站的工程师。——272。

199 这是列宁给斯托多尔制呢厂工人的回信。该厂工人于1922年11月3日为该厂以列宁名字命名而写了一封给列宁的致敬信，随信还给列宁送去一块该厂生产的毛呢衣料为礼物。信中写道："如果你，我们的导师和领袖，穿上我们亲手织出的毛呢做的衣服，我们将非常荣幸。伊里奇，请务必穿上并请了解，我们永远和你在一起。"——275。

200 这是有关共产国际第四次代表大会的两篇文献。第一篇即列宁的贺词是在1922年11月5日大会开幕式上宣读的。第二篇是列宁在11月13日上午会议上作的报告《俄国革命的五年和世界革命的前途》。报告是用德语作的，当天从德文速记记录译成俄文。在本卷《附录》中收有这个报告的三个提纲，第三个是用德文写的。

共产国际第四次代表大会于1922年11月5日—12月5日召开。大会开幕式在彼得格勒举行，以后的会议从11月9日起在莫斯科举行。58个共产党、3个其他政党（意大利社会党、冰岛工人党、蒙古人民党）以及5个工人组织（青年共产国际、红色工会国际、国际妇女书记处、美国黑人组织、国际工人援助会）的408名代表出席了大会。大会讨论了共产国际执行委员会的工作报告和下列问题：俄国革命的五年和世界革命的前途、关于资本的进攻、关于共产国际纲领、关于共产党员在工会中的任务、东方问题和土地问题等等。

列宁在1922年10月7日俄共（布）中央全会上被选入俄共（布）代表团领导小组，他领导了俄共代表团的全部工作，并积极参加了大会重要决议的起草。他还时常会见参加大会的各国共产党和其他政党的代表,帮助他们制定革命行动的政策和策略。

共产国际第四次代表大会通过了关于俄国问题的决议,给新经济政策以高度评价。大会指出,只有全世界无产阶级共同努力才能保障俄国的无产阶级革命免遭帝国主义国家侵犯和资本主义制度复辟的危险。大会号召全世界劳动者大力支援苏维埃俄国。

大会详细分析了国际革命运动的现状和任务,认为共产国际执行的统一战线策略是正确的。关于共产国际策略的提纲规定了共产党反击资本的进攻和根据统一战线的策略加紧同法西斯主义作斗争的任务。大会从统一战线策略出发提出了工人政府的口号,认为工人政府是过渡到无产阶级专政的可能形式。

大会讨论了凡尔赛体系建立后的国际形势,指出这个体系使帝国主义国家之间的矛盾尖锐化,加剧了军国主义化和增加了新的世界大战危险。因此,大会号召各国共产党,首先是法国和德国的共产党人,加强无产阶级的国际主义团结。

大会采取了建立工人阶级统一战线的新步骤,向海牙国际和平大会、第二国际和第二半国际以及各国工会发出公开信,号召它们采取共同行动来反对资本的进攻和战争危险。大会确定了共产党人在工会运动中的任务,提出了争取工会运动统一的口号。

在讨论共产国际纲领问题的时候,大会考虑了列宁的建议,没有把这个纲领作为定稿加以通过,准备对它作更细致的推敲。11月21日大会通过了以俄共代表团的草案为基础的关于共产国际纲领的决议,决定把所有的纲领草案转给共产国际执行委员会,以进行研究加工,同时责成各党起草本国的纲领。

大会分析了被压迫的附属国的民族解放运动,对殖民地半殖民地国家提出了反帝统一战线的口号。为了更确切地阐述共产党在土地问题上的政策,大会通过了共产国际在土地问题上的行动纲领草案。

大会还在一些专门委员会和全体会议上讨论了法国、西班牙、意大利、捷克斯洛伐克、波兰、美国、南斯拉夫、丹麦等国共产党的活动。
——276。

201　二二得蜡烛一语表示缺乏思维逻辑,前提和结论毫无联系,源出俄国作家伊·谢·屠格涅夫的长篇小说《罗亭》。小说中一个名叫毕加索夫的地主曾经诬蔑妇女说："一个男人,打个比方说,也许会说二二不得四,而得五或者三个半;可是一个女人却会说二二得蜡烛。"——289。

202 指共产国际第三次代表大会通过的《关于各国共产党的组织建设、工作方法和工作内容的提纲》。——290。

203 俄共(布)中央政治局于 1922 年 11 月 16 日通过了关于在 1923 年 1 月份内把军队从 80 万人裁减为 60 万人的决定。1922 年 12 月 18 日举行的俄共(布)中央全会批准了政治局的这一决定。全会指出,必须改进军事技术装备以补偿军队人数的裁减,为此建议人民委员会筹集资金尽速改善军工厂。全会建议,以全俄苏维埃第十次代表大会的名义号召各国劳动人民共同努力,保卫和平,防止新的战争。——293。

204 列宁的信是寄给团结在对苏维埃俄国持友好态度的组织周围的那部分俄国侨民的。

　　美国境内的俄国侨民按 20 世纪 20 年代的粗略估计约有 300 万人。大多数侨民是由于政治、经济和宗教原因在革命前离开俄国的移居者;十月革命后从俄国逃亡的资产阶级、贵族和知识分子在侨民中为数不多。由于这两类人的社会和经济地位以及对待苏维埃俄国的态度不同,俄国侨民遂分为互相敌对的两个阵营。苏俄之友协会(俄国人分会)、技术援助苏俄协会、美国工会俄国人分会、俄国人各种互助协会的联合会以及其他一些进步工人组织把大多数侨民团结在自己周围,组成一个阵营。另一个阵营是联合在反苏维埃报纸《新俄罗斯言论报》周围的形形色色的俄国小资产阶级组织和君主派组织。——294。

205 这是列宁为全俄农业展览会写的贺词。这个展览会,按照全俄苏维埃第九次代表大会的决定,本应在 1922 年秋天开幕,但由于展览会的组织工作量大,以及需要消除歉收所造成的后果,因此决定推迟到 1923 年开幕。展览会附设有外国馆,国外许多企业家希望参加展出。报刊上强调指出,展览会"应不仅具有俄国性质,从某种意义上说,还应具有国际性质"。看来正因为如此,列宁在 1922 年 10 月 6 日给它写了以下贺词:"致莫斯科国际农业展览会。祝获得各方面的成就。此信写得匆忙简短,请原谅。弗·乌里扬诺夫(列宁)。"这份贺词没有发出。

　　1923年8月19日,苏联第一届农业和手工业展览会在莫斯科开幕。列宁对展览会极为关注。10月19日列宁最后一次回莫斯科时,虽然身患重病,还是乘车参观了展览会。——296。

206　光明社是法国作家昂·巴比塞在1919年建立的国际进步作家和文化工作者团体。这个团体是在"前参战者共和联盟"以及稍后并入联盟的其他一些国家的类似团体的基础上建立的。这些团体曾组成以"对战争宣战"为主要口号的"前参战者国际"。参加光明社的有第三国际的支持者巴比塞、阿·法朗士、保·瓦扬-古久里和怀有和平主义情绪的作家罗·罗兰、斯·茨威格、赫·威尔斯、托·哈代、厄·辛克莱等。1919年10月该社在巴黎创办了《光明》杂志。最初几年该杂志在法国和国外享有相当大的声望。但是,由于社内的思想分歧和组织上的软弱,光明社没有成为一个大的组织和取得更大的影响。1924年4月巴比塞辞去《光明》杂志主编职务,1928年1月杂志停刊,光明社也随之解散。

　　在克里姆林宫列宁图书馆中,保存着巴比塞起草的光明社宣言,也就是他编的一本书《深渊之光。"光明社"追求什么》。书上有如下题词:"向首先写了还没有人写过的伟大定律的列宁致以崇高的敬意。昂利·巴比塞。"——297。

207　列宁在莫斯科苏维埃全会上的讲话是他最后一次对公众的讲话。莫斯科苏维埃全会是同莫斯科各区苏维埃的全会一道在大剧院开的。会议听取了莫斯科苏维埃主席团和执行委员会在市、区两级苏维埃改选前的工作报告。在会议议程进行完毕以后,列宁来到了会场,受到了极热烈的欢迎。据与会者回忆,尽管列宁身体不适,但他还是发表了热情洋溢的讲话。——298。

208　指远东共和国国民议会1922年11月14日通过的关于远东共和国同俄罗斯联邦重新合并的决定,合并的消息发表在1922年11月15日的各报上。决定的全文于1922年11月21日见报,是在列宁讲话之后。

——299。

209 1922年10月底至11月初《真理报》上曾就同莱·厄克特签订合同的问题发表了一些争论文章。争论是按照列宁的建议组织的。关于这个问题，可参看1922年10月30日列宁给格·列·皮达可夫和莫·伊·弗鲁姆金的信(本版全集第52卷第565号文献)。——303。

210 列宁给全俄苏维埃工作人员工会第五次代表大会的贺信是在代表大会闭幕后送到的。1922年11月24日，在该工会新的中央委员会主席团的第1次会议上，宣读了这封贺信。

全俄苏维埃工作人员工会第五次代表大会于1922年11月16—21日在莫斯科举行。有201名代表出席大会。列宁由特维尔省苏维埃工作人员工会第六次代表大会选为大会名誉代表。全俄苏维埃工作人员工会第五次代表大会推选列宁为名誉主席并给他发了致敬信。代表大会讨论了下列问题：苏维埃工作人员工会中央委员会的工作报告，苏维埃工作人员工会的当前任务，组织问题，工资-经济工作等等。——307。

211 列宁的这封信分送给了俄共(布)中央政治局委员们，以便对他的削减舰只修理计划的建议进行表决。——308。

212 指俄共(布)中央委员会为审核舰只制造和国防工程的年度计划而设立的委员会。——309。

213 俄共(布)中央政治局在1922年11月30日的会议上讨论了舰只修理计划问题，决定把舰只修理开支总额削减到800万卢布。根据列宁的建议，节省下来的资金拨给了教育人民委员部(见本卷第322页)。——309。

214 列宁指的是列·达·托洛茨基的反对意见。托洛茨基在分送给俄共(布)中央政治局委员表决的列宁1922年11月25日的信上写道："我不能认为这种'凭眼睛估计'进行削减的方法是正确的。"——309。

215　在表决列宁前一封信中的建议时,列·波·加米涅夫主张批准1 000万卢布的开支总额,理由是已向各工厂"订货"。——310。

216　这是列宁给全俄教育工作者工会第四次代表大会的回信,于1922年11月26日上午在大会上宣读。代表大会选举列宁为名誉主席,并以50万教育工作者大军的名义向他发了致敬信。

全俄教育工作者工会第四次代表大会于1922年11月21—26日在莫斯科举行。183名代表出席了大会。大会的中心议题是教育工作者的政治教育问题。——311。

217　国际工人援助会总书记威·明岑贝格于1922年11月21日在共产国际第四次代表大会上作了关于该会活动的报告。

国际工人援助会(国际援助苏俄饥民国外委员会)是一些国家的援助苏维埃俄国饥荒地区居民委员会于1921年9月在柏林召开的国际代表会议上成立的,目的是在国际范围内协调这种援助。国际工人援助会的成立是世界先进工人对1921年8月2日列宁向国际无产阶级发出的呼吁(见本版全集第42卷第89—90页)的响应。

国际工人援助会运送食物、药品到俄国,帮助建立儿童保育院等等。在1921—1922年间,国际工人援助会募集了500多万金卢布,同时协助在国外成立苏俄之友协会,协助外国工人移居俄国建立工业和农业企业,以帮助苏俄人民恢复国民经济。国际工人援助会发行由俄罗斯联邦人民委员会作保证的国际公债。国际工人援助会还开展广泛的出版活动并传播反映苏维埃俄国生活的影片。

国际工人援助会的任务和职能后来有所扩大,它还给各国的罢工工人和同盟歇业期间的工人、劳动人民的儿童和劳动妇女、残废者等等以精神上和物质上的支援。

国际工人援助会的领导机构是中央委员会,由国际工人援助会各组织的国际代表大会选出。各国设有国际工人援助会分会。除个人会员外,还有一些工人组织(工会、合作社等等)加入这些分会为团体会员。——312。

218　列宁的贺信是在青年共产国际第三次代表大会开幕式上宣读的。开幕

式在大剧院举行。代表大会当天就给列宁写了回信,信中以共产主义
青年的名义保证全力以赴地"为社会革命的事业去争取青年工人的大
多数"。

青年共产国际第三次代表大会于 1922 年 12 月 4—16 日在莫斯科
举行。出席大会的有各国 38 个青年组织的 121 名代表。代表大会讨
论了下述青年运动的任务:协助各国共产党进行反法西斯主义的斗争,
为反对战争危险而斗争,把共青团变为青年工人的群众性组织和贯彻
执行统一战线策略,提高共青团的教育工作和理论工作的水平,等等。
代表大会在特别决议中声明拥护共产国际第四次代表大会的所有决
定。代表大会基本通过青年共产国际执行委员会提出的新纲领草案,
建议各国共青团对草案进行广泛的讨论。——314。

219　这是列宁给俄共(布)中央政治局特别委员会写的一封信。这个委员会
是根据列宁的建议成立的,由格·叶·季诺维也夫、列·达·托洛茨基
和尼·伊·布哈林组成,其任务是同将出席海牙国际和平大会的苏俄
代表团一起讨论有关大会的一切问题。列宁因病不能出席定于 1922
年 12 月 4 日召开的特别委员会会议,因此用书面方式阐述了自己的
观点。

海牙国际和平大会是阿姆斯特丹工会国际在反对新的世界战争危
险的工人群众的压力下于 1922 年 12 月 10—15 日召开的。出席大会
的有欧洲 24 个国家的 630 名代表。很大一部分代表是社会民主党、黄
色工会和改良主义合作社组织的领袖。资产阶级和平主义团体的代表
也占有重要的地位。没有邀请共产国际、红色工会国际以及亚非被压
迫国家的代表与会。代表中只有 10 名共产党人,全是苏俄代表团的
成员。

为了不给共产党代表有广泛开展工作的机会,大会的组织者只为
苏维埃俄国的 3 名代表——卡·伯·拉狄克、费·阿·罗特施坦和
索·阿·洛佐夫斯基领到荷兰政府的入境签证。6 名苏俄代表只赶上
最后两次会议,因此实际上未能参加大会的工作。苏俄代表团尽管遭
到各种阻挠,但还是利用大会的讲台,向全世界表明革命无产阶级对帝
国主义战争的态度。苏俄代表反对大会的发起人为大会草拟的和平主

义决议,有力地揭露了这些决议,指出它们在实际上毫无用处。苏俄工会代表团提出并用法、德、英三种文字印发了14点纲领。纲领号召进行坚决的群众性斗争,争取废除凡尔赛条约,揭露国际帝国主义的一切阴谋,公布秘密条约,反对帝国主义列强在国际联盟的旗号下推行的侵略政策,反对以赔款的形式奴役德国、奥地利、保加利亚和其他国家的劳动群众,争取从德国和一切国家的占领区,从"根据国际联盟的委托,亦即根据强权占领的"地区和领土(远东、近东、非洲等等)立即撤走协约国军队。作为反对战争危险的措施,纲领要求建立国际行动委员会,由三个国际、红色工会国际和阿姆斯特丹工会国际的代表组成。大会的机会主义多数否决了这一纲领。

大会通过的决议离召开"和平大会"的目的太远,苏俄代表团拒绝对这些决议提出任何修改。在这些决议中,只字未提资本主义是战争的根本原因,闭口不谈必须从阶级立场进行反战斗争以及组织工人反战统一战线的问题,而仅限于宣布准备一旦发生新的战争即举行总罢工。——315。

220　《关于尼·叶·费多谢耶夫的点滴回忆》一文是应党史委员会之约给一本记述尼·叶·费多谢耶夫的革命活动的文集写的(见《尼古拉·叶夫格拉福维奇·费多谢耶夫。俄国革命马克思主义先驱之一(回忆录)》1923年莫斯科—彼得格勒版),由列宁口授,秘书记录。文章的标题是安·伊·乌里扬诺娃-叶利扎罗娃拟的,她还对文章作了一些编辑加工。在她给列宁的信上有列宁的批语:"不反对。"列宁在文中谈到的他和费多谢耶夫的来往信件没有找到。——320。

221　劳动解放社是俄国第一个马克思主义团体,由格·瓦·普列汉诺夫和维·伊·查苏利奇、帕·波·阿克雪里罗得、列·格·捷依奇、瓦·尼·伊格纳托夫于1883年9月在日内瓦建立。劳动解放社把马克思主义创始人的许多重要著作译成俄文,在国外出版后秘密运到俄国,对马克思主义在俄国的传播起了巨大作用。普列汉诺夫当时写的《社会主义与政治斗争》、《我们的意见分歧》、《论一元论历史观之发展》等著作有力地批判了民粹主义,用马克思主义的观点分析了俄国社会的现实和俄国革命的一些基本问题。普列汉诺夫起草的劳动解放社的两个纲领草案——1883年的《社会民主主义的劳动解放社纲领》和1885年的《俄国社会民主党人纲领草案》，对于俄国社会民主党的建立具有重要意义，后一个纲领草案的理论部分包含了马克思主义政党纲领的基本成分。劳动解放社在团结俄国社会民主党的力量方面也做了许多工作。它还积极参加社会民主党人的国际活动，和德、法、英等国的社会民主党都有接触。劳动解放社以普列汉诺夫为代表对伯恩施坦主义进行了积极的斗争，在反对俄国的经济派方面也起了重要作用。恩格斯曾给予劳动解放社的活动以高度评价(参看《马克思恩格斯文集》第10卷第532页)。列宁认为劳动解放社的历史意义在于它从理论上为俄国社会民主党奠定了基础，向着工人运动迈出了第一步。劳动解放社的主要缺点是：它没有和工人运动结合起来，它的成员对俄国资本主义发展的特点缺乏具体分析，对建立不同于第二国际各党的新型政党的特殊任务缺乏认识等。劳动解放社于1903年8月在俄国社会民主工党第二次代表大会上宣布解散。——320。

222 1893年尼·康·米海洛夫斯基在《俄国财富》杂志第10期上发表一篇谈民粹主义的文章，表示赞同瓦·沃·对马克思主义者的看法，说什么"马克思主义者公然坚持必须摧毁保障劳动者在生产中的独立地位的经济组织"，而瓦·沃·则反对"这种直接影响现存制度的'业绩'"。为此，尼·叶·费多谢耶夫给米海洛夫斯基写了一封私人信件，反驳对马克思主义者的指责。他在信中说明了他不得不采用写私人信的方式的原因，然后论证了马克思主义在俄国资本主义发展问题上的观点，驳斥了所谓俄国马克思主义者"坚持使农民无产阶级化"的谰言。米海洛夫斯基在1894年《俄国财富》杂志第1期《文学和生活》一文中片面地摘引费多谢耶夫的私人信加以发表，以败坏俄国马克思主义者的声誉。这种论战手法引起费多谢耶夫的抗议，他写了第二封信，但此信是否寄给了米海洛夫斯基，不详。

费多谢耶夫给米海洛夫斯基的信很长一段时间被认为已经丢失。1921年11月，《往事》杂志编辑部将一本题为《给尼·康·米海洛夫斯基的两封信》的小册子(1894年版，无出版地点)寄给列宁，请他判断其作者是谁。列宁在 11 月 23 日的回信中认为，它可能是费多谢耶夫写的（见本版全集第 52 卷第 84 号文献）。费多谢耶夫给米海洛夫斯基的信直到 1933 年才在《无产阶级革命》杂志第 1 期上全文发表。

《俄国财富》杂志（《Русское Богатство》）是俄国科学、文学和政治刊物。1876 年创办于莫斯科，同年年中迁至彼得堡。1879 年以前为旬刊，以后为月刊。1879 年起成为自由主义民粹派的刊物。1892 年以后由尼·康·米海洛夫斯基和弗·加·柯罗连科领导，成为自由主义民粹派的中心，在其周围聚集了一批政论家，他们后来成为社会革命党、人民社会党和历届国家杜马中的劳动派的著名成员。在 1893 年以后的几年中，曾同马克思主义者展开理论上的争论。为该杂志撰稿的也有一些现实主义作家。1906 年成为人民社会党的机关刊物。1914 年至 1917 年 3 月以《俄国纪事》为刊名出版。1918 年被查封。——320。

223　1893 年 9 月初（公历），列宁为会见尼·叶·费多谢耶夫曾去弗拉基米尔。——320。

224　列宁在 1898 年 8 月 16 日写给玛·亚·乌里扬诺娃和安·伊·乌里扬诺娃-叶利扎罗娃的信中曾谈到尼·叶·费多谢耶夫之死（见本版全集第 53 卷第 53 号文献）。——321。

225　列宁的补充意见写入了俄共（布）中央政治局 1922 年 12 月 7 日作出的关于国家供给委员会报告的决定。决定建议人民委员会从舰只修理计划方面节省下来的款项中拨出 200 万金卢布给教育人民委员部（参看本卷第 308—310 页）。——322。

226　在手稿第 1 页左上角有列宁手书："立即打印 5 份。"苏共中央马克思列宁主义研究院中央党务档案馆存有两份打印件，一份注明"**送列宁同志**"，另一份注明"**送瞿鲁巴同志**"。——324。

227　列宁致全乌克兰苏维埃第七次代表大会的贺电于 1922 年 12 月 10 日在代表大会开幕式上宣读。当天，大会给列宁发了致敬电。

全乌克兰苏维埃第七次代表大会于 1922 年 12 月 10—14 日在哈

尔科夫举行。出席大会的代表共 824 人,其中有表决权的代表为 782
人,有发言权的代表为 42 人,共产党员 735 人,非党人士为 89 人。
大会议程包括以下问题:政府工作报告;财政政策;发展农业工作总结;
各苏维埃共和国以联盟的形式实行联合;工业状况;红军问题;苏维埃
建设;饥荒后果及其克服措施。大会赞同列宁关于各享有主权的苏维
埃共和国自愿联合为统一的联盟国家——苏维埃社会主义共和国联盟
的思想,并就米·瓦·伏龙芝的报告通过了关于各苏维埃共和国以联
盟的形式实行联合的决定。遵照列宁的指示,大会对苏维埃建设、财政
政策、振兴工农业等问题给予极大注意。大会选举列宁为全乌克兰中
央执行委员会名誉委员。——327。

228　为准备在全俄苏维埃第十次代表大会上讲话,列宁早在 1922 年 11 月
就开始收集必要的材料:索取各种图书和剪报,阅读最高国民经济委员
会副主席弗·巴·米柳亭关于贸易、财政和工业状况的报告,写信给
约·伊·霍多罗夫斯基请他提供俄共(布)城市支部支援农村支部和农
村支部支援城市支部的材料。由于健康状况恶化,列宁未能出席代表
大会。从提纲可以看出,他未能在代表大会上讲的一些问题,后来在最
后一批文章中得到了发挥。

全俄苏维埃第十次代表大会于 1922 年 12 月 23—27 日在莫斯科
举行。出席大会的有俄罗斯联邦的 1 727 名代表和来自外高加索联
邦、乌克兰共和国和白俄罗斯共和国的 488 名贵宾——即将召开的苏
联苏维埃第一次代表大会的代表。列宁当选为大会名誉主席。代表大
会给列宁发了致敬电。

代表大会讨论了全俄中央执行委员会和人民委员会关于苏维埃共
和国的对内对外政策的报告,还讨论了最高国民经济委员会、教育人民
委员部、财政人民委员部和农业人民委员部的报告。代表大会表示完
全赞同苏维埃政府的工作,并在决议中规定了一系列进一步巩固工业、
农业和财政的措施。12 月 26 日代表大会听取了关于各苏维埃共和国
联合的报告,次日,在最后一次会议上就这一问题通过了一项决定,认
为必须建立苏维埃社会主义共和国联盟。代表大会选举了出席苏联苏
维埃第一次代表大会的代表团。

代表大会还通过了告世界人民书,代表俄国工农庄严表明要求和平的愿望,号召各国劳动人民与苏维埃俄国人民共同努力"保障和平","防止人类遭受骇人听闻的毁灭性的战争"。

代表大会选出了由 270 名委员和 118 名候补委员组成的全俄中央执行委员会。——328。

229 列宁所引数字表明,在 1920 年、1921 年和 1922 年这三年的 6—11 月期间,价格的增长分别比流通中货币数量的增长低 16％、50％和 60％。这些表明卢布趋于稳定的数字显然是用来证实提纲中的第 8 点"**财政**前进了**一小步**"的。

这些数字看来取自列·纳·克里茨曼为文集《在新的道路上。1921—1922 年新经济政策总结》(第 2 编:财政。由劳动国防委员会特设委员会编辑的报告书。莫斯科,劳动国防委员会 1923 年出版)所写的导言。列宁在准备讲话稿时曾在 1922 年 12 月 10 日索取该文集的校样。——328。

230 看来是指 Φ.金的文章《"专家"(统计调查试验)》,载于 1922 年 9 月 3 日《真理报》第 197 号。文章依据对在苏维埃机关和托拉斯中工作的 230 名非党工程师的调查,把专家分成两类:一类是敌视苏维埃政权的,另一类是愈来愈多地同苏维埃政权合作的。作者认为,苏维埃政权的任务之一是全力促进资产阶级专家的这种分化。

据玛·伊·乌里扬诺娃回忆,对非党专家弗鲁姆金(Φ.金是他的笔名)所写的这篇文章,"弗拉基米尔·伊里奇非常感兴趣,他多次提及这篇文章,让我同作者谈谈,向他转达伊里奇的意见,并问明他在哪里工作"。——329。

231 1922 年 12 月 13 日晨,列宁的病两次发作,医生要求列宁全休。玛·伊·乌里扬诺娃后来写道:"医生花了很大力气要弗拉基米尔·伊里奇完全停止工作,住到郊外去。还建议弗拉基米尔·伊里奇暂时不要散步,尽可能多卧床休息。弗拉基米尔·伊里奇最后同意出城,并说:'今天就开始清理自己的事务。'"从这时起列宁在家工作了几天,口授信件,布置各种任务,力争把他认为特别重要的事情料理完毕。——330。

232 指阿·伊·李可夫提的下述建议：列宁亲自接见的来访者通常要由人民委员会和劳动国防委员会副主席或俄共（布）中央委员会书记事先选定。——330。

233 指1922年12月12日由亚·德·瞿鲁巴、列·波·加米涅夫、阿·伊·李可夫拟定的关于人民委员会和劳动国防委员会副主席在分管各人民委员部方面的分工。列宁1922年12月4日提出的关于人民委员会和劳动国防委员会副主席分工的建议，12月9日提出的关于人民委员会副主席和主席的工作制度的建议，见本卷第319、324—326页。——330。

234 根据1922年10月16日俄共（布）中央委员会的决定（见注172），定于12月15日（后改为18日）召开的中央全会要再次讨论对外贸易垄断问题。这是列宁就这个问题写给中央全会的信。

全会前列宁做了大量的工作：组织收集关于外贸状况的材料并成立研究这些材料的委员会；根据他的建议对俄罗斯联邦各驻外商务代表处的活动进行了调查；同中央委员们，同党、苏维埃和经济部门的负责人员交谈；写了许多书信和便条，要那些还在犹豫的同志相信保持对外贸易垄断的必要性；同支持他的观点的人商妥，由他们在全会上发言。他在12月12日给列·达·托洛茨基的信中表示：他将在全会上为维护垄断而战斗（见本版全集第52卷第595号文献）。

但是由于病情恶化，列宁不能出席全会，所以在13日写了这封给中央全会的信。除斯大林外，列宁还把信分送给托洛茨基和瓦·亚·阿瓦涅索夫。阿瓦涅索夫是主张保持对外贸易垄断的，列宁在给他的附信中请他好好考虑一下，对关于对外贸易垄断的信需要补充什么，如何开展斗争（见本版全集第52卷第599号文献）。列宁建议托洛茨基在全会上发言维护"保留和加强对外贸易垄断是绝对必要的"的观点，他强调说，"在这个问题上不能让步"（同上书，第597号文献）。

列宁的信件，同列宁的谈话以及对这一问题的深入研究，使中央委员们相信必须保持对外贸易垄断。十二月全会一致通过决定，撤销十月全会的决定，重申"保持和从组织上加强对外贸易垄断的绝对必要性"。鉴于对外贸易垄断问题极端重要,列宁没有到此为止,他还建议向即将召开的全俄苏维埃第十次代表大会的共产党党团通报此事,并把问题提到党的第十二次代表大会。

1923年4月17—25日举行的党的第十二次代表大会研究了对外贸易垄断问题。大会关于俄共(布)中央工作报告的决议中写道:"代表大会无条件地确认对外贸易垄断是确定不移的,不允许有任何的违背和执行时有任何动摇,并责成新的中央委员会采取一系列的措施来巩固和发展对外贸易垄断。"(参看《苏联共产党代表大会、代表会议和中央全会决议汇编》1964年人民出版社版第2分册第249页)——332。

235 指尼·伊·布哈林1922年10月15日给俄共(布)中央的信。——332。

236 庸俗的自由贸易论者一语见于马克思《资本论》第1卷。马克思在那里说,"庸俗的自由贸易论者用来判断资本和雇佣劳动的社会的那些观点、概念和标准"是从"简单流通领域或商品交换领域"得出的(见《马克思恩格斯文集》第5卷第205页)。——334。

237 指动身去哥尔克。由于病情恶化,医生要列宁到哥尔克去休养。——337。

238 由于健康状况继续恶化,列宁无法参加全俄苏维埃第十次代表大会。1922年12月16日晚,娜·康·克鲁普斯卡娅请值班秘书"用弗拉基米尔·伊里奇的名义通知斯大林,说他不去苏维埃代表大会讲话了"(见本卷第470页)。——338。

239 斯大林于1922年12月15日给中央委员们写信说:"鉴于最近两个月积累的有关对外贸易问题的材料说明必须保持对外贸易垄断……我有责任声明,收回我两月前书面通知中央委员们的反对对外贸易垄断的意见。"斯大林后来在同反对派争论中提到过这件事(见《斯大林全集》第9卷第68页)。——338。

240 列宁1922年12月15日给列·达·托洛茨基的信中也谈到他坚决反

对中央全会推迟解决对外贸易垄断问题（见本版全集第52卷第600号文献）。——338。

241 1922年12月16日，列宁的病剧烈发作。在此后的几天里，他的健康状况日益恶化，右臂和右腿不能活动。列宁清楚地意识到病情危险，因而决定口授一系列札记，把他认为"最重要的"想法和考虑写出来。这里收载的书信和文章，是他的口授记录的一部分。

12月23日，列宁请求医生允许他口授5分钟时间，用速记记录。他说，因为有一个问题使他感到不安，他怕睡不着觉。得到允许后，列宁叫来玛·阿·沃洛季切娃，对她说："我想向您口授一封给代表大会的信，请记吧！"接着口授了《给代表大会的信》的第一部分。次日列宁表示希望继续口授，如后来玛·伊·乌里扬诺娃所说的，由于医生们反对，列宁提出了"最后通牒"：允许他每天哪怕用很短的时间口授他的《日记》（列宁这样称呼自己的札记），否则他就完全拒绝治疗。在列宁的坚持下，医生才允许他每天口授5—10分钟。后来列宁的健康状况逐渐好转，医生允许他每天口授30—40分钟。

尽管身患重病，但列宁头脑清楚，思想明晰，依然保持罕见的意志力和乐观主义精神。直至1923年3月6日健康状况再次急剧恶化时止，他实际上仍然不断工作，口授札记，为俄共（布）第十二次代表大会作准备。大概在1922年12月27日或28日，列宁口授了一份札记，拟定了以后工作的题目：

"备忘：

关于增加中央委员人数的信中漏了增加后的中央委员会委员同工农检查院的关系问题。

拟定的题目：

1.关于中央消费合作总社以及从新经济政策观点来看它的意义。

2.关于职业教育总局同国民的普遍教育工作之间的关系。

3.关于民族问题和关于国际主义（从格鲁吉亚党内最近的冲突谈起）。

4.关于1922年出版的一本国民教育统计的新书。"

沃洛季切娃在1929年写道："列宁在1922年12月（20日）至1923

年3月初这段期间口授的所有文章和文件都按照列宁的意愿打印5份,他要求1份留给自己,3份交娜捷施达·康斯坦丁诺夫娜,1份交给他的秘书处(绝密)。送《真理报》的文章经最后校订,打印清楚,由列宁审阅过,然后转交玛丽亚·伊里尼奇娜。娜捷施达·康斯坦丁诺夫娜收到的那3份副本也是校订过的。底稿由我烧毁。按照列宁的意愿,封存文件副本的信封上盖有火漆印,他请求写明,只有弗·伊·列宁可以启封,而他死后则只有娜捷施达·康斯坦丁诺夫娜可以启封。'而他死后'这几个字我在信封上没有写。留给列宁的那一份加上硬纸面用细绳装订成册,以便于使用。"

列宁口授的关于党内问题的信件当时没有发表,他口授的文章当即刊载在《真理报》上。——339。

242 《给代表大会的信》包括列宁在1922年12月23、24、25、26日,12月29日(《关于增加中央委员人数部分的补充意见》)和1923年1月4日(《对1922年12月24日一信的补充》)口授的札记。

信的第一部分(1922年12月23日的札记),据《弗·伊·列宁的书信、便条和交办事务登记本》所记,于当天送交斯大林。在政治局会议和中央全会记录中没有提及列宁的这一札记。但是中央委员会曾提出必须增加中央委员人数的问题,同12月23日札记中列宁的指示完全一致(因为在《我们怎样改组工农检查院》一文中说的不是增加中央委员人数问题,而是扩大中央监察委员会的必要性问题)。列宁在12月23日札记中的建议,后来在《我们怎样改组工农检查院》和《宁肯少些,但要好些》等文章中又得到进一步的发挥。

信的其他部分(1922年12月24—25日和1923年1月4日的札记)是列宁逝世后由娜·康·克鲁普斯卡娅于1924年5月18日,俄共(布)第十三次代表大会开幕前几天,正式移交中央委员会的。克鲁普斯卡娅在移交这些文件的记录中写道:

"兹移交弗拉基米尔·伊里奇患病期间在12月23日至1月23日口授的札记,共13篇。关于民族问题的札记未计算在内(目前在玛丽亚·伊里尼奇娜处)。

这些札记中有些业已发表(关于工农检查院,评苏汉诺夫)。在未发表的札记中有 1922 年 12 月 24—25 日和 1923 年 1 月 4 日的口授札记，内含对某些中央委员个人的评价。弗拉基米尔·伊里奇坚决希望，在他去世后，他的这一札记能送达党的应届代表大会。**娜·克鲁普斯卡娅**。"

　　1924 年 5 月 21 日举行的中央全会听取弗·伊·列宁文件接收委员会的报告后，通过以下决定："按照弗拉基米尔·伊里奇的意愿，把宣读过的文件交代表大会向各代表团分别宣读，规定这些文件不得复制，而由伊里奇文件接收委员会委员负责向各代表团宣读。"根据这项决定和党的第十三次代表大会主席团的决定，向各代表团分别宣读了《给代表大会的信》。

　　1927 年 12 月联共(布)第十五次代表大会决定把《给代表大会的信》(1922 年 12 月 24—25 日和 1923 年 1 月 4 日的札记)作为附录收入代表大会的记录，同时把这些札记和列宁关于党内问题的其他信件在《列宁文集》中发表。根据这一决定，列宁 1922 年 12 月 24—25 日和 1923 年 1 月 4 日的札记被刊载在联共(布)第十五次代表大会第 30 号公报上。但列宁关于党内问题的书信当时没有在《列宁文集》或其他出版物中发表。

　　1956 年根据苏共中央决定，这些书信向党的第二十次代表大会作了传达，接着分发给党的各级组织，并在 1956 年《共产党人》杂志第 9 期上发表，出版了单行本，还收入了《列宁全集》俄文第 4 版第 36 卷。——341。

243　《俄国思想》杂志(《Русская Мысль》)是俄国科学、文学和政治刊物(月刊)，1880—1918 年在莫斯科出版。起初是同情民粹主义的温和自由派的刊物。90 年代有时也刊登马克思主义者的文章。1905 年革命后成为立宪民主党右翼的刊物，由彼·伯·司徒卢威和亚·亚·基泽韦捷尔编辑。十月革命后于 1918 年被查封。后由司徒卢威在国外复刊，成为白俄杂志，1921—1924 年、1927 年先后在索非亚、布拉格和巴黎出版。——342。

244　《关于赋予国家计划委员会以立法职能》一信是娜·康·克鲁普斯卡娅

在1923年6月初转交俄共（布）中央委员会的。6月14日政治局通过决定，"把列宁同志关于国家计划委员会的札记通报中央委员和候补中央委员"。列宁的指示在俄共（布）第十三次代表会议《关于经济政策的当前任务的决议》（第8节《关于加强计划原则的必要性》）中有所反映（参看《苏联共产党代表大会、代表会议和中央全会决议汇编》1964年人民出版社版第2分册第385—386页）。——348。

245　《关于民族或"自治化"问题》这封信论述了正确处理苏联国内民族关系这个重要问题。促使列宁写这封信的直接原因是所谓格鲁吉亚事件。1922年10月初召开的俄共（布）中央全会通过了包括俄罗斯联邦在内的各民族共和国根据平等原则联合成苏维埃社会主义共和国联盟的决议（见注168）。该决议规定，格鲁吉亚、阿塞拜疆和亚美尼亚三国通过外高加索联邦而不是直接加入即将成立的苏联。这一点受到以波·古·姆季瓦尼为首的格鲁吉亚共产党中央领导人的坚决反对，他们要求直接加入苏联。然而以格·康·奥尔忠尼启则为首的俄共（布）外高加索边疆区委员会对这一要求采取了高压政策。10月20日，外高加索边疆区委员会召开全会，给格共中央领导人奥库查瓦、科·马·钦察泽和菲·耶·马哈拉泽以党内警告，解除奥库查瓦的格共中央书记和主席团委员职务。在10月22日召开的格共中央全会上，奥尔忠尼启则又指责格共领导人有"孟什维主义倾向"，搞"沙文主义"，表示对格共中央委员会"不信任"。在这种情况下钦察泽等人于21日给莫斯科俄共中央委员会打电话上告。22日格共中央委员会提出辞职。外高加索边疆区委员会接受了格共中央委员会的辞职，成立了以维·维·罗米那兹为首的新的中央委员会，接着又在政府部门撤换大批干部，马哈拉泽被撤去格鲁吉亚共和国中央执行委员会主席职务，谢·伊·卡夫塔拉泽被撤去人民委员会主席职务，钦察泽被撤去肃反委员会主席职务，等等。奥尔忠尼启则还动手打了格鲁吉亚的一位领导人卡巴希泽。

　　列宁对格鲁吉亚问题感到十分不安。从值班秘书日记中可以看出，在中央书记处任命的以费·埃·捷尔任斯基为首的调查这一事件的三人委员会赴梯弗利斯后，他十分焦急地等待捷尔任斯基返回莫斯科。12月12日捷尔任斯基回到莫斯科，列宁当晚就同他进行了长时间的谈话。后来,1923年1月,列宁对莉·亚·福季耶娃说:"我生病前夕,捷尔任斯基对我谈过委员会的工作和'事件',这对我有严重影响。"(见本卷第474页)13日晨列宁两次发病,14日列宁打算就民族问题口授一信,但未能实现。后来列宁在12月27日或28日口授的书信和文章的拟目单里列入一个题目:《关于民族问题和关于国际主义(从格鲁吉亚党内最近的冲突谈起)》。12月30、31日,正值宣告苏联成立之际,列宁口授了这封《关于民族或"自治化"问题》的信。

列宁认为这封信具有重大的指导意义,打算以后把它当做论文发表。但是,由于1923年3月6日以后列宁的病情突然恶化,他没能对《关于民族或"自治化"问题》的信提出最后处理意见。只在发病前夕口授了两封信,一封是3月5日给列·达·托洛茨基的信,请他代为格鲁吉亚事件辩护;另一封是6日给姆季瓦尼、马哈拉泽等人表示支持的信,信中说他对奥尔忠尼启则的粗暴,对斯大林和捷尔任斯基的纵容感到愤慨(见本版全集第52卷第606号文献)。

1923年4月16日,在俄共(布)第十二次代表大会开幕前夕,莉·亚·福季耶娃把列宁的《关于民族或"自治化"问题》的信送交政治局。18日大会主席团作出《关于列宁同志有关民族问题,包括格鲁吉亚问题的信札》的决定,决定"在'代表团领导人会议'上宣读列宁同志的这些信札以及与之有关的全部材料。然后由主席团委员向代表大会各代表团分别宣读这些材料"。——353。

246 杰尔席莫尔达是俄国作家尼·瓦·果戈理的喜剧《钦差大臣》中的一个愚蠢粗野、动辄用拳头打人的警察。——354。

247 格·康·奥尔忠尼启则打人事件发生在1922年秋。据说奥尔忠尼启则因受了侮辱而发脾气,打了卡巴希泽一耳光。——355。

248 《日记摘录》一文,看来列宁是分两次口授的。苏共中央马克思列宁主义研究院中央党务档案馆保存着第一次口授的打字文本;这一文本中没有收入俄国识字状况表,以开头为"应当把我国国民教师……"的那一段结束。列宁看了这次口授的文本,提出四点补充:"(1)补充1920年调查的识字人数,同1897年调查相对比;(2)补充关于城市工人支部对农村支部的支援；(3)补充说明，首先应当削减其他部门的开支以用于教育人民委员部，而不是削减教育人民委员部的开支；(4)补充说明，需要加强组织国民教师的工作，增加经费，以便使他们成为苏维埃制度的可靠支柱，同资产阶级制度不同，在我们这里这是可以做到的(特别注意下农村以及为此所需的开支，以便利用暑假来提高他们的教育水平)"(这四点均由秘书写在该打字文本上)。当天，1923 年 1 月 2 日，列宁口授了拟定的补充部分。打字稿上没有文章的标题。文章在《真理报》上发表时加了《日记摘录》这个标题。——360。

249 《论合作社》一文是 1923 年 1 月 4—6 日口授的。

列宁原打算在全俄苏维埃第十次代表大会的报告中谈合作社问题(见本卷第 329 页)。1922 年 9 月，他曾向中央消费合作总社理事会主席列·米·欣丘克索取关于合作社活动的资料(见本版全集第 52 卷第 522、524、532 号文献)。1923 年 1 月，娜·康·克鲁普斯卡娅曾为列宁索取有关合作社的著作。给列宁送去了下列书籍：尼·美舍利亚科夫《合作社和社会主义》(文集)1920 年莫斯科版；弗·施陶丁格尔《马克思主义和消费合作社》1919 年莫斯科版；И.扎先《资本主义时代合作制理论的发展》1919 年莫斯科版(这三本书藏于克里姆林宫列宁图书馆)；弗·施陶丁格尔《从舒尔采-德里奇到克罗伊茨纳赫》1919 年莫斯科版；亚·恰扬诺夫《农民合作社的基本思想和组织形式》1919 年莫斯科版；米·伊·杜冈-巴拉诺夫斯基《合作社的社会基础》1916 年莫斯科版；谢·尼·普罗柯波维奇《俄国合作社运动的理论和实践》1913 年莫斯科版。

《论合作社》一文由娜·康·克鲁普斯卡娅在 1923 年 5 月转交中央委员会。5 月 24 日政治局通过下述决定："认为必须以最快速度刊载娜捷施达·康斯坦丁诺夫娜转交的弗拉基米尔·伊里奇的文章，并在文后注明日期。"——365。

250 文化主义是革命前俄国资产阶级知识分子中的一种力图用单纯教育活动来代替为人民利益进行实际斗争的思潮。列宁在这里借用这个词以强调俄国无产阶级夺取政权后文化教育工作的重要性。——371。

251　《论我国革命(评尼·苏汉诺夫的札记)》一文是 1923 年 1 月 16—17 日
　　　　口授的,评论了著名孟什维克尼·苏汉诺夫的《革命札记》一书第 3 卷
　　　　和第 4 卷(1922 年柏林—彼得堡—莫斯科格尔热宾出版社版)。《列宁
　　　　值班秘书日志》有几次提到这件事(见本卷第 471—472 页)。文章由
　　　　娜·康·克鲁普斯卡娅转交《真理报》编辑部,无标题。标题是报纸编
　　　　辑部加的。——373。

252　显然是指马克思在 1871 年 4 月 12 日给路·库格曼的信中称赞巴黎人
　　　　"具有何等的灵活性"一语(见《马克思恩格斯文集》第 10 卷第 352 页)。
　　　　——373。

253　指 1856 年 4 月 16 日马克思给恩格斯的信中所说的话:"德国的全部问
　　　　题将取决于是否有可能由某种再版的农民战争来支持无产阶级革命。
　　　　如果那样就太好了。"(见《马克思恩格斯文集》第 10 卷第 131 页)
　　　　——373。

254　《我们怎样改组工农检查院(向党的第十二次代表大会提出的建议)》一
　　　　文同列宁的《给代表大会的信》有直接联系,它发展了信中的思想。
　　　　1923 年 1 月初,列宁着手写此文;他先口授了文章的大纲,接着于 1
　　　　月 9 日和 13 日口授了文章的初稿《我们对工农检查院怎么办?》(见本
　　　　卷第 438—446 页)。1 月 19、20、22、23 日,列宁口授了文章的第二稿
　　　　即定稿《我们怎样改组工农检查院(向党的第十二次代表大会提出的建
　　　　议)》。列宁的《宁肯少些,但要好些》一文则又继续并发挥了这篇文章
　　　　的思想。——377。

255　看来是指 1922 年 1 月 10 日和 13 日《真理报》第 6 号和第 9 号发表的
　　　　尤·拉林的文章《漫步于俄罗斯预算的田野》。——399。

256　指格·列·皮达可夫。他曾任顿巴斯中央煤炭工业管理局局长。
　　　　——399。

257　列宁指的是自己因病休假,休假期间他住在哥尔克,只偶尔到莫斯科
　　　　去。——401。

258 格·瓦·契切林1922年4月15日给俄共(布)中央政治局的两封密码电报于4月17日译出。电报谈了热那亚会议上关于战时债务和俄国收归国有的财产问题的谈判情况;契切林在第二份电报中报告说:"今天,4月15日,协约国向我们发出了最后通牒。我们应当放弃对武装干涉的反要求,作为交换他们可以勾销我们的战时债务以及延期支付未到期的战前债款利息,延期支付的期限根据相互协议大致定为8—10年。收归国有的财产通过长期租赁或在个别情况下(因技术条件无法实行租让时)恢复原状的办法归还原所有者,这一点还可以进行谈判。在国外的俄国财产,如船舶等,可归还给我们。劳合-乔治,还有尚采尔通过专门派来的信使告诉我们,他们能承诺的不会超过这些条件。"(俄罗斯现代史文献保存和研究中心第5全宗,第1目录,第1968卷宗,第6张)

政治局的电报原件上注明电报发出时间为1922年4月17日20时30分,还有斯大林的批语:"政治局决定:以紧急征询意见的方式通过"。"送政治局7名委员和候补委员,6时之前给莫洛托夫同志","政治局存档。绝密。斯大林"。

俄国当时的债务为185亿金卢布,其反要求为390亿金卢布。——421。

259 指格·瓦·契切林1922年4月20日给戴·劳合-乔治的信,信中提出如下建议:在废除战时债务和全部债款利息、向俄国提供足够的财政援助以及法律上承认苏维埃政府的条件下,可以将被收归国有或被没收的财产交还原产权人,而在无法如此办理的地方,可通过同原产权人直接达成协议,或按照可能在本次会议上讨论和通过的相应协议,满足其要求(见《苏联对外政策文件汇编》1961年莫斯科版第5卷第259—260页)。4月22日扬·埃·鲁祖塔克向莫斯科报告说,代表团大多数成员不赞同契切林的信的内容,认为这封信违背了俄共(布)中央政治局4月17日的指令。4月24日,列宁在给斯大林并转政治局委员的信中写道:"契切林或者已经犯了,或者完全可能犯极明显的错误,违背中央委员会的指令",并提供了致契切林并转代表团全体成员的电报稿(见本卷第165—166页)。看来,在4月24日晚列宁与斯大林和列·波·

加米涅夫见面时,这份电报稿已起草好。电报稿由加米涅夫起草,列宁和斯大林对电文进行了修改;然后斯大林写上:"列宁、加米涅夫、斯大林同意。托洛茨基同意并作了修改"。上面还有维·米·莫洛托夫的批语:"同意。莫洛托夫"。

4月27日,俄共(布)中央政治局在得知列·卡拉汉关于热那亚会议的通报后决定给契切林发去如下电报:"今晨得到来自热那亚的最新通报,政治局认为只能以4月25日的指令为限。无论继续作出什么样的让步都可以,但必须绝对确保预先得到贷款。没有贷款,我们决不作出任何让步。"(俄罗斯现代史文献保存和研究中心第17全宗,第3目录,第290卷宗,第1张)——423。

260 这篇札记中提出的问题,列宁在答《曼彻斯特卫报》记者阿·兰塞姆提出的问题时和在共产国际第四次代表大会上的报告中作了阐述(见本卷第263—264、282—284页)。——429。

261 列宁这里指的是摘自他自己的文章《论"左派"幼稚性和小资产阶级性》的一段引文(见本版全集第34卷第274页)。列宁显然是从小册子《当前的主要任务。论"左派"幼稚性和小资产阶级性》(1918年彼得格勒工人和红军代表苏维埃出版)中引来的。——430。

262 指1922年10月25日符拉迪沃斯托克的解放。——433。

263 看来是指1922年9月在莫斯科召开的讨论管理正规化问题的会议。——445。

264 《列宁值班秘书日志》记载了1922年11月21日至1923年3月6日列宁交办的事务、接见来访者的情况以及其他事项,是人民委员会和劳动国防委员会秘书莉·亚·福季耶娃、人民委员会和劳动国防委员会助理秘书玛·阿·沃洛季切娃、秘书娜·谢·阿利卢耶娃、玛·伊·格利亚谢尔、C.A.弗拉克谢尔曼和列宁的图书管理员舒·姆·马努恰里扬茨记的。

日志写在发文登记本上。本上有四栏:日期、值班人、交办事项、执行情况。扉页上写着:"请在本日志上记录所有交办事项、值班期间发生的所有事情,注明交办事项的执行情况。1922 年 11 月 21 日。"——449。

265　指人民委员会会议,列宁主持了这次会议。——449。

266　1922 年 11 月 21 日,俄共(布)中央政治局委员们对外交人民委员格·瓦·契切林提出的关于让俄罗斯联邦驻意大利全权代表瓦·瓦·沃罗夫斯基参加出席洛桑会议的代表团的建议进行了表决。——449。

267　威·内·哈斯克尔 1921—1922 年是美国救济署驻苏俄全权代表。——449。

268　贝·亨·扎克斯 1921—1922 年是人民委员会办公厅主任助理。——450。

269　А.М.纳扎列江是俄共(布)中央书记助理。——450。

270　玛·尼·布拉科娃 1920—1925 年是俄共(布)中央政治局事务秘书。——450。

271　赫·克·胡佛 1919—1923 年是美国救济署署长。——450。

272　卡·伊·兰德尔 1922—1923 年是苏俄政府派驻外国救济俄国饥民使团的全权代表。——450。

273　送交列宁的是叶·瓦尔加起草的共产国际第四次代表大会决议草案《土地问题行动纲领草案》和共产国际执行委员会请求审定草案的短信。列宁于 1922 年 11 月 25 日早晨寄出了自己的意见。——451。

274　爱·萨·潘岑占斯基是共和国海军司令。——451。

275　列宁不习惯让别人等候接见,因此在接见时间难以确定时常常请客人留在自己的住所,但必须能随时通过电话找到他,以便在接见时间确定后及时通知他。列宁把这叫做"保持通电话的距离"。——451。

276　俄共（布）中央政治局委员们对格·瓦·契切林关于苏俄政府向洛桑会
　　　议组织者就苏俄代表团参加会议工作和苏俄代表参加海峡委员会工作
　　　问题发出照会的建议进行了表决。——452。

277　1922年11月24日，俄共（布）中央书记处决定任命一个由费·埃·捷
　　　尔任斯基（主席）、德·扎·曼努伊尔斯基和维·谢·米茨凯维奇-卡普
　　　苏卡斯组成的委员会，以紧急审理格鲁吉亚共产党中央委员们10月
　　　22日提出的辞职声明，并提出确保格鲁吉亚共产党中央长期安定的措
　　　施。这里说的是就这一决定进行表决的问题。——452。

278　看来是指共产国际执行委员会就请求接见共产国际第四次代表大会的
　　　某些代表团而写给列宁的信和斯大林关于同非法收购白金作斗争的
　　　信。——452。

279　显然是指发表在1923年2月2日《真理报》上的那些与苏联政府拒绝
　　　同英国工业家莱·厄克特签订租让合同有关的文章。——453。

280　最高国民经济委员会副主席弗·巴·米柳亭就贸易、财政和工业等问
　　　题所作的报告是作为全俄苏维埃第十次代表大会报告的参考材料寄给
　　　列宁的。——453。

281　瓦·瓦·克拉梅尔是俄国神经病理学教授，为列宁治病的医生之一。
　　　——454。

282　补充卡片上记的是："除了关于对外贸易垄断问题的材料外，他要求补
　　　充列扎瓦主持的会议的记录等；还索取自动电话号码表。已全部送往
　　　住所。他委托莉迪娅·亚历山德罗夫娜为对外贸易垄断的材料去找弗
　　　鲁姆金、列扎瓦和瞿鲁巴。同弗鲁姆金、哥尔布诺夫和其他一些人通了
　　　电话。查看了劳动国防委员会的议程表。"这一天给列宁送来了1922
　　　年10月13日劳动国防委员会所属国内商业委员会的会议记录。
　　　——454。

283　指M.索罗金的《我们的工业指挥人员》一文，载于1922年11月26日

《经济生活报》。日志中把日期错记成 11 月 27 日了。——454。

284　瓦·亚·阿瓦涅索夫时任副工农检查人民委员。——454。

285　瓦·瓦·佛敏时任副交通人民委员。——455。

286　俄共（布）中央政治局在 1922 年 11 月 30 日的会议上听取了中央全会任命的委员会关于"共和国联盟"的报告，并通过了苏联宪法的基本条款。——455。

287　1922 年 11 月 30 日，俄共（布）中央政治局批准了中央组织局 11 月 20日作出的关于在 12 月 15 日召开中央全会的决定。——456。

288　指《阿·瓦·彼舍霍诺夫访问记》一文。阿·瓦·彼舍霍诺夫是俄国人民社会党领袖之一，白俄流亡分子。——456。

289　弗·维·阿多拉茨基时任中央档案管理局副局长。——456。

290　谢·伊·瑟尔佐夫 1921 — 1926 年在俄共（布）中央机关工作。——457。

291　尼·米·克尼波维奇是鱼类学家。——457。

292　见注 230。——458。

293　列宁于 1922 年 12 月 5 日签署了给工农检查人民委员部部务委员阿·伊·斯维杰尔斯基的信。——459。

294　阿·雅·别连基是国家政治保卫局工作人员。——459。

295　指 А.Г.米海洛夫斯基关于国家财经状况的报告以及副财政人民委员亚·米·克拉斯诺晓科夫关于工业拨款的提纲。——459。

296　指塞萨尔·雷耶斯《新路与旧途》一书。此书于 1922 年在布宜诺斯艾利斯出版。共产国际执行委员会秘书处将此书寄给列宁。12 月 7 日此书被退回秘书处进行翻译（见《克里姆林宫的列宁图书馆》1961 年俄文版第 665 页)。——461。

297　按照名单,该代表团由下列人员组成:捷克斯洛伐克工会联合会主席约·海斯、公用事业工会主席赫拉莫斯塔、建筑工会会员弗拉涅克、运输工会会员李希特尔、煤气电力工业工会代表哈贝拉。代表团向列宁转达了捷克斯洛伐克工人的问候。——462。

298　帕·伊·波波夫 1918 年起任中央统计局局长。——462。

299　璐·马·安采洛维奇当时做工会工作。——462。

300　亚·弗·埃杜克当时是地方经济工作人员。——463。

301　瓦·萨·多夫加列夫斯基 1921 年起任俄罗斯联邦邮电人民委员。
　　——463。

302　政治局 1922 年 12 月 7 日会议记录是在列宁同莉·亚·福季耶娃谈话后送到的,在这以前福季耶娃向列宁汇报了他离开后政治局通过的决议的情况。——464。

303　指 1922 年 12 月 11 日列宁给康·拉查理的信(见本版全集第 52 卷第 594 号文献)。波·苏瓦林是共产国际第四次代表大会代表,他帮列宁翻译此信。——465。

304　谢·米·基洛夫 1921—1925 年是阿塞拜疆共产党(布)中央委员会书记。——465。

305　指对政治局关于巴库社会革命党人案件判决的决议(根据 1922 年 12 月 7 日的电报)进行表决。列宁投赞成票。12 月 14 日政治局通过决议:"不反对。"——465。

306　莫·伊·弗鲁姆金对人民委员会所属委员会关于检查俄罗斯联邦驻外商务代表处工作的提纲的意见,于 1922 年 12 月 11 日寄到,12 月 13 日向列宁作了报告。——465。

307 在收发文簿上列宁给莫·伊·弗鲁姆金的信的登记号是第8605号;第8606号是委托尼·彼·哥尔布诺夫在星期二(1922年12月12日)以前为列宁准备好以下文集的校样:《在新的道路上。1921—1922年新经济政策总结》(第2编:财政。第3编:工业。由劳动国防委员会特设委员会编辑的报告书。莫斯科,劳动国防委员会1923年出版)——465。

308 指1922年12月14日政治局取消了它于12月7日作出的决议,并决定把尼·亚·罗日柯夫驱逐到普斯科夫,同时向他提出警告,如果再发表反苏维埃言论就马上把他驱逐出苏维埃俄国。罗日柯夫曾是布尔什维克,后来成为孟什维克取消派,当过孟什维克党的中央委员。——468。

309 А.М.科热夫尼科夫是给列宁治病的神经病理学医生。——469。

310 П.П.帕卡尔恩是列宁在哥尔克的警卫队长。——470。

311 О.R.费尔斯特是德国神经病理学教授;他给列宁的医生们当顾问。——470。

312 叶·米·雅罗斯拉夫斯基是俄共(布)中央委员。——470。

313 指正在举行的全俄苏维埃第十次代表大会(1922年12月23—27日)。——471。

314 М.И.赫洛普良金是劳动人民委员部部务委员。——473。

315 第二天(1923年1月21日)玛·阿·沃洛季切娃要求给列宁送去以下杂志:《社会主义通报》杂志第1期、《现代纪事》杂志第13册和《曙光》杂志第9、10期。——473。

316 俄共(布)中央政治局1923年1月25日会议讨论了捷尔任斯基委员会的报告,批准了委员会的建议。——474。

317　列宁指的是下面两本书：普·米·克尔任采夫《组织原则》1922 年彼得
格勒版；奥·阿·叶尔曼斯基《科学组织劳动和生产与泰罗制》1922 年
莫斯科版。列宁在《宁肯少些，但要好些》一文中提到过这两本书（见本
卷第 382—396 页）。关于叶尔曼斯基的这本书还可参看列宁没写完的
书评《白璧微瑕》（本卷第 213—214 页）。——475。

318　俄共（布）中央政治局于 1923 年 2 月 1 日允许提供捷尔任斯基委员会
关于格鲁吉亚问题的材料。——475。

319　莉·亚·福季耶娃记录了列宁的下述指示："（1）为什么指控格鲁吉亚
共产党原中央委员会犯了倾向主义。（2）指控它犯了破坏党纪的错误，
是指什么。（3）为什么指控外高加索边疆区委员会压制格鲁吉亚共产
党中央委员会。（4）肉体上的压制办法（'生物力学'）。（5）弗拉基米
尔·伊里奇不在时和弗拉基米尔·伊里奇在时中央的路线。（6）委员
会的态度。它只审查对格鲁吉亚共产党中央的指控，还是也审查对外
高加索边疆区委员会的指控？它是否审查了生物力学事件？（7）现状
（选举运动、孟什维克、压制、民族纠纷）。"——475。

320　指《无产阶级革命和叛徒考茨基》一书（见本版全集第 35 卷）。
——480。

321　见注 241。——482。

322　列宁要的书是：B.C.罗日岑《新科学和马克思主义》1922 年哈尔科夫
版；谢·尤·谢姆柯夫斯基《作为课程的马克思主义。在全乌克兰教育
代表会议上的报告（1922 年 7 月）》1922 年哈尔科夫版；M.阿尔斯基
《国内战争和新经济政策时期的我国财政》1923 年莫斯科版；C.H.法尔
克涅尔《世界工业危机发展的转折》1922 年莫斯科版；格·策彼罗维奇
《我们自己干！（五年经济建设的总结）》1922 年彼得格勒版；柳·阿克
雪里罗得（正统派）《反对唯心主义。对某些唯心主义哲学思想流派的
批判。论文集》1922 年莫斯科—彼得格勒版；阿·德雷夫斯《基督神
话》1923 年莫斯科版；帕·格·库尔洛夫《俄国沙皇制度的覆灭。前宪

兵司令的回忆》1920年莫斯科—彼得格勒版;С.И.卡纳特奇科夫《当前问题(无产阶级意识形态的几页)》1923年彼得格勒版;И.А.莫扎列夫斯基《无产阶级的神话创作(论当代无产阶级诗歌的思想倾向)》1922年塞米巴拉金斯克版。——483。

323　莉·亚·福季耶娃记述如下:"弗拉基米尔·伊里奇指示,向索尔茨(亚·亚·索尔茨1921年起是俄共(布)中央监察委员会主席团委员。——编者注)示意,他(列宁。——编者注)站在被欺侮者一边。让被欺侮者知道,他站在他们一边。

三点:1.不能打人。2.需要让步。3.不能把大国同小国相提并论。斯大林是否知道? 为什么没有反应?

'倾向分子'和'沙文主义和孟什维主义倾向'这一称呼证明,这种倾向本身就在大国主义者身上。

为弗拉基米尔·伊里奇收集报刊上的材料。"(见莉·亚·福季耶娃《回忆列宁(1922年12月—1923年3月)》1964年俄文版第74页)

《列宁值班秘书日志》中无1923年2月15日到3月4日的记载。——484。

324　在这封信里列宁请列·达·托洛茨基在党的中央全会上为"格鲁吉亚事件"辩护(见本版全集第52卷第604号文献)。托洛茨基说他因病不能承担这个责任。——484。

325　给斯大林的这封信(副本送列·波·加米涅夫和格·叶·季诺维也夫)是列宁听说斯大林粗暴对待娜·康·克鲁普斯卡娅之后口授的(见本版全集第52卷第605号文献)。

1922年12月18日中央全会决定由斯大林专门负责监督执行医生为列宁规定的制度。12月21日克鲁普斯卡娅在医生的允许下记录了列宁口授的一封就对外贸易垄断问题给列·达·托洛茨基的短信。斯大林获悉后在电话中骂了克鲁普斯卡娅,说她违背医生禁令,并以诉诸监察委员会相威胁。列宁要求斯大林道歉,否则就跟他断绝关系。据后来玛·伊·乌里扬诺娃在一封信中说,斯大林已道歉。——484。

326　列宁在信中对他们表示支持，说他正在就格鲁吉亚问题准备信件和发言稿（见本版全集第 52 卷第 606 号文献）。——484。

327　记录到此中断。

　　　原文从"娜捷施达·康斯坦丁诺夫娜请求……"起在《列宁值班秘书日志》中是用速记符号记的；这段记录于 1956 年 7 月 14 日由玛·阿·沃洛季切娃译出。——485。

人 名 索 引

A

爱因斯坦，阿尔伯特（Einstein, Albert 1879—1955）——理论物理学家，现代物理学的创始人之一。生于德国，1893 年起住在瑞士。1900 年毕业于苏黎世理工学院。1902—1909 年在伯尔尼的联邦专利局担任专家。1909年起任苏黎世大学教授，1911—1912 年在布拉格的德国大学任理论物理学教授。1912 年回到苏黎世理工学院任教。1913 年被选为普鲁士科学院院士，1914 年移居柏林，任德国威廉皇家物理研究所所长兼柏林大学教授。1933 年因受德国法西斯迫害前往美国，应聘为美国普林斯顿高级学术研究院教授，1940 年加入美国国籍。主要贡献是建立相对论和在光量子理论方面的发现。曾为许多国家的科学院院士，学术机关和团体的成员。由于在光电效应定律和理论物理学方面的贡献，于 1921 年获得诺贝尔物理学奖。——24、28—29。

奥登堡，谢尔盖·谢尔盖耶维奇（Ольденбург, Сергей Сергеевич 1888—1940）——俄国历史学家。十月革命后流亡国外。1922 年在布拉格出版的白卫杂志《俄国思想》的政治评论员和积极撰稿人。著有有关沙皇尼古拉二世的传记。——342。

奥尔忠尼启则，格里戈里·康斯坦丁诺维奇（Орджоникидзе, Григорий Константинович 1886—1937）——1903 年加入俄国社会民主工党，布尔什维克。曾在西格鲁吉亚、阿布哈兹、巴库从事革命工作，多次被捕和流放。1912 年在党的第六次（布拉格）全国代表会议上当选为中央委员和中央委员会俄国局成员。1917 年二月革命后在雅库特从事建立革命政权的工作。1917 年 6 月任党的彼得堡委员会委员和彼得格勒苏维埃执行委员会委员。在彼得格勒参加十月武装起义。十月革命后任乌克兰地区临时特派员和南俄临时特派员。国内战争时期任第 16、第 14 集团军和高加索方面军革命军事委员会委员。1920 年起是俄共（布）中央委员会高加索局成员，是为建立阿塞拜疆、亚美尼亚和格鲁吉亚苏维埃政权而斗争的组织者之一。1921 年在党的第十次代表大会上当选为中央委员。1922—1926 年任党的外高加索边疆区委第一书记和北高加索边疆区委第一书记。1924—1927 年任苏联革命军事委员会委员。1926 年起为中央政治局候补委员，1930 年起为中央政治局委员。1926—1930 年任联共（布）中央监察委员会主席和苏联工农检查人民委员、苏联人民委员会和劳动国防委员会副主席。1930 年起任苏联最高国民经济委员会主席，1932 年起任重工业人民委员。——108、353、355、358。

奥萨德奇，彼得·谢苗诺维奇（Осадчий，Петр Семенович 1866—1943）——苏联电工技术专家。1890 年在彼得堡电工学院毕业后，在该校先后任教员、教授、院长。十月革命后任俄罗斯联邦和苏联国家计划委员会副主席，同时兼任苏联最高国民经济委员会中央电工技术委员会主席，主管第聂伯河国家建筑工程局技术委员会，并担任教学工作。1931 年因工业党案被判处剥夺自由十年。1935 年 8 月 21 日根据苏联中央执行委员会的决定被提前释放，1937 年撤销了对他的判决。——195。

奥新斯基，恩·（**奥博连斯基，瓦列里安·瓦列里安诺维奇**）（Осинский，Н.（Оболенский，Валериан Валерианович）1887—1938）——1907 年加入俄国社会民主工党。曾在莫斯科、特维尔、哈尔科夫等地做党的工作。屡遭沙皇政府迫害。斯托雷平反动时期是召回派分子，新的革命高涨年代参加布尔什维克的《明星报》、《真理报》和《启蒙》杂志的工作。1917 年二月革命后在党的莫斯科区域局工作，参加布尔什维克的《社会民主党人报》编辑部。十月革命后任俄罗斯联邦国家银行总委员、最高国民经济委员会主席。1918 年是"左派共产主义者"纲领起草人之一。1918—1919 年在《真理报》编辑部和全俄中央执行委员会宣传部工作；是共产国际第一次代表大会的代表。1920 年任图拉省执行委员会主席、粮食人民委员部部务委员。1920—1921 年是民主集中派的骨干分子。1921—1923 年任副农业人民委员、最高国民经济委员会副主席。后历任苏联驻瑞典全权代表、国家计划委员会主席团委员、中央统计局局长、最高国民经济委员会副主席。

在党的第十次和第十四至第十七次代表大会上当选为候补中央委员。
——118、124—125、128—129、133—134、177。

B

巴师夏,弗雷德里克(Bastiat,Frédéric 1801—1850)——法国庸俗经济学家。
　　他把资产阶级社会的阶级关系视为互惠关系,认为资本主义的关系是人和
　　人之间的"自然"关系,鼓吹劳资利益调和论。——261。

邦契-布鲁耶维奇,弗拉基米尔·德米特里耶维奇(Бонч-Бруевич,Владимир
　　Дмитриевич 1873—1955)——19世纪80年代末参加俄国革命运动,1896
　　年侨居瑞士。在国外参加劳动解放社的活动,为《火星报》撰稿。俄国社会
　　民主工党第二次代表大会后是布尔什维克。1903—1905年在日内瓦领导
　　俄国社会民主工党中央委员会发行部,组织出版布尔什维克的书刊(邦契-
　　布鲁耶维奇和列宁出版社)。以后几年积极参加布尔什维克报刊和党的出
　　版社的组织工作,屡遭沙皇政府迫害。对俄国的宗教社会运动、尤其是宗
　　教分化运动作过研究,写过一些有关宗教分化运动史的著作;1904年曾为
　　教派信徒出版社会民主主义的小报《黎明报》。1917年二月革命后任彼得
　　格勒苏维埃执行委员会委员、《彼得格勒苏维埃消息报》编委(至1917年5
　　月)、布尔什维克《工人和士兵报》编辑。积极参加彼得格勒十月武装起义。
　　十月革命后任人民委员会办公厅主任(至1920年10月)、生活和知识出版
　　社总编辑。1921年起从事科学研究和著述活动。1933年起任国家文学博
　　物馆馆长。1945—1955年任苏联科学院宗教和无神论历史博物馆馆长。
　　写有回忆列宁的文章。——195。

邦契-布鲁耶维奇,米哈伊尔·德米特里耶维奇(Бонч-Бруевич,Михаил
　　Дмитриевич 1870—1956)——苏联军事家,中将,测量学家;弗·德·邦
　　契-布鲁耶维奇的哥哥。曾在沙皇军队担任参谋职务,在总参学院讲授战
　　术学。第一次世界大战期间曾任北方面军参谋长和总司令。十月革命后
　　是转到苏维埃政权方面的首批俄军将领之一。历任最高总司令大本营参
　　谋长,最高军事委员会军事指导员,共和国革命军事委员会野战司令部参
　　谋长。1919—1923年任最高国民经济委员会最高大地测量局局长,后在
　　红军担任指挥职务并从事学术研究和教学工作。写有战术、军事历史和大

地测量学方面的著作。——195。

邦契-布鲁耶维奇，米哈伊尔·亚历山德罗维奇（Бонч-Бруевич，Михаил
　Александрович 1888—1940）——苏联无线电工程师，无线电技术的奠基
　人之一。1916—1919 年从事电子管的研究；在他的领导下，首次组织了国
　家的电子管生产。1918 年起主持下诺夫哥罗德无线电实验室。遵照列宁
　的指示，实验室设计了莫斯科广播电台的建设方案；电台于 1922 年建成，
　命名为"共产国际广播电台"。1924—1930 年又领导研究短波定向天线并
　建成远距离无线电联络短波线路。1922 年起先后任莫斯科高等技术学校
　和列宁格勒通讯工程学院教授。1931 年起为苏联科学院通讯院士。——
　195、197。

鲍加耶夫斯基，米特罗范·彼得罗维奇（Богаевский，Митрофан Петрович
　1881—1918）——俄国顿河哥萨克反革命骨干分子。1917 年 6 月 18 日—
　1918 年 1 月 29 日是顿河哥萨克军阿塔曼卡列金将军的副手，1918 年 1 月
　初起又参加了反革命的顿河政府。因进行反革命活动被捕判刑，并于
　1918 年 4 月 1 日被枪决。——176。

鲍威尔，奥托（Bauer，Otto 1882—1938）——奥地利社会民主党和第二国际
　领袖之一，"奥地利马克思主义"理论家。同卡·伦纳一起提出资产阶级民
　族主义的民族文化自治论。1907 年起任社会民主党议会党团秘书，同年
　参与创办党的理论刊物《斗争》杂志。1912 年起任党中央机关报《工人报》
　编辑。第一次世界大战期间应征入伍，在俄国前线被俘。1917 年二月革
　命后在彼得格勒，同年 9 月回国。敌视俄国十月革命。1918 年 11 月—
　1919 年 7 月任奥地利共和国外交部长，赞成德奥合并。1920 年在维也纳
　出版反布尔什维主义的《布尔什维主义还是社会民主主义？》一书。1920
　年起为国民议会议员。第二半国际和社会主义工人国际的组织者和领袖
　之一。曾参与制定和推行奥地利社会民主党的机会主义路线，使奥地利工
　人阶级的革命斗争遭受严重损失。晚年修正了自己的某些改良主义观点。
　——91—92、109、129、148。

倍倍尔，奥古斯特（Bebel，August 1840—1913）——德国工人运动和国际工
　人运动活动家，德国社会民主党和第二国际的创建人和领袖之一，马克思
　和恩格斯的朋友和战友；旋工出身。19 世纪 60 年代前半期开始参加政治

活动,1867 年当选为德国工人协会联合会主席,1868 年该联合会加入第一国际。1869 年与威·李卜克内西共同创建了德国社会民主工党(爱森纳赫派),该党于 1875 年与拉萨尔派合并为德国社会主义工人党,后又改名为德国社会民主党。多次当选国会议员,利用国会讲坛揭露帝国政府反动的内外政策。1870—1871 年普法战争期间持国际主义立场,在国会中投票反对军事拨款,支持巴黎公社,为此曾被捕和被控叛国,断断续续在狱中度过近六年时间。在反社会党人非常法施行时期,领导了党的地下活动和议会活动。19 世纪 90 年代和 20 世纪初同党内的改良主义和修正主义进行斗争,反对伯恩施坦及其拥护者对马克思主义理论的歪曲和庸俗化。是出色的政论家和演说家,对德国和欧洲工人运动的发展有很大影响。马克思和恩格斯高度评价了他的活动。——182。

彼舍霍诺夫,阿列克谢·瓦西里耶维奇(Пешехонов, Алексей Васильевич 1867—1933)——俄国社会活动家和政论家。19 世纪 90 年代为自由主义民粹派分子。《俄国财富》杂志撰稿人,1904 年起为该杂志编委;曾为自由派资产阶级的《解放》杂志和社会革命党的《革命俄国报》撰稿。1903—1905 年为解放社成员。小资产阶级政党"人民社会党"的组织者(1906)和领袖之一,该党同劳动派合并后(1917 年 6 月),参加劳动人民社会党中央委员会。1917 年二月革命后任彼得格勒工兵代表苏维埃执行委员会委员,同年 5—8 月任临时政府粮食部长,后任预备议会副主席。十月革命后反对苏维埃政权,参加了反革命组织"俄罗斯复兴会"。1922 年被驱逐出境,成为白俄流亡分子。——412。

波尔土盖斯,斯捷潘·伊万诺维奇(伊万诺维奇,斯捷·)(Португейс,Степан Иванович(Иванович,Ст.) 1880—1944)——俄国孟什维克,政论家。俄国社会民主工党第五次(伦敦)代表大会敖德萨组织的代表。斯托雷平反动时期和新的革命高涨年代是取消派分子,为《社会民主党人呼声报》、《我们的曙光》杂志等孟什维克取消派报刊撰稿。第一次世界大战期间是社会沙文主义者。十月革命后反对苏维埃政权,为南方白卫分子的报刊撰稿,后移居国外。——144、148。

波格丹诺夫,彼得·阿列克谢耶维奇(Богданов, Петр Алексеевич 1882—1939)——1905 年加入俄国社会民主工党。曾在莫斯科、沃罗涅日和戈梅利做党的工作。1917 年二月革命后任戈梅利工兵农代表苏维埃军事部主任,同年 10 月任戈梅利革命委员会主席。十月革命后在经济部门担任负责工作。1918—1921 年任最高国民经济委员会会务委员,1921—1925 年任俄罗斯联邦最高国民经济委员会主席和人民委员会委员。1926 年起历任北高加索边疆区执行委员会主席、设在美国的苏美贸易股份公司董事长、俄罗斯联邦副地方工业人民委员。——210、228。

布哈林,尼古拉·伊万诺维奇（Бухарин, Николай Иванович 1888—1938）——1906 年加入俄国社会民主工党。1907 年进入莫斯科大学法律系经济学专业学习。1908 年起任党的莫斯科委员会委员。1909—1910 年几度被捕,1911 年从流放地逃往欧洲。在国外开始著述活动,参加欧洲工人运动。1917 年二月革命后回国,当选为莫斯科苏维埃执行委员会委员、党的莫斯科委员会委员,任《社会民主党人报》和《斯巴达克》杂志编辑。在党的第六至第十六次代表大会上当选为中央委员。1917 年 10 月起任莫斯科军事革命委员会委员,参与领导莫斯科的武装起义。同年 12 月起任《真理报》主编。1918 年初反对签订布列斯特和约,是“左派共产主义者”集团的领袖。1919 年 3 月当选为党中央政治局候补委员。1919 年共产国际成立后任共产国际执行委员会委员和主席团委员。1920—1921 年工会问题争论期间领导“缓冲”派。1924 年 6 月当选为中央政治局委员。1926—1929 年主持共产国际的工作。1929 年被作为“右倾派别集团”的领袖受到批判,同年被撤销《真理报》主编、中央政治局委员、共产国际执行委员会委员和主席团委员职务。1931 年起任苏联最高国民经济委员会主席团委员。1934—1937 年任《消息报》主编。1934 年当选为候补中央委员。1937 年 3 月被开除出党。1938 年 3 月 13 日被苏联最高法院军事审判庭以“参与托洛茨基的恐怖、间谍和破坏活动”的罪名判处枪决。1988 年平反并恢复党籍。——87、141、145、332—336、343。

C

车尔尼雪夫斯基,尼古拉·加甫里洛维奇（Чернышевский, Николай Гаврилович 1828—1889）——俄国革命民主主义者和空想社会主义者,作家,文学评论家,经济学家,哲学家;俄国社会民主主义先驱之一,俄国 19

世纪 60 年代革命运动的领袖。1853 年开始为《祖国纪事》和《同时代人》等杂志撰稿,1856—1862 年是《同时代人》杂志的领导人之一,发扬别林斯基的民主主义批判传统,宣传农民革命思想,是土地和自由社的思想鼓舞者。因揭露 1861 年农民改革的骗局,号召人民起义,于 1862 年被沙皇政府逮捕,入狱两年,后被送到西伯利亚服苦役。1883 年解除流放,1889 年被允许回家乡居住。著述很多,涉及哲学、经济学、教育学、美学、伦理学等领域。在哲学上批判了贝克莱、康德、黑格尔等人的唯心主义观点,力图以唯物主义精神改造黑格尔的辩证法。对资本主义作了深刻的批判,认为社会主义是由整个人类发展进程所决定的,但作为空想社会主义者,又认为俄国有可能通过农民村社过渡到社会主义。所著长篇小说《怎么办?》(1863)和《序幕》(约 1867—1869)表达了社会主义理想,产生了巨大的革命影响。——24。

D

德雷夫斯,阿尔图尔(Drews,Arthur 1865—1935)——德国唯心主义哲学家,研究早期基督教史的历史学家。在所著《基督神话》(1910—1911)、《基督教起源于诺斯替教》(1924)、《过去和现在对于基督历史真实性的否定》(1928)等书中,驳斥了基督存在的历史真实性,用唯心主义观点批判了教会信条和宗教偏见。——27。

邓尼金,安东·伊万诺维奇(Деникин,Антон Иванович 1872—1947)——沙俄将军。第一次世界大战期间曾任旅长和师长。1917 年 4—5 月任俄军最高总司令的参谋长,后任西方面军司令和西南方面军司令。积极参加科尔尼洛夫叛乱。十月革命后参与组建白卫志愿军,1918 年 4 月起任志愿军司令。在协约国扶植下,1919 年 1 月起任"南俄武装力量"总司令。1919 年夏秋进犯莫斯科,被击溃后率残部退到克里木。1920 年 4 月将指挥权交给弗兰格尔,自己逃亡国外。——5、7、11、47、48、64、176、302、328。

狄慈根,欧根(Dietzgen,Eugen 1862—1930)——约·狄慈根的儿子,《狄慈根全集》的出版人。把自己的哲学观点称做"自然一元论",在这种理论中唯物主义和唯心主义似乎可以调和起来。把约·狄慈根的哲学观点的弱点绝对化,认为必须以此来"补充"马克思主义,结果既否定唯物主义,又否定辩证法。晚年公开反对共产主义。主要著作有为约·狄慈根著作的各种版本所写的序言以及《唯物主义还是唯心主义?》(1921)、《进化的唯物主义和马克思主义》(1929)、《打倒阶级战争》(1929)等。——24。

狄慈根,约瑟夫(Dietzgen, Joseph 1828—1888)——德国社会民主党人,哲学家,制革工人。曾参加1848年革命,革命失败后流亡国外。漂泊美国和欧洲20年,一面做工,一面从事哲学研究。1869年回到德国,结识了前来德国访友的马克思,积极参加德国社会民主党的工作。1884年再度去美国,曾主编北美社会主义工人党机关报《社会主义者报》。在哲学上独立地得出了辩证唯物主义的结论,尖锐地批判了哲学唯心主义和庸俗唯物主义,捍卫了认识论中的唯物主义反映论,同时也夸大人类知识的相对性,把物质和意识混为一谈。主要著作有《人脑活动的实质》(1869)、《一个社会主义者在认识论领域中的漫游》(1887)、《哲学的成果》(1887)等。1919年在斯图加特出版了《狄慈根全集》(共三卷)。——24。

E

厄克特,约翰·莱斯利(Urquhart, John Leslie 1874—1933)——英国金融家和工业家,矿业工程师。1896—1906年在俄国巴库油田当工程师,后成为在俄国开办的一些英国公司的董事、俄亚联合公司董事长、一些大采矿企业的企业主。俄国十月革命后是武装干涉和经济封锁苏维埃俄国的策划者之一,任俄国债权人协会主席。1922年任英国出席热那亚会议和海牙会议代表团顾问。1921—1929年同苏俄政府就其原有产业的承租权问题进行多次谈判,但没有成功。——206、208、210—211、212、245、265、286、302—303、304。

恩格斯,弗里德里希(Engels, Friedrich 1820—1895)——科学共产主义创始人之一,世界无产阶级的领袖和导师,马克思的亲密战友。——25、26。

F

法尔布曼,M.C.(Фарбман, M.C. 1880—1933)——1920年起先后任《芝加哥每日新闻报》、《曼彻斯特卫报》和《观察家报》驻莫斯科记者。——241—246、265。

费多谢耶夫,尼古拉·叶夫格拉福维奇(Федосеев, Николай Евграфович 1871—1898)——俄国最早的马克思主义宣传家之一。1887年12月因参加革命运动被喀山中学开除。1888年开始组织马克思主义小组。1889年7月被捕。此后一生都在狱中和流放地度过,但始终与各城市的马克思主义者保持联系。写有一些马克思主义著作,分析俄国政治、经济发展的特点,批判民粹派的错误观点。在俄国马克思主义者中最先同自由主义民粹派思想家尼·康·米海洛夫斯基展开论战;并由此开始和列宁通信,直至1898年自杀。——320—321。

弗拉基米罗夫(舍印芬克尔),米龙·康斯坦丁诺维奇(Владимиров (Шейнфинкель), Мирон Константинович 1879—1925)——1903年加入俄国社会民主工党,布尔什维克。曾在彼得堡、戈梅利、敖德萨、卢甘斯克和叶卡捷琳诺斯拉夫做党的工作。1905年是代表波列斯克委员会出席党的第三次代表大会的代表,参加1905—1907年革命。因从事革命活动被捕和终身流放西伯利亚,1908年从流放地逃往国外。1911年脱离布尔什维克,后加入出版《护党报》的普列汉诺夫派巴黎小组。第一次世界大战期间参加托洛茨基的《我们的言论报》的工作。1917年二月革命后回国,参加区联派,在俄国社会民主工党(布)第六次代表大会上随区联派集体加入布尔什维克党。十月革命后在彼得格勒市粮食局和粮食人民委员部工作。1919年任南方面军铁路军事特派员和粮食特设委员会主席。1921年先后任乌克兰粮食人民委员和农业人民委员。1922—1924年任俄罗斯联邦财政人民委员和苏联副财政人民委员。1924年11月起任苏联最高国民经济委员会副主席。1924年在党的第十三次代表大会上当选为候补中央委员。——228。

弗鲁姆金,莫伊塞·伊里奇(Фрумкин, Моисей Ильич 1878—1938)——1898年加入俄国社会民主工党。曾在戈梅利、坦波夫、彼得堡、莫斯科等城市做党的工作。1911年起流放叶尼塞斯克省。1917年二月革命后在克拉斯诺亚尔斯克做党的工作,12月起任西西伯利亚边疆区经济委员会主席团委员。1918—1922年历任粮食人民委员部部务委员、副粮食人民委员、中央消费合作总社理事会理事、党中央委员会西伯利亚局成员和西伯利亚革命委员会副主席。1922—1929年先后任副对外贸易人民委员、副财政人民委员。1928—1930 年属党内"右倾派别集团"。1932—1935 年任副对外贸易人民委员,后从事经济工作。——230。

G

高尔察克,亚历山大·瓦西里耶维奇(Колчак, Александр Васильевич 1873—1920)——沙俄海军上将(1916),君主派分子。第一次世界大战期间任波罗的海舰队作战部部长、水雷总队长,1916—1917 年任黑海舰队司令。1918 年 10 月抵鄂木斯克,11 月起任白卫军"西伯利亚政府"陆海军部长。11 月 18 日在外国武装干涉者支持下发动政变,在西伯利亚、乌拉尔和远东建立军事专政,自封为"俄国最高执政"和陆海军最高统帅。叛乱被平定后,1919 年 11 月率残部逃往伊尔库茨克,后被俘。1920 年 2 月 7 日根据伊尔库茨克军事革命委员会的决定被枪决。——5、7、47、64、95、234、247、289—290、432、436。

哥尔布诺夫,尼古拉·彼得罗维奇(Горбунов, Николай Петрович 1892—1937)——1917 年加入俄国社会民主工党(布)。十月革命后任人民委员会秘书和列宁的秘书。1918 年 8 月起任最高国民经济委员会科学技术局局长。1919—1920 年在红军中做政治工作,任第 13 和第 14 集团军革命军事委员会委员。1920 年起任俄罗斯联邦人民委员会和劳动国防委员会办公厅主任、苏联国家计划委员会委员。1923—1929 年任莫斯科鲍曼高等技术学校校长,1928—1932 年任化学化委员会科学组负责人,1931—1933 年任卡尔波夫化学研究所副所长,1932—1935 年领导塔吉克—帕米尔考察队。1935 年起为苏联科学院院士兼常务秘书。——54、103、228—229。

古布金,伊万·米哈伊洛维奇(Губкин, Иван Михайлович 1871—1939)——苏联地质学家。1921 年加入俄共(布)。1918 年在石油总委员会工作。1919—1924 年任页岩总委员会主席、页岩工业总管理局局长,1920—1925 年兼任库尔斯克地磁异常研究特设委员会主席。此外还担任一些院校和科研机关的领导职务。1929 年起为苏联科学院院士。——228。

H

韩德逊,阿瑟(Henderson, Arthur 1863—1935)——英国工党和工会运动领

袖之一。1903年起为议员,1908—1910年和1914—1917年任工党议会
党团主席,1911—1934年任工党书记。第一次世界大战期间是社会沙文
主义者。1915—1917年先后参加阿斯奎斯政府和劳合-乔治政府,任教育
大臣、邮政大臣和不管部大臣等职。俄国1917年二月革命后到俄国鼓吹
继续进行战争。1919年参与组织伯尔尼国际。1923年起任社会主义工人
国际执行委员会主席。1924年和1929—1931年两次参加麦克唐纳政府,
先后任内务大臣和外交大臣。——70、182。

赫里欧,爱德华(Herriot,Édouard 1872—1957)——法国政治活动家,激进和
　　激进社会党领袖之一。1905—1955年任里昂市长(第二次世界大战期间
　　一度中断)。1912年起为参议员,1919年起为众议员。1916年起多次担
　　任部长职务。1924—1925年和1932年任总理兼外交部长。所领导的政
　　府同苏联建立了外交关系(1924)并签订了互不侵犯条约(1932)。1925—
　　1926年和1936—1940年任众议院议长。第二次世界大战期间因反对维
　　希政府,被关进德国集中营(1942—1945)。1947—1954年任国民议会议
　　长,1954年起任国民议会名誉议长。不仅是著名的政治家,而且是著名的
　　政论家、历史学家、作家以及文学和音乐批评家。1946年当选为法兰西语
　　文学院院士。——241。

黑格尔,乔治·威廉·弗里德里希(Hegel,Georg Wilhelm Friedrich 1770—
　　1831)——德国哲学家,客观唯心主义者,德国古典哲学的主要代表。
　　1801—1807年任耶拿大学哲学讲师和教授。1808—1816年任纽伦堡中
　　学校长。1816—1817年任海德堡大学哲学教授。1818年起任柏林大学
　　哲学教授。黑格尔哲学是18世纪末至19世纪初德国唯心主义哲学的最
　　高发展。他根据唯心主义的思维与存在同一的基本原则,建立了客观唯心
　　主义的哲学体系,并创立了唯心主义辩证法的理论。认为在自然界和人类
　　出现以前存在着绝对精神,客观世界是绝对精神、绝对观念的产物;绝对精
　　神在其发展中经历了逻辑阶段、自然阶段和精神阶段,最终回复到了它自
　　身;整个自然的、历史的和精神的世界都处于不断的运动、变化和发展中,
　　矛盾是运动、变化的核心。黑格尔哲学的特点是辩证方法同形而上学体系
　　之间的深刻矛盾。他的唯心主义辩证法是马克思主义哲学的理论来源之
　　一。在社会政治观点上是保守的,是立宪君主制的维护者。主要著作有

《精神现象学》(1807)、《逻辑学》(1812—1816)、《哲学全书》(1817)、《法哲学原理》(1821)、《哲学史讲演录》(1833—1836)、《历史哲学讲演录》(1837)、《美学讲演录》(1836—1838)等。——29—30。

霍多罗夫斯基,约瑟夫·伊萨耶维奇(Ходоровский, Иосиф Исаевич 1885—1940)——1903 年加入俄国社会民主工党。曾在尼古拉耶夫、莫斯科和其他城市工作,屡遭沙皇政府迫害。1917 年参加莫斯科武装起义。十月革命后从事党的工作以及军事和苏维埃工作。历任劳动人民委员部部务委员(1918)、南方面军政治部主任和革命军事委员会委员(1918—1919)、喀山省和图拉省执行委员会主席(1919—1920)、俄共(布)中央委员会西伯利亚局书记(1921—1922)、教育人民委员部部务委员和副教育人民委员(1922—1928)、驻意大利和土耳其商务代表(1928—1932)、苏联中央执行委员会高等技术教育委员会副主席(1932—1934)、苏联人民委员会医疗卫生局局长(1934—1938)等职。——363、364。

霍普芬豪斯,玛丽亚·格尔曼诺夫娜(Гопфенгауз, Мария Германовна 1862—1898)——俄国最早的马克思主义宣传家之一尼·叶·费多谢耶夫的女友。列宁通过她同费多谢耶夫通信。她在得知费多谢耶夫自杀的消息后,也开枪自杀了。——320。

J

基谢廖夫,阿列克谢·谢苗诺维奇(Киселев, Алексей Семенович 1879—1937)——1898 年加入俄国社会民主工党。曾在彼得堡、哈尔科夫、巴库、敖德萨和西伯利亚的一些城市做党的工作。1914 年被增补进党中央委员会。多次被捕和流放。1917 年二月革命后任伊万诺沃-沃兹涅先斯克市苏维埃主席和党的市委员会委员。在全俄苏维埃第一次代表大会上当选为全俄中央执行委员会委员。从党的第六次代表大会起多次当选为候补中央委员。十月革命后从事苏维埃、经济和工会工作。1918 年当选为中央纺织工业委员会主席,后当选为最高国民经济委员会主席团委员。1920 年任矿工工会主席。1920—1921 年工会问题争论期间参加工人反对派。1921 年在党的第十次代表大会上是莫斯科党组织的代表。1921—1923 年任小人民委员会主席。1923 年在党的第十二次代表大会上当选为中央监察委员会委员;曾任中央监察委员会主席团委员、俄罗斯联邦工农检查人民委员和苏联副工农检查人民委员。1924年起任全俄中央执行委员会秘书。苏联中央执行委员会主席团委员。——62。

吉洪(**别拉温,瓦西里·伊万诺维奇**)(Тихон(Белавин, Василий Иванович)1865—1925)——1891年当修道士,1917年是莫斯科大主教。1917年11月5日(18日)在第一届全俄地区主教会议上当选为全俄大牧首。1922年受审判,被软禁在顿斯科伊修道院。1923年5月,由"革新派教徒"召开的第二届全俄地区主教会议剥夺了他的大牧首教职,但是吉洪及其周围的人不承认这个决定。1923年6月16日,吉洪在给最高法院的信中承认了自己的错误,并请求赦免(信件原文见《俄国正教。历史里程碑》1989年莫斯科版第624—625页)。1924年3月21日苏联中央执行委员会决定中止吉洪案。——55、58。

季米里亚捷夫,阿尔卡季·克利缅季耶维奇(Тимирязев, Аркадий Климентьевич 1880—1955)——苏联教授,数学物理学博士。1921年加入俄共(布)。十月革命前在莫斯科大学及其他高等院校任物理学助教、讲师和教授。十月革命后在莫斯科大学和斯维尔德洛夫共产主义大学任物理学教授,先后是共产主义科学院院士和主席团委员。在培养物理学人才方面做了大量工作,写有百余种理论物理学、物理学史和物理学方法论等方面的科学著作。——28、29。

季诺维也夫(**拉多梅斯尔斯基**),格里戈里·叶夫谢耶维奇(Зиновьев(Радомысльский), Григорий Евсеевич 1883—1936)——1901年加入俄国社会民主工党,党的第二次代表大会后是布尔什维克。在党的第五至第十四次代表大会上当选为中央委员。1908—1917年侨居国外,参加布尔什维克《无产者报》编辑部和党的中央机关报《社会民主党人报》编辑部。斯托雷平反动时期对取消派、召回派和托洛茨基分子采取调和主义态度。1912年后和列宁一起领导中央委员会俄国局。第一次世界大战期间持国际主义立场。1917年4月回国,进入《真理报》编辑部。十月革命前夕反对举行武装起义的决定。1917年11月主张成立有孟什维克和社会革命党人参加的联合政府,遭到否决后声明退出党中央。1917年12月起任彼得格勒苏维埃主席。1919年共产国际成立后任共产国际执行委员会主席。1919 年当选为党中央政治局候补委员，1921 年当选为中央政治局委员。1925 年参与组织"新反对派"，1926 年与托洛茨基结成"托季联盟"。1926 年被撤销中央政治局委员和共产国际的领导职务。1927 年 11 月被开除出党，后来两次恢复党籍，两次被开除出党。1936 年 8 月 25 日被苏联最高法院军事审判庭以"参与暗杀基洛夫、阴谋刺杀斯大林及其他苏联领导人"的罪名判处枪决。1988 年 6 月苏联最高法院为其平反。——17、39—40、47—48、129、145、148—150、217、338、343、353、399。

季维尔科夫斯基,阿纳托利·阿夫杰耶维奇（Дивильковский, Анатолий Авдеевич 1873—1932）——1898 年加入俄国社会民主工党。1906 年侨居瑞士；曾追随孟什维克普列汉诺夫派。第一次世界大战爆发后是国际主义者。1918 年 11 月回国，在莫斯科做宣传鼓动工作。1922 年任人民委员会办公厅主任助理。后从事写作。——52。

加里宁,米哈伊尔·伊万诺维奇（Калинин, Михаил Иванович 1875—1946）——1898 年加入俄国社会民主工党。曾在第一批秘密的马克思主义工人小组和彼得堡工人阶级解放斗争协会中工作，是《火星报》代办员和 1905—1907 年革命的积极参加者。屡遭沙皇政府迫害。1912 年在党的第六次（布拉格）全国代表会议上当选为候补中央委员，后进入中央委员会俄国局。《真理报》的组织者之一。1917 年二月革命期间是彼得格勒工人和士兵武装发动的领导人之一，党的彼得堡委员会执行委员会委员。在彼得格勒积极参加十月武装起义。十月革命后任彼得格勒市长，1918 年任市政委员。1919 年雅·米·斯维尔德洛夫逝世后，任全俄中央执行委员会主席，1922 年起任苏联中央执行委员会主席，1938 年起任苏联最高苏维埃主席团主席。在党的第八至第十八次代表大会上当选为中央委员。1919 年起为中央政治局候补委员，1926 年起为中央政治局委员。写有许多关于社会主义建设和共产主义教育问题的著作。——55、57、58、67、204。

加米涅夫（**罗森费尔德**）,列夫·波里索维奇（Каменев（Розенфельд）, Лев Борисович 1883—1936）——1901 年加入俄国社会民主工党，党的第二次代表大会后是布尔什维克。是高加索联合会出席党的第三次代表大会的代表。1905—1907年在彼得堡从事宣传鼓动工作,为党的报刊撰稿。1908年底出国,任布尔什维克的《无产者报》编委。斯托雷平反动时期对取消派、召回派和托洛茨基分子采取调和主义态度。1914年初回国,在《真理报》编辑部工作,曾领导第四届国家杜马布尔什维克党团。1914年11月被捕,在沙皇法庭上宣布放弃使沙皇政府在帝国主义战争中失败的布尔什维克口号,次年2月被流放。1917年二月革命后反对列宁的《四月提纲》。从党的第七次全国代表会议(四月代表会议)起多次当选为中央委员。十月革命前夕反对举行武装起义的决定。在全俄苏维埃第二次代表大会上当选为全俄中央执行委员会第一任主席。1917年11月主张成立有孟什维克和社会革命党人参加的联合政府,遭到否决后声明退出党中央。1918年起任莫斯科苏维埃主席。1922年起任人民委员会副主席,1924—1926年任劳动国防委员会主席。1923年起为列宁研究院第一任院长。1919—1925年为党中央政治局委员。1925年参与组织"新反对派",1926年1月当选为中央政治局候补委员,同年参与组织"托季联盟",10月被撤销政治局候补委员职务。1927年12月被开除出党,后来两次恢复党籍,两次被开除出党。1936年8月25日被苏联最高法院军事审判庭以"参与暗杀基洛夫、阴谋刺杀斯大林及其他苏联领导人"的罪名判处枪决。1988年6月苏联最高法院为其平反。——39—40、47—48、62—63、102—103、104—105、115、127、161、162—163、166、175、204、217—218、220、228、230—232、298、310、319、322、330—331、338、343、406。

捷尔——见捷尔-瓦加尼扬,瓦加尔沙克·阿鲁秋诺维奇。

捷尔-瓦加尼扬,瓦加尔沙克·阿鲁秋诺维奇(捷尔)(Тер-Ваганян, Вагаршак Арутиунович(Тер) 1893—1936)——1912年加入俄国布尔什维克党。1915—1917年先在莫斯科河岸区组织中工作,后任莫斯科委员会书记。1922—1923年任《在马克思主义旗帜下》杂志编辑,后在《真理报》、国家轻工业出版社、《红色处女地》杂志编辑部工作。1928年被开除出党,后来两次恢复党籍,两次被开除出党。——175。

捷尔任斯基,费利克斯·埃德蒙多维奇(Дзержинский, Феликс Эдмундович 1877—1926)——波兰和俄国革命运动活动家,波兰王国和立陶宛社会民主党的组织者和领导人之一。1895 年在维尔诺加入立陶宛社会民主党组织，1903 年当选为波兰王国和立陶宛社会民主党总执行委员会委员。积极参加 1905—1907 年革命，领导波兰无产阶级的斗争。1907 年在俄国社会民主工党第五次（伦敦）代表大会上被缺席选入中央委员会。屡遭沙皇政府迫害，度过十年以上的监禁、苦役和流放生活。1917 年二月革命后在莫斯科做党的工作。在党的第六次代表大会上当选为中央委员，进入党中央书记处。十月革命期间是彼得格勒军事革命委员会委员和党的军事革命总部成员。十月革命后当选为全俄中央执行委员会委员和主席团委员。1917 年 12 月起任全俄肃反委员会（1923 年起为国家政治保卫总局）主席。1918 年初在布列斯特和约问题上一度采取"左派共产主义者"的立场。1919—1923 年兼任内务人民委员，1921—1924 年兼任交通人民委员，1924 年起兼任最高国民经济委员会主席。1920 年 4 月起为党中央组织局候补委员，1921 年起为中央组织局委员，1924 年 6 月起为中央政治局候补委员。——58、184、353、355、358。

捷连斯基，伊萨克·阿布拉莫维奇（Зеленский，Исаак Абрамович 1890 — 1938）——1906 年加入俄国社会民主工党。曾在阿斯特拉罕、奔萨、奥伦堡、萨拉托夫和萨马拉做党的工作，屡遭沙皇政府迫害。1917 年二月革命后是莫斯科巴斯曼区党的组织员和莫斯科苏维埃主席团委员。十月革命的参加者。1918—1920 年任莫斯科粮食局局长、粮食人民委员部部务委员。1920—1924 年任莫斯科苏维埃副主席和党的莫斯科委员会书记。1924 年起任俄共（布）中央委员会中亚局书记。1931 年起任中央消费合作总社主席。在党的第十次代表大会上当选为候补中央委员，从第十一次代表大会起是中央委员。——52。

金，Ф.（弗鲁姆金）（Кин，Ф.（Фрумкин））——《"专家"（统计调查的经验）》一文（载于 1922 年 9 月 3 日《真理报》第 197 号）的作者。——329。

K

卡茨涅尔松，З.Б.（Кацнельсон，З.Б. 生于 1892 年）——1917 年加入俄国社会民主工党（布）。1918—1937 年在全俄肃反委员会、国家政治保卫局和内务人民委员部的机关担任负责职务。——246。

卡姆柯夫（**卡茨**），波里斯·达维多维奇（Камков（Кац），Борис Давидович 1885—1938）——俄国社会革命党人，左派社会革命党的组织者和领袖之一。第一次世界大战期间侨居法国、瑞典，属国际主义派。1917年二月革命后回国，当选为社会革命党彼得格勒委员会委员；反对战争，主张政权归苏维埃。在全俄苏维埃第二次代表大会上当选为全俄中央执行委员会委员，在左派社会革命党第一次代表大会上当选为中央委员。1918年反对签订布列斯特和约，是刺杀德国大使威·米尔巴赫的主谋和莫斯科左派社会革命党人叛乱的策划者之一。因进行反革命活动被军事法庭判处三年徒刑。后在统计部门工作。——126。

凯恩斯，约翰·梅纳德（Keynes，John Maynard 1883—1946）——英国资产阶级经济学家。长期在剑桥大学任教和编辑《经济学杂志》，兼任英国财政部顾问和英格兰银行董事等职。1919年作为英国财政部首席代表参加了巴黎和会的工作。同年6月辞职，发表《和约的经济后果》一书，猛烈抨击凡尔赛和约，证明和约有关赔偿的条款在经济上是行不通的，并预言和约所定各款将对世界经济产生不良影响。1921年起是英国一家大保险公司的董事长。30年代创立了凯恩斯主义这一经济学的重要流派，提出失业和经济危机的原因是"有效需求"不足的理论和国家必须全面干预经济生活等主张。最重要的著作是《就业、利息和货币通论》（1936）。——37、70。

考茨基，卡尔（Kautsky，Karl 1854—1938）——德国社会民主党和第二国际的领袖和主要理论家之一。1875年加入奥地利社会民主党，1877年加入德国社会民主党。1881年与马克思和恩格斯相识后，在他们的影响下逐渐转向马克思主义。从19世纪80年代到20世纪初写过一些宣传和解释马克思主义的著作：《卡尔·马克思的经济学说》（1887）、《土地问题》（1899）等。但在这个时期已表现出向机会主义方面摇摆，在批判伯恩施坦时作了很多让步。1883—1917年任德国社会民主党理论刊物《新时代》杂志主编。曾参与起草1891年德国社会民主党纲领（爱尔福特纲领）。1910年以后逐渐转到机会主义立场，成为中派领袖。第一次世界大战前夕提出超帝国主义论，大战期间打着中派旗号支持帝国主义战争。1917年参与建立德国独立社会民主党，1922年拥护该党右翼与德国社会民主党合并。1918年后发表《无产阶级专政》等书，攻击俄国十月革命，反对无产阶级专政。——91、376。

柯伦泰，亚历山德拉·米哈伊洛夫娜（Коллонтай，Александра Михайловна 1872—1952）——19世纪90年代参加俄国社会民主主义运动。1906—1915年是孟什维克，1915年加入布尔什维克党。曾参加1905—1907年革命。1908—1917年侨居国外。第一次世界大战一开始即持革命的国际主义立场；受列宁委托，在斯堪的纳维亚国家和美国进行团结社会民主党国际主义左派的工作。1917年二月革命后回国，被选入彼得格勒苏维埃执行委员会，在波罗的海舰队水兵和彼得格勒卫戍部队士兵中开展工作。1917年七月事变时被临时政府逮捕入狱。在俄国社会民主工党（布）第六次代表大会上当选为中央委员。在彼得格勒参加十月武装起义。十月革命后参加第一届人民委员会，任国家救济人民委员。1918年持"左派共产主义者"立场。1920年起任党中央妇女部部长。1920—1921年工会问题争论期间是工人反对派的骨干分子。1921—1922年任共产国际国际妇女书记处书记。1923年起在外交部门担任负责工作，历任驻挪威、墨西哥全权代表和商务代表，驻瑞典公使和大使等职。——130。

柯秀尔，维克多·维肯季耶维奇（Косиор，Виктор Викентьевич 1891—1938）——1907年加入俄国社会民主工党。曾在顿巴斯、哈尔科夫、基辅做党的工作。1917年二月革命后是莫斯科五金工会的指导员。十月革命后从事军事、工会和经济工作。1920—1921年工会问题争论期间支持托洛茨基的纲领，后为托洛茨基反对派的骨干分子。1929年被开除出党。——124。

科尔尼洛夫，拉甫尔·格奥尔吉耶维奇（Корнилов，Лавр Георгиевич 1870—1918）——沙俄将军，君主派分子。第一次世界大战期间曾任师长和军长。1917年二月革命后任彼得格勒军区司令，5—7月任第8集团军和西南方面军司令。1917年7月19日（8月1日）—8月27日（9月9日）任最高总司令。8月底发动叛乱，进军彼得格勒，企图建立反革命军事专政。叛乱很快被粉碎，本人被捕入狱。11月逃往新切尔卡斯克，和米·瓦·阿列克谢耶夫一起组建和领导白卫志愿军。1918年4月在进攻叶卡捷琳诺达尔时被击毙。——176。

克尔任采夫（**列别捷夫**），普拉东·米哈伊洛维奇（Керженцев（Лебедев），

Платон Михайлович 1881—1940)——1904 年加入俄国社会民主工党,布尔什维克。1905—1911 年在下诺夫哥罗德、彼得堡和基辅等地做党的工作。曾为《明星报》、《启蒙》杂志和《真理报》撰稿。1912 年侨居国外,在伦敦、纽约和巴黎居住。1918 年起任《全俄中央执行委员会消息报》副编辑,1919—1920 年是罗斯塔社的领导人。1921—1923 年任驻瑞典全权代表,1925—1926 年任驻意大利全权代表。此后任苏联中央统计局副局长、联共(布)中央鼓动宣传部副部长、共产主义科学院主席团副主席和共产主义科学院文学、艺术和语言研究所所长、苏联人民委员会办公厅主任、全苏无线电委员会主席和艺术事务委员会主席。写有历史问题、马克思列宁主义问题和苏联文化方面的著作。——388。

克尔日扎诺夫斯基,格列勃·马克西米利安诺维奇(Кржижановский, Глеб Максимилианович 1872—1959)——1893 年参加俄国革命运动,协助列宁组织彼得堡工人阶级解放斗争协会。1895 年 12 月被捕,1897 年流放西伯利亚(米努辛斯克专区捷辛斯克村),为期三年。1901 年流放期满后住在萨马拉,领导当地的火星派中心。1902 年秋参加筹备召开俄国社会民主工党第二次代表大会的组织委员会。1903 年在俄国社会民主工党第二次代表大会上缺席当选为中央委员。积极参加 1905—1907 年革命。在布尔什维克的出版机关做了大量工作。1917 年二月革命后任莫斯科苏维埃委员,参加布尔什维克党团。十月革命后致力于恢复和发展莫斯科的动力事业。1919 年底起任最高国民经济委员会电机工业总管理局局长。1920 年被任命为俄罗斯国家电气化委员会主席。1921—1930 年任国家计划委员会主席。1930—1936 年历任最高国民经济委员会动力总管理局局长、苏联中央执行委员会高等技术教育委员会主席和俄罗斯联邦副教育人民委员。在党的第十三至第十七次代表大会上当选为中央委员。1929 年当选为苏联科学院院士,1929—1939 年任苏联科学院副院长。1930 年创建苏联科学院动力研究所,担任所长直至逝世。写有许多动力学方面的著作。——21—22、127—128、146、186—187、210、211、228—229、349、350。

克拉斯诺夫,彼得·尼古拉耶维奇(Краснов, Петр Николаевич 1869—1947)——沙俄将军。第一次世界大战期间任哥萨克旅长和师长、骑兵军军长。1917 年 8 月积极参加科尔尼洛夫叛乱。十月革命期间伙同克伦斯

基发动反苏维埃叛乱,担任从前线调往彼得格勒镇压革命的军队指挥。叛
乱被平定后逃往顿河流域。1918—1919 年领导顿河哥萨克白卫军。1919
年逃亡德国,继续进行反苏维埃活动。第二次世界大战期间与希特勒分子
合作,被苏军俘获,由苏联最高法院军事庭判处死刑。——8。

克拉辛,列昂尼德·波里索维奇（Красин, Леонид Борисович 1870 —
1926）——1890 年参加俄国社会民主主义运动,是布鲁斯涅夫小组成员。
1895 年被捕,流放伊尔库茨克三年。流放期满后进入哈尔科夫工艺学院
学习,1900 年毕业。1900 — 1904 年在巴库当工程师,与弗·扎·克茨霍
韦利一起建立《火星报》秘密印刷所。俄国社会民主工党第二次代表大会
后加入布尔什维克党,被增补进中央委员会;在中央委员会里一度对孟什
维克采取调和主义态度,帮助把三名孟什维克代表增补进中央委员会,但
不久即同孟什维克决裂。俄国社会民主工党第三次代表大会的参加者,在
会上当选为中央委员。1905 年是布尔什维克第一份合法报纸《新生活报》
的创办人之一。1905 — 1907 年革命期间参加彼得堡工人代表苏维埃,领
导党中央战斗技术组。在党的第四次（统一）代表大会上代表布尔什维克
作了关于武装起义问题的报告,并再次当选为中央委员,在第五次（伦敦）
代表大会上当选为候补中央委员。1908 年侨居国外。一度参加反布尔什
维克的“前进”集团,后脱离政治活动,在国内外当工程师。十月革命后是
红军供给工作的组织者之一,任红军供给非常委员会主席、最高国民经济
委员会主席团委员、工商业人民委员、交通人民委员。1919 年起从事外交
工作。1920 年起任对外贸易人民委员,1920 — 1923 年兼任驻英国全权代
表和商务代表,参加了热那亚国际会议和海牙国际会议。1924 年任驻法
国全权代表,1925 年起任驻英国全权代表。在党的第十三次和第十四次
代表大会上当选为中央委员。—— 103、104 — 105、168、169、208、228 —
229、304、332 — 336、406。

克里茨曼,列夫·纳坦诺维奇（Крицман, Лев Натанович 1890 — 1938）——
1918 年加入俄共（布）。苏维埃政权初期从事经济工作,任最高国民经济
委员会食品工业局局务委员会主席和化学工业局成员。1921 年任国家计
划委员会主席团委员和劳动国防委员会俄罗斯联邦资源利用委员会主席。
1923 — 1924 年任《真理报》编委、共产主义科学院主席团委员、第 1 版《苏

联大百科全书》总编辑部成员。1925—1931年先后任苏联中央统计局局务委员和副局长、国家计划委员会副主席。1931年起从事科学研究工作，是经济学博士。曾任《经济百科全书》、《经济问题》杂志和《农业战线》杂志编辑。写有一些经济和农业问题的著作。——328。

克伦斯基，亚历山大·费多罗维奇（Керенский，Александр Федорович 1881—1970）——俄国政治活动家，资产阶级临时政府首脑。1917年3月起为社会革命党人。第四届国家杜马代表，劳动派党团领袖。第一次世界大战期间是护国派分子。1917年二月革命后任彼得格勒工兵代表苏维埃副主席、国家杜马临时委员会委员。在临时政府中任司法部长（3—5月）、陆海军部长（5—9月）、总理（7月21日起）兼最高总司令（9月12日起）。执政期间继续进行帝国主义战争，七月事变时镇压工人和士兵，迫害布尔什维克。1917年11月7日彼得格勒爆发武装起义时，从首都逃往前线，纠集部队向彼得格勒进犯，失败后逃亡巴黎。在国外参加白俄流亡分子的反革命活动，1922—1932年编辑《白日》周刊。1940年移居美国。——8。

库尔斯基，德米特里·伊万诺维奇（Курский，Дмитрий Иванович 1874—1932）——1904年加入俄国社会民主工党。1900年毕业于莫斯科大学法律系。1905年积极参加莫斯科十二月武装起义。1906年起是布尔什维克组织莫斯科区域局成员。1914年被征入伍，在士兵中进行革命宣传活动。1917年5—8月任罗马尼亚方面军第4集团军士兵代表苏维埃主席；是全俄苏维埃第一次代表大会代表。1917年10月任敖德萨军事革命委员会委员。1918—1928年任俄罗斯联邦司法人民委员、苏联第一任总检察长，在他的领导下制定了民法典和刑法典。1919—1920年兼任工农红军总参谋部政委和野战司令部政委、共和国革命军事委员会委员。1921年起任全俄中央执行委员会主席团委员，1923年起任苏联中央执行委员会主席团委员。1924—1927年任党中央检查委员会主席，1927—1930年任党中央监察委员会委员。1928—1932年任驻意大利全权代表。——47—48、190—192。

库图佐夫，伊万·伊万诺维奇（Кутузов，Иван Иванович 1885—1943）——1917年加入俄国社会民主工党（布）。1917年二月革命后任莫斯科苏维埃委员、莫斯科纺织工会主席。1918年起任纺织工会中央委员会主席。

1920—1921 年参加工人反对派。后任全苏工会中央理事会俄共(布)党团委员会委员和主席团委员、苏联中央执行委员会国家贷款和储蓄事业促进委员会主席。1920 年起为全俄中央执行委员会主席团委员,后为苏联中央执行委员会主席团委员。——222。

L

拉狄克,卡尔·伯恩哈多维奇(Радек, Карл Бернгардович 1885—1939)——生于东加利西亚。20 世纪初参加加利西亚、波兰和德国的社会民主主义运动。1901 年起为加利西亚社会民主党的积极成员,1904—1908 年在波兰王国和立陶宛社会民主党内工作。1908 年到柏林,为德国左派社会民主党人的报刊撰稿。第一次世界大战期间持国际主义立场,但表现出向中派方面动摇。1917 年加入俄国社会民主工党(布)。十月革命后在外交人民委员部工作。1918 年是"左派共产主义者"。在党的第八至第十二次代表大会上当选为中央委员。1920—1924 年任共产国际执行委员会书记、委员和主席团委员。1923 年起属托洛茨基反对派。1925—1927 年任莫斯科中山大学校长。长期为《真理报》、《消息报》和其他报刊撰稿。1927 年被开除出党,1930 年恢复党籍,1936 年被再次开除出党。1937 年 1 月被苏联最高法院军事审判庭以"进行叛国、间谍、军事破坏和恐怖活动"的罪名判处十年监禁。1939 年死于狱中。1988 年 6 月苏联最高法院为其平反。——49、141、142、145。

拉科西·马蒂亚斯(Rákosi Mátyás 1892—1971)——匈牙利政治活动家。1910 年加入社会民主党。第一次世界大战期间被俄军俘虏,在战俘营同俄国革命者保持联系。1918 年回国,同年加入匈牙利共产党。1919 年匈牙利苏维埃共和国时期是革命政府成员。匈牙利反革命势力得胜后逃往莫斯科。1921—1924 年是共产国际执行委员会书记之一。1924 年 12 月回国,参加重建匈牙利共产党组织的工作。1925 年被捕,监禁八年后,1934 年又被判处终身监禁。1940 年获释,流亡苏联,为匈牙利共产党国外委员会领导人之一。1945 年 1 月回国。1945—1948 年任匈牙利共产党总书记,1948—1953 年任匈牙利劳动人民党总书记,1952—1953 年兼任部长会议主席。1953—1956 年任劳动人民党第一书记。1956 年 7 月被免去第一书记职务,1962 年 8 月被开除出党。——91。

拉林,尤·(**卢里叶,米哈伊尔·亚历山德罗维奇**)(Ларин,Ю.(Лурье,
　Михаил Александрович) 1882—1932)——1900 年参加俄国社会民主主
　义运动,在敖德萨和辛菲罗波尔工作。1904 年起为孟什维克。1905 年是
　俄国社会民主工党彼得堡孟什维克委员会委员。1906 年进入党的统一的
　彼得堡委员会;是党的第四次(统一)代表大会有表决权的代表。维护孟什
　维克的土地地方公有化纲领,支持召开"工人代表大会"的取消主义思想。
　党的第五次(伦敦)代表大会波尔塔瓦组织的代表。斯托雷平反动时期和
　新的革命高涨年代是取消派领袖之一,参加了"八月联盟"。第一次世界大
　战期间是中派分子。1917 年二月革命后领导出版《国际》杂志的孟什维克
　国际主义派。1917 年 8 月加入布尔什维克党。在彼得格勒参加十月武装
　起义。十月革命后主张成立有孟什维克和社会革命党人参加的联合政府。
　在苏维埃和经济部门工作,曾任最高国民经济委员会主席团委员、国家计
　划委员会主席团委员等职。1920—1921 年工会问题争论期间先后支持布
　哈林和托洛茨基的纲领。——119、120、125—129、177、399、403。

莱维(**哈特施坦**),保尔(Levi(Hartstein),Paul 1883—1930)——德国社会民
　主党人;职业是律师。1915 年齐美尔瓦尔德代表会议的参加者,瑞士齐美
　尔瓦尔德左派成员;曾参加斯巴达克联盟。在德国共产党成立大会上被选
　入中央委员会。共产国际第二次代表大会代表。1920 年代表德国共产党
　被选入国会。1921 年 2 月退出中央委员会,同年 4 月被开除出党。1922
　年又回到社会民主党。——142。

赖克尔(Reichel)——美国技术援助苏俄协会的代表。——294—295。

兰塞姆,阿瑟(Ransome,Arthur 1884—1967)——英国作家,一些报刊的撰
　稿人。多次访问俄国。1916—1919 年和 1919—1924 年先后任《每日新闻
　报》和《曼彻斯特卫报》驻苏维埃俄国的记者。——260—265、266—269。

劳合—乔治,戴维(Lloyd George,David 1863—1945)——英国国务活动家和
　外交家,自由党领袖。1890 年起为议员。1905—1908 年任商业大臣,
　1908—1915 年任财政大臣。对英国政府策划第一次世界大战的政策有很
　大影响。曾提倡实行社会保险等措施,企图利用谎言和许诺来阻止工人阶
　级建立革命政党。1916—1922 年任首相,残酷镇压殖民地和附属国的民

族解放运动;是武装干涉和封锁苏维埃俄国的鼓吹者和策划者之一。曾参
加 1919 年巴黎和会,是凡尔赛和约的炮制者之一。——4、5、162、164、
165、168、174、423。

李卜克内西,威廉(Liebknecht,Wilhelm 1826—1900)——德国工人运动和国
际工人运动活动家,德国社会民主党的创建人和领袖之一,马克思和恩格
斯的朋友和战友。积极参加德国 1848 年革命,革命失败后流亡国外,在国
外结识马克思和恩格斯,接受了科学共产主义思想。1850 年加入共产主
义者同盟。1862 年回国。第一国际成立后,成为国际的革命思想的热心
宣传者和国际的德国支部的组织者之一。1868 年起任《民主周报》编辑。
1869 年与倍倍尔共同创建了德国社会民主工党(爱森纳赫派),任党的中
央机关报《人民国家报》编辑。1875 年积极促成爱森纳赫派和拉萨尔派的
合并。在反社会党人非常法施行期间与倍倍尔一起领导党的地下工作和
斗争。1890 年起任党的中央机关报《前进报》主编,直至逝世。1867—
1870 年为北德意志联邦国会议员,1874 年起多次被选为德意志帝国国会
议员,利用议会讲坛揭露普鲁士容克反动的内外政策。因革命活动屡遭监
禁。是第二国际的组织者之一。——182。

李可夫,阿列克谢·伊万诺维奇(Рыков,Алексей Иванович 1881—1938)
——1899 年加入俄国社会民主工党。曾在萨拉托夫、莫斯科、彼得堡等地
做党的工作。1905 年党的第三次代表大会起多次当选为中央委员。斯托
雷平反动时期对取消派、召回派和托洛茨基分子采取调和主义态度。曾多
次被捕流放并逃亡国外。1917 年二月革命后被选进莫斯科苏维埃主席
团,同年 10 月在彼得格勒参与领导武装起义。十月革命后参加第一届人
民委员会,任内务人民委员。1917 年 11 月主张成立有孟什维克和社会革
命党人参加的联合政府,遭到否决后声明退出党中央和人民委员会。1918
年 2 月起任最高国民经济委员会主席,1921 年夏起任人民委员会和劳动
国防委员会副主席。1923 年当选为党中央政治局委员。1924—1930 年
任苏联人民委员会主席。1929 年被作为"右倾派别集团"领袖之一受到批
判。1930 年 12 月被撤销政治局委员职务。1931—1936 年任苏联交通人
民委员。1934 年当选为候补中央委员。1937 年被开除出党。1938 年 3
月 13 日被苏联最高法院军事审判庭以"参与托洛茨基的恐怖、间谍和破坏

活动"的罪名判处枪决。1988 年平反昭雪并恢复党籍。——54、60、61、63、67、115—116、126、158—159、183—184、185、219、298、330—331、400、409、416、419。

李维诺夫,马克西姆·马克西莫维奇（Литвинов, Максим Максимович 1876—1951）——1898 年加入俄国社会民主工党,在切尔尼戈夫省克林齐市工人小组中进行社会民主主义宣传。1900 年任党的基辅委员会委员。1901 年被捕,在狱中参加火星派。1902 年 8 月越狱逃往国外。作为《火星报》代办员,曾担任向国内运送《火星报》的工作。是俄国革命社会民主党人国外同盟的领导成员,出席了同盟第二次代表大会。1903 年俄国社会民主工党第二次代表大会后是布尔什维克,任党的里加委员会、西北委员会委员和多数派委员会常务局成员;代表里加组织出席了党的第三次代表大会。1905 年参加了布尔什维克第一份合法报纸《新生活报》的出版工作。1907 年是出席国际社会党斯图加特代表大会的俄国社会民主工党代表团的秘书。1907 年底侨居伦敦。1908 年起任布尔什维克伦敦小组书记。1914 年 6 月起为俄国社会民主工党中央委员会驻社会党国际局的代表。1915 年 2 月受列宁委托在协约国社会党伦敦代表会议上发表谴责帝国主义战争的声明。十月革命后在外交部门担任负责工作。1918—1921 年任外交人民委员部部务委员,1921 年起任副外交人民委员。1922 年是出席热那亚国际会议的苏俄代表团团员和海牙国际会议的苏俄代表团团长。1930—1939 年任外交人民委员,1941—1943 年任副外交人民委员兼驻美国大使。从美国回国后至 1946 年任副外交人民委员。在党的第十七次和第十八次代表大会上当选为中央委员。曾任苏联中央执行委员会委员、第一届和第二届苏联最高苏维埃代表。——161、169、172。

利特温-谢多伊,季诺维·雅柯夫列维奇（谢多伊）（Литвин-Седой, Зиновий Яковлевич（Седой） 1879—1947）——1897 年参加俄国社会民主主义运动。俄国社会民主工党第二次代表大会后是布尔什维克。曾在彼得堡、莫斯科等地做党的工作。1905 年是莫斯科十二月武装起义的领导人之一,后流亡国外。1917 年回国,参加国内战争。1919 年起在中央军事交通部和交通人民委员部工作。1921—1939 年任莫斯科纺织技术学校校长。在党的第十次代表大会上当选为中央监察委员会委员。1939 年起是特种退休金领取者。──410。

梁赞诺夫(戈尔登达赫),达维德·波里索维奇(Рязанов(Гольдендах),Давид Борисович 1870—1938)──1889 年参加俄国革命运动。曾在敖德萨和基什尼奥夫开展工作。1900 年出国,是著作家团体斗争社的组织者之一;该社反对《火星报》制定的党纲和列宁的建党组织原则。俄国社会民主工党第二次代表大会反对斗争社参加大会的工作,并否决了邀请梁赞诺夫作为该社代表出席大会的建议。代表大会后是孟什维克。1905──1907 年在国家杜马社会民主党党团和工会工作。后再次出国,为《新时代》杂志撰稿。1909 年在"前进"集团的卡普里党校(意大利)担任讲课人,1911 年在隆瑞莫党校(法国)讲授工会运动课。曾受德国社会民主党委托从事出版《马克思恩格斯全集》和第一国际史的工作。第一次世界大战期间是中派分子,为孟什维克的《呼声报》和《我们的言论报》撰稿。1917 年二月革命后参加区联派,在俄国社会民主工党(布)第六次代表大会上随区联派集体加入布尔什维克党。十月革命后从事工会工作。1918 年初因反对签订布列斯特和约一度退党。1920──1921 年工会问题争论期间持错误立场,被解除工会职务。1921 年参与创建马克思恩格斯研究院,担任院长直到 1931 年。1931 年 2 月因同孟什维克国外总部有联系被开除出党。── 127 ── 128、135。

列宁,弗拉基米尔·伊里奇(乌里扬诺夫,弗拉基米尔·伊里奇)(Ленин, Владимир Ильич(Ульянов,Владимир Ильич 1870—1924)──4、5──6、8、12、18、55──59、61、66、67、68、73──74、83、89、101──102、103、104、105、114、119、126、128、131、145、155、176──178、185、215、219、220、222、223、226、238──239、245、260、265、270、271、272、273、276、278──279、289、290、295、296、297、298、320──321、330──331、337──338、353、369、385、399、401、430、434、447、448。

列诺得尔,皮埃尔(Renaudel, Pierre 1871──1935)──法国社会党右翼领袖之一。1899 年参加社会主义运动。1906──1915 年任《人道报》编辑,1915—1918 年任社长。1914──1919 年和 1924──1935 年为众议员。第一次世界大战期间是社会沙文主义者。反对社会党参加共产国际,主张社会党人参加资产阶级政府。1927 年辞去社会党领导职务,1933 年被开除出党。——182。

列扎瓦,安德列·马特维耶维奇(Лежава, Андрей Матвеевич 1870 — 1937)
——1904年加入俄国社会民主工党。19世纪80年代末参加民粹主义运
动。1893年因参与筹建地下印刷所被捕,监禁两年后,流放雅库特卡五
年。流放期满后在梯弗利斯、沃罗涅日、下诺夫哥罗德、萨拉托夫、莫斯科
等地做党的工作。十月革命后担任经济部门和苏维埃的领导工作。
1919—1920年任中央消费合作总社主席,1920—1922年任副对外贸易人
民委员,1922—1924年任国内商业人民委员,1924—1930年任俄罗斯联
邦人民委员会副主席兼俄罗斯联邦国家计划委员会主席,1930—1937年
任苏联亚热带作物总管理局局长。1927—1930年为党中央监察委员会委
员。多次当选为全俄中央执行委员会和苏联中央执行委员会委员。——
230—232。

鲁祖塔克,扬·埃内斯托维奇(Рудзутак, Ян Эрнестович 1887 — 1938)——
1905年加入俄国社会民主工党,布尔什维克。1906年任党的里加委员会
委员。1907年被捕并被判处十年苦役。1917年二月革命时获释。十月革
命后担任工会领导工作,后任最高国民经济委员会主席团委员、中央纺织
工业委员会主席。从1920年党的第九次代表大会起当选为中央委员。
1920年起任运输工会中央委员会主席、全俄工会中央理事会总书记、全俄
中央执行委员会和俄罗斯联邦人民委员会土耳其斯坦事务委员会主席、俄
共(布)中央委员会土耳其斯坦局主席。1922—1924年任俄共(布)中央委
员会中亚局主席。1923—1924年任党中央委员会书记。1924—1930年
任交通人民委员。1926年起任苏联人民委员会和劳动国防委员会副主
席,1931年起同时任党中央监察委员会主席和苏联工农检查人民委员。
1923—1926年为党中央政治局候补委员,1926—1932年为政治局委员,
1934年起为政治局候补委员。曾任全俄中央执行委员会和苏联中央执行
委员会主席团委员。——165。

M

马尔滕斯,路德维希·卡尔洛维奇(Мартенс, Людвиг Карлович 1875 —
1948)——苏联经济工作者,机械制造专家和热工学家。1893年参加革命

运动,1895 年加入彼得堡工人阶级解放斗争协会。1899 年被驱逐出境,先后住在德国、英国和美国,在国外继续从事革命工作。1919 年 1 月起任苏维埃俄国驻美国代表,组织技术援助苏俄协会。曾试图实现与美国关系正常化,但遭到美国政府拒绝,1921 年奉召回国。回国后担任经济和科研部门的负责工作,历任最高国民经济委员会主席团委员、金属工业总管理局局长、最高国民经济委员会发明事务委员会主席、柴油机科学研究所所长和莫斯科罗蒙诺索夫机械学院教授等职。——146。

马克思,卡尔(Marx, Karl 1818—1883)——科学共产主义的创始人,世界无产阶级的领袖和导师。——13、26、29、87、108、118、225、260、268、333—334、373、375。

马雅可夫斯基,弗拉基米尔·弗拉基米罗维奇(Маяковский, Владимир Владимирович 1893—1930)——苏联诗人。1908—1909 年参加莫斯科布尔什维克地下组织工作。三次被捕。在早期诗作中就表现出对资本主义现实的强烈不满,但带有未来主义的影响。十月革命后创作进入新阶段。以诗歌、剧本、绘画等多种形式歌颂十月革命的胜利,歌颂革命领袖和社会主义祖国,抨击官僚主义,号召人民同社会主义内外敌人进行斗争。是诗歌的革新者,对革命诗歌的发展有很大贡献。——12、14。

梅德维捷夫,谢尔盖·巴甫洛维奇(Медведев, Сергей Павлович 1885—1937)——1900 年加入俄国社会民主工党。曾在彼得堡、塞瓦斯托波尔从事革命工作,屡遭沙皇政府迫害。十月革命后在红军中做政治工作。1918 年 7 月起在东方面军任职,1918 年 9 月—1919 年 1 月任第 1 集团军革命军事委员会委员。1920—1922 年任五金工会中央委员会主席,后在全俄中央执行委员会和苏联中央执行委员会工作。是工人反对派领袖之一,后为"新反对派"骨干分子。1924 年被开除出党,1926 年恢复党籍。1933 年清党时被再次开除出党。——131。

门捷列夫,德米特里·伊万诺维奇(Менделеев, Дмитрий Иванович 1834—1907)——俄国化学家和社会活动家。1865—1890 年任彼得堡大学教授。1876 年当选为彼得堡科学院通讯院士。1869 年发现了化学元素周期律,1869—1871 年写出名著《化学原理》。他的科学研究工作与国家经济发展的需要紧密结合,涉及气象、农业、石油、煤炭、冶金、化工等方面。反对教育方面的等级限制。主张实行保护关税政策,1890年曾参与制定新的关税税率。在经济著作中始终不渝地宣传发展工业资本主义。——210。

米哈伊洛夫,伊万·康斯坦丁诺维奇(Михайлов, Иван Константинович 1881—1950)——1897年参加俄国社会民主主义运动,布尔什维克。曾在彼得堡、莫斯科等地进行革命工作。1902年侨居国外,从事向国内运送《火星报》的工作。1905年回国,在起义工人战斗队和党中央的军事组织中工作。十月革命后参加乌克兰的游击队活动,在第14集团军政治部工作。1919年被召到莫斯科,任红军供给委员会委员,后任克里姆林宫和全俄中央执行委员会房屋管理处主任助理、矿工工会中央委员会委员。1921—1922年任劳动国防委员会负责调查原属厄克特的阿尔泰和乌拉尔企业的特设委员会主席。在党的第十三次代表大会上当选为中央监察委员会委员,1926年以前在中央监察委员会—工农检查院工作,后在经济部门和苏维埃机关工作。——206、208、209、210。

米海洛夫斯基,尼古拉·康斯坦丁诺维奇(Михайловский, Николай Константинович 1842—1904)——俄国自由主义民粹派理论家,政论家,文艺批评家,实证论哲学家,社会学主观学派代表人物。1860年开始写作活动。1868年起为《祖国纪事》杂志撰稿,后任编辑。1879年与民意党接近。1882年以后写了一系列谈"英雄"与"群氓"问题的文章,建立了完整的"英雄"与"群氓"的理论体系。1884年《祖国纪事》杂志被查封后,给《北方通报》、《俄国思想》、《俄罗斯新闻》等报刊撰稿。1892年起任《俄国财富》杂志编辑,在该杂志上与俄国马克思主义者进行激烈论战。——320。

米留可夫,帕维尔·尼古拉耶维奇(Милюков, Павел Николаевич 1859—1943)——俄国立宪民主党领袖,俄国自由派资产阶级思想家,历史学家和政论家。1886年起任莫斯科大学讲师。90年代前半期开始政治活动,1902年起为资产阶级自由派的《解放》杂志撰稿。1905年10月参与创建立宪民主党,后任该党中央委员会主席和中央机关报《言语报》编辑。第三届和第四届国家杜马代表。第一次世界大战期间为沙皇政府的掠夺政策辩护。1917年二月革命后任第一届临时政府外交部长,推行把战争进行到"最后胜利"的帝国主义政策;同年8月积极参与策划科尔尼洛夫叛乱。十月革命后同白卫分子和武装干涉者合作。1920年起为白俄流亡分子,在巴黎出版《最新消息报》。著有《俄国文化史概要》、《第二次俄国革命史》及《回忆录》等。——57、129。

米柳亭，弗拉基米尔·巴甫洛维奇（Милютин，Владимир Павлович 1884—1937）——1903 年参加俄国社会民主主义运动，起初是孟什维克，1910 年起为布尔什维克。曾在库尔斯克、莫斯科、奥廖尔、彼得堡和图拉做党的工作，屡遭沙皇政府迫害。1917 年二月革命后任俄国社会民主工党（布）萨拉托夫委员会委员、萨拉托夫苏维埃主席。在党的第七次全国代表会议（四月代表会议）和第六次代表大会上当选为中央委员。十月革命后参加第一届人民委员会，任农业人民委员。1917 年 11 月主张成立有孟什维克和社会革命党人参加的联合政府，遭到否决后声明退出党中央和人民委员会。1918—1921 年任最高国民经济委员会副主席。1922 年任西北地区经济会议副主席。1924 年起历任工农检查人民委员部部务委员、中央统计局局长、国家计划委员会副主席、苏联中央执行委员会学术委员会主席等职。1920—1922 年为候补中央委员。1924—1934 年为中央监察委员会委员。写有一些关于经济问题的著作。——154。

米罗什尼科夫，伊万·伊万诺维奇（Мирошников，Иван Иванович 1894—1939）——1917 年加入俄国社会民主工党（布）。外国武装干涉和国内战争时期参加红军作战。1921—1937 年先后任人民委员会和劳动国防委员会办公厅主任助理和主任，1937 年起任苏联副财政人民委员。——103。

米雅斯尼科夫，加甫里尔·伊里奇（Мясников，Гавриил Ильич 1889—1946）——1906 年加入俄国社会民主工党。1921 年先后在彼尔姆省和彼得格勒做党的工作；是工人反对派的骨干分子。1922 年因从事反党活动和屡犯党纪被开除出党。后来是工人团的组织者，移居国外。——131。

明岑贝格，威廉（Münzenberg，Wilhelm 1889—1940）——瑞士工人运动和德国工人运动活动家；职业是制鞋工人。1910 年从德国移居瑞士。1914—1917 年是瑞士社会民主主义青年组织的领导人和该组织刊物《自由青年》的编辑，1915—1919 年任社会主义青年国际书记及其刊物《青年国际》的编辑。第一次世界大战期间持国际主义立场。1916 年起为瑞士社会民主党执行委员会委员。回到德国后，加入德国共产党，被选入中央委员会。1919—1921 年任青年共产国际书记。共产国际第二、第三、第四和第六次代表大会代表。1924年起为国会议员。法西斯掌权后流亡法国。30年代同托洛茨基派及其他机会主义分子反对各国共产党实行的工人和人民反法西斯统一战线的策略,被撤销德共中央委员的职务。1939年被开除出党。——312—313。

莫洛托夫(**斯克里亚宾**),维亚切斯拉夫·米哈伊洛维奇(Молотов(Скрябин),Вячеслав Михайлович 1890—1986)——1906年加入俄国社会民主工党,布尔什维克。曾在喀山、沃洛格达、彼得堡做党的工作,屡遭沙皇政府迫害。1912年在布尔什维克合法报纸《明星报》工作,后任《真理报》编辑部成员兼编辑部秘书。1917年二月革命期间是党中央委员会俄国局成员,十月革命期间是彼得格勒军事革命委员会委员。1918—1921年历任北部地区国民经济委员会主席、下诺夫哥罗德省执行委员会主席、俄共(布)顿涅茨克省委书记、乌克兰共产党(布)中央委员会书记。在俄共(布)第九次代表大会上当选为候补中央委员,第十次代表大会上当选为中央委员。党的十大后任中央委员会书记和政治局候补委员,1926年起为政治局委员,1952年起为苏共中央主席团委员。1930—1941年任苏联人民委员会主席,1941—1957年任苏联人民委员会第一副主席,1939年起兼任苏联外交人民委员。1941—1945年卫国战争时期兼任国防委员会副主席,参加了德黑兰(1943)、雅尔塔(1945)和波茨坦(1945)会议。1957年6月根据苏共中央全会决议,被开除出苏共中央主席团和中央委员会。1957年出任苏联驻蒙古人民共和国大使,1960—1962年任苏联驻维也纳国际原子能机构代表。苏共第二十二次代表大会后被开除出党,1984年恢复党籍。——16—20、41—46、47—48、49、52—53、54、55、59、66—68、69—70、144—145。

姆季瓦尼,波利卡尔普·古尔格诺维奇(Мдивани,Поликарп Гургенович 1877—1937)——1903年加入俄国社会民主工党。曾在库塔伊西、巴统、梯弗利斯、巴库等地做党的工作,屡遭沙皇政府迫害。1918—1920年任第11集团军革命军事委员会委员和第10集团军政治部主任。1920—1921年为俄共(布)中央委员会高加索局成员、俄罗斯联邦驻土耳其外交代表、格鲁吉亚革命委员会主席。1922年任格鲁吉亚共产党(布)中央委员会主席团委员。在成立外高加索联邦和苏维埃社会主义共和国联盟的问题上,曾要求保持格鲁吉亚独立,坚持格鲁吉亚不通过外高加索联邦而直接加入苏联。这一立场被指责为民族主义倾向。1924 年任苏联驻法国商务代表。1931—1936 年任格鲁吉亚苏维埃社会主义共和国最高国民经济委员会主席、轻工业人民委员、人民委员会第一副主席等职。1936 年被开除出党。——217、219。

N

拿破仑第一(波拿巴)(Napoléon I(Bonaparte) 1769—1821)——法国皇帝,资产阶级军事家和政治家。法国资产阶级革命时期参加革命军。1799 年发动雾月政变,自任第一执政,实行军事独裁统治。1804 年称帝,建立法兰西第一帝国,颁布《拿破仑法典》,巩固资本主义制度。多次粉碎反法同盟,沉重打击了欧洲封建反动势力。但对外战争逐渐变为同英俄争霸和掠夺、奴役别国的侵略战争。1814 年欧洲反法联军攻陷巴黎后,被流放厄尔巴岛。1815 年重返巴黎,再登皇位。滑铁卢之役战败后,被流放大西洋圣赫勒拿岛。——376。

诺斯克,古斯塔夫(Noske,Gustav 1868—1946)——德国社会民主党右翼领袖之一。第一次世界大战爆发前就维护军国主义,大战期间是社会沙文主义者,在国会中投票赞成军事拨款。1918 年 12 月任人民代表委员会负责国防的委员,血腥镇压了 1919 年柏林、不来梅及其他城市的工人斗争。1919 年 2 月—1920 年 3 月任国防部长,卡普叛乱平息后被迫辞职。1920—1933 年任普鲁士汉诺威省省长。法西斯专政时期从希特勒政府领取国家养老金。——182。

O

欧文,罗伯特(Owen,Robert 1771—1858)——英国空想社会主义者。当过学徒和店员。1800—1829 年在苏格兰新拉纳克管理一所大纺织厂,关心工人的工作和福利条件,使工厂变成模范新村。1820 年在所著《关于减轻社会疾苦的计划致拉纳克郡的报告》中,论述了他的空想社会主义思想体系,提出组织劳动公社的计划。1824 年到美国创办"新和谐村",结果失败。1829 年回国后,在工人中组织生产合作社和工会。1832 年试办"全国劳动产品公平交换市场",又告失败。1834年任全国总工会联合会主席。
尖锐抨击资本主义私有制,首先提出工人有权享有自己的全部劳动产品,
但认为社会不平等的主要原因在于教育不够普及,以为通过普及知识就能
消除社会矛盾。同情无产阶级,但不主张工人进行政治斗争。主要著作还
有《论人性的形成》(1813)、《新道德世界书》(1836—1844)等。——370。

P

彭加勒,雷蒙(Poincaré,Raymond 1860—1934)——法国政治活动家和国务
　　活动家;职业是律师。1887—1903年为众议员。1893年起多次参加法国
　　政府。1912—1913年任总理兼外交部长,1913—1920年任总统。推行军
　　国主义政策,极力策划第一次世界大战。主张加强协约国和法俄同盟。俄
　　国十月革命后是武装干涉苏维埃俄国的策划者之一。1922—1924年和
　　1926—1929年任总理,力主分割德国(1923年占领鲁尔区),企图建立法
　　国在欧洲的霸权。——102。

皮达可夫,格奥尔吉·列昂尼多维奇(Пятаков,Георгий Леонидович 1890—
　　1937)——1910年加入俄国社会民主工党。1914—1917年先后侨居瑞士
　　和瑞典;曾参加伯尔尼代表会议,为《共产党人》杂志撰稿。1917年二月革
　　命后任党的基辅委员会主席和基辅工人代表苏维埃执行委员会委员。十
　　月革命后任国家银行总委员。1918年在乌克兰领导"左派共产主义者"。
　　1918年12月任乌克兰临时工农政府主席。1919年后担任过一些集团军
　　的革命军事委员会委员。1920年起历任顿巴斯中央煤炭工业管理局局
　　长、国家计划委员会和最高国民经济委员会副主席、驻法国商务代表、苏联
　　国家银行管理委员会主席、副重工业人民委员、租让总委员会主席等职。
　　1920—1921年工会问题争论期间支持托洛茨基的纲领。1923年起属托
　　洛茨基反对派。在党的第十二、十三、十四、十六和十七次代表大会上当选
　　为中央委员。1927年被开除出党,1928年恢复党籍,1936年被再次开除
　　出党。1937年1月被苏联最高法院军事审判庭以"进行叛国、间谍、军事
　　破坏和恐怖活动"的罪名判处枪决。1988年6月苏联最高法院为其平反。
　　——186、210—211、228、308—309、343—344、349、350、398。

普列奥布拉任斯基,叶夫根尼·阿列克谢耶维奇(Преображенский,Евгений

Алексеевич 1886—1937)——1903 年加入俄国社会民主工党,布尔什维克。曾在奥廖尔、布良斯克、莫斯科等地做党的工作,多次被捕和流放。1917 年二月革命后在乌拉尔做党的工作,在党的第六次代表大会上当选为候补中央委员。十月革命后做党的工作和军事政治工作。1918 年是"左派共产主义者"。国内战争期间任第 3 集团军政治部主任。1920 年在党的第九次代表大会上当选为中央委员、中央委员会书记。1920—1921年工会问题争论期间支持托洛茨基的纲领。党的第十次代表大会后任中央委员会和人民委员会的财政委员会主席、教育人民委员部职业教育总局局长、《真理报》编辑等职。1923 年起是托洛茨基反对派的骨干分子。1927 年被开除出党,1929 年恢复党籍,后来被再次开除出党。——41—46、118、121—123、125、177。

普列汉诺夫,格奥尔吉·瓦连廷诺维奇(Плеханов, Георгий Валентинович 1856—1918)——俄国早期的马克思主义理论家,后来成为孟什维克和第二国际机会主义领袖之一。19 世纪 70 年代参加民粹主义运动,是土地和自由社成员及土地平分社领导人之一。1880 年侨居瑞士,逐步同民粹主义决裂。1883 年在日内瓦创建俄国第一个马克思主义团体——劳动解放社。翻译和介绍了马克思和恩格斯的许多著作,对马克思主义在俄国的传播起了重要作用;写过不少优秀的马克思主义著作,批判民粹主义、合法马克思主义、经济主义、伯恩施坦主义、马赫主义。20 世纪初是《火星报》和《曙光》杂志编辑部成员。曾参与制定俄国社会民主工党纲领草案和参加党的第二次代表大会的筹备工作。在代表大会上是劳动解放社的代表,属火星派多数派,参加了大会常务委员会,会后逐渐转向孟什维克。1905—1907 年革命时期反对列宁的民主革命的策略,后来在孟什维克和布尔什维克之间摇摆。在俄国社会民主工党第四次(统一)代表大会上作了关于土地问题的报告,维护马斯洛夫的孟什维克方案;在国家杜马问题上坚持极右立场,呼吁支持立宪民主党人的杜马。斯托雷平反动时期和新的革命高涨年代反对取消主义,领导孟什维克护党派。第一次世界大战期间持社会沙文主义立场。1917 年二月革命后支持资产阶级临时政府。对十月革命持否定态度,但拒绝支持反革命。最重要的理论著作有《社会主义与政治斗争》(1883)、《我们的意见分歧》(1885)、《论一元论历史观之发展》

(1895)、《唯物主义史论丛》(1896)、《论个人在历史上的作用》(1898)、《没有地址的信》(1899—1900),等等。——23、175。

Q

契切林,格奥尔吉·瓦西里耶维奇(Чичерин, Георгий Васильевич 1872—1936)——1904年参加俄国革命运动,1905年在柏林加入俄国社会民主工党。长期在国外从事革命活动。斯托雷平反动时期是孟什维主义的拥护者。第一次世界大战期间是国际主义者。1917年底转向布尔什维主义立场,1918年加入俄共(布)。1918年初回国后被任命为副外交人民委员,参加了布列斯特的第二阶段谈判,同德国签订了布列斯特和约。1918年5月—1930年任外交人民委员,是出席热那亚国际会议和洛桑国际会议的苏俄代表团团长。曾任全俄中央执行委员会和苏联中央执行委员会委员。在党的第十四次和第十五次代表大会上当选为中央委员。——33—38、69—70、162—163、164、165—166、167、168、169、170、171、173、174、253、421—422、423—424、447。

切尔诺夫,维克多·米哈伊洛维奇(Чернов, Виктор Михайлович 1873—1952)——俄国社会革命党领袖和理论家之一。1902—1905年任社会革命党中央机关报《革命俄国报》编辑。曾撰文反对马克思主义,企图证明马克思的理论不适用于农业。第一次世界大战期间持社会沙文主义立场,曾参加齐美尔瓦尔德代表会议和昆塔尔代表会议。1917年5—8月任临时政府农业部长,对夺取地主土地的农民实行残酷镇压。敌视十月革命。1918年1月任立宪会议主席;曾领导萨马拉的反革命立宪会议委员会,参与策划反苏维埃叛乱。1920年流亡国外,继续反对苏维埃政权。在他的理论著作中,主观唯心主义和折中主义同修正主义和民粹派的空想混合在一起;企图以资产阶级改良主义的"结构社会主义"对抗科学社会主义。——8。

瞿鲁巴,亚历山大·德米特里耶维奇(Цюрупа, Александр Дмитриевич 1870—1928)——1891年参加俄国革命运动,1898年加入俄国社会民主工党。曾任《火星报》代办员。1901年起先后在哈尔科夫、图拉、乌法等地做党的工作,屡遭沙皇政府迫害。1917年二月革命后任俄国社会民主工党乌法统一委员会委员、乌法工兵代表苏维埃委员、省粮食委员会主席和市杜马主席。十月革命期间任乌法军事革命委员会委员。1917 年 11 月起任副粮食人民委员,1918 年 2 月起任粮食人民委员。国内战争时期主管红军的供给工作,领导征粮队的活动。1921 年 12 月起任人民委员会和劳动国防委员会副主席。1922 年起任全俄中央执行委员会和苏联中央执行委员会主席团委员。1922—1923 年任工农检查人民委员,1923—1925 年任国家计划委员会主席,1925 年起任国内商业和对外贸易人民委员。在党的第十二至第十五次代表大会上当选为中央委员。——54、60、61、62、63、67、105、115、157、158—159、183—184、185—187、298、322、330—331、400、401、413、414—418、419。

S

萨尔蒂科夫-谢德林,米哈伊尔·叶夫格拉福维奇(**萨尔蒂科夫,米·叶·**;谢德林)(Салтыков-Щедрин, Михаил Евграфович(Салтыков, М. Е., Щедрин)1826—1889)——俄国讽刺作家,革命民主主义者。1848 年因发表抨击沙皇制度的小说被捕,流放七年。1856 年初返回彼得堡,用笔名"尼·谢德林"发表了《外省散记》。1863—1864 为《同时代人》杂志撰写政论文章,1868 年起任《祖国纪事》杂志编辑,1878 年起任主编。60—80 年代创作了《一个城市的历史》、《戈洛夫廖夫老爷们》等长篇小说,批判了俄国的专制农奴制,刻画了地主、沙皇官僚和自由派的丑恶形象。——30。

萨文柯夫,波里斯·维克多罗维奇(Савинков, Борис Викторович 1879—1925)——俄国社会革命党领袖之一,作家。在彼得堡大学学习时开始政治活动,接近经济派-工人思想派,在工人小组中进行宣传,为《工人事业》杂志撰稿。1901 年被捕,后被押送沃洛格达省,从那里逃往国外。1903 年加入社会革命党,1903—1906 年是该党"战斗组织"的领导人之一,多次参加恐怖活动。1909 年和 1912 年以维·罗普申为笔名先后发表了两部浸透神秘主义和对革命斗争失望情绪的小说:《一匹瘦弱的马》和《未曾有过的东西》。1911 年侨居国外。第一次世界大战期间是社会沙文主义者。1917 年二月革命后回国,任临时政府驻最高总司令大本营的委员、西南方面军委员、陆军部副部长、彼得格勒军事总督;根据他的提议在前线实行了死刑。十月革命后参加克伦斯基—克拉斯诺夫叛乱,参与组建顿河志愿军,建立地下反革命组织"保卫祖国与自由同盟",参与策划反革命叛乱。1921—1923年在国外领导反对苏维埃俄国的间谍破坏活动。1924年偷越苏联国境时被捕,被判处死刑,后改为十年监禁。在狱中自杀。——144、148。

塞拉蒂,扎钦托·梅诺蒂(Serrati, Giacinto Menotti 1872或1876—1926)——意大利工人运动活动家,意大利社会党领导人之一,最高纲领派领袖之一。1892年加入意大利社会党。与康·拉查理等人一起领导该党中派。曾被捕,先后流亡美国、法国和瑞士,1911年回国。1914—1922年任社会党中央机关报《前进报》社长。第一次世界大战期间是国际主义者,曾参加齐美尔瓦尔德代表会议和昆塔尔代表会议。共产国际成立后,坚决主张意大利社会党参加共产国际。1920年率领意大利社会党代表团出席共产国际第二次代表大会;在讨论加入共产国际的条件时,反对同改良主义者无条件决裂。他的错误立场受到列宁的批评,不久即改正了错误。1924年带领社会党内的第三国际派加入意大利共产党。——142。

绍罗夫(Шоров)——俄国彼得格勒纺织工人代表团团员,该代表团曾送给列宁一条毛毯。——258。

施本格勒,奥斯渥特(Spengler, Oswald 1880—1936)——德国唯心主义哲学家,历史学家,希特勒"民族社会主义"理论的先驱。在《西方的没落》、《人和技术》等著作中,否认现实的客观存在,扬言有关世界的任何观念都带有主观随意性。断言每个民族都有"自己对待世界的态度",这种态度把相互了解和友谊排除在外;否认历史的规律性和社会的进步发展;美化封建军国主义的普鲁士君主制。对劳动群众的民主权利、马克思主义和无产阶级国际主义采取敌视态度。——180、181。

施略普尼柯夫,亚历山大·加甫里洛维奇(Шляпников, Александр Гаврилович 1885—1937)——1901年加入俄国社会民主工党。曾在索尔莫沃、穆罗姆、彼得堡和莫斯科做党的工作。1905—1906年两度被捕,1908年移居国外。第一次世界大战期间在彼得堡和国外做党的工作,负责在党中央委员会国外局同俄国局和彼得堡委员会之间建立联系。1917年二月革命后任党的彼得堡委员会委员、彼得格勒工兵代表苏维埃执行委员会委员和彼得格勒五金工会主席。十月革命后参加第一届人民委员会，任劳动人民委员，后领导工商业人民委员部。1918 年参加国内战争，先后任南方面军革命军事委员会委员和里海—高加索方面军革命军事委员会主席。1919—1922 年任全俄五金工会中央委员会主席，1921 年 5 月起任最高国民经济委员会主席团委员。1920—1922 年是工人反对派的组织者和领袖。1921 年在党的第十次代表大会上当选为中央委员。后在经济部门担任负责职务。1933 年清党时被开除出党。1935 年因所谓"莫斯科反革命组织'工人反对派'集团"案被追究刑事责任，死于狱中。1988 年恢复名誉。——120—121、129、130、131。

施泰因梅茨，查理·普罗蒂尤斯（卡尔·奥古斯特·鲁道夫）（Steinmetz, Charles Proteus（Karl August Rudolf）1865—1923）——美国著名电工学家。生于德国。学生时代即参加工人运动，为躲避当局迫害流亡瑞士，1889 年侨居美国。1893 年起在美国通用电气公司工作，为该公司技术领导人之一。1903 年起任斯克内克塔迪联合学院教授。写有研究电机和电器生产工序方面的著作。——146—147。

斯大林（**朱加施维里**），约瑟夫·维萨里昂诺维奇（Сталин（Джугашвили）, Иосиф Виссарионович 1879—1953）——苏联共产党和国家领导人，国际共产主义运动活动家。1898 年加入俄国社会民主工党，党的第二次代表大会后是布尔什维克。曾在梯弗利斯、巴统、巴库和彼得堡做党的工作。多次被捕和流放。1912 年 1 月在党的第六次（布拉格）全国代表会议选出的中央委员会会议上，被缺席增补为中央委员并被选入中央委员会俄国局；积极参加布尔什维克《真理报》的编辑工作。1917 年二月革命后从流放地回到彼得格勒，参加党中央委员会俄国局。在党的第七次全国代表会议（四月代表会议）以及此后的历次代表大会上当选为中央委员。在十月革命的准备和进行期间参加领导武装起义的彼得格勒军事革命委员会和党总部。在全俄苏维埃第二次代表大会上当选为全俄中央执行委员会委员；参加第一届人民委员会，任民族事务人民委员。1919 年 3 月起兼任国家监察人民委员，1920 年起为工农检查人民委员。国内战争时期任共和国革命军事委员会委员和一些方面军的革命军事委员会委员。1922 年 4 月起任党中央总书记。1941 年起同时担任苏联人民委员会主席，1946 年起为部长会议主席。1941—1945 年卫国战争时期任国防委员会主席、国防人民委员和苏联武装力量最高统帅。1919—1952 年为中央政治局委员，1952—1953 年为苏共中央主席团委员。1925—1943 年为共产国际执行委员会委员。——39—40、60—61、62—63、123、138、145、161、162—163、164、165—166、169—170、183—184、185—187、189、195—197、198—202、204、206—207、208—209、217、219、224—227、230—232、293、308—310、332—336、337—338、342、343、344、354、358。

斯捷潘诺夫，伊·伊·——见斯克沃尔佐夫－斯捷潘诺夫，伊万·伊万诺维奇。

斯克良斯基，埃夫拉伊姆·马尔科维奇（Склянский，Эфраим Маркович 1892—1925）——1913 年加入俄国布尔什维克。1916 年入伍，开始当兵，后为军医。1917 年二月革命后任第 5 集团军委员会主席、俄国社会民主工党（布）德文斯克委员会委员。十月革命期间任彼得格勒军事革命委员会委员；先后任总参谋部政委和设在莫吉廖夫的最高总司令大本营政委。十月革命后参加陆海军人民委员会。1918 年 1 月起任副陆军人民委员，1918 年 10 月—1924 年 3 月任共和国革命军事委员会副主席。1920—1921 年任劳动国防委员会委员和卫生人民委员部部务委员。1924 年 4 月在最高国民经济委员会工作。——308—309。

斯克沃尔佐夫－斯捷潘诺夫，伊万·伊万诺维奇（斯捷潘诺夫，伊·伊·）（Скворцов-Степанов，Иван Иванович（Степанов，И.И.）1870—1928）——1891 年参加俄国社会民主主义运动，1904 年成为布尔什维克。1905—1907 年革命期间在党的莫斯科委员会写作演讲组工作。1906 年是俄国社会民主工党第四次（统一）代表大会的代表。1907 年和 1911 年代表布尔什维克被提名为国家杜马代表候选人。斯托雷平反动时期在土地问题上持错误观点，对"前进"集团采取调和主义态度，但在列宁影响下纠正了自己的错误。因进行革命活动多次被捕和流放。1914—1917 年在莫斯科做党的工作。1917 年任俄国社会民主工党（布）莫斯科委员会委员、《莫斯科苏维埃消息报》主编和《社会民主党人报》编委。十月革命期间任莫斯科军事革命委员会委员。十月革命后参加第一届人民委员会，任财政人民委员。1919—1925 年历任全俄工人合作社理事会副主席、中央消费合作总社理事会理事、国家出版社编辑委员会副主任。1925 年起历任《消息报》编辑、《真理报》副编辑、中央列宁研究院院长等职。多次当选全俄中央执行委员会和苏联中央执行委员会委员。1921 年起为党中央检查委员会委员，1925 年起为党中央委员。马克思《资本论》（第 1—3 卷，1920 年俄文版）以及马克思和恩格斯的其他一些著作的译者和编者。写有许多有关革命运动史、政治经济学、无神论等方面的著作。——50—51。

斯莫尔亚尼诺夫，瓦季姆·亚历山德罗维奇（Смольянинов，Вадим Александрович 1890—1962）——1908 年加入俄国社会民主工党。曾在乌拉尔做党的工作。1917 年二月革命后任斯摩棱斯克苏维埃执行委员会委员和党的市委和省委委员。十月革命期间任军事革命委员会委员。1918—1921 年任斯摩棱斯克省国民经济委员会主席、省工会理事会主席、党的省委会主席团委员。1921 年 4 月起先后任劳动国防委员会办公厅主任助理和办公厅副主任。1924 年起任俄罗斯联邦人民委员会办公厅主任。1929—1932 年任马格尼托戈尔斯克冶金联合公司经理，1932—1933 年任全苏国营东部冶金铁矿和锰工业联合公司副经理。1932—1938 年任国家冶金工厂设计院列宁格勒分院院长。——21—22、236。

斯托莫尼亚科夫，波里斯·斯皮里多诺维奇（Стомоняков，Борис Спиридонович 1882—1941）——1902 年加入俄国社会民主工党，布尔什维克。1904 年被驱逐出境，住在列日，多次完成中央委员会国外局交给的任务，担任向俄国国内运送书刊和武器的工作。1906 年住在保加利亚，后回国，但不久被捕。由于保加利亚政府的交涉而获释，再次出国到列日，后又到保加利亚。1909 年去巴黎，在布尔什维克小组做党的工作。1910 年移居柏林后脱党。1915 年返回保加利亚，在军队任职。1917 年作为保加利亚使馆的官员被保加利亚政府派往荷兰。大战结束后退伍。后来到俄国。1920—1925 年任俄罗斯联邦驻德国商务代表，1926 年起任外交人民委员部部务委员，1934—1938 年任副外交人民委员。——230—231。

苏汉诺夫，尼·（吉姆美尔，尼古拉·尼古拉耶维奇）（Суханов，Н.（Гиммер，Николай Николаевич）1882—1940）——俄国经济学家和政论家。早年是民粹派分子，1903 年起是社会革命党人，1917 年起是孟什维克。曾为《俄国财富》、《同时代人》等杂志撰稿；企图把民粹主义和马克思主义结合起来。第一次世界大战期间自称是国际主义者,为《年鉴》杂志撰稿。1917年二月革命后任彼得格勒苏维埃执行委员会委员、半孟什维克的《新生活报》编辑之一;支持资产阶级临时政府。曾参加马尔托夫的孟什维克集团。十月革命后在苏维埃经济机关工作。1922—1923年发表《革命札记》(共七卷),宣扬俄国没有实现社会主义的经济前提,受到列宁的尖锐批判。1931年因参加孟什维克地下组织被判刑。——373—376。

索尔茨,亚伦·亚历山德罗维奇(Сольц,Арон Александрович 1872—1945)——1898年加入俄国社会民主工党,布尔什维克。曾在维尔诺、彼得堡、莫斯科等城市做党的工作,屡遭沙皇政府迫害。1917年二月革命后任党的莫斯科委员会委员、《社会民主党人报》(莫斯科的)和《真理报》编委。十月革命后担任苏维埃和党的负责工作。1920年起为党中央监察委员会委员,1921年起为中央监察委员会主席团委员。同年起为俄罗斯联邦最高法院成员,后为苏联最高法院成员,在苏联检察院担任负责职务。曾任国际监察委员会委员。——128。

索柯里尼柯夫(**布里利安特**),格里戈里·雅柯夫列维奇(Сокольников(Бриллиант),Григорий Яковлевич 1888—1939)——1905年加入俄国社会民主工党。1905—1907年在莫斯科做宣传鼓动工作。1907年被捕,流放西伯利亚,后从流放地逃走。1909—1917年住在国外,第一次世界大战期间为托洛茨基的《我们的言论报》撰稿。1917年二月革命后是党的莫斯科委员会和莫斯科区域局成员、《真理报》编委。在党的第六、第七、第十一至第十五次代表大会上当选为中央委员。1924—1925年为政治局候补委员。1930—1936年为候补中央委员。十月革命后从事苏维埃、军事和外交工作。1918—1920年任几个集团军革命军事委员会委员。1920年8月—1921年3月任土耳其斯坦方面军革命军事委员会委员和方面军司令、全俄中央执行委员会和俄罗斯联邦人民委员会土耳其斯坦事务委员会主席。1921年起任财政人民委员部部务委员、副财政人民委员,1922年起任财政人民委员,1926年起任国家计划委员会副主席。1932年任副外交人民委员。1925年参加"新反对派",后加入"托季联盟"。1936年被开除出党。1937年1月被苏联最高法院军事审判庭以"进行叛国、间谍、军事破坏和恐怖活动"的罪名判处十年监禁。1939年死于狱中。1988年6月苏联最高法院为其平反。——93、183—184、187、217、224、225、227、309、325。

索罗金，皮季里姆·亚历山德罗维奇（Сорокин，Питирим Александрович 1889—1968）——俄国社会革命党右翼领袖，社会学家。曾任彼得格勒大学讲师。1917 年二月革命后任克伦斯基的秘书和社会革命党右翼刊物《人民意志报》主编。1919 年起任彼得格勒大学教授。1922 年移居国外，曾在布拉格大学任教。1923 年起住在美国，1930 年取得美国国籍。1930 年起任哈佛大学教授。——30—32。

索斯诺夫斯基，列夫·谢苗诺维奇（Сосновский，Лев Семенович 1886—1937）——1904 年加入俄国社会民主工党，新闻工作者。1918—1924 年（有间断）任《贫苦农民报》编辑。1921 年任党中央委员会鼓动宣传部长。1920—1921 年工会问题争论期间支持托洛茨基的纲领。1927 年作为托洛茨基反对派的骨干分子被开除出党。1935 年恢复党籍，1936 年被再次开除出党。——49、162—163。

T

泰奥多罗维奇，伊万·阿道福维奇（Теодорович，Иван Адольфович 1875—1937）——1895 年加入莫斯科工人阶级解放斗争协会，1903 年俄国社会民主工党第二次代表大会后是布尔什维克。1905 年在日内瓦任《无产者报》编辑部秘书。1905—1907 年为党的彼得堡委员会委员。俄国社会民主工党第四次（统一）代表大会代表，被选入记录审定委员会。后在莫斯科、彼得堡、斯摩棱斯克、西伯利亚等地工作。1907 年在党的第五次（伦敦）代表大会上当选为中央委员，1917 年在党的第七次全国代表会议（四月代表会议）上当选为候补中央委员。十月革命后参加第一届人民委员会，任粮食人民委员。1917 年 11 月主张成立有孟什维克和社会革命党人参加的联合政府，遭到否决后声明退出人民委员会。国内战争期间参加游击队同高尔察克作战。1920 年起在农业人民委员部工作，起初任部务委员，1922 年起任副农业人民委员，1926 年起兼任国际农业研究所所长。1928—1930 年任农民国际总书记。后来任政治苦役犯协会出版社总编辑和《苦役与流放》杂志责任编辑。写有农业问题和革命运动史方面的著作。——45。

泰罗,弗雷德里克·温斯洛(Taylor,Frederick Winslow 1856—1915)——美国工程师,美国机械工程师协会会长(1905—1906)。创立了一种最大限度地利用工作日并合理使用生产资料和劳动工具的劳动组织制度,名为"泰罗制"。——213。

屠格涅夫,伊万·谢尔盖耶维奇(Тургенев,Иван Сергеевич 1818—1883)——俄国作家,对俄罗斯文学语言的发展作出重大贡献。他的作品反映了19世纪30—70年代俄国社会的思想探索和心理状态,揭示了俄国社会生活的特有矛盾,塑造了一系列"多余人"的形象;这些"多余人"意识到贵族制度的必然灭亡,但对于改变这一制度又束手无策。在俄国文学中第一次描写了新一代的代表人物——平民知识分子。反对农奴制,但寄希望于亚历山大二世,期望通过"自上而下"的改革使俄国达到渐进的转变,主张在俄国实行立宪君主制。——83。

托多尔斯基,亚历山大·伊万诺维奇(Тодорский,Александр Иванович 1894—1965)——1918年加入俄共(布)。1918—1919年是特维尔省韦谢贡斯克县执行委员会委员,曾任《韦谢贡斯克代表苏维埃消息报》和《红色韦谢贡斯克报》编辑。著有《持枪扶犁的一年》一书,得到列宁的高度评价。国内战争时期任旅长和师长,后在一些军事机关担任高级指挥职务。1955年起为苏军退役中将,从事著述活动。——99、399、402、406。

托洛茨基(**勃朗施坦**),列夫·达维多维奇(Троцкий(Бронштейн),Лев Давидович 1879—1940)——1897年参加俄国社会民主主义运动。在俄国社会民主工党第二次代表大会上是西伯利亚联合会的代表,属火星派少数派。1905年同亚·帕尔乌斯一起提出和鼓吹"不断革命论"。斯托雷平反动时期和新的革命高涨年代,打着"非派别性"的幌子,实际上采取取消派立场。1912年组织"八月联盟"。第一次世界大战期间持中派立场。1917年二月革命后参加区联派,在党的第六次代表大会上随区联派集体加入布尔什维克党,当选为中央委员。参加十月武装起义的领导工作。十月革命后任外交人民委员,1918年初反对签订布列斯特和约,同年3月改任共和国革命军事委员会主席、陆海军人民委员等职。参与组建红军。1919年起为党中央政治局委员。1920年起历任共产国际执行委员会候补委员、委员。1920—1921年挑起关于工会问题的争论。1923年起进行派别活动。1925 年初被解除革命军事委员会主席和陆海军人民委员职务。1926 年与季诺维也夫结成"托季联盟"。1927 年被开除出党，1929 年被驱逐出境，1932 年被取消苏联国籍。在国外组织第四国际。死于墨西哥。——6、23、57、58、63、120、129、130、145、161、162 — 163、185 — 187、293、295、337 — 338、341、342、343、344、348、349、399、401。

托姆斯基（**叶弗列莫夫**），米哈伊尔·巴甫洛维奇（Томский（Ефремов），Михаил Павлович 1880 — 1936）——1904 年加入俄国社会民主工党。1905—1906 年在党的雷瓦尔组织中工作，开始从事工会运动。1907 年当选为党的彼得堡委员会委员，任布尔什维克的《无产者报》编委。曾参加党的第五次（伦敦）代表大会的工作。多次被捕和流放。1917 年二月革命后任党的彼得堡委员会执行委员会委员。十月革命后任莫斯科工会理事会主席。1919 年起任全俄工会中央理事会主席团主席。1920 年参与创建红色工会国际，1921 年工会国际成立后担任总书记。在党的第八至第十六次代表大会上当选为中央委员，1923 — 1930 年为中央政治局委员。1920 年起任全俄中央执行委员会主席团委员，1922 年 12 月起任苏联中央执行委员会主席团委员。支持民主集中派，坚持工会脱离党的领导的"独立性"。1929 年被作为"右倾派别集团"领袖之一受到批判。1934 年当选为候补中央委员。1936 年因受政治迫害自杀。1988 年恢复党籍。——185。

W

瓦尔兰，路易·欧仁（Varlin，Louis-Eugène 1839 — 1871）——法国工人运动活动家，巴黎公社主要领导人之一，左派蒲鲁东主义者；职业是装订工人。巴黎装订工人工会的组织者，曾领导 1864 年和 1865 年的装订工人罢工。1865 年加入第一国际，是国际巴黎支部的组织者和领导人之一。1871 年任国民自卫军中央委员会委员。1871 年 3 月 18 日参与领导巴黎无产阶级起义。3 月 26 日当选为巴黎公社委员，先后参加财政、粮食和军事委员会。凡尔赛军攻入巴黎后，指挥第六区和第十一区的防卫，在街垒中英勇作战。5 月 28 日被俘遇害。——182。

王德威尔得，埃米尔（Vandervelde，Émile 1866 — 1938）——比利时政治活动

家,比利时工人党领袖,第二国际的机会主义代表人物。1885 年加入比利时工人党,90 年代中期成为党的领导人。1894 年起多次当选为议员。1900 年起任第二国际常设机构——社会党国际局主席。第一次世界大战爆发后成为社会沙文主义者,是大战期间欧洲国家中第一个参加资产阶级政府的社会党人。1918 年起历任司法大臣、外交大臣、公共卫生大臣、副首相等职。俄国 1917 年二月革命后到俄国鼓吹继续进行战争。敌视俄国十月革命,支持武装干涉苏维埃俄国。曾积极参加重建第二国际的活动,1923 年起是社会主义工人国际书记处书记和常务局成员。—— 47 —48、129。

威廉二世(**霍亨索伦**)(Wilhelm II(Hohenzollern) 1859—1941)——普鲁士国王和德国皇帝(1888—1918)。—— 115、400、409。

韦尔,哈罗德(Ware,Harold 1890—1935)——美国共产党党员,农学院教员,农艺师。1922 年夏曾率领由他组织的拖拉机队到苏联,在彼尔姆省"托伊基诺"国营农场工作。拖拉机队由 21 台拖拉机组成,拖拉机是由美国工人通过美国苏俄之友协会筹款购买的。后多次到苏联,协助建立大型国营农场。1935 年在美国一次车祸中遇难。—— 234、236、238。

维佩尔,罗伯特·尤里耶维奇(Виппер,Роберт Юрьевич 1859—1954)——苏联历史学家,莫斯科大学教授。1943 年起为苏联科学院院士。写有许多关于古代史、中世纪史和近代史的教科书和著作。—— 26—27。

温什利赫特,约瑟夫·斯坦尼斯拉沃维奇(Уншлихт,Иосиф Станиславович 1879—1938)——1900 年加入波兰王国和立陶宛社会民主党(该党于 1906 年加入俄国社会民主工党),1907—1911 年为该党总执行委员会委员。因参加革命工作多次被捕和流放。十月革命期间任彼得格勒军事革命委员会委员。1919 年 2 月起任立陶宛和白俄罗斯苏维埃共和国陆军人民委员、立陶宛和白俄罗斯共产党中央委员会主席团委员。1919 年 6—12 月任第 16 集团军革命军事委员会委员,1919 年 12 月—1921 年 4 月任西方面军革命军事委员会委员,1921 年 4 月—1923 年秋任全俄肃反委员会(国家政治保卫局)副主席。1924 年起为党中央检查委员会委员,1925 年起为候补中央委员。1925 年起历任苏联革命军事委员会副主席和副陆海军人民委员、最高国民经济委员会副主席、民航总局局长等职。1935 年当选苏联中央执行委员会联盟院秘书。——58。

沃尔弗，奥托（Wolff, Otto 1881—1940）——德国金融寡头著名代表人物之一。第一次世界大战后建立了德国最大的重工业康采恩之一。——230—232。

乌斯特里亚洛夫，尼古拉·瓦西里耶维奇（Устрялов, Николай Васильевич 1890—1938）——俄国法学家，政论家，立宪民主党的著名活动家。毕业于莫斯科大学法律系。1916—1918 年任莫斯科大学和彼尔姆大学讲师，为《俄国晨报》等报刊撰稿。1918—1920 年在西伯利亚任立宪民主党中央委员会东方部主任，曾领导高尔察克政府的出版局。高尔察克匪帮被粉碎后流亡哈尔滨。1921—1922 年为在布拉格和巴黎出版的《路标转换》文集和杂志撰稿，是路标转换派的思想家之一。1920—1934 年任哈尔滨大学教授。1935 年回到苏联后从事教学工作。——66、95—96、398、399、400、402、406。

武尔弗松，С.Д.（Вульфсон, С.Д. 1879—1932）——1902 年加入俄国社会民主工党，布尔什维克。曾在叶卡捷琳诺斯拉夫、卢甘斯克、高加索、巴库和萨马拉等地做党的工作。多次被捕。国内战争时期在前线做红军的供给工作；曾任克里木人民委员会委员。战后从事经济工作。1921—1924 年先后任莫斯科消费合作社副主席和主席，是莫斯科苏维埃主席团委员、党的莫斯科委员会委员。1924 年转到对外贸易人民委员部工作，曾任驻意大利和奥地利商务代表等职。1927 年起负责粮食出口方面的工作。——127。

X

谢德林——见萨尔蒂科夫-谢德林，米哈伊尔·叶夫格拉福维奇。

谢德曼，菲力浦（Scheidemann, Philipp 1865—1939）——德国社会民主党右翼领袖之一。1903 年起参加社会民主党国会党团。1911 年当选为德国社会民主党执行委员会委员，1917—1918 年是执行委员会主席之一。第一次世界大战期间是社会沙文主义者。1918 年 10 月参加巴登亲王马克斯的君主制政府，任国务大臣。1918 年十一月革命期间参加所谓的人民代表委员会，借助旧军队镇压革命。1919 年 2—6 月任魏玛共和国联合政府总理。1933年德国建立法西斯专政后流亡国外。——182。

谢多伊——见利特温-谢多伊，季诺维·雅柯夫列维奇。

谢列布罗夫斯基，亚历山大·巴甫洛维奇（Серебровский，Александр Павлович 1884—1938）——1903年加入俄国社会民主工党，布尔什维克。1905年是彼得堡工人代表苏维埃执行委员会委员。多次被捕。1908年起侨居国外。1912年回国，在下诺夫哥罗德、莫斯科、罗斯托夫做党的工作。积极参加十月革命。1918年起任红军供给非常委员会副主席、乌克兰方面军军需部长、副交通人民委员等职。1921年参加建立格鲁吉亚苏维埃政权的斗争。1920—1926年在巴库任阿塞拜疆中央石油管理局局长，1926年起任金矿开采工业总管理局局长，1931年起任副重工业人民委员。在党的第十四至第十七次代表大会上当选为候补中央委员。曾任全俄中央执行委员会和苏联中央执行委员会委员。——221。

休特古姆，阿尔伯特（Südekum，Albert 1871—1944）——德国社会民主党右翼领袖之一，修正主义者。1900—1918年是帝国国会议员。第一次世界大战期间是社会沙文主义者。在殖民地问题上宣扬帝国主义观点，反对工人阶级的革命运动。1918—1920年任普鲁士财政部长。1920年起不再积极参加政治活动。"休特古姆"一词已成为极端机会主义者和社会沙文主义者的通称。——182。

Y

雅柯夫列娃，瓦尔瓦拉·尼古拉耶夫娜（Яковлева，Варвара Николаевна 1884—1941）——1904年加入俄国社会民主工党。在莫斯科做党的工作。1917年二月革命后任党的莫斯科区域局书记。十月革命期间是莫斯科领导武装起义的党总部成员、莫斯科军事革命委员会委员。十月革命后从事苏维埃和党的工作，历任内务人民委员部部务委员、粮食人民委员部部务委员、最高国民经济委员会办公厅主任、党的莫斯科委员会书记、党中央委员会西伯利亚局书记。1922—1929年在俄罗斯联邦教育人民委员部工作，起初任职业教育总局局长，后任副教育人民委员。1929年起任俄罗斯联邦财政人民委员。1918年参加"左派共产主义者"集团。1920—1921年工会问题争论期间属"缓冲派"。1923年参加托洛茨基反对派，后同反

19世纪末参加俄国社会民主主义运动。1903年俄国社会民主工党第二次代表大会后是孟什维克。1908年起和托洛茨基一起在维也纳出版《真理报》。1917年二月革命后参加区联派，任彼得格勒工兵代表苏维埃委员、第一届中央执行委员会委员。在俄国社会民主工党（布）第六次代表大会上随区联派集体加入布尔什维克党，被选为候补中央委员。十月革命期间任彼得格勒军事革命委员会委员。在党的第七次代表大会上再次当选为候补中央委员。1918年布列斯特谈判期间先后任苏俄和谈代表团团长和团员，谈判后期为顾问；采取托洛茨基的"不战不和"的立场。1918年4—11月任俄罗斯联邦驻柏林全权代表。1919—1920年是同爱沙尼亚、立陶宛、拉脱维亚、波兰进行和谈的代表团成员。1922—1924年和1924—1925年先后任驻中国大使和驻奥地利大使。1925—1927年追随托洛茨基反对派。——174、193—194。

文 献 索 引

鲍威尔，奥·《苏维埃俄国的"新方针"》(Bauer. O. Der «neue Kurs» in Sowjetrußland. Wien, Verl. der Wiener Volksbuchh. , 1921. 36 S.)——91、92、109、148。

[波尔土盖斯，斯·伊·]《俄国社会民主党的没落》([Португейс, С. И.] Сумерки русской социал-демократии. Париж, «Франко-русская печать», 1921. 53 стр. Перед загл. авт. : Ст. Иванович)——144—145、148。

德雷夫斯，阿·《基督神话》(Drews, A. Die Christusmythe. Verb. u. erweit. Ausgabe. Jena, Diederich, 1910. XXIV, 262 S.)——27。

狄慈根，约·《社会民主党的宗教》(Dietzgen, I. Die Religion der Sozialdemokratie. Sechs Kanzelreden.—In: Dietzgen, I. Kleinere philosophische Schriften. Eine Auswahl. Stuttgart, Dietz, 1903, S. 12—76)——24、26、31。

恩格斯，弗·《流亡者文献》(Энгельс, Ф. Эмигрантская литература. Май 1874—апрель 1875 г.)——25。

冈察洛夫，伊·亚·《奥勃洛摩夫》(Гончаров, И. А. Обломов)——3、12—13、14、93。

季米里亚捷夫，阿·克·《[书评：]阿·爱因斯坦〈狭义与广义相对论浅说〉》(Тимирязев, А. К. [Рецензия на книгу:] А. Эйнштейн. О специальной и всеобщей теории относительности (общедоступное изложение). 12-е издание(51—55 тысяч). 91 стр. 1921 г. Издание Фивега.—«Под Знаменем Марксизма», М. , 1922, №1—2, стр. 70—73)——28。

[季诺维也夫，格·叶·]《关于巩固党和党的新任务》([Зиновьев, Г. Е.] Об укреплении и новых задачах партии. Тезисы т. Г. Зиновьева к XI съезду РКП, утвержденные Центральным Комитетом.—«Правда», М. , 1922, №62, 17 марта, стр. 2—3)——17—18、18—19。

金,Ф.《"专家"(统计调查试验)》(Кин, Ф. «Спецы». (Опыт статистического
  обследования). — «Правда», М., 1922, №197, 3 сентября, стр. 2)——329。

卡姆柯夫,波·《被反革命俘虏》(Камков, Б. В плену у контрреволюции. —
  «Наш Путь», Спб.—М., 1918, кн. II, май, стр. 214 — 223, в отд.: Пути
  революции)——126。

柯伦泰,亚·米·《工人反对派》(Коллонтай, А. М. Рабочая оппозиция. На
  правах рукописи. М., 1921. 48 стр. (Только для членов Х-го съезда
  РКП))——130。

克尔任采夫,普·米·《组织原则》(Керженцев, П. М. Принципы организации.
  (С рисунками). Пг., Госиздат, 1922. 144 стр.)——388。

克雷洛夫,伊·安·《音乐家们》(Крылов, И. А. Музыканты)——14。

[克里茨曼,列·纳·]《[〈在新的道路上〉一书]导言》([Крицман, Л. Н.]
  Введение [к книге: На новых путях].—В кн.: На новых путях. Итоги
  новой экономической политики 1921 — 1922 гг. Вып. II. Финансы. Труды
  под ред. комиссии СТО в составе: В. П. Милютина, А. М. Лежавы, С. Г.
  Струмилина и др. М., изд. СТО, 1923, стр. XI—XIX. (РСФСР))——328。

克伦斯基,亚·费·《二月和十月》(Керенский, А. Ф. Февраль и Октябрь.—
  «Современные Записки», Париж, 1922, кн. IX, стр. 269—293)——8。

拉科西,马·《苏维埃俄国的新经济政策》(Ракоши, М. «Новая экономическая
  политика в Советской России».—«Коммунистический Интернационал»,
  М.—Пг., 1922, №20, 14 марта, стлб. 5311—5318)——91。

拉林,尤·《漫步于俄罗斯预算的田野》(Ларин, Ю. Прогулка по полям
  российского бюджета. (Вместо маленького фельетона). — «Правда», М.,
  1922, №6, 10 января, стр. 1; №9, 13 января, стр. 1)——399、403。

列宁,弗·伊·《对苏维埃代表团在热那亚会议上的声明草案的修改意见》
  (Ленин, В. И. Поправки и замечания к проекту заявления советской деле-
  гации на Генуэзской конференции. 23 марта 1922 г.)——73—74、75。

  —《俄共(布)中央给出席热那亚会议的苏维埃代表团的指示草案》(Проект
  директивы ЦК РКП (б) для советской делегации на Генуэзской
  конференции. 6 февраля 1922 г.)——73—74、75。

ЦК РКП（б）о тезисах Е. А. Преображенского «Основные принципы политики РКП в современной деревне».16 марта 1922 г.）——128。

——《列宁同志1922年3月6日在全俄五金工人代表大会党团会议上的讲话》（Речь тов. Ленина на фракции Всероссийского съезда металлистов 6-го марта 1922 г.—«Правда», М., 1922, №54, 8 марта, стр. 1—2）——66、73、89、399、401、405。

——《列宁同志在全俄工兵代表苏维埃代表大会上的讲话》（Речь т. Ленина на Всероссийском съезде Советов р. и с. д.—«Правда», Пг., 1917, №82, 28（15）июня, стр. 2—3；№83, 29（16）июня, стр. 2—3）——8。

——《论苏维埃共和国所处的国际和国内形势（1922年3月6日在全俄五金工人代表大会共产党党团会议上的讲话）》——见列宁，弗·伊《列宁同志1922年3月6日在全俄五金工人代表大会党团会议上的讲话》。

——《［〈苏维埃政权的成就和困难〉小册子的］跋》（Послесловие［к брошюре «Успехи и трудности Советской власти»］. 17 апреля 1919 г.）——177、178。

——《苏维埃政权的当前任务》（Очередные задачи Советской власти. М., изд. ВЦИК, 1918. 30 стр. Перед загл. авт.: Н. Ленин）——176、177。

——［《向俄共（布）第十一次代表大会作的俄共（布）中央委员会政治报告（3月27日）》］（［Политический отчет Центрального Комитета РКП（б）XI съезду РКП（б）27 марта］.—В кн.: Одиннадцатый съезд Российской Коммунистической партии（большевиков）. Стеногр. отчет. 27 марта—2 апреля 1922 г. М., Изд. отд. ЦК РКП, 1922, стр. 7—38.（РКП（б）））——121、124、129、177。

——《［伊·伊·斯克沃尔佐夫-斯捷潘诺夫〈俄罗斯联邦电气化与世界经济的过渡阶段〉一书］序言》（Предисловие［к книге И. И. Скворцова-Степанова «Электрификация РСФСР в связи с переходной фазой мирового хозяйства»］.—«Правда», М., 1922, №64, 21 марта, стр. 1. Подпись: Н. Ленин. Под общ. загл.: Новая книга）——119—120。

——《致技术援助苏俄协会》［1922年10月20日］（Обществу технической помощи Советской России.［20 октября 1922 г.］.—«Правда», М., 1922,

No240，24 октября，стр. 1. Под общ. загл.：Тов. Ленин—американским рабочим）——238—239、295。

——《致苏俄之友协会（美国）》［1922 年 10 月 20 日］（«Обществу друзей Советской России».（В Америке).［20 октября 1922 г.].—«Правда»，М.，1922，No240，24 октября，стр.1.Под общ.загл.：Тов.Ленин—американским рабочим）——238—239、295。

——《致亚·德·瞿鲁巴》（1922 年 2 月 27 日）（А. Д. Цюрупе. Проект директивы насчет работы СТО и СНК，а также Малого СИК. 27 февраля 1922 г.）——67、401、409。

——《致中央统计局局长》（1921 年 8 月 16 日）（Управляющему Центральным статистическим управлением. 16 августа 1921 г.）——155。

——《致中央统计局局长或副局长》（1921 年 9 月 1 日）（Управляющему Центральным статистическим управлением или его заместителю. 1 сентября 1921 г.）——155。

［列宁，弗·伊·］《弗·伊·列宁同志答〈曼彻斯特卫报〉记者法尔布曼问（1922 年 10 月 27 日）》（［Ленин，В. И.］ Интервью тов. В. И. Ленина，данное корреспонденту «Манчестер Гардиан» Фарбману 27 октября 1922 г.—«Правда»，М.，1922，No254，10 ноября，стр.1）——265。

——［《致费·埃·捷尔任斯基》］（1922 年 5 月 2 日）（［Записка Ф. Э. Дзержинскому].2 мая 1922 г.）——184。

——《工兵代表苏维埃代表大会土地法令》（10 月 26 日会议凌晨 2 时通过）（Декрет о земле съезда Советов рабочих и с. д. (Принят на зас. 26 окт. в 2 ч. н.).—«Известия ЦИК и Петроградского Совета Рабочих и Солдатских Депутатов»，1917，No209，28 октября，стр.1）——249。

——［《关于苏维埃政权的当前任务的报告（1918 年 4 月 29 日在全俄中央执行委员会会议上）》]（［Доклад об очередных задачах Советской власти на заседании ВЦИК 29 апреля 1918 г.].—В кн.：Протоколы заседаний Всероссийского Центрального Исполнительного Комитета 4-го созыва. (Стеногр. отчет). М.，Госиздат，1920，стр.206—223.（РСФСР））——176。

——［《关于苏维埃政权的当前任务的报告的总结发言（1918 年 4 月 29 日在

马克思,卡·《法兰西内战》(Маркс, К. Гражданская война во Франции. Воззвание Генерального Совета Международного Товарищества Рабочих. Апрель—май 1871 г.)——373。

——《给弗·恩格斯的信》(1856 年 4 月 16 日)(Письмо Ф. Энгельсу. 16 апреля 1856 г.)——373、375。

——《给路·库格曼的信》(1871 年 4 月 12 日)(Письмо Л. Кугельману. 12 апреля 1871 г.)——373。

——《资本论》(俄文版第 1 — 3 卷)(Капитал. Критика политической экономии, т. I—III. 1867—1894 гг.)——29、225、260、333—334。

马雅可夫斯基,弗·弗·《致开会谜》(Маяковский, В. В. Прозаседавшимся.— « Известия ВЦИК Советов Рабочих, Крестьянских, Казачьих и Красноарм. Депутатов и Моск. Совета Рабоч. и Красноарм. Депутатов», 1922, №52(1491), 5 марта, стр. 2. Под общ. загл. : Наш быт)——12、14。

米海洛夫斯基,尼·康·《文学和生活》(载于 1894 年《俄国财富》杂志第 1 期)(Михайловский, Н. К. Литература и жизнь.—«Русское Богатство», Спб., 1894, №1, стр. 88 — 123, в отд. : II)——320。

萨尔蒂科夫-谢德林,米·叶·《生活琐事》(Салтыков-Щедрин, М. Е. Мелочи жизни)——5。

——《一个城市的历史》(История одного города)——30。

萨文柯夫,波·维·《同布尔什维克的斗争》(Савинков, Б. В. Борьба с большевиками. Варшава, изд. Русского политич. к-та, 1920. 48 стр.)—— 144、148。

舍拉耶夫, M.《在什么条件下可以出租》(Шелаев, М. На каких условиях можно сдать.—«Правда», М., 1922, №249, 3 ноября, стр. 2. Под общ. загл. : К вопросу о концессии Уркарта, отклоненной Совнаркомом)—— 265、302—303。

施本格勒,奥·《西方的没落》(Spengler, O. Der Untergang des Abendlandes. Umrisse einer Morphologie der Weltgeschichte. Bd. 1. Gestalt und Wirklichkeit. 15.— 22., unveränd. Aufl. München, Beck, 1920. XV, 615 S.) ——180。

—《托洛茨基同志的报告》(Доклад тов. Троцкого.—«Правда», М., 1922, №259, 16 ноября, стр. 2—3. Под общ. загл. : IV конгресс Коминтерна. Пять лет русской революции и перспективы мировой революции)——295。

韦尔，哈·《美国拖拉机队》(Вэр, Г. Американский тракторный отряд. (Впечатления одного из членов).—«Правда», М., 1922, №233, 15 октября, стр. 1)——234、238。

维佩尔，罗·尤·《基督教的起源》(Виппер, Р. Ю. Возникновение христианства. М., «Фарос», 1918. 118 стр. (Культурно-историческая б-ка. Всеобщая история. Под ред. проф. Р. Ю. Виппера. VII))——26—27。

乌斯特里亚洛夫，尼·瓦·《演变和策略》(Устрялов, Н. В. Эволюция и тактика.—«Смена Вех», Париж, 1922, №13, 21 января, стр. 17—19) ——66、95—96、398、399、400、402、406。

叶尔曼斯基，奥·阿·《科学组织劳动和生产与泰罗制》(Ерманский, О. А. Научная организация труда и производства и система Тэйлора. М., Госиздат, 1922. XV, 367 стр.)——213—214、388。

—《[〈科学组织劳动和生产与泰罗制〉一书]序言》(Предисловие [к книге «Научная организация труда и производства и система Тэйлора».].—В кн. : Ерманский, О. А. Научная организация труда и производства и система Тэйлора. М., Госиздат, 1922, стр. V—XV)——213—214。

—《泰罗制》(Система Тэйлора. Что несет она рабочему классу и всему человечеству. С указателем литературы на русск. и иностр. языках. Пг.—М., «Книга», 1918. 143 стр. Перед загл. авт. : А. Ерманский (инж. А. Гушка))——213。

伊万诺维奇，斯捷·——见波尔土盖斯，斯·伊·。

————

A. B.《"苏俄之友"的真正援助》(А. В. Реальная помощь «друзей Советской России».—«Известия ВЦИК Советов Рабочих, Крестьянских, Казачьих и Красноарм. Депутатов и Моск. Совета Рабоч. и Красноарм. Депутатов», 1922, №190(1629), 25 августа, стр. 3)——234、238。

*　　　*　　　*

《巴塞尔宣言》——见《国际关于目前形势的宣言》。

《彼得格勒真理报》(《Петроградская Правда》)——254。

《编辑部的话》(От редакции.—«Под Знаменем Марксизма», М., 1922, №1—
2, стр. 3—4)——23。

《[大不列颠、法国、意大利、比利时和日本]专家的报告[伦敦会议通过]》
(Доклад экспертов [Великобритании, Франции, Италии, Бельгии и Японии,
принятый на совещании в Лондоне].—В кн.: Материалы Генуэзской
конференции. (Подготовка, отчеты заседаний, работы комиссий, дипломати-
ческая переписка и пр.). М., 1922, стр. 92 — 114. (РСФСР. Народный
комиссариат по иностр. делам). Под общ. загл.: Совещание экспертов в
Лондоне)——194。

《逮捕"黑市贩子"》(Аресты «черных биржевиков».—«Известия ВЦИК
Советов Рабочих, Крестьянских, Казачьих и Красноарм. Депутатов и
Моск. Совета Рабоч. и Красноарм. Депутатов», 1922, №243 (1682), 27
октября, стр. 3. Подпись: В. М—с)——246。

《党的建设的组织问题》(Организационные вопросы партстроительства. Прак-
тические предложения по организационным вопросам партстроительства, как
дополнение к резолюции об укреплении партии в связи с ее чисткой.—
«Известия ЦК РКП(б)», М., 1922, №1(37), январь, стр. 33 — 34. Под
общ. загл.: Совещание секретарей обкомов, оббюро и губкомов РКП. 27 —
29 декабря 1921 г. (Резолюции и постановления))——16。

《[第九届]全俄中央执行委员会第四次常会》(IV сессия ВЦИК [IX созыва].—
« Известия ВЦИК Советов Рабочих, Крестьянских, Казачьих и
Красноарм. Депутатов и Моск. Совета Рабоч. и Красноарм. Депутатов»,
1922, №240(1679), 24 октября, стр. 2 — 3; №241(1680), 25 октября, стр.
2—3; №242(1681), 26 октября, стр. 2—3; №243(1682), 27 октября, стр.
2—3)——248, 249 — 251、427。

《俄德关于两国"在法律上"相互承认的协定于热那亚签订》(В Генуе под-
писано русско-германское соглашение о взаимном признании « де-юре»
обеих республик. От Народного комиссариата иностранных дел. (Официа-

льное сообщение).—«Известия ВЦИК Советов Рабочих, Крестьянских, Казачьих и Красноарм. Депутатов и Моск. Совета Рабоч. и Красноарм. Депутатов», 1922, №85（1524）, 19 апреля, стр. 1. Под общ. загл.: Генуэзская конференция）——161。

《俄德条约》（Русско-германский договор. Текст договора, заключенного между РСФСР и Германией в Рапалло 16 апреля 1922 г.—«Известия ВЦИК Советов Рабочих, Крестьянских, Казачьих и Красноарм. Депутатов и Моск. Совета Рабоч. и Красноарм. Депутатов», 1922, №102（1541）, 10 мая, стр. 1）——161、166、173、174、193、194。

《俄共（布）中央通报》（莫斯科）（«Известия ЦК РКП（б）», М., 1921, №33, октябрь, стр. 42）——129。

　　—1922, №1（37）, январь, стр. 31—32、33—34.——16。

《俄共第十一次代表大会的决议和决定》（Резолюции и постановления XI съезда РКП.—В кн.: Одиннадцатый съезд Российской Коммунистической партии（большевиков）. Стеногр. отчет. 27 марта— 2 апреля 1922 г. М., Изд. отд. ЦК РКП, 1922, стр. 483 — 533, в отд.: Приложения）——177。

《俄国财富》杂志（圣彼得堡）（«Русское Богатство», Спб., 1894, №1, стр. 88 — 123, в отд.: II）——320。

《俄国共产党（布尔什维克）第十一次代表大会》（Одиннадцатый съезд Российской Коммунистической партии（большевиков）. Стеногр. отчет. 27 марта— 2 апреля 1922 г. М., Изд. отд. ЦК РКП, 1922. 552 стр.（РКП （б））——118、119、 120—121、122—123、124—126、127—128、129、130、131、135、177、184、410。

《俄国共产党（布尔什维克）纲领》（1919 年 3 月 18—23 日党的第八次代表大会通过）（Программа Российской Коммунистической партии（большевиков）. Принята 8-м съездом партии 18 — 23 марта 1919 г. М.—Пг., «Коммунист», 1919. 24 стр.（РКП（б）））——42、121—122。

《俄国识字状况》（Грамотность в России. М., 1922. 55 стр.（РСФСР. Центр. стат. упр. Отд. статистики нар. образования. К Х-му съезду Советов））——

360、362。

《俄国思想》杂志(布拉格)(«Русская Мысль», Прага)——342。

《俄国 5 月 11 日对协约国 5 月 2 日备忘录的答复》(Русский ответ от 11 мая на меморандум союзников от 2 мая. (Перевод с французского текста). — « Известия ВЦИК Советов Рабочих, Крестьянских, Казачьих и Красноарм. Депутатов и Моск. Совета Рабоч. и Красноарм. Депутатов», 1922, №113(1552), 23 мая, стр. 2; №114(1553), 24 мая, стр. 1—2; №115 (1554), 25 мая, стр. 1)——174。

《俄罗斯联邦电气化计划》(План электрификации РСФСР. Доклад 8-му съезду Советов Государственной комиссии по электрификации России. М., Гостехиздат, 1920. 669 стр. разд. паг.; 14 л. схем и карт. (РСФСР. Науч.-техн. отдел ВСНХ))——51。

《俄罗斯联邦法院组织条例》(Положение о судоустройстве РСФСР. —«Собрание Узаконений и Распоряжений Рабочего и Крестьянского Правительства», М., 1922, №69, 17 ноября, ст. 902, стр. 1139—1156)——249、427。

《俄罗斯联邦和各加盟共和国、兄弟共和国出席全欧会议的联合代表团》(Соединенное представительство РСФСР и союзных и братских республик на общеевропейской конференции. —« Известия ВЦИК Советов Рабочих, Крестьянских, Казачьих и Красноарм. Депутатов и Моск. Совета Рабоч. и Красноарм. Депутатов», 1922, №45(1484), 25 февраля, стр. 1)——75。

《俄罗斯联邦劳动法典(1922 年颁布)》(Кодекс законов о труде РСФСР изд. 1922 г. —«Собрание Узаконений и Распоряжений Рабочего и Крестьянского Правительства», М., 1922, №70, 20 ноября, ст. 903, стр. 1159—1188)——248、427。

《俄罗斯联邦民法典》(Гражданский кодекс РСФСР. —«Собрание Узаконений и Распоряжений Рабочего и Крестьянского Правительства», М., 1922, №71, 25 ноября, ст. 904, стр. 1193—1249)——249、427。

《俄罗斯联邦土地法典》(Земельный кодекс РСФСР. —«Собрание Узаконений и Распоряжений Рабочего и Крестьянского Правительства», М., 1922, №68, 15 ноября, ст. 901, стр. 1099—1136)——249—251、427。

《俄罗斯联邦刑法典》(Уголовный кодекс РСФСР. — «Собрание Узаконений и Распоряжений Рабочего и Крестьянского Правительства», М., 1922, №15, 1 июня, ст. 153, стр. 202—239)——190、191、249。

《俄罗斯社会主义联邦苏维埃共和国宪法(根本法)》(Конституция (Основной закон) Российской Социалистической Федеративной Советской Республики. Опубликована в №151 «Известий Всерос. Центр. Исп. Комитета» от 19 июля 1918 г. М., Гиз., 1919. 16 стр. (РСФСР))——403、427。

《二十二人声明》——见《致共产国际国际代表会议委员们》。

《发行1923年版纸币》([1922年10月24日]人民委员会决定)(Выпуск в обращение денежных знаков образца 1923 г. Постановление Совета Народных Комиссаров. [24 октября 1922 г.]. — «Известия ВЦИК Советов Рабочих, Крестьянских, Казачьих и Красноарм. Депутатов и Моск. Совета Рабоч. и Красноарм. Депутатов», 1922, №242 (1681), 26 октября, стр. 3)——262。

《法国。反对军国主义》(Франция. Против милитаризма. — «Правда», М., 1922, №65, 22 марта, стр. 1, в отд.: За день)——109—110。

《高级指挥员庆祝四周年》(Высший комсостав празднует 4-ю годовщину. — «Известия ВЦИК Советов Рабочих, Крестьянских, Казачьих и Красноарм. Депутатов и Моск. Совета Рабоч. и Красноарм. Депутатов», 1922, №42 (1481), 22 февраля, стр. 3. Под общ. загл.: К четвертой годовщине Красной Армии)——397。

《"工人反对派"的纲领》——见《工人反对派的提纲》。

《工人反对派的提纲》(Тезисы рабочей оппозиции. Задачи профессиональных союзов. — «Правда», М., 1921, №15, 25 января, стр. 2—3)——131。

《工人、农民、哥萨克和红军代表苏维埃全俄中央执行委员会及莫斯科工人和红军代表苏维埃消息报》(«Известия ВЦИК Советов Рабочих, Крестьянских, Казачьих и Красноарм. Депутатов и Моск. Совета Рабоч. и Красноарм. Депутатов»)——135、162。

　　—1922, №6 (1445), 10 января, стр. 1.——193—194。

　　—1922, №12 (1451), 17 января, стр. 1.——397—398。

—1922,№21(1460),28 января,стр.1.——75。

—1922,№42(1481),22 февраля,стр.3.——398。

—1922,№44(1483),24 февраля,стр.1.——398。

—1922,№45(1484),25 февраля,стр.1.——6、75。

—1922,№47(1486),28 февраля,стр.1.——6。

—1922,№52(1491),5 марта,стр.2.——12、14。

—1922,№81(1520),11 апреля,стр.1.——144。

—1922,№85(1524),19 апреля,стр.1.——161。

—1922,№102(1541),10 мая,стр.1.——166、173、174、193、194。

—1922,№110(1549),19 мая,стр.2.——196。

—1922,№113(1552),23 мая,стр.2;№114(1553),24 мая,стр.1—2;№115 (1554),25 мая,стр.1.——174。

—1922,№190(1629),25 августа,стр.3.——234、238。

—1922,№240(1679),24 октября,стр.2.—3;№241(1680),25 октября,стр. 2—3;№242(1681),26 октября,стр.2—3;№243(1682),27 октября,стр. 2—3.——246、248、249—251、262、427。

—1922,№250(1689),4 ноября,стр.4.——259。

—1922,№258(1697),15 ноября,стр.1.——299。

—1922,№263(1702),21 ноября,стр.1.——299。

《共产国际第四次代表大会》(IV конгресс Коминтерна. Восемнадцатое заседание. (Продолжение). Международная помощь голодающим.—«Правда», М., 1922,№265,23 ноября,стр.2)——312。

《共产国际》杂志(莫斯科—彼得格勒)(«Коммунистический Интернационал», М.—Пг.,1922,№20,14 марта,стлб.5311—5318)——91。

《共和国革命军事委员会主席给红军和红海军的命令》(Приказ председателя Революционного Военного Совета Республики по Красной Армии и Красному Флоту.28 февраля 1922 г. Москва,№268.—«Правда», М.,1922,№48,1 марта,стр. 4. Под общ. загл.: Надо быть на страже. На газ. ошибочно указан №47)——6。

《关于财政政策的决议[俄共(布)第十一次代表大会通过]》(Резолюция о

финансовой политике, ［принятая на XI съезде РКП（б）］.—В кн.: Одиннадцатый съезд Российской Коммунистической партии（большевиков）. Стеногр. отчет. 27 марта— 2 апреля 1922 г. М., Изд. отд. ЦК РКП, 1922, стр. 495 — 500, в отд.: Приложения. Под общ. загл.: Резолюции и постановления XI съезда РКП）——184。

《关于各国共产党的组织建设、工作方法和工作内容的提纲》（1921 年 7 月 12 日［共产国际第三次代表大会］第 24 次会议通过）（Тезисы об организационном строительстве коммунистических партий, о методах и содержании их работы. Приняты на 24 заседании ［III конгресса Коммунистического Интернационала］ 12 июля 1921 г.—В кн.: Тезисы и резолюции III конгресса Коммунистического Интернационала. М., 1921, стр. 35 — 54） ——290、291—292、432、437。

《关于各国共产党的组织结构及其工作方法和内容的决议》——见《关于各国共产党的组织建设、工作方法和工作内容的提纲》。

《关于根据审查党员的经验巩固党的问题的决议》（Резолюция по вопросу об укреплении партии в связи с учетом опыта проверки личного состава ее.—«Известия ЦК РКП（б）», М., 1922, №1（37）, январь, стр. 31 — 32. Под общ. загл.: Всероссийская конференция РКП. 19—22 декабря 1921 г. （Резолюции и постановления））——16。

《关于克尔日扎诺夫斯基同志的电气化问题的报告》［1920 年全俄苏维埃第八次代表大会通过的决议］（По докладу т. Кржижановского об электрификации. ［Резолюция, принятая на VIII Всероссийском съезде Советов. 1920 г.］.—В кн.: Восьмой Всероссийский съезд Советов рабочих, крестьянских, красноармейских и казачьих депутатов. Стеногр. отчет. （22 — 29 декабря 1920 года）. М., Госиздат, 1921, стр. 271 — 272. （РСФСР）） ——51。

《关于前"工人反对派"的几个成员的决议［俄共（布）第十一次代表大会通过］》（Резолюция о некоторых членах бывшей «рабочей оппозиции», ［принятая на XI съезде РКП（б）］.—В кн.: Одиннадцатый съезд Российской Коммунистической партии（большевиков）. Стеногр. отчет. 27 марта—

2 апреля 1922 г. М., Изд. отд. ЦК РКП, 1922, стр. 530 — 533, в отд.: Приложения. Под общ. загл.: Резолюции и постановления XI съезда РКП)——409。

《关于修改和补充俄罗斯联邦刑法典》(Об изменениях и дополнениях Уголовного кодекса РСФСР.—«Собрание Узаконений и Распоряжений Рабочего и Крестьянского Правительства», М., 1922, №№72 — 73, 27 ноября, ст. 906, стр. 1290 — 1295. Под общ. загл.: Постановления IV сессии Всероссийского Центрального Исполнительного Комитета IX созыва)——249。

《关于中央委员会报告的决议［俄共(布)第十一次代表大会通过］》(Резолюция по докладу ЦК, ［принятая на XI съезде РКП(б)].—В кн.: Одиннадцатый съезд Российской Коммунистической партии (большевиков). Стеногр. отчет. 27 марта—2 апреля 1922 г. М., Изд. отд. ЦК РКП, 1922, стр. 483—484, в отд.: Приложения. Под общ. загл.: Резолюции и постановления XI съезда РКП)——177。

《国际歌》(Интернационал)——86。

《国际关于目前形势的宣言［巴塞尔国际社会党非常代表大会通过］》(Manifest der Internationale zur gegenwürtigen Lage, ［angenommen auf dem Außerordentlichen Internationalen Sozialistenkongreß zu Basel].—In: Außerordentlicher Internationaler Sozialistenkongreß zu Basel am 24. und 25. November 1912. Berlin, Buchh. «Vorwärts», 1912, S. 23—27)——110、316。

《国际社会主义者代表会议》(Международная социалистическая конференция. (Объединенное заседание Исполкомов трех Интернационалов). Стеногр. отчет. М., тип. ГПУ, 1922. 67 стр.)——141、142、144、149。

《火星报》［旧的、列宁的］［莱比锡—慕尼黑—伦敦—日内瓦］(«Искра» ［старая, ленинская], ［Лейпциг—Мюнхен—Лондон—Женева])——179、180。

《戛纳决议》——见《最高会议的决议［1922 年 1 月 6 日于戛纳通过]》。

《戛纳条件》——见《最高会议的决议［1922 年 1 月 6 日于戛纳通过]》。

《经济生活报》(莫斯科) («Экономическая Жизнь», М.)——154、155、330、

412、416、418。

《经济学家》杂志(彼得格勒)(«Экономист»，Пг.，1922，№1.200 стр.)——
30—32。

《拉帕洛条约》——见《俄德条约》。

《里加条约》——见《以俄罗斯和乌克兰为一方、以波兰为另一方缔结的和
约》。

《路标转换》杂志(巴黎)(«Смена Вех»，Париж，1922，№13，21 января，стр.
17—19)——66、95—96、398、399、400、402、406。

《明岑贝格在共产国际第四次代表大会上的报告》——见《共产国际第四次代
表大会》。

《莫斯科苏维埃的庆祝会》(Торжественное заседание Московского Совета.—
«Известия ВЦИК Советов Рабочих，Крестьянских，Казачьих и Красноарм.
Депутатов и Моск.Совета Рабоч.и Красноарм.Депутатов»，1922，№12(1451)，
17 января，стр.1.Под общ.загл.：Неделя достояния красноармейца.Заботы о
Красной Армии)——398—399。

《纽约先驱报》(«The New York Herald»)——160。

《贫苦农民报》(莫斯科)(«Беднота»，М.)——64。

[《全俄统计工作者代表大会给弗·伊·列宁的致敬电》]([Приветствие В.И.
Ленину от Всероссийского статистического съезда].—«Известия ВЦИК
Советов Рабочих，Крестьянских，Казачьих и Красноарм. Депутатов и
Моск. Совета Рабоч. и Красноарм. Депутатов»，1922，№250(1689)，4
ноября，стр. 4. Под общ. загл.：Всероссийский статистический съезд)
——259。

《全俄中央执行委员会非常会议的决定》(Постановление Чрезвычайной сессии
Всер. Центр. Исп. Ком. [О составе делегации РСФСР на Генуэзскую
конференцию].—«Известия ВЦИК Советов Рабочих，Крестьянских，
Казачьих и Красноарм. Депутатов и Моск. Совета Рабоч. и Красноарм.
Депутатов»，1922，№21(1460)，28 января，стр.1)——75。

《热那亚会议延期召开》(Отсрочка Генуэзской конференции.От Народного ко-
миссариата по иностранным делам.—«Известия ВЦИК Советов Рабочих，

Крестьянских, Казачьих и Красноарм. Депутатов и Моск. Совета Рабоч. и Красноарм. Депутатов», 1922, №45 (1484), 25 февраля, стр. 1. Под общ. загл.: К общей мирной конференции)——6。

《人民委员会的决定》(Постановление Сов. Нар. Комиссаров. 6 октября 1922 г.—«Правда», М., 1922, №226, 7 октября, стр. 4)——244、265、303。

《三个国际的代表会议》(Конференция трех Интернационалов. Общая декларация.—«Правда», М., 1922, №80, 9 апреля. стр. 1—2)——139、140—141、148—150。

《省苏维埃代表大会和省执行委员会条例》(Положение о губернских съездах Советов и губернских исполнительных комитетах.—«Собрание Узаконений и Распоряжений Рабочего и Крестьянского Правительства», М., 1922, №№72—73, 27 ноября, ст. 907, стр. 1296—1310. Под общ. загл.: Постановления IV сессии Всероссийского Центрального Исполнительного Комитета IX созыва)——250、427。

《[苏维埃第九次代表大会]关于加强和发展农业的措施的决定》(Постановление [IX съезда Советов] о мерах укрепления и развития сельского хозяйства.—В кн.: Девятый Всероссийский съезд Советов рабочих, крестьянских, красноармейских и казачьих депутатов. Стеногр. отчет. (22—27 декабря 1921 года). М., изд. ВЦИК, 1922, стр. 286—292. (РСФСР))——133—134。

《[苏维埃第九次代表大会]关于农业合作社的决定》(Постановление [IX съезда Советов] о с.-х. кооперации.—Там же, стр. 293—294)——133—134。

《同厄克特的合同应重新审议》(Договор с Уркартом надо пересмотреть.—«Правда», М., 1922, №246, 31 октября, стр. 2; №247, 1 ноября, стр. 2; №248, 2 ноября, стр. 2. Под общ. загл.: К вопросу о концессии Уркарта, отклоненной Совнаркомом. Подпись: Экономист)——265、303。

《外交人民委员部照会》(От Народного комиссариата по иностранным делам.—«Известия ВЦИК Советов Рабочих, Крестьянских, Казачьих и Красноарм. Депутатов и Моск. Совета Рабоч. и Красноарм. Депутатов», 1922, №47

(1486), 28 февраля, стр. 1. Под общ. загл.: К общей мирной конференции)——6。

《我们之路》杂志(圣彼得堡—莫斯科)(«Наш Путь», Спб.—М., 1918, кн. II, май, стр. 214—223)——126。

《无线电报领域的改进》(Усовершенствование в области радиотелеграфии.—« Известия ВЦИК Советов Рабочих, Крестьянских, Казачьих и Красноарм. Депутатов и Моск. Совета Рабоч. и Красноарм. Депутатов», 1922, №110 (1549), 19 мая, стр. 2, в отд.: За границей. Под общ. загл.: Разные)——196。

《现代纪事》杂志(巴黎)(«Современные Записки», Париж, 1922, кн. IX, стр. 269—293)——8。

《协约国给俄国的备忘录》(Меморандум союзников России. [2 мая 1922 г.].—В кн.: Материалы Генуэзской конференции. (Подготовка, отчеты заседаний, работы комиссий, дипломатическая переписка и пр.). М., 1922, стр. 216—224. (РСФСР. Народный комиссариат по иностр. делам))——172、194。

《以俄罗斯和乌克兰为一方、以波兰为另一方缔结的和约》(1921 年 3 月 18 日于里加签订)(Мирный договор между Россией и Украиной с одной стороны и Польшей—с другой. (Подписанный в г. Риге 18 марта 1921 года).—«Собрание Узаконений и Распоряжений Рабочего и Крестьянского Правительства», М., 1921, №№41—42, 21 мая, ст. 219, стр. 217—236)——174。

《远东共和国国民会议的决定([1922 年]11 月 14 日会议通过)》(Постановление Народного собрания Дальневосточной Республики, принятое на заседании 14-го ноября [1922 г.].—«Известия ВЦИК Советов Рабочих, Крестьянских, Казачьих и Красноарм. Депутатов и Моск. Совета Рабоч. и Красноарм. Депутатов», 1922, №263 (1702), 21 ноября, стр. 1)——299。

《远东共和国同俄罗斯联邦重新合并》(Воссоединение ДВР с РСФСР.—«Известия ВЦИК Советов Рабочих, Крестьянских, Казачьих и Красноарм. Депутатов и Моск. Совета Рабоч. и Красноарм. Депутатов», 1922, №258 (1697), 15 ноября, стр. 1)——299。

《在大剧院举行的庆祝会》(Торжественное заседание в Большом театре.——«Известия ВЦИК Советов Рабочих, Крестьянских, Казачьих и Красноарм. Депутатов и Моск. Совета Рабоч. и Красноарм. Депутатов», 1922, №44(1483), 24 февраля, стр. 1. Под общ. загл.: Празднование четвертой годовщины Красной Армии)——298—299。

《在马克思主义旗帜下》杂志(莫斯科)(«Под Знаменем Марксизма», М.) ——23、24—25、27—28、29、30、32。

—1922, №1—2, стр. 3—4, 5—7, 70—73.——23、28。

《真理报》(彼得格勒—莫斯科)(«Правда», Пг.—М.)——135、162、179—182、255。

—Пг., 1917, №82, 28(15) июня, стр. 2—3; 83, 29(16) июня, стр. 2—3. ——8。

—1921, №15, 25 января, стр. 2—3.——131。

—1922, №6, 10 января, стр. 1; №9, 13 января, стр. 1.——399、403。

—1922, №43, 23 февраля, стр. 1.——130。

—1922, №48, 1 марта, стр. 4. На газ. ошибочно указан №47.——6。

—1922, №53, 7 марта, стр. 3.——129、131。

—1922, №54, 8 марта, стр. 1—2.——66、73、89、398、401。

—1922, №62, 17 марта, стр. 2—3.——16—17、18—19。

—1922, №64, 21 марта, стр. 1.——119—120。

—1922, №65, 22 марта, стр. 1.——109。

—1922, №80, 9 апреля, стр. 1—2.——139、140、141、148—150。

—1922, №81, 11 апреля, стр. 1.——144。

—1922, №85, 19 апреля, стр. 2.——146、147。

—1922, №93, 28 апреля, стр. 1.——176。

—1922, №197, 3 сентября, стр. 2.——329。

—1922, №226, 7 октября, стр. 4.——245、265、303。

—1922, №233, 15 октября, стр. 1.——234、238。

—1922, №240, 24 октября, стр. 1.——238、295。

—1922, №246, 31 октября, стр. 2; №247, 1 ноября, стр. 2; №248, 2 ноября, стр.2.——265、303。

——1922，№249，3 ноября，стр.2.——265、303。

——1922，№254，10 ноября，стр.1.——265。

——1922，№258，15 ноября，стр.2.——295。

——1922，№259，16 ноября，стр.2—3.——295。

——1922，№265，23 ноября，стр.2.——312。

——1923，№16，25 января，стр.1.——385。

《争论资料》(«Дискуссионный материал».(Тезисы тов.Мясникова，письмо тов. Ленина，ответ ему，постановление Организ. бюро Цека и резолюция мотовилихинцев).Только для членов партии.М.，1921.37 стр.)——131。

《致共产国际国际代表会议委员们》(Членам международной конференции Коммунистического Интернационала.—« Правда »，М.，1922，№53，7 марта，стр.3. Под общ. загл. : Коминтерн против разложения РКП)—— 129、131。

《中央全会关于施略普尼柯夫同志的决定》(Постановление пленума ЦК о т. Шляпникове.(Выписка из протокола заседания пленума членов ЦК， кандидатов в члены ЦК，членов и кандидатов ЦКК от 9 августа 1921 г. за №8).—«Известия ЦК РКП(б)»，М.，1921，№33，октябрь，стр. 42) ——129。

《中央执行委员会和彼得格勒工兵代表苏维埃消息报》(«Известия ЦИК и Петроградского Совета Рабочих и Солдатских Депутатов»，1917，№209， 28 октября，стр.1)——249。

《资本主义包围下的苏维埃共和国》(«Советская республика в капиталистичес- ком окружении».[Резолюция X съезда РКП(б)].—В кн.:Десятый съезд Российской Коммунистической партии.Стеногр.отчет.(8—16 марта 1921 г.).М.，Госиздат，1921，стр. 328—329，в отд.:Приложения. Под общ. загл.:Резолюции и постановления X съезда)——120。

《最高会议的决议[1922 年 1 月 6 日于戛纳通过]》(Резолюция Верховного совета，[принятая 6 января 1922 г. в г. Канн].—« Известия ВЦИК Советов Рабочих，Крестьянских，Казачьих и Красноарм. Депутатов и

Моск. Совета Рабоч. и Красноарм. Депутатов », 1922, №6 (1445), 10 января, стр. 1. Под общ. загл.: К признанию Советской России) —— 193 — 194。

年　表

(1922 年 3 月 6 日——1924 年 1 月 21 日)

1922 年

3 月 6 日

列宁出席全俄五金工人代表大会共产党党团会议,并就苏维埃共和国所处的国际和国内形势问题发表讲话。

读中央消费合作总社西伯利亚分社仓库管理处处长米·亚·巴加耶夫 1922 年 1 月 24 日的来信,信中反映新尼古拉耶夫斯克省征收粮食税有违反政策的现象。列宁致函西伯利亚革命委员会主席谢·叶·丘茨卡耶夫,要他核实信中所反映的事实,惩办责任者,并采取有力措施确保受害地区的种子供应。

下午,前往莫斯科省特罗伊茨科耶-雷科沃村附近的科尔津基诺休假,在那里一直住到 3 月 25 日。在休假期间,继续领导党和苏维埃国家的工作;撰写《论战斗唯物主义的意义》一文;准备俄共(布)中央委员会在党的第十一次代表大会上的政治报告。

致函俄共(布)中央书记维·米·莫洛托夫并转俄共(布)中央政治局委员,建议让全俄工会中央理事会总书记扬·埃·鲁祖塔克在党的第十一次代表大会召开之前去疗养院疗养。列宁的这一建议当日即由政治局通过。

3 月 7 日

收到中央消费合作总社理事会主席列·米·欣丘克的来信,信中请求列宁接见外国合作社代表团。列宁向秘书莉·亚·福季耶娃口授给欣丘克的复信,请他给寄来一份关于俄国合作社机构发展情况的综合材料,并告知为了使合作社成为真正的商业机构,而不是官僚机构,中央消费合作总社理事会采取了哪些措施。

　　读人民委员会秘书玛·伊·格利亚谢尔的便条,便条中汇报了关于整理列宁在全俄五金工人代表大会共产党党团会议上讲话记录稿的情况。列宁在便条上写批语给格利亚谢尔,指示她应该怎样整理记录稿。

3月8日

　　收到外交人民委员格·瓦·契切林的来信,信中请列宁为英国《曼彻斯特卫报》附刊第5号(俄国专刊)写一篇文章。列宁复函契切林,说自己不能写文章,建议指定一个极负责任而又很精明强干的人来编辑供此附刊用的文章,使之成为一种战斗行动。

　　用德文写信给共产国际工作人员、经济学家叶·萨·瓦尔加,说自己现在有病,无力写文章;同意瓦尔加编选他的文集,建议比较完整地节选1918年春天关于反对"左派"、关于国家资本主义、关于克服管理困难等方面的著作以及《共产主义运动中的"左派"幼稚病》一书,不要节选讲话,因为讲话稿整理得不好,总是不准确。

3月9日

　　读格·叶·季诺维也夫受俄共(布)中央政治局的委托为俄共(布)第十一次代表大会准备的《关于巩固党》的提纲的最初草案;写信给维·米·莫洛托夫,同意把季诺维也夫的提纲草案作为基础。列宁还提出,介绍工人入党要有三年党龄,介绍农民和红军战士要有四年党龄,介绍其他人则要有五年党龄。

　　读国家政治保卫局主席费·埃·捷尔任斯基关于西伯利亚情况的报告;打电话给秘书莉·亚·福季耶娃,口授给列·波·加米涅夫和约·维·斯大林的信,要他们注意西伯利亚农民的情况,建议派伊·尼·斯米尔诺夫重返西伯利亚工作,因为他既熟悉西伯利亚情况,又懂军事,在困难情况下不会惊慌失措。

3月10日

　　用电话向秘书纳·斯·勒柏辛斯卡娅口授给对外贸易人民委员列·波·克拉辛的信,询问克拉辛同英国商人谈判成立推销宝石等商品的合营公司的结果;请克拉辛派人整理一份关于最近半年来的对外贸易发展情况的简报,供他向俄共(布)第十一次代表大会作政治报告时使用。

指示副工农检查人民委员瓦·亚·阿瓦涅索夫把关于为莫斯科艺术剧院的一批演员从柏林返回苏维埃俄国提供经费问题提交俄共（布）中央政治局和人民委员会的预算委员会审议。

委托人民委员会和劳动国防委员会办公厅主任尼·彼·哥尔布诺夫采取必要的措施，为公共图书馆创造正常工作的条件。

3 月 11 日

签署劳动国防委员会致国家计划委员会所属租让委员会主席格·马·克尔日扎诺夫斯基的指示信，信中要求收集和集中有关俄罗斯联邦同外国资本家在国内外所进行的一切租让谈判和租让事务的详细材料。

签署劳动国防委员会致合营公司事务委员会主席格·雅·索柯里尼柯夫的指示信，信中要求该委员会负责收集和集中有关俄罗斯联邦同外国资本家在国内外所进行的除租让外的一切谈判以及合营公司等部门事务的详细材料。

俄共（布）中央政治局通过列宁起草的决定，该决定认为在 1922 年 2 月 2 日《全俄中央执行委员会消息报》上发表介绍德国社会沙文主义者亚·李·帕尔乌斯的小册子《挽救经济的道路》的电讯是不恰当的，因为这本小册子是为德帝国主义在东方的侵略计划辩护的。

委托劳动国防委员会办公厅主任助理瓦·亚·斯莫尔亚尼诺夫，向中央统计局局长帕·伊·波波夫索要 1922 年 1—2 月份关于工业、农业、运输、贸易、合作社状况的材料。

3 月 12 日

写完《论战斗唯物主义的意义》一文。

读职业教育总局局长瓦·尼·雅柯夫列娃关于高等学校经费困难的来信；在信上写批语给秘书莉·亚·福季耶娃，要她把信转交给维·米·莫洛托夫，请莫洛托夫把这个问题提交俄共（布）中央政治局讨论。

读卡·伯·拉狄克 1922 年 3 月 11 日关于设在柏林的外国科学技术局经费开支混乱和工作安排不当的报告；在报告上写批语给约·维·斯大林，请他查处此案并将责任者送交法庭。

用电话向秘书娜·谢·阿利卢耶娃口授给维·米·莫洛托夫的电话稿，要莫洛托夫代表中央致电各省委，让出席党代表大会的代表带来尽可能详细的数字和材料,说明教堂、修道院现在拥有贵重物品和没收贵重物品工作进展的情况。

打电话给小人民委员会委员兼苏俄国营百货公司经理 A.A.别洛夫,谈国家财政状况问题。

3 月 12 日和 16 日之间

校阅《论战斗唯物主义的意义》一文的打字稿,在打字稿上作修改和补充;写便条给秘书莉·亚·福季耶娃或纳·斯·勒柏辛斯卡娅,委托秘书把这份经过修改和补充的稿子寄给《在马克思主义旗帜下》杂志编辑部。

3 月 13 日

致函共产国际执行委员会东方部主任格·伊·萨法罗夫,要他寄来1922 年 2 月 21 日—3 月 4 日召开的共产国际执行委员会第一次扩大全会通过的全部决议。

致函全俄中央执行委员会秘书阿·萨·叶努基泽,询问他过去答应拨给国家计划委员会的两套住房是否安排妥当。

3 月 14 日

读外交人民委员格·瓦·契切林 1922 年 3 月 10 日的来信,信中汇报了他遵照俄共(布)中央指示草拟的苏俄代表团在热那亚会议上的行动纲领。列宁在信上作批注,标出最重要的论点,并给契切林写回信,谈苏俄代表团在热那亚会议上的策略问题。

读对外贸易人民委员部部务委员伊·伊·拉德琴柯 1922 年 3 月13 日的来信,信中请求允许泥炭水力开采管理局工作人员叶·斯·缅施科夫教授去德国治病,并从该局订货的余款中拨 2 000 金卢布作为他的医疗费。列宁在信上写批语给人民委员会办公厅主任尼·彼·哥尔布诺夫,表示完全同意拉德琴柯的意见,请把这一问题提交中央政治局讨论,因为只有政治局才能审批动用黄金的问题。

3 月 14 日或 15 日

读共产国际执行委员会给出席三个国际的代表会议的共产国际代表团的指示草稿;写信给格·叶·季诺维也夫、约·维·斯大林、列·波·加米涅夫及政治局其他委员,对指示草稿提出一系列修改和补充意见。俄共(布)中央政治局赞同根据列宁的意见作了修改和补充的指示草案。
1922 年 3 月 17 日,共产国际执行委员会一致批准这个文件。

3 月 14 日和 27 日之间

读 1922 年《共产国际》杂志第 20 期刊登的共产国际执行委员会书记拉
科西·马蒂亚斯的文章《苏维埃俄国的新经济政策》,这篇文章是评论
奥·鲍威尔的小册子《苏维埃俄国的"新方针"》的,列宁在向俄共(布)第
十一次代表大会作的政治报告中引用了这篇文章。

3 月 15 日

由于人民委员会内在流动基金问题上存在分歧,列宁用电话向秘书纳·
斯·勒柏辛斯卡娅口授给列·波·加米涅夫和约·维·斯大林的信,表
示支持列·波·克拉辛和亚·德·瞿鲁巴关于把对外贸易人民委员部
的流动基金从 1 000 万金卢布增加到 5 000 万的建议,不同意格·雅·
索柯里尼柯夫关于反对增加流动基金的意见。

　　读工业企业农场总管理局局长吉·亚·鲁诺夫打来的电话的记录,
鲁诺夫请求拨款修理用于土壤改良的机器。列宁口授给副财政人民委
员格·雅·索柯里尼柯夫的电报稿,建议满足鲁诺夫的请求。

3 月 16 日

读叶·阿·普列奥布拉任斯基起草的、准备提交俄共(布)第十一次代表
大会的《俄共目前农村政策的基本原则》提纲;写信给维·米·莫洛托夫
并转政治局各委员,对提纲提出批评,建议作者把提纲压缩一下并作部
分修改,认为党在农村工作的主要缺点是对实际经验缺乏研究,因此提
纲中应把实际结论尤其是组织结论作较详尽的发挥。

3 月 17 日

就第二国际领导人之一埃·王德威尔得企图干涉审讯孟什维克和社会
革命党人一事,同列·波·加米涅夫通电话交换意见;打电话给秘书,口
授给格·叶·季诺维也夫的便条,并附给埃·王德威尔得的复信稿。

　　致函俄共(布)中央政治局并附给出国同志的指示草案,谈如何对待
孟什维克和社会革命党人的问题。

　　委托人民委员会办公厅主任尼·彼·哥尔布诺夫关注全国摄影和
电影事业的发展,设法消除鲁勉采夫博物院乱堆乱放图书的现象,检查

劳动国防委员会 1922 年 3 月 15 日关于中央电报局的决定的执行情况。

3 月 18 日

为伊·伊·斯克沃尔佐夫-斯捷潘诺夫的《俄罗斯联邦电气化与世界经济的过渡阶段》一书写序言。

就惩处犯罪的共产党员问题写信给俄共(布)中央政治局,提出关于给包庇犯罪的共产党员的莫斯科委员会以严重警告处分、关于把对法庭施加影响以减轻共产党员罪责的人开除出党、关于法庭对共产党员的惩处必须严于非党员等项建议。

读亚·德·瞿鲁巴给司法人民委员德·伊·库尔斯基的信,信中请求司法人民委员部和革命法庭调查糖业托拉斯破坏劳动国防委员会 1922 年 2 月 3 日关于在市场上销售食糖的决定一案,要求严惩那些受苏维埃政权的敌人影响的经济机关领导人。列宁致函库尔斯基,请他对这一案件加倍注意,指出国营托拉斯里存在着不少无所事事、游手好闲的人,建议对他们采取严厉的制裁措施。

写关于合作社问题的意见,认为合作社既然要做生意,就应当有收益,谁交股金,谁就得到收益;写便条给尼·彼·哥尔布诺夫,让他把这一意见速交维·米·莫洛托夫转俄共(布)中央政治局委员,然后转人民委员会和劳动国防委员会副主席。

致函全俄肃反委员会副主席约·斯·温什利赫特,表示完全同意派泥炭水力开采管理局主任技术员 И.Р. 克拉松出国。

俄共(布)中央政治局通过列宁提出的关于叶·阿·普列奥布拉任斯基的《俄共目前农村政策的基本原则》提纲的决议草案、苏俄政府给埃·王德威尔得的复信稿,给出国同志的指示草案。

3 月 19 日

致函伊·伊·斯克沃尔佐夫-斯捷潘诺夫,称赞他所写的《俄罗斯联邦电气化与世界经济的过渡阶段》一书是用完整的科学教育俄国人的范例。

在给俄共(布)中央政治局各委员的信中指出,必须坚决贯彻全俄中央执行委员会 1922 年 2 月 23 日关于没收教会贵重物品用于救济饥民的法令,对进行反抗的僧侣要予以镇压。

读国家计划委员会主席格·马·克尔日扎诺夫斯基的来信,信中请求批准他提出的国家计划委员会主席团委员名单并任命一个三人领导小组,还提出了改善铁路部门领导的措施。列宁将信批转给阿·伊·李可夫和亚·德·瞿鲁巴,表示完全同意克尔日扎诺夫斯基的建议,并请提交政治局审批。

致电东南边疆区经济会议,认为租让给德国克虏伯公司5万俄亩土地一事不仅在经济上,而且在政治上都具有很大的意义,应竭尽全力促使租让合同的签订。

3月20日

致函副财政人民委员格·雅·索柯里尼柯夫,请他对A.A.别洛夫的报告《1922年新收获前的财政工作计划》提出意见,并请他汇报对税收工作的监督情况和国家银行对国营托拉斯的财务监督情况。

读对外贸易人民委员列·波·克拉辛1922年3月18日的来信,信中不同意俄共(布)中央政治局提出的对外贸易人民委员部新部务委员名单,请求把副对外贸易人民委员安·马·列扎瓦留下来。列宁写便条给克拉辛,表示不同意他的意见。

同列·波·克拉辛谈话,了解对外贸易人民委员部的情况,就新部务委员和贯彻俄共(布)中央政治局关于实行对外贸易垄断的指示等问题交换意见。

读叶卡捷琳堡省政治教育委员会工作人员M.H.波波娃1922年2月15日的来信,信中反映沙德林斯克县地方工作人员在征收粮食税时有严重违法乱纪行为。列宁写便条给秘书莉·亚·福季耶娃,让她把波波娃的信转给俄共(布)中央监察委员会或组织局调查处理。

向瓦·亚·斯莫尔亚尼诺夫询问所有开业的同资本家合营的外贸公司和国内企业的情况。

委托人民委员会办公厅主任尼·彼·哥尔布诺夫,就对外贸易人民委员部办理向法国商人茹·魏勒购买肉罐头一事的拖拉作风以及由此引起的莫斯科省经济会议与对外贸易人民委员部的冲突写一个调查报告。

不晚于3月21日

同人民委员会和劳动国防委员会副主席亚·德·瞿鲁巴和阿·伊·李

可夫谈人民委员会和劳动国防委员会的工作安排,认为他们应把主要精力放在挑选人员和检查执行情况方面。

3 月 21 日

致函约·维·斯大林,谈人民委员会和劳动国防委员会副主席的工作,认为两位副主席的主要任务应该是检查执行情况和挑选人员。

致函莫·伊·弗鲁姆金和伊·伊·拉德琴柯,告知昨天同列·波·克拉辛谈到对外贸易人民委员部部务委员会内在对外贸易垄断这个问题上的分歧;相信弗鲁姆金和拉德琴柯会执行俄共(布)中央政治局关于对外贸易垄断的指示;认为在合营公司的基础上,只要共产党员切实发挥领导作用,就能对整个商业经济进行改造,使之适应有保障的社会主义建设的需要。

读莫·伊·弗鲁姆金的来信,信中陈述了他对对外贸易人民委员部内目前状况的看法,认为俄共(布)中央政治局 1922 年 3 月 18 日任命他为副对外贸易人民委员的决定是不合适的,因为他同列·波·克拉辛在对外贸易垄断的性质这个基本问题上有原则分歧。列宁致函弗鲁姆金,表示不同意他的意见,认为政治局的决定是正确的;请弗鲁姆金谈谈同克拉辛在哪些方面存在原则分歧,认为即使真有分歧,那也不碍事。

读对俄共(布)中央委员会将提交党的第十一次代表大会的政治报告的决议草案的补充(这份材料没有找到,可能是有关党政分工的);致函约·维·斯大林和列·波·加米涅夫,对决议草案提出修改和补充意见。

用电话向秘书莉·亚·福季耶娃口授给尼·彼·哥尔布诺夫的信,询问给美国资本家代表的入境签证是否发出,他们是来谈判向俄国提供 4 000 万美元农业机器的。列宁还指出,如果签证没有发出,请他查清办事拖拉者的姓名,严加惩处。

晚上 10 时 35 分,用电话向秘书玛·伊·格利亚谢尔口授给列·波·加米涅夫的信,说自己在准备向俄共(布)第十一次代表大会作的政治报告,并打算请中央全会再指定一个报告人。

3 月 21 日和 25 日之间

写俄共(布)中央委员会向党的第十一次代表大会作的政治报告的三个

提纲。

3 月 22 日以前

写便条给约·维·斯大林,说他星期三可能到莫斯科,要在当日见到斯大林,还建议于星期四了结关于热那亚会议的问题。

3 月 22 日

查阅俄共(布)中央政治局的记录;致函列·波·加米涅夫,商谈从国外进口食品的问题。

写便条给尼·彼·哥尔布诺夫,要他委托伊·伊·米罗什尼科夫弄清楚有关同法国商人茹·魏勒谈判购买食品的若干问题。

3 月 23 日

读《贫苦农民报》编辑维·阿·卡尔宾斯基 1922 年 3 月 21 日的来信,信中请列宁于 3 月 25 日前写一篇庆祝《贫苦农民报》创刊四周年的文章。

写《庆祝〈贫苦农民报〉创刊四周年》一文。

致函维·米·莫洛托夫并转俄共(布)中央全会,请求允许他因病不参加全会,不在代表大会上作报告。信中叙述了他所拟的中央委员会政治报告的提纲。信中还指出,必须十分明确地划分党(及其中央)和苏维埃政权的职责。党的任务是对所有国家机关的工作进行总的领导,而不是进行过分频繁的、不正常的、往往是琐碎的干预。

审阅外交人民委员格·瓦·契切林提出的苏俄代表团在热那亚会议上的声明草案;用电话向秘书娜·谢·阿利卢耶娃口授对声明草案的修改意见,认为"不可避免的暴力变革和采用流血斗争"、"新的世界大战不可避免"等吓人的字眼应无条件地删去。

3 月 24 日

就接收新党员的条件问题用电话向秘书莉·亚·福季耶娃口授给维·米·莫洛托夫并转俄共(布)中央的信,主张延长新党员的预备期,因为现有党员的修养水平很差,应该使他们得到严肃认真的考验,使党的队伍的素质得到加强。

打电话给国家计划委员会主席格·马·克尔日扎诺夫斯基,同他谈沃尔霍夫水电站的领导人之间的争执;然后就这一问题致函克尔日扎诺夫斯基,提出消除争执的建议。

3 月 25 日

从科尔津基诺返回莫斯科。

签署关于把出席热那亚会议的苏俄代表团团长的全权转授给副团长格·瓦·契切林的声明。

3 月 25 日—26 日

写俄共(布)中央委员会向党的第十一次代表大会作的政治报告的第四个提纲。

3 月 26 日

读俄共(布)中央全会关于新党员的预备期问题的决定;写信给中央书记维·米·莫洛托夫,对中央全会的这一决定提出意见,主张延长新党员的预备期,以便提高新党员的质量。

3 月 27 日—4 月 2 日

领导俄共(布)第十一次代表大会的工作。

3 月 27 日

填写俄共(布)第十一次代表大会代表登记表。

中午 12 时 30 分,受党中央委员会的委托,宣布俄共(布)第十一次代表大会开幕,致开幕词;在代表大会第 1 次会议上被选入代表大会主席团,然后作俄共(布)中央委员会政治报告。

同乌克兰共产党(布)中央书记德·扎·曼努伊尔斯基谈乌克兰的党的工作问题。

同莫斯科消费合作社主席 C.Д.武尔弗松谈从国外购买肉罐头的问题。

晚上 6 时,出席俄共(布)第十一次代表大会第 2 次会议,在讨论中央政治报告时作笔记。

签署给在柏林的人民委员会负责向国外订购铁路器材的全权代表尤·弗·罗蒙诺索夫的电报,指示他不参加有关借款的任何谈判,不经人民委员会特别批准,不得订立借款契约和其他信贷契约。

不晚于 3 月 28 日

同俄共(布)中央监察委员会委员亚·亚·索尔茨谈话。

3 月 28 日

出席俄共(布)第十一次代表大会第 3 次会议,在讨论中央政治报告时作笔记;起草总结发言的提纲;作总结发言。

3月29日

致电在德国的格·瓦·契切林和马·马·李维诺夫,说最高国民经济委员会主席团委员弗·尼·伊帕季耶夫教授从法国写来的报告很重要,希望他们亲自同伊帕季耶夫教授谈谈,必要时可吸收他参加热那亚会议的工作。

3月29日和4月2日之间

审阅党的第十一次代表大会关于俄共(布)驻共产国际代表团工作报告的决议草案,写对这一决议草案的补充意见。列宁的意见完全为代表大会所接受。

3月30日

同亚·米·克拉斯诺晓科夫谈俄共(布)中央政治局关于解除他副财政人民委员职务的决定。

致函维·米·莫洛托夫并转俄共(布)中央政治局委员,认为政治局解除主张贸易自由的亚·米·克拉斯诺晓科夫副财政人民委员职务是犯了一个大错误;对克拉斯诺晓科夫的能力给予肯定的评价;建议政治局改正错误,派他到最高国民经济委员会工作。

3月31日以前

同国家计划委员会主席格·马·克尔日扎诺夫斯基谈话,向他了解美国著名电工学家查·普·施泰因梅茨的情况。

3月31日

收到尼·彼·哥尔布诺夫的通知,通知中说,司法人民委员德·伊·库尔斯基不执行中央政治局3月22日的决定,拒绝草拟民法宣言。列宁写便条给亚·德·瞿鲁巴,对库尔斯基的行为表示气愤,说他简直是怠工;随后致函库尔斯基,向他提出警告,指出他的拖拉行为是不能容许的,要求他在两天内把民法宣言草案交给瞿鲁巴。

签署给德·伊·库尔斯基的信,信中指出莫斯科革命法庭包庇最高国民经济委员会科学技术局和发明事务委员会两单位犯有渎职罪的被告,建议库尔斯基亲自了解此案并组织公开审判。

读美国著名电工学家查·普·施泰因梅茨1922年2月16日的来

信,信中赞扬了俄国社会和工业的复兴,表示愿意在技术问题上,特别是在电工技术方面提供援助。列宁把信批转给格·马·克尔日扎诺夫斯基,请他对这一问题提出意见。

3 月 31 日或 4 月 1 日

就俄共(布)第十一次代表大会土地问题小组的工作同副农业人民委员恩·奥新斯基(瓦·瓦·奥博连斯基)谈话。

4 月 1 日

致函恩·奥新斯基(瓦·瓦·奥博连斯基),谈关于农村工作的决议草案;委托秘书把这一决议草案分送政治局委员审阅。

4 月 2 日

上午,俄共(布)第十一次代表大会第 11 次会议作为大会决议通过了列宁起草、经中央委员会补充修改的《关于工会在新经济政策条件下的作用和任务的提纲》,会议还通过了以列宁的建议为基础的《关于农村工作的决议》。在这次会议上,列宁被选为俄共(布)中央委员。

写俄共(布)第十一次代表大会闭幕词。

晚上,出席俄共(布)第十一次代表大会第 12 次会议;在讨论代表大会关于"工人反对派"专门委员会的报告时作笔记;得知代表大会通过关于禁止在《真理报》上刊登广告的决定以后,写便条给主持会议的列·波·加米涅夫并发言,建议撤销这一决定。这一建议被代表大会通过。列宁致闭幕词。俄共(布)第十一次代表大会闭幕。

写给查·普·施泰因梅茨的复信草稿,对他愿意在电工技术方面向苏维埃俄国提供援助表示感谢;把这一草稿寄给格·马·克尔日扎诺夫斯基,请他提出意见和进行补充。

4 月 3 日

出席俄共(布)中央全会会议;被选为中央政治局委员和被批准为俄共(布)驻共产国际代表团候补团员;提出俄共(布)中央全会关于书记处工作安排的决定草案。全会通过关于设立党中央总书记和两名书记的职务的决定。全会任命约·维·斯大林为党中央总书记,维·米·莫洛托夫和瓦·弗·古比雪夫为党中央书记。全会还讨论了关于中央组织局成员、关于全俄中央执行委员会成员、关于改组小人民委员会、关于俄共

（布）第十一次代表大会决议审定委员会、关于任命《真理报》主编、关于延期召开工会代表大会、关于财政等问题。

不晚于 4 月 4 日

同教育人民委员阿·瓦·卢那察尔斯基谈教育人民委员部的工作。

4 月 4 日

审阅人民委员会和劳动国防委员会副主席亚·德·瞿鲁巴提出的人民委员会和劳动国防委员会副主席的职责划分的草案，还读了阿·伊·李可夫对这一草案的补充意见；对草案进行修改和补充；写关于副主席（人民委员会和劳动国防委员会副主席）工作的决定的提纲。

就美国工人入境苏维埃俄国的问题致函阿·伊·李可夫。

就国家仓库管理问题致函阿·伊·李可夫。

就财政人民委员部部务委员会成员和该部工作安排问题致函副财政人民委员格·雅·索柯里尼柯夫。

就改善克里姆林宫指挥员训练班学员伙食问题致函列·达·托洛茨基。

致函国家政治保卫局办公室主任助理 B.Л.格尔松，表示反对俄共（布）莫斯科委员会关于关闭哥尔克疗养院的决定，建议莫斯科委员会与国家政治保卫局共同管理这一疗养院。

前往哥尔克。

4 月 5 日

同最高国民经济委员会主席团委员兼金属工业总管理局局长路·卡·马尔滕斯谈话，派他到库尔斯克省去，弄清楚那里的磁力异常现象是怎么一回事，它具有什么意义。马尔滕斯向列宁报告，塞·尤·鲁特格尔斯领导的美国工人小组承租经营库兹巴斯的一些企业，搞得不好；还谈到美国企业家阿·哈默承租开采乌拉尔阿拉帕耶夫斯克石棉矿的问题。马尔滕斯说，对外贸易人民委员部按照同哈默签订的合同发往美国的货物质量低劣。

用电话向秘书口授三封信给人民委员会和劳动国防委员会副主席阿·伊·李可夫，信中指出：必须尽力支持塞·尤·鲁特格尔斯承租的项目，这是经政治局特别批准的向美国工人提供的特殊的租让项目；库尔斯克磁力异常区的调查工作极端重要,一定要认真履行同阿·哈默签订的合同中规定的义务。

4月6日

致函国家计划委员会主席格·马·克尔日扎诺夫斯基,建议尽快做好对库尔斯克磁力异常区的开发的准备工作。

收到弗·维·阿多拉茨基的信以后,复信询问马克思和恩格斯的书信选集工作的进展情况,指示务必把这项工作进行到底。

出席俄共(布)中央政治局会议;提出关于邀请人民委员会和劳动国防委员会副主席亚·德·瞿鲁巴出席政治局会议(有发言权)的建议。会议讨论人民委员会关于动用储备的办法的决定草案、关于对俄共(布)第十一次代表大会有关人民委员会和全俄中央执行委员会工作的指示的详细说明、关于1922年4月份的工资基金、关于召开全俄工会第五次代表大会的日期、有关三个国际的代表会议的消息,关于召开下次政治局会议的日期以及其他问题。

晚上,分别接见俄罗斯联邦驻德国代表尼·尼·克列斯廷斯基、共产国际执行委员会主席团委员库恩·贝拉、全俄中央执行委员会主席米·伊·加里宁、粮食人民委员尼·巴·布留哈诺夫;同俄共(布)中央高加索局委员格·康·奥尔忠尼启则谈自己去高加索疗养的问题。

4月6日和8日之间

同南方钢铁托拉斯管理委员会主席伊·伊·梅日劳克谈话,询问顿涅茨冶金工业的情况。

4月7日

致函格·康·奥尔忠尼启则,谈自己去高加索疗养的有关事项。

不晚于4月8日

多次打电话给国家计划委员会主席格·马·克尔日扎诺夫斯基,建议在1922年4月11日提出关于编制预算的方法问题的书面报告。

4月8日

收到阿·伊·李可夫的电话的记录,李可夫认为库尔斯克磁力异常区的调查资料已广为外国人所知,建议让外国人承包调查工作。列宁用电话向秘书口授给李可夫的信,表示不同意他的意见,坚持要保密,不吸收外国人参加这一调查工作,同时要求格·马·克尔日扎诺夫斯基和路·卡·马尔滕斯对库尔斯克磁力异常区的调查和开发的前景提出正式意见。

4月9日

读《真理报》第80号,注意报上刊登的报道三个国际的代表在哪些条件下达成协议的柏林电讯,并在《我们付的代价太大了》一文中使用了这一材料。

用电话向秘书玛·伊·格利亚谢尔口授《我们付的代价太大了》一文;口授给俄共(布)中央书记维·米·莫洛托夫的便条,就三个国际的柏林代表会议问题向俄共(布)中央政治局提出几项建议,并请提交政治局委员表决。

4月10日

改定给查·普·施泰因梅茨的复信稿。

致函《经济生活报》编辑加·伊·克鲁敏、国家计划委员会主席格·马·克尔日扎诺夫斯基、中央统计局局长帕·伊·波波夫、劳动国防委员会办公厅副主任瓦·亚·斯莫尔亚尼诺夫,指出对各地经济会议工作汇报中提供的经验研究得不够,也没有在实际工作和报刊上充分利用这些宝贵资料;委托他们召开一次专门会议,拟出研究工作汇报的计划。

俄共(布)中央政治局通过如下决定:不反对《消息报》和《真理报》在4月11日发表列宁《我们付的代价太大了》一文。

读叶·萨·瓦尔加1922年4月1日的德文信,信中请列宁为共产国际出版的《经济、政治和工人运动年鉴》写一篇关于新经济政策的短文。列宁用德文复函瓦尔加,说由于健康原因,不能满足他的要求,建议他选登《论"左派"幼稚性和小资产阶级性》一文以及在俄共(布)第十一次代表大会上的讲话等。

致函社会主义科学院主席团,说弗·维·阿多拉茨基正在编辑马克思和恩格斯的书信选集,请他们给予大力帮助。

用电话向人民委员会和劳动国防委员会秘书玛·伊·格利亚谢尔口授向俄共(布)中央政治局提出的建议,要求把三个国际的柏林代表会议的全部记录寄来。列宁的建议于4月12日由俄共(布)中央政治局通过。

4 月 11 日

列宁的《我们付的代价太大了》一文在《真理报》和《消息报》上发表。

　　读共产国际执行委员会关于三个国际的代表会议的决议草案,用电话向秘书口授自己的意见(给格·叶·季诺维也夫的信)。

　　起草关于副主席(人民委员会和劳动国防委员会副主席)工作的决定。

4 月 12 日

致函副农业人民委员恩·奥新斯基,赞扬他发表在《真理报》上的《地方经验的新材料》一文,批评报刊上空泛的议论和政治高调太多,而对地方经验的研究却极端缺乏,强调报刊要深入实际,深入生活。

　　用电话向秘书莉·亚·福季耶娃口授给阿·伊·李可夫和亚·德·瞿鲁巴的信,要他们立即召开会议,制定实际的和最有力的措施,保证卡希拉电站立即向莫斯科供电。

4 月 13 日

出席俄共(布)中央政治局会议。会议讨论关于缩减红军员额、关于苏维埃俄国公民和外国人出境的手续、关于对社会革命党人反革命活动的审判、有关热那亚会议的消息、关于财政人民委员部部务委员会、关于最高国民经济委员会主席团的组成人员、关于劳动国防委员会下设的国内商业委员会、关于五一节的口号等问题。

　　同波兰共产党员马·亨·瓦列茨基谈话,瓦列茨基说列宁留在克拉科夫和波罗宁的文稿和书籍落到了波兰政府手里。列宁致函外交人民委员部部务委员雅·斯·加涅茨基,请他核实一下并正式询问此事。

4 月 14 日以前

就热那亚会议问题对美国《纽约先驱报》记者发表谈话。

4 月 15 日

翻阅外交人民委员部出版的《1910—1914 年法俄关系史料。原俄罗斯帝国外交部秘密外交文件集》;致函约·维·斯大林并转俄共(布)中央政治局,批评这本书的质量低劣,建议责成雅·斯·加涅茨基和列·米·卡拉汉采取补救措施,并在两天内查出所有对出版此书负有责任的人。

4月17日

读出席热那亚会议的苏俄代表团副团长格·瓦·契切林1922年4月15日的电报;在给契切林的关于代表团在讨论沙皇政府和临时政府的债务问题时的策略的电报草稿上签字。

读出席热那亚会议的苏俄代表团团员马·马·李维诺夫的电报,电报中通报,苏维埃俄国于1922年4月16日在拉帕洛(在热那亚附近)同德国签订了条约。

4月18日

在给约·维·斯大林、列·波·加米涅夫和列·达·托洛茨基的便条中,列宁建议政治局讨论公布副外交人民委员马·马·李维诺夫电报中通报的苏德签署拉帕洛条约这一消息的问题。

4月19日

列宁给美国著名电工学家查·普·施泰因梅茨的信在《真理报》和《消息报》上发表。

用电话向秘书莉·亚·福季耶娃口授给约·维·斯大林、列·波·加米涅夫和列·达·托洛茨基的便条,以及给出席热那亚会议的苏俄代表团副团长格·瓦·契切林和出席热那亚会议的情报局领导人列·谢·索斯诺夫斯基的电报稿,指示要系统地揭露英国首相劳合-乔治迫使俄国偿还一切债务的意图。列宁的意见当天被政治局所采纳。

4月19日—21日

收到俄共(布)中央政治局委员对关于副主席(人民委员会和劳动国防委员会副主席)工作的决定的意见,并研究这些意见。

不晚于4月20日

医生给列宁会诊。

4月20日

出席俄共(布)中央政治局会议。会议讨论1922年3月20日政治局任命的调查全俄邮电工会中央委员会和邮电人民委员部的工作情况的专门委员会的报告、外交人民委员部和俄共(布)中央委员会中亚局在对外政策问题上的相互关系、全俄中央执行委员会主席米·伊·加里宁关于即将举行的全俄中央执行委员会会议议程拟定委员会的工作报告,以及关于热那亚会议等问题。

听取瓦·亚·斯莫尔亚尼诺夫关于中央消费合作总社的商品流转的报告,建议在报刊上发表这些材料。

委托秘书莉·亚·福季耶娃给叶卡捷琳堡省政治教育委员会工作人员 M.H.波波娃复信,告知对她来信中反映的沙德林斯克县的干部在征收粮食税时违法乱纪的问题已作了调查,罪犯将受到严厉惩罚。

4 月 21 日

用电话向秘书莉·亚·福季耶娃口授给出席热那亚会议的苏俄代表团副团长格·瓦·契切林的电报稿,指示不改变苏俄代表团不承认私人债务的既定政策;写便条给约·维·斯大林,说如果政治局委员都同意,就将以上电报发给契切林。

4 月 22 日

为动手术取出 1918 年遇刺时留在体内的一颗子弹,去生物物理研究所作 X 光检查。然后,参观生物物理研究所,同科学院院士彼·彼·拉扎列夫谈话,了解库尔斯克磁力异常区调查工作的进展情况。

4 月 23 日

前往索尔达坚科夫医院(现波特金医院)。德国教授尤·博尔夏特和外科主任医师弗·尼·罗扎诺夫(助手)为列宁动手术,取出子弹。手术以后,列宁住进第 44 号病房。

同护士叶·阿·涅奇金娜谈话,询问患者和医务人员的生活情况。

4 月 24 日

上午,大夫给列宁包扎绷带。中午,列宁出院回家。

读出席热那亚会议的苏俄代表团团员扬·埃·鲁祖塔克的电报,来电认为,格·瓦·契切林 1922 年 4 月 20 日给英国首相劳合-乔治的信违背了俄共(布)中央政治局的指令。列宁写给苏俄代表团副团长格·瓦·契切林的电报稿,指示坚持党中央委员会在偿还私人债务问题上的立场,决不同意归还外国资本家的私有财产;致函约·维·斯大林并转俄共(布)中央政治局委员,说如果政治局委员都同意随信寄去的给契切林的电报稿,就以列宁的名义发出。

4月25日

修改俄共(布)中央政治局给出席热那亚会议的苏俄代表团的指示电,电稿在赔偿外国原产权人损失的问题上提出了让步的极限。

致函约·维·斯大林,建议俄共(布)中央书记处或组织局通过关于让格·马·克尔日扎诺夫斯基夫妇去德国疗养的决定。

致函卫生人民委员尼·亚·谢马什柯,请他安排索尔达坚科夫医院护士叶·阿·涅奇金娜去克里木疗养。

4月26日

读叶·萨·瓦尔加1922年4月8日从柏林寄来的德文信,信中反映外国科学技术局的工作组织得不好,建议进行改组。列宁用德文复函瓦尔加,对他反映情况表示感谢,并把自己在俄共(布)第十一次代表大会开幕时的讲话稿给他寄去,以便在共产国际的《经济、政治和工人运动年鉴》上发表;列宁致函人民委员会和劳动国防委员会副主席亚·德·瞿鲁巴和阿·伊·李可夫,并附上瓦尔加的来信,请他们对瓦尔加反映的情况严加追查,然后改组外国科学技术局。

4月27日

大夫给列宁的伤口缝合处拆线。

致函约·维·斯大林,请斯大林给格·李·什克洛夫斯基回一封信,征求他对工作的意见,然后安排他适当的工作。

出席俄共(布)中央政治局会议;提出关于出版格·瓦·普列汉诺夫文集的建议。会议讨论关于热那亚会议、关于通过红军战士从事农业劳动的办法来缩减红军员额、关于建立乌克兰合作组织银行、关于阿塞拜疆提留巴库石油等问题。

4月28日

校阅自己的《接近新题材的旧文章。论"新经济政策"问题(1918年的两篇论文和一篇讲话)》一书的清样,进行修改,并为这本小册子写序言。

建议俄共(布)中央政治局给格·瓦·契切林发电报,请他把苏俄政府将在热那亚会议破裂时发表的宣言的要点或提纲寄来。政治局于当天就通过了列宁的建议。

读阿塞拜疆中央石油管理局局长亚·巴·谢列布罗夫斯基关于巴

库苏拉汉内油田的工人和工程师奋不顾身扑灭大火的报告；签署给苏拉
汉内油田工人和工程师的感谢电。

4月28日—29日

读出席热那亚会议的苏俄代表团副团长格·瓦·契切林关于会议进程
的电报。

4月29日

读俄罗斯联邦驻德国商务代表波·斯·斯托莫尼亚科夫 1922 年 4 月
22 日给俄共（布）中央政治局的来信，信中说埃森克虏伯公司的经理们
拒绝批准该公司代表 1922 年 3 月 23 日在莫斯科签订的关于在顿河州
萨利斯克专区承租农业项目的合同。列宁写给斯托莫尼亚科夫的电报
稿，请他与正在德国的尼·尼·克列斯廷斯基和尤·弗·罗蒙诺索夫共
同商量对克虏伯公司施加影响的办法。

4月30日

向俄共（布）中央政治局提出他已拟好的给格·瓦·契切林的电报稿，答
复契切林关于拟将"俄国问题"交给三个月以后召开的新的会议去讨论
的报告。

5月2日

写《庆祝〈真理报〉创刊十周年》一文。

　　把教育人民委员部部务委员娜·康·克鲁普斯卡娅的信批转给人
民委员会和劳动国防委员会副主席亚·德·瞿鲁巴和阿·伊·李可夫，
克鲁普斯卡娅在信中反对俄共（布）中央政治局预算会议作出的关于大
幅度削减教育人民委员部的预算的决定，强调要保证国民教育的经费。
列宁在批语中请瞿鲁巴和李可夫支持克鲁普斯卡娅关于增加教育拨款
的建议。

　　致函俄共（布）中央政治局并附给格·瓦·契切林的电报稿，认为
格·瓦·契切林和马·马·李维诺夫在同各协约国代表的谈判中表现
动摇，建议对他们进行严厉批评，如果再动摇，就撤销他们的职务。

　　接见亚·德·瞿鲁巴，听他介绍人民委员会关于国内粮食公债的法
令草案和关于交通人民委员部的法令草案；委托瞿鲁巴转告交通人民委
员部的领导：列宁要求开始执行劳动国防委员会 1921 年 10 月 21 日关

于整个铁路网分成三类的决定,以及劳动国防委员会1922年1月1日关于停用第三类铁路的决定。

用电话向秘书口授给财政人民委员格·雅·索柯里尼柯夫的信,要求采取真正革命的措施,即一方面增加各种税收,另一方面最迅速、最坚决地缩减编制。

5月4日

出席俄共(布)中央政治局会议;建议在国外出售教会被没收的贵重物品以筹措救济饥民的资金。会议讨论关于热那亚会议的报道、关于学校收费、关于俄共(布)第十一次代表大会对人民委员会和全俄中央执行委员会工作的指示的执行情况、关于两个首都的工资、关于农业人民委员部部务委员会等问题。

5月5日

列宁的《庆祝〈真理报〉创刊十周年》一文在《真理报》上发表。

写信答复阿·伊·李可夫、米·巴·托姆斯基和列·达·托洛茨基对有关副主席(人民委员会副主席)工作的意见,把信寄给约·维·斯大林并转俄共(布)中央政治局委员及亚·德·瞿鲁巴。

委托人民委员会办公厅副主任瓦·亚·斯莫尔亚尼诺夫开列俄共(布)著名的老党员名单,请这些老党员研究各地经济会议的工作汇报。

5月5日或6日

起草给出席热那亚会议的苏俄代表团副团长格·瓦·契切林的指示电。

5月6日

收到俄共(布)莫斯科河南岸区委员会发的1922年的新党证,编号114482;在党证上签名。

读分发给俄共(布)中央政治局委员的电报稿,这封电报稿是对格·瓦·契切林和列·波·克拉辛的答复,他们从热那亚来电询问与签订贸易和租让合同的谈判有关的燃料和废金属装运问题。列宁用电话口授给约·维·斯大林的信,对这封电报稿拒绝表态。列宁认为,这类电报送交政治局是完全错误的,应该由政府部门处理。

5月8日

读出席热那亚会议的苏俄代表团团员马·马·李维诺夫关于1922年5

月 2 日协约国列强交给苏俄代表团的备忘录的电报;向俄共(布)中央政
治局提出复电的建议,并起草复电稿。

5 月 9 日

鉴于即将批准 1922 年 4 月 16 日苏维埃俄国与德国签订的拉帕洛条约,
向俄共(布)中央政治局提出给格·瓦·契切林的指示电稿。电报于当
天由俄共(布)中央政治局通过,并拍发给契切林。

5 月 11 日

致函邮电人民委员瓦·萨·多夫加列夫斯基,表示支持下诺夫哥罗德市
苏维埃向全俄中央执行委员会提出的申请:授予下诺夫哥罗德无线电实
验室劳动红旗勋章,并将实验室的领导人和创建人米·亚·邦契-布鲁
耶维奇教授和瓦·彼·沃洛格金教授的名字登上光荣榜。

在俄共(布)中央政治局征求各委员意见时,表示同意约·维·斯大
林把同美国救济署签订的合同延长到 1923 年 1 月 1 日的建议,如果国
家政治保卫局局长费·埃·捷尔任斯基不反对这样做的话。

出席俄共(布)中央政治局会议;提请会议讨论一项由他拟定的决定
草案,即关于委托粮食人民委员部、农业人民委员部、中央统计局、国家
计划委员会农业处于四天后向中央委员会提交 1921—1922 年度征收
的和 1922—1923 年度预期征收的实物税数额的决定草案。会议讨论关
于全俄中央执行委员会常会、关于苏维埃俄国和乌克兰苏维埃共和国之
间的相互关系、关于对社会革命党人的审判、关于全俄矿工工会第三次
代表大会、关于科学院和彼得格勒国立公共图书馆等问题。

用英文致函美国药品和化学制剂联合公司代表阿·哈默,祝愿他承
租开采乌拉尔的石棉矿获得成功。列宁认为,哈默承租的成功对发展苏
维埃俄国与美国的贸易关系具有重大意义。随信附去给彼得格勒苏维
埃主席格·叶·季诺维也夫的便条,请他尽力帮助哈默。

不晚于 5 月 13 日

鉴于全俄中央执行委员会主席团讨论司法人民委员部提交第九届全俄
中央执行委员会第三次常会审议的关于建立检察机关的条例草案,写便
条给列·波·加米涅夫,强调这是一个重要的法制问题。

5 月 13 日

打电话给邮电人民委员部无线电局局长 B.A.巴甫洛夫,询问有关莫斯

科正在建设中的中央无线电话局的情况，记下巴甫洛夫介绍的材料。

读阿·伊·李可夫签署的给格·瓦·契切林、列·波·克拉辛、瓦·瓦·沃罗夫斯基的电报稿，电报中要求他们同意大利商行签订按优惠价格向意大利人出售煤炭的合同，其交换条件是意大利在装备顿巴斯铁路和加强机车车辆方面提供援助。列宁对这份电报稿写了补充意见，强调这样的合同有很大意义，要他们尽快答复。

写便条给人民委员会办公厅副主任瓦·亚·斯莫尔亚尼诺夫，请他了解一下，彼·彼·拉扎列夫院士从事库尔斯克磁力异常区的研究工作得到多少经费。

5 月 14 日

向俄共（布）中央政治局提出给格·瓦·契切林的电报稿，这是对苏俄代表团在热那亚会议上的策略所作的指示。

5 月 15 日

写便条给约·维·斯大林并附俄共（布）中央政治局关于对外贸易垄断问题的决定草案，建议用向政治局委员征求意见的方式通过这一决定草案。

致函约·维·斯大林和莫·伊·弗鲁姆金，表示不能同意弗鲁姆金关于国营商业总是要被击败的这种说法。

读司法人民委员德·伊·库尔斯基寄来的俄罗斯联邦刑法典实施法草案，写对这一草案的补充和给库尔斯基的信。

列宁检查人民委员会和劳动国防委员会秘书处工作人员安·伊·乌尔里希的工作（负责了解人民委员会和劳动国防委员会决议的执行情况）以后，发现她的工作很乱，一塌糊涂；致函人民委员会办公厅副主任瓦·亚·斯莫尔亚尼诺夫，对他和劳动国防委员会办公厅主任助理贝·亨·扎克斯提出批评，强调要认真检查决议执行情况，要养成一丝不苟的工作作风。

5 月 15 日或 16 日

起草全俄中央执行委员会关于出席热那亚会议的苏俄代表团的工作报告的决定，指出全俄中央执行委员会欢迎俄罗斯联邦与德国之间的拉帕洛条约，认为它是在两种制度并存的条件下摆脱战争危险的唯一出路。

列宁的草案成为 1922 年 5 月 17 日第九届全俄中央执行委员会第三次
常会通过的决定的基础。

5 月 16 日

1922 年 5 月 6 日《农村生活报》第 34 号刊登社论和文章,尖锐批评人民
委员会和全俄中央执行委员会 1922 年 3 月 17 日通过的《关于 1922—
1923 年度农产品统一实物税》的法令,说该法令将重新审议并从根本上
加以修改。针对这一情况,列宁致函副农业人民委员恩·奥新斯基,提
出应撤销《农村生活报》编辑的职务,对有关人员进行审查,要奥新斯基
等人采取措施防止这类事件再次发生。

　　出席俄共(布)中央全会会议。会议讨论关于热那亚会议、关于三个
国际的代表会议、关于对社会革命党人的审判、关于全俄中央执行委员
会常会等问题。

5 月 16 日或 17 日

同司法人民委员德·伊·库尔斯基谈俄罗斯联邦刑法典草案。

5 月 17 日

得知由于滥用新经济政策,书价昂贵,人民买不起好书的消息,致函教育
人民委员阿·瓦·卢那察尔斯基,建议从地方税中抽取一定数量的款项
上缴中央用于购买图书,分发给各县图书馆。

　　写对俄罗斯联邦刑法典实施法草案的补充条款草稿的两个方案,并
随信寄给司法人民委员德·伊·库尔斯基。

5 月 18 日

出席俄共(布)中央政治局会议。会议讨论关于热那亚会议、关于粮食
税、关于教育人民委员部和交通人民委员部部务委员会的组成人员、关
于中亚局势、关于裁减国家政治保卫局的军队和关于国家政治保卫局工
作人员的物质生活状况等问题。

　　同劳动人民委员部部务委员阿·莫·阿尼克斯特谈该部的工作。

5 月 19 日

就发展无线电技术问题,两次用电话向人民委员会助理秘书玛·阿·沃
洛季切娃口授给约·维·斯大林并转俄共(布)中央政治局委员的信。

不晚于 5 月 20 日

写《论"双重"领导和法制》一信提纲。

5 月 20 日

用电话口授给约·维·斯大林并转俄共(布)中央政治局的信《论"双重"领导和法制》。

就裁减红军问题向秘书玛·伊·格利亚谢尔口授给俄共(布)中央书记处的信。

5 月 21 日

致函各中央机关和组织的领导人,告知自己将外出休假几个月,在此期间请各单位汇报有关最重要的事务,以及最重要的决定和计划等的执行情况。

致函约·维·斯大林,请求俄共(布)中央书记处或组织局批准索尔达坚科夫医院外科主任医师弗·尼·罗扎诺夫于 1922 年 7 月份同儿子一起去里加休养。

5 月 22 日

建议俄共(布)中央政治局各委员阅读路标转换派的《新俄罗斯》杂志第 2 期(1922 年),并起草政治局关于撤销彼得格勒执行委员会查封该杂志的决定的决议。

接见即将去美国的波·雷恩施坦,同他谈苏俄无线电技术的发展、下诺夫哥罗德无线电实验室的工作及其对党的政治工作的重大意义,委托他组织好美国专家对苏俄无线电技术人员的支援。

鉴于美国药品和化学制剂联合公司代表 B.O. 米歇尔对驻彼得格勒的对外贸易人民委员部特派员卡·米·别格的官僚主义作风表示不满,致函彼得格勒苏维埃主席格·叶·季诺维也夫,让他专门查处这件事。

读卫生人民委员尼·亚·谢马什柯 1922 年 5 月 21 日的来信,信中反映孟什维克和社会革命党人医生中的"上层分子"在全俄医疗卫生工作者工会中央委员会医务部第二次全俄代表大会上攻击苏维埃政权。列宁在信上批示约·维·斯大林将此件交费·埃·捷尔任斯基和政治局全体委员传阅,并制定相应的对策。

同人民委员会和劳动国防委员会的两位副主席亚·德·瞿鲁巴和阿·伊·李可夫一起商量下诺夫哥罗德无线电实验室的工作,无线电技术的发展,穆甘草原的灌溉,中央消费合作总社、司法人民委员部、对外贸易人民委员部和交通人民委员部的工作。

俄共(布)中央政治局用电话征求各委员意见的方式,通过列宁提出的关于对外贸易垄断、关于给下诺夫哥罗德无线电实验室拨款、关于检察机关等项建议。

5 月 23 日

致函约·维·斯大林并转俄共(布)中央政治局,提出政治局关于全俄中央执行委员会组成的决定草案。

前往哥尔克休息。

接见克里木共和国人民委员会主席萨·赛德-加利耶夫,听他汇报克里木共和国的局势和克里木党组织的情况。

写《致鞑靼共产党员同志》一信,说萨·赛德-加利耶夫向他谈到鞑靼共产党员中间存在两个派别。

5 月 24 日

致函约·维·斯大林并转俄共(布)中央政治局,建议支持美国承租者阿·哈默和 B.O.米歇尔的企业,因为这是通向美国实业界的一条小径,应该千方百计地加以利用。

5 月 25 日—27 日

由于脑血管硬化,列宁的病第一次严重发作——右手和右腿活动不灵,说话有些不清。这种情况持续了将近三个星期。

不晚于 5 月 26 日

电贺外高加索劳动妇女第一次代表大会。

5 月 26 日

在俄共(布)中央政治局会议上(列宁未出席),讨论列宁提出的关于全俄中央执行委员会组成的决定草案和关于《新俄罗斯》杂志的建议。

5 月 30 日

同约·维·斯大林谈话。

不早于 5 月底

翻阅《热那亚会议提纲》。

6 月 2 日

俄共(布)中央政治局用电话征求各委员意见的方式,通过列宁 1922 年

5月24日提出的关于支持美国承租者阿·哈默和B.O.米歇尔的企业的建议。

6月11日

列宁的健康状况开始好转。

6月18日

列宁1922年6月16日的健康状况公报在《真理报》第134号上发表,公报说,弗拉基米尔·伊里奇感觉良好,但对医生不准他工作感到苦恼。

　　同娜·康·克鲁普斯卡娅谈话,询问对社会革命党人的审判的进展情况。

　　同来看望他的姐姐安娜交谈。

6月24日

同A.M.科热夫尼科夫医生谈话,询问报纸上发表了哪些文章,以及关于海牙国际会议和关于对社会革命党人的审判等情况。

　　在医生会诊时,向G.克列姆佩列尔教授了解人民委员会和劳动国防委员会副主席亚·德·瞿鲁巴的健康状况。然后同卫生人民委员尼·亚·谢马什柯谈话,委托他向党中央转达以下意见:在海牙谈判中要特别小心谨慎;要把交通人民委员部内部的冲突调解好。

6月26日

同妹妹玛·伊·乌里扬诺娃谈话,希望"哥尔克"国营农场能成为一个示范农场。

7月11日

同约·维·斯大林谈话,急切地询问俄共(布)中央委员会的工作、1922年7月6日的政治局会议、热那亚会议的结果、海牙会议的情况、对社会革命党人的审判、对当年收成的展望、工业和财政状况等事项。

7月12日

就俄共(布)中央委员会的工作问题致函列·波·加米涅夫。

7月13日

写便条给秘书莉·亚·福季耶娃,告知身体状况好转,让她送书去,还要她转告阿·伊·李可夫,请他安排人民委员会的各位秘书去休养。

　　医生允许列宁到花园和公园散步。

早晨,读美国工程师弗·温·泰罗的《组织工业企业的科学原理》
(1916 年彼得堡版)一书。

7 月 14 日以前

同国家计划委员会主席格·马·克尔日扎诺夫斯基谈话,赞同他的关于
让列·纳·克里茨曼回国家计划委员会主持军事小组工作的建议。

7 月 14 日

同列·波·加米涅夫谈俄共(布)中央委员会的工作、财政状况和对收成
的展望、交通人民委员部的情况,以及尤·弗·罗蒙诺索夫参加交通人
民委员部部务委员会的问题。

7 月 16 日

同尼·伊·布哈林谈对收成的展望、国家银行的工作、党务工作、德国的
局势。

7 月 18 日

写便条给约·维·斯大林,说医生允许看报了。

7 月 20 日

俄共(布)中央政治局会议讨论列宁关于粮食税和关于租让项目的建议。

7 月 28 日

收到约·维·斯大林的来信,信中建议列宁接见美国记者。列宁不同意
接见。

7 月 28 日—8 月 3 日

为筹备俄共(布)第十二次全国代表会议,同俄共(布)中央政治局委员
格·叶·季诺维也夫、列·波·加米涅夫、约·维·斯大林、列·达·托
洛茨基谈话。

8 月 4 日

俄共(布)第十二次全国代表会议根据彼得格勒代表团的建议通过以下
决议:俄国共产党全国代表会议获悉列宁同志迅速康复的消息,向无产
阶级革命领袖表示祝贺。

8 月 5 日

同约·维·斯大林谈话。斯大林向列宁递交了俄共(布)第十二次全国
代表会议给列宁的贺信。列宁委托斯大林向代表们转致谢意,并希望最

近就能恢复工作。

8月6日

同全俄中央执行委员会秘书阿·萨·叶努基泽谈话。

8月7日

同全乌克兰中央执行委员会主席格·伊·彼得罗夫斯基、俄罗斯联邦驻德国全权代表尼·尼·克列斯廷斯基和俄共(布)中央外高加索边疆区委员会常务委员会委员格·康·奥尔忠尼启则谈话。

8月9日

同约·维·斯大林谈话。

8月11日

接见阿塞拜疆共和国中央执行委员会主席萨·阿·阿加马利-奥格雷以及陪同他的全俄中央执行委员会秘书阿·萨·叶努基泽,向阿加马利-奥格雷询问外高加索社会主义联邦苏维埃共和国联盟院的工作、阿塞拜疆的局势、阿塞拜疆劳动者对新字母表草案的态度以及阿塞拜疆红军的情况。

8月15日

同约·维·斯大林谈工农检查人民委员部的工作。

8月17日

同副财政人民委员米·康·弗拉基米罗夫谈财政人民委员部的工作及其对耐普曼的政策。

8月19日

同最高国民经济委员会副主席伊·捷·斯米尔加谈话。

8月21日

致函工农检查人民委员部部务委员阿·伊·斯维杰尔斯基、尼·亚·列斯克、叶·费·罗兹米罗维奇、列·伊·卢泽尔等人,批评工农检查人民委员部还是老一套的工作方式,机构没有改革,也没有重建,希望他们采取措施,提高业务水平。

在对外贸易人民委员列·波·克拉辛赴柏林同英国工业家莱·厄克特进行租让谈判之前,列宁同克拉辛谈话。

同国家出版社编辑委员会主席尼·列·美舍利亚科夫和财政人民

委员部部务委员叶·阿·普列奥布拉任斯基谈话。

致函副财政人民委员米·康·弗拉基米罗夫,谈财政人民委员部的工作问题。至于如何对待耐普曼,列宁建议要周密地考虑。

8 月 22 日

同人民委员会和劳动国防委员会副主席阿·伊·李可夫谈话。

读伊·捷·斯米尔加给俄共(布)中央的信和给约·维·斯大林的便条,斯米尔加由于不能同阿·伊·李可夫协调一致地工作,请求解除他最高国民经济委员会副主席和燃料总管理局局长的职务。列宁写便条给斯大林,建议暂时不要解除斯米尔加的职务。

8 月 23 日

同约·维·斯大林谈话。

8 月 25 日

同乌克兰人民委员会主席克·格·拉柯夫斯基谈话。

8 月 26 日

读奥·阿·叶尔曼斯基的《科学组织劳动和生产与泰罗制》(1922 年莫斯科版)一书。

8 月 29 日

同伊·伊·斯克沃尔佐夫-斯捷潘诺夫谈话。

工农检查人民委员部部务委员会讨论列宁 1922 年 8 月 21 日给该部部务委员的信,并委托部务委员阿·伊·斯维杰尔斯基答复列宁信中提出的全部问题。

不早于 8 月 29 日

致函工农检查人民委员部部务委员阿·伊·斯维杰尔斯基,建议抽出两三名部务委员来立即着手改组工农检查人民委员部。

8 月 30 日

同约·维·斯大林谈工业状况、预算、卢布兑换率、国际形势、孟什维克和社会革命党人的反苏维埃活动,以及对收成的展望。

收到 1922 年 8 月 25 日载有《"苏俄之友"的实际援助》一文的《全俄中央执行委员会消息报》剪报,文章报道了美国的苏俄之友协会组织的拖拉机队在彼尔姆省奥汉斯克县"托伊基诺"国营农场工作的情况。列宁读这篇文章,在标题下画着重线,并在左边写:"注意"两字。列宁把这篇文章寄给人民委员会和劳动国防委员会副主席阿·伊·李可夫,要他了解一下拖拉机队的工作情况并要求全力支持他们的工作。

在 A.M.科热夫尼科夫医生给列宁看病时,列宁请求允许他写奥·阿·叶尔曼斯基的《科学组织劳动和生产与泰罗制》一书的书评。

8 月 31 日

同工农检查人民委员部部务委员阿·伊·斯维杰尔斯基谈该委员部及其国家机关工作规范局的工作。

不早于 8 月

翻阅 1922 年《在马克思主义旗帜下》杂志第 7—8 期合刊,读该杂志上刊载的尼·伊·布哈林的《资产阶级革命和无产阶级革命》一文,写批注和画着重号,批评作者的一系列观点,其中包括关于无产阶级文化的实质和起源、关于社会主义革命中工人阶级先进阶层的作用等问题的观点。

9 月 1 日

致函在柏林疗养的副工农检查人民委员瓦·亚·阿瓦涅索夫,谈研究外国文牍规范化的经验并把这一经验运用到苏维埃机关的问题。

在德·扎·曼努伊尔斯基代表共产国际执行委员会去参加法国共产党代表大会之前,列宁同他谈话,就法共的状况和国际工人运动的形势交换意见。

9 月 2 日

同格·叶·季诺维也夫谈话。

9 月 3 日

浏览报纸,很注意 1922 年 9 月 3 日《真理报》发表的 Φ.金的《"专家"(统计调查试验)》一文。该文引用了对苏维埃机关和托拉斯中工作的 230 名非党工程师调查的结果。调查项目有:对苏维埃政权和本职工作的态度,对受贿行为的看法,以及读什么书刊和如何看待国民经济发展的前景。

9 月 4 日

同费·埃·捷尔任斯基谈话,口授给约·维·斯大林并转俄共(布)中央政治局的信,信中提出与英国工业家莱·厄克特签订租让合同的条件以及恢复工业和运输业的固定资本的措施。

9 月 5 日

同全俄中央执行委员会主席米·伊·加里宁谈话,说自己打算从 10 月份开始恢复工作。

9 月 6 日

同中央消费合作总社理事会主席列·米·欣丘克谈他的小册子《新经济政策条件下的中央消费合作总社》,对欣丘克在合作社方面贯彻新经济政策的初步经验非常感兴趣。

不晚于 9 月 7 日

致函瓦·亚·斯莫尔亚尼诺夫,请给他寄来伊·莫·别斯普罗兹万内的《按泰罗制建立的小型工厂企业的计划分配室》和《现代美国工厂组织法(泰罗制)》两本书。

9 月 7 日

读国外孟什维克《社会主义通报》杂志上发表的阿·马·高尔基 1922 年7 月 20 日给法国作家阿·法朗士的信,高尔基在信中没有弄清楚社会革命党人因进行反革命活动而受审的事实,就说对他们的审判是准备杀害他们。列宁致函正在国外的尼·伊·布哈林,对高尔基的信极为愤慨,请布哈林谈谈他对高尔基这封信的看法。

9 月 9 日

致函在克里木的尼·安·日杰列夫,请他关照因病到克里木疗养的因·亚·阿尔曼德和莉·亚·福季耶娃。

9 月 10 日

同全俄工会中央理事会主席米·巴·托姆斯基谈即将举行的全俄工会第五次代表大会的任务。

9 月 10 日以后

写对奥·阿·叶尔曼斯基的《科学组织劳动和生产与泰罗制》一书的书评《白璧微瑕》。

9 月 11 日

医生们给列宁会诊,同意列宁从 10 月 1 日开始工作。

致函全俄中央执行委员会秘书阿·萨·叶努基泽,请他采取措施,在 1922 年 10 月 1 日以前把他在克里姆林宫的住宅修理好。

9 月 12 日

读列·波·克拉辛同英国工业家莱·厄克特签订的租让初步合同;致函约·维·斯大林并转俄共(布)中央政治局委员,认为这一合同对苏维埃俄国不利,建议予以否决。

致函中央消费合作总社理事会主席列·米·欣丘克,请他把《新经济政策条件下的中央消费合作总社》一书的校样寄来,并建议补充关于农村合作社贸易额增长的材料。

同约·维·斯大林谈话。

9 月 13 日

写给全俄工会第五次代表大会的信,并把信稿寄给约·维·斯大林,请他转送给全俄工会中央理事会主席米·巴·托姆斯基等人征求意见。

同列·波·加米涅夫谈同美国实业界建立经济关系的可能性等问题。

9 月 13 日和 10 月 25 日之间

审阅 1922—1923 年度的财政计划。

9 月 14 日

俄共(布)中央政治局会议讨论列宁关于研究同美国实业界建立经济关系的可能性和关于任命人民委员会和劳动国防委员会的两名副主席的建议。

修改给全俄工会第五次代表大会的信。

9 月 17 日

从报纸上得知巴库和顿巴斯的情况十分严重;写便条给人民委员会和劳动国防委员副主席阿·伊·李可夫,建议动用国家的黄金储备,从财政上援助这两个地区。

写便条给副财政人民委员米·康·弗拉基米罗夫,请他告知关于国家黄金储备的材料以及关于赤字的情况。

签署给全俄工会第五次代表大会的信,把日期改为 1922 年 9 月 17 日。

写便条给副内务人民委员亚·格·别洛博罗多夫,请他报告劳动和畜力运输税的实施情况。

9月18日

收到瓦·亚·斯莫尔亚尼诺夫的来信,信中说亚·格·别洛博罗多夫不在莫斯科,建议把给别洛博罗多夫的便条寄给他的副手米·哈·波利亚科夫。

同对外贸易人民委员列·波·克拉辛谈关于同莱·厄克特签订的租让初步合同。

致函格·叶·季诺维也夫,表示不同意列·波·克拉辛同莱·厄克特签订的租让初步合同,并请他把这一意见告知俄共(布)中央政治局委员。

9月19日

同约·维·斯大林谈话。

同列·波·克拉辛谈话。

写便条给瓦·亚·斯莫尔亚尼诺夫,请他选送俄共(布)中央政治局和中央全会记录以及刊登在报上的人民委员会和劳动国防委员会的决议,并经常报告同美国工业家谈判石油项目租让的进展情况。

9月22日

写便条给约·维·斯大林,询问中央是如何解决各苏维埃共和国的相互关系问题的。

9月23日

写信通知瓦·亚·斯莫尔亚尼诺夫,说自己将于10月1日或2日回去并主持人民委员会10月3日的会议,请他按全部议事日程准备好会议的材料。

同俄共(布)中央中亚局主席扬·埃·鲁祖塔克谈话。

同《真理报》编辑尼·伊·布哈林谈话。

9月24日

同国家计划委员会副主席格·列·皮达可夫谈国家计划委员会的工作安排以及它的首要任务。

9月25日

给格·列·皮达可夫寄去昨天同他谈话的纪要。列宁在谈话中强调指出,皮达可夫作为国家计划委员会副主席,他的主要任务首先是审查全国的经济计划、精简机构、审查国家机关各部门的比例、研究如何按照美国托拉斯的办法缩减国家机关的开支。

致函人民委员会和劳动国防委员会副主席阿·伊·李可夫,鉴于国家机关必须改组,建议在同一天内对莫斯科所有苏维埃职员进行一次调查。

写便条给副司法人民委员尼·瓦·克雷连柯,询问为出版苏维埃政权法律汇编在做哪些准备工作。

同俄共(布)中央组织局专门委员会成员格·雅·索柯里尼柯夫谈成立苏维埃共和国联盟的问题。

9 月 26 日

同约·维·斯大林谈成立苏维埃共和国联盟的问题。

致函列·波·加米涅夫并转俄共(布)中央政治局委员,谈成立苏维埃共和国联盟的问题。

9 月 27 日

读《真理报》,重视该报上发表的无产阶级文化协会中央委员会主席瓦·费·普列特涅夫写的《在意识形态战线上》一文,在上面作记号,标出作者在无产阶级文化方面的错误观点。

写便条给《真理报》编辑尼·伊·布哈林,责问《真理报》为什么发表瓦·费·普列特涅夫的有严重错误的《在意识形态战线上》一文。

同俄共(布)中央组织局专门委员会成员波·古·姆季瓦尼谈成立苏维埃共和国联盟的问题。

9 月 28 日

读顿巴斯中央煤炭工业管理局局长弗·雅·丘巴尔 1922 年 9 月 26 日从巴赫姆特发来的电报,来电请求寄钱,以便给工人发工资。列宁致电丘巴尔,请他尽快告知顿巴斯所需纸币的数量。

同俄共(布)中央组织局专门委员会成员格·康·奥尔忠尼启则谈成立苏维埃共和国联盟的问题。

9 月 29 日

就成立苏维埃共和国联盟的问题,先同格鲁吉亚共产党中央委员 M.C.

奥古德扎娃、Л.Е.杜姆巴泽和科·马·钦察泽谈话,然后同俄共(布)中央组织局专门委员会成员兼亚美尼亚人民委员会主席亚·费·米雅斯尼科夫谈话,还向米雅斯尼科夫询问有关外高加索的局势、穆甘草原灌溉工作的情况,以及对棉花收成的展望等问题。

同娜·康·克鲁普斯卡娅在哥尔克附近散步。

10 月 2 日

从哥尔克回到莫斯科并开始工作。

中午 12 时,同人民委员会和劳动国防委员会副主席阿·伊·李可夫谈话。

10 月 3 日

在人民委员会开会之前,同莫斯科苏维埃副主席米·索·博古斯拉夫斯基谈话。

主持人民委员会会议;就人民委员会会议的议程问题作报告。会议讨论 1922 年 10 月份工资基金,对人民委员会 1922 年 4 月 4 日关于黄金、白银、白金、宝石和外币的流转的法令的补充,关于成立渔业管理局,以及关于地方预算法草案等问题。

人民委员会会议之后,列宁同会议参加者一起合影留念。

10 月 4 日

《真理报》报道,10 月 3 日举行的人民委员会会议是在列宁的直接主持下进行的。列宁实际上已经在履行人民委员会主席的职责。

《消息报》报道,列宁在休养以后昨天第一次出席人民委员会会议。列宁非常关心工资和地方预算等问题。

委托瓦·亚·斯莫尔亚尼诺夫尽快索取 1922 年粮食收购工作进展情况的材料。

同劳动国防委员会负责调查原属厄克特的阿尔泰和乌拉尔企业的特设委员会主席伊·康·米哈伊洛夫谈话;写便条列·波·加米涅夫,表示不同意厄克特承租合同草案。

10 月 5 日

出席俄共(布)中央全会会议;反对批准同莱·厄克特签订的租让初步合同;在讨论这一问题时作笔记。会议还讨论了关于外高加索的货币改革问题。

列宁就自己在第九届全俄中央执行委员会第四次常会上的发言,致函全俄中央执行委员会秘书阿·萨·叶努基泽。

10月6日

俄共(布)中央全会会议讨论俄罗斯联邦与各独立的苏维埃社会主义共和国的相互关系问题。列宁因身体不适没有出席会议。列宁关注中央全会的工作,详细了解会议进展情况。写便条给列·波·加米涅夫,反对大俄罗斯沙文主义。中央全会根据格·雅·索柯里尼柯夫的报告通过一项实际上是破坏对外贸易垄断的决议。

复函莫斯科市巴乌曼区共青团报纸《青年之路报》编辑部,感谢他们的问候,并对他们表示良好的祝愿。

起草给苏俄之友协会(美国)的信,对哈罗德·韦尔为首的拖拉机队给予彼尔姆省"托伊基诺"国营农场的帮助表示感谢;委托把这份信稿分送有关部门征求意见。

致函国家计划委员会副主席格·列·皮达可夫,委托他再一次仔细地审查莱·厄克特承租问题。

委托瓦·亚·斯莫尔尼诺夫向顿巴斯中央煤炭工业管理局局长弗·雅·丘巴尔征求意见:是否应该从顿巴斯目前正在开采的矿井中划出少量最大最好的矿井作为重点矿井,拨给部分黄金,以保证这些矿井的供应。

同阿塞拜疆中央石油管理局局长亚·巴·谢列布罗夫斯基谈话,听取他关于巴库石油工业情况的汇报;写致巴库市工人的信。

10月7日

在俄共(布)中央全会上被选入出席共产国际第四次代表大会的俄共(布)代表团领导小组。

10月9日

同全俄纺织工会中央委员会主席伊·伊·库图佐夫谈话,库图佐夫以全俄纺织工会第五次代表大会代表的名义邀请列宁出席代表大会,列宁欣然同意。

晚上7时45分,同尼·彼·哥尔布诺夫和瓦·亚·斯莫尔亚尼诺夫谈话,委托他们就沃尔柯夫教授提出的为示范拖拉机站购买美国拖拉机样机的建议,向农业人民委员部、职业教育总局征求意见。

晚上 8 时 30 分,同顿巴斯中央煤炭工业管理局局长弗·雅·丘巴尔谈话。

10 月 10 日

同 A.M.科热夫尼科夫医生和瓦·瓦·克拉梅尔教授谈话,说自我感觉良好,工作不感到疲乏。

同国家计划委员会主席格·马·克尔日扎诺夫斯基谈话。

同人民委员会和劳动国防委员会副主席阿·伊·李可夫和列·波·加米涅夫谈话。

致函最高国民经济委员会燃料总管理局副局长瓦·安·特里丰诺夫,建议尽快为在彼尔姆省“托伊基诺”国营农场工作的美国拖拉机队调拨汽油和润滑油。

同全俄纺织工会中央委员会主席伊·伊·库图佐夫谈话,并写贺信给全俄纺织工人第五次代表大会。

同乌克兰人民委员会副主席米·瓦·伏龙芝谈话。

主持人民委员会会议。会议讨论关于地方预算法草案、关于确定红军员额、关于苏维埃法院组织条例草案、关于紧缩交通人民委员部编制、关于否决同莱·厄克特签订的租让初步合同等问题。

人民委员会会议结束以后,同国家计划委员会副主席格·列·皮达可夫谈话。

10 月 11 日

写贺信给俄国共产主义青年团第五次代表大会。

列宁被选为俄国共产主义青年团第五次代表大会名誉主席。

上午 11 时,同列·达·托洛茨基谈 10 月 6 日俄共(布)中央全会会议关于对外贸易垄断问题的讨论以及全会通过的相应决议。

下午 1 时 30 分,同工农检查人民委员部部务委员尼·亚·列斯克谈改组工农检查院的问题,并请他准备有关的报告。

同电机工业总管理局局长、工业托拉斯和运输业托拉斯代表大会临时领导小组组长阿·季·哥尔茨曼,南方钢铁托拉斯管理委员会主席、领导小组成员伊·伊·梅日劳克,劳动人民委员瓦·弗·施米特谈领导小组的工作、重工业的状况以及工人工资等问题。

同对外贸易人民委员列·波·克拉辛谈1922年10月6日俄共(布)中央全会就对外贸易垄断问题所通过的决议。

晚上7时30分,同俄共(布)中央鼓动宣传部副部长雅·阿·雅柯夫列夫和鼓动宣传部宣传处处长康·安·波波夫谈无产阶级文化协会的工作;读他们交来的尼·伊·布哈林关于无产阶级文化的报告的提要;委托雅柯夫列夫写文章剖析无产阶级文化协会中央委员会主席瓦·费·普列特涅夫的错误观点。

10月12日

同约·维·斯大林谈1922年10月6日俄共(布)中央全会就对外贸易垄断问题所通过的决议。

主持俄共(布)中央政治局会议。会议讨论关于教育人民委员部、关于任命恩·奥新斯基为苏维埃俄国驻波兰全权代表和A.K.派克斯为驻立陶宛全权代表、关于外国报刊、关于中央全会就对外贸易垄断问题所通过的决议、关于复员水兵和加强海军战斗力、关于远东共和国、关于检察机关的监督、关于格鲁吉亚的泽莫-阿夫恰拉水力发电站工程、关于财政等问题。列宁就所讨论的问题5次发言。

晚上,同列·波·克拉辛谈对外贸易垄断问题。谈话以后,写信给约·维·斯大林并转俄共(布)中央委员,严厉批评格·雅·索柯里尼柯夫削弱对外贸易垄断的立场。

10月13日

同人民委员会办公厅主任尼·彼·哥尔布诺夫和劳动国防委员会办公厅副主任瓦·亚·斯莫尔尼诺夫谈话,责成哥尔布诺夫设法让邮电人民委员部的专家得到有关美国无线电话建设方面的新技术产品的情报。

同国家计划委员会主席格·马·克尔日扎诺夫斯基谈话。

下午1时,接见美国艺术家奥·切萨雷。切萨雷为列宁画像,以便在国外销售,为俄国挨饿儿童募集救济金。

写给约·维·斯大林并转俄共(布)中央委员的信的附言,继续谈对外贸易垄断问题的重要性。

主持劳动国防委员会会议。会议讨论专门委员会关于用货币税代替劳动和畜力运输税的报告,以及关于扩大租让总委员会的权力和关于确定燃料价格等问题。

10 月 15 日

列宁休息。

中午和晚上分别同对外贸易人民委员列·波·克拉辛和国家计划委员会主席格·马·克尔日扎诺夫斯基谈话。

10 月 16 日

读列·波·克拉辛的来信,信中谈到以伊·米·古布金为首的一批工程师在页岩和腐殖泥的研究和实际利用方面所取得的成就。列宁致函最高国民经济委员会主席彼·阿·波格丹诺夫,建议采取一系列措施支持和奖励这批有突出贡献的工程师,并从经费方面保证他们的工作得以继续。

致函俄共(布)外高加索边疆区委第一书记格·康·奥尔忠尼启则,谈给格鲁吉亚的泽莫-阿夫恰拉水力发电站工程拨款的问题。

致函劳动国防委员会办公厅主任助理贝·亨·扎克斯,委托他尽快与财政人民委员部共同草拟一项决定,要求每月 1 日算出全国外汇基金总额。

指示对外贸易人民委员部每月呈报该部贸易额和收入的报表,由人民委员会办公厅主任尼·彼·哥尔布诺夫转交。

接见列·波·加米涅夫和尼·彼·哥尔布诺夫。

写便条给彼得格勒苏维埃主席格·叶·季诺维也夫,谈孟什维克尼·亚·罗日柯夫的情况。

晚上 8 时至 8 时 50 分,接见副对外贸易人民委员莫·伊·弗鲁姆金。

10 月 17 日

中午 12 时至下午 1 时 40 分,同俄共(布)中央总书记约·维·斯大林和人民委员会和劳动国防委员会副主席列·波·加米涅夫商谈。

下午 1 时 40 分至 2 时,同卡累利阿劳动公社代表亚·瓦·绍特曼谈卡累利阿的经济建设,委托绍特曼向发来致敬电的公社苏维埃代表大会和党代表会议转达同志式的谢意,向卡累利阿劳动者转达最良好的祝愿;致函列·波·加米涅夫和尼·彼·哥尔布诺夫,表示支持绍特曼关于在卡累利阿建设造纸厂和开采云母矿的请求。

主持人民委员会会议。会议讨论俄罗斯联邦劳动法典起草委员会的报告、土地法典起草委员会的报告、省苏维埃代表大会和省执行委员会条例草案、交通人民委员部的预算、地方预算,以及关于同德国重工业康采恩代表奥托·沃尔弗为首的德国公司财团签订租让合同等事项。

10月18日

读同德国重工业康采恩代表奥托·沃尔弗为首的德国公司财团签订的租让合同草案和列·波·加米涅夫反对签订这一合同的便条;就这一问题同副对外贸易人民委员安·马·列扎瓦和莫·伊·弗鲁姆金谈话,表示同意这一租让合同草案;致函约·维·斯大林,论证与沃尔弗的康采恩签订租让合同的必要性,并建议把这一问题提交政治局10月19日会议审议。

委托人民委员会办公厅主任尼·彼·哥尔布诺夫,向最高国民经济委员会主席彼·阿·波格丹诺夫要回库尔斯克磁力异常区调查特设委员会主席伊·米·古布金和科学院院士彼·彼·拉扎列夫关于拨款调查和开发库尔斯克磁力异常区的请示报告。

10月19日

上午11时至下午2时,主持俄共(布)中央政治局会议;作关于同德国公司财团签订的合同草案和关于邀请美国实业界代表前来苏维埃俄国进行经济谈判的报告。会议讨论关于国家政治保卫局的工作、关于反宗教宣传委员会的组成人员、关于给出席洛桑近东问题国际会议的苏俄代表团的指示、关于日本军队撤离符拉迪沃斯托克、关于在彼得堡马尔斯校场建立马克思纪念碑、关于工人疗养所、关于红军、关于党和苏维埃的工作人员的报酬的不平等以及其他问题。

签署人民委员会关于批准同德国重工业康采恩代表奥托·沃尔弗签订贸易租让合同的决定。

晚上6时,同俄共(布)中央鼓动宣传部副部长雅·阿·雅柯夫列夫谈他为《真理报》写的《论"无产阶级文化"和无产阶级文化协会》一文,该文批评了无产阶级文化协会中央委员会主席瓦·费·普列特涅夫的错误观点。列宁认为发表这篇文章具有重大的政治意义。

　　晚上7时，接见俄罗斯联邦驻德国商务代表波·斯·斯托莫尼亚科夫，同他谈对外贸易垄断问题，委托他拟定关于这一问题的提纲草案。

　　晚上8时，接见最高国民经济委员会主席彼·阿·波格丹诺夫。

不晚于10月20日

同财政人民委员格·雅·索柯里尼柯夫谈关于即将召开的全俄财政工作者代表大会问题。

10月20日

致函全俄财政工作者代表大会，指出巩固苏维埃财政是最艰巨的任务之一，这个任务不完成，其他任务都不可能完成。

　　致函苏俄之友协会（美国），对以哈·韦尔为首的该会会员的拖拉机队在彼尔姆省"托伊基诺"国营农场的工作表示感谢。

　　致函技术援助苏俄协会，对该会会员在坦波夫省基尔萨诺夫县和在敖德萨省米季诺车站附近各国营农场以及在顿巴斯的工作表示感谢。

　　致函彼尔姆省执行委员会主席 A.B.谢姆琴科，建议给予哈·韦尔领导的在彼尔姆省"托伊基诺"国营农场工作的美国拖拉机队以最大的支持。

　　中午12时，同人民委员会办公厅主任尼·彼·哥尔布诺夫谈话。

　　下午1时，同工农检查人民委员部部务委员阿·伊·斯维杰尔斯基谈话。

　　接见小人民委员会主席阿·谢·基谢廖夫。

　　接见《经济生活报》副编辑阿·马·卡克藤，同他谈关于工业及其拨款工作、关于"红色"厂长、关于托拉斯的结构、关于铁路燃料消耗的定量、关于美国工人侨居苏维埃俄国等问题。

　　同尼·彼·哥尔布诺夫谈话，要他准备好关于克麦罗沃和纳杰日金斯基工厂工人的数量的材料，以便落实美国工人侨居苏维埃俄国的计划。

　　同列·波·加米涅夫谈财政委员会的工作。

10月21日

读格鲁吉亚共产党中央委员科·马·钦察泽、谢·伊·卡夫塔拉泽等人用直达电报发来的报告,他们不同意俄共(布)外高加索边疆区委员会要求建立外高加索联邦的立场。列宁致电钦察泽和卡夫塔拉泽,谴责他们对格·康·奥尔忠尼启则的谩骂,主张把他们与外高加索边疆区委员会的冲突提交俄共(布)中央书记处解决。

中午12时,接见格·叶·季诺维也夫。

接见"狄纳莫"厂党支部书记尼·叶·波里索夫和工厂委员会主席A.Φ.韦日斯,他们请列宁题词并于11月7日去工厂发表讲话。列宁表示同意并在"狄纳莫"厂的贵宾留言簿上写了"致共产主义敬礼"的题词。

10月22日

列宁给全俄财政工作者代表大会的信在代表大会第1次会议上宣读。列宁被选为代表大会名誉主席。

10月23日

接见俄共(布)中央总书记约·维·斯大林、《真理报》编辑尼·伊·布哈林和中央鼓动宣传部副部长雅·阿·雅柯夫列夫,同他们谈无产阶级文化协会的工作以及雅柯夫列夫为《真理报》撰写的《论"无产阶级文化"和无产阶级文化协会》一文。

分别接见全俄中央执行委员会秘书阿·萨·叶努基泽、人民委员会办公厅主任尼·彼·哥尔布诺夫和副粮食人民委员亚·彼·斯米尔诺夫。

在第二次接见尼·彼·哥尔布诺夫时,要他转告副农业人民委员伊·阿·泰奥多罗维奇,列宁认为国家种子改良局(图拉省沙季洛沃燕麦托拉斯)的育种工作具有重大的全国意义,并请报告关于托拉斯状况及其资金供给的材料。列宁还请哥尔布诺夫准备各省经济会议向人民委员会呈送工作汇报的情况报告。

10月24日

列宁的《致苏俄之友协会(美国)》、《致技术援助苏俄协会》和《致全俄财政工作者代表大会》这几封信在《真理报》上发表。

致函全俄中央执行委员会主席团,说自带拖拉机前来苏维埃俄国的几个美国农业公社和农业队取得了非常出色的成就,建议支持它们并授予它们工作的彼尔姆农场和其他农场以模范农场的称号。

　　　上午 11 时,同莫·伊·弗鲁姆金谈对外贸易人民委员部的工作;同
波·斯·斯托莫尼亚科夫谈他提出的《关于对外贸易垄断的提纲》。

　　　中午 12 时,接见列·波·加米涅夫。

　　　主持人民委员会会议。会议讨论最高工资委员会的改组方案、俄罗
斯联邦与芬兰的贸易协定草案、关于批准同德国公司财团的合同,以及
关于民法典等问题。

10 月 24 日和 30 日之间

　　　会见副农业人民委员伊·阿·泰奥多罗维奇,泰奥多罗维奇将在共产国
际第四次代表大会上作关于土地问题的报告,列宁听他汇报他的报告提
纲并表示赞成。

10 月 25 日

　　　致函《贫苦农民报》编辑列·谢·索斯诺夫斯基,请他了解一下育种学家
彼·伊·利西岑和沙季洛沃燕麦托拉斯的育种情况,并为《真理报》撰
文,介绍这项工作的意义。

　　　上午 11 时,接见对外贸易人民委员部部务委员彼·谢·索罗金,同
他谈该部的工作和对外贸易垄断问题。

　　　晚上 6 时,接见意大利共产党领导人、该党参加共产国际执行委员
会代表安·葛兰西,同他谈意大利南部地区的特点、意大利国内法西斯
势力的增强、意大利社会党内的状况,以及关于意大利社会党与意大利
共产党联合的可能性。

　　　晚上 8 时,同列·波·加米涅夫谈财政人民委员格·雅·索柯里尼
柯夫提出的关于稳定纸币币值的措施的问题。

　　　晚上 8 时 30 分,接见副对外贸易人民委员莫·伊·弗鲁姆金。

不早于 10 月 25 日

　　　读约·维·斯大林给俄共(布)中央政治局委员的便条,斯大林对同莱·
厄克特签订的租让合同的条件提出补充。列宁表示赞成斯大林的意见
并写自己的补充意见。

10 月 25 日以后

　　　准备在第九届全俄中央执行委员会第四次常会上讲话,写讲话提纲。

10 月 26 日

　　　读中央泥炭工业管理局局长伊·伊·拉德琴柯的来信,信中请求协助在

国外购买经过改进的泥炭采掘机,以便实现泥炭生产机械化。列宁把此信转给国家计划委员会的格·马·克尔日扎诺夫斯基和格·列·皮达可夫并写便条,请他们帮助拉德琴柯。

　　主持俄共(布)中央政治局会议;在讨论关于削减国家给无产阶级文化协会的补贴的问题时发言。会议讨论俄罗斯联邦出席洛桑会议的代表团的组成人员和工作计划、出版关于阐述同莱·厄克特的租让合同的通俗小册子、关于国家政治保卫局的工作、关于合作银行等问题。会议还讨论了关于把经济会议的问题列入即将举行的全俄中央执行委员会第四次常会的议程、关于削减国家给各模范剧院的补贴等事项。

　　在远东共和国人民革命军攻克符拉迪沃斯托克之际,电贺远东共和国部长会议主席。

　　接见工农检查人民委员部部务委员阿·伊·斯维杰尔斯基。

10 月 27 日

　　致函副教育人民委员弗·尼·马克西莫夫斯基,指示根据俄共(布)中央1922 年 10 月 26 日作出的关于削减给无产阶级文化协会和各模范剧院的国家补贴的决定,对教育人民委员部其他方面的预算也要重新审定,尽量压缩不必要的开支,以便增加中小学校和扫盲工作的经费。

　　回答英国《观察家报》和《曼彻斯特卫报》驻莫斯科记者 M.法尔布曼提出的关于苏维埃俄国国内外政策方面的问题。

　　同国家计划委员会主席格·马·克尔日扎诺夫斯基谈陆军人民委员部的预算草案,这个预算草案是国家计划委员会副主席格·列·皮达可夫签署批准的,它超过了财政人民委员部原定计划的数目。

10 月 27 日和 29 日之间

　　写便条给列·波·加米涅夫,说格·列·皮达可夫批准陆军人民委员部超过财政人民委员部原定计划的数目的预算草案是错误的,应予纠正。

10 月 27 日和 11 月 5 日之间

　　写对《曼彻斯特卫报》记者阿·兰塞姆10 月 27 日提出的 7 个问题中的 3个问题的答复(第二种回答)。

10 月 28 日

　　致函共产国际执行委员会主席团委员卡·伯·拉狄克,谈英国共产党人在英国议会选举中的策略。

　　致函人民委员会和劳动国防委员会副主席列·波·加米涅夫,商谈有关区电站问题。

10 月 29 日

　　上午 11 时 15 分,接见英国共产党出席共产国际第四次代表大会代表哈利·维伯,同他谈英国即将举行的议会选举和英国共产党人在竞选运动中的策略。

　　下午 1 时 20 分,同列·波·加米涅夫谈 1922 年 10 月 28 日人民委员会会议批准陆军人民委员部提出的过高的军事预算一事。

　　同娜·康·克鲁普斯卡娅一起在莫斯科艺术剧院第一艺术专科学校观看英国作家查·狄更斯的戏剧《炉边的蟋蟀》。

10 月 30 日

　　读对外贸易人民委员列·波·克拉辛 1922 年 10 月 26 日的来电,电报中汇报了同莱·厄克特达成协议的两种可能的途径:一种是,立即批准合同,不以英国政府承认苏维埃俄国为条件;一种是,立即批准合同,但合同要在英国政府承认苏维埃俄国以后才能生效。列宁用电话向秘书口授给约·维·斯大林和列·波·加米涅夫的便条,建议当天会一次面,事先讨论这一问题;口授给租让总委员会主席格·列·皮达可夫和副对外贸易人民委员莫·伊·弗鲁姆金的信,指示于第二天在《真理报》上讨论关于同莱·厄克特签订的租让初步合同草案的条件;致电克拉辛,告知将于 10 月 31 日在《真理报》上开展讨论。

　　致函列·波·加米涅夫,建议召开政治局会议,撤销人民委员会关于批准过高的军事预算的决定,并批评对此事负有责任的格·列·皮达可夫。

　　读列·波·加米涅夫给俄共(布)中央政治局委员的便条,便条中建议撤销人民委员会关于批准过高的军事预算的决定,恢复财政人民委员部原定计划中提出的数字。列宁在信上写表示完全同意的意见,并写批语给约·维·斯大林转俄共(布)中央政治局委员,认为人民委员会批准这一军事预算是格·列·皮达可夫的错误,这类错误是不应该犯的。

　　接见司法人民委员部部务委员亚·格·哥伊赫巴尔格,同他谈第九届全俄中央执行委员会第四次常会的工作。

10 月 31 日

读俄罗斯联邦致各协约国照会的草稿,这一照会是对各协约国 1922 年 10 月 27 日邀请苏维埃俄国代表参加讨论黑海海峡问题的洛桑会议的照会的答复。列宁就俄罗斯联邦致各协约国照会的措辞问题致函外交人民委员格·瓦·契切林和俄共(布)中央政治局委员。

上午,接见人民委员会办公厅主任尼·彼·哥尔布诺夫,了解他同路·卡·马尔滕斯就密切俄美经济联系问题的谈话内容;托他搜集有关苏维埃国家经济战线成就的剪报。

中午 12 时,在第九届全俄中央执行委员会第四次常会闭幕会议上讲话。这次讲话是列宁病后的第一次公开讲话。列宁在会议休息时同代表们交谈。

主持人民委员会会议。会议讨论关于发行有奖公债和彩票的决定草案、关于地方预算的决定草案、关于小人民委员会条例、关于教育人民委员部部务委员会人员的变动以及其他问题。

10 月底——11 月初

写《关于稳定卢布的札记》。

不晚于 10 月

写便条给卡·伯·拉狄克,建议写一本教科书式的书,可包括世界各国概况、欠债情况以及收入来源等内容。

10 月

在俄共(布)中央政治局征求各委员意见时,表示赞成粮食人民委员尼·巴·布留哈诺夫的以下建议:指示人民委员会和劳动国防委员会暂时不要审批关于要求调拨更多口粮或粮食储备的任何申请,因为粮食储备已经消耗殆尽。

11 月初

委托人民委员会办公厅主任尼·彼·哥尔布诺夫转告金属工业总管理局局长路·卡·马尔滕斯:列宁认为马尔滕斯关于苏美关系问题的观点是正确的,必须尽一切努力在经济上同美国接近。

不晚于 11 月 1 日

读副外交人民委员马·马·李维诺夫的来信,信中汇报了苏维埃俄国同美国实业界代表的非正式谈判的进展情况。

11 月 1 日

为庆祝十月社会主义革命五周年,致函《彼得格勒真理报》表示祝贺。

同约·维·斯大林、列·波·加米涅夫和格·叶·季诺维也夫商谈。

为准备 1922 年 11 月 2 日俄共(布)中央政治局会议讨论关于合作银行的问题,翻阅有关这一问题的材料;写关于合作银行的提纲。

同铁路运输方面的专家尤·弗·罗蒙诺索夫教授谈话;致电在高加索的费·埃·捷尔任斯基,转告罗蒙诺索夫想担任代理副交通人民委员的愿望,征求捷尔任斯基的意见。

接见意大利共产党出席共产国际第四次代表大会代表尼·博姆巴奇和安·格拉齐亚德伊,同他们谈关于反对法西斯主义和保卫民主自由的斗争的任务。

接见工农检查人民委员部部务委员阿·伊·斯维杰尔斯基。

11 月 2 日

读共产党人合作社工作者第一次国际代表会议的致敬信;复信祝贺代表会议的召开。列宁的贺信在代表会议上宣读。

写贺信给《真理报》,祝贺十月社会主义革命五周年。

出席俄共(布)中央政治局会议。会议在讨论关于合作银行的问题时,列宁提出关于这个问题的提纲。会议还讨论了关于出席洛桑会议的苏俄代表团的工作计划,关于给英、法、意政府的照会的草稿,关于粮食供应的计划,关于托拉斯,关于财产所得税,关于远东共和国等问题。

接见最高国民经济委员会主席团委员亚·米·克拉斯诺晓科夫和俄美工业公司董事长悉·希尔曼,同他们谈关于同俄美工业公司签订合同的问题。

接见财政人民委员部部务委员兼国家银行管理委员会主席亚·李·舍印曼,同他谈关于银行的发行工作。

委托人民委员会办公厅主任尼·彼·哥尔布诺夫代拟关于反对外国人非法入境俄国的信的草稿。

俄共(布)中央书记处会议确定由列宁在全俄苏维埃第十次代表大

会上作报告。

列宁被选为全俄化学家协会第四次代表大会名誉主席。

11月3日

收到彼得格勒纺织托拉斯的致敬信和工人赠送的毛毯；复信彼得格勒纺织工人，对他们表示衷心的感谢。

上午11时至下午2时30分，主持俄共（布）出席共产国际第四次代表大会的代表团领导小组讨论代表大会筹备工作的会议；修改《致共产国际第四次世界代表大会、彼得格勒工人和红军代表苏维埃》一信的草稿。

主持劳动国防委员会全体会议。会议讨论劳动国防委员会特派员关于收割的报告、关于最低工资额、关于供给顿巴斯流动资金、关于用货币税代替畜力运输税、关于供应乌拉尔冶金工厂木料等问题。

晚上8时30分，接见英国《曼彻斯特卫报》记者阿·兰塞姆，同他谈苏维埃俄国新经济政策的实质和实施办法的问题。谈话还涉及英国议院选举和意大利法西斯政变等问题。

列宁被选为全俄统计工作者第四次代表大会名誉主席。

11月4日

读全俄统计工作者第四次代表大会的致敬信，复信表示感谢并祝大会工作顺利。

签署《致共产国际第四次世界代表大会、彼得格勒工人和红军代表苏维埃》一信。

打电话给教育人民委员阿·瓦·卢那察尔斯基，同他谈发表俄共（布）中央鼓动宣传部副部长雅·阿·雅柯夫列夫和卢那察尔斯基关于无产阶级文化和无产阶级文化协会的文章的问题。

同人民委员会办公厅主任尼·彼·哥尔布诺夫谈话。

11月5日

共产国际第四次代表大会在彼得格勒开幕，第1次会议（列宁未出席）选举列宁为代表大会主席团成员，宣读列宁致共产国际第四次代表大会和彼得格勒苏维埃的贺信。

晚上9时，写完对《曼彻斯特卫报》记者阿·兰塞姆提出的7个问题的答复(第一种回答)。

11 月 6 日

读顿巴斯中央煤炭工业管理局局长弗·雅·丘巴尔 1922 年 10 月 27 日和 11 月 2 日的两封来信,信中反映,给煤炭规定的固定价格与不断下跌的卢布币值不相适应,国家计划委员会的核算落后于现实,使顿巴斯煤炭工业陷入绝境,他请求解决这个问题。列宁致函国家计划委员会主席格·马·克尔日扎诺夫斯基,委托国家计划委员会尽快研究给顿巴斯煤炭工业拨款的问题,以保证顿巴斯正常生产。

写贺信给莫斯科市和莫斯科省非党女工农妇代表会议,向他们祝贺十月革命五周年,并祝代表会议成功。

致函国家政治保卫局,建议采取坚决措施,制止外国人非法入境俄国,并请他们把所采取的措施通知尼·彼·哥尔布诺夫。

接见国家计划委员会副主席格·列·皮达可夫。

11 月 7 日

原米歇尔逊工厂工人函请列宁参加以列宁名字命名工厂和庆祝十月革命五周年的群众大会。列宁给他们写回信,向他们致意并祝他们工作顺利,同时对自己不能出席大会表示遗憾。

国营"输电"发电站职工函请列宁在十月革命五周年之际参加发电站俱乐部的开幕式,并发表讲话。列宁写回信给他们,祝贺他们的俱乐部开幕,希望他们把俱乐部办成工人教育的最重要的阵地之一。

11 月 8 日

复函克林齐的斯托多尔制呢厂工人,衷心感谢他们的问候和礼物。

同约·维·斯大林谈话。

拜访前来出席共产国际第四次代表大会的克·蔡特金,同她谈德国的局势、德国共产党内部的分歧、苏维埃俄国的经济成就和新经济政策的意义。

委托人民委员会办公厅主任尼·彼·哥尔布诺夫办以下事情:准备关于 1913 年和 1916 年顿涅茨煤炭价格的材料、向全俄工会中央理事会索取全俄工会中央理事会和矿工工会中央委员会关于阿·哈默的承租企业阿拉帕耶夫斯克矿井罢工的决议的材料、向副农业人民委员伊·

阿·泰奥多罗维奇了解俄共(布)中央政治局关于国家种子改良局的决定的执行情况、了解国营百货公司的情况。

接见人民委员会和劳动国防委员会副主席列·波·加米涅夫。

同法国共产党出席共产国际第四次代表大会代表让·雷诺谈话。

不早于11月8日

就一小撮法西斯分子袭击俄罗斯联邦驻意大利代表处商务处一事,致函外交人民委员格·瓦·契切林,建议谴责墨索里尼以及其他法西斯分子,并将全部人员撤出意大利。

11月9日

列宁给莫斯科市和莫斯科省非党女工农妇代表会议的贺信在《工人莫斯科报》上发表。

列宁给共产国际第四次世界代表大会、彼得格勒工人和红军代表苏维埃的贺信在《真理报》上发表。

主持俄共(布)中央政治局会议。会议讨论关于全俄苏维埃第十次代表大会的议程、关于中东铁路、关于日本侵占萨哈林岛、关于财产所得税、关于托拉斯等问题。

在共产国际第四次代表大会第2次会议上,缺席当选为法国问题委员会成员。

11月10日

列宁的《答〈观察家报〉和〈曼彻斯特卫报〉记者M.法尔布曼问》在《真理报》上发表。

中午12时30分至下午1时30分,与俄共(布)中央政治局委员约·维·斯大林、列·达·托洛茨基、列·波·加米涅夫、维·米·莫洛托夫、格·叶·季诺维也夫商谈工作。

下午1时30分至2时,同列·波·加米涅夫谈话。

主持劳动国防委员会会议。会议讨论关于监督信贷机关、关于恢复沙图拉工程、关于保证水兵的物质供应等问题。

就共产国际第四次代表大会的工作问题和自己在代表大会上的报告的准备情况,同共产国际执行委员会主席团委员卡·伯·拉狄克谈话。

11 月 10 日和 13 日之间

准备在共产国际第四次代表大会上的报告,写《俄国革命的五年和世界革命的前途》的报告提纲。

11 月 11 日

委托尼·彼·哥尔布诺夫征求库尔斯克磁力异常区调查特设委员会主席伊·米·古布金对索柯洛夫关于维切格达厚煤层矿区的报告的意见。

晚上 7 时,接见共产国际执行委员会工作人员 M.Л.列文,同他谈自己将在共产国际第四次代表大会上作的报告。

11 月 13 日

写提交俄共(布)中央政治局的关于裁减军队问题的建议。

出席共产国际第四次代表大会会议;下午 1 时至 2 时,用德语作《俄国革命的五年和世界革命的前途》的报告。

晚上 6 时,同尼·彼·哥尔布诺夫谈话。

晚上 7 时 30 分,接见人民委员会和劳动国防委员会副主席列·波·加米涅夫。

不早于 11 月 13 日

同 A.M.科热夫尼科夫医生谈话。

不晚于 11 月 14 日

同美国技术援助苏俄协会的代表 L.S.赖克尔谈协会的工作。

11 月 14 日

写致全俄农业展览会的贺词,祝愿展览会获得最大的成功。

致函北美俄侨民,向他们解释新经济政策的实质,澄清对新经济政策的一些不正确看法。

写便条给俄共(布)中央政治局,建议在物质上帮助法国社会党人新闻工作者昂利·吉尔波。

接见瓦·尼·雅柯夫列娃和约·伊·霍多罗夫斯基,同他们谈任命他们为副教育人民委员的问题。

主持人民委员会会议。会议讨论关于地方种子储备的决定草案、关于工业花园税和菜园税的决定草案、关于改善税务工作人员物质生活的措施以及其他问题。

11 月 15 日

致函国际进步作家和文化工作者团体光明社。

上午 11 时至下午 1 时,同伊·伊·斯克沃尔佐夫-斯捷潘诺夫谈话。

下午 1 时至 1 时 40 分,接见意大利共产党出席共产国际第四次代表大会代表阿·博尔迪加,同他谈党的工作、党所面临的任务以及建立统一战线的必要性等问题。

下午 1 时 40 分至 2 时,接见俄共(布)中央书记维·米·莫洛托夫。

晚上 6 时 30 分至 7 时,接见工农检查人民委员部部务委员阿·伊·斯维杰尔斯基。

晚上 7 时至 8 时,同捷克斯洛伐克共产党内的"左倾"反对派分子斯特胡尔兹和博·伊莱克谈话,批评他们在捷克斯洛伐克共产党内所采取的不正确行动。

晚上 8 时 30 分至 9 时,同安·卢·柯列加耶夫谈关于削减给国家剧院的补贴的问题。

晚上 9 时至 9 时 20 分,接见人民委员会和劳动国防委员会副主席列·波·加米涅夫。

致函伊·伊·斯克沃尔佐夫-斯捷潘诺夫,批评他在 1922 年 10 月 28 日《真理报》上发表的《什么是专家和如何造就专家》一文中的观点。

11 月 15 日和 17 日之间

接见红色工会国际总书记索·阿·洛佐夫斯基,同他谈关于法国统一劳动总联合会在共产国际和红色工会国际的相互关系问题上的态度。

11 月 16 日

接见共产国际执行委员会主席格·叶·季诺维也夫。

出席俄共(布)中央政治局会议;修改关于削减给国家剧院的补贴的决定草案;建议授权安·卢·柯列加耶夫采取一切措施执行关于削减给国家剧院的补贴的决定。会议讨论关于中东铁路、关于出席洛桑会议代表团的组成人员、关于军事预算项目审查委员会的报告、关于裁减红军、关于制定托拉斯条例等问题。

出席俄共(布)代表团领导小组与德国共产党出席共产国际第四次

代表大会的代表团的联席会议；在会议上指出，只有共产党员在工厂和改良主义工会里工作，取得劳动者的信任，与劳动农民建立起联盟，共产党才能成为群众性的政党。

11 月 17 日

下午 1 时至 1 时 45 分，接见劳动国防委员会办公厅主任助理贝·亨·扎克斯。

接见人民委员会和劳动国防委员会副主席列·波·加米涅夫。

主持劳动国防委员会会议。会议讨论关于价格调整、关于把 10 辆拖拉机转交穆甘草原土壤改良工程管理局、关于收割的具体措施以及其他问题。

11 月 18 日

上午 11 时 30 分至下午 1 时 40 分，接见法国统一劳动总联合会出席红色工会国际第二次代表大会代表加·蒙穆索和皮·塞马勒，同他们谈法国的革命运动和工人的状况、统一劳动总联合会加入红色工会国际的条件、法国共产党的状况。

委托人民委员会办公厅主任尼·彼·哥尔布诺夫办以下事情：向副对外贸易人民委员莫·伊·弗鲁姆金询问对外贸易人民委员部呈送报表一事、通知国家计划委员会主席格·马·克尔日扎诺夫斯基到劳动国防委员会作关于土耳其斯坦的灌溉系统问题的报告、向阿塞拜疆中央石油管理局局长亚·巴·谢列布罗夫斯基函询石油项目租让情况。

十分关心著名生物学家、育种家伊·弗·米丘林的工作，委托尼·彼·哥尔布诺夫指示坦波夫省执行委员会把关于米丘林的工作和实验的报告寄来。

同国家政治保卫局副局长约·斯·温什利赫特谈话。

11 月 19 日

晚上 7 时至 8 时，同最高国民经济委员会副主席伊·捷·斯米尔加谈工业实行经济核算的问题。

11 月 20 日

中午 12 时，主持俄共（布）出席共产国际第四次代表大会的代表团领导小组的会议。会议讨论就共产国际的纲领草案的报告展开辩论的性质。

晚上 6 时 30 分,在莫斯科苏维埃全会上发表关于苏维埃政府对内对外政策的讲话。

晚上 8 时至 9 时 40 分,同财政人民委员格·雅·索柯里尼柯夫谈关于俄罗斯联邦的财政状况,关于国家银行、中央消费合作总社和财政委员会的工作,关于给重工业拨款,关于调整粮食和商品的价格,关于税款,关于卢布币值等问题。

11 月 21 日

读外交人民委员格·瓦·契切林的来信,信中建议吸收俄罗斯联邦驻意大利全权代表瓦·瓦·沃罗夫斯基参加苏维埃俄国出席洛桑会议的代表团并请政治局决定这一问题。列宁赞成契切林的建议。

上午 11 时,接见人民委员会办公厅主任尼·彼·哥尔布诺夫。

两次接见人民委员会和劳动国防委员会副主席列·波·加米涅夫。

晚上 6 时,主持人民委员会会议,在讨论租让总委员会条例时多次发言。会议讨论中央运输委员会条例草案、社会保障人民委员部的预算,以及关于民族事务人民委员部主要用于东方文字的出版事业的预算、关于为泥炭水力开采管理局拨款等问题。

11 月 22 日

修改并签署给全俄苏维埃工作人员工会第五次代表大会主席团的贺信。

上午 11 时 30 分,接见即将回国的美国救济署驻苏俄代表威·哈斯克尔上校,同他谈美国商业部长赫·胡佛访问苏维埃俄国的可能性,请他转达对美国人民的感谢,感谢他们对俄国饥民的救济。

中午 12 时 40 分至下午 2 时,同约·维·斯大林谈话。

写给美国商业部长赫·胡佛的信的草稿,对他提出的访问苏维埃俄国的建议表示欢迎,认为来自对立经济制度的国家的援助具有重大意义。向秘书莉·亚·福季耶娃口授给俄共(布)中央政治局各委员的便条,征求他们对这封信的意见。

晚上 6 时,接见沃伦省巴拉诺夫瓷器厂工人代表团成员 A.B.布罗茨基和基夫季洛,他们是为向列宁面赠一套刻有名字的茶具而来莫斯科的。列宁同他们谈话,询问工厂的状况和工人的生活。临别时,列宁请他们向巴拉诺夫工人转达他的同志式的感谢和兄弟般的问候。

晚上 10 时,接见列·波·加米涅夫。

11 月 23 日

上午 11 时至下午 2 时 30 分,出席俄共(布)中央政治局会议;在讨论教育人民委员部的问题时发言。会议讨论关于莫斯科裁军会议、关于合作银行、关于舰只制造计划、关于租让总委员会的组成人员、关于红海军的口粮、关于农业贷款、关于铁路员工的工资、关于国营托拉斯条例等问题。

不晚于 11 月 24 日

同全俄中央执行委员会主席团委员兼秘书阿·萨·叶努基泽谈话,向他了解:俄共(布)中央书记处为解决波·古·姆季瓦尼为首的格鲁吉亚共产党(布)中央委员与俄共(布)中央外高加索边疆区委员会之间的冲突而任命的专门委员会,是否具有足够的权威性。

11 月 24 日

1922 年 11 月 24 日俄共(布)中央书记处拟成立一个由费·埃·捷尔任斯基领导的处理格鲁吉亚共产党中央委员会问题的委员会。俄共(布)中央政治局用征求各委员意见的方式对书记处这一决定草案进行表决。列宁表示弃权。

晚上 6 时至 7 时 30 分,主持劳动国防委员会会议。会议讨论国内商业委员会条例草案、劳动国防委员会反受贿委员会的报告、劳动国防委员会全俄苏维埃第十次代表大会材料准备委员会的报告,以及关于提高铁路运价、关于向土耳其斯坦运粮支持那里的棉纺织工业等问题。

晚上 7 时 30 分至 8 时 30 分,同共和国革命军事委员会副主席埃·马·斯克良斯基谈关于削减海军舰只修建计划的问题。

晚上 8 时 40 分,接见国家计划委员会主席格·马·克尔日扎诺夫斯基。

11 月 25 日—12 月 1 日

按医生嘱咐全休一周。

11 月 25 日

用电话口授给约·维·斯大林的信,请他与其他中央委员商量列宁提出的关于削减海军舰只修建计划的建议。

用电话口授给列·达·托洛茨基的信,赞成他的意见,即以俄共(布)中央的名义致函意大利共产党出席共产国际第四次代表大会代表,建议他们不要反对意大利共产党与意大利社会党合并的决议;称赞托洛茨基论新经济政策的提纲。

签署娜·康·克鲁普斯卡娅代拟的给教育工作者代表大会的复信。

读叶·萨·瓦尔加拟定的共产国际第四次代表大会的决议草案《土地行动纲领草稿》以后,用电话口授给列·达·托洛茨基、格·叶·季诺维也夫、尼·伊·布哈林和卡·伯·拉狄克的信,不满意这一草案的内容,认为它与共产国际第二次代表大会关于土地问题的决议相比,几乎没有提出什么新东西,而不同的地方又可能会削弱文件中已经作出的关于支持农民运动的意思。

晚上6时30分至7时,同人民委员会和劳动国防委员会副主席亚·德·瞿鲁巴谈话,建议他参加俄共(布)中央政治局托拉斯条例草案起草委员会的工作。

委托尼·彼·哥尔布诺夫办以下事情:把所有关于托拉斯问题的材料送亚·德·瞿鲁巴、把关于加强同非法收购白金活动作斗争的决定草案分送俄共(布)中央政治局全体委员。

11月26日

晚上7时30分至8时30分,同人民委员会和劳动国防委员会副主席亚·德·瞿鲁巴谈话。

11月27日

委托尼·彼·哥尔布诺夫办以下事情:向俄共(布)中央中亚局主席扬·埃·鲁祖塔克询问关于灌溉工程和谢米列奇耶铁路的情况、把关于对外贸易问题的材料寄给亚·德·瞿鲁巴。

11月28日

委托秘书莉·亚·福季耶娃为对外贸易垄断的材料去找莫·伊·弗鲁姆金、安·马·列扎瓦和亚·德·瞿鲁巴;打电话给莫·伊·弗鲁姆金和尼·彼·哥尔布诺夫等人,谈关于对外贸易的问题,查看劳动国防委员会的议程表。

鉴于即将召开俄共(布)中央全会,委托安·马·列扎瓦向中央委员、经济系统各人民委员部和全俄工会中央理事会的工作人员了解他们对关于对外贸易垄断问题的态度。

11 月 29 日

就削减海军舰只修建计划问题,同约·维·斯大林面谈并与列·波·加米涅夫通电话,晚上还用电话向玛·阿·沃洛季切娃口授给约·维·斯大林的信。

晚上 7 时 50 分至 8 时 55 分,接见副工农检查人民委员瓦·亚·阿瓦涅索夫,同他谈关于人民委员会俄罗斯联邦驻外商务代表处工作检查委员会的工作、关于对外贸易垄断和关于即将举行的俄共(布)中央全会等问题。

11 月 30 日

晚上 7 时 55 分至 8 时 40 分,同弗·维·阿多拉茨基谈话并翻阅由他编辑的马克思和恩格斯的书信选集。

把浏览过的新书交还图书管理员舒·姆·马努恰里扬茨,请他把恩格斯的《政治遗嘱》一书保存好。

11 月

接见外交人民委员格·瓦·契切林,同他谈苏俄代表团在洛桑会议应采取的立场。

接见德国乐团指挥奥·弗里德,同他谈苏维埃国家在音乐方面的任务以及其他问题。

12 月 1 日

中午 12 时至下午 1 时 30 分,同俄共(布)中央书记维·米·莫洛托夫和俄共(布)中央登记分配处处长谢·伊·瑟尔佐夫谈党的领导干部的登记和分配工作的问题。

接见人民委员会和劳动国防委员会副主席亚·德·瞿鲁巴。

晚上 7 时至 8 时 40 分,同澳大利亚共产党出席共产国际第四次代表大会代表伊尔斯曼和约·斯·哈尔登谈话,听他们介绍澳大利亚的情况和工人运动中的问题。

12 月 2 日

在俄共(布)中央政治局征求各委员意见时,列宁表示赞成关于加强同非法收购白金活动作斗争的决定草案。

晚上7时20分,同亚速海渔业科学考察队队长尼·米·克尼波维奇教授谈亚速海和黑海海域的考察结果以及恢复国家渔业的措施。

签署给国际工人援助会书记威·明岑贝格的信。

12月3日

支持尼·米·克尼波维奇教授在报告中提出的把"无畏"号轮船拨给亚速海渔业科学考察队使用的请求。

12月4日

上午11时15分至中午12时10分,同副工农检查人民委员瓦·亚·阿瓦涅索夫谈他领导的专门委员会就对外贸易垄断问题所作出的几点结论,对该委员会收集的证明必须保持对外贸易垄断的材料表示满意。

中午12时30分,委托人民委员会办公厅主任尼·彼·哥尔布诺夫办以下事情:通知俄共(布)中央总书记助理 A.M.纳扎列江,必须经常向列宁汇报关于克什特姆工厂的情况;向国家计划委员会委员列·康·拉姆津询问给顿巴斯和阿塞拜疆中央石油管理局拨款的基本数字;请经济学家和统计学家斯·古·斯特卢米林了解莫斯科和彼得格勒苏维埃职员的统计材料的编写方法并提出意见;向国家计划委员会办公厅主任 M.M.帕乌什金询问给冶金工业拨款的基本数字。

写关于人民委员会和劳动国防委员会副主席分工的建议。

读副对外贸易人民委员莫·伊·弗鲁姆金的《关于外贸状况的简明材料》,约见弗鲁姆金。

用电话向速记员玛·阿·沃洛季切娃口授给1922年12月4日在莫斯科召开的青年共产国际第三次世界代表大会的贺信。

同安·卢·柯列加耶夫谈话,了解俄共(布)中央政治局1922年11月16日关于削减给国家剧院的补贴的决定的执行情况。

晚上6时10分至6时50分,接见工业、商业和运输业代表大会委员会主席兼电机工业总管理局局长阿·季·哥尔茨曼和他的助手 П.Ф.拉甫连季耶夫,以及低压电器厂托拉斯管理委员会主席电气工程师伊·巴·茹柯夫,同他们谈关于恢复和发展电机工业的措施。

写对苏维埃俄国出席海牙会议代表团的任务的意见。

致函副教育人民委员约·伊·霍多罗夫斯基,请他把在新尼古拉耶夫斯克组织城市支部和农村支部相互帮助的试点材料寄来。列宁在全俄苏维埃第十次代表大会的发言提纲中以及《日记摘录》一文中使用了从霍多罗夫斯基那里得到的材料。

12月5日

修改和补充给意大利社会党领导人之一康·拉查理的信,信中建议要以最大的努力促使意大利社会党与意大利共产党合并。

致函工农检查人民委员部部务委员阿·伊·斯维杰尔斯基,建议调查北冰洋岛屿经济管理局在同新地群岛移民做买卖中鱼价规定得极其苛刻的情况,以及亚速海和顿河下游滥肆捕鱼的情况,并要求报告调查结果。

鉴于生物学家伊·弗·米丘林的工作具有全国意义,委托人民委员会办公厅主任尼·彼·哥尔布诺夫向农业人民委员瓦·格·雅科温科了解为米丘林的苗圃作了哪些事情。

晚上6时至6时45分,接见捷克斯洛伐克工会出席红色工会国际第二次代表大会代表约·海斯、赫拉莫斯塔、约·弗兰涅克、李希特尔和哈贝拉,同他们谈捷克斯洛伐克的工人运动和经济状况、党和工会的工作、同工人运动中的改良主义斗争的必要性,建议他们进一步接近群众。

晚上7时至8时,接见中央统计局局长帕·伊·波波夫,同他谈莫斯科和彼得格勒苏维埃职员的统计材料的编写以及中央统计局的工作。

晚上8时20分至9时25分,同人民委员会和劳动国防委员会副主席亚·德·瞿鲁巴谈话。

在共产国际第四次代表大会闭幕会议上,被选为共产国际执行委员会候补委员。

12月6日

请秘书莉·亚·福季耶娃代拟给副教育人民委员瓦·尼·雅柯夫列娃的信,信中询问学校师生需要多少粮食。

请莉·亚·福季耶娃代拟给列·波·加米涅夫的信,信中要求告知能为教育人民委员部拨出多少粮食。

请莉·亚·福季耶娃转告列·波·加米涅夫和亚·德·瞿鲁巴,请他们阅读关于中央统计局的工作的材料,以便商讨该局的工作。

中午12时40分至下午2时20分,同约·维·斯大林谈话。

打电话给亚·德·瞿鲁巴,同他谈关于农业合作社的问题。

打电话给副工农检查人民委员瓦·亚·阿瓦涅索夫,同他谈关于对外贸易问题的材料。

晚上6时5分至6时30分,接见最高国民经济委员会主席彼·阿·波格丹诺夫,同他谈关于负责的经济工作人员的工作条件的问题。

晚上6时55分至7时20分,接见亚·弗·埃杜克。

晚上7时25分,接见邮电人民委员瓦·萨·多夫加列夫斯基。

用电话口授回忆尼·叶·费多谢耶夫的短文。

12月6日或7日

写对俄共(布)中央政治局关于国家供给委员会报告的决定草案的补充。

12月7日

写给美国电工学家查·普·施泰因梅茨的信,托即将返美的哈·韦尔转交。

上午11时至下午2时20分,出席俄共(布)中央政治局会议;在讨论国家供给委员会的报告时,对关于这一问题的决定草案提出补充意见;在讨论关于教育人民委员阿·瓦·卢那察尔斯基同几位副教育人民委员之间的相互关系的决定草案时,提出修改意见并表示赞成。会议讨论关于符拉迪沃斯托克区舰队、关于莫斯科裁军会议工作、关于粮食出口、关于农业贷款、关于1922年12月份的工资总额、关于粮食人民委员部和财政人民委员部机关合并、关于派工程师出国、关于孟什维克尼·亚·罗日柯夫等问题。

下午5时30分去办公室,打电话给约·维·斯大林以及其他负责干部,委托政治局和副教育人民委员瓦·尼·雅柯夫列娃办理几件事情。

晚上6时15分去哥尔克。在那里一直住到12月12日。

从哥尔克用电话口授给尼·彼·哥尔布诺夫和莉·亚·福季耶娃的信,请他们把送给列宁的所有文件的内容简要地登记在一个专门的本子上。

委托莉·亚·福季耶娃报告俄共(布)中央政治局,说列宁同意国家政治保卫局副主席约·斯·温什利赫特的建议,即各人民委员部和所有国家机关不许向被驱逐出国的人员发委托书,不许吸收他们参加工作,不许同驻苏维埃俄国的外交使团发生直接关系;还委托福季耶娃向副教育人民委员瓦·尼·雅柯夫列娃了解政治局为保证学校师生粮食供应而设立的专门委员会的工作情况。

12月8日

中午12时10分,同莉·亚·福季耶娃通电话,福季耶娃向列宁报告俄共(布)中央政治局12月7日在列宁离开会议以后所通过的各项决定。

收到俄共(布)中央的以下材料:1922年12月7日政治局会议记录、全俄级和州级负责工作人员名单;写便条给格·叶·季诺维也夫,谈俄共(布)中央政治局关于孟什维克尼·亚·罗日柯夫的决定。

用电话向玛·阿·沃洛季切娃口授给约·维·斯大林的信,信中表示不同意俄共(布)中央政治局1922年12月7日关于允许孟什维克尼·亚·罗日柯夫继续留在莫斯科的决定。信中还提请斯大林注意,从俄共(布)向共产国际和红色工会国际机关派遣工作人员的做法应该无条件地停止。

打电话给莉·亚·福季耶娃,表示同意俄共(布)中央政治局所通过的关于给苏维埃俄国出席洛桑会议的代表团的指示、关于全俄苏维埃第十次代表大会决议草案审查委员会的组成人员、关于向全乌克兰苏维埃第七次代表大会发贺词、关于俄共(布)中央全会推迟举行等决定草案。列宁还口授了拟提交中央全会的有关政治局的议事规程的建议。

12月9日

写关于人民委员会副主席和主席的工作制度的建议,并把这些建议分寄给人民委员会和劳动国防委员会的各位副主席和约·维·斯大林。

12月10日

委托人民委员会办公厅主任尼·彼·哥尔布诺夫索取《在新的道路上。1921—1922年新经济政策总结》文集第2编的校样。

发出致全乌克兰苏维埃第七次代表大会的贺词。

打电话表示赞成俄共(布)中央政治局关于巴库社会革命党人案件

判决的决议草案。

读瓦·亚·阿瓦涅索夫寄来的《人民委员会俄罗斯联邦驻外代表处调查委员会关于对外贸易组织工作问题的结论》,在该文件上写批语给副对外贸易人民委员莫·伊·弗鲁姆金,征求他对阿瓦涅索夫的这一文件的意见。

被选为外高加索苏维埃第一次代表大会名誉主席,这次代表大会赞成列宁建立联盟国家的计划,并选出了出席苏联苏维埃第一次代表大会的全权代表团。

12 月 12 日

上午 11 时,从哥尔克回到莫斯科。

中午 12 时至下午 2 时和 5 时 30 分至晚上 8 时 15 分,在办公室工作。这是列宁在自己的办公室工作的最后一天。

接见人民委员会和劳动国防委员会副主席阿·伊·李可夫、列·波·加米涅夫和亚·德·瞿鲁巴,同他们谈他们之间的分工以及人民委员会和劳动国防委员会机关工作的安排问题。

读俄罗斯联邦驻德国全权代表尼·尼·克列斯廷斯基 1922 年 12 月 3 日的来信,信中汇报了柏林商务代表处的工作、与德国的贸易现状及其前途、商务代表处工作检查委员会的工作总结。克列斯廷斯基根据国外工作的经验,坚决主张实行对外贸易垄断。列宁把这封信寄给列·达·托洛茨基,在所附的便条中建议尽快告知是否同意克列斯廷斯基的意见,强调在俄共(布)中央全会上要维护和加强对外贸易垄断。

用电话向人民委员会秘书莉·亚·福季耶娃口授给副对外贸易人民委员莫·伊·弗鲁姆金和俄罗斯联邦驻德国商务代表波·斯·斯托莫尼亚科夫的信,说因病不能出席即将举行的讨论对外贸易垄断问题的俄共(布)中央全会,如果对外贸易垄断得不到中央全会的同意,将把这个问题提交党代表大会去解决。

接见费·埃·捷尔任斯基,听他汇报他领导的俄共(布)中央政治局解决外高加索边疆区党委与波·古·姆季瓦尼为首的格鲁吉亚共产党(布)中央委员之间的冲突的委员会前往格鲁吉亚调查的结果。

接见俄罗斯联邦驻德国商务代表波·斯·斯托莫尼亚科夫,同他谈关于对外贸易垄断的问题。

委托图书管理员舒·姆·马努恰里扬茨致函 A.米罗夫,询问尼·苏汉诺夫的《革命札记》第 3 卷是否出版。

12 月 13 日以前

准备在全俄苏维埃第十次代表大会上讲话,写讲话提纲。

12 月 13 日

上午,列宁发病。11 时医生 A.M.科热夫尼科夫和瓦·瓦·克拉梅尔给列宁看病,说服列宁不要在任何会议上发言,暂时要全休。

中午 12 时左右,把莉·亚·福季耶娃叫到住所,口授给俄共(布)中央的信,再次抗议中央政治局 1922 年 12 月 7 日作出的关于孟什维克尼·亚·罗日柯夫的决定;口授给列·达·托洛茨基的信,要求在即将举行的俄共(布)中央全会上坚持对外贸易垄断;口授给人民委员会和劳动国防委员会副主席的信,谈副主席的分工问题。

中午 12 时 30 分至下午 2 时 35 分,同约·维·斯大林谈话。

晚上 7 时 30 分至 8 时 25 分,就对外贸易垄断问题,用电话向莉·亚·福季耶娃口授给约·维·斯大林并转中央全会的信,信中建议批评和反驳尼·伊·布哈林在 1922 年 10 月 15 日的信中提出的反对对外贸易垄断的理由。

不晚于 12 月 14 日

两次写便条给人民委员会办公厅主任尼·彼·哥尔布诺夫,指示务必为眼科医生 М.И.阿韦尔巴赫教授换房。

12 月 14 日

委托秘书把给俄共(布)中央全会的关于对外贸易垄断的信寄给约·维·斯大林和列·达·托洛茨基以及瓦·亚·阿瓦涅索夫。

同俄罗斯联邦驻外商务代表处工作检查委员会领导人叶·米·雅罗斯拉夫斯基谈关于对外贸易垄断的问题。

晚上 6 时以后,医生给列宁看病。

12 月 15 日

上午 11 时 50 分,把莉·亚·福季耶娃叫到住所,交给一封他写给列·达·托洛茨基的信,信中要托洛茨基在俄共(布)中央全会上一定要坚持对外贸易垄断。

晚上8时30分,向莉·亚·福季耶娃口授给约·维·斯大林并转俄共(布)中央委员的信,信中告知可能在全俄苏维埃第十次代表大会上发表讲话;口授给列·达·托洛茨基的信,信中告知把莫·伊·弗鲁姆金的来信给他寄去,并坚决主张在中央全会和党代表大会上讨论对外贸易垄断问题。

索要关于人民委员会财政委员会工作的材料。

12月15日深夜至16日凌晨

列宁的病情突然恶化。

12月16日

向娜·康·克鲁普斯卡娅口授给人民委员会和劳动国防委员会各位副主席的信,谈他们的分工问题。

上午11时至11时45分,医生瓦·瓦·克拉梅尔和 A.M. 科热夫尼科夫给列宁看病,他们建议列宁去哥尔克疗养,列宁没有同意,仍留在莫斯科。

列宁委托娜·康·克鲁普斯卡娅转告约·维·斯大林,说他由于健康原因不能在全俄苏维埃第十次代表大会上发表讲话;让克鲁普斯卡娅打电话给叶·米·雅罗斯拉夫斯基,要他在俄共(布)中央全会上记下反对对外贸易垄断的尼·伊·布哈林和格·列·皮达可夫等人的发言。

12月18日

根据列宁的建议,俄共(布)中央全会讨论对外贸易垄断问题。全会支持列宁的意见,重申坚决实行国家对外贸易垄断,同时撤销十月全会关于这一问题的决议。全会征得医生同意后,决定把全会的决定告诉列宁。

俄共(布)中央全会通过专门决定,责成约·维·斯大林负责监督执行医生为列宁规定的制度。

12月21日

列宁征得奥·费尔斯特教授同意后,向娜·康·克鲁普斯卡娅口授给列·达·托洛茨基的信,对俄共(布)中央全会关于对外贸易垄断的决议表示满意。

12月22日深夜至23日凌晨

列宁的健康状况进一步恶化:右臂和右腿瘫痪。

12 月 23 日

请求医生 A.M.科热夫尼科夫允许他向速记员口授 5 分钟,因为有一个问题使他焦虑不安;得到医生允许后,把玛·阿·沃洛季切娃叫到住所,向她口授了《给代表大会的信》的第一部分。

全俄苏维埃第十次代表大会选举列宁为主席团成员,在暴风雨般的掌声和《国际歌》的歌声中,通过给列宁的致敬电。

12 月 24 日

列宁请求允许他每天哪怕用很短的时间口授他的《日记》,否则他就完全拒绝治疗。俄共(布)中央政治局委员与医生研究后决定:第一,列宁每天可以口授 5—10 分钟,但这不应该带有通信的性质。禁止会客。第二,无论朋友还是家属都不要向列宁报告任何政治生活中的事情,以免引起他的思索和激动。

晚上,把玛·阿·沃洛季切娃叫到住所,口授了 10 分钟《给代表大会的信》的第二部分。

根据列宁的请求,给他取来了尼·苏汉诺夫的《革命札记》第 3 卷和第 4 卷。

12 月 25 日

继续向玛·阿·沃洛季切娃口授《给代表大会的信》的第二部分。

12 月 26 日

向莉·亚·福季耶娃口授完《给代表大会的信》的最后一部分。

12 月 27 日

向玛·阿·沃洛季切娃口授《关于赋予国家计划委员会以立法职能》一信。

12 月 27 日或 28 日

口授一份札记,拟定了以后工作的题目:关于中央消费合作总社以及从新经济政策观点来看它的意义、关于职业教育总局同国民的普遍教育工作之间的关系、关于民族问题和关于国际主义(从格鲁吉亚党内最近的冲突谈起)、关于 1922 年出版的一本国民教育统计的新书。

12 月 28 日

向莉·亚·福季耶娃继续口授《关于赋予国家计划委员会以立法职能》

一信。

12 月 29 日

向玛·阿·沃洛季切娃口授完《关于赋予国家计划委员会以立法职能》一信,还口授了对《给代表大会的信》的补充意见——《关于增加中央委员人数部分的补充意见》。

医生允许列宁读书。列宁读尼·苏汉诺夫的《革命札记》第 3 卷和第 4 卷。

12 月 30 日

被选为苏联苏维埃第一次代表大会名誉主席,这次代表大会宣布成立苏维埃社会主义共和国联盟。代表大会向列宁发了致敬电。列宁被选为第一届苏联中央执行委员会委员。

鉴于苏维埃社会主义共和国联盟的成立,列宁很关心各联合起来的共和国之间的关系将怎样建立的问题,开始向玛·阿·沃洛季切娃口授《关于民族或"自治化"问题》一信。

12 月 31 日

向玛·阿·沃洛季切娃口授完《关于民族或"自治化"问题》一信。

不晚于 12 月

列宁在共产国际第四次代表大会上的报告《俄国革命的五年和世界革命的前途》出版单行本。

12 月

读中央统计局国民教育统计处为全俄苏维埃第十次代表大会编写的《俄国识字状况》小册子(1922 年莫斯科版),在《日记摘录》中使用了这本小册子中的材料,认为这本小册子的出版是一件很重要的事情。

年底

接见西伯利亚制革工人代表团,他们向列宁赠送一件羊皮袄。列宁请代表团向工人们转告,他们的问候使他很高兴,但最好不要给他送礼。

1923 年

1 月 1 日—2 日

向玛·阿·沃洛季切娃口授《日记摘录》一文。

1 月 4 日

向莉·亚·福季耶娃口授对 1922 年 12 月 24 日《给代表大会的信》的第二部分的补充。

开始向莉·亚·福季耶娃口授《论合作社》一文的第一部分。

1 月 5 日

继续口授《论合作社》一文,重读口授记录。

1 月 6 日

口授《论合作社》一文的第二部分。

不晚于 1 月 9 日

口授《我们对工农检查院怎么办?》一文提纲。

1 月 9 日

向玛·阿·沃洛季切娃口授《我们对工农检查院怎么办?》一文,即《我们怎样改组工农检查院(向党的第十二次代表大会提出的建议)》一文的初稿。

委托人民委员会和劳动国防委员会办公厅主任尼·彼·哥尔布诺夫尽快准备关于货币发行的比较资料。

1 月 11 日

俄共(布)中央政治局会议决定列宁在党的第十二次代表大会上作政治报告。

1 月 13 日

两次召见莉·亚·福季耶娃,口授完《我们对工农检查院怎么办?》一文,即《我们怎样改组工农检查院(向党的第十二次代表大会提出的建议)》一文的初稿。

1 月 16 日

向玛·阿·沃洛季切娃口授《论我国革命(评尼·苏汉诺夫的札记)》一文;读速记记录稿。

1 月 17 日

晚上 6 时和 7 时之间,把玛·阿·沃洛季切娃叫去,读自己昨天口授的对尼·苏汉诺夫的《革命札记》一书的评论的记录,并作修改;继续口授这篇评论的第二部分。

同医生谈话,请求医生允许他读报。

1 月 19 日

晚上 7 时和 9 时,两次把玛·阿·沃洛季切娃叫去,口授关于工农检查院一文的第二稿《我们怎样改组工农检查院(向党的第十二次代表大会提出的建议)》。

向医生 A.M.科热夫尼科夫说,对今天的写作表示满意,感到十分疲倦。

1 月 20 日

中午 12 时至下午 1 时之间,把玛·阿·沃洛季切娃叫去,补充和修改《我们怎样改组工农检查院》一文。

委托莉·亚·福季耶娃确切地了解一下,俄国现在有哪些研究科学组织劳动的机构,开过几次这方面的代表大会,哪些团体参加了这些大会。

1 月 22 日

中午 12 时至 12 时 25 分,把玛·阿·沃洛季切娃叫去,修改《我们怎样改组工农检查院》一文的第二稿,最后决定采用这一稿。

1 月 23 日

中午 12 时和下午 1 时之间,把玛·阿·沃洛季切娃叫去,重读《我们怎样改组工农检查院》一文,作了稍许改动后送《真理报》。

1 月 24 日

委托莉·亚·福季耶娃向费·埃·捷尔任斯基或约·维·斯大林索取俄共(布)中央政治局格鲁吉亚问题委员会的材料;委托莉·亚·福季耶娃、尼·彼·哥尔布诺夫和玛·伊·格利亚谢尔研究这些材料并提出书面报告,以供列宁在党的第十二次代表大会上使用。

1 月 25 日

列宁的《我们怎样改组工农检查院(向党的第十二次代表大会提出的建议)》一文在《真理报》上发表。

1 月 25 日以后

听娜·康·克鲁普斯卡娅讲述同瓦·尼·卡尤罗夫和基·尼·奥尔洛夫谈话的内容,他们两人是来询问列宁的健康状况的。克鲁普斯卡娅同他们谈话时没有询问他们是否读过和是否理解《我们怎样改组工农检查院》一文,列宁对此表示遗憾。第二天列宁委托克鲁普斯卡娅再一次同卡尤罗夫和奥尔洛夫谈话,他们说他们对列宁文章的思想是理解的。

1 月 26 日

委托莉·亚·福季耶娃转告工农检查人民委员亚·德·瞿鲁巴、副人民委员瓦·亚·阿瓦涅索夫和部务委员阿·伊·斯维杰尔斯基,如果他们同意《我们怎样改组工农检查院》一文的观点,就请召开几次会议,研究科学组织劳动的问题。

1 月 29 日

列宁问医生,他能否在 1923 年 3 月 30 日俄共(布)第十二次代表大会上讲话,医生说不行,但说在此之前他将能起床,再过一个月可以看报。

1 月 30 日

向莉·亚·福季耶娃了解工农检查人民委员部亚·德·瞿鲁巴、瓦·亚·阿瓦涅索夫、阿·伊·斯维杰尔斯基等领导干部对《我们怎样改组工农检查院》一文的看法。

1 月—12 月

列宁在医生的监护下疗养。医生为恢复列宁的健康,采取了各种措施,定期给他会诊。医生认为,列宁在同疾病作斗争中表现出他是一位十分刚毅的人。

2 月初

列宁健康状况明显好转。

2 月 1 日

开始口授《宁肯少些,但要好些》一文。

晚上 6 时 30 分,把莉·亚·福季耶娃叫去,指示应该怎样研究和利用格鲁吉亚问题委员会的材料,还询问了亚·德·瞿鲁巴等人对《我们怎样改组工农检查院》一文的看法。

2 月 2 日

上午 11 时 45 分,向玛·阿·沃洛季切娃口授《宁肯少些,但要好些》一文。

委托娜·康·克鲁普斯卡娅给他找来两本书:A.E.霍多罗夫的《世

界帝国主义和中国（政治经济考察的尝试）》（1922年上海版）和米·巴·巴甫洛维奇的《苏维埃俄国和帝国主义日本》（1923年莫斯科版）。

2月3日

上午阅读，然后口授《宁肯少些，但要好些》一文。

晚上7时，同莉·亚·福季耶娃谈研究格鲁吉亚问题的材料一事。

2月4日

奥·费尔斯特教授来看望列宁，说列宁的健康状况有好转，允许他每天工作两个到两个半小时。

晚上6时左右，向玛·阿·沃洛季切娃继续口授《宁肯少些，但要好些》一文。晚上8时，又把沃洛季切娃叫去，审阅和修改该文的打字稿。

2月5日

中午12时，向玛·阿·沃洛季切娃继续口授《宁肯少些，但要好些》一文。口授速度缓慢，有的地方表达有些困难。

晚上6时50分，同玛·伊·格利亚谢尔谈关于研究格鲁吉亚问题的材料一事；委托格利亚谢尔向中央统计局局长帕·伊·波波夫了解，中央统计局对彼得格勒、莫斯科和哈尔科夫苏维埃职员的调查统计材料研究得怎样，什么时候完成，是否准备发表。

2月6日

晚上7时和9时之间，向玛·伊·沃洛季切娃继续口授《宁肯少些，但要好些》一文。列宁的情绪很好，与沃洛季切娃一起工作了大约1小时30分钟。

2月7日

上午，把莉·亚·福季耶娃叫去，同她谈关于中央统计局在莫斯科和彼得格勒进行的苏维埃职员调查统计的结果、关于格鲁吉亚委员会、关于工农检查院等问题。

中午和晚上，两次把玛·阿·沃洛季切娃叫去，口授《宁肯少些，但要好些》一文。

2月9日

上午，把莉·亚·福季耶娃叫去，重申要把关于改组工农检查院的问题提交俄共（布）第十二次代表大会讨论；担心职员调查统计表是否印得合

乎要求;同意福季耶娃的建议:委托格·马·克尔日扎诺夫斯基和阿·
伊·斯维杰尔斯基检查关于调查统计的小册子的出版工作。

中午 12 时多,向玛·阿·沃洛季切娃口授《宁肯少些,但要好些》一
文的结尾部分。

2 月 10 日

委托莉·亚·福季耶娃把《宁肯少些,但要好些》一文交给亚·德·瞿鲁
巴,要他尽可能在两天内看完。

2 月 11 日

由于列宁的健康状况恶化,医生奥·费尔斯特严禁列宁看报、会客和听
政治消息。

2 月 12 日

同莉·亚·福季耶娃谈出版调查统计结果的小册子、研究格鲁吉亚问题
的材料、改组工农检查院等问题。

2 月 14 日

中午 12 时,同莉·亚·福季耶娃谈话,要求赶紧完成他交办的任务,因
为他一定要向俄共(布)第十二次代表大会提出一些建议。

晚上再次同莉·亚·福季耶娃谈到他交办的三件事,特别详细地谈
到最使他焦急不安的格鲁吉亚问题。

2 月 20 日

晚上,列宁请求把全俄苏维埃第十次代表大会的速记记录给他送来。

2 月 22 日

俄共(布)中央全会听取关于列宁健康状况的报告,全会决定必须经常向
党中央委员和省委书记通报列宁的健康情况。

2 月 25 日

晚上,阅读并向速记员口授一个多小时。

2 月 27 日

再一次索要全俄苏维埃第十次代表大会的速记记录以及尼·苏汉诺夫
的《革命札记》第 7 卷。

2 月

在同妹妹玛·伊·乌里扬诺娃的谈话中,多次谈到Φ.金发表在 1922 年

9月3日《真理报》上的《"专家"(统计调查试验)》一文,要乌里扬诺娃同作者谈一谈,把列宁肯定这篇文章的意见转告给他,并了解他在哪里工作。

3月2日

晚上,向玛·阿·沃洛季切娃口授完《宁肯少些,但要好些》一文,作补充和修改。经过最后审阅,将该文送去付印。

3月3日

收到莉·亚·福季耶娃、玛·伊·格利亚谢尔和尼·彼·哥尔布诺夫关于俄共(布)中央政治局格鲁吉亚问题委员会的材料的报告和结论意见。

看《真理报》编辑部寄来的《宁肯少些,但要好些》一文的校样。

3月4日

在同娜·康·克鲁普斯卡娅谈话中,十分关心教育人民委员阿·瓦·卢那察尔斯基的工作。

不晚于3月5日

从娜·康·克鲁普斯卡娅那里得知,1922年12月22日,约·维·斯大林在给克鲁普斯卡娅打电话时态度粗暴,并以诉诸中央监察委员会相威胁,因为她在医生奥·费尔斯特的允许下记录了列宁就对外贸易垄断问题口授给列·达·托洛茨基的一封信。

3月5日

中午12时左右,向玛·阿·沃洛季切娃口授给列·达·托洛茨基的信,信中认为约·维·斯大林和费·埃·捷尔任斯基不能秉公处理格鲁吉亚事件,请他出面在党中央全会上为这一事件进行辩护;口授给约·维·斯大林的信,信中要求他为态度粗暴一事向娜·康·克鲁普斯卡娅道歉,否则就跟他断绝关系。

不晚于3月6日

同娜·康·克鲁普斯卡娅谈话,克鲁普斯卡娅告诉列宁,美国人提出要在1927年在美国消灭文盲。列宁说,1927年俄国革命十周年时,我们也能做到这一点。列宁希望就这个问题写一篇文章,并建议克鲁普斯卡娅着手去写。

列宁读他让娜·康·克鲁普斯卡娅写的《文化的基础》一文,并建议对该文作些补充。

3 月 6 日

向玛·阿·沃洛季切娃询问列·达·托洛茨基对他昨天口授的信的答复,得知托洛茨基以有病为由,拒绝在俄共(布)中央全会上就格鲁吉亚问题发言。

　　口授给波·古·姆季瓦尼、菲·耶·马哈拉泽等人的信,对格·康·奥尔忠尼启则在格鲁吉亚问题上的粗暴以及约·维·斯大林和费·埃·捷尔任斯基的纵容表示愤慨。

3 月 6 日深夜和 7 日凌晨

列宁的健康状况急剧恶化。

3 月 10 日

列宁的病再次发作,不能说话,右半边身体瘫痪加重。

3 月 11 日

外科医生弗·尼·罗扎诺夫教授给列宁看病。

3 月 12 日

俄共(布)中央政治局决定开始发布列宁的病情公报。

3 月 13 日

《消息报》发表政府公报,公报中说,列宁的健康状况近来明显恶化。为此,政府认为有必要从即日起发布关于列宁健康状况的公报。

3 月 21 日

下午 2 时,国内外医生给列宁会诊。经过全面和仔细研究,医生认为列宁主要是某些血管有毛病,现在采取的治疗措施是正确的,这种病几乎是完全可以治愈的,目前病情正在好转。

3 月 31 日

俄共(布)莫斯科省第十次代表会议第 1 次会议选举列宁为主席团名誉委员,并批准俄共(布)莫斯科委员会关于必须建立列宁研究院的建议。

4 月 2 日

莫斯科市卫生局局长弗·亚·奥布赫前来看望列宁。

4 月 3 日

俄共(布)莫斯科省第十次代表会议选举列宁为出席俄共(布)第十二次

代表大会的有表决权的代表。

4月16日

列宁的《关于民族或"自治化"问题》一信分送给俄共(布)中央各委员。

4月17日

俄共(布)第十二次代表大会开幕。这是十月革命以后列宁因病第一次没有出席的代表大会。大会听取了关于为帮助列宁战胜疾病所采取的措施的报告。

俄共(布)第十二次代表大会第1次会议选举列宁为代表大会主席团委员。

第2次会议通过给列宁的致敬信。

4月18日

俄共(布)第十二次代表大会主席团会议决定:在代表大会晚上会议结束以后,先在各代表团代表会议上,后在各代表团会议上宣读列宁《关于民族或"自治化"问题》一信。

4月24日

俄共(布)第十二次代表大会第15次会议一致选举列宁为党中央委员。

4月26日

俄共(布)中央全会选举列宁为中央政治局委员。

4月

全国许多组织、机关、企业和个人纷纷给列宁发来贺电,祝贺他诞辰五十三周年,祝愿他尽快恢复健康。

5月15日以前

列宁的健康状况开始好转。

5月15日

列宁在许多医生陪同下转到哥尔克疗养。

5月24日

俄共(布)中央政治局决定尽快发表列宁的《论合作社》和《论我国革命(评尼·苏汉诺夫的札记)》两篇文章。

5月26日和27日

列宁的《论合作社》一文在《真理报》上发表。

6 月 2 日

娜·康·克鲁普斯卡娅根据列宁的委托,把列宁 1922 年 12 月 27—29 日口授的《关于赋予国家计划委员会以立法职能》一信转交俄共(布)中央政治局。

6 月 4 日

俄共(布)中央政治局决定向中央委员和候补中央委员传达列宁的《关于赋予国家计划委员会以立法职能》一信。列宁的指示写进了俄共(布)第十三次全国代表会议《关于经济政策的当前任务》的决议。

6 月 12 日

在共产国际执行委员会扩大全会上,宣布共产国际执行委员会关于选举列宁为共产国际名誉主席的决定。

6 月 23 日—7 月上半月

列宁的病情又严重起来。

6 月 26 日或 27 日

俄共(布)中央全会讨论列宁的文章中新提出来的关于合作社的问题。

7 月 5 日

俄共(布)中央政治局批准列宁为苏联人民委员会和俄罗斯联邦人民委员会主席候选人。

7 月 6 日

苏联第一届中央执行委员会第 2 次会议选举列宁为苏联人民委员会主席。

7 月 7 日

俄罗斯联邦第十届全俄中央执行委员会第 2 次会议选举列宁为俄罗斯联邦人民委员会主席。

7 月 12 日

俄共(布)中央政治局批准列宁为苏联劳动国防委员会主席候选人。

7 月 17 日

苏联人民委员会任命列宁为苏联劳动国防委员会主席。

7 月 21 日—23 日

列宁看望"哥尔克"国营农场场长阿·安·普列奥布拉任斯基,在他那里住了三天。

7 月 28 日

开始进行恢复书写技能的训练，用左手写字。

7 月下半月—12 月

列宁的健康状况好转，睡眠和食欲恢复，情绪变好，开始进行行走和讲话的训练。

1923 年 8 月初—1924 年 1 月 20 日

每天在图书室里浏览各种书刊，挑选他感兴趣的关于经济、科学组织劳动、财政等方面的材料，让娜·康·克鲁普斯卡娅给他朗读。

8 月 12 日

晚上 9 时以前，同从莫斯科来的娜·康·克鲁普斯卡娅等人谈话，听他们介绍正在准备开幕的全俄农业和手工业展览会的情况。

不早于 8 月

从报纸上看到阿·马·高尔基患病的消息，非常惦记高尔基，向娜·康·克鲁普斯卡娅询问他的情况。

夏天

在公园里散步时多次同妹妹玛·伊·乌里扬诺娃和外科医生弗·尼·罗扎诺夫教授合影。

不早于夏天

散步时很有兴趣地观看"哥尔克"国营农场的拖拉机手在田野里工作，同拖拉机手帕普科夫握手。

9 月 3 日

列宁和娜·康·克鲁普斯卡娅支持"狄纳莫"厂工人的倡议，为制造"真理"号飞机捐款 60 金卢布。

9 月 11 日

听"哥尔克"国营农场负责人 А.Г.潘科夫汇报全俄农业和手工业展览会情况以及农场的工作。

9 月 19 日

列宁研究院向各级党组织征集列宁的手稿以及与列宁有关的一切资料。

9 月—12 月

列宁总是高兴地迎接妹妹玛·伊·乌里扬诺娃回家，她担任《真理报》编辑部责任秘书,列宁很有兴趣地听她讲编辑方面的新闻。

10 月 8 日

在自己的图书馆里浏览各种图书,委托秘书定期编制和给他送来新书目录。

不早于 10 月 10 日

列宁十分关心农民第一次国际代表会议的工作,要求向他提供关于这次会议的最详细的材料。

10 月 18 日

从哥尔克回到莫斯科。

10 月 19 日

在克里姆林宫自己的图书馆里挑选几本乔·黑格尔和格·瓦·普列汉诺夫的书,尔后回到人民委员会自己的办公室。下午 3 时左右,乘车前往全俄农业和手工业展览会,由于下雨未能仔细参观。下午 4 时 30 分左右,回到克里姆林宫,晚上 7 时返回哥尔克。

10 月

向娜·康·克鲁普斯卡娅询问维·阿·卡尔宾斯基的工作和生活情况。克鲁普斯卡娅转达卡尔宾斯基向列宁的问候,并谈他写的小册子。

11 月 2 日

接见格卢霍夫纺织厂工人代表团,代表团向列宁赠送了几棵樱桃树苗,递交了工厂工人和管理委员会的致敬信,并向列宁汇报了工厂的生产、工人的状况和情绪、党和工会组织的工作。临别时,列宁同代表团的一位 60 岁的成员 Д.В.库兹涅佐夫拥抱。

11 月 7 日和 12 月之间

浏览各种报刊,让娜·康·克鲁普斯卡娅给他读列·达·托洛茨基及其支持者挑起的关于党的建设的争论的主要文件。

11 月 29 日

会见共产国际执行委员会书记奥·阿·皮亚特尼茨基和国家出版社编辑委员会副主任伊·伊·斯克沃尔佐夫-斯捷潘诺夫,很有兴趣地听他们讲述关于莫斯科苏维埃改选的情况、关于共产国际执行委员会的工作、关于意大利共产党的状况、关于即将举行的英国议会选举和英国共产党的立场、关于德国的状况以及其他问题。

　　观看文献纪录影片《十月革命六周年》。

12 月 16 日

俄罗斯联邦驻德国全权代表尼·尼·克列斯廷斯基和《红色处女地》杂志编辑亚·康·沃龙斯基来看望列宁。

12 月 28 日以前

同娜·康·克鲁普斯卡娅一起，编制送给应邀到他们这里来参加枞树晚会的孩子们的礼物清单。

1924 年

1 月 1 日—19 日

每天坐着雪橇到森林中去散步。

1 月 1 日—20 日

每天浏览上午的报纸，读托洛茨基分子挑起的党内争论的主要文件。

1 月 4 日

彼得格勒省苏维埃第十四次代表大会选举列宁为出席全俄苏维埃第十一次代表大会代表。

1 月 7 日

出席玛·伊·乌里扬诺娃为"哥尔克"国营农场和疗养院职工的孩子们举办的枞树晚会。

1 月 10 日

列宁被选为俄共（布）莫斯科省第十一次代表会议主席团名誉委员。

1 月 11 日

俄共（布）莫斯科省第十一次代表会议给列宁发来致敬信。

1 月 16 日

列宁被选为俄共（布）第十三次代表会议主席团委员。第十三次代表会议于 1924 年 1 月 16—18 日在莫斯科举行。会议讨论经济政策、党的建设的当前任务，以及苏联的国际形势。代表会议总结了同列·达·托洛茨基及其拥护者的争论，强烈谴责托洛茨基主义是小资产阶级倾向，是对列宁主义的修正，赞成中央委员会的列宁主义路线。代表会议决定发表迄今尚未发表的列宁起草的俄共(布)第十次代表大会《关于党的统一》的决议的第 7 条,其中规定对违反党的纪律或搞派别活动者可以采取党内一切处分办法,直到开除出党。

1 月 17 日—18 日

浏览各种报纸,听娜·康·克鲁普斯卡娅给他读关于俄共(布)第十三次代表会议进展情况的报道。

1 月 19 日

全俄苏维埃第十一次代表大会开幕。列宁被选为代表大会主席团委员。

1 月 19 日—20 日

娜·康·克鲁普斯卡娅给列宁读刊登在《真理报》上的俄共(布)第十三次代表会议的各项决议。列宁听得非常仔细,有时还提出一些问题。

1 月 20 日

列宁身体不适,没吃早饭,没出去散步,说眼睛有病。经眼科专家检查,没有发现列宁的眼睛有任何病变。

1 月 21 日

下午 5 时 30 分,列宁的健康状况突然急剧恶化,呼吸断断续续,逐渐失去知觉。

晚上 6 时 50 分,列宁逝世。

晚上 9 时 30 分,俄共(布)中央政治局委员以及列宁的亲属赶到哥尔克。

1 月 22 日

凌晨 2 时 15 分以后,俄共(布)中央全会举行特别会议,批准安葬列宁的初步安排。

凌晨 3 时 30 分,苏联中央执行委员会成立以费·埃·捷尔任斯基为首的治丧委员会,负责安葬列宁的事宜。

早晨 6 时,电台向全国和全世界广播列宁逝世的消息。

俄共(布)中央通过《告全党和全体劳动人民书》。

上午 11 时,米·伊·加里宁在全俄苏维埃第十一次代表大会上宣布列宁逝世的消息。代表大会决定 1 月 21 日为列宁逝世纪念日,并委托主席团以代表大会的名义发表告全体劳动人民书。

下午4时,《真理报》和《消息报》联合出版号外,向苏联和全世界公布列宁逝世的消息。

1月22日—23日

俄共(布)中央委员和中央监察委员、人民委员会委员、出席苏维埃代表大会的各代表团成员和莫斯科各组织的成员以及郊区农民来哥尔克,向列宁遗体告别。

1月22日—31日

列宁逝世的消息传遍全苏联。许多地方召开群众追悼会,工人、农民、红军战士以及苏联的所有劳动者都表示要忠于列宁的事业,更紧密地团结在共产党周围。数以千计的工人递交了申请书,要求加入俄共(布)。

全国各地纷纷向列宁的亲属,向俄共(布)中央、苏联中央执行委员会、全苏苏维埃第二次代表大会和全俄苏维埃第十一次代表大会发来唁电,沉痛哀悼列宁逝世。

1月23日

上午9时至11时,俄共(布)中央委员、全俄苏维埃第十一次代表大会代表、苏联中央执行委员会委员把列宁的灵柩由哥尔克抬到格拉西莫沃车站(后为列宁车站)。

上午11时,《真理报》和《消息报》又联合出版号外,刊登俄共(布)中央《告全党和全体劳动人民书》和共产国际执行委员会的号召书《列宁——我们永垂不朽的领袖》,号召苏联和全世界的无产阶级和劳动人民"遵循列宁的遗训","像列宁那样进行斗争","像列宁那样不断取得胜利"。

下午1时,列宁的灵车到达莫斯科;列宁的灵柩被安放在工会大厦圆柱大厅。

1月23日—27日

俄共(布)中央委员和中央监察委员、共产国际执行委员会委员、苏联中央执行委员会委员、全俄中央执行委员会委员、全乌克兰中央执行委员会委员、白俄罗斯中央执行委员会委员、外高加索社会主义联邦苏维埃共和国中央执行委员会委员、苏联及各加盟共和国人民委员会委员、全苏苏维埃第二次代表大会和全俄苏维埃第十一次代表大会代表、各级党组织以及其他各种组织的代表、工人代表、农民代表、国外政治组织代表等 9 300 人先后在列宁的灵柩前守灵。

1 月 24 日

上午 11 时，苏联中央执行委员会主席团通过关于建立列宁墓的决定。

1 月 26 日

上午 11 时，全苏苏维埃第二次代表大会开幕。全苏苏维埃中央执行委员会主席米·伊·加里宁宣布这次代表大会的第 1 次会议是列宁追悼会。加里宁首先讲话。然后娜·康·克鲁普斯卡娅讲话。第三个讲话的是共产国际执行委员会主席格·叶·季诺维也夫。接着，俄共(布)中央总书记约·维·斯大林受中央委托发表讲话。尼·伊·布哈林、克·蔡特金、米·巴·托姆斯基以及其他各方面的代表也都在追悼会上发表了讲话。大会通过了关于出版《列宁选集》和《列宁全集》、关于彼得格勒改名列宁格勒、关于在莫斯科和列宁格勒以及其他加盟共和国首都建立列宁纪念碑、关于设立列宁专门基金等项决定，以及《告劳动人民书》。

1 月 27 日

上午 9 时至 10 时，列宁的灵柩由工会圆柱大厅移至红场。

下午 4 时，全苏联停止一切活动 5 分钟。在哀乐、汽笛和礼炮声中，俄共(布)中央政治局委员将列宁的灵柩移至陵墓。

1 月 31 日

俄共(布)中央全会通过吸收工人入党的决定。在工人阶级中间，为纪念列宁掀起了参加共产党的运动。当时被吸收入党的新党员共有 24 万多人。

项目统筹：崔继新
责任编辑：崔继新
装帧设计：石笑梦
版式设计：周方亚
责任校对：白　玥

图书在版编目（CIP）数据

列宁全集.第 43 卷/（苏）列宁著；中共中央马克思恩格斯列宁斯大林著作编译局编译.
　—2 版（增订版）-北京：人民出版社，2017.3（2024.7 重印）
ISBN 978 - 7 - 01 - 017128 - 9

Ⅰ.①列⋯　Ⅱ.①列⋯ ②中⋯　Ⅲ.①列宁著作- 全集　Ⅳ.①A2

中国版本图书馆 CIP 数据核字（2016）第 316435 号

书　　名	**列宁全集** LIENING QUANJI 第四十三卷	
编 译 者	中共中央马克思恩格斯列宁斯大林著作编译局	
出版发行	人民出版社	
	（北京市东城区隆福寺街 99 号　邮编 100706）	
邮购电话	（010）65250042　65289539	
经　　销	新华书店	
印　　刷	北京新华印刷有限公司	
版　　次	2017 年 3 月第 2 版增订版　2024 年 7 月北京第 2 次印刷	
开　　本	880 毫米×1230 毫米 1/32	
印　　张	24.5	
插　　页	5	
字　　数	656 千字	
印　　数	3,001—6,000 册	
书　　号	ISBN 978 - 7 - 01 - 017128 - 9	
定　　价	59.00 元	

ISBN 978-7-01-017128-9

9 787010 171289 >